# 성공으로 가는 Starting Business & Business Strategy 창업과 경영

권 원 오 지음

신광문화사

# 머리말

"때려 치고 장사나 할까?"

많은 직장인들이 일이 맘처럼 잘 안 풀릴 때, 직장에서 스트레스가 심할 때, 푸념처럼 내뱉는 말이다. 이 말을 들어보면 세상에 장사처럼 쉽고 편안한 일은 없어 보인다. 한국 자영업의 비중은 2004년 기준 34%에 이른다고 한다. OECD 국가평균 17.4%에 비해 거의 2배 수준에 달하는 숫자이다. 이러한 통계를 보더라도 사람들이 '장사나 해볼까' 하는 푸념이 현실로 이어지고 있다는 것이 여실히 드러난다.

정말 이도저도 안되면 해도 될 만큼 창업이 그리 만만하고 쉬운 것일까?

해마다 창업을 하는 숫자는 증가하고 있지만 창업에서의 성공은 사람들의 상상처럼 그리 녹녹한 일은 아니다.

"창업"이라는 것을 누구의 눈치도 보지 않고 내가 하고 싶은 대로 할 수 있는 일쯤으로 여기고 시작을 했다가는 백퍼센트 실패로 이어질 수밖에 없다.

창업 준비단계에서부터 시작되는 중압감은 사실 경영단계에서 직면해야 할 많은 난관들에 비하면 아무 것도 아니다. 창업하는 자영업자보다 더 많은 수의 자영업자들이 해마다 창업시장에서 도태되고 있는 현실은 이를 극명하게 보여준다.

30여 년간 직접 창업의 현장에서 일을 해 온 필자는 그 누구보다 창업과 경영의 어려움을 잘 알고 있다. 영국의 역사가 토인비(A. Toynbee)는 "도전과 응전의 삶이 뒷받침되지 않고서는 누구도 성공할 수 없다"고 말했듯이 필자도 창업에서의 성공은 어렵고 힘든 도전의 과정들에 당당히 맞서는 응전의 자세를 통해 얻어지는 것이라 생각한다.

필자의 경영인생도 지나쳐 보면 끊임없는 도전과 그를 극복하기 위한 노력이 점철된 시간이었다. 경영의 선배로서, 새로운 도전을 시작해 이제는 후학을 기르는 강단에 선 사람으로서 창업을 꿈꾸는 사람들에게 도움이 될 수 있는 지침서를 만드는 일 또한 필자에게는 또 다른 의미의 도전이었다.

필자가 직접 창업 현장에서 겪었던 경험과 학자로서의 학문적 지식을 바탕으로 보다 실증적이면서 체감 가능한 책을 만들기 위해 노력했다. 또한 이 책에는 창업에 대한 다양한 사례들을 함께 수록했는데 성공과 실패 그리고 새로운 분야를 개척한 창업 사례 등을 통해 창업의 세계에 보다 가깝게 다가갈 수 있으리라 기대해 본다. 창업시장의 현실이 어렵기는 하지만 성공이 불가능한 것은 아니다.

불가능한 것처럼 보이는 것을 가능하게 만드는 것 또한 성공한 창업자가 누리는 또 다른 행복이다.

창업을 꿈꾸는 자들이여, 창업의 꿈은 이루어진다.

마지막으로 본서의 출간을 선뜻 받아주신 신광문화사 대표님과 관계자 여러분께 감사를 드린다.

# 차 례

## 제1장 창업과 경영

## 제2장 창업 경영환경



## 제3장 창업 아이디어

## 제8장 창업과 소비자행동



## 제9장 마케팅 관리

## 제12장 창업회계 시스템과 세무

Chapter 01

# 창업과 경영

1.1 창업이란?

1.2 창업가 정신

1.3 기업과 경영

## 1.1 창업이란?

### 1. 창업의 중요성

전 세계적으로 창업이 앞을 다투어 증가하고 있으며 한국도 예외가 아니다. 왜 갑자기 창조경제, 창업경영의 목소리가 높아지는가?

정보 통신 기술의 등장으로 세계는 빠른 속도로 다변화, 다양화 되면서 조직은 물론 우리의 일상생활에 까지 커다란 파장을 일으키고 있다. 그로 인해 인터넷을 이용한 재택창업, 소호창업, 소자본창업, 프렌차이즈창업, 벤처창업 등이 붐을 일으키고 있다. 또한 구조적인 면에서 원인을 찾아보면

**첫째**, 지금까지 우리 한국은 어려운 환경 속에서도 빠른 속도로 선진국과 선도기업을 벤치마킹하며 달려왔다. 그 결과 1964년 GDP $100 – 에서 1995년 $10,000 – 이라는 기적을 만들었다. 31년 만에 GDP가 100배 증가하였다. 세계 사람들은 이것을 한강의 기적이라고 한다. 이제 우리나라도 반도체, 조선, 핸드폰, 자동차, 가전제품 등은 선두 대열에 다가 왔다. 앞에 가는 자가 만들어 놓은 길을 걸어가기는 쉽다. 이제는 앞에 아무도 없다. 우리가 길을 만들어 나가야 한다. 이것이 창조경제다.

**둘째**, 낙수효과(trickle down effect)의 감소 현상이다.

주전자의 물을 컵에 따르면 컵에 물이 가득 차고 나서 넘쳐흐르는 효과이다. 대기업이 성장 발전하면 중소기업의 일감이 넘쳐나고, 투자와 노동자 고용인구가 늘어나는 효과가 생기는 현상이다. 그러나 근래에 와서 이 현상이 감소하고 있다는 것이다. 예를 들면 노동자가 500명이 하루에 500개의 제품을 생산하는 기업에서, 하루 50개를 더 생산해야 하는 주문이 들어오면 노동자가 50명이 더 고용되어야 하는데, 자동화 기계화가 노동력을 줄여서 450명이 550개를 생산하는 구조로 가고 있다는 것이다. 즉 취업 기회가 줄어들게 된다. 이는 곧 창업에 대한 수요로 이어지면서 과거 어느 때보다 다양한 분야에서 창업이 이뤄지고 있다. 그러나 막상 창업을 하려고 하면 고려해야 할 것이 한두 가지가 아니다. 창업을 쉽게 생각하고 시작하였는데 제대로 해보지도 못하고 실패하는 경우가 허다하다. 그래서 창업을 할 때는 사전에 미리 계획을 세워서 세심한 준비를 해야 함은 필수적이다.

**Article 1** 창업 - 청년 창업/퇴직자 창업/실버 창업

### 나이, 자금 따라 창업도 "다르게"
### 퇴직자 창업전략

퇴직하는 연령에 따라 창업전략은 달라질 수밖에 없다. 또 창업자금으로 쓸 수 있는 돈에 따라서도 창업계획은 달라진다. 배우자가 직장을 가지고 있는지, 자녀 교육비가 얼마나 필요한지 등도 고려해야 한다. 중요한 것은 자신의 연령과 창업자금에 적합한 창업아이템을 찾는 것이다.

한국창업전략연구소(changupok.com) 이경희 소장은 "퇴직자들은 미래에 대한 불안 때문에 성급하게 창업하는 수가 있는데 이 경우 실패확률이 높다"며 "나이, 자금은 물론 자녀교육 등 앞으로 벌어질 상황까지 종합적으로 고려해 창업계획을 짜야 한다"고 말했다.

- 30대 퇴직자＝배우자의 직장 보유여부가 창업 전략에 영향을 미친다. 배우자가 돈을 번다면 장기적인 안목으로 창업 준비를 할 수 있지만 그렇지 않다면 곧바로 수입을 올릴 수 있는 생계형 업종을 선택하는 것이 바람직하다.
  대개 5천만~1억원이 동원 가능한 창업자금이다. 이 돈이라면 점포 창업으로는 썩 여유있는 자금은 아니다. 따라서 주택가 주변에서 할 수 있는 업종, 10~15평 규모에서 할 수 있는 판매, 서비스형 업종, 자신의 영업력을 최대한 활용할 수 있는 소호사업이나 교육사업에 관심을 갖는 게 좋다.
  추천 업종으로는 점포사업으로는 유기농 식품판매점, 사무물류편의점, 문구점, 복합수퍼꼬치점, 치킨배달사업, 일식꼬치점, 기계초밥전문점, 우동전문점, 24시간김밥집, 피자배달점 등이 있다. 교육사업으로는 외국인 가정교사 파견업이나 주산수학학원, 창의력교육센터 및 사고력계발교육사업 등이 좋다. 소호사업에는 가격파괴타일재생업, 절전기설치업, 알레르기클리닝사업 등이 있다.

- 40대 퇴직자＝대부분 내집마련이 끝나 있는 상태지만 여유자금은 그다지 많지 않다. 대부분 1억원 안팎의 창업자금을 쓸 수 있다. 생활비가 가장 많이 드는 때라 당장 안정적인 수입이 보장되는 안전한 업종을 택하는 게 좋다. 따라서 점포형 업종, 그 중에서도 외식업이 적당하다.
  외식업으로는 요즘 인기있는 포장마차형 카페나 화로구이전문점, 다양한 재료를 구워먹을 수 있는 구이백화점 등이 있다. 일반고깃집, 삼겹살전문점, 호프주점, 퓨전주점, 굴요리전문점, 게요리전문점, 팔도해장국전문점, 돈가스우동전문점, 마끼전문점, 스시롤전문점 등도 고려해 볼 만하다. 부부가 함께 할 수 있는 업종으로는 반찬편의점, 건강원, 유기농식품점, 가죽리폼전문점, 가격파괴피부관리실, 제과점, 배달형업종편의점 등을 들 수 있다.

• 50대 이상 퇴직자=대부분 내집 마련이 돼 있고 어느 정도 여유자금도 있는 상태다. 하지만 자녀의 연령 등에 따라 창업에 쓸 수 있는 돈은 달라진다. 예컨대 자녀가 대학에 다니거나 결혼을 준비 중이라면 창업에 쓸 수 있는 돈은 적어질 수밖에 없다.
창업자금은 1억5천만~3억대가 많다. 이 때문에 어느 정도 규모가 있는 외식업이나 주점업 등이 가능하다.
추천 업종으로는 임대형 업종으로 시설장치업에 속하는 노래방, PC방, 원룸텔고시원, 독서실 등이다. 외식업으로는 최근에 인기를 얻고 있는 1인 샤브샤브전문점을 추천할 수 있다. 교육사업 중에서는 어린이 영어학원 등 2억원 이상 자금대가 드는 업종을 고려할 수 있는데 성숙기에 접어들어 너무 경쟁이 치열한 사업은 피하도록 한다. 위탁관리형으로는 샌드위치 카페나 포장마차 카페, 낙지요리전문점, 샤브샤브전문점, 칼국수전문점 등을 고려할 수 있다.

(중앙경제, 2003.12.15)

**"가장 자신 있는 것을 찾아라"**

외국기업 제품기획실에서 2년간 일했던 이선영씨는 1년 전 창업의 길에 나섰다. 보드게임 동호회이었던 그는 자신이 좋아하는 보드게임을 사업과 연계하고 싶었다. 어렵사리 1억3천만원을 마련해 서울 신촌에 보드게임 카페 "베레베레(www.perepere.com)"를 차렸다. 현재 이 카페는 월 평균 2천만원의 매출에 1천만원의 순익을 올리고 있다. 이씨는 "하고 싶은 업종을 선택한 뒤 성공할 수 있다는 자신감을 가지고 노력한 것이 성공의 비결이었다"고 말했다.

**사업규모, 자금 등 구체적 목표 잡아야**

대학원까지 나왔지만 계속 취업에 실패한 남재규씨. 결국 그는 취업을 포기하고 롤배너 광고관리 대리점 사업을 선택했다. 회전식 광고판인 롤배너에 각종 광고 내용을 매달아 상하로 돌아가면서 홍보해 주는 사업이다. 대리점 개설비용은 3백50만원에 불과했지만 영업을 시작한 지 1년이 돼 가는 현재 월 3백만원의 순익을 올리고 있다. 자신의 꿈을 실현하기 위해 혹은 취업이 안돼 창업을 선택하는 젊은이들 이 늘고 있다. 하지만 남씨의 경우처럼 성공하기만 하는 것은 아니다. 실패하는 경우가 더 많다. FC창업코리아 강병오 대표는 "청년창업은 준비없이 성급하게 뛰어드는 경우가 많다"며 "확실한 목표를 세우고 사전준비를 철저히 해야 한다"고 말했다.

• 비전과 계획=창업을 결심했다면 창업의 비전부터 설정해야 한다. "높은 수익"이라는 설정도 좋다. 목표가 확실해야 계획을 일관적으로 세울 수 있다. 이어 "창업계획서"를 작성해야 한다. 개인사업일지라도 구체적인 안이 없으면 체계적인 운영이 불가능하다. 따라서 투자자금과 사업규모, 자금회수 일정까지 구체적으로 정하는 것이 좋다.

• 경험과 성장 가능성=청년들에겐 전문지식과 경험이 많지 않다. 이를 보충하는 것이 급선무다.
이를 위해 창업특강이나 세미나에 최대한 많이 참가하는 것이 좋다. 사업 아이템을 정하면 관련 분야에서 최소한의 기간이라도 경험을 쌓아야 한다.
점포도 꼼꼼히 살펴야 한다. 점포 하나를 얻기 위해서는 1백개의 점포를 봐야 한다. 직접 발로 뛰어 업종을 고려해 연령대, 구매력, 선호도 등 소비자 분석과 입지분석도 병행해야 한다. 사업 아이템은 성장 가능성이 큰 업종을 선택해야 한다.

### 세미나 많이 가보고 미리 경험 쌓도록

• 자금마련=청년들에게는 자금부족이 가장 큰 벽이다. 아직 정책적으로 청년창업자금을 전문적으로 지원하는 제도는 마련돼 있지 않다. 사업아이디어가 좋다면 중소기업청이나 소상공인지원센터 등 정부기관 창업지원금을 신청해 볼 수 있다.
청년창업의 경우 무리하게 돈을 빌려서 하는 사업이나, 투자 규모가 큰 사업은 피하는 것이 좋다. 타인 자본으로 사업을 시작한다고 하더라도 철저한 상환 계획을 세워야 한다. 앞으로 계속 사업을 하려면 신용이 우선이기 때문이다. (중앙일보, 2003.12.22)

### 실버 창업... 돈 보다 능력에 맞추세요

우리나라 인구 고령화가 빠르게 진행되고 있다. 통계청에 따르면 2004년 기준 65세 이상 노인인구가 차지하는 비중이 8.7%까지 높아졌다.
이미 2000년 65세 이상 인구가 차지하는 비율이 7.2%에 달해 고령화 사회(고령인구 비율이 7% 이상인 사회)로 들어섰고 2018년에는 14.3%까지 상승해 고령사회(고령인구 비율이 14% 이상인 사회)에 진입할 것으로 전망되고 있다.
고령인구가 급속히 늘어나면서 놀면서 자식에게 기대기보다는 일을 하겠다는 인식이 높아지고 고령 창업자도 눈에 띄게 많아지고 있다.
퇴직 후 재취업을 하려고 해도 노인을 필요로 하는 직종이 경비, 간병인, 택배 등 단순직에 머물러 있어 취업 대신 창업에 눈을 돌리는 노인이 많다.
이인호 창업e닷컴 소장은 "최근 노인 예비 창업자들이 늘어나 창업교육이나 상담자 10명 중 2명은 55세 이상인 실버층으로 5~6년 전에 비하면 2~3배나 증가했다"고 말했다.

• 창업 성공사례=분당에서 탈모관리 전문점(스펠라랜드)을 운영하고 있는 이성진 사장은 고객으로서 경험을 살려 창업한 사례다. 평소 탈모관리를 받으며 만족했던 이 사장은 아예 창업까지 하게 됐다.
한동안 머리가 빠져 모발관리를 받다 효과를 보고 사업에 뛰어들었다.

고객으로서 경험이 있어 현재 고객들과 이야기가 잘 통한다는 이사장은 "나이들어 실패하면 안 되니까 아이템을 잘 고르는 것이 중요하다"며 "프랜차이즈는 먼저 오픈한 점포를 참고 하면 도움이 된다"고 말했다. 30년 넘게 해운업을 하다 아들에게 물려준 그는 집에 있는 것이 성격에 맞지 않아 무언가 일거리를 계속 찾았다.

지난해 9월 1억7000만원을 들여 창업한 이 사장은 6개월 만에 월매출 2500만원~3000만원, 이익 1000만~1500만원을 올리고 있다.

평생 영업을 하면서 사람 만나는 것을 좋아했던 그는 지금도 발로 뛰는 영업에 나서고 있다. 현수막, 전단지, 구청게시판 등 다양한 광고수단을 활용하고 사우나, 피트니스 센터 등 장소를 가리지 않고 홍보를 한다. 특히 이·미용사에게는 철저한 고객관리를 함으로써 분당에서는 이 사장을 모르는 사람이 드물다. 그는 열심히 뛰어다니는 것이 운동도 되어 건강에 좋다고 한다.

또 사업은 인간관계가 중요하다고 생각해서 직원들과 터놓고 대화하고 그들 의견을 존중한다. 그는 "인생은 이제 시작"이라며 늘 환하게 웃는다.

유창열 사장(61)은 서울 종각역 밀레니엄 빌딩 옆, 북가좌2동 사무소 근처, 경기도 화정 롯데마트 인근에서 종로 함흥냉면집을 3개나 운영하면서 월 수천만 원대 수익을 올리고 있다.

유사장은 여느 젊은이 못지않게 몸을 아끼지 않는다. 그는 "나이 생각은 말고 무슨 일이든 전력투구해야 한다"며 "나도 젊은 사람처럼 뛰어서 성과를 낼 수 있었다"고 말했다. 그는 또 "상담을 해오는 후배들이 종종 있는데 제대로 의지를 가지고 있지 않아 자세부터 잘못됐다는 지적을 많이 해준다"고 말했다.

보험회사 등에서 28년 동안 근무한 유 사장은 2000년 창업한 그는 자영업에서는 흔치 않게 종업원 지주제로 경영성과를 올리고 있다. 주방장 등 종업원이 자기 가게로 여기고 일하는 덕분이다. 그는 주방을 장악해야 맛을 확보하고 가게가 성공할 수 있다고 판단해 주방장도 가게에 투자하게 하고 매달 성과만큼 이익을 나눠갈 수 있도록 했다. 하루 일과가 끝나면 영업내용을 공람시킨다. 유 사장은 놀면 빨리 늙어버린다는 지론을 갖고 있어 적어도 80세까지는 벌어야 한다는 생각이었다.

• 유망 아이템과 창업전략＝일반 예비 창업자와 마찬가지로 실버 창업도 창업자 개개인이 처한 상황과 경험, 자금 역량에 따라 창업방향이 달라진다.
대인관계 폭이 넓고 자금이 넉넉하면 외식업이나 시설장치 서비스업에 도전해볼 수 있다.
전문가들은 죽전문점, 전통음식전문점, 부동산임대업(소호사무실, 펜션, 원룸, 고시원 등), 가죽수선업, 홍삼액전문점, 학원사업, 북카페 등을 든다. 서예나 한문등에 조예가 있다면 학원사업을 해볼 수 있겠다. 사무실 공간만 얻고 집기만 약간 구입하면 되므로 비용도 적게 든다.

실버 창업은 고령화사회 문제점을 해결할 대안으로 꼽히고 있어 앞으로 정책적인 정부 지원이 늘어날 것으로 보인다. 하지만 현재는 특별한 지원이 없으므로 치밀한 전략과 사전조사가 필요하다.
30·40대에는 창업을 결행했다 실패해도 재기할 수 있는 여지가 남아 있지만 실버세대에 실패하면 돌이킬 수 없는 상황을 맞는다. 그러므로 경쟁이 심하거나 유행을 타는 업종은 피하는 것이 안전하다.
위험에 대비한 전략도 세워 놓고, 전 재산을 창업자금으로 모두 소비하지 말고 여유자금을 다소 남겨두는 편이 좋다.
또 다양한 연륜과 경험을 살릴 수 있는 업종을 찾는 것이 좋다. 예를 들어 경영자 출신이라면 소호(SOHO) 사업자를 위한 비즈니스센터 운영을 생각해 볼 수 있고 교육자 출신이면 학원 등을 고려할 수 있다.
실버 창업은 돈을 버는 것보다는 일 자체가 자기능력에 맞고 즐거운 것이 바람직하다. 또 보람도 있고 남들이 좋은 이미지를 갖고 있는 아이템이면 더욱 좋다. 무엇보다 과거경력에 집착해 대접받기를 바라면 실패할 확률이 높다. 화려했던 경력보다는 앞에 닥친 현실을 직시해야 한다. (매일경제, 2008.2.6)

창업(foundation)이란 사업의 기초가 되는 기업을 설립하는 것을 말한다. 구체적으로 보면 개인이나 조직이 고객의 욕구를 만족시키기 위하여 기업을 설립하여 경영활동을 수행하는 것을 의미한다. 예를 들면 제조업의 경우 기존제품의 개선이나 새롭게 개발된 신제품을 생산·판매할 목적으로 기업체를 설립하여 경영활동을 하는 것을 말한다. 그러나 반드시 획기적인 기술을 통해 개발한 제품이어야만 창업을 할 수 있는 것은 아니다. 기존 사업을 변화시키거나 다각화시키는 것도 창업이라고 할 수 있으며 고객을 감동시킬 수 있는 작은 서비스를 개발하는 것도 훌륭한 창업아이디어가 될 수 있다. 즉 창업은 재화나 용역을 생산하거나 판매하는 사업을 시작하기 위하여 새로운 기업을 설립하는 행위이다.

## 2. 창업의 특성

누구나 창업할 수 있다. 하지만 누구나 성공할 수 있는 것은 아니다. 매일 많은 수의 기업이 설립되지만 또한 많은 수의 기업이 사라진다. 창업의 특성을 이해하는 것은 창업을 준비하는 기본이다. 창업의 특성은 다음과 같다.

그림 1-1 창업의 구성

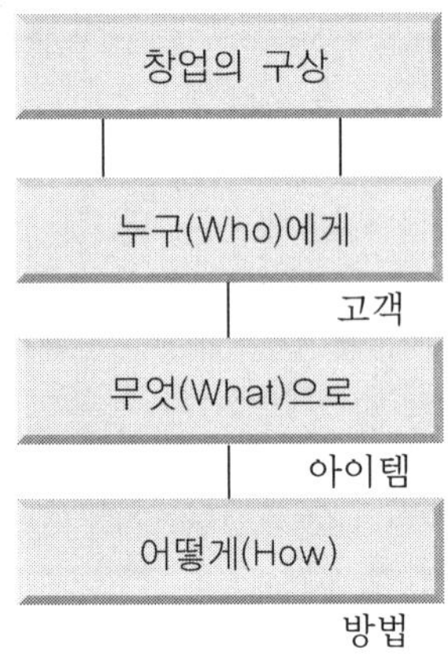


**첫째**, 창업의 의사결정은 복잡한 경영환경 변화와 불확실성 아래서 이루어진다. 아무리 빈틈없이 완벽하게 창업 준비를 끝마쳤다 하더라도 풍요로운 결실을 확신할 수는 없다. 왜냐하면 단지 창업아이디어가 훌륭하다는 이유만으로 수요가 저절로 창출되는 것은 아니기 때문이다. 창업은 이제까지 전혀 경험하지 못한 새로운 사업을 시작하는 것이기 때문에 그 결과를 예측하기가 어렵고 불확실할 수밖에 없는 특징이 있다.

**둘째**, 창업은 신규자원의 투입을 전제로 하고 있으므로 위험부담을 안고 시작하게 된다는 점이다. 또 이러한 투입자원에 대한 결실은 장기간에 걸쳐서 서서히 이루어지며 그 결실의 크기도 명확하지 않기 때문에 창업에는 큰 위험이 수반되는 특징이 있다.

**셋째**, 창업은 본질적으로 진취적이고 창조적이며 모험적인 성격을 갖고 있다는 점이다. 즉 창업이 성공될 경우엔 엄청난 수익이 창출되지만 실패할 경우엔 커다란 상처를 입게 된다. 이는 원래 창업이 갖고 있는 불확실성과 위험 때문이다. 그렇기 때문에 창업이 성공적으로 이루어지려면 변화를 잘 감지할 줄 알며 상상력과 창의력이 뛰어나고 결단력 있는 기업가정신(entrepreneurship)이 바탕이 되어야 한다.

이와 같은 특성 때문에 창업자는 확고한 비전과 결단력은 물론 모험심과 리더십, 신뢰성, 도덕성 등의 자질이 요구되며 기업을 창업하기 위해서는 사전에 충분한 분석을 통해 매우 신중하게 접근할 필요가 있다.

## 3. 창업의 동기

창업 동기는 창업자에 따라 다양할 수 있지만 크게 네 가지로 설명할 수 있다. 즉, 개인의 현장 경험과 지식을 바탕으로 하고 싶은 일을 해 보려는 자아실현 동기, 자신의 능력을 발휘해 기업을 성장시키고 사회적 책임을 다해 사회에 봉사하려는 의도 또는 개인이 가지고 있는 사업 아이디어를 상업화하려는 모험 정신의 발현을 들 수 있다. 그 외 '실직과 취업난, 직장전망 불투명' 등 경제 환경의 영향을 받은 창업이 있다. 이를 자세히 살펴보면 다음과 같다.

#### 경제적 동기

가장 기본적인 창업 동기라 할 수 있다. 이는 창업을 위해 투입되는 자원의 크기보다 미래에 생성되는 산출물로 인하여 기대되는 수익이 더 클 것이라는 기대를 가지고 창업하는 것으로서 창업의 필요조건이기도 하다.

#### 자아실현 동기

자아실현 동기는 이윤추구를 목적으로 하는 경제적 동기와는 달리 비경제적 목적을 추구하기 위한 창업이다. 즉 자신의 기업을 소유, 운영해 보고 싶은 욕구 보다 기업소유자로서 얻게 되는 명성과 기업경영을 통해 자신의 꿈과 이상을 실현하기 위해 창업하는 경우이다.

#### 사회적 동기

이는 자신에게 숨어 있는 사업가적 능력을 발휘하여 기업을 창업, 운영하고 성장시킴으로써 사회적 책임을 구현하고, 이를 통해 사회발전에 이바지하려는 목적의 창업을 말한다.

#### 새로운 아이디어나 개념의 사업화

독특하고 기발한 아이디어를 가지고 사업화하려는 의도에서 이루어지는 것으로 가장 이상적이고 순수한 창업 동기라 할 수 있다. 그러나 창업 아이디어의 선정은 창업자가 맨 먼저 해결해야 할 과정이며 이는 사업 성패를 가늠하는 가장 중요한 요인이다.

## 4. 창업의 3요소

창업이란 첫째, 창업자가 고객의 욕구를 만족시키기 위하여 둘째, 창업 아이디어를 가지고 셋째, 자본을 동원하여 특정한 제품이나 서비스를 생산·판매 하는 기업을 설립하는 것이다. 그러므로 창업을 위해서는 기본적으로 창업자와 창업 아이디어, 그리고 자본이 있어야 한다. 즉, 창업의 목적은 이윤추구이지만 기업을 설립하는데 필요한 요소는 창업자(인적 요소), 자본(물적 요소), 창업 아이디어(목표 요소)가 있어야 하며 이를 창업의 3요소라 할 수 있다(그림 1-2).

그림 1-2 창업의 3요소

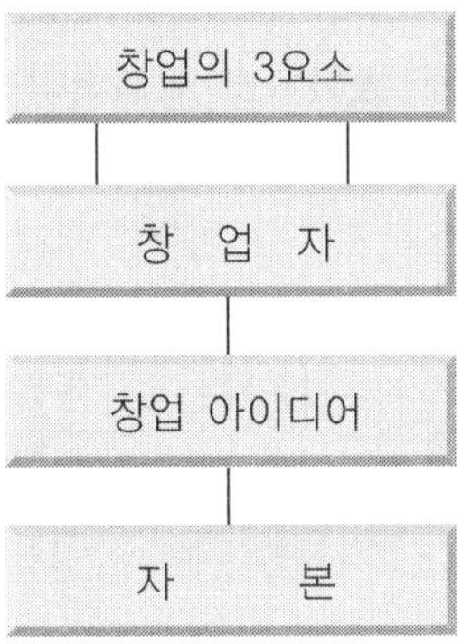


**창업자**

창업자는 사업기회를 인지하여 계획(plan)을 세우고 이를 실행(do)하며 평가(see) 등을 주도하고 책임지는 창업의 주도자이다. 기업의 성공과 실패에 관한 사례를 보면 창업기업가 또는 경영자의 개인적 역량이 차지하는 비중이 높다. 특히 창업단계에서의 기업성과는 대부분 창업자의 능력과 자질에 의해서 결정된다고 볼 수 있다. 창업자는 이러한 기능을 수행하기 위하여 기업 설립에 필요한 유·무형의 자원을 동원하고, 이들을 적절히 결합하여 기업이라는 시스템을 만들고, 설립된 기업이 의도한 대로 기능을 발휘하도록 관리하는 역할을 한다. 그러므로 창업자의 능력, 가치관 등은 창업기업의 성패와 효율에 지대한 영향을 미치게 되므로 창업자는 매우 중요한 요소이다. 유능한 창업자가 되려는 노력은 성공적인 창업을 위해 필요하며, 그러한 창업자를 양성하려는 상호적 또는 국가적 노력은 해당하는 사회와 국가의 경제적 발전을 위해서도 매우 중요하다.

창업 아이디어

창업자는 특정한 아이디어를 기초로 기업을 창업하여 이익을 올릴 수 있다고 판단하는 경우에 비로소 경영자원을 동원하여 기업을 설립하게 된다. 기업 창업에 있어서 어떠한 제품이나 서비스를 생산·판매할 것인가 하는 창업 아이디어는 창업이 성공하느냐 실패하느냐의 관건이 된다. 창업 아이디어의 원천은 창업자 자신일 수도 있다. 창업 아이디어가 만족시켜야 할 조건은 창업 아이디어에 따른 생산 활동을 수행하는 결과로 기업의 목적인 수익을 발생시킬 수 있어야 한다는 것이다.

자 본

자본은 기업창업의 필수조건이다. 창업자본은 창업자가 기업을 실제로 설립하고 운영하는데 필요한 자본으로 기술, 시설, 노하우, 인력, 지식 등을 살 수 있는 돈을 말한다. 창업자는 자기자본만으로도 창업할 수도 있고, 자기자본 이외에 타인자본을 추가하여 필요한 자본을 조달할 수도 있다.

## 5. 창업의 종류

창업의 종류는 분류기준에 따라 여러 가지로 구분할 수 있다. 크기에 따라 소기업, 중소기업, 대기업으로 구분할 수 있고 업종에 따라 제조업, 유통업, 서비스업으로 구분할 수 있다. 또 새로움의 정도, 경영의 독립성, 소유자의 수에 따라 여러 가지로 분류할 수 있다.

### (1) 업종에 따른 분류

제조업

소비자에게 제공하는 유형의 상품을 만드는 기업을 말한다. 제공하는 상품은 모양, 크기, 무게 등 외양적인 것으로 품질 식별이 가능하며 교환, 복원 등이 가능함으로 결함에 대한 보상도 가능하다. 통상 유형의 제품과 함께 무형의 서비스를 함께 경험하게 된다. (제6장 참조)

유통업

제품이나 서비스를 생산자로부터 최종 소비자에게 이동시키는 과정에 참여하는 기업을 말한다. 제조업자는 자사제품을 판매하는데 있어 최적의 유통업자, 즉 중간상을 이용한다. 이 유통업에는 도매업, 소매업, 물류업 등이 있다. (제6장 참조)

**서비스업**

서비스는 재고가 없는 무형상품이며 생산과 소비가 동시에 일어나며 현장에서 한번 소비되어 사용되면 그 자체가 소멸하며 저장이 불가능하다. 또 서비스 품질은 제품 품질과 달리 서비스를 제공하는 사람이나 시간에 따라 달라진다. 한 고객에게 제공하는 서비스를 다음 고객에게도 정확하게 똑같이 제공하기가 힘들기 때문이다. 따라서 서비스업에서의 품질은 표준화하기도 어렵고 일관성 있게 제공하는 것도 어렵다. 즉 사람, 시간상황 등에 따라 서비스의 품질이 달라지기 때문에 품질 표준화가 어렵다는 특성을 지닌다. (제6장 참조)

### (2) 독립사업과 프랜차이즈

프랜차이즈 조직은 프랜차이즈본부(franchisor)가 계약에 의해 가맹점(franchisee)에게 일정기간 동안 특정 지역 내에서 자신들의 상표, 상호, 기업운영방식 등을 사용하여 제품이나 서비스를 판매할 수 있는 권한을 허가해 주며, 가맹점은 이 에 대한 대가로 본부에 초기 가입비와 매출액에 대한 일정비율의 로열티(royalty)를 지급하는 형태이다. 법적계약에 의해 프랜차이즈본부는 가맹점포에게 제품을 판매하거나 설비를 임대 또는 판매할 수 있다. 예를 들어, 맥도날드는 모든 가맹점들이 본부가 지정한 공급업자로부터 구매하기를 요구하며, 본부가 건물과 점포설계에 대한 명세를 규정할 뿐 아니라 가맹점들이 준수해야 할 품질기준을 제시한다.

한편, 개인에 의해 독립적으로 운영되는 점포의 경우, 이들은 개별 점포마다 독자적인 상호를 사용하여, 원자재 구입, 제공하는 음식과 서비스의 종류에 있어서 독립적인 의사결정을 한다. 이와 같은 경우를 프랜차이즈 가맹사업에 대비하여 독립사업이라고 칭한다. 최근에는 많은 소매업 및 서비스업에서 프랜차이즈 가맹점 형태의 사업이 확산되고 있으며 이와 같은 추세는 앞으로도 상당기간 동안 계속될 것으로 보인다. 이와 같은 프랜차이즈 가맹점 사업이 성장하는 것은 여러 점포가 같은 물건을 취급하게 됨에 따라 규모의 경제성이 커지며, 경영기술에 있어서 본부업체와 가맹점이 효과적으로 협력하여 수익성과 경

쟁력을 높일 수 있기 때문이다. (제11장 참조)

### (3) 혁신적 창업과 모방적 창업

창업기업은 혁신성 정도에 따라 혁신적 창업기업과 모방적 창업기업으로 나누어 볼 수 있다. 혁신적 창업이란 기술, 경영, 제품 등에 있어서 기존의 사업과는 크게 다른 형태의 창업을 의미한다. 예를 들면, 발명품의 사업화는 혁신적 창업이라고 할 수 있다. 그러나 비록 발명품은 아니더라도 새로운 정도가 큰 제품을 생산하고자 하는 창업은 혁신적 창업이라고 한다.

모방적 창업이란 소비자에게는 이미 알려져 있지만 그 기업에게는 새로운 것을 말한다. 기존의 기업과 같거나 유사한 형태의 창업으로 제품이나 서비스에서 기존 기업과 크게 다르지 않는 형태의 창업을 말한다.

### (4) 개인중심 창업과 법인중심 창업

창업을 하고자 하는 사람은 자신의 사업 아이디어에 따라 창업아이템을 결정하고, 사업아이템이 타당성이 있다고 판단되면 이를 시장에 내놓기 위한 구체적인 사업계획을 작성하고 사업활동을 시작하게 된다. 이러한 제반 준비활동이 완료되면, 창업자는 본격적으로 자신의 아이디어를 상품으로 개발하여 시장에 공급하게 되는데, 이러한 기능을 수행하기 위해서 기업의 형태를 갖춰야 한다. 이처럼 창업자가 사업활동을 위해 기업의 형태를 갖추는 과정을 회사설립이라 한다.

창업을 위해 회사설립을 할 때 창업자는 기업의 형태를 개인기업으로 할 것인가 또는 법인기업으로 할 것인가의 선택을 하여야 한다. 개인기업이란 법인격이 없어 기업활동과 관련된 모든 책임을 대표자로 등록된 사업자 본인이 부담해야 하는 기업형태를 말한다. 일반적으로 소규모의 회사나 사무실 또는 상점이나 식당 등의 자영업이 개인기업의 형태로 운영되는 경우가 많다. 법인기업은 개인기업과 달리 기업 자체가 법인격을 가지게 되므로 기업활동에서 발생하는 권리와 의무 역시 기업이 부담하게 된다. 일반적으로 다소 규모가 큰 기업들이 법인기업의 형태로 운영되는 경우가 많다.

개인중심 창업은 책임과 권한의 소재가 분명하고, 의사결정이 신속하다는 장점을 가지지만 자본과 경영기술 등에 있어서 개인에게 의존함으로써 한계를 가질 수가 있다.

### (5) 무점포 창업과 점포중심형 창업

소매업에 있어서의 전통적인 판매방식은 소비자가 이용하기 편리한 위치에 점포가 입지하여 직접 제품을 판매하는 것이었으나, 소비자의 편의성에 대한 욕구가 증대하고 각종 매체의 발달에 따른 정보화가 진전되면서 무점포판매가 새로운 유통경로로 주목을 받고 있다. 고객의 욕구가 다양해지고 소매업태간 또는 업태내의 경쟁이 날이 갈수록 심화됨에 따라 표적소비자의 욕구와 특성에 보다 부합되는 상품을 판매하는 소매형태인 무점포 소매업이 급속한 성장을 보이고 있다. 중요한 무점포형 소매업에는 직접마케팅(direct marketing), 직접판매(direct selling), 자동판매기(automatic vending machine) 등이 있으며 직접마케팅에는 우편판매, 텔레마케팅, 텔레비전마케팅, 사이버마케팅 등이 있다.

### (6) 소자본 창업과 벤처 창업

#### ① 소자본 창업

창업초기의 자금 확보 문제와 불확실한 사업전망 등으로 인해 적은 자본을 가지고 작은 규모로 시작할 수 있는 다양한 형태의 창업을 말한다. 소기업에서 시작하여 점차적으로 사업규모를 확대해 나가는 것이 일반적인 유형으로 경제에 있어 소자본창업의 비중이 크다.

"소기업지원을 위한 특별조치법"에서의 소기업의 정의는, 제조업의 경우 종업원 수 50인 이하, 도·소매 기타 서비스업은 10인 이하로 규정하고 있다. 소기업은 우리나라 전체 사업체 수의 90% 이상을 차지하고 있지만 그 특성상 재래식 경영, 만성적인 자금난 등으로 영세성을 면치 못하고 있다.

소자본 창업은 소규모 사무실이나 5~8평 이내의 점포 또는 자신의 집에서 영위하는 소규모사업을 가리키는 말로서 "Small Office Home Office"로 소호산업이라고 한다. 기술과 모험이 결합된 중소기업의 형태를 벤처라고 하면 소호는 비기술적 분야의 정보, 지식, 직장경험, 취미, 특기, 아이디어 등을 가지고 다양한 네트워크를 활용하여 자영업 형태로 하는 사업이라 할 수 있다.

소자본 창업은 혼자 또는 소수의 인원으로 시작하는 가족 기업형태를 띠고 비교적 작은 공간에서 전문적인 일을 통해 적정한 수익을 추구하는 사업단위이다. 소자본 창업을 할 때 적합한 업종은 비교적 많으나 그렇다고 해서 모든 업종이 다 성공하는 것은 아니다. 시대의 흐름에 따라 환경도 쉴 사이 없이 변하기 때문이다. 그러나 유망업종은 반드시 있기 마련이다. 유망업종이란 비교적 장기간 동안 일정 수준 이상의 수익을 계속해서 발생시키는 업종을 의미한다. (제11장 참조)

**② 벤처 창업**

벤처 창업이란 왕성한 기업가 정신을 바탕으로 혁신적인 첨단기술이나 새로운 아이디어를 사업화하기 위해 설립된 기업으로 경영의 위험성이 매우 높지만 성공했을 경우에는 상당한 수익이 기대됨으로 이에 과감히 도전하는 기업이라고 정의할 수 있다.

20세기 후반에 접어들면서 선진국의 소득증대는 인간의 욕구에 대한 수요를 증가시켰다. 사람들은 점점 편리성, 안전성, 흥미성, 심미성, 쾌락성의 가치를 선호하는 가운데 교육, 문화, 레저, 스포츠, 건강, 환경, 커뮤니케이션, 웰빙 등에 더 많은 관심을 높이게 되었다.

이처럼 소비자 욕구가 다양화 다변화 되면서 제품의 수명주기, 기술의 수명주기, 지식의 수명주기가 갈수록 짧아지고 유연성과 신속성이 성공의 핵심요인이 되면서 수많은 틈새시장이 급속하게 나타난 것이 벤처기업이 등장하게 된 배경이라고 할 수 있다.

또한 기술혁신과 아이디어를 바탕으로 하는 벤처산업에 있어서 인재의 중요성은 날로 강조되고 있는 추세이다. 자본집약적이기 보다 지식집약적인 하이테크 산업에서 개발에 참여하는 종업원에 대한 동기부여가 중요하며, 기업이 종업원에게 회사의 충성심만을 강요하기보다 종업원 자신에게 자기실현의 장이 될 수 있도록 분위기를 조성함이 바람직하다. (제10장 참조)

## 6. 창업의 진행과정

창업에는 상당한 자본이 투자되면서 큰 위험성이 따르므로 치밀한 준비와 체계적인 계획이 반드시 필요하다. 창업에 대한 계획은 집을 지을 때의 설계도와 같은 것이다. 설계도 없이 집을 지으면 많은 혼란이 따르기 마련이다.

마찬가지로 사업을 시작하는 창업자도 해야 할 많은 일들과 변화하는 사업환경으로 자칫 혼란스러울 경우가 발생한다. 그러므로 철저하게 준비된 사업계획이 있어야 그에 맞추어 창업자 자신의 목적을 일깨워가며 위기에 대한 전략적 대안을 제시할 수 있게 된다.

그림 1-3 창업의 진행과정

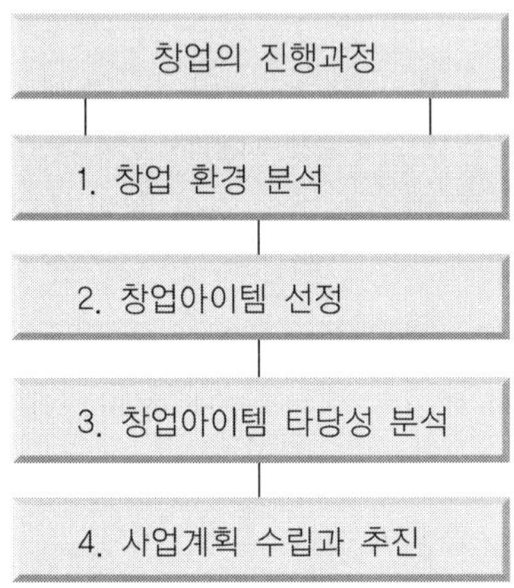


## (1) 창업환경 분석

새로운 사업을 시작하는 데 있어서 가장 먼저 고려해야 하는 것은 과연 창업을 할 수 있는 내부적 여건이 갖추어져 있는지를 살펴보는 것이다. 이를 토대로 해당분야에 대한 외부환경도 분석하여 창업에 따르는 위험을 최소화하여야 한다. 이와 같이 내부여건과 외부환경에 대한 분석이 이루어지면 최적의 창업아이템을 선정할 수 있게 된다.

오늘날 경제환경의 급속한 변화로 미래의 경제상황을 예측하기 어렵다. 뿐만 아니라 창업은 현재의 상황만 고려하는 것이 아니라 적어도 몇 년 후를 내다보며 준비하는 것이기 때문에 현재의 상황만을 고려하는 것은 바람직하지 않다. 창업 시기는 차후에 결정하더라도 현재와 앞으로의 상황이 어떻게 변화할 것인지를 분석하면서 준비하여야 한다.

환경변수와 자신의 잠재력을 감안해 창업의 방향을 설정하고자 할 때 많이 사용하는 방법 중의 하나가 바로 SWOT 분석이다. SWOT 분석이란 사업에 영향을 끼치는 각종 외부적 환경 분석을 통해 기회요인(O: opportunity)과 위협

요인(T: threat)을 발굴하는 것이고, 또 기업이 가지고 있는 내부적인 강점(S: strength)과 약점(W: weakness)에 연결시켜 타당한 방향을 찾는 방법이다. SWOT 분석은 환경을 분석하는 안목을 갖출 수 있고, 나아가 자신의 잠재력과 결합해 거시적인 창업방향을 탐색할 수 있다.

기회요인이란 지금의 환경변화가 창업을 할 때 어떤 점에서 유리할 지를 찾아내는 것이다. 반면 위협요인은 환경변화 중에서 창업자들에게 불리하게 작용할 변수들을 말한다. 기회요인이나 위협요인을 발굴하는 방법은 환경변화 내용을 직시하고 그중에서 창업에 유리하거나 불리한 영향을 줄 항목들을 골라내면 된다.

### (2) 창업아이템 선정

창업자가 내부적인 여건을 토대로 몇 개의 분야를 선정하고 이에 대한 내부적인 강점과 약점 및 여러 가지 외부적 환경을 분석하게 되면 이제는 최적의 창업아이템을 선정할 단계에 들어서게 된다.

창업자가 창업을 하는 데에 있어서 가장 핵심적인 단계는 창업아이템을 탐색하고 선별하는 것이라고 할 수 있다. 그 이유는 창업의 성공여부를 결정하는데 가장 크게 작용하는 것이 어떤 아이템이냐 하는 것이기 때문이다.

실제 현장에서 창업을 하기 전에 창업아이템을 탐색하여 무엇으로 할 것인지를 결정하는 문제는 어렵고도 중요하다. 왜냐하면 창업아이템의 대상을 선택하는 그 자체가 창업성패의 관건으로 작용할 수도 있기 때문이다. 즉, 아무리 훌륭한 기술을 개발 했더라도 제품화, 실용화하기 어렵거나 일반 사람들에게 널리 인식되지 않는 아이템이라면 창업을 해도 실패하게 될 것이다.

그러나 유망업종을 찾기란 쉬운 일이 아니다. 성공이 점쳐지는 유망 아이템의 경우 이미 많은 업체가 성업 중이거나 창업예정 중일 것이 틀림없다. 아무리 좋은 아이템이라 하더라도 경쟁자가 많은 업종은 실패할 확률이 높다. 따라서 유망아이템이란 돈벌이가 확실한 업종이라기보다는 실패율이 낮은 업종으로서 어느 정도 부가가치가 있고, 기본시장이 존재하여 향후 수요확대의 여지가 큰 업종 정도로 해석하는 것이 적절하다. 그러므로 사업아이템 선정 시 유행에 휩쓸려 인기 있는 아이템만을 선정하고 사업을 시작하면 결국은 동종업체들과의 경쟁으로 인해 사업운영이 힘든 경우가 많다.

### (3) 창업아이템 타당성 분석

수많은 창업 아이템 가운데서 한 두 개의 창업 아이템이 선별되면 이 아이템들에 대한 타당성 분석이 필요하다. 하고자 하는 사업이 사업성이 있는지 또는 가능성이 있는가를 판단하는 것은 중요한 일이다. 사업가능성이 낮다면 당연히 사업을 시작하지 않아야 한다. 창업을 잘못하면 많은 손실과 피해가 예상되기 때문이다. 사전에 준비를 충분히 했다 하더라도 실제 창업과정에서 많은 차질이 생길수도 있고 경우에 따라서는 전혀 예상하지 못했던 문제도 나타나게 마련이다.

타당성을 분석하기 위한 바탕으로 시장성, 수익성, 경쟁성이 활용되고 있다.

시장성

선정된 아이템으로 창업을 할 경우 어느 정도의 수요가 발생 할 것인가를 분석할 필요가 있다. 즉 전체의 시장 규모가 얼마나 크며 어느 정도의 시장점유율을 확보할 수 있는지를 분석하는 것이다.

수익성

구슬이 서 말이라도 꿰어야 보배다. 수요가 많더라도 수익이 없으면 잘못된 아이템 선정이다. 선정된 아이템으로 예상되는 수익률이 얼마나 되는지를 분석하는 것이다.

경쟁성

시장성과 수익성이 좋아도 경쟁자가 차별화된 우월성을 갖고 있으면 이길 수가 없다. 창업이 성공되기 위해서는 경쟁자가 쉽게 따라올 수 없고 고객이 매력을 느끼는 차별적인 우월성이 있어야 한다.

### (4) 사업계획 수립과 추진

창업아이템의 타당성 분석 결과 긍정적인 평가를 얻었다면 이를 추진하기 위한 구체적인 사업계획을 수립해야 한다. 사업계획에는 앞으로 추진할 구체적인 사업내용과 세부일정계획을 담게 된다. 이는 새로운 건축물을 지을 때 설계도면과 같은 창업에 관한 일종의 청사진인 것이다.

비록 사업의 규모가 작고 간단한 사업이라 하더라도 구체적인 사업계획 없이 즉흥적으로 대처한다면 성공하기 어렵다. 그러므로 어떤 경우의 창업이든 사업계획서를 통해서 사업계획을 세우는 것이 필요하다.

사업계획서는 계획적인 창업을 가능케 하여 창업기간을 단축하고, 계획사업의 성취에도 많은 효과를 가져다준다. 사업계획을 머릿속에서 적당히 세우는 것보다 체계적인 과정을 통해 문서화해야 한다. 또한 사업계획서는 동업자, 출자자, 금융기관, 거래처, 고객 등 창업에 도움을 줄 제3자들의 설득자료로도 활용도가 매우 높다. 이렇게 볼 때 사업계획서 작성은 정확하고 객관성이 유지되어야 하며 전문성과 독창성을 갖춘 보편타당한 사업계획서가 되어야 한다.

우뇌가 발달한 우리나라 사람들은 구체적인 사업계획서를 수립하지 않고 감이나 느낌에 의존하여 대충 생각하여 결정을 내리는 경우가 많다. 그러나 간단해 보이는 사업도 계획을 세우지 아니하고 즉흥적으로 행동하면 실패하기 쉽다. 그러므로 창업자 단독으로 사업을 추진하는 경우라 하더라도 사업계획은 반드시 작성하는 것이 바람직하다.

## 1.2 창업가 정신

### 1. 창업가에 대한 이해

창업기업의 성공과 실패에 관한 사례를 보면 창업기업가의 개인적 역량이 차지하는 비중이 높다. 오늘날 기업의 구조조정과 청년실업의 증가에 기인하여 많은 사람들이 이에 대한 대안으로 창업을 생각하고 있다. 한때 대기업에서 인정받았던 샐러리맨들이 직장을 퇴직한 후 창업에 실패하여 어려움을 당하는 경우도 있는가 하면 인정받지 못했던 샐러리맨들이 창업을 통해 성공신화를 이루기도 한다. 만약 취업이 아닌 창업을 택했다면, 창업가로써 철저한 준비와 노력을 통하여 성공할 수 있는 프로정신 즉, 창업가 정신을 갖추어야 할 것이다. 특히 기업이 조직화 및 안정화 단계에 접어들기 이전인 창업초기, 기업가의 역할은 매우 중요하다. 창업자 자신의 경영철학이나 경영이념이 조직 내에 체화되어 나타나는 것이 바로 기업문화이자 조직분위기이다. 창업자는 인간적인 신뢰의 바탕위에 사내분위기를 고취시키고 종업원들이 신명나게 일 할 수 있도록 만들어야 할 중요한 임무를 띠고 있는 것이다.

올바른 창업가란 올바른 기업가 정신에 입각하여 기업을 창업하고 경영활동을 행하며 개척정신과 모험정신을 통해 기업의 혁신활동을 계속적으로 수행하는 주체를 말한다. 성공하는 창업가 정신에는 다음과 같은 특성이 있다.

그림 *1-4* 창업가의 정신

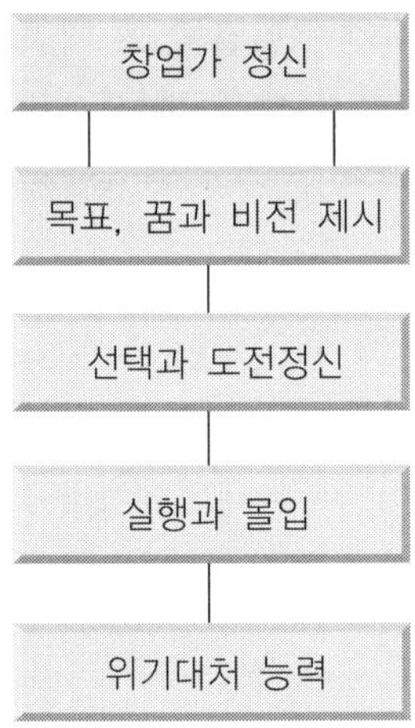


## 2. 목표, 꿈과 비전 제시

국가와 마찬가지로 기업도 구성원이 공감하는 목표, 즉 비전이 있어야 한다. 성공한 창업가들은 결과 지향적이며 성취욕구가 매우 강하다. 따라서 사회적인 지위나 권력을 추구하며, 보통사람들보다 일에 대한 열정이 강하다. 성공한 창업가들은 본인이 수행하고 있는 사업에 대해 강한 책임 의식을 가지고 결과에 승복할 줄 안다.

창업엔 상대적인 불확실성과 위험이 높다. 그래서 눈앞에 보이는 단기적인 현상에만 집착하면 방향성을 상실하거나 미래에 대한 확신을 갖기 어렵다. 미래의 가능성을 가지고 창업 팀을 구성하고 사람들을 모으려면 구성원이 공감하는 꿈과 비전의 제시가 필요하다. 바쁘고 시간이 없다. 그러나 해놓은 것은 아무것도 없다. 목표, 꿈이 없기 때문이다. 당신은 꿈이 있느냐 없느냐에 따라 당신의 인생은 달라진다. 꿈을 갖고 노력하는 사람은 반드시 성공한다. 가슴 설레는 꿈이란 놈과 함께 있으면 열정이 솟아오르고 생기(生氣)가 넘쳐흐른다. 일이 즐거워진다. 그래서 꿈이다.

### Article 2 세상은 꿈꾸는 자의 것

흔히 '세상은 꿈꾸는 자의 것'이라고 한다. 실현하려고 하는 꿈이 없으면 인생은 처량하게 되는 것이다. 남들이 한다고 따라하지 말고 남과 다른 나의 꿈을 찾는 것이 중요하다.

가난한 집에서 태어난 콘라드 힐튼의 초년시절은 몹시 어렵고 힘든 생활의 연속이었다. 그는 호텔의 벨 보이 일을 하였다. 손님들에게 친절하게 정성껏 서비스하는데 흥미를 느꼈다. 친구 벨 보이 보다 수입도 더 높았다. 손님의 무거운 짐을 들어주고 객실을 안내하고 방을 청소하며 뒤치다꺼리를 해주는 일로 생계를 이어나갔다. 그러나 그는 다른 벨 보이들과는 다른 점이 있었다.

그는 꿈이 있었다.

당시 제일 큰 호텔의 사진을 찍어서 책상 앞에 붙여놓고 그 호텔의 주인이 된 자신의 모습을 상상하고 하였다. 언젠가 나는 큰 호텔의 사장이 되어 나의 호텔을 찾는 손님들이 만족하고 즐길 수 있는 서비스에 대한 생각을 항상 하였다.

어느 비 오는 날 밤 늦은 시간에 나이 많은 할아버지 한분이 찾아와서 빈 룸이 있는지를 물었다.

"할아버지, 요즘은 축제 기간이라 룸이 일찍 예약이 끝났습니다. 죄송해요." 하고 돌려보냈는데, 저만치 사라져가는 할아버지를 바라보던 힐튼이 갑자기 뛰어나갔다.

"할아버지 지금 이 시간에는 어디 가셔도 빈방을 구할 수가 없습니다. 혹시 좀 불편하시더라도 제가 자는 방에서 주무실 수 있다면 제방을 정리해 드리겠습니다."

다음날 아침에 이 총각의 명함을 한 장 얻은 할아버지는 고맙다는 인사를 하고 사라졌다. 많은 세월이 흘러간 어느 날 까맣게 잊어버린 이 할아버지에게서 전화를 받았다. 그리고 며칠 뒤 어느 호텔 커피숍에서 이 할아버지를 만났다. 그리고 "이 호텔이 내 것이네. 내가 나이가 많네. 자네가 이 호텔을 맡아서 잘 경영을 하게"라는 뜻밖의 제의를 받게 된 것이다.

힐튼은 다른 친구 벨 보이보다 머리가 좋고 재능이 뛰어나지도 않았고, 더욱이 자란환경이 좋았던 것도 아니었다. 벨 보이로 있으면서도 힐튼은 종업원이라는 생각보다 언제나 자기가 주인이라는 생각을 가지고 즐거운 마음으로 일하였으며 멋진 호텔을 경영하는 꿈을 한시도 잊지 않았기에 세계250개가 넘는 체인을 가진 호텔왕이 된 것이다.

이 처럼 사람의 미래는 그 사람의 노력이나 재능도 중요하지만 더욱 중요한 것은 자신의 미래의 성공을 상상하고 꿈꾸는데 달려있다. (나는나, 권원오 저)

## 3. 선택과 도전정신

지금 길 위에 두 사람이 서 있다. 둘 다 에너지 넘치고 길을 떠날 만반의 준비가 되어 있다. 한 사람은 자신이 가고자 하는 길을 명확히 알고 있다. 그는 그곳에 도달하기 위해 어떤 길을 선택할지, 언제 쉬고 걸을지를 결정하고 길을 나선다. 반면 다른 한 사람에게는 가고자 하는 목적지가 없다. 그저 길 위에서 서성이던 그는 왠지 그냥 서 있으면 안 될 것 같아 지나는 사람을 따라 길을 걸어 보기도 하고, 샛길이 보이면 그 길로 들어서기도 하며 길을 걷는다. 두 사람 모두 계속 걷는 노력을 하지만 그 노력을 결실을 얻는 사람이 누군지는 우리 모두가 알고 있다.

아무리 가진 것이 없고 어렵고 고통스러워도 꿈과 희망이 있다면 성공할 수 있고 행복해 질 수 있다. 지금 처해있는 환경이 아무리 좋아도 꿈과 희망이 없다면 그 좋은 환경은 오히려 방해물이 될 수도 있는 것이다. 이루어야하는 가슴 설레는 꿈이 우리의 마음을 움직여 생기(生氣)가 살아날 때, 그때가 진정 살아 있는 순간이다. 명확한 꿈, 목표가 있는 사람은 고통스러운 험난한 길에서도 앞으로 나가고 꿈이 없는 사람은 순탄한 길에서도 게으름을 피운다.

**Article 3** **목표, 꿈이 있는 자가 성공한다.**

하버드 대학교 경영대학원 졸업생을 대상으로 인생의 목표, 즉 꿈이 사람의 삶에 미치는 영향에 대한 연구 조사가 있었다.
"장래에 대한 확실한 목표가 있는가?", "구체적이고 명확한 목표와 계획을 기록하였는가?"에 대한 설문조사였다.
환경이 유사한 학생들을 대상으로 조사한 결과 재미난 사실이 발견되었다. 3%만이 명확한 목표가 있으며 구체적으로 기록해 두었다고 응답했다. 13%는 기록은 안했지만 목표가 있다고 답했다. 84%는 없거나 희미하다고 하였다.
10여년이 지난 후 졸업생을 추적하여 조사를 해봤더니 3%에 속한 사람들은 나머지 97% 사람들의 평균보다 모든 면에서 10배가 넘게 차이가 나는 사회 각계의 최고 인사가 되었다고 한다.
기록은 안했으나 목표가 있다고 대답한 13%는 중상위층이었으며 목표가 없다고 대답한 84%의 평균보다 두 배 이상 재산이 많았다. 목표가 없거나 희미하다고 대답한 84%는 대부분 중하위층이었다. 84%중에 목표를 생각도 안 해 봤다는 27%의 사람들은 대부분 최하위 층으로 어려운 생활을 하고 있었다.
목표, 꿈이 있는 자가 성공한다.

목표가 없이 날아가는 화살은 허공을 가를 뿐이다. 내일 아침에 여행을 떠나는데 오늘 저녁에도 어디로 갈지 목적지가 정해지지 않았다면 무었을 어떻게 준비 할 것인가? 인생의 여정도 마찬가지이다. 산으로 갈 때와 바다로 갈 때의 준비가 다른 것이다. 그래서 인생의 진로를 선택하고 결정하는 일은 두려운 일이 될 수밖에 없다. 하지만 두렵다고 회피할 수 없는 것 또한 인생이다.

사르트르가 "인생은 B(Birth; 탄생)와 D(Death; 죽음) 사이의 C(Choice)이다"라고 말한 것처럼 인간의 삶이란 '선택'의 연속이다. 사소하게는 "오늘 입고 나갈 옷은? 점심 메뉴는?"처럼 소소한 일상에서부터 배우자를 결정하고 미래의 진로를 결정하는 중대사까지 수없이 선택의 기로에 놓인다. 인생이란 선택에서 시작해서 선택에서 끝난다고도 한다.

눈 뜨면서 행동 하나하나가 선택이다. 몇 시에 일어날까? 몇 시에 학교에 갈까? 전철을 탈까? 버스를 탈까? 점심은 무엇을 먹을까? 오후에는 무슨 일을 먼저 할까? 어느 학교에 들어갈까? 어느 직장에 들어가야 하나? 배우자는 누구를? 무슨 차를 살까? 어떤 집을 살까?

하나의 선택이란 다른 하나를 포기하는 것이다. 이 포기가 아쉬워서 망설이게 된다. 오랜 시간을 보내며 선택을 못하는 것이 바로 방황이다. 이처럼 우리는 수많은 선택의 갈림길에서 많은 갈등을 겪는다.

'이 길이 과연 내 길일까?'

'저 길이 진정 나의 길일까?'

망설임 끝에 선택을 했는데, 그 선택이 언제나 올바르고 현명한 판단일 수는 없다. 누구나 최선의 선택을 바라지만 인생의 길에서 때로는 잘못된 선택을 할 수 있다. 다른 사람의 권유나 다른 사람의 견해가 아니라 자신의 마음과 취향을 따라가는 자신감과 용기가 전제될 때 현명한 선택이 이루어진다. 포기하는 쪽에 대한 아픔이 왜 없겠는가?

바람에 흔들리지 않고 피는 꽃이 이디 있겠는가? 아프니깐 청춘이라고 하지 않는가? 가장 선택의 중요한 기로에 선자가 바로 청춘이니깐. 이렇게 청춘은 미래가 불확실하여 불안 하지만 무한한 잠재력과 무한한 가능성이 있다.
선택하라! 그러나 신중히 하라! 순간의 선택이 인생을 바꾸기도 한다.

"개개인에게 최고의 선택은 그 자신이 성취할 수 있는 곳에서 최고가 되는 것"이라는 아리스토텔레스의 명언을 상기하자.

그러나 잘못된 선택을 하여 어쩔 수 없이 그 길을 가야하는 경우가 생길 때,

그 길에서 겪는 고통과 좌절을 통해 많은 새로운 지혜와 깨달음을 얻을 수 있다. 비록 오늘의 선택이 잘못 선택되었더라도 그 잘못을 거울삼아 새로운 선택의 밑거름으로 활용하는 슬기를 만들어 나가야 한다.

자신이 참새라고 생각하면 참새 정도의 능력이 나오지만 자신이 독수리라고 생각하면 독수리 같은 능력이 나온다. 야구 감독이 '오늘 경기는 자신이 없어' 라고 생각되면 그 경기는 이길 수가 없다. 골프에서도 이 샷은 엉뚱한 데로 갈 것 같아 라고 생각이 드는 순간 엉뚱한 데로 간다. 당신의 오늘의 모습은 당신이 5년 전, 10년 전에 상상하던 그대로의 모습이다. 우왕좌왕 시간만 허비하지 말고 확실하게 선택하고 결정되면 과감히 도전해야 한다.

**Article 4** **긍정적으로 보는 선택**

"빛나는 성벽" 을 쓴 델마 톰슨 부인은 뉴욕에 살고 있었다.
전쟁 중이라 캘리포니아에 있는 사막근처의 육군훈련소에 근무하는 남편과 떨어져 살았다. 부인은 남편을 따라 그곳으로 이사를 갔으나 그곳은 환경이 아주 마음에 들지 않았다. 조그마하고 초라한 움막집 생활인데다가 사막에서 불어오는 모래바람으로 모래가 음식에 섞이고 숨도 편하게 쉴 수 없을 정도였다. 그녀는 남편이 훈련에 나가면 통나무집에 혼자서 쓸쓸한 시간을 보내야했다. 무더위 속에 이야기 상대는 맥시코인 아니면 인디언뿐이어서 이웃에 나가기도 싫증났다. 도저히 견딜 수 없어서 부모님께 편지를 썼다. "더 이상 참을 수가 없어서 집으로 돌아가겠습니다. 이런 곳에서 사느니 차라리 감옥에서 사는 것이 더 좋겠어요." 며칠 후 아버지 간단한 아버지 회답이 왔다. "저는 제 생활을 바꿔놓은 그 문구를 평생 잊을 수가 없습니다." 그녀에게 충격을 준 두 줄의 글은 "두 사나이가 감옥에서 창문 밖을 바라보았다. 한 사람은 진흙탕 물을 보았고 또 한 사람은 하늘에 별을 보았다." 였다.
그는 이 글을 수차례 읽고 읽었다. 그리고 주어진 환경에서 더 좋은 점을 찾으려고 노력하였다. 그 별을 찾으려고 노력하였다. 맥시코인과 인디언들은 따뜻한 친구가 되었고 선인장과 난초를 기르고 사막의 아름다운 석양을 바라보고 바다를 거닐며 조개껍질을 모으기도 하고 기묘한 자연을 벗 삼으며 재미나는 생활을 할 수 있게 되었다. 저녁엔 남편과 사랑을 속삭이는 행복한 나날을 보냈다. 무엇이 그녀를 변하게 하였을까? 사막도 그대로이고 인디언도 변하지 않았다. 바로 그녀 자신의 마음이 변한 것이고 그녀의 정신이 변한 것이다. 부정적인 흙탕물을 보지 않고 긍정적인 별을 바라보았던 것이다. 그녀는 그동안 보아온 세계를 소재로 "빛나는 성벽"이라는 책을 써서 베스트작가가 되었다.
시작도 하기 전에 부정적으로 생각하면 아무것도 이룰 수 없다. 할 수 있다는 긍정적인 생각을 가진 사람은 열정이 솟아난다. 결국 모든 일의 승패는 본인의 긍정적인 선택을 해야 한다는 의지에 달렸다. (빛나는 성벽, 텔마 존슨 저)

어떤 사람은 어려운 환경이 닥쳐도 극복할 수 있는 도전의 기회로 받아 드리는가 하면, 어떤 이는 발목 잡는 핑계거리로 받아들이기도 한다. 똑같은 꿈에 대한 충고를 듣고도 어떤 학생은 공감을 하며 고맙게 생각하는가 하면 어떤 학생은 귀찮은 잔소리로 생각하는 학생도 있다. 그 차이가 우리 인생 삶을 가르는 것이다.

기회가 왔는데 부정적으로 보면 기회가 곧바로 위험이 된다. 긍정적으로 보면 위험도 기회가 된다. 그 때 그 기회를 구경하지 말고 붙잡아야한다. 긍정적인 사람은 구름위의 태양을 보지만 부정적인 사람은 구름위의 비를 본다. 긍정적인 사람은 넘어져도 일어나는 쾌감을 생각하지만 부정적인 사람은 넘어지면 재수를 한탄한다. 긍정적인 사람은 지는 것도 두려워하지 않지만 부정적인 사람은 이기는 것도 염려한다.

'부정적인 생각을 할 것인가, 긍정적인 생각을 할 것인가' 선택은 자신이 하는 것이다.

## 4. 실행과 몰입

옛날에 어느 나라 왕이 평소에 존경하는 도인을 찾아갔다.

"도인! 어떻게 사는 것이 잘 사는 것인가?"

"예, 악한 짓을 하지 말고 선한 짓만 하면 됩니다."

왕은 얼굴에 미소를 지으면서 "그것은 세 살 먹은 어린 아이도 다 알고 있는 말이 아니냐?"

"예, 그렇습니다. 그러나 세 살 먹은 어린아이도 다 아는 사실이 지만 여든 살 먹은 노인도 실행하기 어려운 이야기 이지요." 라고 하자 왕은 크게 깨닫고 선정을 베풀었다는 고사가 있다.

꿈이 있고 꿈을 성취시킬 전략이 설정되었으면 실행하라. 긍정적인 마음으로 자신을 믿고 저질러라. 시도하라. 그렇게 하면 꿈은 반드시 이루어진다. 아무리 큰 꿈과 좋은 전략이 있어도 실행을 하지 못하면 아무런 가치가 없는 물거품인 것이다.

**그럼 어떻게 실행할 것인가.**

정해진 목표를 달성하는 사람의 80%는 목표를 향해 하루하루를 만족스럽고 즐거운 마음으로 자기 삶을 산 사람들이다. 즐거운 마음으로 실행에 몰입할 때 큰 성과를 얻게 된다. 꿈을 향해 나가는 것이 목표 때문에 싫은 일을 억지로 해야만 하는 고통의 과정이어서는 안 된다. 중요한 것은 실행하는 과정을 즐기는 것이다. 목표 추구 과정에서 심리적인 만족을 느낄 수 있어야한다. 공자의 말 중 '지지자 불호지자 호지자 불여낙지자(知之者 不如好之者. 好之者 不如樂之者)' 란 말이 있다. 아는 자는 좋아하는 자만 못하고, 좋아하는 자는 즐기는 자만 못하다는 뜻이다. 목표를 향해 즐거운 마음으로 긴장을 늦추지 않고 지속적으로 노력하는 자세가 필요하다.

**시작이 반이다.**

무슨 일이든 시작하는 것은 어렵지만 일단 시작하고 나면 저절로 해결되는 것은 물론 아니다. 힘들고 어려워 '왜 내가 이 일을 시작 했는가?'하고 후회 할 때도 많고, 생각보다 훨씬 큰 고통을 이기지 못하고 중도에 포기해 버리는 사례가 너무도 많다. 능력보다 끈기가 부족한 것이 문제다. 하지만 그래도 시작조차 하지 않은 사람보다는 보다 희망과 성공의 기회를 갖게 되는 쪽은 역시 시작한 사람이다. 그러니 일단 시작하라. 꿈이 실행되는 꿈을 꾸는 것도 멋있는 도전이다. 즐거운 마음으로 도전하라.

성공한 창업가의 대다수가 강한 모험심을 가진 위험추구형이다. 그들은 새로운 가치를 창조하고 유지하는 것에서 보람을 느끼며, 신속하게 고객의 욕구를 파악하여 고객중심적인 의사결정을 내린다. 예외 없이 창업 기업가는 기업의 생존을 위한 압박감에서 살아야 한다. 따라서 누가 먼저 시장의 욕구에 부합하는 제품과 서비스를 제공하는가가 성공과 실패의 갈림길이 된다. 소수의 인력과 제한된 자원으로 제품개발의 적시성(timing) 경쟁에서 이기기 위해서는 단기간에 집중할 수 있어야 한다.

공부가 잘 될 때는 1시간 동안에도 많은 능률이 올랐으나 공부가 잘 안 될 때는 10시간 동안에도 아무것도 못할 경우도 있다. 몰입과 집중이 되지 않고 정신이 산만해질 때는 아까운 시간만 허비하게 된다.

사람이 어떤 일에 몰입할 때, 남이 생각하지 못하는 수준의 일을 해낼 수 있다. 몰입은 창조력의 근원이기도 하다. 몰입은 인간의 잠재의식을 깨어나게 한다. 몰입은 강력한 심리적 에너지의 근원이다. 몰입하면 육체적 피곤함이나 스트레스마저 사라진다. 남들이 힘들어 보인다고 하는 일도 장시간 해낼 수가 있는 것이다.

## 5. 위기대처능력

창업과정에서 중요한 것은 '장애와 좌절을 어떻게 극복해 나가느냐'이다. 창업가는 다양한 어려움에 직면하게 되는데, 그러한 상황에서 포기하지 않고 버티는 인내력이 필요하다.

결단력은 과감하게 사업을 추진하게도 하지만, 불가능한 일을 미련 없이 포기하는 데도 필요하다. 실패를 크게 하는 이유 중의 하나가 포기가 늦어서인 경우도 많다. 기업가는 끈질긴 성격을 가지고 위험한 상황들을 인내하고 이겨내야만 한다. 동시에 도저히 불가능한 상황에서는 포기하는 결단도 빨라야 한다. 이를 위해서는 자신이 할 수 있는 일과 할 수 없는 일을 판단하는데 매우 현실적이어야 한다.

**판단력과 위기 대처능력**

창업가는 좋은 아이디어는 과감히 선정하여 도전해야 하며 좋지 않은 아이디어는 미련 없이 포기해야 한다. 어떤 아이디어가 좋고 어떤 아이디어가 나쁜지 판단하는 능력은 창업가에게 필수적인 요인이다. 실패하는 창업가 중엔 좋은 아이디어를 선택하지 않거나 나쁜 아이디어를 선택하는 경우가 많다.

성공한 창업자들은 실수로부터 기꺼이 배우려는 자세를 가지고 있으며 자신의 지식을 활용하여 더 좋은 성과를 얻으려는 욕구가 강하다. 또한 현재보다 미래의 목표달성을 중시한다. 창업가는 창업단계부터 성장의 고비마다 다양한 위험에 직면하게 된다. 기업의 성패는 어떻게 위험에 대비하고 이를 극복해 나가는가에 달려있다.

최근 벤처 붐이 일면서 창업이 활발하게 일어나고 있으나, 위험을 평가하고 대응하는 역량의 부족으로 인해 많은 문제점이 노출되고 있다. 사업의 타당성에 대한 합리적 분석능력의 결여로 인하여 투자자들의 자금을 쉽게 소진하고 마는 현상이 나타나고 있다. 열정적인 기업가들이 위험을 과소평가하는 이유는 자신의 비전에 사로잡혀 자신의 비전과 부합되지 않으면 그것을 무시하고 싶어 하는 경향이 있기 때문이다.

## Article 5 위인에게 배우는 경영 – 루시우스 세네카

### "노젓기 그치면 배는 떠내려 간다"

세네카는 "행복한 삶"에 가장 큰 관심을 가졌다. 저술의 상당 부분을 이 목표를 어떻게 달성하느냐에 두었을 정도다. 이런 측면에서 우리가 전략을 "목표에 도달하기 위한 효율적인 계획"으로 정의한다면, 세네카의 작품들은 훌륭한 전략론을 포함하고 있다고 볼 수 있다. 특히 그가 남긴 목표의 설정과 선택에 관한 부분은 기업경영과 관련이 깊다. 세네카는 먼저 명확한 목표를 세울 때의 기준을 중시하고 있다.

"우리는 우선 어느 방향으로 힘을 쏟아야 할 것인가를 알아야 한다. 그러고 나서 목적지에 가장 빨리 도달하는 길을 찾아야 한다. 일단 바른 길로 들어서기만 하면, 우리는 우리가 지금까지 얼마만큼 왔는가, 그리고 앞으로 얼마나 남았는가를 알 수 있을 것이다."

### 퇴로가 없다면 시작도 하지 마라

"중요한 것은 우리가 쓸데없는 일에 매달리지 않는 것이다. 즉 우리가 얻을 수 없는 것을 구하려고 한다든가, 뜨거운 욕망이 가져오는 허망함을 알게 되는 일들이 없도록 해야 한다. 바꾸어 말하면, 헛된 노력을 하지 말아야 하고, 또 노력해서 거둘 만한 값어치가 있는 성공을 목표로 해야 한다."

"그러나 무엇보다 우리 스스로를 잘 점검해야 한다. 왜냐하면 우리는 통상 우리가 실제로 할 수 있는 것보다 더 많이 할 수 있다고 믿는 경향이 있기 때문이다."

세네카는 여기에 실행에 옮길 수 있는 용기, 즉 과감함을 강조하고 있다.

"원하는 것을 과감히 시도하지 않거나, 목표에 도달하지 못한 상황에서 막연한 희망에 매달리고 머뭇거리면 욕심은 채워지지 않는다. (그럴 때면) 조바심만 내게 된다."

그의 말을 요약하면 그는 다음 세 가지를 목표를 설정하는 기준이라고 하고 있다.

- 의　지 : 목표는 당사자가 진실로 간절히 원하는 것이어야 한다.
- 가능성 : 목표는 현실적으로 가능한 것이어야 한다.
- 실　행 : 실제로 목표를 추구해야 하고, 그렇게 하기 위해 필요한 행동을 취해야 한다.

그런데 이 세 가지 기준을 만족시키는 대안이 하나가 아니고 여러 개가 있다고 하자. 그럴 때는 어떻게 해야 할까? 세네카가 내놓는 답은 간단하다.

"나중에 물러 설 수 없는 일을 시작하지 마라. 다시 말해 퇴로가 막힌 길은 가지 말아야 하며, (완전히)끝낼 수 있거나 적어도 그렇게 할 수 있는 희망이 있는 일에만 손을 대라."

"그런 다음, 자신이 하려는 작업을 검토하고, 자신의 힘과(자신이) 과감히 맞부딪치려고 하는 대상을 비교하라."

성공 확률이 높은 목표를 선택하라는 원칙을 내세우면서도, 성공 가능성은 크지만 (그러나 보장되지는 않는다!) 퇴로가 막힌 대안보다는 성공가능성이 조금 작아도 물러설 길이 있는 대안이 더 낫다는 것이다. 실패했을 경우 재시도를 하거나 다른 방안을 모색할 수 있기 때문이다.

세네카는 이와 같은 "무엇을 목표로 해야 하는가" 뿐만 아니라 "목표를 어떻게 달성 하는가"에 대해서도 많은 이야기를 하고 있다. 목표를 달성하는 방법론이다. 그중에서도 가장 눈에 띄는 대목은 창의성에 대한 부분이다.

"우리는 곰곰이 생각하기보다는 그저 믿으려 한다. 그래서 우리는 인생에 대해서도 깊이 생각하지 않는다. 우리는 늘 남의 말을 믿는다. 입에서 입으로 전달된 오류는 우리를 조종하여(우리를) 파멸의 구렁텅이로 몰고 간다."

"사람들이 많이 다닌 길일수록 잘못된 인상을 주기 십상이다. 가축 떼처럼 선두에 선 사람들을 무작정 따라가지 않는가? 우리가 가야 할 길을 가지 않고 남이 간 길을 가는 것 아닌가? 소문만 듣고 움직이거나, 세상에서 대체로 받아들여지는 것을 최고로 여기거나, 이성에 따라 살지 않고 본보기에 따라 살면 크나큰 재앙이 우리를 덮칠 것이다."

"소수의 사람만이 그렇게 했을 때는 절대로 따라 하지 않았을 일을, 여러 사람이 그 일을 시작하자마자 우리는 그것을 흉내 낸다. 마치 어떤 일이 자주 일어나기만 하면 그로 말미암아 그것이 당연한 것으로 되기나 하는 듯 말이다. 어떤 것이 틀렸는데도 그것이 일반화되면 바른 것 대신 그른 것이 우리들 사이에 뿌리를 내린다."

목표를 달성하려고 할 때는 독창성이 꼭 필요하다는 것을 강조하기 위해 세네카는 맹목적으로 남을 좇아가는 것을 극구 말리고 있다. 이런 창의성 중시는 오늘날 경영자들에게 커다란 시사점을 주고 있다. 창의성은 기업경영의 모든 영역에서 강조되어야 하기 때문이다. 예술이나 학문에서도 그렇지만, 경영에서도 남의 것을 베끼거나 모방만 해서는 앞서가는 기업을 따라잡을 수 없다. 물론 열심히 남을 연구하고 남한테서 배워야 하지만, 그런 일을 하는 궁극적인 목적은 우리에게 맞는 우리 나름의 길을 찾기 위함이어야 한다.

나는 여기서 한걸음 더 나아가 세네카의 창의성 중시가 두뇌력(brain power) 또는 지적 자본(intellectual capital)의 강조로 이어져야 한다고 본다. 오늘날처럼 지식 또는 두뇌가 힘의 원천인 시대에서는 더 나은 지적 자본을 시장에서 잘 활용하는 회사가 이기게 마련이다. 21세기를 이끌어 가야 하는 경영자의 중요한 임무 중 하나는 회사 내의 두뇌력을 개발하고 활성화 하는 것이다.

두뇌력을 개발해야 한다고 하면 대부분 외부 두뇌 채용을 떠올리는 이들이 많은데, 조직을 이끄는 리더들은 자신의 눈길을 조직 안으로 향하도록 할 필요가 있다. 임직원들이 잠재적인 지적 능력을 최대한 발휘하도록 말이다. 오늘날 경쟁은 회사의 모든 구성원이 자신의 지능을 남김없이 쏟아 넣도록 요구하고 있다(마쓰시다 고노스케 회장의 말이다). 하지만 현실은 이와 동떨어져 있는 경우가 많다. 엄청난 지적 잠재력의 극히 일부만 활용되고 있다. 이런 현상은 고학력 엘리트 사원들에게서 더 심하게 나타난다. 그들은 현재보다 훨씬 더 신나게 일 할 수 있고, 또 그런 일이 주어지기를 간절히 바라고 있는데도 말이다.

**회사 내 규제가 너무 많은 게 탈**

뭐가 문제일까. 가장 큰 원인은 기업 내에 여러 가지 규제가 너무 많다는 것이다. 사람은 지능이 높을수록 그 잠재력을 실현하기 위해 더 많은 재량권과 책임을 필요로 한다. 자유 재량을 과감히 주는 회사는 모든 것을 잘 관리하고 통제하는 듯 보이는 회사보다 한결 더 높은 성과를 올리는 것이 보통이다. 일본 히토쓰바시 대학의 노나카 교수는 일본 기업들이 세계적인 경쟁력을 유지하려면 무엇보다 회사 내의 규제를 과감히 풀어야 한다고 역설하고 있다.

일에 대한 의욕과 도전의식이 넘치는 팀을 구성하는 것, 초일류 프로젝트 팀을 편성하는 것, 신선한 충격과 아이디어를 주는 외부 사람과의 접촉 등은 회사 내의 지적 잠재력을 활성화할 수 있는 많은 방법의 몇 가지에 지나지 않는다. 그리고 회사가 정말로 필요하다고 생각되는 일급 두뇌들이 있다면 회사의 정책, 규정을 어느 정도 그들에게 맞게 해 줘서라도 그들을 확보해야 한다. 그들은 숫자는 적지만 회사의 성공을 위해 반드시 있어야 하는 사람들이다. 일급두뇌에서 나온 아이디어나 연구 결과가 회사 전반에 깔려 있는 지적 잠재력과 결합해 실행 될 때 회사의 지적 자본은 가장 폭발적인 힘을 발휘한다.

회사의 지능을 끊임없이 높이는 작업은 결코 쉽지 않다. 아니, 시간이 지나면서 회사가 차차 아둔해지는 것을 막는 것이 (중요한)문제가 될지도 모른다. 어느 사회학자는 현재의 사회와 경제는 (특히 텔레비전의 영향으로)점차 우둔해지고 있다고 경계하고 있다. 여러분의 회사는 어떠한가? 지적 자본을 관리하는 것은 강물을 거슬러 노를 젓는 것과 같다. 노젓기를 그치자마자 배는 떠내려간다.

(Economist, 2009.8.29)

## Article 6 긍정적인 생각과 도전정신

일본 마쓰시타 전기를 창업한 마쓰시타 고노스께는 너무나 열악한 환경에서 자라났다.

집이 가난하고 몸이 허약하여 초등학교도 마치지 못하였다. 그러나 그는 자신이 불행하였던 환경을 낙심하거나 불평하지 않았다. 오히려 긍정적으로 받아들여 일본에서 가장 존경받는 기업인이 되었다. 그는 훗날 회고록에서 이렇게 말하였다.

"나는 하늘이 나에게 내려준 3가지 은혜에 힘입어 큰 성공을 이루었다. 첫째, 하나님은 나에게 허약한 몸을 주셨다. 그래서 어릴 때부터 건강에 관심을 갖게 되고 열심히 운동을 하였다. 그 덕택에 90이 넘은 나이에도 이렇게 건강하게 생활한다. 둘째, 하나님은 나를 가난한 집에 태어나게 하셨다. 그래서 나는 어릴 때부터 일찍 경제를 깨닫게 되었다. 구두닦이, 신문 배달, 물건 판매원 등 온갖 일을 고루고루 하다 보니, 다른 사람보다 훨씬 다양한 경험을 갖게 되었다. 여기서 나는 세상을 어떻게 살아가야하는지를 배우게 되었다. 셋째, 하나님은 나를 초등학교도 마칠 수 없는 환경에서 자라나게 하셨다. 그래서 내가 관계하는 모든 사람에게 지식을 배울 수밖에 없었다. 우리 회사 직원들은 모두가 나의 스승이라고 생각하며 겸손한 자세로 열심히 배웠다. 5만 명이 넘는 우리 회사에서 내가 가장 학력이 낮았다. 이 세 가지 은혜 덕택에 오늘의 나를, 오늘의 마쓰시타를 만들 수 있게 되었다."

한국의 경제발전의 바탕에는 혼을 바쳐 도전하는 불굴의 독특한 한국형기업가정신이 있었다. 현대그룹이야말로 무에서 유를 창조하고 불가능을 가능으로 바꾼 상상을 초월하는 기업가정신으로 이룩한 기업이다. 지금 세계조선사업의 선두주자로 꼽히는 현대중공업도 정주영회장의 기업가정신으로 일구어낸 신화적인 기업이다.

1971년 정주영 회장은 울산 앞 미포만의 황량한 바닷가에 소나무 몇 그루와 초가집 몇 채가 보이는 초라한 바닷가 백사장 모습이 담긴 사진 한 장을 들고 유럽으로 배를 팔러나갔다. 영국 버클레이 은행으로부터 차관을 얻기 위해 애플도어의 롱바툼 회장을 만났다. 그리스에 가서 배를 주문받아 올 테니 그 계약서를 담보로 돈을 빌려달라고 하는 황당한 부탁을 하였다. 당연히 노! 라는 대답이 나왔다. 조선소도 없고 조선소 건립 경험도 없고 선주도 없는 상황에서 배를 만드는 주문을 받는다는 것은 한마디로 웃기는 일이였기 때문이다. 그러나 정 회장은 순순히 물러서지 않았다. 끈질긴 설득 끝에 계약을 해오는 조건으로 빌려준다는 약속을 받았다. 이제 더 큰 문제인 선주를 찾는 일이였다. 그리스 거물해운업자 리바노스를 만났다. 당혹감을 감추지 못하는 리바노스에게 바지주머니를 뒤져 500원짜리 동전을 보이면서

"아직까지 배를 만들어 본 경험이 없지만 이 돈을 보시오. 이것이 거북선이라는 것인데 영국보다 300년 전에 한국에서 철갑선을 만들었소. 우리에게 잠재된 기술이 있으니 걱정 마십시오. 어차피 완성된 배의 감리는 세계최고를 자랑하는 영국회사에 맡길 것 아닙니까? 그때 불합격이 되면 돈 안 주면 될 것 아닙니까?"

"그보다 배를 만들 조선소가 없지 않습니까? 더구나 조선소를 건설할 돈도 없으면서."

리바노스는 어이가 없었다.

그때 정 회장은 초라한 백사장 사진을 내놓으면서 이곳이 조선소를 짓게 될 곳이며 돈은 당신이 계약을 해주시면 영국은행에서 돈을 빌려주기로 하였으니 걱정하지 마세요. 끈질긴 설득 끝에 리바노스로부터 26만 톤짜리 배 2척을 주문받고 그 계약서로 영국은행에서 돈을 빌려서 조선소 건립과 동시에 2척의 배를 성공적으로 건조하여 1974년 6월28일 그리스 리바노스에게 인도시켰다. 세계 조선사 역사를 새로 쓰게 하였다.

넘쳐나는 기업가정신과 혼을 바쳐 실행하는 그의 열정이 아니었으면 한국이 세계조선 1위 자리를 꿈이나 꿀 수 있었겠는가?

**Article 7** **선택이 어려울 땐 멀리보라**

선택이 어려울 때일수록 멀리보고 결정을 내려야 한다. 1959년 미국의 49번째 주로 지정된 알래스카는 1741년 러시아 탐험가 비투스 베링에 의해 발견되었다. 러시아 황제의 명령으로 시베리아와 아메리카 대륙이 연결 되어 있는지를 조사하다가 우연히 발견되었다.

알래스카는 미국전체 석유와 석탄 매장량의 50%, 주석 매장량의 80%, 니켈 매장량의 20%를 비롯하여 수많은 자원의 보고로 알려지고 있다. 석유 매장량만 45억 배럴로 약 2,700억 달러의 가치가 된다. 알래스카 인근 해역에도 엄청난 석유가 매장된 것으로 알려지고 있다. 군사적 가치는 계산할 수조차 없을 정도로 크다. 이 보배의 땅을 1867년에 알렉산드로 2세는 720만 달러에 미국에 매각하는 길을 선택 하였다. 당시 러시아 수도에서 거리가 너무 멀리 떨어져서 통치하기가 너무 어려웠다. 많은 통치 비용에 비해 소득이 별로 없었다. 당시 러시아는 오스만 트루와의 전쟁으로 재정이 퍽 어려웠고 영국이 무력으로 그 땅을 점령하지 않을까를 걱정하고 있었다. 미국도 고민거리였다. 이 땅의 가치가 그만큼 될까? 괜히 쓸모도 없는 땅을 그 많은 돈을 주고 샀다고 나쁜 여론이 생기지는 않을까? 실제로 당시 미래에 대한 희망을 갖고, 그 계약서에 서명한 윌리엄 슈어드 국무장관과 앤드류 존슨 대통령은 많은 비난을 받았다. 그곳에다 곰 호텔을 지어주려느냐? 얼음 창고를 만들려고 하느냐? 고 하며 비판을 많이 받았다. 그러나 고민 끝에 선택한 이 땅이 그로부터 30년 후에 금광이 발견되고 대규모의 석유 석탄 자원이 발견되면서 여론은 완전히 바뀌었다. 앤드류 존슨 대통령과 윌리엄 슈어드 국무장관은 갑자기 영웅이 된 것이다.

겨우 720만 달러, 우리나라 돈으로 칠팔십억 원으로 한반도의 7배나 되는 그 보배를 소유하게 된 것이다. 물실호기(勿失好機)라 한다. 좋은 기회를 놓치면 안된다. 놓치지 않기 위해서는 준비를 많이 해야 한다. 지금 당장보다 먼 훗날을 보고 결정을 해야 한다.

## 1.3 기업과 경영

### 1. 경영이란

경영이란 개인이나 조직이 목적달성을 위해 제 자원을 활용하는 과정이다. 인적 물적 자원을 투입하여 제품이나 서비스를 산출하고 교환하는 과정인 것이다. 즉, 경영이란 나름대로의 목적을 달성하려고 제 자원을 활용하기 위해 내리게 되는 최적의 의사결정 과정이라고 할 수 있다.

이러한 경영의 개념은 좁은 의미로는 영리조직인 기업의 경영만을 의미하지만 넓은 의미로는 기업을 포함하여 가계나 국가, 학교, 종교단체 등 비영리조직의 경영까지도 포함한다. 우리나라는 IMF를 겪으면서 많은 기업들이 과거의 비과학적이고 비전문적인 방식에서 벗어나기 위한 시도를 해 왔다. 즉, 과거의 구태의연하고 보수적인 경영방식에서 벗어나 지식경영의 시대에 적응할 수 있는 새로운 사고, 새로운 전략, 새로운 조직, 새로운 평가시스템을 창출할 수 있는 새로운 패러다임으로서 경영을 실천에 옮겨야 할 때이다.

### (1) 경영자

일반적으로 기업에서는 위치에 따라 경영자와 노동자로 구분이 된다. 경영자는 경영전반에 대한 책임과 권한을 가지며 계획, 실행, 분석, 평가 등의 업무를 수행하며 노동자는 경영자들의 지시하는 바를 성실히 수행하게 된다. 의사 결정 측면에서 경영자를 나누어보면 최고경영자, 중간경영자, 일선경영자로 구분하고, 소유측면에서 나누어 보면 소유경영자와 전문경영자로 구분한다.

· **최고경영자** : 최고경영자(top manager)는 기업의 최종의사결정기구로서 기업의 활동방침을 기업외부의 환경과 상호작용을 하는 업무를 하는 대표 기구이며 기업의 장기목표와 자원배분 등 기업 전체의 중요한 전략적 의사결정을 한다. 회장, 사장, 전무, 상무, 이상 등과 같은 임원이 여기에 속한다.

· **중간경영자** : 중간경영자(middle manager)는 일선경영자를 지휘하는 역할을 한다. 중간경영자는 최고경영자가 설정한 기업의 계획을 실행하며 최고경영자의 요구와 일선경영자의 능력을 조화시키는 역할도 한다.
중간경영자의 예를 들면 과장, 부장, 계장, 공장장 등이다.

· **일선경영자** : 일선경영자(first manager)는 작업자의 활동을 감독하고 조정하는 경영자이다. 자신이 담당하고 있는 어떤 작업을 직접 실행하는 작업자만을 감독한다. 일선경영자로는 제조공장의 생산 감독자, 기술 감독자 등이 있다.

· **소유경영자** : 기업에 자본을 제공하여 주식을 많이 소유한 자가 그 기업의 경영활동을 직접 담당하는 경우이다. 비교적 경영규모가 소규모인 기업에서 많

이 볼 수 있다. 기업경영의 모든 부담을 져야 하기 때문에 강한 책임 경영을 하게 되는 장점이 있으나 능력이 부족한 자가 경영을 담당하는 단점도 있다.

· **전문경영자** : 주식을 소유하지는 않았으나 개인이 가지고 있는 지식과 능력을 바탕으로 기업경영을 위임받아서 독자적인 의사결정권한을 갖는 경우이다. 주식소유자는 경영전권을 전문경영자에게 일임하게 된다.

### (2) 경영자 역할

기업 성공의 주체적인 견인은 경영자의 몫이다. 경영자는 기업을 성공적으로 이끌어 나가기 위한 여러 활동들을 수행하게 되는데 아래의 4가지 역할이 중요시 된다.

· **계획활동(planning)** : 명확하게 기업의 경영목표를 세우고 이를 달성하기 위한 가장 좋은 방안을 찾고 이를 실행하기 위한 전략을 수립하는 활동을 의미한다.

· **조직화활동(organizing)** : 수립된 계획을 성공적으로 달성하기 위하여 어떠한 형태로 조직을 구성할 것인가를 결정하고 업무를 수행해 나감에 있어서 인적 및 물적 자원, 자본, 정보, 지식 등을 배분하고 조정하는 활동을 의미한다.

· **지휘활동(leading)** : 기업의 목표를 달성하기 위하여 요구되는 업무를 잘 수행하도록 종업원들의 동기를 유발하게 하며 조직원간 갈등을 해결하는 활동을 의미한다.

· **통제활동(controlling)** : 계획하였던 업무들이 제대로 추진되고 있는가를 점검하고 문제가 있을 때 수정하는 활동을 의미한다.

### (3) 경영업무

기업경영은 업무별로 많은 분야가 세분화되어 있으나 대체로 인사, 마케팅, 생산, 재무 등으로 나누어진다.

· **인사활동** : 기업에서 인사활동이란 사람과 관련된 모든 활동으로 종업원들을 채용하고 교육 훈련시켜 적재적소에 배치하는 인적자원 관리활동과 원만한 노

사관계를 유지하도록 하는 노사관계 관리활동을 다루는 분야이다.

· **마케팅활동** : 고객의 욕구와 기업의 목표를 모두 만족시키기 위해 제품과 서비스 및 아이디어에 대한 발상, 가격결정, 촉진 및 유통을 계획하고 실천하는 과정이며 고객에 관한 분석을 통하여 수요를 창출 예측하는 역할도 포함된다.

· **생산활동** : 필요한 모든 자원을 구입하고 적절히 활용하여 고객이 원하는 제품이나 서비스를 창출하는 활동을 의미한다.

· **재무활동** : 기업의 목표를 달성하기 위해 필요한 자본을 합리적으로 조달하고 효과적으로 운용하는 활동에 초점을 맞추며 기업가치 평가로서의 주식과 관련된 분석도 포함된다.

### (4) 경영마인드

경영이란 목표의 달성을 위하여 사람들이 체계적으로 집단화되는 것을 우리는 조직이라고 부른다. 조직이 집단화된 구조 또는 하드웨어를 의미한다면, 조직이 그러한 목표를 달성해 나가는 과정 또는 소프트웨어적인 면을 우리는 경영이라는 말로 표현한다. 따라서 가정, 학교, 정부, 병원 등 사람들이 모여서 목표 달성을 위하여 체계적으로 함께 활동을 수행하는 모든 유형의 조직에서는 경영이 이루어지고 있는 것이다.

이와 같이 어느 조직의 대표자가 능력이 있느냐 없느냐를 평가할 때는 주로 경영마인드를 기준으로 삼고 있다. 어느 기업의 사장은 경영마인드가 뛰어나 외자유치 등을 통해 눈부신 발전을 꾀하고 있는 반면에 어느 기업사장은 경영마인드가 부족하여 혁신이 전혀 이루어지지 않고 있다는 식으로 경영자에 대한 평가가 이루어지는 것이다.

결국 경영마인드는 정부, 기업, 가정, 개인에 이르기까지 모두에게 해당되는 문제이다. 따라서 경영마인드는 우리의 일상생활과 분리될 수 없는 필수요소가 되었다. 즉, 경영마인드(business mind)란 경영자가 기업의 목표를 달성하기 위하여 효과성(effectiveness)과 효율성(efficiency)을 가진 여러 가지 아이디어나 지혜를 적용하는 것을 의미한다.

효율성이란 투입되는 양(input)과 산출되는 양(output)을 고려하는 것이며 최소의 비용으로 최대의 효과를 추구해야 할 것이다. 효율성을 높이기 위한 방식으로는 크게 두 가지의 방식이 존재한다. 우선, 산출량을 줄이지 않고 원가 절감을 통하여 투입량을 줄이는 방법, 그리고 주어지는 투입량을 최대한 잘 활용하여 산출량을 증가시키는 방법이다. 결국 투입량을 활용하여 최대의 산출량을 확보할 때 우리는 효율성을 극대화하였다고 한다.

효율적인 경영을 하였을 때 기업은 많은 이윤을 남길 수 있지만, 기업 경영에 있어서 효율성을 추구하는 것만으로는 충분하지 않다. 기업이 추구하고 있는 목표가 윤리적으로 사회적으로 타당한지에 대한 점검이 있어야 하는 것이다. 이와 같이 목표 자체가 옳고 추구할 만한 가치가 있을 때 우리는 경영이 효과적이라고 평가한다.

효과성이란 기업이 추구하는 목표를 설정하고 이를 달성하기 위해 모든 노력을 기울여서 성과가 이루어지는 것을 말한다. 이처럼 어떻게 하면 보다 더 효과적으로 목표를 달성할 수 있을까, 또는 어떻게 하면 보다 더 효율적으로 업무를 완수할 수 있을까와 같은 문제에 대한 해답을 찾고자 노력하는 마인드가 경영마인드이다.

## 2. 기업이란

기업은 목적달성을 위해 경영활동을 하는 주체를 말한다. 기업은 국민경제를 구성하는 기본적 단위이며, 영리목적을 추구하는 독립적인 생산경제단위를 이룬다. 즉 인간생활에 필요한 재화나 용역을 생산하고 소비하도록 경제활동을 하는 시스템이다. 개별경제의 주체로는 가계, 기업, 재정(국가 또는 지방자치단체)으로 분류한다.

가계란 소비경제단위로 일상생활에 필요한 물건과 상품을 구입한다. 기업에 노동력을 제공하고 그 대가로 소득을 얻는다.

기업은 생산경제단위로, 여러 형태의 제품이나 서비스를 생산하여 적정가격에 소비자에게 제공함으로서 영리를 추구한다. 즉 기업의 역할은 효율적인 생산 활동을 통하여 소비자의 욕구를 충족시키고 또 새롭게 생겨나는 욕구들을 창출시키면서 부가가치를 만들어내고 이해관계자인 종업원이나 주주의 가치를 창조한다.

재정은 소비경제단위로 공공복리를 추구하는 공경제이며, 국민경제를 구성하는 개별경제단위인 가계, 기업, 재정(국가) 상호간의 균형과 공정성을 유지하기 위해 노력한다.

**Article 8** **중소기업인 29% 회사팔고 싶다.**

씨티은행 조사… 아시아 5개국 중 최고

국내 중소기업인 10명 중 3명은 경영이 힘겨워 회사를 처분할 생각인 것으로 나타났다. 이 비율은 홍콩, 싱가포르, 말레이시아, 인도 등 다른 아시아 국가보다 상당히 높은 편이다. 그만큼 한국의 중소기업 경영환경이 어려운 셈이다. 이 같은 결과는 한국씨티은행이 최근 영국 경제주간지 이코노미스트의 경제연구소(EIU)에 의뢰해 실시한 "아시아 5개국 중소기업인 조사"에서 나온 것이다.

이번 조사는 지난해 9~10월 도·소매업, 제조업, 서비스업체를 운영하는 한국의 중소기업인 109명과 아시아 4개국의 568명 등 총 677명을 대상으로 이뤄졌다.

조사 결과 "기업을 장차 어떻게 할 것인가"라는 질문에 한국 중소기업인 29%가 기업 매각을 원했다. 특히 기업을 운영한 지 5년 이하인 경우 매각을 원하는 사람은 43%나 됐다. 기업 매각을 원하는 중소기업인들은 그 이유로 자금 부족, 인력·전문성 부족, 인건비 증가 들을 꼽았다. 또 "자녀에게 물려 주겠다"는 응답은 3%로 한국을 포함한 아시아 5개국 평균치 28%를 웃돌았다. "전문경영인에게 넘겨줄 계획"이라는 대답은 33%였다.

찰스 고다드 이코노미스트 아시아 지역 담당 논설위원은 "대기업에 비해 상대적으로 어려움을 겪고 있는 한국 중소기업의 현실이 단적으로 나타났다"고 말했다. 그는 또 "한국 기업인들은 기업의 미래에 대해 비관적이면서도 가족중심의 문화로 인해 자녀에게 물려주기를 선호하고 있다"고 덧붙였다.

국내 중소기업인들이 사업을 시작하게 된 동기는 "일반 직장에서 개인 역량을 발휘할 기회가 부족했기 때문"이라는 응답이 41%(복수응답)를 차지해 5개국 평균치(20%)의 두 배에 달했다.

한편 대한상공회의소는 최고경영자(CEO) 100명(대기업, 중소기업 각 50명)을 대상으로 "기업가 인식"을 조사한 결과, 82명이 "기업가 정신이 위축돼 있다"고 답변했다고 10일 밝혔다. 그 원인으로는 반기업 정서(35명) 가장 많이 꼽혔고, 이어 정부규제(24명) 노사갈등(20명) 기업인의 위험감수 의지 부족(15명) 순이었다.

**현대차 "임기응변 + 추진력"**

형식보다는 실질, 사소한 것에 구애받지 않는 추진력, 끈끈한 응집력, 현대자동차 그룹의 "문화 코드"다. 조직에 해를 끼치지 않는 한 공식적 관계 뿐만 아니라 비공식적 관계까지 돌아볼 수 있는 대범함이 임직원들의 특성이다. 규정에 얽매이기보다 상황에 따라 임기응변을 발휘해야 한다는 생각이 다른 기업보다 강하다. 특유의 돌파력으로 "무"에서 "유"를 일군 옛 현대그룹의 전통과 분위기가 살아있다. 그러나 시대변화에 따라 시스템 경영을 좀 더 강화해야 한다는 자기 반성도 필요한 시점이다. 중앙일보와 아주대가 공동조사한 "4대그룹 기업문화" 중 현대차 편.

**다시보자, 인터넷 쇼핑 택배박스**

"애물단지"처럼 여긴 인터넷 쇼핑몰 배송상자가 마케팅의 주요 수단으로 주목받고 있다. 인터넷 쇼핑몰에서 제품을 구입하면 "배보다 배꼽이 더 큰"배송상자 때문에 쓰레기 처리가 골치였다. 이에 상자에 쿠폰을 새겨 넣거나 자사 행사 광고를 인쇄하는 등 업체마다 다양한 활용처를 찾는 것이다. 인터파크는 도서 제품 배송상자 옆면에 뮤지컬 "토요일 밤의 열기" 10% 할인쿠폰을 인쇄했다. 롯데닷컴은 자사에서 진행 중인 할인 이벤트와 각종 행사 관련 소식을 배송상자에 붙여 넣었다. 박스 자체를 하나의 광고판으로 활용한 것이다. 옥션은 지난해 9월부터 의류 판매자 중 매달 30~40명을 선정해 특별 제작한 비닐 포장지를 준다. 이 포장지엔 각종 이벤트 정보와 1000원 할인쿠폰이 있는 전단이 들어있다. 인터파크 이준한 공연기획팀장은 "배송상자는 구매 고객이 100% 직접 확인하는 효과적인 다이렉트 메일(DM)"이라며 "여러 활용방안을 구상하고 있다"고 말했다.

(중앙경제, 2007.1.1)

## 참고문헌


1) 류태모 외 5, 창업과 취업전략, 도서출판, 대명, 2002.
2) 이명호외 9인, 경영학으로의 초대, 박영사, 2004.
3) 이재연 · 이문연, 창업과 경영, 형설출판사, 2003.
4) 지호준, 21세기 경영학, 법문사, 2004.
5) 조보상, 소자본 창업과 경영실무, 무역경영사, 2004.
6) 홍성도, 벤처 창업 경영론, 학문사, 1998.
7) Cooper, A. C., 'Strategic Management': New venture and Small Business, Long Range Planning, Vol. 14, No. 5, 1981.
8) R. L. Daft & R. A. Noe, 'Organizational Behavior' southwestern, 2001.

Chapter
02

# 창업 경영환경

기업 환경(business environment)이란 기업의 존속이나 성장에 많은 영향을 미치거나, 또는 기회나 위협을 주는 기업 내부·외부의 모든 존재를 말한다. 환경은 끊임없이 변화하기 때문에 환경의 변화를 제대로 예측하지 못하거나 환경변화에 제대로 적응하지 못하는 기업은 살아남기가 어렵다.

과거 경영학에서는 기업의 환경문제를 단순히 기업의 내부문제로 국한하여, 환경은 주어진 것이라고 생각하고 기업은 경영합리화만 추구하면 된다고 인식하였기 때문에 환경문제가 크게 고려되지 않았다. 그러나 오늘날 기업들은 국내 환경뿐만 아니라 국제환경 속에서도 다른 기업들과 경쟁을 해야 하는 상황에 직면함으로써 의사결정을 위한 환경변화의 예측과 계획수립이 중요한 의미를 가지게 되었다. 특히 창업 시의 주변경영 환경은 창업의 성패에 절대적인 전제가 된다. 즉 다양성과 다변성이 급증하고 있는 최근에는 기업 환경과의 상호작용에 적응하지 못하면 존속과 성장을 도모할 수 없는 시대가 되었다는 것이다. 따라서 창업 경영자는 환경변화에 대한 기업 대응전략을 이해할 수 있는 통찰력과 더불어, 환경의 변화를 예측할 수 있는 분석능력과 의사결정능력을 지녀야만 한다. 왜냐하면 창업 환경은 기업에 성장의 기회를 제공하는 한편 생존의 위협이 될 수 있으며 기업이 어떻게 대처하느냐에 따라 상이한 결과를 초래하기 때문이다.

**Article 1** **100만 싱글족이 단골고객**

경제적인 여유를 갖고 삶을 즐기는 싱글족이 늘고 있다. 지난해 말 현재 전국1인 가구주는 268만명이고, 이 중 20, 30대 젊은 싱글족만도 약 수백만명에 이른다. 싱글족이 주요 소비주체로 떠오르면서 창업시장에도 이들을 겨냥한 아이템이 인기를 끌고 있다.

• 테이크아웃, 바 음식점 인기=다양한 음식을 포장판매하는 테이크아웃 음식점은 싱글족과 함께 부상한 대표적 업종.

백화점이나 할인마트 식품코너에는 이미 다양한 음식을 테이크아웃 판매하는 코너들이 날이 갈수록 늘고 있다.

최주환(55)는 서울 목동에서 토스트 테이크아웃 전문점 "토스토아"를 운영중이다. 주변에 주상복합 빌딩이 밀집해 있어 오피스텔에 혼자 거주하는 싱글족이 많이 찾는다. 직장인들이 몰리는 아침시간에는 한 시간에 토스트가 40~50개 나갈 정도다.

최씨는 "주변 젊은 독신 직장인들이 아침을 많이 거르고 다닌다는 점을 감안해 오전 7시30분부터 영업준비를 한다"고 말했다. 한달 평균 매출은 1400만원 선이고 순이익은 500만원이 넘는다.
현대식 비빔밥 전문점 "카페소반"은 젊은 싱글족이 좋아하는 모던한 분위기가 특징이다. 다양한 비빔밥을 테이크아웃 할 수 있고 혼자 음식을 주문해 먹기에도 무리가 없다. 10여 종류의 비빔밥과 야채죽, 호박죽, 전복죽 등이 인기 메뉴이다.
혼자 식사할 때도 부담 없이 이용할 수 있도록 바(bar)형태의 매장 시스템을 도입한 음식점도 인기몰이중이다.
일본식 스테이크를 파는 "페퍼런치"는 매장에 바 형태를 도입해 싱글족이 부담 없이 이용할 수 있도록 하고 있다. 매장 한가운데 바가 설치된 명동점은 40여석 좌석이 모두 1인용이다. 이곳에서 혼자 식사하는 것은 자연스럽다.
또 "고기촌 플러스바"는 고깃집은 여러 명이 함께 찾는 곳이라는 고정관념을 깨고 매장에 바를 설치해 혼자 찾은 고객이 바텐더와 대화를 나누면서 고기를 구워 먹을 수 있도록 만들었다.

• 생활편의형 사업도 유망=가사를 혼자 처리해야 하는 싱글족들의 불편함을 덜어주는 생활편의형 사업도 시장이 점차 커지고 있다.
셀프 빨래방, 청소 대행업, 반찬 전문점 등이 있다.
셀프 빨래방 "스피드퀸"은 미국, 유럽, 일본 등에서 활성화 되는 코인 자판기 빨래방을 선보였다.
24시간 운영하기 때문에 직장인들이 이용하기에 무리가 없다. 가격도 1회이용비가 2000~5000원 선으로 저렴한 수준이다. 기다리는 동안 책과 TV도 볼 수 있어 휴식공간으로도 사용할 수 있다. 세탁기를 들여놓기 힘든 10평 전후 오피스텔에 거주하는 싱글족이 주로 이용한다. 반찬 전문점도 싱글들에게 인기다. 요즘은 반찬 전문점들이 싱글 고객을 겨냥해 100g내외로 소포장 판매를 하거나 한 사람이 한 끼 먹을 분량의 반찬을 3~4가지 정도 모아 세트 메뉴로 판매하기도 한다.
싱글소비자들은 자기를 바꾸거나 인생을 즐기기 위한 목적으로 선뜻 지갑을 연다. 특히 여성들은 정기적으로 마사지를 받거나 피부관리숍을 찾는 사례가 많다. 또 몸 가꾸기에 관심이 많다보니 피트니스클럽 회원권도 필수 아이템으로 꼽힌다.
"자마이카 휘트니스클럽"은 고급화, 대중화를 지향하는 피트니스클럽이다. 한 시간동안 스트레칭과 유산소·무산소 운동을 체계적으로 할 수 있는 "그룹 엑시사이즈" 프로그램은 물론 밸리댄스, 힙합댄스 등 유행댄스와 결합한 운동 프로그램을 갖춰, 20, 30대 젊은층에게 인기를 끈다.
영화와 뮤직비디오 등 다양한 문화 컨텐츠도 갖춰 휴식공간으로도 이용할 수 있다. 바쁜 싱글족을 위해 일일 이용권도 판매한다.
강병오 FC창업코리아 대표는 "싱글 시장을 잡기 위해서는 그들만을 위한 전략을 수립해 철저히 공략하는 타깃 마케팅이 필요하다"며 "또 디자인이나 인테리어 등에서 감성적인 매력을 높이는 데도 주력해야 한다"고 말했다.

(매일경제, 2006.3.7)

## 2.1 거시적 환경

창업 경영활동에 영향을 미치는 거시적 환경이란 기업 외부적 요인으로서 기업이 통제할 수 없거나 매우 어려운 환경요인으로 인구관련 환경, 사회적 환경, 경제적 환경, 법률적 환경, 기술적 환경, 자연적 환경 등이 있다.

그림 2-1 거시적 환경

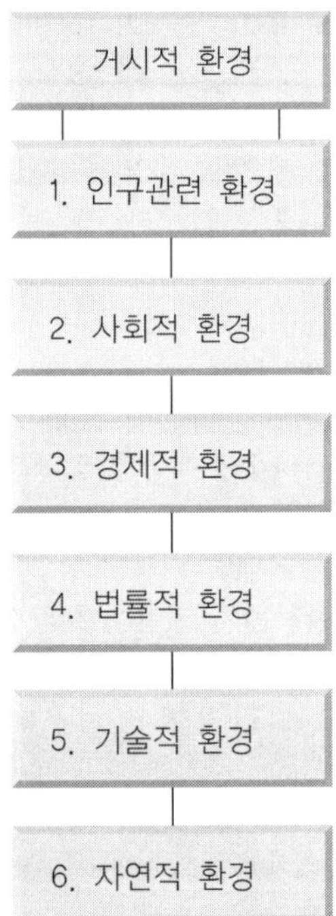


### 1. 인구관련 환경

사람이 시장을 형성함으로 창업자는 인구의 증가율, 규모, 연령분포, 교육수준, 가정의 유형 등에 관심을 가질 필요가 있다.

2000년 말 기준으로 국내외 인구는 약 4,700만 명이고 가구 수는 약 1,430만 가구이며, 가구당 인구는 3.3명으로 과거에 비해 핵가족화 되어 있음을 알 수 있다. 노인 인구가 급증하고 있는 우리나라는 2000년에 65세 이상 인구 비율이 7.2%로 고령화사회가 되었으며 2018년에 14%로 고령사회, 2026년에 20%로 초고령사회에 도달할 것으로 예상된다. 성별 구성에 있어서는 노인층에서는 여성의 비중이 높고 저 연령층에서는 남자의 비율이 높다. 연령층의 구조는 1960~70년대의 피라미드형에서 항아리 형으로 바뀌고 있어 20~30대의 비중이 가장 높고 40대와 10대가 다음으로 큰 비중을 차지하고 있다.

인구관련 환경의 변화는 바로 소비자계층의 변화를 의미하기 때문에 창업자의 마케팅활동에 직접적인 영향을 미치게 된다. 예들 들어, 20세 전후의 소비자계층을 표적으로 하는 산업의 경우, 향후 인구수가 감소할 것으로 예상되어 사업전망이 불투명한 상태이다.

2004년 우리나라의 자녀출산율이 1.17명으로 미국의 2.13명, 영국의 1.64명, 일본이 1.33명에 비해 훨씬 낮은 편이다. 그러나 기업은 표적시장의 절대적 소비자수가 감소하더라도 1인당 매출을 증대시키는 노력을 통해 지속적인 성장을 추구할 수 있다. 가령 유아산업의 경우 가구당 자녀수가 1960년 평균 5명, 1970년대 3명에서 2000년대에는 1.5명, 2003년에 1.17명 수준으로 낮아졌지만, 각 가구의 소득수준의 향상에 따른 유아 1인당 소비지출규모의 급증은 외형적인 시장규모를 오히려 확대시켰다. 유아용품 제조업체들은 한두 명 밖에 되지 않는 자녀들에게 아낌없는 투자를 하는 부모들을 겨냥하여 고급제품을 개발함으로써 지속적인 성장을 이루고 있다.

또한 베이비붐 세대로 일컬어지는 현재의 40대 소비자계층은 전체 인구에서 차지하는 구성비가 증가하고 있으며 높은 구매력을 감안할 때 시장 매력도가 크게 증대되고 있다. 자동차, 의류, 구두와 같은 내구재 제조업체들은 이들을 표적시장으로 하여 고가의 제품들을 출시하고 있다. 한편 실버세대라 불리는 65세 이후의 소비자계층도 전체 인구에서 차지하는 비중이 2010년에 15%로 앞으로 실버산업이 크게 성장 · 발전할 것이다.

인구의 지리적 이동현상을 보면 농촌에서 도시지역으로, 디시 교외지역으로 이동이 이루어지고 있는 추세이다.

## 2. 사회적 환경

성장하고 있는 사회적 환경에는 기본적인 신념, 가치관, 규범에 의해 형성된 사회제도, 전통과 관습, 생활양식, 예술, 도덕, 문화적 요인 등이 있다.

Article 2 3S 상품

### 3S 상품 불황 모른다

초고속으로 물을 끓이는 전기주전자, 데워 먹는 즉석식품, 값이 싼 이플러스 휴지… 올 상반기 불황을 이겨낸 "3S 상품"들이다. 3S란 빠르고(Speedy), 간편하고(Simple), 가격이 싸다(Saving)는 것을 뜻한다.

불황 속에서도 3S 상품들은 인기를 끌었다. 신세계 이마트가 올 상반기 중 52개 점포에서 팔린 상품을 분석한 결과 3S 상품의 판매량은 늘어난 것으로 나타났다. 이마트에 따르면 햇반, 카레, 즉석죽 등 간편하게 끓여 먹는 레토르트 식품이 무려 4백10만개나 판매됐다. 30초면 물이 끓는 전기포트는 3만2천개가 팔렸다. 할인점 PB(자체 브랜드)상품인 24롤짜리 값싼 이플러스 휴지는 1백10만개가 나갔다. 이마트는 레토르트 식품은 간편함(Simple)이, 전기주전자는 속도감(Speedy)이, 이플러스 휴지는 절약성(Saving)이 소비자들에게 어필했다고 분석했다.

즉석식품 중에서는 레토르트 식품을 비롯해 커피믹스와 포장김치도 간편성, 속도성, 시간절약성 등에 힘입어 판매량이 일제히 늘어났다. 햇반, 3분카레 등 레토르트 식품과 1회용 커피믹스 판매량(38개 기존점 기준)은 작년 상반기보다 각각 20%와 40% 증가했다. 포장김치 매출도 같은 기간보다 53%나 늘어났다.

요리하는 데 바로 사용할 수 있는 "간편 야채"도 인기를 끌었다. 간편 야채는 볶음밥, 찌개, 카레, 짜장 등에 쓰이는 야채류를 다듬어 조리 용도에 맞게 포장한 제품으로 지난해 7월 첫선을 보였다. 올들어 지난 3월말까지 12개 매장에서만 판매됐지만 소비자가 많아지면서 4~6월 사이 52개 전매장으로 판매가 확대됐다. 작년 하반기 12개점의 판매량은 1만3천개(2천2백만원)였으나 올 상반기엔 12개점에서만 18만개(2억3천만원)로 10배 이상 급증했다.

할인점 PB화장지와 우유 등 절약형 상품과 인라인스케이트, 힐리스, 디지털카메라, MP3, 전동칫솔 등도 노력과 시간을 덜어주는 상품으로 불황을 몰랐다. 일반 제품보다 가격이 20~30% 싼 PB인 이플러스 화장지와 우유 매출은 지난해 상반기보다 각각 14%와 33% 증가했다. 또 인라인스케이트는 75%, 디지털카메라는 1백42%의 높은 매출 신장률을 나타냈다. 어린이들에게 선풍적인 인기를 끌고 있는 힐리스는 전점에 4만5천족 70억원 어치나 팔려 나갔다.

홈플러스가 발표한 상반기 10대 히트상품에서도 3S 상품의 약진이 두드러졌다. 전기포트, 전동칫솔, 힐리스, 인라인스케이트 등 3S 상품이 히트 상품에 포함됐으며 이들 상품의 매출은 지난해 같은 기간보다 1백~1백60% 증가한 것으로 집계됐다.

이인균 이마트 마케팅 담당 상무는 "값이 싸면서 빠르고 간편하게 즐길 수 있는 제품이 현대 소비자들의 감성에 잘 맞는 것 같다"면서 "3S상품의 인기는 주5일 근무제 확산과도 깊은 연관이 있는 것 같다"고 분석했다.

(한국경제, 2008.7.2)

즉, 사회적 환경이란 일반 시민들이 살아가는 방식 중에서 기업활동에 영향을 미치는 것들을 의미한다. 이들의 생활방식의 변화는 새로운 시장기회의 원인이 될 수 있다. 여성활동의 증가, 도시화 등과 같은 사회생활방식의 변화는 창업기업에게 새로운 시장 환경을 제공하고 있다. 사람들은 그들 사회에 대해 각기 다른 태도를 갖게 되는데 요즈음 소비자는 제품구매에 소요되는 시간(여행시간, 쇼핑시간, 배달시간 포함)과 관련된 편의성을 중요시 한다. 1990년대에 들어서면서부터 직장 여성의 증가, 레저시간의 증대, 러시아워 등으로 시간압박을 받고 있는 소비자 집단들은 제품구매시간에 할애할 수 있는 시간이 감소되고(즉 시간가치의 중요성이 증대되고) 있다. 따라서 소비자들의 시간효용이 커짐에 따라 편의성을 위해 보다 높은 가격을 지불할 용의가 있는 소비자 집단이 증대되고 있다.

이러한 소비자의 편의성 중시로 인해 24시간 영업을 하는 편의점, 지하철이나 국철 역에 위치하여 교통체증을 피할 수 있는 역사점, 일괄구매가 가능한 대형 소매점포, 그리고 무엇보다도 인터넷쇼핑몰 등의 성장이 예상된다.

독신자, 맞벌이부부, 핵가족증가와 더불어 소득증대는 소비생활에 많은 변화를 일으키고 있다. 예를 들면, 관리에 어려움이 따르는 단독주택보다 아파트를 선호하며, 편리함에 대한 욕구로 배달서비스, 포장이사, 즉석식품에 대한 선호도가 증대되고 있다. 또한 제한된 시간의 효율적인 활용을 위해 24시간 운영하는 편의점이나 일괄구매(one-stop-shopping)가 가능한 대형할인점 이용이 증가하고 있는 추세이다.

서비스산업의 비중은 전체 취업자 중 55% 이상으로 확대되었다. 도시의 복잡화에 따른 사회적 관심사의 변화는 새로운 소비문화를 창출해내기도 하고 사회통념상 받아들이기 어려웠던 새로운 문화가 발생하기도 한다. 살 빼는 제품들은 20대 여성에게 필수품이 되고 있으며 최근에는 비만치료제 뿐만이 아니라 삶의 질을 향상시키는 데 초점을 맞춘 성기능 개선제, 탈모치료제 등과 같은 의약품시장이 급성장하고 있다. 또한 자연 친환경적인 흐름의 영향으로 유기농산물, 천연샴푸, 종이기저귀, 건강식품, 공기청정기 같은 제품이 출현하고 있다.

창업경영자는 새로운 기회와 위협을 탐색하기 위해 사회문화적 변화를 예측하는데 예리한 관심을 가져야 한다.

## 3. 경제적 환경

기업환경은 소득수준, 원료시장, 노동시장, 소비자시장, 투자자, 경쟁상대, 재정금융상대등에 의해 좌우되기도 한다.

이중에 창업자의 관심을 끄는 요인으로는 소득수준의 변화와 그에 따른 소비구조의 변화를 들 수 있다. 우리나라는 1970년대 이래 소득수준의 지속적 성장에 따라 TV, 냉장고, 전화와 같은 주요 내구재의 보급률이 95%를 상회하였고 자동차의 보급대수도 1,300만대를 넘어 마이카시대에 진입하게 되었다. 소비구조도 생필품중심에서 외식, 교통통신, 문화비 등의 비중이 증가하였다.

또한 소비자들의 소득 증대는 고급화·다양화된 상품과 서비스를 요구하고 문화·교육·오락·여가 활동에 대한 관심을 증대시키게 되었다. 이는 전근대적인 유통업체인 재래시장과 구멍가게의 쇠퇴를 초래하였고 현대화된 시스템을 갖춘 백화점, 편의점, 대형 슈퍼마켓 등과 같은 업태가 성장하는 계기가 되었다. 도시화의 초기에는 인구집중에 따라 상권의 도심 집중현상을 야기했으나 도로 교통의 발달에 따라 상권이 부도심, 교외주거지역, 위성도시 등으로 분산되고 있다. 특히 급속한 자동차의 보급으로 소비자들의 쇼핑이 주거지에서 탈피하는 경향을 보이고 있다. 이는 대형 소매점의 교외입지를 가능하게 만들었으며 도심지역의 대형소매점들은 다른 성장방향을 모색하게 되었다.

또 소비자의 지출은 저축, 채무 및 신용이용성에 의해서 영향을 받기도 한다. 예를 들어 일본인들은 소득의 18%를 저축할 수 있지만, 미국인들은 6%를 저축한다. 이 결과 일본의 은행들은 미국은행보다 낮은 금리로 일본기업에 자금을 대출해 줄 수 있으며, 따라서 저렴한 자금조달에 의해 일본기업들이 빠르게 확장할 수 있었다. 창업자는 소득, 생활비, 이자율, 저축, 대출 등의 변화에 신중한 주의를 기울어야 한다.

## 4. 법률적 환경

법률적 환경이란 정부의 금융, 조세에 관한 법률, 소비자 보호법, 환경규제법, 공정거래법 등 국내법과 다양한 각종 국제법이 있다.

최근 들어 전략적 중요성이 강조되고 있는 법률적인 규제로는 환경오염방지를 들 수 있다. 현대 환경오염은 일상생활의 많은 부분에 직접적인 영향을 미치고 있다. 이와 같은 심각한 환경오염에 대해 정부에서는 대기 및 수질오염을 줄이기 위해 기업들에게 공해 방지시설의 설치를 의무화하고 있다. 오존층 파괴나 환경호르몬과 같은 새로운 유해요인의 부각에 따른 규제의 도입·강화에 직면한 기업들은 환경오염이나 유해물질을 최소화하는 제품개발에 많은 투자를 하게 되었다.

근래에는 불공정한 경쟁으로부터 기업을 보호하기도 하고, 불공정한 기업행위로부터 소비자를 보호하기도 한다. 기존의 민간단체 중심의 소비자 운동 차원에서 벗어나 정부는 소비자보호원의 설립을 통해 보다 적극적으로 소비자의 권익증진과 소비자보호에 필요한 법률을 강화하고 있다. 2002년에는 국내에서도 제조물책임(PL : Product Liability)법이 시행되었다. 이에 따라 이전에는 제품 사용과정에서 피해를 입은 소비자가 제조업체의 과실과 제품의 결함을 입증해야 했지만, 이제는 제품의 결함과 사고발생의 인과관계만 입증하면 된다. 반대로 제조업체들은 문제가 발생하는 경우 제품의 '결함 없음'을 입증해야 한다.

## 5. 기술적 환경

인간생활에 가장 큰 변화를 미치는 요인이 기술이다. 모든 새로운 기술은 창조적 파괴의 요인이다. 트랜지스터는 진공관 사업을, 전자복사기는 먹지사업을, 자동차는 철도사업을, TV는 신문사업을 쇠퇴시켰다.

지난 수년간 국내시장에서 가장 급속한 성장이 이루어진 산업분야는 IT(information technology)부분이다. 2002년 기준으로 80% 이상의 가구보급률을 보이고 있는 개인용 컴퓨터, 900만 가구 이상에 보급된 초고속인터넷망, 3,000만 명의 가입자를 확보한 휴대폰 등을 기반으로 IT산업은 국내 최대산업으로 부상했다.

이러한 컴퓨터를 이용한 정보의 생산·수집·처리·가공기술이나 통신관련 기술의 급속한 발달과 보급을 기반으로 하는 정보네트워크화는 사회 및 경제 등의 영역에 커다란 영향을 주고 있다. 미국의 WalMart의 경우 컴퓨터 네트워크, POS, EDI시스템, POS를 통한 데이터베이스 구축, 위성통신망을 이용하는 첨단 유통정보기술에의 투자를 통해 거대 소매업체로 성장하였으며 최근에는 무선바코드(RFID)를 활용한 첨단 운영시스템까지 도입하고 있는 실정이다.

인터넷 등과 같은 정보기술의 발전에 따라 다양한 형태의 무점포 소매업이 출현하고 있다. 우리나라의 무점포 소매업은 TV홈쇼핑과 인터넷상에서의 전자상거래(electronic commerce)에 의해 급성장하고 있다. 케이블 TV시대의 개막과 함께 도입된 TV홈쇼핑은 낙후된 국내 유통에 하나의 돌파구를 제시하였고 높은 유통비용을 수반하는 백화점이나 대리점을 이용할 여력이 없는 중소제조업체가 유통경로에 대한 대규모 투자 없이 공동으로 활용할 수 있는 대안으로 부상하였다.

이외에는 고객욕구의 다양화, 개성화와 제품 라이프 사이클의 단축, 다품종 소량체제로의 전환 등의 시장 환경 변화나 기업 간 가격, 품질, 납세 등과 같은 경쟁 환경의 변화도 고려해야 할 것이다.

### 6. 자연적 환경

자연적 환경(natural environment)이란 물리적 생태적 환경으로 기업에 영향을 미치는 자연자원 및 기후 등과 같은 자연환경 조건을 말한다. 이러한 자연적 환경에는 환경오염, 공해문제, 자연고갈, 새로운 에너지 개발문제 등이 포함된다. 우리나라는 자연자원이 적은 상대적인 자원부족국가이므로 중요한 자원재는 물론 석유와 같은 에너지 자원도 수입에 크게 의존하고 있다. 과거에는 비용이 많이 들어서 개발 활용되지 못하였던 태양열 주택이나 원자력 발전 같은 대체 에너지 자원개발 등에 힘을 기울이고 있다. 오늘날 경제가 성장 발전함에 따라 기술혁신이 이루어지고 기업규모가 확대됨에 따라 존재에 대한 인식이 전무하였거나 간과 되어 왔던 자연적 환경의 오염, 환경파괴에 대한 논의가 지속적으로 이루어지고 있는 현실이다. 이렇듯 환경 오염문제가 심각해짐에 따라 기업은 공해형 산업의 경우 방제기술을 개발하고, 폐기물 공해의 경우에는 자연에 동화되도록 하기 위해 재순환기술 또는 재이용기술을 적극적으로 개발하여야 할 것이다.

## 2.2 미시적 환경

산업이란 유사한 고객을 대상으로 서로 대체관계에 있는 제품을 생산하는 기업들로 이루어지며, 산업내의 각 기업의 활동은 경쟁기업들 외에 다양한 집단에 의해 영향을 받게 된다. 미시적 환경 분석에서는 산업 자체가 얼마나 매력적인 지를 파악하는 산업구조분석과 경쟁분석을 통하여 자사와 경쟁사의 강·약점을 비교분석하고 자사에 맞는 시장기회를 찾아내야 한다.

## 1. 산업구조 분석

산업구조 분석이란 산업내의 다양한 구성 집단들의 상호관계를 분석하여 경쟁의 강도를 파악하고, 이를 근거로 산업의 전반적인 매력도를 평가하는 과정이다. 즉, 산업구조가 경쟁강도를 설명하고, 그 결과에 따라 수익성이 결정된다. 따라서 경쟁강도가 높은 산업은 매력도가 낮고, 경쟁강도가 낮으면 매력도가 높다. 기업의 수익성은 산업 내 경쟁강도에 영향을 받으며 기존 경쟁업체간의 경쟁, 새로운 경쟁업체의 진입, 대체품의 출현, 공급업자와 협상력, 구매자와의 협상력 등 다섯 가지 힘에 의해 결정된다는 Porter모형에 의해 결정된다.

그림 2-2 산업 매력도 요인

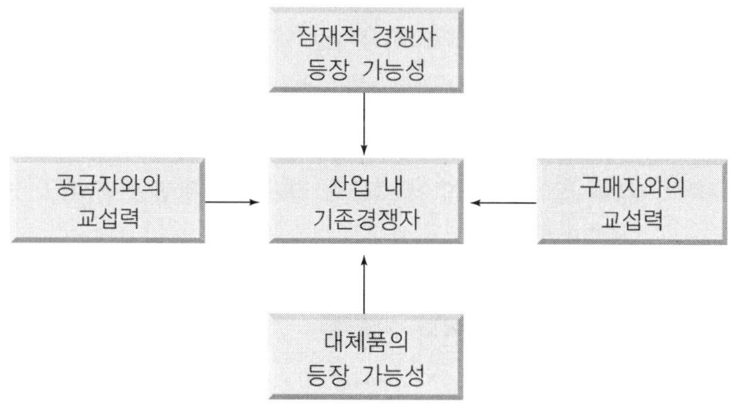


### (1) 기존 경쟁업체들 간의 경쟁관계

창업을 위한 의사결정이나 기존기업의 다각화 및 사업포트폴리오 결정에서 가장 중요한 고려사항이 산업매력도(industry attractiveness)이다. 산업의 성장률이 높고, 시장의 규모가 크며, 경쟁강도가 낮으면 매력적인 산업이다. 이러한 산업에는 어느 기업이나 진입하고 싶어 한다. 창업기업은 경쟁강도가 낮고 산업매력도가 높은 산업에 진입하는 것이 생존확률이 높다고 볼 수 있다. 그러나 산업매력도가 높을수록 상대적으로 높은 진입장벽(entry barriers)이 존재한다. 또한 경쟁강도와 산업매력도는 고정적인 것이 아니라 시간의 흐름에 따라 변한다는 사실 또한 주지해야 한다. 산업의 유아기나 성장초기단계에 시장으로 진입하는 경우가 많기 때문에 진입강도만으로 산업매력도를 평가하기가 힘들다. 즉, 시장진입 초기에는 경쟁강도가 낮아서 매력적으로 보였는데 사업을 시작하고 보니 경쟁자가 갑자기 많아져서 경쟁강도가 높아지고 매력이 떨어지게 된 경우다.

### (2) 새로운 경쟁업체의 진입 가능성

신규업체가 기존 산업에 진입하는 데는 많은 진입장벽이 따르게 된다. 우선 많은 자본투자가 필요하며, 사업의 성공에 필수적인 유통망이나 원자재 공급업자들을 확보하는 데 어려움이 따르게 된다.

후발업체로 시장에 진입하는 경우는 시장진입 시 발생하는 비용과 위험을 어떻게 낮추는가가 중요하다. 제품차별화나 틈새시장을 공략하는 전략이 유효하다. 따라서 시장진입장벽은 창업성과를 결정하는 매우 중요한 요소이다. 반면에 선발업체로 새롭게 나타나는 시장에 진입하는 경우 후발업체에 대한 진입장벽을 만들 수 있는가가 중요하다. 진입장벽이 높으면 쉽게 신규업체가 시장에 진입할 수 없기 때문에 상대적인 위협이 작다. 반면에 진입장벽이 낮으면 경쟁자의 수가 많아지면서 경쟁강도가 높아지게 된다.

### (3) 대체품 출현의 가능성

대체품이 나타나면 자신의 제품이나 서비스에 높은 가격을 받을 가능성이 줄어들게 된다.

대체성은 기술적 대체성과 경제적 대체성으로 나눌 수 있다. 기술적 대체성은 기술이나 기능적인 측면에서 기존 제품을 대체할 수 있는가이다. 경제적 대체성은 가격 면에서 기존 제품에 비해 얼마나 유리한가의 여부이다.

이처럼 기업은 자신의 제품이 기능이나 품질이 갈수록 우수해지더라도 예기치 않은 새 제품 출현으로 위기에 부딪힐 수 있다. 항공 산업의 발달로 기차산업의 어려움을 가져왔고, 삐삐가 핸드폰으로 인해 자취를 감췄다.

초기 급성장하던 BB(삐삐 – 무선호출기)시장은 핸드폰에 의해 침몰되었으며, 기존 VCR시장은 DVD제품에 의해 대체되면서 전 세계적인 시장수요가 급속히 감소하고 있으며, 필름을 이용하는 기존 카메라시장은 디지털카메라의 확산과 함께 시장수요가 잠식당하고 있는 상태이다. 이와 같이 가까운 장래에 신기술의 도입이나 소비자 라이프스타일의 변화로 현재 산업이 위협받을 가능성이 있다면 산업의 매력도는 감소하게 된다.

### (4) 공급업체와 구매자의 협상력

협상력은 공급자나 구매자간에 상대적인 힘의 격차에서 발생한다. 거래당사자 간에 협상력의 격차에 따라 가격결정이나 납품대금 결제조건 등에서 유리하거나 불리한 입장에 처하게 된다. 중소기업이 대기업과 거래에서 불이익을 받는 이유가 교섭력의 격차에 있음은 중소기업이 당면한 현실이기도 하다.

공급업자와의 협상력은 산업내의 기업들에게 원자재나 부품을 공급하는 업체들이 얼마나 큰 영향력을 발휘하고 기업활동에 제약을 줄 수 있는 지를 의미한다. 가령, 소수의 공급업체들이 부품이나 원자재의 공급을 지배하는 경우 제조업체들은 부품가격의 인상에 대처할 수 있는 대안이 없기 때문에 산업의 전반적인 수익성에 부정적인 영향을 미치게 된다. 특히 창업초기의 기업은 명성이나 브랜드 인지도가 없기 때문에 교섭력의 격차로 불이익을 당하는 경우가 많다.

제품을 구입하는 구매자들이 산업 내 기업들에 대해 갖는 구매자 협상력도 해당산업의 매력도에 영향을 미칠 수 있다. 구매자의 수가 적고 각 구매자의 구매량이 많다면 이들은 기업들에게 가격인하를 요구하고 필요하다면 이들이 직접 생산을 시도하기도 한다. 이러한 현상은 고객의 수가 제한된 산업재에서 주로 발생하게 된다. 따라서 공급업체의 수와 구매자의 수가 많아질수록 이들의 상대적인 협상력은 저하되면서 산업의 매력도는 높아진다고 볼 수 있다. 전력, 가스 등 에너지 산업의 경우가 공급독점의 예다. 반면 구매자가 소수이고 공급자가 다수인 경우는 구매독점(monopsony)의 상황이다. 이 경우는 구매자가 교섭력의 우위를 갖게 된다. 전력관련 장비를 한국 전력에 납품하는 경우도 이와 유사하다.

## 2. SWOT 분석

SWOT 분석이란 자사 및 경쟁사의 강점과 약점, 기회와 위협을 하나의 틀로 요약하는 분석수단이다. 전략이 외부환경과 내부환경 간의 적합성을 달성하려는 수단이라면 이는 곧 강점과 약점(내부자원), 그리고 기회와 위협(외부환경)간의 적합성을 의미한다. 따라서 SWOT 분석은 내부분석에서 도출되는 강점과 약점, 외부환경분석에서 도출되는 기회와 위협을 하나의 틀 속에 결합함으로써 기업의 전체상황을 평가하고 효과적인 전략을 수립하는 데 도움을 주는 수단이라고 하겠다. 표 2-1에서 SWOT 분석의 전략을 나타내 주고 있다.

SWOT 분석을 통해 경영자는 조직의 현재 지위를 점검할 수 있으며 미래를 대비하기 위한 조정을 할 수 있다. 특히 SWOT기법은 전략계획수립에 있어서 다음과 같은 유용성을 제공한다.

① 조직의 현재 및 미래의 지위를 평가하기 위한 논리적 틀을 제공한다.
② 일련의 대안적 전략을 선택하는 데 도움이 된다.
③ 조직의 활동에 중요한 외적 및 내적 요인에 관하여 정기적으로 분석함으로써 제 요인에 관한 정보를 파악하도록 한다.

**표 2-1** 전략형성을 위한 SWOT 매트릭스

| 내부요인 / 외부요인 | | 내부강점(S)<br>관리·운영·재정·마케팅<br>R&D등의 분야 강점 | 내부약점(W)<br>관리·운영·재정·마케팅<br>R&D등의 분야 약점 |
|---|---|---|---|
| 외부<br>기회<br>(O) | 현재 및 미래의 경제적·정치적 사회적 변화 및 신제품·서비스 기술에 대한 기회 | SO전략<br>조직 내부 강점과 외부기회를 이용 가장 성공적인 전략 | WO전략<br>내부약점 극복하고 외부기회를 살리는 전략 |
| 외부<br>위협<br>(T) | 현재 및 미래의 경제적·정치적 사회적 변화 및 신제품·서비스 기술에 대한 위협 | 내부강점 살리며 외부위협 피하는 전략 | 삭감·청산·회수 합작 투자 전략 |

S : strength, W : weakness, O : opportunity, T : threat

## 2.3 미래의 기업 환경

국가 간 기업 간 교류가 증가하고 다른 나라에서 생산, 판매 등의 활동을 전략적으로 이전하기 위해 해외 자회사를 설립하는 기업들이 증가함에 따라 이제 특정 기업의 본부가 어느 나라에 있느냐는 소비자들에게 그다지 중요하지 않다. 많은 기업들은 세계를 상대로 원재료를 가장 저렴하게 조달할 수 있는 곳을 찾고, 생산 및 조립은 노동비가 저렴한 국가에서 한다. 이제 어느 나라 제품이라는 용어는 그 의미가 점차 약해지고 있다.

미래학의 대가인 엘빈 토플러(Alvin Tofler) 교수는 오늘날 급격히 진행되고 있는 기술 및 사회 분야에서의 변화가 산업주의의 종식과 새로운 문화의 출현을 뜻한다고 하였다. 그는 또 1980년대 저술한 『제3의 물결(The Third Wave)』에서 "농업사회의 발달에 의한 제1의 물결, 산업혁명에 따른 공업화사회의 시작에 의한 제2의 물결에 이어서 제3의 물결이 밀려오고 있다."고 예언했다. 이 물결은 공장중심사회 이후의 새로운 문명으로서 초산업사회의 시작이며, 이는 제1, 제2의 물결과는 비교가 안 될 정도로 엄청난 속도의 기술변화에 의해 이루어지고 있다. 초산업사회의 특징으로는 지식산업의 발달, 분권화, 다양화, 대량 생산체제의 붕괴 등을 제시하였고 컴퓨터, 정보에 기초한 정보산업의 혁신적 발달을 주축으로 우리의 생활양식과 사회구조가 바뀌는 정보사회의 도래를 의미하는 것이다. 또한 표준화, 전문화, 집중화, 극대화, 집권화라는 산업사회의 특징을 뛰어넘어 파트타임 노동의 확산, 미디어의 탈 대중화, 생산자와 소비자의 융합에 따른 프로슈머(prosumer)의 출현, 재택근무 등과 같은 새로운 생활양식과 새로운 형태의 사회구조가 형성될 것으로 예견하고 있다.

그림 2-3 지식의 체계

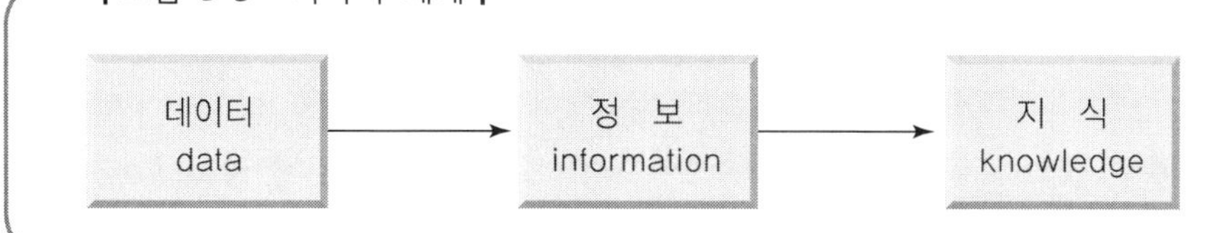

## Article 3 부의 혁명

부의 혁명은 이미 시작됐다.

속도 – 경제발전과 정책변화의 충돌
공간 – 미국의 부는 아시아로 이동중
지식 – 더 강력해지는 미래의 석유

"오늘날의 상황은 산업혁명이 유럽을 휩쓸어 버리고 그 반대론자들을 공포에 질리게 했던 1800년대 중반의 상황과 정확하게 일치한다."
앨빈 토플러가 새로운 혁명을 예고하고 나섰다. "제3의 물결"로 온 세계에 충격을 던졌던 토플러는 15년 만에 펴낸 그의 신작 "부의 미래"를 통해 새로운 혁명이 목전에 왔음을 강조한다. 그는 현재 상황이 미래에 대한 비관과 낙관이 뒤섞인 시기라고 진단한다.
새로운 문명이 기존의 문명을 잠식하는 시대에 사는 사람들은 둘로 나뉘게 된다. 과거의 문명에서 큰 이익을 얻었거나 좋은 관계를 유지했던 사람들은 과거를 찬양하고 미래를 부정한다. 그러나 그렇다고 해서 혁명의 속도는 느려지지 않는다. 이미 혁명은 시작됐다.

토플러는 새로운 혁명의 요인으로 시간(속도), 공간, 지식을 꼽는다.
세계는 속도의 불균형이라는 소용돌이에 놓여 있다. 경제적 발전의 속도를 사회제도나 정책 등이 따라가지 못하면서 생기는 불균형이다. 자본주의는 시속 100마일의 속도로 혁신에 혁신을 거듭하고 있지만 정부와 관료조직, 정책과 법 제도는 30마일도 안되는 속도로 거북이 걸음을 하고 있는 것이다.
부의 공간이동은 이미 시작됐다. 아시아가 가지고 있던 부의 주도권(발달된 문명)이 산업혁명이라는 혁명을 거쳐 유럽으로 넘어갔으며, 2차 세계대전으로 인해 미국으로 옮겨갔고 다시 지식혁명이라는 물결을 타고 아시아로 움직이고 있다.
지식은 상호작용하면서 더 거대하고 힘 있는 형태로 재편되고 있다. 더불어 무한대의 속도로 지식이 변화, 발전하고 있기 때문에 무용지식과 진실이 뒤엉켜 혼란스러운 상황을 연출해낸다. 토플러는 "진실과 무용지식을 구별해내는 가장 중요한 장치는 과학"이라고 말한다. 비관론자들의 과학에 대한 비판을 경계해야 한다는 것이다.
토플러는 낙관적으로 미래를 본다. 그러면서도 인류가 반드시 대비해야 할 몇 가지가 있다고 말한다. 가장 중요한 것이 판매나 교환방식을 넘어선 비화폐경제에 대한 인식이다. 그는 비화폐경제가 화폐경제 이상의 가치를 지니고 있음에도 불구하고 GDP측정이나 여타 경제 수치에 반영되지 못하고 있는 현실을 개탄한다. 예를 들어 고객들이 자동지급기에서 스스로 돈을 찾는 행위는 은행으로서는 엄청난 인력과 비용을 줄이는 일이다. 그러나 아직은 고객이 직접 돈을 인출하는 행위를 경제적 가치로 인정하지 않는다는 것이다.

그는 새로운 혁명에 대비하기 위해서는 화폐경제와 비화폐경제가 어떻게 서로 조화를 이루는지 체계적으로 밝혀내야 한다고 주장한다.
소비자들이 잉여복잡성의 희생물이 되는 것도 혁명 전야의 마지막 유물이다. 사용하지도 않으면서 어쩔 수 없이 수많은 기능을 지닌 휴대폰을 구매하는 잉여복잡성은 대량생산 시대의 산물이다. 제4의 물결에서는 맞춤형만이 승리할 것이다.
그는 심층기반의 변화 속도를 따라가지 못하는 기업이나 국가를 위해 사회발명가(Social inventor)가 필요하다고 말한다. 극단의 변화를 이해하고 조율할 전문가가 필요한 것이다.
자본주의의 극단적 변화는 시장과 화폐의 의미도 바꾼다. 시장은 폭이 좁고 수명이 짧은 집약적 시장으로 재편될 것이고, 토지, 노동, 자본, 재화, 서비스, 경험, 지식 등이 한꺼번에 거래되는 거대한 사이버 마켓이 등장할 것이다. 이미 마일리지 제도 등을 통해 드러나고 있듯 화폐를 사용하지 않는 구매형태도 일반화될 것이다. 토플러는 누구도 부의 혁명을 피해갈 수 없다고 단언하다. 그는 "미지의 21세기에 들어온 것을 뜨거운 가슴으로 환영한다"는 말로 책의 끝을 맺는다.
(매일경제, 2006.8.28)

한편 유럽, 일본, 미국은 '제3의 물결'로 부를 창출하면서 낡은 '제2의 물결'의 일거리를 다른 저개발국가에 넘겨주고, 다른 한편으로는 보다 지식집약적인 생산으로의 이행을 이루려고 노력하고 있다. 근래 우리나라도 많은 제조업 공장을 중국이나 베트남으로 이전하였다.

또한 1990년대 저술한 『권력이동(Power Shift)』에서 권력창출의 근원을 무력, 부, 그리고 지식의 세 가지 요소로 파악하고, 미래에서의 가장 큰 권력창출 요소는 지식이라고 주장하고 있다. 이는 향후 미래사회에서는 지식을 보다 많이 갖고, 이를 적극적으로 활용하는 구성원, 조직, 기업, 국가가 보다 많은 권력을 갖게 될 것이라는 분석이다. 따라서 지식획득이 앞으로 전개될 권력투쟁의 핵심과제가 된다는 것이다. 지식은 원자재, 노동, 시간, 장소 및 자본의 필요성을 감소시키기 때문에 지금 선진경제의 중심적 자원이 되고, 이에 따라 지식의 가치가 급상승하고 있다. 따라서 도처에서 정보전쟁, 즉 지식을 장악하기 위한 투쟁이 벌어지고 있다. 지식이 지니는 혁명적인 특성은 그것이 가장 민주적인 힘이라는 데 있다. 물리력이나 부는 강자와 부자의 소유인데 반하여 지식은 누구나 가질 수 있기 때문이다.

토플러는 그의 저서에서 세계사회는 자본주의와 공산주의, 남과 북의 분열과 같은 낡은 분할이 아니라 빠른 자와 느린 자로 나누어진다고 말하고 있다.

권력은 역사적으로 느린 자로부터 빠른 자에게로 부와 권력을 창출한다는 것이다. 또 이제까지 물질적인 가치구조 일변도에 있던 기업의 구조가 후기 산업사회에서는 붕괴된다. 가령 '돈'이라는 보수에 좌우되어 직업을 선택하려던 산업사회의 경향이 퇴색한다. 그 대신 의미가 있는, 충실감이 있는, 사회에 기여하는, 취미에 맞는 일을 선호하게 된다는 것이다.

### (1) 지식경영

21C 지식사회에서 기업의 경쟁력은 공장시설이나 노동력 또는 자본과 같이 눈에 보이는 자산보다는 오히려 눈에 보이지 않는 지식이 기업경쟁력의 핵심으로 떠오르기 시작한 것이다.

이러한 지식(knowledge)의 개념을 데이터 및 정보와 비교해보면 이해하기 쉽다. 지식은 데이터와 정보의 상위 개념이라고 할 수 있다. 데이터란 어떠한 사실, 상황에 관한 처리되지 않은 상태의 것을 말하며 이러한 데이터에서 공통점이나 일관성을 찾아내어 가공한 것이 정보이다. 그리고 이러한 정보들을 나름대로 해석을 하고 의미를 부여하는 것을 지식이라고 한다. 즉 경제활동의 능력과 그 능력을 조직화하고 체계화한 기술과 정보를 모두 포괄하는 새로운 아이디어를 총칭한다. 기업이 경쟁우위를 실현하기 위해서는 제품차원의 경쟁력과 제품의 배후에 있는 기술, 시장에 대한 조직구성원의 지식, 기술 그 자체의 개발력 등 지적자산이라고 부를 수 있는 지적경영자원등을 체계적으로 전개할 수 있는 조직적지식과 능력이 요구된다.

또한 지식은 전통적인 생산요소와는 달리 희소하지 않을 뿐 아니라 사용하고 전달하면 할수록 더욱 더 번성하는 수확체증의 특성이 있다.

지식은 유형에 따라 형식지(形式知, explicit knowledge)와 암묵지(暗默知, tacit knowledge)로 구분된다. 형식지는 언어나 기호로 표현될 수 있는 지식을 뜻하며, 암묵지는 언어나 기호로 표시되기 어렵고 주로 사람에게 체화되어 있는 지식을 뜻한다. 이 때 형식지는 정보통신기술을 통하여 효과적으로 창출, 유통, 관리될 수 있지만 암묵지는 사람들 간의 직접적인 상호교류를 통해 효과적으로 창출되고 확산된다. 통계나 수치, 데이터의 전달은 형식지에 속한다고 할 수 있고, 도자기를 굽는 도공의 기술은 암묵지에 속한다.

이러한 지식경영이 이루어지기 위해서는 그림 2-4와 같은 4단계를 거치게 된다.

그림 2-4 지식경영의 4단계 모형

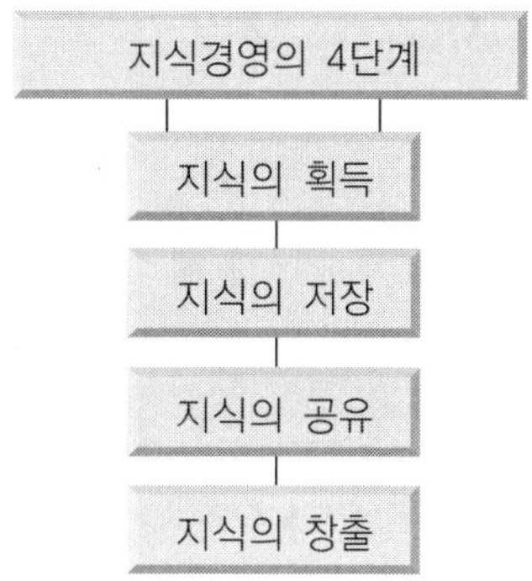


우선 기업 내부와 기업 외부를 통해서 다양한 지식을 획득하고, 이를 체계적으로 저장하여 모든 종업원들이 활용할 수 있도록 공유하는 것이다. 이처럼 공유된 지식은 경영활동에 유용하도록 새로운 지식을 창출하게 된다.

### (2) 디지털 시대

인터넷 정보기술이 등장하면서 세계는 더욱 빠르게 변화하고 있다. 이는 정부나 조직은 물론 우리의 일상생활에까지 커다란 파장을 일으키고 있다.

이러한 인터넷의 혁명은 정보의 신속한 전달이 가능하게 되고 사회구조의 변화와 더불어 기업의 효율성을 추진시켜 엄청난 경제적 영향을 가져올 것은 자명한 일이다.

디지털 시대란 고도화한 컴퓨터기술과 통신기술이 연계되어 정보의 생산 및 유통이 빠르게 확산되고 네트워크를 가능하게 하며 다양한 형태의 비즈니스 모델이 활용되는 새로운 경영방식 시대로의 변화를 가져온다는 것이다. 즉 네트워크 형성을 통해 산업 간의 연계성과 상호의존성이 확대되면서 새로운 산업이 생겨나고 정보산업의 규모가 증대되면서 지식자산의 중요성은 확대될 것이고, 다품종 소량생산 시대로 인해 핵심 부분만 남기고 아웃소싱이 보편화되는 시대가 될 것이다. 디지털이 가져올 경제적 변화를 정리해보면

**첫째**, 전자상거래의 발전과 정보의 신속한 공유가 이루어지면서 비용이 절감되고 세계시장이 단일화 될 것이다.

**둘째**, 모든 사업 간의 치열한 경쟁으로 제품 수명주기, 기술 수명주기, 기업 수명주기가 단축될 것이다.

**셋째**, 네트워크 사회가 형성됨으로 산업간 또는 기업과 소비자간 연계성과 상호의존성이 확대될 것이다.

**넷째**, 디지털시대에는 생산과 소비가 연결되는 프로슈머(prosumer)시대로써 기업에서는 중간 경영자 층이 줄어들고 유통경로 과정에서는 도매업의 위축될 것이다.

**다섯째**, 정보통신재는 초기에 투입한 연구개발 비용은 대단히 높은 반면에, 생산 시에는 제로에 가까운 낮은 한계비용을 가지고 있다.

여섯째, 다품종 소량 생산 방식 시대로 아웃소싱이 확대될 것이며 산업간 기업 간에 수평적, 수직적 관계가 심화될 것이다.

### (3) 글로벌 시대

오늘날 경영환경을 변화시킨 요인 중에서 가장 중요한 것은 기업경영의 글로벌화 현상이라고 볼 수 있다. 경영환경의 글로벌이란 국가 간의 자원이동에 있어서 장벽이 점점 낮아지고 국가 간의 상호의존도가 점점 높아져서 결국에는 소위 국경 없는 세계(The borderless world)가 등장함을 의미한다. 종전에는 국가단위로 시장이 구성되어 한 국가에 있던 기업이 다른 국가로 진출하는 국제화(internationalization)의 시대였다면, 지금은 국경에 따른 시장의 구분은 의미가 없고 전 세계를 하나의 시장으로 보고 활동하는 글로벌화(globalization)시대라고 할 수 있다. 따라서 제품, 기술, 서비스 뿐만 아니라 자본과 인적자원도 자유롭게 이동되는 상황에서 전 세계시장을 상대로 효율적인 경영을 해나가야 할 시대가 되었다. 이와 같은 글로벌화의 두드러진 특징을 몇 가지로 요약하면,

**첫째**, 국경이 없는 세계경제시장의 등장이다.

국가 간 무역 장벽이 낮아지고 자유화·개방화가 급속히 진행되고 있다. WTO 체제의 출범, 우루과이 라운드, FTA 등은 세계경제의 글로벌화를 가속시키고 있다. 그 과도기 현상으로 북미자유무역협정(NAFTA), 유럽 공동체(EC), 아시아 태평양지역 경제협력체(APEC) 등 경제의 블록화 현상을 볼 수 있다.

이처럼 국경이 없는 세계시장에서는 오로지 제품이나 서비스의 질과 가격만이

경쟁요건이 된다. 따라서 국경이나 관세의 보호, 저품질의 제품이나 서비스를 제공하면서도 건재해 왔던 기업은 더 이상 생존할 수 없게 되었다.

**둘째**, 글로벌화를 촉진시키는 중요한 요인으로 자본집약적인 생산방식과 새로운 규모의 경제가 점점 더 중요해지고 있다는 점을 들 수 있다. 과거 소품목 대량시대에는 규모의 경제로 제품원가를 저하시킬 수 있었지만 근래의 다양한 소비자 욕구 변화로 도래한 다품종 소량시대에는 국내시장이 좁아서 전 세계를 대상으로 시장을 넓히지 않을 수 없게 되었다. 또 전 세계적으로 거의 모든 산업에서 노동집약적인 생산방식이 자본집약적인 생산방식으로 전환되고 있으며 인간의 노동력이 자동화된 기계, 로봇, 컴퓨터에 밀려나게 된다.

이로 인해 노동비용은 갈수록 감소하는 반면에 자본비용은 점차 증가함으로써 규모의 경제(economics of scale)효과가 커지고 있다. 따라서 막대한 투자를 회수하기 위해 대규모 생산체제를 갖추어야만 하므로 전 세계시장을 대상으로 하여 투자하도록 글로벌화를 촉진시키는 것이다.

**셋째**, 과거에는 서로 달랐던 소비자의 취향이 점차 동질화 되어가고 있다는 것이다. 코카콜라가 중국시장에 진출하여 성공하고 있으며, Levi's 청바지가 한국 젊은이들에게도 인기가 있다. 이는 젊은이들을 중심으로 소비자의 욕구나 구매행태가 그만큼 동질화되고 있음을 의미한다.

**넷째**, 기업의 인수 합병과 전략적 제휴도 글로벌화 되고 있다. 최근 들어 세계경제를 리드하고 있는 초일류기업들은 국경을 넘어서 기술, 자본, 정보 또는 인력 등의 핵심역량(core competence)을 갖고 있는 동종의 기업과 인수, 합병 및 전략적 제휴를 시도하면서 세계시장을 공략하고 있다. 기업은 이제 고객의 욕구를 충족시킬 수만 있다면, 세계 어느 곳에서도 상품이나 서비스를 생산할 수 있어야 한다. 또한 고객을 위해서는 기업 또는 산업간 제휴나 세계적으로 흩어져 있는 생산요소를 적절히 연결, 통제함으로서 생산성을 극대화 시켜 나가야 한다.

글로벌 경영활동을 추진하는 가장 기본적인 방법으로는 수출입을 확대하는 것과 라이센싱, 프랜차이징, 생산계약과 같이 국제계약에 의한 방법을 들 수 있다. 아울러 전반적인 경영요소를 해외에 이전하는 국제직접투자를 시도하거나 자본만을 투자하는 국제간접투자를 통해서도 글로벌 경영활동을 추진할 수 있다. 국제직접투자는 단독으로 투자하는 해외단독투자와 둘 이상이 공동으로 투자하는 국제합작투자로 구분된다.

## Article 4 싱글의 반란

- 빌트인 원룸
- 1인고객 – 외식
- 히트상품 만들려면..

### 싱글의 반란, 시장 뒤엎다

"나를 위해 과감히 쓴다. 무엇을? 시간 그리고 돈을."
일은 필수, 결혼은 선택. 아무거나 쓰지 않는다.
소비를 결정짓는 요인은 가격이 아닌 품질이다. 이것이 바로 오늘의 대한민국을 사는 600만 싱글의 현주소다.
특히 트렌드에 민감한 이들은 새로운 비즈니스를 찾는 기업에 다양한 기회를 제공하는 특효약으로서의 몫을 단단히 하고 있다.
그러나 구매력이 있고 "나"를 중시하는 이들의 라이프스타일을 연구하면 또 다른 "뉴 비즈니스"의 가능성도 찾아볼 수 있다.
이것이 지금 우리가 싱글에게 주목해야 하는 이유다. 단 한 가지 주의사항.
"이들은 한 그룹으로 묶이기를 거부한다! 싸잡아 속단하지 말 것!"

참 많이도 늘었다.
지난 7월 말 통계청이 발표한 "2005년 인구주택총조사"에 따르면 지난해 1인 가구는 317만가구로 5년 전(222만가구)보다 42.5% 많아졌다. 전체 가구 중 1인 가구의 비중은 2000년 15.5%에서 지난해에는 20%로 높아졌다. 다섯 가구당 한 가구꼴로 1인 가구인 셈이다.
한국의 싱글 소비자는 현재 약 600만명으로 추산되고 있다. 1인 가구 통계치에는 직업, 공부 등 상황적 이유로 실질적 독립을 이룬 사람들의 수는 집계되지 않아 이들까지 포함해 추정한 수치다.
이 같은 양적 변화는 대한민국 기업들이 싱글 소비자에게 주목해야 하는 중요한 이유가 된다. 하지만 싱글 소비자에게 주목해야 하는 이유가 단순히 양적 증가 때문만은 아니다. 싱글 소비자들은 다양한 분야에서 신종 비즈니스를 탄생시키는 중요한 배경이 되고 있다.
싱글을 어떻게 정의 내릴 것이냐에 관해서는 의견이 분분하지만 이들은 적극적으로 싱글의 라이프스타일, 즉 결혼보다 일 중심의 삶, 그리고 자신을 위한 소비를 선택한 사람들로 볼 수 있다. 이렇게 정의 내려지는 싱글들은 특히 최근 2~3년 사이에 한국의 많은 비즈니스를 바꿔놓았다. 예컨대 원룸형 오피스텔 등 1인 가구를 위한 주거공간이 부쩍 늘었다. 19년째 싱글생활을 하고 있는 홍보대행사 오피스h의 황의건 이사는 "예전에 비해 작은 평수의 주거시설이 늘고 월세로 지불할 수 있는 곳도 많아져서 싱글의 선택권이 넓어졌다"고 말했다. 특히 "집의 구조도 싱글이 살기에 편리하게 지어져 단순히 교통을 보고 집을 선택하던 과거와 달리 지금은 구조를 보고 고를 수 있게 됐다"는 게 그의 말이다.

또한 싱글의 입김으로 기업의 마케팅 흐름까지 달라졌다. W서울 워커힐 호텔은 주중 패키지 상품이 늘어난 것을 싱글족 증가의 결과로 꼽고 있다. 내국인 대상의 패키지 프로그램이 가족단위 고객을 대상으로 하다보니 주로 주말에 판매됐던 것과 달리 여가를 자신의 스케줄에 맞게 자유로이 즐길 수 있는 싱글을 타깃으로 하는 과정에서 주중 패키지가 등장하게 됐다는 설명이다.

그렇다면 기업은 이들을 어떻게 활용해야 새로운 시장을 또다시 공략할 수 있을 것인가.
전문가들은 결국 싱글에 대해 관심을 갖는 이유에 대해 틈새시장의 아이디어를 제공하는 집단이기 때문이라고 말한다. 그 사례가 바로 지난 2000년 일본의 전자업체 도시바가 도입한 가전 렌털 서비스다. 90년대 말 도시바는 대량생산에 필연적으로 따르는 재고부담을 효과적으로 감소시킬 방법을 찾고 있었다. 때마침 결혼연령이 늦어지는 만혼화가 진행되는 추세여서 도시바는 "싱글 라이프 렌털 패키지" 상품을 내놓았다. 경기가 어려운 상황일수록 기업들이 놓치고 있는 시장의 변화를 찾아 틈새시장을 효율적으로 개척한 사례인 셈이다.
우리나라의 경우 싱글족을 비롯한 20~30대 여성을 타깃으로 해 2004년에 출범한 케이블채널 온스타일의 사례를 주목해 볼 만하다. 2004년에 출범한 이 채널의 경우 특정계층을 타깃으로 한 시도에 대해 우려의 목소리도 있었지만 지금은 광고문의뿐 아니라 제휴마케팅 대상으로서도 폭발적인 인기를 누리고 있다는 게 광고업계 관계자의 말이다.
따라서 싱글을 바라볼 때 하나의 그룹으로 묶어서 바라보는 것은 바람직하지 않다는 결론을 도출할 수 있다. 싱글 소비자들은 싱글이라는 하나의 카테고리로 묶어서 다룰 경우 오히려 그룹에서 벗어나려는 경향을 띤다. 이화준 제일기획브랜드연구소 선임연구원은 "최상위 소비자와 싱글의 공통 특징중 하나가 개인 소비성향이 강하다는 점"이라면서 "특히 광고의 경우 집단 소속감을 활용해 타깃층을 공략하는 경우가 많지만 싱글족은 한 카테고리로 묶으면 벗어나려고 하는 경향을 띤다"고 분석했다. 특히 앞으로 더 발전해야 할 싱글 비즈니스 중 하나로 남성 싱글을 공략한 사업을 꼽는 이들이 많다.
그렇지만 600만 대한민국의 싱글을 비즈니스 영감의 대상으로 긍정적 시각으로 바라보기 위해서는 국내 인식의 변화가 수반돼야 한다. 최근 심각한 사회문제로 떠오른 저출산, 고령화 문제와 맞물려 일각에서는 독신세를 물려야 한다는 주장이 나오는 등 아직까지 싱글에 대한 시선이 곱지 않은게 사실이다.

어쨌든 여러 가지 논란 속에서 분명한 것은 소비자에 대한 관심을 지속시켜야 한다는 점이다. 단순히 특정계층을 동일한 소비집단으로 묶어 해석할 것이 아니라 그 계층내에 좀더 깊이 들어가 그들의 다양성을 파악해낼 때 새로운 시장에 대한 가능성을 찾을 수 있다는 게 전문가들의 조언이다.
이화준 선임연구원은 "싱글 대상 비즈니스를 효율적으로 하려면 사람에 대한 깊이 있는 이해가 중요하다"고 지적했다. 이연구원은 "많은 연구기관과 언론이 세그먼테이션(소비자 분류)을 하는 게 유행처럼 보이기도 하지만 사람은 항상 다이내믹하게 변하기 때문에 몇 년이 흐른 뒤에도 이들이 또다시 모여 유사한 다른 집단으로 변형, 등장하기도 한다"면서 "따라서 기업 입장에서는 소비자들이 이렇게 다이내믹하게 변한다는 걸 염두에 두고 재빨리 그 흐름에 따라 움직여야 한다"고 강조했다.
결국 인간에 대한 이해가 기본이라는 이야기다. 그들이 싱글이든, 싱글이 아니든 간에.

**브런치 레스토랑 "뜬다"**

직장인 이모씨(31)는 주말이 기다려진다. 미혼인 그녀는 수요일이나 목요일이면 친구들에게 전화를 돌린다. 주말에 함께 식사할 브런치 레스토랑을 정하기 위해서다. 친구들과 수다를 떨다보면 한 주의 피로가 싹 가신다는 것이 그녀가 브런치 레스토랑을 찾는 이유다. 서울 용산 이태원 일대에서 가장 유명한 브런치 레스토랑 가운데 하나인 "르쌩텍스"의 경우 주말 브런치 시간대 고객의 90% 정도는 20~30대 여성들이다. 여성 전용도 아닌 레스토랑에서 주말마다 나타나는 이 기현상은 20~30대 여성들 사이에서 불고 있는 브런치 열풍을 보여주는 한 예다.
최근 브런치족이 급격히 늘어나게 된 배경은 미국 전문직 뉴욕커 여성들의 생활을 그린 드라마(섹스 앤 더 시티)가 인기를 끌면서부터다. 이 드라마에서 각각 칼럼니스트, 홍보전문가, 변호사, 큐레이터인 단짝 친구 4명은 주말마다 뉴욕 도심 한가운데 레스토랑에 모여 브런치를 먹는다. 전문직이면서 트렌드 세터로 설정된 이 여성들의 브런치 풍경이 한국여성들에게는 따라해 보고 싶은 문화로 인식됐을 거라는 풀이가 지배적이다. 사실 이전에도 이름만 다를 뿐이지 브런치 메뉴가 없지는 않았다. 레스토랑에서는 점심시간 전인 오전 10~12에 간단한 식사메뉴를 팔았고, 패스트푸드점에서는 고기 패티 대신 달걀프라이와 단호박 샐러드로 만든 햄버거, 달걀과 치즈를 넣은 에그버거 등을 내놓으며 주요 매출 시간대 이전 고객을 끌어들였다. 지금의 브런치 문화는 여기에 "문화"적 요소를 강하게 덧칠한 결과다.
브런치를 즐기는 젊은 여성들은 주로 이태원이나, 청담동, 압구정동 등 강남 일대의 브런치 전문점과 브런치 메뉴가 있는 호텔이나 레스토랑에 가서 브런치를 먹는다. 브런치 전문점에서는 오믈렛 같은 달걀 요리를 기본으로 베이컨이나 핫케이크 정도를 곁들여내는 미국식 브런치 메뉴가 대부분이다. 간단한 메뉴지만 가격대는 1만5,000원 이상이다. 브런치 전문점으로 널리 알려진 "텔미어바웃잇"은 톡톡 튀는 메뉴 이름으로 인기를 끌고 있다. "어제 과음하셨어여?"를 주문하면 원하는 고객에 한해 식사 뒤 아스피린 두 알을 제공한다. 이태원의 "수지스"는 미국의 가정식 백반으로 소문이 자자하다. 오믈렛, 팬케이크, 토스트 등 다양한 브런치 메뉴가 판매된다.
호텔에서는 좀더 우아한 분위기 속에서 브런치를 즐길 수 있다. 서울신라호텔은 유러피안 다이닝 콘티넨탈에 "선데이 브런치 메뉴"가 있다. 일요일 낮 12시~

오후 2시30분에 20여가지가 넘는 전채요리를 비롯, 50~60가지의 양식요리를 맛볼 수 있다. JW메리어트 양식당 JW's그릴에서도 일요일과 공휴일 오전 11 시~오후 2시45분 "선데이 브런치"를 판매한다. 브런치와 함께 제공되는 무료 샴페인과 라이브음악이 이곳의 특징이다. 호텔 브런치의 가격은 보통 4만5,000~5만원대다.

### 1인용 바 "확산증"

예전의 싱글들은 식사시간이 되면 고민이 적잖았다. 사람들이 북적대는 식당에서 혼자 너른 식탁을 차지하는 것은 쉽지 않다.
아무래도 주변의 눈초리를 의식하지 않을 수 없다. 음식점들도 마찬가지였다. 4인 테이블에 한 명만 앉히면 손해라는 이유로 1인 고객을 멀리했다. 그러나 이제는 사정이 달라졌다. 홀로 식사를 즐기는 싱글족이 늘어나면서 음식점들은 1인 고객을 천덕꾸러기가 아닌 틈새고객으로 여기고 있다. 일자형 혹은 곡선으로 설치한 바 형태의 매장은 이런 변화와 맞물려 인기를 얻고 있다.
음식점들은 매장 일부를 바로 꾸미거나 아예 매장 전체를 바 형태로 만들어 싱글족 유치에 열을 올리고 있다. 매운 라면 전문점 "틈새라면"은 1인 고객 유치와 매장효율을 동시에 만족시킨 사례다. 아주 작은 매장은 물론 테이블 배치가 까다로운 매장 등을 100% 일자형 바로 꾸며 운영하고 있다. 명동의 칼국수 전문점 "명동교자"도 매장 한쪽에 바 형태의 1인용 좌석을 만들었다. 긴 테이블에 혼자 먹을 수 있는 공간을 나눠 반투명 칸막이를 설치, 싱글들이 보다 편하게 식사할 수 있도록 배려했다.
고깃집은 주로 단체손님 위주의 영업을 한다. 1인분만 판매하는 곳은 거의 없다. 따라서 싱글족이 혼자 식사하기가 가장 껄끄러운 곳에 속한다. 서울 신촌의 "고기촌 플러스 바"는 고기구이 바를 설치하고 "싱글"메뉴(1인분 2만원)를 만들어 1인 고객을 불러 모으고 있다. "싱글"메뉴는 호주 청정우, 삼겹, 항정 등 다양한 고기를 조금씩 섞어 여러 고기의 맛을 동시에 볼 수 있도록 했다. 매장에는 바텐더가 있어 고기를 직접 구어주거나 손님과 이야기를 나누는 등 주류바 스타일의 서비스도 제공하고 있다. 일본식 스테이크 전문점 "페퍼런치"는 대부분의 좌석이 바로 구성돼 있다. 개인주의 성향이 강한 일본에서 들여온 브랜드 컨셉 그대로 국내 매장도 1인용 위주로 설치한 것이다.

### 테이크아웃 "전성시대"

테이크아웃 문화는 바쁘게 움직이는 도시의 샐러리맨 위주로 확산됐다. 출근길에 한잔 사들고 가는 커피부터 샌드위치, 분식, 죽, 수프 등 "간편식"에서 이제는 초밥, 파스타, 중식까지도 테이크아웃이 가능해졌다. 특히 2000년대 들어 싱글족이 대거 늘어나면서 테이크아웃 판매방식은 전성기를 구가하고 있다. 테이크아웃 볶은 커피전문점이 선도했다. 길거리에는 투명 플라스틱컵이나 종이컵에 담은 커피를 들고 다니는 사람이 넘쳐난다. 업계에 따르면 현재 커피전문점 시장 규모는 2,000억원 선, 매년 10% 이상씩 성장하는 추세다. 90년대 후반 테이크아웃을 표방하며 등장한 스타벅스, 할리스 커피 등은 커피시장을 키운 주인공들이다. 이후 매장에 테이블 한두 개 두고 테이크아웃을 내세운 커피전문점들이 수없이 생겨났다.

싱글족은 매장에서 혼자 먹기 싫거나 요리하기가 귀찮을 때, 또는 간단하게 한 끼를 해결하고 싶을 때 테이크아웃 음식을 찾는다. 싱글들의 식사용 테이크아웃 비중이 늘어나면서 설렁탕, 감자탕 등 국물이 있는 한식 메뉴도 테이크아웃으로 판매되고 있다. 한식 최초로 테이크아웃을 도입한 것으로 알려진 "신선설농탕"의 경우 매출의 15% 이상을 테이크아웃이 차지한다. "모박사 부대찌게"도 위생팩 시스템을 도입해 포장판매를 유도하고 있다. 바로 데워먹는 설렁탕과 달리 건더기를 넣고 끓여 먹어야 하는 특성으로 건더기와 육수를 따로 담는다. "한스비빔밥"은 비빔밥을 포장해준다. 테이크아웃 판매 형태는 향후 가속화될 것으로 보인다. 시간에 쫓기지만 주머니 사정은 넉넉한 싱글들의 숫자가 점점 늘어나고 있기 때문이다.

**마켓트렌드 이끈다**

그들이 찜하면 대박도 "절로절로"

매스티지, 미니제품 인기몰이 주역… 입소문 통한 파급효과 엄청

• 싱글시장=소비자가 주목받는 데는 이유가 있다. 엄청난 소비파워와 잠재력을 지녔기 때문이다. 트렌드를 이끄는 소비주역이란 평가답게 파급효과도 대단하다. 싱글만의 타깃제품, 서비스가 싱글시장을 넘어 전체 소비시장에까지 영향을 미치기 때문이다. 틈새상품이 대중시장의 주류제품으로 변신하고 있다는 얘기다. 대중화된 명품이란 뜻을 지닌 "매스티지"(Masstige)상품의 인기가 상징적 사례다. 가전시장을 휩쓸고 있는 미니(Mini) 트렌드와 다기능 탑재 가전제품의 인기몰이 주역도 싱글들이다. 싱글들이 선호할 만한 상품을 많이 파는 코즈니앳홈 안상훈 명동점 매니저는 "고객의 절대다수가 2030세대의 여성들인데 블로그를 통한 이들의 홍보효과가 엄청나다"며 "입소문을 탄 상품은 곧 유행코드가 돼 버린다"고 말했다.

  상황이 이렇다 보니 히트상품의 진원지는 싱글족의 라이프스타일로 회귀된다는 분석까지 제기된다. 싱글 소비자 관련보고서(새로운 소비주역, 싱글을 잡아라)를 낸 이연수 LG경제연구원 선임연구원은 "싱글 소비자의 소비활동이나 라이프스타일은 다른 소비자군의 벤처마킹 대상이기 때문에 트렌드리더로서의 역할이 향후 더 확대될 것"이라고 소개했다. 강력한 소비그룹에서 한국사회의 뚜렷한 마켓 트렌드 리더로의 변신인 셈이다. 여기에 싱글 소비자들은 새로운 형태의 라이프스타일까지 만든다.

- 싱글제품=서비스에는 장벽이 없다. 의식주 등 일상생활의 필수불가결한 수요부터 삶의 자유·여유를 업그레이드시켜 주는 기발한 아이디어 제품, 서비스까지 속속 선뵈고 있다. 싱글 소비자의 라이프스타일에 맞춘 독신 아파트나 오피스텔이 등장한 지는 이미 오래다. 인기도 높다. 강남 일대의 오피스텔, 원룸은 품귀현상까지 빚는다. 교통이 편리한데다 각종 빌트인 시설까지 구비해 싱글들의 입맛을 제대로 잡았다는 평가다. 물건이 없어 월세가 고공행진 중이자만 늘 과수요 상태다.

  싱글만을 위한 전문 쇼핑숍도 속속 생겨난다. 독신생활에 도움이 되는 제품을 한자리에 모아놓은 공간으로 강남, 분당 등 오피스텔 밀집지역에 주로 몰려 있다. 홀로 배치할 수 있도록 바퀴를 달아놓은 가구 등이 특히 인기다. 외식업체의 경우 혼자서 밥을 먹을 수 있는 1인 테이블을 늘리고 있다. 바처럼 꾸며 혼자서도 편하게 식사할 수 있도록 배려했다. 가전제품은 1인용 소형가전이 잘 팔린다. 작지만 깜찍한 디자인으로 승부수를 띄웠다. 전기오븐에 전자레인지, 그릴까지 한데 묶은 복합형 전기오븐레인지 등이 효자상품으로 떠올랐다. 다양하고 재미난 쿠션, 조명등, 메모함 등의 인테리어 제품도 적잖다. 싱글 소비자는 귀찮아하는 경향이 강하다. 이른바 "귀차니스트"다. 귀차니스트 제품은 정도의 차이는 있지만 성장속도가 아주 빠르다는 공통분모를 갖는다. 즉석밥, 국, 반찬 시장은 규모만 수천억원대의 황금어장이다. 할인점에선 즉석 조리코너가 인기다. 과일 깎기가 귀찮으면 자동으로 껍질을 벗겨주는 기구도 있다. 이 닦는 게 번거롭다면 칫솔과 물 없이도 간편히 양치할 수 있는 치약(알약형태)을 구입하면 된다. 귀차니스트에게 로봇청소기는 필수품이다. 가만히 서 있어도 저절로 살을 빼준다는 진동운동 기구도 있다. 귀차니스트 제품은 귀찮음에 대한 반대급부보다 신제품에 대한 호기심 때문에 구매로 이어지는 경우가 많다. 재미난 아이디어 상품일수록 구매빈도가 더 높을 수밖에 없다.

**인터넷 커뮤니티 "폭발"**

"외롭다고요? 우리가 있잖아요"
어림잡아 수천개… 제휴 원하는 기업도 줄이어

개인사업을 하는 싱글 최영우씨(35)는 혼자여도 외롭지 않다. 최씨는 2년여 전부터 인터넷 싱글 커뮤니티인 "아이라이크싱글"(www.ilikesingle.com)의 운영자를 맡고 있다. 2001년 문을 연 아이라이크싱글의 회원수는 현재 4,000여명에 달한다. 이 커뮤니티의 회원들은 한 달에 한 번 여행을 떠났고, 한 달에 두 번 오프라인 모임을 연다. 최근 다녀온 여행지로는 경기도 가평, 주문진해수욕장, 산정호수, 필리핀 보라카이 등이 있다. 최씨는 "여행에는 보통 30여명의 회원이 호프집을 빌려서 여는 오프라인 모임에는 지난 7월 80명의 회원이 참석했다"고 말했다. "싱글들과 추억을 함께하고 여가활동을 즐기며 문화적 욕구를 충족시켜준다"는 목적을 가진 아이라이크싱글은 기업의 문의도 수차례 받았다. 최씨는

"싱글인 회원에게 마케팅 조사를 펼치고, 제휴하고 싶어 하는 기업은 많지만 모두 거절하고 있다"면서 "비영리 커뮤니티로 운영하고 있다"고 설명했다. 아이라이크싱글과 같은 인터넷 싱글 커뮤니티는 현재 수천개에 이른다. 아이라이크싱글처럼 단독 도메인을 가진 곳도 있고, 포털사이트 내카페, 클럽 형태로 회원을 모집하고 있기도 하다. 포털사이트 프리챌을 살펴보면 "싱글까페"(home.freechal.com/singlecafe), "멋지게 사는 30대 솔로모임"(home.freechal.com/ dandy30), "30대 딱 걸렸어"(home.freechal.com/comeon30), 맛을 찾는 멋진 30대 솔로모임(home.freechal.com/30food) 등이 있다. 네이버의 "30대 싱글 1000HA"(cafe.naver.com/sg1000), "싱글30대 러브하우스"(cafe.naver.com/single30daelovehouse)에서도 싱글들이 종횡무진핀다. 싱글을 표방한 커뮤니티 외에도 여행, 레저, 문화 등 취미 관련 커뮤니티에서는 솔로의 활약이 돋보인다. 싸이월드의 "낭만30대"(the30s. cyworld.com)에는 여행을 즐기는 회원들이 포진해 있다. 싸이월드의 "강아지를 사랑하는 20~30대아우성"(puppy20-30. cyworld. com) 회원들은 오프라인 모임에 자신의 애완견을 데리고 나와 어울린다. 강아지 동호회에서 활동하는 직장인 최민정씨(29)는 "동호회 회원과 함께 영화를 보기도 하고, 서로의 생일을 축하해 주기도 한다"고 말했다. 혼자 저녁 먹기 싫은 날에는 "번개"(인터넷 동호회 회원이 갑자기 모이는 것)를 쳐서 마음이 맞는 회원들과 식사를 함께 한다.

기업들이 싱글 커뮤니티에 관심을 기울이는 이유는 싱글족은 무엇인가를 배우기 시작하면 적극적으로 몰입하는 경향이 짙어서다. 돌봐야 할 가족이 없는 솔로는 여가시간을 온전히 자기계발에 할애할 수 있다. 몰입한 만큼 취미생활을 위해 지갑을 여는 데 주저하지 않는다. 실제로 온라인 쇼핑몰 옥션 관계자는 "요가용품과 살사댄스, 벨리댄스 등 댄스용품을 비롯해 싱글여성들을 겨냥한 취미상품의 최근 판매량이 지난해 동기 대비 150% 가량 증가, 급속히 늘고 있다"고 말했다.

게다가 팔방미인형 싱글은 하나의 동호회로 만족하지 않는다. 여러 커뮤니티에 몸담으며 동호회 활성화에 큰 기여를 하고 있다. 미혼 직장인 김철민씨(34)는 "사진촬영에 열정을 지닌 사람들과 교류하기 위해 인터넷 사진 커뮤니티에서 활동 중이다"며 "여행 또한 좋아해 몇 해 전부터 여행 관련 커뮤니티에서 가입해 주말 정기 여행에 빠지지 않고 참여한다"고 말했다. 김씨는 다른 사람보다 신제품을 빨리 구매하고 평가하는 "얼리어댑터"의 성향을 지녔다. 디지털카메라 등 기기에 대한 지식이 풍부해 주변사람에게 기기를 골라준다. 사진, 여행 동호회의 다른 회원들은 카메라를 사러 갈 때 그와 동행하기를 바란다. 김씨가 추천해 준 카메라를 구입한 회원만 해도 수십명에 달한다. 싱글인 김씨는 집안일이나 자녀양육에 시간을 쏟지 않아도 돼 이처럼 다른 회원과 교류할 시간이 상대적으로 많다. 기업 입장에서는 마케팅 전략을 짤 때 김씨와 같은 얼리어댑터 싱글 소비자에게 촉각을 곤두세워야 할 상황이다. 아울러 입소문 마케팅의 진원지인 싱글 커뮤니티의 동향도 적극적으로 살펴야 이익이다.

**다양해진 싱글마케팅**

입소문, 체험, 할인… "별걸 다하네"

여행 보내주기 등 이색 이벤트 등장, 인터넷 마케팅 "봇물"

싱글족을 대상으로 한 마케팅이 확대되고 있다. 아직 초기 시장이지만 갈수록 사례도 증가하고 종류도 다양해지고 있다. 상품 기획 단계부터 싱글족을 타깃으로 제품이 개발되는가 하면 싱글족을 위한 상품이 아니라도 제품 홍보를 위해 싱글족을 활용하는 사례도 꾸준히 늘어나고 있는 것이다. 싱글족이 새로운 구매층으로 등장한 이상 이들을 잡기 위한 마케팅은 더욱 활기를 띌 수 밖에 없다는 게 관련업계의 중론이다.

싱글족 마케팅이 가장 활발한 곳은 인터넷 쇼핑몰이다. 싱글족을 위한 다양한 기획전을 여는가 하면 아예 전문 쇼핑몰을 운영하는 곳도 늘고 있다. 신문이나 가장 선호하는 매체는 인터넷이라고 판단하고 이들을 잡기 위해 노력하고 있는 것이다.

GS이숍과 우리닷컴은 싱글족을 위한 테마 쇼핑몰을 개설해 놓고 있다. GS이숍의 "해피싱글백서 싱글즈"와 우리닷컴의 "위풍당당 싱글숍"이 그것이다. 특히 "해피싱글백서 싱글즈"는 하루 1만명이 방문할 정도로 알토란 쇼핑몰로 자리잡고 있다. 13.18평 등 주거공간별로 상품을 전시해 쇼핑의 편의성을 높인 게 특징이다. 위클리 싱글차트도 운영한다. 싱글들을 대상으로 한 주 동안 가장 많이 팔린 제품들을 소개한다. GS이숍은 방문자 확대를 위해 싱글족에게 필요한 생활정보도 함께 제공하고 있다.

우리닷컴의 한 관계자는 "인터넷 쇼핑몰의 경우 어떻게 페이지를 구성하느냐에 따라 판매량이 크게 차이가 난다"며 "싱글족을 부각시키면서 아무래도 싱글족의 관심을 조금이라도 더 받기 때문에 판매량이 증가하게 된다"고 말했다.

싱글족을 위한 전문몰을 운영하지 않더라도 인터파크, G마켓 등 대부분 쇼핑몰들은 수시로 싱글족을 타깃으로 하는 기획전을 열고 있다. G마켓은 "화려한 싱글들을 위한 상품 기획전", "나홀로족들을 위한 실속 기획전", "싱글족을 위한 소품 기획전" 등 다양한 기획전을 실시했다. 개구리 모형 가습기, 저가의 에스프레소 머신 등 싱글족이 선호하는 감각적인 디자인이 강조된 제품들을 내세웠다. 또 지난 3월에는 "솔로 탈출 결혼 성공 쇼핑 기획전"이라는 이색 기획전도 실시했다. 싱글여성들을 위한 운동기구와 다이어트 비디오 등을 판매한 행사였다.

제조업체들의 마케팅 활동도 눈에 띄게 증가하는 추세이다. 작지만 여러 가지 기능이 결합된 복합가전, 젊은 취향의 디자인 등을 내세우는 제품들이 늘어나면서 마케팅에도 자연스럽게 활기가 돌기 시작했다.

"리홈"브랜드로 밥솥을 판매하고 있는 부방테크론은 최근 싱글족을 겨냥한 신제품 "블랙 앨번 IH밥솥"을 내놓았다. 유행에 민감한 싱글족에게 어필하기 위해 그동안 입맛을 떨어뜨린다는 이유로 기피됐던 검정색을 과감하게 전면에 내세운 제품이다. 특히 이 제품은 밥짓기에 서툰 싱글족의 특성을 감안, 밥물을 맞춰주는 "엄마손 밥물 조절기"를 장착해 싱글족의 호평을 받고 있다.

부방 테크론은 인터넷상에 제품과 관련한 카페를 개설하는 등 마케팅 활동도 본격화 하고 있다. 싱글족이 사용후기를 보고 제품을 선택할 수 있도록 설계했다는 게 회사측의 설명이다.

필립스전자는 "콘테스트"를 활용한 마케팅을 실시하고 있다. 지난해 선보인 알루미늄 재질의 주방가전인 "알루미늄 컬렉션"을 알리기 위한 다양한 콘테스트를 열고 있는 것. 우선 싱글족이 자신의 고유한 노하우로 만든 웰빙 주스를 뽐내는 "알루미늄 컬렉션 웰빙주스 콘테스트"를 실시했다. 오는 가을에는 싱글 커플들의 요리솜씨를 겨루는 "커플 브런치 콘테스트"와 "드레싱 콘테스트"를 개최할 계획이다. 필립스측은 "알루미늄 컬렉션을 싱글족에게 알리고 직접 사용하는 기회를 제공하는 체험마케팅을 지속적으로 진행할 계획"이라며 "이를 통해 생활정보 교환이 활발한 싱글족 사이에서 구전효과를 얻어낼 것"이라고 말했다.

판매매장에서도 뜨거운 마케팅이 벌어진다. 소형 주방가전제품들의 최대 호황기라는 취업, 입학시즌이 돌아오면 "싱글용"이라는 컨셉을 내세운 판촉활동을 벌인다. 쿠쿠홈시스의 한 관계자는 "광고나 이벤트 등 별도의 마케팅을 실시하지 않더라도 매장 판매원들에게 싱글족을 위한 제품의 특징을 정확하게 인지시키고 판매를 유도할 수 있도록 신신당부하고 있다"고 말했다.

여행업계도 싱글 마케팅에 나섰다. 같은 구색의 다른 상품보다 다소 저렴한 가격으로 구성해 참여를 유도하고 있는 게 특징이다. 하나투어가 최근 판매한 "스타크루즈와 함께하는 선상 싱글파티"와 클럽메드코리아가 현재 판매하고 있는 "클럽메드 카니 싱글파티"가 대표적이다.

특히 클럽메드코리아가 새로 단장한 "몰디브 카니 빌리지"를 기념하기 위해 내놓은 "클럽메드 카니 싱글파티"는 정상가보다 40만원이나 할인된 가격인데다 프로그램이 다양해 관심을 모으고 있다. 클럽메드 아시아 퍼시픽에서 진행하는 "싱글파티"와 달리 한국인의 라이프스타일에 맞춘 게 이번 행사의 특징이라고 회사측은 강조한다. 클럽메드의 한 관계자는 "클럽메드의 주요 고객이 가족단위 고객들이긴 하지만 싱글족도 시간이 지나면 대부분 가족을 구성할 것이기 때문에 미래 고객 확보 차원에서도 마케팅을 게을리 할 수 없다"며 "싱글들이 독특하고 고급스러운 휴가를 보낼 수 있도록 서비스를 보강할 것"이라고 말했다.

싱글족을 활용한 이색 이벤트도 등장하기 시작했다. 싱글족만을 위한 제품이 아니라도 우선 싱글족의 관심을 끌어 제품을 알리는 마케팅이다. 올 초 진행된 위스키 브랜드 J&B의 나이톨로지 캠핑카 이벤트가 대표적이다. 추첨을 통해 선정된 6명의 미혼 남녀를 포천의 허브농장으로 보내준 행사였다. J&B를 판매하는 수석무역은 1인당 100만원 가량이 소요되는 경비 전액을 제공했다. 40회에 걸쳐 264명이 참여한 만큼 비용이 적잖았다. 하지만 홍보효과는 경비 이상이었다고 회사측은 만족해한다. 참가자들 스스로 커뮤니티를 구성하는 등 지속적으로 J&B브랜드를 알리고 있다는 설명이다.

수석무역 마케팅팀의 김근태 과장은 "커플들을 대상으로도 캠핑카 이벤트를 진행했는데 반응이 썩 좋지 않았다"며 "올 가을에도 8회에 걸쳐 싱글족을 위한 캠핑카 이벤트를 실시할 계획"이라고 말했다.

식품 분야에선 "소량 포장"으로 싱글족을 끌어들이고 있다. 2인분 기준인 것을 나누는가 하면 여러 가지 반찬을 조금씩 담아 세트로 판매하기도 한다. 모두 예상외의 판매량을 기록하고 있다. CJ의 "작은 두 공기 햇반" 210g이던 햇반을 130g짜리 2개로 나눠 포장한 제품이다. 양이 적은 여성싱글들에게 인기를 모으고 있다. 조각 케이크인 "쁘리첼 쁘띠케익"도 여성 싱글들에게 인기다. 우리홈쇼핑이 최근 판매한 "한복선 반찬 8종 세트"는 2004년에 비해 매출이 무려 40%나 증가해 회사측을 들뜨게 했다.
업계에선 싱글족 마케팅은 이제 시작에 불과하다고 입을 모은다. 하지만 급격하게 증가하지도 않을 것으로 전망하고 있다. 싱글족시장은 어차피 틈새이기 때문이란 설명이다. 더욱이 일반적인 제품에 "싱글족"이미지를 활용하면 자칫 시장을 축소시킬 위험도 있다. 전체 20% 정도에 불과한 싱글족 "전용제품"이란 "딱지"가 붙을 수 있기 때문이다. 하지만 싱글족이 장기적으로 주요 소비계층으로 부상할 것이 분명한 만큼 상품과 마케팅이 증가할 것이라고 내다보고 있다.

**틈새상품 아이디어 창고**

"히트상품 만들려면 솔로를 보라"

독신자에게 힌트 얻은 틈새상품 봇물… 싱글 키워드 읽어야

뮤지컬 〈김종욱 찾기〉는 관객에게서 대박 힌트를 얻어냈다. 기획단계부터 관객을 뮤지컬 안으로 적극 끌어들였다. 약 1,000명의 뮤지컬 마니아들에게 작품내용과 직·간접적으로 연결되는 질문을 해 이를 토대로 줄거리를 꾸몄다. 유력 타깃인 2030여성관객들이 생생한 얘기를 작품에 녹여내기 위해서다. 심지어 캐스팅까지 후수를 구했다. 선호도가 높은 배우들을 주인공에 캐스팅한 건 물론이다. 제작사인 CJ엔터테인먼트 양혜영 대리는 "고객사연을 마케팅에 적극 활용해 예비관객들의 애착과 기대감을 높였다"며 "보통 60~70%면 성공한 편인데 〈김종욱 찾기〉는 총점유율이 92%에 달한다"고 말했다.
마케팅의 핵심은 "고객·시장분석"이다. 돈을 벌자면 고객 취향을 분석하는 게 먼저다. 싱글시장도 마찬가지다. 싱글고객의 특징과 성향, 소비관행 등을 주도면밀히 파악해야 히트상품을 내놓을 수 있다. 지금까지 없었던 생소한 틈새상품이라면 뮤지컬〈김종욱 찾기〉처럼 아이디어를 타깃고객에게 직접 얻는 것도 효과적이다. 바로 "프로슈머"마케팅이다. 생산, 소비자를 합친 말로 소비자가 자신이 좋아하는 제품의 개발, 생산 등에 직·간접적으로 참여하는 식이다. 현대경제연구원은 프로슈머족의 시장규모를 2조원대로 추산했다. LG전자가 MP3플레이어와 DMB를 결합해 만든 "FM35"는 고객 아이디어를 채택한 대표적인 제품이다. LG경제연구원이 펴낸 〈2010 대한민국 트렌드〉에는 "향후 특정인물, 매체, 집단 등에서 미리 선택, 추천한 제품을 소비하는 현상이 증가할 것"이라며 "기업 입장에선 구매 과정에서 갈등을 없애주는 이들 소비 큐레이터를 잡아야 한다"고 권했다.

싱글족의 출현은 이미 대세로 정착됐다. 〈60Trend 60chance〉의 저자 샘 힐은 "앞으로 부모, 자식의 전통적 가족모델이 붕괴할 것"이라며 "사회는 아직 이 시스템을 떠받치지 못하는데 기회는 여기에 있다"고 강조했다. 싱글족 등이 새로운 가족형태로 부각되는 가운데 핵가족의 재분열이 불가피하다는 전망이다. 결국 싱글시장은 "블루오션"이다. 신시장인데다 경쟁도 적다. 싱글시장에서 확인된 몇몇 트렌드가 사회 전반에 확산되기도 한다. 싱글마켓은 21세기형 미래시장이다. 가장 시장규모가 커졌다. 1인 가구만 공식적으로 317만 가구(2005년 말)다. 넓게 봐 600만명에 달한다는 분석도 있다. 고무적인 건 증가세다. 여성의 사회참여와 경제적 지위가 높아진데다 미혼남성조차 싱글을 더 즐기려는 움직임이 뚜렷하다. 싱글시장에는 몇가지 특징이 있다. 우선 막강한 소비파워 및 이와 관련된 잠재력을 들 수 있다. 싱글 소비자의 상당수는 가처분 소득이 높다. 직장생활에도 불구 부양가족이 없어 경제적으로 자유롭다. 인생을 즐기며 자신을 위한 투자에 적극적이다. 돈이 드는 취미생활 역시 거리낌이 없다. 여기에 신제품·서비스에 대한 수용도도 높다. 혁신 다양성을 이유로 신제품에 지갑을 선뜻 여는 경우가 많다. 알뜰쇼핑보다 충동구매에 가까운 유형이다. 또 사회 트렌드와 유행 브랜드에 민감하다. 이들로부터 비롯되는 경제적 파급효과도 무시할 수 없다. 싱글만의 타깃제품, 서비스 중 상당수는 전체 소비시장에까지 지대한 영향력을 발휘한다. 트렌드를 이끄는 새로운 소비주역으로 손색없다.

싱글 소비자, 시장에는 몇몇 키워드가 있다. 이들 키워드야말로 틈새상품을 낳는 아이디어의 보고다. 우선 "취미"지상주의를 들 수 있다. 싱글생활에 취미는 필수다. 다소 비용이 드는 취미라도 기꺼이 투자하려는 경향이 강하다. 자신을 위해서다. 요가, 댄스, 등산, 인라인 등이 취미시장의 선두주자다. "여성"도 뺄 수 없는 키워드다. 샘 힐은 "21세기 키워드는 여성"이라며 "아웃소싱이 확대되면서 대행서비스가 인기를 끌 것"으로 내다봤다. 실제로 싱글의 절대다수는 여성이다. "인터넷"도 키워드 중 하나다. 싱글족의 대부분은 디지털세대로 인터넷을 통한 일상생활이 자연스럽다. 무엇보다 중요한 키워드는 "재미"다. 싱글상품에는 "펀(FUN)"개념이 녹아 있다. 재미나 아이디어나 유머감각이 실용성과 연결된 케이스가 많다. (Business, 2009.8.14)

## 참고문헌

1) 권상철, 경영학원론, 삼성북스, 2005.
2) 권익현 · 임병훈 · 안광호, 마케팅 관리적접근, 경문사, 2002.
3) 안광호 · 한상권, 유통원론, 학현사, 2005.
4) 이명호 외 9인, 경영학으로의 초대, 박영사, 2004.
5) 지호준, 21세기 경영학, 법문사, 2004.
6) 한길석, 창업과 경영, 법문사, 2004.
7) 한정화, 벤처창업과 경영전략, 홍문사, 2003.
8) 홍성도, 벤처창업경영론, 학문사, 1998.
9) Aaker, D. A., Strategic market management, 5thed John Wiley & Sons, Inc, 1998.

Chapter 03

# 창업 아이디어

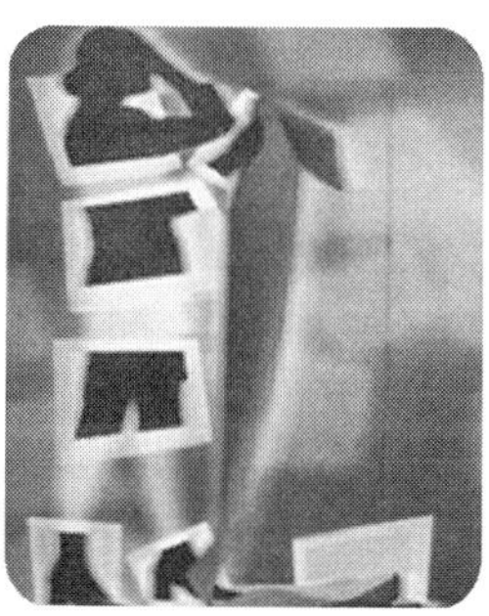

# 3.1 창업 아이디어 창출

## 1. 창업 아이디어 원천

창업자가 창업과정 중에서 맨 먼저 해결해야 할 과정이 창업아이템 및 창업 아이디어의 선정이다. 이는 사업성패를 가름하는 요인 중 가장 중요한 요소이기 때문이다.

**Article 1 웰빙, 무점포 아이템**

**2007년 이런 업종이 뜬다**
**웰빙. 무점포 아이템 "시선 독차지"**
**"안전 먹거리" 붐 예상… "복합화" 대세로**

2007년 창업시장은 어떨까? 여전히 경기 전망이 불투명한 데다 백화점 및 대형 할인점이 확산되고 있고, 온라인 마켓플레이스 등 쇼핑몰 창업이 급증하고 있어 재래시장과 일반 창업시장은 힘겨운 경쟁을 해야 할 것으로 보인다. 신규 창업 수요 또한 실패율이 높다는 인식이 팽배해 큰 폭의 증가는 일어나지 않을 것이다. 다만 안전 먹거리 등 웰빙 관련 업종, 사회적인 검약 분위기에 맞는 업종, 소비자의 개성과 편의성을 충족하는 업종 등 트렌드를 타는 업종이나 대통령 선거 후광 효과로 덕을 보는 업종은 어느 정도 성장이 예상된다. 또 위험부담이 적은 소자본 무점포 창업이 꾸준히 인기를 끌 것으로 전망되고, 본격적으로 창업 전선에 뛰어들기 전에 성공가능성을 타진해 볼 수 있는 투잡스, 주말 창업 등에 대한 수요 역시 높을 것으로 보인다. 더불어 경기 영향을 비교적 적게 받는 "소황제"를 위한 "엔젤 비즈니스" 역시 주목 받을 만한 창업 아이템에 속한다.
특히 올해는 프랜차이즈 가맹점 창업이 독립 점포에 비해 메뉴와 서비스 측면에서 경쟁력을 앞세워 일반 독립 자영업자들을 대체해 나가면서 성장할 것으로 보인다. 또 가맹사업법의 개정으로 불량 프랜차이즈는 설 자리를 잃게 될 것이고, 우량 프랜차이즈 본사들은 약진할 것으로 보인다. 동시에 프랜차이즈 육성법의 제정과 국내 프랜차이즈의 해외 진출도 보다 활발하게 진행될 것으로 예상된다. 창업펀드, 공동창업 등 투자형 창업도 늘어날 것이다. 2007년 창업시장을 키워드로 짚어보고 어떤 업종이 떠오를지 알아보자.

- 해산물 등 안전 먹거리 강세=저지방, 저칼로리 건강식인 해산물 전문점들의 강세가 예상된다. 웰빙 트렌드에 맞는 데다 최근에 터진 조류 인플루엔자 파동으로 소비자들의 안전 먹거리에 대한 관심이 더욱 높아졌기 때문이다. 활어회, 뷔페식 해산물, 굴, 전복, 새우, 대게, 복 등 단일식품 해산물 전문점도 개성 있는 메뉴와 합리적인 가격만 갖춘다면 성공 가능성이 높은 업종들이다.

수입 농산물이 저가를 무기로 소비시장을 장악해 나가고 있어 고기에 생산이력제를 도입하거나 유기농 식재료를 취급하는 등 안전 먹거리를 내세우는 점포도 증가할 것으로 예상된다. 또 트랜스 지방산, 화학첨가물, 정제당 등 건강에 해로운 식재료를 쓰지 않는 음식점들도 강세를 보일 전망이다.

- 치킨, 삼겹살 전문점 새로운 변화 모색=조류 인플루엔자 파동은 치킨 시장을 바짝 긴장시키고 있다. 그러나 전통적으로 스테디셀러 아이템인 덕에 쉽게 죽지는 않을 것으로 예상된다. 워낙 수요층이 두터운 데다 2003년 조류 인플루엔자 파동 때와는 달리 소비자들의 인식도 바뀌었기 때문이다. 다만 배달 위주의 치킨 전문점보다 올해 많이 성장한 치킨호프 전문점 위주로 시장이 재편될 것이다.

  삼겹살 역시 새로운 변화의 바람이 불 것으로 예측된다. 품질과 맛을 내세운 신규 업종들이 시장을 지배해 나갈 것이다. 양념 삼겹살 및 등갈비 전문점, 칼집 생삼겹살 전문점 등이 유망하다. 이처럼 치킨과 삼겹살은 주류와 결합함으로써 2007년에도 꾸준한 성장을 이어갈 것으로 예측된다.

  한편 쇠고기 시장은 미국산 쇠고기 수입이 하반기에야 본격화될 것으로 예상되기 때문에 당분간 크게 성장하지는 못할 것이다. 다만 수입이 본격화된다면 저가형 쇠고기 전문점들이 육류 시장의 한 축을 형성해 나갈 것으로 전망된다.
- 퓨전화, 복합화 등 컨버전스 바람=불황기에는 한 가지 아이템만을 판매해서는 만족할 만한 수준의 수익을 올리기 어렵다. 이 때문에 점포의 경쟁력을 높이고 수익을 다각화하기 위해 메뉴 퓨전화와 업종 복합화 등 컨버전스가 붐이 일 것이다. 특히 2007년에는 외식업뿐만 아니라 판매와 서비스의 컨버전스가 활발하게 일어날 것으로 전망된다. 단순히 제품을 판매만 하던 것에서 벗어나 고객에게 서비스와 함께 정보를 부가적으로 제공, 만족도를 높이는 원스톱 매장이 새로운 트렌드로 자리 잡아 나갈 것이다.

  대표적 외식업종으로는 아이스크림, 커피, 토스트, 샌드위치, 샐러드, 햄버거 등을 다양하게 판매하는 아이스크림 카페, 베이커리 카페, 패스트푸드 카페 등이 있고 비외식업종으로는 문구점과 팬시점, 미용실과 피부관리 숍, PC방과 카페를 결합하는 것 등이 대표적 사례다. 특히 웰빙 트렌드와 엮어 기존 도소매점이 웰빙과 관련한 상품을 혼합 판매한다든지, 1인 미디어의 활성화로 위기를 맞고 있는 비디오 DVD방 등이 미디어 상품 판매 등을 복합해 토털 멀티미디어 체험방으로 전환하는 등 변화도 활발하게 일어날 것으로 보인다.

  과당경쟁을 하고 있는 편의점도 배달 및 택배, 공과금 납부 등 서비스 기능의 복합화로 매출 증대를 모색해 나갈 것이다.
- 애프터마켓 공략하는 업종 주목=단순 상품 판매가 주를 이뤘던 1차 시장의 뒤를 이어 형성된 2차 시장, 즉 애프터마켓이 새로운 시장으로 주목받을 것이다. 자동차, 컴퓨터 등 애프터마켓을 형성하는 상품들은 1차 상품 판매보다 이후 애프터마켓에서 얻을 수 있는 수의 규모가 2.5~5배 더 크고, 이미 1차 상품 시장이 크게 형성돼 있기 때문에 애프터마켓 시장 규모를 확장하기도 쉽다. 이미 잠재고객이 있기 때문에 가격, 품질, 서비스에서 차별화 전략을 구사하면 고객을 끌어오는데 무리가 없다. 대표적 업종으로는 자동차 외장관리 및

실내환경관리업, 자동차 부속 및 용품 전문점, 방문 컴퓨터 수리업, 방문 잉크 충천업 등이 있다.

- 모던 레트로 붐="모던 레트로"업종이 뜰 것이다. 모던 레트로(Modern Retro)란 아름다운 과거로 회귀하되 동시에 현대적인 멋을 살린다는 것을 뜻한다. 1950~70년대 유행했던 전통 메뉴를 현대화하거나 현대적이면서도 복고적인 분위기의 인테리어 이미지를 가미하는 등 전통과 현대를 적절히 조화하는 식이다. 실내 퓨전포장마차, 퓨전뚝배기, 전통주 전문점, 찌개 전문점, 퓨전 감자탕&묵은지 전문점 등이 있다. 그리고 경기 불황기의 창업은 안정성에 초점을 맞추는 것이 유리하기 때문에 전통 한식을 취급하는 음식점들은 꾸준히 상승세를 이어갈 것으로 전망된다. 설렁탕, 감자탕, 순대, 보쌈 전문점 등이 대표적인 업종이다. 이들은 폭넓은 고객층을 타깃으로 삼을 수 있어 불경기에도 크게 기복 없는 매출을 올리는 것이 장점이다. 지역 특산물을 활용한 향토음식도 지방자치단체들의 지원을 받으며 프랜차이즈화가 진행될 것으로 예상된다.
- 가격 낮추고, 품질 높이고=경기 회복에 대한 전망이 아직도 불투명하고, 각종 세금에다 늘어난 이자 부담 등으로 얼어붙은 소비심리는 여전히 저가 시장의 경쟁력을 유지시켜줄 것이다. 다만 이전과 다른 것은 품질이 뒷받침된 저가라는 점이다. 소비자 수준이 날이 갈수록 높아지고 있어 마케팅의 4P 중 하나인 품질(Product)을 도외시하고 가격(Price)에만 치중한 아이템은 살아남을 수 없다. "마케팅 믹스"이론이 시사하듯 저가 전략도 최소한 품질이 뒷받침돼야 살아남을 수 있다. 따라서 맛, 디자인 등 제품의 질을 높인 저가 아이템들이 소비자들에게 인기가 높을 것으로 예상된다. 대표적 업종으로는 초저가 패션 액세서리 전문점, 중저가 화장품 전문점, 맞춤 향기관리업 등이 있다.

(Business, 2007.1.1)

## Article 2 양치기 소년

미국의 13세 소년 조셉은 양치는 소년이었다.
그런데 어느 날 조셉이 한눈을 파는 사이에 양들이 울타리를 넘어 이웃집 농작물을 몽땅 뜯어 먹어 버렸다.
그런데 양들이 덩굴장미가 있는 울타리 쪽으로는 가지 않고 철사로 두른 울타리로만 넘어가는 것을 보고 이상하게 생각하였다. 자세히 살펴보니 덩굴장미에는 가시가 있기 때문에 그쪽으로 가면 몸이 긁히기 때문이라는 것을 알았다. '덩굴장미의 가시를 무서워하는구나.'
조셉은 대장장이인 아버지와 철사를 잘라 가시가 있는 철조망을 만들었고 그것을 사용했더니 양들이 이웃농장으로 나갈 수가 없게 되었다. 이 소문을 듣고 철조망을 살려는 수요자가 급속도로 증가하였다. 그는 이것을 특허를 내어 미국의 갑부가 되었다. 사소한 것이라고 지나치지 말고 호기심을 갖고 관찰하면 새로운 창조물이 생겨 날 수 있다.

창업에 있어 아이디어는 매우 중요한 역할을 한다. 좋은 아이디어의 토대 위에서 사업계획이 체계화 될 수 있다. 아이디어는 창업의 출발점으로 전체 사업의 윤곽을 결정한다. 이에 따라 창업자들은 최상의 경제적 결과를 가져다 줄 것으로 기대되는 유망한 아이디어를 개발하고자 노력한다. 하지만 훌륭한 아이디어만 있다고 해서 사업에 성공할 수 있는 것은 아니다. 많은 성공 창업자들의 경우를 보면 아이디어의 출발은 사소하고도 작은 데서 비롯되는 경우가 많다.

작은 아이디어가 큰 힘이 될 수 있다는 것은 작은 기업이 아이디어를 사업화함에 있어 유리할 수도 있음을 의미한다. 왜냐하면 대기업의 경우 사소하고 작다고 판단되는 아이디어에 대해서는 관심을 잘 기울이지 않기 때문이다. 따라서 너무 거대하고 어려운 아이디어를 개발하려고 애쓰는 것보다는 비록 작은 아이디어일지라도 소중하게 개발하는 것이 중요하며 그것을 포착한 기회와 연결해 신속하게 사업화하는 것이 중요하다. 성공적인 사업아이디어는 풍부한 상상력뿐만 아니라 의미 있는 것을 더욱 유용하도록 만들려는 체계적인 노력에 의해서도 나올 수 있다.

그러나 창업기업이라고 해서 반드시 기발한 아이디어나 첨단기술을 갖고 승부하는 것은 아니다. 오히려 기존 제품이나 기술을 이용하여 이를 개량하고 개선함으로써 뛰어난 사업을 개발할 수 있다. 혁신적이고 기발한 아이디어가 기업 성공에 중요한 요인임에는 분명하나 그것이 전부는 아니다. 중요한 것은 아이디어를 어떻게 사업 속에서 경제적 이익과 연관시킬 것인가를 스스로 묻고 찾는 것이다.

## 2. 창업기회의 발생

근래에 소비자 욕구의 다양화와 제품수명주기, 기술수명주기, 지식수명주기가 갈수록 단축되면서 창업의 기회도 더 많이 생기고 있다. 특히 기술의 발전과 생활양식의 변화 그리고 정부의 규제 변화 등은 창업기회 발생의 원천이 된다.

### 기술의 발전

과학기술의 발전은 사회 경제의 패러다임을 변화시키면서 이전에 전혀 존재하지 않았던 새로운 사업기회를 만들고 있다. 20세기에는 많은 기술혁신과 발명이 일어났고, 이를 산업화 하는 과정에서 수많은 창업기회가 이루어졌다. 특히

## Article 3 창업, 전통에 눈돌리다

올 문화계 최고 히트상품은 영화 "왕의 남자"였다. "왕의 남자"는 사극 열풍을 불러일으키면서 광대놀이 등 전통 문화에 대한 관심을 고조시켰다. 창업시장에도 최근 전통에서 아이디어를 찾는 아이템들이 늘어남에 따라 떡 전문점, 녹차카페, 전통주전문점, 한복대여점 등이 인기를 끌고 있다. 우선 현대적인 인테리어와 영업 방식을 갖춘 퓨전 떡집이 소자본 창업 아이템으로 떠오르고 있다. 떡 전문 프랜차이즈만도 4~5개가 넘는다. 떡은 어른들이 좋아하는 음식이라는 기존 인식과 달리 떡을 만드는 사람도, 먹는 사람도 젊어지고 있다. 명절에만 구경했던 떡이 요즘은 젊은이들 간식거리로도 인기다.

요즘 개업한 떡집들은 재래식 방법 대신 최근 설비로 다양한 떡을 만들어 판다. 예전에는 떡집을 창업하려면 각종기기와 설비를 구비해야 하고 떡 만드는 기술도 배워야 했지만 최근 프랜차이즈화가 진행되면서 창업하기가 한결 쉬워졌다. 본사공장에서 제조한 떡을 매일 배송해주고 현대식 시설에 용량별로 깔끔하게 포장된 떡을 판매하기 때문에 영업도 비교적 수월한 편이다. 고급 선물세트를 많이 개발하면 설이나 추석 때 대박을 노려볼 수도 있다.

식혜, 녹차 등 각종 전통차나 음료를 함께 즐길 수 있도록 하면서 카페형으로 운영하는 곳도 늘어나는 추세다. 삼립식품은 최근 서울 대치동에 전통떡 전문점 "빚은"을 열고 가맹사업을 시작했다.

"빚은"은 백설기, 송편, 가래떡 등 일반적인 떡부터 아침식사 대용으로 알맞은 영양떡과 행사·선물용 떡까지 60여 종을 판매하고 있다. 주문을 받아 배달도 한다. 제과점처럼 소비자들이 쉽게 들를 수 있는 편의성 높은 떡집을 지향한다.

카페분위기 매장 중에는 전통차인 녹차를 제공하는 녹차 테마로 번화가를 중심으로 매장을 늘려가고 있다. 일반녹차를 제공하는 기존 전통찻집과 달리 녹차라테, 녹차빙수, 녹차케이크 등 녹차를 이용한 다양한 메뉴를 취급하고, 테이크아웃 서비스까지 도입하는 것이 보통이다. 인테리어 역시 신세대 취향에 맞는 모던하고 깔끔한 분위기다.

특히 건강과 다이어트에 신경 쓰는 여성층에게 인기를 끌면서 테이크아웃 커피 전문점 시장을 위협하고 있다.

외식시장에서도 청국장, 콩나물국밥 등 전통 먹을거리를 취급하는 업종들이 인기다. 특유한 냄새 때문에 젊은층에게 외면당하던 청국장도 웰빙 트렌드를 등에 업고 새롭게 조명받고 있다.

"찌개 감동"은 청국장찌개, 된장찌개, 고추장찌개, 순두부찌개 등 찌개류를 주메뉴로 취급하는 찌개 전문점으로 찌개에 사용하는 청국장은 옛 방식 그대로 담가 시골집에서 먹던 전통 재래식 장맛을 내는 것이 특징이다.

고병직 "찌개 감동" 상무는 "서구식 패스트푸드의 유해성이 부각되면서 전통음식을 찾는 사람이 부쩍 늘었다. 맛은 전통을 지키되 기존 한식집 분위기를 탈피한 것이 인기요인"이라고 설명했다.

"와산골명가"는 전북 전주 남부시장식 콩나물국밥을 앞세워 100개가 넘는 가맹점을 개설했다.
콩나물국밥 맛은 육수가 좌우한다. 본사가 육수재료를 아예 티백 형태로 만들어 가맹점에 공급하기 때문에 어떤 가맹점에서도 전통맛을 그대로 재현할 수 있다.
막걸리 등 "탁주"도 전문점이 등장하면서 다시 관심을 모으고 있다.
"탁주동맹"은 탁주 전문 주점 프랜차이즈로 순쌀 100%로 만든 전통 탁주를 제공한다. 밀가루로 만든 탁주와 달리 맛이 매우 부드럽고 트림이 잘 나오지 않으며 마신 다음날에도 숙취가 없다고 회사측은 설명한다. 이밖에 젊은 세대가 탁주에 대해 가지고 있는 편견을 깨기 위해 오렌지, 바나나, 딸기 등을 갈아 섞은 다양한 생과일 탁주도 판매하고 있다.
한복 관련 전문점 "황금바늘"은 2박3일 기준으로 세탁비까지 포함해 5만~10만원대 후반가격에 남녀 성인 한복과 아기 돌복 등을 빌려주고 있다. 철마다 200여 가지 새로운 한복 디자인을 개발하고 종류별, 연령별, 치수별로 다양한 한복을 갖춰 놓고 있다. 전통한복은 물론 궁중한복이나 파티한복도 대여할 수 있다.
설날, 추석 등 명절때는 할인 행사도 진행해 평소보다 싼 값에 한복을 마련할 수 있다.
전문가들은 한복 대여업은 웨딩드레스 대여업과 마찬가지로 전문대여업으로 안정될 것이라고 내다보고 있다. 그러나 전문점에 걸맞은 상품기획과 홍보가 필요하다. 또 한복 유행 변화에 따라 새로 디자인한 신상품을 충분히 보유해야 한다.
(매일경제, 2006.5.2)

20세기 후반의 기술혁명은 IT를 중심으로 거대한 산업군을 형성했으며 오늘날로 이어지고 있다. 기술혁신은 통신 분야에서도 획기적인 발전과 함께 무수한 창업 기회를 촉진시켰다. TV홈쇼핑, 인터넷과 자동판매기의 보급과 확산은 수많은 무점포 연관 산업을 만들어 냈고, 기업의 경영 프로세스 혁신, 사업모델의 변화를 가져왔다. 무선통신기술은 모바일 산업군을 만들어 냈으며, 연관 산업 분야에 엄청난 파급효과를 가져 왔다. 게다가 오늘날 산업기술과 정보기술 발전으로 제품수명주기(product life cycle)의 단축화, 기술적 혁신의 상호관련성 증대, 기술의 복잡화 및 세분화를 가속화하는 중요한 요인으로 작용하고 있다.

### 생활양식의 변화

가치관과 생활양식(values and lifestyle)은 소득의 증가, 교육수준의 향상, 정보와 지식의 발달, 인구구성의 변화 등에 영향을 받으면서 끊임없이 새로운 욕구에 따른 사업을 만들어 낸다. 소득증가로 삶의 질을 중시하는 사회적 욕구가 증가하면서 레저, 스포츠, 문화, 생활정보, 주택정보화, 홈 네트워크, 의료복지,

건강관리 등이 유망한 사업 분야로 부상하고 있다. 삶의 질을 중시하는 사회적 욕구는 크게 육체건강과 관련된 의료, 건강관리 분야와 정신적 만족에 초점을 맞춘 레저, 스포츠, 문화, 정보 분야로 나눌 수 있다. 특히 우리나라도 고령화 사회에 진입하고 있기 때문에 노인들을 대상으로 한 의료복지, 건강관리 분야 사업의 성장성도 매우 높을 것으로 전망된다.

#### 인구 변화

인구 통계적 변화는 산업의 성장과 쇠퇴에 직접적인 영향을 미치고 있다. 출산율이 높은 베이비붐의 시대에는 유아용품 및 육아와 관련된 산업이 성장하면서 사업의 기회가 창출된다. 반면에 베이비버스트의 시대가 되면 양적인 성장은 줄어들지만 고급화가 이루어진다. 여성의 취업이나 창업이 계속 증가하는 추세에 있기 때문에 가사노동을 줄이고 생활의 편리를 향상시키는 주방기기나 홈오토메이션에 대한 수요가 증가하게 될 것이다. 또한 독신 가구와 맞벌이 가구 증가로 인하여 간단하고 시간이 적게 드는 편리성을 중요시 하게 되었다. 24시간 편의점, 자동판매기, 택배산업증가가 그 예이다.

#### 정부규제 변화

정부는 새로운 규제를 만들기도 하고 기존의 규제를 풀기도 한다. 이러한 과정에서 새로운 사업기회가 창출된다. 우리나라도 통신 산업에 대한 규제완화로 인하여 세계 어느 나라보다도 신속하게 초고속통신망의 발전과 함께 이동통신 산업의 발전을 가져오게 되었으며, 관련 비즈니스가 무수히 창출되었다. 또 1996년 유통산업의 개방화로 세계적인 대형 할인마트가 국내로 진출하면서 유통시장의 선진화를 이루는 변화를 가져 왔다.

정부가 지속적으로 규제를 강화하고 있는 대표적인 분야가 환경산업이다. 환경관련 규제를 강화하면 환경문제와 관련해서 폐기물 처리, 배기가스 처리, 리사이클링, 환경친화적 신소재, 환경컨설팅, 신에너지, 에너지 절감 사업 등이 유망한 분야로 부각된다. 그러나 환경산업에 대한 규제강화는 타산업의 비용을 유발시키기 때문에 정부는 방향과 속도를 조절할 필요가 있다. 즉 정부의 과다한 규제는 기업경영활동을 제약하는 결과를 초래할 수 있으므로 정부의 기업에 대한 통제는 가급적 자재해야 할 것이다.

해마다 수많은 기업들이 새로운 사업 기회를 추구한다. 우리나라의 경우 법인 업체만 해도 매년 수만 개가 설립되고, 미국의 경우는 해마다 백만 개 이상의 사업체가 설립된다. 그러나 이들 중 75% 이상인 대다수는 5년 이상을 넘기지 못하고 사멸한다. 또한 5년 이상을 버티더라도 많은 회사들이 작은 규모의 업체로 머물고 만다. 따라서 창업 기업가들에게 근본적인 문제는 그들이 검토하고 있는 새로운 사업 기회가 과연 탁월한 기회인지 아니면 밑 빠진 독에 물 붓기인지를 판단해내는 것이다.

창업의 기회와 만나게 되는 유형은 매우 다양하지만, 실제로 창업으로 연결되는 것은 어느 순간의 결단이다. 오랜 시간을 두고 신중하게 검토한 뒤의 결단일 수도 있고, 또 단기간에 결심한 경우도 있다. 그러나 성공적인 창업으로 나타난 경우는 창업자 자신이 이미 축적된 역량의 활용이라는 요소와 변화의 과정에서 새로운 시장의 형성이라는 환경요소가 적시에 결합되었을 때다. 창업 시점에 아무리 신중하게 검토를 한다고 해도 사전에 창업에 관련된 모든 정보와 지식을 정확하게 평가하고 시작한 경우는 드물다.

## 3. 창업 아이디어의 발견

창업 아이디어 발견 유형은 다음 4가지로 나누어진다.

**직장 경험**

대부분의 창업 기업가들은 사업 아이디어를 우연히 발견하였다고 말한다. 때로는 전 직장에서, 때로는 일상적인 관찰이나 취미 활동에서 자연발생적으로 아이디어를 얻어낸다는 것이다.

많은 사람들이 대학 졸업 후 직장생활을 하게 되며, 독립적인 경제생활을 위해 창업을 하는 경우, 그러한 경험을 바탕으로 사업 아이디어를 얻는 것이 다반사이다. 직장 경험이 창업의 중요한 바탕이 될 수 있는 것은 나름대로 전문적인 지식과 기술을 현장에서 익혀 왔고 경쟁 회사에 대해서도 경쟁력 있게 대응할 수 있는 자신감을 갖게 하기 때문이다. 특정한 전문화된 작업을 수행하다 보면 해당 업무나 제품 서비스의 기술적 현황과 장단점에 대해서도 비교 분석적인 시각을 갖고 있으며, 관련된 원료 공급 업체나 구매자와의 관계망도 이미 잘 정립되어 있기 마련이다.

즉 직장 경험은 기술능력과 경영능력뿐만 아니라 사업에 관한 지식을 부여해 준다. 자신의 업무를 통하여 습득한 기술을 바탕으로 사업을 시작하는 경우, 시장이나 기술에 대한 친숙성으로 인하여 실패의 위험이 적다. 사업에 필요한 인맥, 판로 등에 대한 정보는 사업 초기에 귀중한 자산이다.

전 직장은 대기업, 중소기업, 연구소, 대학 등이며 최근 벤처기업에 근무하다가 나와서 벤처기업을 창업하는 사례가 급증하고 있다. 이러한 유형의 창업을 파생창업(spin-off)이라고 한다. 우리나라에서도 많은 경우 전 직장이 중요한 창업기회를 발견하는 계기가 되고 있다.

#### 권리의 취득

다른 사람이나 단체가 개발한 제품 서비스의 특허나 경영 노하우 등에 대해 라이센스(license), 프랜차이즈(franchise)등의 계약을 통하여 제작, 판매권, 상품, 제품 서비스의 상표, 경영 노하우, 사용권을 취득하는 것은 사업을 신속히 전개할 수 있는 방법이다. 이러한 권리를 취득할 수 있는 원천에는 전 직장, 타 회사, 개별 발명가, 정부 등이 있다. 특허의 경우 특허 소유권자를 대행해서 라이센싱 계약을 알선해주는 국제적 브로커도 존재하고, 이들은 때로 특허권을 매입해서 재판매하는 경우도 있다. 제품에 대한 라이센싱은 기업체, 대학, 비영리 연구단체 등의 연구개발 결과로부터 얻을 수 있다. 기업체는 특정 제품 아이디어를 직접 개발하기는 했으나 기업의 규모에 비해 그 제품의 잠재 시장이 너무 협소하다든지, 그것과 관련되지 않은 특정 시장에 특화해서 집중하려 한다든지 하는 이유로 라이센싱을 하게 된다.

프랜차이즈 시스템은 프랜차이즈 본부(franchisor)가 계약에 의해 가맹점(franchisee)에게 일정기간 동안 특정지역 내에서 자신들의 상표, 상호, 또는 경영노하우 등을 사용하여 제품이나 서비스를 판매할 수 있는 권한을 허가해주며, 가맹점은 이에 대한 대가로, 초기 가입비와 매출액에 대한 일정 비율의 로열티(royalty) 등을 지급하는 경로조직이다. 최근 들어 프랜차이즈 시스템이 급속하게 성장을 하고 있는데 그 이유는 프랜차이즈 본부는 자본 투자 없이도 빠른 시일 안에 사업을 확대할 수 있고 가맹점은 인지도가 높은 상호와 효율적인 경영기법을 이용함으로 단기간 내에 높은 매출을 올릴 수 있고 또 일정구역 내에서 독점권이 주어짐으로 경쟁이 줄어들고 실패의 위험이 적기 때문이다.

#### 취미활동

새로운 분야는 초기에 시장이 형성되어 있지 않기 때문에 사업적 관심보다는 지적 호기심이 강한 사람들에 의해 취미로 접근하게 된다. 취미생활 가운데 전문적 지식을 습득하게 되고 사업의 가능성을 발견해서 창업하는 경우다.

자신이 좋아하는 특정한 아이템을 만들어 쓰다가 주변에서 관심의 표명과 함께 만들어 달라는 주문이 시작되면서 개인은 이런 사람들을 일반 소비자화 할 수 있다는 판단을 하게 된다. 단, 취미생활은 자기가 좋아서 하는 것이고 자신의 돈을 기꺼이 투자하기 때문에 수익성 자체에 관심을 두지 않을 수 있다는 단점이 있다. 따라서 이를 사업화하기 전에는 그 아이템에 대해 자신과 같이 흔쾌히 돈을 지불할 용의가 있는 소비자가 과연 얼마나 있는지를 세심히 따져 보아야 한다. 하지만 이렇게 취미생활에 기초해서 사업을 하다가 실패하더라도 그것이 취미생활의 연장이었기 때문에 그 충격이 반감되는 장점이 있다.

#### 의도적 탐색과 우연적 발견

창업의 기회가 계획되지 않은 상태에서 우연으로 만난 경우가 의도적 탐색에 못지않게 많다.

대부분의 경우 사업 기회가 의도적 탐색보다는 자연 발생적으로 발견된다고 해서 예비 창업자들이 우연적인 발견을 위해서 마냥 기다릴 수는 없는 것이다. 우연적인 발견(serendipity)도 적극적으로 탐색(search)하는 자에게 발견 확률이 높기 때문에 무언가 아이디어 탐색의 방안을 모색해야 한다. 예비 창업자들이 적극적이고 체계적인 방법으로 사업 아이디어를 얻을 수 있는 정보 원천이 사실상 다양한 경로에 존재한다.

**첫째**, 창업 기업가와 그렇지 못한 사람의 차이는 발견된 사업 기회에 대해 행동을 취하느냐 마느냐 하는 데 있다. 따라서 예비 창업자는 시장과 소비자의 욕구나 특성에 항상 귀 기울이고 소비자의 입장에서 그것을 만족시킬 수 있는 해결 방안을 진지하게 모색하는 태도를 견지할 필요가 있다. 항상 준비하고 있을 때 그 기회를 잡을 수 있다.

**둘째**, 특정한 사업 부문에 관심을 둔 예비 창업자는 관련된 각종 기술적, 산업적 전문지식을 배우는 자세를 가지고 세미나와 컨퍼런스 등에 적극 참여하고 정부나 지원기관의 출판물을 충분히 습득해야 한다.

**셋째**, 일반적으로 전 직장 경험을 바탕으로 창업을 하는 경우가 많으므로 자신이 관심있는 사업분야의 업체에 취업함으로써 별다른 투자 없이 미리 창업의 예비수업을 할 수 있다. 창업은 총체적 사업활동이므로 이때 될 수 있는 대로 생산, 영업, 관리 등 다양한 기능 부서의 경험을 쌓는 것이 중요하며, 소규모의 회사일수록 예비수업의 효과는 커질 수 있다. 먼 훗날 창업을 염두에 둔 취업 선택이 바람직하다.

**넷째**, 창업 기업을 설립하는 위험을 최소화하기에 좋은 방법으로 관련 업체에서 파트타임으로 부업을 해볼 수 있다. 이렇게 창업하고자 하는 업종에 차근차근 발을 들여 놓아 단계적으로 성공을 맛본 다음 본격적으로 뛰어드는 것이 노하우를 축적하면서 사업 위험을 줄이기 쉽다. 만일 중간에 성공적이지 못하든지 당초의 생각보다 매력적인 사업이 아니라는 판단이 들면 언제든지 본업으로 돌아갈 수 있다.

**다섯째**, 일반 창업보다 프랜차이즈(franchise)창업이 안전성이 더 높아 실패 확률이 적다. 그 분야에 전문적인 지식이 없어도 교육과 훈련을 통해 보다 쉽게 창업 기회에 접근할 수 있다.

**끝으로** 창업 기업가의 가치관과 생활 습관을 습득하는 것이 중요하다. 창업 기업가는 일정액의 자금을 저축하고, 늘 그것을 투자할 사업 기회를 모색하며, 사업성 있는 기회를 적극 행동으로 추구하는 실천가이다.

**Article 4** **창업아이디어의 예**

'포스트 잇' 은 3M의 최대 히트 상품 중의 하나다. 아무데나 척척 붙일 수도 있고 떼어 낼 수도 있다. 뿐만 아니라 붙었던 자리에 아무런 자국도 생기지 않는다. 그런데 이 상품은 연구자의 뜻에 어긋난 실패작에서 탄생했다.
1970년 한 가지 이상한 물질이 제조되었다.
3M의 중앙 연구소 스펜서 실버는 종래의 접착제 보다 강력한 것을 만들기 위해 연구하고 있었다. 당연히 접착제란 잘 붙고 떨어지지 않아야 한다.
그런데 실버의 개발 과정에서 잘 붙기는 하는데 또 잘 떨어지는 접착제를 발명한 것이다. 그래서 상품 가치가 없는 실패작이 된 것이다.
그러나 실버는 이 물질이 자기가 만들려고 한 것은 아니지만 달리 재미나는 상품을 만들 수 없을까? 하여 연구소 다른 부서에 회람을 돌렸다.
이것을 보고 반응을 보인 사람은 사업부의 화학 기사인 아트 프라이였다. 그는 교회의 성가대원으로 주일 마다 교회에서 노래를 부르고 있었다. 그 주일에 부를 노래에 종이쪽지를 끼워 두는 습관이 있었다. 그런데 그다음 노래를 부를 대면 그 종이쪽지가 책갈피에서 빠져나가버린다. 무슨 방법이 없을까? 고민하던 중 언젠가 스펜서 실버가 보낸 회람 생각이 떠올랐다. 만일 종이쪽지에 풀칠이 되어 있다면 빠져나가지 않을 것이며 찬송가의 노래 부를 페이지에 붙였다가 떼어 내도 자욱이 없으면 좋겠다는 생각이 들었다.
연구를 거듭한 끝에 새로운 한 제품이 탄생되었으니 그것이 오늘날 3M의 중심 제품인 포스트잇인 것이다. 바로 장자의 무용지용(無用之用), 쓸데없는 것이 쓸데 있는 역발상 전략이 아닌가.

## Article 5 눈앞에 작은 이익보다 멀리 있는 큰 이익을 보라

목표점을 바라보면서 시도하여라. 그러면 흔들리지 않는다.
찰랑찰랑 넘치는 물 한 대접을 들고 걸어갈 때 가까이 있는 대접만 바라보고 한 걸음 한 걸음 발을 옮기면 물이 쏟아지기 마련이다. 멀리 있는 목표지점을 보면서 걸어가면 쏟기지 않는다. 인생 삶에서도 올바른 꿈, 목표가 확립되고 그것을 바라보면서 한걸음씩 다가가는 노력을 쏟을 때 성취가 가까워지는 것이다. 정신없이 바쁘게 달려와서 보니 엉뚱한 다른 곳에
있으면 허망한 시간을 보낸 것이다.
멀리 있는 가슴 설레는 목표점을 바라보면서 앞에 있는 일을 하게 되면 어떠한 유혹에도 흔들리지 않고 확실한 기준에 따라 효율적으로 행동할 수 있게 된다.
'황금 알을 낳는 거위' 라는 이솝 우화가 있다.
가난한 농부가 어느 날 자기가 기르는 거위 우리에서 번쩍번쩍 빛나는 황금 알을 발견하였다. '세상에 별일도 다 있네.' 하면서 이상하게 생각하던 농부는 그 다음날도 또 그다음날도 계속 거위 우리에서 황금 알을 발견하게 되고, 그 황금 알을 낳은 것이 거위라고 확신하게 된다.
거위가 낳은 황금 알로 부자가 된 농부. 하지만 농부는 자신의 행운에 만족하지 못한다. 매일 한 개씩만 황금 알을 낳는 거위가 답답하게 느껴졌다. 마음 급한 농부는 거위의 배를 갈라 한꺼번에 황금 알을 차지하려는 욕심을 품게 된다. 황금 알로 가득 찬 거위 뱃속을 상상하며 거위의 배를 가른 농부는 크게 실망하였다. 거위의 배 안에는 농부가 기대하는 황금 알은 없고 그저 여느 거위와 다름없는 내장만이 가득할 뿐이었다.
인간은 탐욕의 동물이다. 만족을 모르고 끊임없이 무언가를 갈구하고 투쟁한다. 주어진 것에 만족을 모르는 욕심은 이 우화처럼 터무니없는 결과를 만들어 내기도 한다.
농부가 일확천금 욕심대신 매일매일 주어지는 한 알의 황금 알을 소중히 생각하고 거위를 살뜰히 보살폈더라면 그는 평생 황금 알의 행운을 누리며 살 수 있었을 것이다.
자신의 이익과 관련된 문제에 초연할 수 있는 사람이 얼마나 될까?
손해득실을 따져가며 치밀하게 계산기를 두드린다고 하지만 대부분은 그저 눈앞에 보이는 이익을 쫓기에 바쁘기 마련이다. 멀리 미래의 더 큰 수확을 위해 눈앞의 작은 이익에 둔감할 수 있는 사람을 찾기 힘든 팍팍한 현실을 탓해야 하는 걸까.
꿈을 꾼다는 것은 인생의 소중한 가치이다.
그러나 농부가 오늘의 황금 알에 눈이 멀어 미래의 행운을 져버린 것처럼 꿈을 꾸는 사람들이 지금의 작은 것에 얽매어 미래 큰 꿈을 향해 가는 길을 잃지 않기를 바란다.

## 4. 창업 아이디어 개발 시 고려사항

창업을 구상하는 과정에서 어떤 사업을 할 것인가, 사업을 하는데 사업 자금은 얼마나 필요한가, 그 자금은 어떻게 조달해야 하나, 사업장의 위치는 어디가 좋을까, 동업자가 필요한가, 직원은 누구를 채용해야 하나, 개인기업으로 할 것인가 법인기업으로 할 것인가 등 결정해야 할 사항이 많다.

### (1) 업종의 선택

창업에서 사업의 성패를 평가하는 데 있어 무엇보다 중요한 것은 업종선택이다. 사업의 준비단계에서 먼저 무슨 사업을 할 것인가를 결정하는 것이 출발점이다. 즉, 제조업을 할 것인가, 서비스업을 할 것인가, 아니면 소매업을 할 것인가, 그리고 취급할 아이템은 무엇인가를 선정해야 한다. 그리하여 무슨 품목을 어디에서 어떻게 구입하여 어떻게 판매하겠다는 계획을 가지고 창업을 준비해야 한다. 하고자 하는 업종이 자기의 경험이나 취향 및 성격에 맞는지, 성장성이 있고 자기의 자금범위 내에서 할 수 있는 사업인지를 판단하여 업종을 확정하여야 한다.

#### 타이밍(timing)에 맞는 업종

제품수명 주기의 라이프사이클은 보통 도입기, 성장기, 성숙기, 쇠퇴기 4단계로 이루어진다. 좋은 것은 도입기나 성장기에 막 접어든 업종이다. 성장기에 있는 아이템은 성숙하기까지 꾸준하고 안정된 매출을 보장한다. 창업하고자 하는 업종이 성숙기에 있는 것보다는 도입기나 성장기에 있을 때 창업하는 것이 유리하다. 선진국에서 성숙기에 있는 업종이 중진국이나 후진국에서는 도입기나 성장기에 있는 경우가 많이 있다.

#### 경력이나 적성에 맞는 업종

다른 사람이 성공한 업종이라고 해서 자기도 막연히 성공하리라고 기대해서는 안 된다. 어떤 업종이든 창업자의 경험·지식·기술·특성 등이 결합될 때 성공의 확률이 높은 것이며, 창업자가 창업해서 실패율을 줄이는 중요한 요소가 되기도 한다. 특히 전 직장에서 몸소 배우고 익힌 경험·지식·기술·특성 등이 창업에 있어서 성패의 분기점임을 명심해야 한다. 결국 창업을 대비하여 현

**Article 6** **블루오션은 알 깨고 나오는 것**

최근 국내 경제계에 '블루오션' 바람이 불고 있다. 너도 나도 경쟁이 치열한 시장인 '레드오션'에서 벗어나 경쟁 없는 신시장인 '블루오션'을 찾고자 하는 것이다. 이 바람의 진원지는 프랑스 유럽경영대학원(인사이드)의 김위찬·르네 마보안 교수다. 이들은 아픙로 시장에서 성공하려면 '기술 혁신'이 아닌 가치·혁신을 해야 한다고 주장하는 '블루오션 전략'을 창시함으로써 유명해졌다. 이날 행사에는 국내 기업인과 연구원 등 300여 명이 참석해 '블루오션 전략'을 놓고 열띤 토론을 벌였다. 행사는 두 교수의 주제 발표 없이 곧바로 참석자들과의 문답 형식으로 2시간 동안 진행됐다.

이날 대화에서 한 벤처기업 대표는 김 교수에게 "블루오션을 찾는다고 신시장 개척에 나섰다가 3년 연속 적자를 봤다"고 토로했다. 이에 김교수는 "블루오션을 기술개발(R&D)로 착각하지 말라"고 조언했다. 그는 IBM의 루 거스너 회장이 기업을 회생시킬 때 가장 먼저 한 것이 R&D예산의 감축이었다는 점을 상기시켰다. 김 교수는 알을 낳은 사람과 알을 깬 사람은 다르다는 점을 강조하며 기술 혁신과 가치 혁신은 다르다고 강조했다. 기술 개발이나 기술 소유에 집착하지 말고 내가 원하는 기술을 누가 가졌는지 잘 찾아보라는 것이다. 가치 혁신은 월마트나 스타벅스처럼 최첨단 기술도, 최초 시장 진입도 아니면서 기존 기술을 응용하고 창의적 아이디어를 결합해 가치비약적인 상품을 개발하는 것을 말한다.

두 교수는 어린이에게도 블루오션 전략이 쓸모 있을 것이라고 했다. 창조적인 것이 무엇인지, 경쟁하지 않고 이기는 방법이 무엇인지 아이들도 깨우쳐야 한다고 설명했다.

블루오션 전략은 삼성·LG등 국내 대기업들도 앞다퉈 도입하고 있다. 또 레드오션(핏빛 경쟁의 바다)과 블루오션(경쟁 없는 신시장)이라는 감각적인 개념 설정 덕분에 일반인들에게도 크게 영향을 미치고 있다. 신박제 필립스 대표는 김 교수의 블루오션 전략을 실제 기업 구조조정에 적용시켜 본 경험을 바탕으로 극찬을 아끼지 않았다. 신 대표는 이날 토론회에서 "필립스가 성공적으로 구조조정을 할 수 있었던 것은 김 교수라는 '명의'를 만났기 때문"이라고 했다. 김 교수는 "조국을 방문하면 자랑스러움과 걱정이 교차한다."고 했다. 유학을 떠날 때 비행기에서 내려다 본 김포공항 주변은 온통 판자촌이있는데 지금은 세계 어디를 가도 힘차게 나부끼는 삼성·LG 깃발을 보며 자랑스러움을 느낀다고 했다. 물론 걱정도 있다고 했다. 그는 "정치 얘기가 나올 때, 인터넷에서 네티즌의 글을 읽을 때 그런 생각이 든다"고 말했다.

이와 관련, 그는 '대화'를 강조했다. 사회적 신분이 높으나 낮으나, 부자이든, 가난하든, 서로 대화를 해야 한다고 역설했다.

(중앙일보, 2005.8.26)

직장에서 열심히 배우고 노력한다는 것은 단기적으로는 현재 몸담고 있는 직장에 충실하게 되며, 미래에 창업할 사업가로서의 자질개발에 더없이 좋은 기회임을 명심할 필요가 있는 것이다. 직장에서도 내 자신의 기업이라고 생각하고 주인 의식을 갖고 열과 성을 다해 노력하는 습관이 중요하다.

성장기에 접어든 업종이라도 자신의 적성에 맞지 않는다면 성공과는 거리가 멀어지게 된다. 흥미가 없는 분야에 최선을 다하지 못하는 것은 당연한 일이다. 창업 초기에는 자신의 능력을 최대한 발휘해야 사업기반을 잡을 수 있다. 그러므로 자신의 경험이나 지식을 살릴 수 있는 업종인지 살펴봐야 한다.

아무리 좋은 아이템이라 하더라도 창업자가 잘 모르는 사업분야라면 경영위기가 닥쳤을 때 대응능력이 부족하고, 경영전략 수립에도 한계가 있기 때문에 특별한 경우가 아닌 한 비전문분야 창업은 삼가하는 것이 좋다.

#### 자금능력에 맞는 업종

아무리 좋은 업종이라도 자금규모가 맞지 않으면 성공하기 어렵다. 예상보다도 창업초기에는 의외의 자금지출 요인이 발생하여 당초의 계획보다 상회하는 것이 일반적이므로 여유 있는 자금조달 계획을 수립해야 한다. 무리한 자금조달로 부채에 너무 의존하게 되면 과중한 금융비용 부담으로 경영부실을 초래할 수 있으므로 자신의 자금 능력에 맞는 창업준비를 통해 여유있는 자금운용을 하는 것이 좋다.

### (2) 사업규모 결정

창업 시 사업규모의 결정은 사업자의 제자원조달 능력이나 업종의 특성 등과 관련된 사안이므로 신중한 판단이 필요하다.

창업자의 경우 대부분 강한 의욕과 기대감으로 사업을 추진하기 때문에 자칫 자신의 분수에 넘치는 사업을 펼치는 경우가 많다. 이 경우 사업을 제대로 해보지도 못하고 자금문제 등으로 고심을 하게 되고 좌절을 겪게 된다. 성공적인 창업을 위해서는 창업자 자신이 충분히 감당할 수 있는 적정 규모의 창업이 바람직하다.

#### 업종에 따른 사업규모

업종에 따라 점포의 입지, 시설 및 면적 등이 사업의 성패에 중요한 요인 될 수 있다. 그러므로 업종의 특성을 잘 파악하여 갖추어야 할 조건들을 체크하고 그 규모에 맞는 창업을 준비해야 한다. 시설규모나 입지 등이 본인의 자금능력으로 감당할 수 없는 경우에는 무리한 창업을 진행하기보다는 업종의 축소 또는 변경을 검토할 필요가 있다.

**시설규모**

점포창업의 경우 시설투자자금은 시설장치비, 인테리어공사비, 간판설치비, 임차보증금, 점포권리금 등으로 구성되는데 이에 대한 소요자금 계산과 조달 능력의 분석이 필요하다. 고정자금은 유동성이 낮기 때문에 자금조달 과정에서부터 장기적 운용이 가능한 자기자본이나 장기차입금에 의한 조달이 필요하다. 임차보증금이나 점포권리금의 법적문제도 확실한 법적조치가 필요하다.

**자본규모**

창업 시 사업의 규모는 자금규모와 관련되어 있으므로 사업규모의 결정 시 자금문제를 검토하여야 한다.

일반적으로 시설자금에 대해서는 예상액을 계산하여 적정한 가격의 시설 리스트를 작성한다. 그러나 운전자금에 대해서는 소요예산을 소홀히 하는 경우가 많다. 판매시장도 개척하고, 점포도 알리고, 단골고객도 확보해야 되는 등 정상적인 영업활동이 이루어지기까지 많은 시간이 소요된다. 그럼에도 불구하고 창업자들은 운전자금 소요기간을 짧게 잡아 시간에 쫓겨 졸속 처리 되거나 비계획적인 자금계획을 수립하는 경우가 많다.

## (3) 기업형태

창업을 하기 위하여 회사를 설립할 때 창업자는 개인기업으로 할 것인가 또는 법인기업으로 할 것인가의 선택을 하여야 한다.

### ① 개인기업

개인기업은 사업주 개인이 출자자인 동시에 경영자로서 직접 경영에 참여하는 기업형태이다. 즉, 기업주인 개인이 출자하고 스스로 경영을 담당하며 기업경영의 모든 결과가 개인에게 귀속된다. 개인기업은 법인기업에 비해 타인으로부터 일체의 간섭을 받지 않고 자신의 능력을 마음대로 발휘할 수 있으며 경영성과가 성공적인 경우 그 수익이 모두 개인에게 돌아간다는 장점이 있다.

이에 반해 경영의 결과가 부실할 경우 기업의 손실은 모두 기업주 개인의 부담이 되므로 위험을 분산하거나 경감시킬 수 없다. 기업주의 능력 부족으로 기업에 손실이 발생하였을 때 모든 책임을 끝까지 져야 하는 무한 책임이 있다.

### ② 법인기업

법인기업은 개인기업과 달리 기업자체가 법인격을 가지게 되므로 기업활동에서 발생하는 권리와 의무 역시 기업이 부담하게 된다. 일반적으로 다소 규모가 큰 기업들이 법인기업의 형태로 운영되는 경우가 많다. 법인기업은 많은 주주나 출자자를 통하여 자본조달을 개인기업에 비하여 용이하게 할 수 있으며 주식회사의 경우 출자금액 한도 내에서만 책임을 지는 유한 책임이 있다. 또 전문경영인을 영입하여 효율적인 경영을 할 수 있으며 대외공신력이 비교적 높다고 할 수 있다.

반면에 설립절차가 복잡하고 의사결정체제가 복잡하며 개인기업에 비해 소득금액에 대한 세금부담이 적으나 세무처리를 잘못하면 개입기업보다 가산세 및 추가징수액이 더 많다. 현행 우리나라 상법상 영리법인은 주식회사, 유한회사, 합명회사, 합자회사로 되어 있다.

#### 주식회사

주식회사란 자신이 인수한 주식의 금액을 한도로 회사에 대하여 출자의무를 지고 그 밖에는 일체의 책임을 지지 않는 주주로 구성된 회사이다. 주주는 주주총회를 통하여 기본적인 의사결정에 참여하며, 업무집행과 회사대표는 이사회와 대표이사가 한다. 주주의 지위를 나타내는 주식도 양도가 자유롭다.

#### 유한회사

균등액의 출자로 성립하는 자본에 대한 출자의무를 부담할 뿐 회사채권자에 대해서는 아무런 책임을 지지 않는 사원만으로 구성된 회사이다. 유한회사는 소규모의 폐쇄적 회사로 기관구성이 간소하고 사원의 수도 50인을 초과하지 못하며, 지분의 증권화도 인정되지 않는다. 지분의 양도에는 사원총회의 특별결의가 필요하다.

#### 합명회사

회사재산으로 회사 채무를 완전히 변제 못하는 경우 직접 연대 무한의 변제 책임을 지는 무한책임사원만으로 구성된 회사이다. 사원은 원칙적으로 업무집행 및 회사대표의 권한을 갖고, 그 지분양도에는 전사원의 동의가 필요하다. 인적 신뢰관계를 바탕으로 한 소수인의 공동기업에 적합한 형태이다.

**합자회사**

무한책임사원과 유한책임사원으로 구성되는 회사 형태이다. 사업의 경영은 무한책임사원이 행하고 유한책임사원은 경영에 직접 간섭하지 않으며 출자한 금액범위 내에서만 책임을 진다. 유한책임사원은 회사의 대표권은 없고 경영에는 참여하지 않는다. 단지 자본을 제공하고 그 대가로 이익의 분배에만 참여한다.

### Article 7 노키아의 선택과 집중 - 포기도 전략

지난 수년간 한국 기업의 가장 큰 관심사는 두말 할 여지 없이 새로운 성장전략을 찾는 것이었다. 신규사업을 통해 그 동안 정체되어 있던 기업의 위상을 탈바꿈하기 위해서였다. 그러나 실상 신규사업에 진출하여 큰 성공을 이룬 경우는 그다지 많지 않은 것이 현실이다. 놀라운 속도로 세계화가 진행되면서 이제는 국내 시장 역시 글로벌 경쟁에서 예외가 될 수 없기 때문이다.

**포기하는 전략**

신규사업 전략에서 상당히 고전하고 있는 국내 기업들은 기업을 탈바꿈시킬 수 있는 전혀 다른 전략적 접근을 놓치고 있다. 그 대안은 신규사업 진출전략이 아니라 바로 기존사업을 포기하는 전략이다.
즉, 새로운 사업을 찾기 위해 고민하는 것이 아니라 기존사업들 중에서 경쟁력 없는 사업을 과감하게 포기함으로써 기업 위상을 바꿀 수 있다는 것이다.
경영전략의 핵심은 일반적으로 '선택과 집중'이라고 알려져 있다. 자신의 강점을 최대한 활용할 수 있도록 자원과 역량을 한곳에 집중시켜야 한다는 의미이다. 너무나 상식적인 이야기임에도 불구하고 대다수 경영자들은 이러한 선택과 집중을 제대로 실행하지 못한다.
가장 큰 이유는 선택과 집중을 위해서 특정 부분을 포기해야 하기 때문이다. 예를 들어 재벌 구조를 가지고 있는 대다수 한국 기업들은 계열사에서 발생하는 고정 수요 때문에 해당 사업을 유지하는 경우가 허다하다. 이런 현상은 비록 글로벌 경쟁력이 없는 사업인 경우에도 마찬가지다.

**노키아에서 배우는 포기전략**

미래를 위한 포기전략을 통해 선택과 집중을 가장 잘 실천한 기업으로 모바일 통신 세계1위 기업인 노키아(Nokia)를 들 수 있다. 1992년 1월 41세의 나이로 노키아의 회장 겸 최고경영자(CEO)로 취임한 요르마 올릴라는 같은 해 8월 중대한 결정을 내렸다. 진정한 세계 일류기업으로 성장하기 위해서 발전기에서 타이어에 이르는 수많은 사업을 모두 다 유지할 수는 없다는 판단을 한 것이다.

올릴라는 노키아의 전략적 비전을 "전문화하고 글로벌화된 통신 위주의 부가가치 창출 기업"이라는 명확한 선택을 했다.

이후 노키아는 발전기 부문을 시작으로 타이어 사업, 케이블 사업 그리고 텔레비전 사업에서도 철수했다.

수익성이 좋은 사업도 예외는 아니었다. 한 예로 노키아가 포기한 케이블 사업은 당시 세계적인 시장점유율을 가지고 있었다. 그러나 노키아는 해당 사업이 노키아가 집중하고자 하는 모바일 통신사업에 포함되지 않았기 때문에 과감히 포기했다.

이런 포기전략은 그 자체가 커다란 도박이었다. 1992년 기준으로 모바일 통신사업이 노키아의 전체 매출액에서 차지한 비중은 겨우 3분의 1정도에 불과했다. 특히 당시에는 이동전화 사업이 이익을 내기 시작한 지도 얼마 안 되었기 때문에 노키아의 미래를 맡길 수 있을지 누구도 장담할 수 없었다.

그러나 노키아가 이렇게 엄청난 도박을 할 수 있었던 가장 큰 이유는 역량을 집중하여 세계 1위가 되었을 경우 얻게 될 엄청난 성과가 있었기 때문이다.

올릴라는 미래를 향해 인구 520만명의 춥고 작은 핀란드 시장에서 몇몇 사업들을 포기하는 대신, 전세계 시장을 대상으로 오직 한 가지 사업을 선택한 것이었다.

### 성공을 위한 포기

2006년 한 해도 수많은 국내 기업들이 다양한 신규사업에 진출한다는 소식을 접할 수 있었다. 그러나 이런 뉴스들이 희소식보다는 적지않은 걱정거리로 다가왔던 것은 왜일까?

한국 경제가 세계 10위권으로 도약한 지금, 한국시장은 더 이상 수십 년 전에나 가능했던 우리들만의 시장이 아니다. 한국시장은 거의 모든 산업에서 세계적인 기업들이 경쟁하는 월드컵 경기장이 된 지 오래다.

이런 사실은 글로벌 경쟁력을 창출할 수 없는 신규사업은 세계시장은 물론이고 한국시장에서조차도 생존하기 어려워질 것임을 시사해 주고 있다.

한국 기업들은 이미 상당한 수의 단위사업들을 유지하고 있음에도 불구하고, 끊임없이 신규사업에 목말라하고 있다.

우리가 신규사업 진출전략을 위하여 고민하는 만큼 엄청난 기회를 가지고 있는 세계시장을 간과하고 있는 것이다.

미래를 위하여 어떤 신규사업에 진출할 것인지를 고민하기 이전에 글로벌 시장에서 성공하기 위하여 어떤 사업에 집중해야 할 것인지에 대한 해답을 찾아야 할 것이다. 그리고 그러한 선택과 집중을 하기 위해서 내가 포기해야 할 사업이 무엇인지를 명확하게 알아야 한다. 특정사업에 대한 포기전략이 한국 기업들에 무한한 가능성을 가진 세계시장을 보여주는 새로운 성장전략이 될 수 있기 때문이다. 글로벌경쟁이 날로 치열해지는 21세기! 한국 기업의 신규사업 진출전략의 패러다임이 바뀌어야 할 시점이다.

(매일경제, 2006.12.15)

## (4) 창업 적정 시기

**창업 적정 연령**

창업 연령을 창업자에 따라서 차이가 날 수 밖에 없다. 50대 이후의 창업은 노후 보장이 우선이며, 수입이 적더라도 안정성 있는 창업 아이디어를 선택하는 것이 좋고, 30대 중반 이전의 창업은 모험적 분야의 창업, 향후 전망이 밝은 21세기형 창업 아이디어로 창업하는 것이 좋다. 연령은 창업 아이디어 선정의 전제조건이 될 수 있다.

**① 20대의 모험창업**

이 연령층은 자기의 전공, 직업과 관계없이 어떤 분야를 선택하여 창업하더라도 좋다. 설령 실패하더라도 재기의 가능성이 높다. 창업의 열정은 높으나 개인적으로 가진 인적·물적 자원이 적고 사회적 경험도 충분치 못하므로 사전 준비를 보다 철저하게 하는 의식적인 노력이 필요하다.

**② 30~35세의 선택창업**

31~35세의 창업을 선택창업이라고 한다. 이 나이에는 자신의 적성과 업무와의 상관관계를 어느 정도 판단하여 선택적인 아이디어 선정으로 창업을 하는 것이 좋다. 이 나이 때에는 대부분 가정을 가지고 있어 20대 창업보다는 선택의 폭이 좁아진다.

**③ 36~40세의 기반창업**

사회생활 및 일정한 분야에서 자기가 닦아 놓은 기반을 최대한 활용한 창업이다. 이 연령층은 사회적 혹은 회사 내의 일정한 지위를 확보하게 되는 경우가 대부분이며 가족이나 사회에 대한 책임도 다른 연령층보다 무겁게 주어지며, 따라서 운신의 범위도 다소는 신중해질 수밖에 없다. 인맥이나 개인적 경력을 충분히 활용하여 창업에 불확실성을 줄여야 한다.

**④ 41~50세의 전문창업**

41~50세의 창업은 전문창업이어야 한다. 이 시기에는 학력을 불문하고 자기 업무 분야에서는 최고의 실무전문가인 점을 십분 활동하여 자기 전문 분야를 최대한 살려 아이디어를 선정하여야 한다.

**⑤ 50세 이상의 안정창업**

50세 이상의 연령층은 신체적 · 정신적으로는 다소 불리 할 수 있지만 풍부한 경륜과 삶에 대한 지혜, 그리고 연장자로서의 여유와 관대함을 창업과 잘 접목시킬 경우 의외로 창업성공 가능성은 높을 수 있다. 너무 광범위하게 계획하거나 급진적인 변화가 요구되는 모험적인 업종보다는 보수적인 입장에서 유지가 능하고 모험이 적은 쪽을 선택하는 것이 바람직하다.

## 3.2 창업 아이디어 선정

### 1. 창업 아이디어의 선정 원칙

유망한 창업 아이디어란 그 사업 아이디어의 미래전망이다.
즉 미래에 성장가능성이 높아야 하며, 그러기 위해서는 수익성이 높은 업종으로 안정적인 매출과 자금회전율이 높아서 장래에 성공할 가능성이 충분한 업종이어야 한다. 그러나 이러한 조건을 완전히 가지고 있는 아이템을 찾기란 그리 용이한 일이 아니다. 다음과 같은 유망 아이디어 선정의 원칙을 기본 바탕에 두고 선택하여야 한다.

#### (1) 성장 가능성

상품도 사람과 마찬가지로 태어나고, 성장하고, 성숙하며, 쇠퇴하는 4단계의 과정을 거치게 된다. 도입기에는 신제품이 생산 보급되며, 성장기에는 수요가 증대되어 생산이 증가되며 상품 원가가 낮아지고 이익이 많아진다. 성숙기에 접어들면 경쟁이 치열해지기 때문에 생산이나 마케팅 전략에서 차별적인 경쟁우위를 지키지 못할 경우 탈락할 가능성도 있다. 그렇기 때문에 적합한 창업시기는'성장초기업종'이라고 할 수 있다.

#### (2) 경험이나 지식의 활용 가능성

장래성이나 성장성이 높다고 판단한 아이디어가 꼭 성공되는 것도, 다른 사람이 성공하였다고 해서 자기도 성공할 수 있는 것도 아니다. 어떠한 아이디어든 창업자의 경험이나 지식의 바탕위에서 성공확률이 높아질 수 있다. 특히 직장에서 배우고 익힌 경험, 지식, 기술은 성공창업의 기초가 된다. 창업자 중에는 과거 직장생활에서 얻은 아이디어로 창업에 성공한 예가 많이 있다는 것을 보아도 과거 경험의 중요성을 인식할 수 있다. 즉 미래 창업에 대비하여 현재 근무하고 있는 직장에서 내가 주인이라는 생각으로 열정적으로 노력하는 자세가 필요하다.

### (3) 인·허가 업종

우리나라에는 인·허가를 필요로 하는 사업규제가 많다.
아이템이 좋고 창업 준비도 완벽하게 하였더라도 법적으로 인가·허가·면허·등록 등이 없으면 창업을 할 수 없는 업종이 있다. 창업하기 전에 그 업종을 선택할 때 법적인 요건을 반드시 살펴보아야 한다. 단순히 등록만 하면 되는 경우도 있고, 창업자가 자격이나 기능이 있어야 하는 경우도 있고, 그러한 자격이나 기능을 가지고 있는 종업원을 채용해야 되는 경우도 있다.

### (4) 실패 위험이 적은 업종

위험이 큰 사업은 성공했을 시에는 이익이 많다. 특히 벤처 창업 시에는 대박이 터지는 경우도 있다. 그러나 이와 같은 업종은 성공의 확률은 적고 실패 확률이 대단히 높다. 창업을 처음 시도하는 무경험자 일수록 하늘에 뜬 구름 잡는 것처럼 환상에 사로잡히지 말고 실패위험이 있느냐 없느냐에 초점을 맞출 필요가 있다.

### (5) 자신의 적성에 맞는 아이템

인간 삶의 목표는 행복 추구이다. 창업자의 취향이나 적성에 맞지 않는 창업이란 마음이 끌리지 않고 재미(fun)가 없다. 그런 아이템에서 창업자의 의욕이나 동기부여를 기대할 수는 없다. 어떠한 아이템이 수익이 많을까 하는 점에만 관심을 집중하다 보면 창업자 자신의 취향이나 적성을 무시하다 실패하는 경우를 흔히 볼 수 있다.

## 2. 창업 아이디어의 선정 절차

창업 아이디어의 선정을 위해 어떤 절차가 효율적인지 살펴본다.

### (1) 제품서비스와 시장의 필요성

#### ① 제품서비스의 필요성

인간의 욕구는 그 구체성에 따라 필요(needs)와 욕구(wants)로 구별된다. 필요는 사람이 살아가는 데 필요한 본원적인 것들의 부족함에서 느끼는 욕구를 말한다. 배고플 때의 음식에 대한 욕구와 같은 의 · 식 · 주에 대한 욕구 등이 이에 해당된다.

반면에 욕구는 필요를 해결하기 위한 구체적인 수단에 대한 욕구를 말한다. 이러한 욕구는 개인이 속한 사회나 문화 혹은 개인의 취향에 따라 다르게 나타난다. 한국인과 미국인은 점심을 위한 메뉴의 선택에서 완연히 다른 욕구(냉면과 햄버거)를 가질 것이며, 우리나라 사람들 중에서도 한식을 선호하는 사람과 중국음식을 선호하는 사람은 욕구의 대상이 일반적으로 다르다고 보아야 할 것이다.

이와 같이 필요(needs)와 욕구(wants)를 만족시키는 제품서비스에 대한 탐색을 한다. 구체적으로 살펴보면 다음과 같다.

**가격에 대한 욕구**

소비자들은 비슷한 제품이나 서비스일 때는 가격이 낮은 제품 · 서비스를 선택한다. 그러므로 가격을 낮추는 방법이란 아이디어 선정의 중요한 지침이 된다.

**기능에 대한 욕구**

소비자들은 필요한 기능을 많이 가진 상품을 선호한다. 핸드폰에 카페라 기능이 추가되거나 개선된 제품은 가치 있는 새로운 아이디어이다.

**품질에 대한 욕구**

'같은 값이면 다홍치마' 라는 말대로 소비자들은 동일한 가격이라면 좋은 품질의 상품을 구매하고 싶어 한다. 그러므로 품질개선은 아이디어 개발을 위한 훌륭한 출발점이다.

#### 동질화 욕구와 차별화 욕구

소비자는 누구나 어느 정도의 동조 욕구와 구별(개성) 욕구를 동시에 가지고 있다. 즉, 소속의 욕구를 충족시키기 위한 동조의 욕구와 자기 존중의 욕구를 충족시키기 위한 개성의 욕구를 갖는다. 이 두 가지가 한 소비자 안에서 공존하기 때문에 남들과 유사한 스타일을 선택하면서도 남들과 똑같은 선택을 싫어한다. 소비자의 특성에 따라 동조와 개성 중 어느 한 가지를 보다 중요시하게 된다. 남들과 다른 제품으로 자신을 표현하는 개성 욕구가 강한 소비자 집단과 동조를 보다 중요시하여 남들과 유사한 제품 서비스로 심리적 안정을 찾으려는 소비자 집단이 공존하기 때문에 제품・서비스는 다양하고 복잡화 되었다.

#### 감성에 대한 욕구

제품 간 품질의 차이가 거의 없어지는 추세에 따라 소비자들은 디자인, 색상, 포장 등의 감각적인 면에서 뛰어난 상품을 선호하고 있다. 시각적으로 멋스러워 보이는 디자인이나 색상의 차별화로 좋은 창업 아이디어가 될 수 있다.

#### 서비스에 대한 욕구

소비자는 구매 전후에 추가적인 서비스를 받고자 하는 욕구가 있다. 더 좋은 서비스 제공에서 새로운 사업 아이디어가 나올 수 있다.

### ② 시장의 필요성

제품・서비스는 있는데 이를 필요로 하는 시장을 탐색하는 방법에는 다음과 같은 것들이 있다.

#### 기존 제품의 주변 관찰

이미 존재하고 있는 제품을 모방하거나 약간 변형하여 소비자 욕구를 더욱 만족시킬 수 있는 시장을 찾는 방법이다.

#### 해외동향조사

외국에 나가 보면 국내에 수입하면 잘 팔릴 것으로 보이는 상품이 눈에 띄는 경우가 있다. 해외여행을 통하여 접하는 새로운 경험은 새로운 사업의 기회를 개발하는데 많은 도움이 될 수 있다.

#### 신기술 연구

새로운 기술이 기술자의 전용물일 수만은 없다. 해당 분야의 전문 기술자가 아니라 하더라도 새로운 기술의 결과로 발생하는 변화를 예측하고 그에 따라 발생하는 새로운 욕구를 포착하고 이를 만족시키는 방법을 개발할 수 있다.

**지리적 시장 탐색**

지역에 따른 소비자 욕구의 차이점을 발견하고 이에 적절히 대응하는 방법과 지리적으로 자사제품이 새로이 진출할 곳을 탐색하는 방법이다.

**새로운 표적시장 탐색**

세분시장 중에 자사제품을 사용하지 않는 새로운 표적시장을 찾아 시장을 확대하는 방법이다.

### (2) 예비 아이디어에 대한 정보의 수집

제품·서비스의 필요성과 시장의 필요성을 바탕으로 이에 따른 정보를 탐색할 필요가 있다. 남들이 이미 성공했다거나 추측만으로 창업을 하면 실패하기 쉽다.

**① 내적탐색**

창업자는 과거의 경험이나 광고, 구전 또는 지식 등으로 습득된 자신의 기억 속에서 저장되어 있는 정보를 자연스럽게 회상한다. 즉, 자기가 소유하고 있는 정보 내에서 문제해결의 가능성이 있을 때의 탐색이다.

**② 외적탐색**

자신이 갖고 있는 내적정보가 문제해결에 충분치 못하다고 판단될 때는 외부에서 추가적인 정보를 탐색하게 된다.

**전문가 문의**

컨설팅 회사나 성공한 사업가들은 현재의 사업뿐만 아니라 앞으로의 성공 가능성이 많은 사업을 알고 있는 경우가 있다. 그들을 통해서 정보를 습득할 수가 있다.

**신문, 방송, 잡지**

신문과 잡지 및 방송은 창업 아이디어를 제공하는 정보제공처 가운데 대표적인 곳이다. 이곳에는 창업에 관한 모든 초기정보가 모여 있다. 관심 있는 뉴스나 기사를 찾게 되면 기사에 소개된 장소나 사람 그리고 관련기관을 찾아 더 자세한 정보를 얻을 수 있기 때문이다.

신문이나 주간 경제 잡지에서는 창업관련 정보를 매주 특정 요일에 연재하는 형식으로 정보를 제공하고 있으며, TV나 라디오에서는 특정 창업관련 코너를 만들어 전문가들의 정보제공과 창업에 관련된 상담도 해주고 있다. 또 인터넷을 통해 유용한 창업정보를 탐색할 수도 있다.

### (3) 예비 아이디어에 대한 구체적 정보수집

사업의 성장성과 창업자의 적성 부합 여부 등에 대한 가족, 지인, 전문가의 의견을 신중히 청취하는 자세를 가져야 한다. 고려 대상사업 2~3종에 대한 예비적 선별을 하고 순위를 결정한다. 예비선별 제품에 대한 간이적인 예비 사업성 분석을 실시한다.

### (4) 사업타당성 분석

사업타당성을 분석할 때 고려해야 할 점은 사업 아이템의 적합도, 기술적 요구, 시장성 및 판매 전망, 수익성 및 성장성 등이다. 이에 대해서는 다음 장에서 자세히 살펴볼 것이다.

### (5) 창업 아이디어 선정

사업타당성 분석 후 자기 기업에 가장 적정한 업종과 사업 아이템을 최종적으로 선정하게 된다.

선정된 아이템 업종과 유사한 우량기업에서 직·간접적으로 견습할 수 있는 기회를 다각도로 모색하여 벤치마킹을 한다. 선발 예정인 창업 핵심 멤버와의 사전적인 관계 증진을 통해 경영 노하우를 조기에 습득하도록 한다.

## 3.3 창업 아이디어의 선별방법

창업자는 후보아이템의 선정이 끝나면 사업아이템으로서 가능한지를 검토하여야 한다. 후보사업아이템의 검토요령은 어떤 특정한 규칙이나 체계가 확립되어 있는 것은 아니다. 창업자의 형편과 사정에 따라 얼마든지 간단한 방법을 선택할 수도, 다양한 변수들을 고려하여 복잡하게 검토해 볼 수도 있다. 따라서 많은 수의 아이디어 중 사업타당성 분석 등을 통하여 신중하게 아이디어를 선정하여야 한다. 사업타당성 분석과 같은 심도있는 분석을 실시하기 전에 창업 아이디어를 예비적으로 선별하는 방법에는 크게 2분류법, 점수법, 지수법의 세 가지 방법으로 나누어 생각할 수 있다.

### (1) 2분류법

창업 아이디어를 선별하는 방법 중 2분류법은 대상 아이디어를 예(yes), 아니오(no)와 같은 절대적 기준에 의해 평가하고자 하는 방법을 말한다. 이 방법은 사업을 수행하는 데 필요한 핵심요소나 조건에 대해 가능한지 아닌지를 판단해 대상 아이디어의 수를 줄여 나가는 예비선별방법으로 적절하다.
이 방법은 2분류 체크를 위한 다음과 같은 체크리스트를 이용하게 된다.

① 이 사업은 법적으로 금지된 사업인가? (예, 아니오)
② 이 사업은 대기오염, 소음, 하천오염 등 환경에 해로운 영향을 미치는가? (예, 아니오)
③ 이 사업은 수입제한, 외화관리, 고용 등 국가의 산업정책에 위배되는가? (예, 아니오)
④ 이 사업은 사회적으로 혐오의 대상이 될 수 있는 사업인가? (예, 아니오)
⑤ 이 사업은 거대한 자본과 특수설비를 필요로 하는 사업인가? (예, 아니오)
⑥ 이 사업은 특수한 기술과 원자재를 필요로 하는 사업인가? (예, 아니오)
⑦ 이 사업은 경쟁이 치열하고 진입장벽이 낮은 사업인가? (예, 아니오)
⑧ 이 사업은 시장이나 판매조직이 전혀 형성되어 있지 않은 사업인가? (예, 아니오)

⑨ 이 사업은 대체재나 보완재가 존재하는가? (예, 아니오)
⑩ 이 사업에의 진입을 어렵게 만드는 독점적 기업이 존재하고 있는가? (예, 아니오)

이와 같은 문항을 이용하여 체크한 후 예에 체크된 문항이 많을수록 부적합한 사업으로 평가되며, 아니오에 체크된 문항이 많을수록 매력적인 사업으로 평가된다. 절대적 기준은 아니지만, 보통 아니오에 답한 문항수가 6~7개 이상일 때 일단 해 볼만한 사업으로 간주하게 된다.

이 방법은 간편하며 많은 대상을 비교적 쉽게 평가할 수 있는 장점을 가지고 있으나, 문항의 내용이나 선택이 주관적이고 응답의 범위가 둘로 제약되어 구체적인 내용에 대한 상대적인 평가가 곤란하다는 문제점을 가지고 있다.

### (2) 점수법

점수법은 어떤 내용을 가지고 아이디어를 선별할 것인지를 미리 정하여 이들 내용들을 설문문항으로 7점 또는 5점으로 점수화하고, 선택한 점수의 합계를 계산하여 아이디어를 선별하는 방법을 말한다. 일반적으로 아이디어를 선별하는데 많이 이용되는 내용으로는 다음의 내용들이 있다.

**① 제품 관련 내용**
용도, 품질, 가격, 대체재, 진입장벽 등

**② 시장 관련 내용**
잠재수요, 경쟁자의 수, 유통경로의 이용가능성, 수익률, 시장점유율

**③ 자원 관련 내용**
자본조달능력, 인적・물적 자원의 활용 가능성

**④ 생산(원가) 관련 내용**
기술수준, 설비수준, 특허유무, 원자재 공급

**⑤ 위험 관련 내용**
경기나 계절에 따른 매출액 변동성, 법률의 개폐에 따른 위험, 기술・설비의

진부화 위험, 신제품이나 대체품 출현에 따른 위험

**표 3-1 점수법 체크 리스트**

| 번호 | 질문 내용 | 점 수 | | | | |
|---|---|---|---|---|---|---|
| | | 1 | 2 | 3 | 4 | 5 |
| 1 | 제품의 용도는 다양하고 광범위한가? | | | | | |
| 2 | 제품 품질은 우수한가? | | | | | |
| 3 | 제품가격은 품질에 비해 낮은 편인가? | | | | | |
| 4 | 제품의 대체재의 개발가능성 낮아? | | | | | |
| 5 | 진입 장벽이 높은가? | | | | | |
| 6 | 제품 잠재수요는 큰가? | | | | | |
| 7 | 경쟁자 수가 적은가? | | | | | |
| 8 | 기존 유통경로 쉽게 이용할 수 있나? | | | | | |
| 9 | 판촉 활동의 필요성 낮은 사업인가? | | | | | |
| 10 | 자본조달에 문제 없나? | | | | | |
| 11 | 필요한 인적자원 활용에 문제 없나? | | | | | |
| 12 | 생산기술상 문제 없나? | | | | | |
| 13 | 생산공정과 설비 갖추는데 문제 없나? | | | | | |
| 14 | 특허권 보호나 이용에 문제 없나? | | | | | |
| 15 | 원자재 가격은 안정적인가? | | | | | |
| 16 | 인건비는 비교적 안정적인가? | | | | | |
| 17 | 경기따라 계절따라 매출변동이 크지 않나? | | | | | |
| 18 | 법률의 개폐에 위험이 크지 않나? | | | | | |
| 19 | 기술과 설비의 진부화에 위험이 낮은가? | | | | | |
| 20 | 신제품 출현 가능성은 낮은가? | | | | | |

자료 : 이석규, 「창업 및 사업성 검토」, 다산출판사, 1997.

### (3) 지수법

지수법은 사업성공에 영향을 미치는 핵심 요인들의 중요도에 따라 가중치를 부여하고, 점수합계를 계산하여 계산된 점수의 범위에 따라 아이디어를 평가하는 방법이다. 이 방법의 절차는 다음과 같다.

**첫째**, 사업의 성패에 영향을 미치는 요인 중 중요한 것을 선정한다. 예를 들어 제품요인, 시장요인, 자원요인, 연구개발요인, 인사요인, 재무요인, 생산요인, 입지와 설비 등 8가지를 선정할 수 있다.

**둘째**, 요인별로 중요도에 따라 가중치를 달리 부여한다. 단, 가중치의 합은 반드시 100이 되어야 한다.

**셋째**, 각 요인을 평가하는 척도를 만들고, 해당하는 평가척도에 체크하도록 한다. 이때 평가척도는 0.0, 0.1, 0.2, …, 0.9, 1.0 등으로 한다.

**넷째**, 각 요인별로 두 번째의 가중치와 세 번째에서 체크된 척도를 서로 곱해 요인별 점수를 계산한다.

**다섯째**, 네 번째에서 계산한 각 요인별 점수를 합계하여 총점수를 계산하고 평가한다. 평가의 기준은 어디까지나 상대적인 의미를 갖게 된다.

다음은 지수법을 이용한 아이디어 평가의 예이다. 위의 방법을 이용하여 본인이 창업하려고 하는 A안을 평가한 후 다음과 같은 평가표를 작성하였다.

**표 3-2** 지수법 평가표 사례

| 사업의 성공요인 | 가중치(A) | 요인에 대한 평가척도(B) | 가중평가점수(A·B) |
|---|---|---|---|
| | | 0.0 0.1 …… 0.9 1.0 | |
| 제품요인 | 20점 | √ | 18점 |
| 시장요인 | 20점 | √ | 16점 |
| 자원요인 | 20점 | √ | 16점 |
| 인사요인 | 10점 | √ | 8점 |
| 연구요인 | 10점 | √ | 5점 |
| 재무요인 | 10점 | √ | 9점 |
| 생산요인 | 5점 | √ | 5점 |
| 입지와 설비 | 5점 | √ | 8점 |
| 합 계 | 100점 | | 85점 |

자료 : 이석규, 「창업 및 사업성 검토」, 다산출판사, 1997.

## Article 8 5년 뒤엔 이런 사업이 뜬다

시니어 타운, 애완동물 전문몰, 가사용 로봇, 입는 (웨어러블)컴퓨터, 명품리스, 복합리조트형 테마파크, 친환경 주택… LG경제연구원이 미래의 "돈 되는 사업"으로 꼽은 것들이다.

LG경제연구원은 향후 비즈니스에 결정적 영향을 미치는 수요 측면의 핵심 동인으로 인구구조, 사회가치, 라이프스타일, 글로벌 환경 등 네 가지를 들면서 헬스케어레져, 엔터테인먼트, 환경, 에너지, 연령별 특화 비즈니스 등을 유만사업군으로 분류했다.

조준일 부연구위원은 "유망사업으로 뽑은 것들은 초보적인 단계이지만 지금도 부분적으로 시장에서 볼 수 있는 것들"이라며 "그런 사업들은 향후 5년 정도 뒤에는 본격적으로 시장을 형성할 것"이라고 말했다. 다음은 LG경제연구원이 펴낸 "미래 수요 트렌드와 유망사업 기회"보고서의 주요내용이다.

- 실버산업과 추억·향수 비즈니스=한국의 65세 이상 노인 비중은 2004년 전체인구의 8.7%에서 2010년 10.7%, 2015년 12.9%로 증가한다. 노년층 증가는 안전하고 편안한 생활을 추구하는 트렌드로 이어진다. "노화는 자연현상이 아닌 질병"이라는 인식이 퍼지면서－사전 질병 예방－노화방지 식품, 화장품－운동, 여가 등에 대한 관심이 커진다. 과거에 대한 추억과 향수가 일시적 신드롬이 아니라 지속적 트렌드로 자리잡으면서 과거의 좋은 기억들을 되살릴 수 있는 디자인과 체험 상품·서비스가 많이 나온다.
- 싱글족, 어린이 상품=전통적 가족 개념이 해체되면서 2인 이하 가구가 증가하고 4인 이상 가구는 감소하는 핵가족의 재분화현상이 뚜렷해진다. 결혼관이 바뀌고 독거노인이 늘면서 "싱글족"이 확산한다. 이는 가사 지원, 주택보완 인터넷 엔터테인먼트 등에 대한 관심으로 이어진다. 출산율 저하로 한 자녀 가정이 늘면서 하나뿐인 자식에 정성을 쏟는 "소황제 전성시대"가 지속된다. 키즈 비즈니스는 고가화, 고품질화로 나간다.
- 신 모계사회의 도래=여성의 사회적 지위와 영향력이 커진다. 여성의 구매력과 여성적 소비 성향이 확대되면서 뷰티관련 제품이나 문화, 감성 제품에 대한 소비지출이 늘어난다. 여성의 사회활동이 증가하면서 도시 보안의 필요성이 커지고, 가사 및 육아 지원 시장도 확대된다. 가사용 로봇과 청소, 장보기, 반찬공급, 놀이방 등 가사와 관련된 각종 용역 서비스와 성형, 피부관리 클리닉등이 유망하다.
- 여유와 재미가 있는 삶=웰빙과 펀(FUN), 여유를 중요시하는 등 삶의 질이 화두가 된다. 재미를 추구하는 이들이 많아지면서 다양한 문화 콘텐츠를 원하는 수요도 늘어난다. 물질적인 풍요보다 느리고 여유있는 삶을 동경하는 "다운시프트족"이 많아지면서 잠시 각박한 도시 생활을 벗어나 여유를 누리려는 욕구가 커진다. 복합 리조트형 테마파크, 개인용 멀티플렉스 영화관, 수륙 양용 버스·택시 등을 눈여겨볼 만하다.

- 경험과 감성을 판다=소유 중심에서 경험 중심으로 소비 개념이 바뀌면서 구체적인 상품보다 테마, 상징, 컬트, 체험 등 추상적 가치를 구매하려는 경향이 생긴다. 가상 및 간접 체험, 다양한 문화 융합형 상품 등의 수요가 증가할 것이다. 3차원 TV, 스포츠, 게임, 놀이공원 등 가상체험 공간, 공연 예술 등이 유망 사업 후보들이다.
- "유비티즌"의 보편화=사이버 인구가 늘고 생활 전 영역에서 디지털, 온라인화가 확산하면서 디지털 마인드와 활용 역량을 갖춘 유비티즌(유비쿼터스+네티즌)이 흔해진다. 사이버 공간에서 자아 표현을 위한 소비지출이 증대할 것이다. 온라인에서 유행하는 문화와 컨텐츠를 오프라인에서 직접 체험하고 싶어하는 이들도 많아진다. 개인 정보 유출과 사생활 침해 등 온라인 문화의 역기능이 이슈가 되면서 콘텐츠에 대한 관리 및 통제의 필요성이 부각될 것이다. 모바일 블로그 등이 새로운 사업기회다.
- 개인주의적 소비=전통적 가족개념이 해체되면서 자기 중심적 사고가 팽배해진다. 가족과 집단을 중시하는 의식이 약해지고 개인주의적 생활 패턴이 만연해진다. 명품리스(대영업), 맞춤형 주택 및 리모델링, 개인별 맞춤식 식단 관리 서비스 등에 주목할 만하다.
- 환경, 자원 관련 사업=환경 규제와 자원 문제가 비즈니스 세계를 쥐락펴락한다. 선진국의 환경규제 강화로 온실가스 감축 등 환경기술이 비약적으로 발전하고 친환경 사업이 신규 성장엔진으로 부상할 것이다. 이상 기후에 따른 재난·재해에 대비하는 것도 중요한 비즈니스로 부각된다. 에너지 수입의존도가 높고 에너지 다소비형 산업구조를 가진 한국에서는 대체 에너지 개발이 주요 이슈가 된다. 친환경 주택, 열병합 발전, 친환경 자동차 등에 대한 관심이 커진다. (중앙경제, 2005.8.22)

## 참고문헌


1) 류태모 외 5인, 창업과 취업전략, 학문사, 1998.
2) 이석규, 창업 및 사업성 검토, 다산출판사, 1997.
3) 정승화, 벤처 창업론, 박영사, 2004.
4) 조보상, 소자본 창업과 경영의 실무, 무역경영사, 2004.
5) 한길석, 창업과 경영, 법문사, 2004.
6) 한정화, 벤처창업과 경영전략, 홍문사, 2003.
7) 홍성도, 벤처창업경영론, 학문사, 1998.
8) Baumback, clifford, M., How to Organize and Operate a Small Business, Prentice-Hall, Inc, 1985.
9) Lehmann, Donald, R., and Russell S, Winer, analysis for maketing planning, Richard D, Irwin, Inc, 1994.

Chapter 04

# 사업타당성 분석과 사업계획서 작성

## 4.1 사업타당성 분석

### 1. 사업타당성 분석의 필요성

사업타당성 분석은 창업을 실패로부터 지켜줄 수 있는 좋은 보조장치이다. 중소기업 창업은 물론 아무리 작은 소규모 창업, 심지어 구멍가게의 창업일지라도 필수적으로 타당성을 분석할 필요가 있다.

**Article 1** 상권 양극화

**2006년 창업시장 결산**
**상권양극화… 유행 좇는 "쏠림창업" 여전**
**업종 선택 중요성 부각… 해물전문점 · 테이크아웃 "강세" 이어가**

창업시장은 빈익빈 부익부 형상이 두드러지면서 자금력이 약한 창업자들의 입지가 점차 좁아지고 있다. 가뭄에는 물고기가 한곳으로 모이듯 불경기에는 이른바 좋은 상권으로 돈이 몰려 양극화 현상은 더욱 심화되는 경향을 보이고 있다. 해마다 한두 가지 아이템들이 등장, 업종의 리더 역할을 하는 것이 보통인데 올해는 업종의 리뉴얼과 복합화가 대세를 이뤘다. 여기에 고질적인 병폐인 쏠림창업이 더욱 심하게 나타난 것은 유감스러운 일이다.

- 저가 트렌드 "강세" = 올 창업시장의 가장 확실한 트렌드는 바로 저가다. 소비자들은 가격이 저렴하면서도 맛이 보장되는 곳을 선호한다. 창업자에게는 매우 당황스러운 현상이다. 물론 저가로 많이 팔면 되겠지만, 그로 인해 발생되는 경비는 결국 창업자의 순이익구조를 깨트리는 결과를 초래하게 마련이다. 저가를 주도한 대표적 업종은 지난해부터 성장을 거듭해 온 삼겹살전문점이다. 여기에 퓨전주점과 막걸리전문점이 가세하면서 저가 트렌드가 전 업종으로 확대되는 경향을 보이고 있다. 그러나 이런 저가 전략은 자칫 "빛 좋은 개살구"가 될 수 있다. 인건비나 임대비용 등 유지비용 지출이 많아 노력한 만큼의 수익이 발생하지 않을 수도 있다.
  게다가 유동인구가 확보되지 않는 상권에서는 이조차도 기대하기 어렵기 때문에 결국 초기 창업비용이 많이 들어 투자 대비 수익률이 낮다는 것이 흠이다. 장기적으로 저가 전략은 피하는 것이 현명하며, 하더라도 메뉴 가격대를 저가, 중가, 고가로 다양하게 조합하는 전략을 구사해야 한다.
- 업종 쏠림 현상 여전해 = 업종의 쏠림 현상은 창업시장의 안정적 기반 구축과 상생을 위해서는 반드시 고쳐야 할 과제다. 올해의 가장 대표적 쏠림 업종은 바로 막걸리전문점이다. 올 초부터 불기 시작한 막걸리전문점 바람은 불과 수개월 만에 20여 개의 브랜드를 쏟아냈다.

특히 대구에서 상경한 막걸리전문점이 상반기부터 모습을 나타내기 시작하면서 대표주자로 급부상했다. 이런 현상에 대해 전문가들이나 시장의 반응은 냉담하다. 신뢰를 얻지 못한 것이다. 그런 혹평 속에도 막걸리전문점은 급성장했으며, 올해 동절기가 존속의 고비가 될 것으로 보인다.

막걸리전문점이 주점 업종의 창업 아이템으로 자리 잡은 이유는 가격이 저렴한 서민메뉴라는 것도 있지만 맥주와 소주, 와인 사이의 주종의 차별화 측면에서 소비자들의 호응을 얻은 게 크다. 여기에 새로운 형태의 주점이라는 이유로 손님들의 발길이 이어지자 예비 창업자들이 너도나도 달려들었다. 지금은 동일 상권에 유사 브랜드가 속속 등장하면서 제 살 깎기에 들어갔으며, 업종의 변신을 꾀하지 않으면 안정적 매출을 기대하기 어려운 지경에 이르게 됐다.

- 저가 쇠고기전문점 약진=그동안 엄청난 성장을 구가하던 저가형 삼겹살전문점이 성장기를 지나 다소 소강상태를 보이고 있다. 이런 틈새를 노리면서 등장한 것이 저가형 쇠고기전문점이다. 비슷한 가격이라면 돼지고기보다는 쇠고기라는 소비자들의 구매심리를 무기로 올 하반기부터 본격적인 시장 확장에 돌입했다.

  이는 미국산 수입쇠고기의 수입 재개를 통해 안정적인 재료 공급이 가능하다는 판단을 기초로 하고 있다. 그러나 수입문제가 생각보다 원활하지 않아 프랜차이즈 본사는 또 다른 고민에 봉착하게 됐다. 그러나 육류는 우리나라의 대표적 외식 아이템으로, 그 수요는 점차 늘어날 것으로 보인다. 이미 자리 잡은 삼겹살전문점의 새로운 변신과 저가형 쇠고기전문점의 뜨거운 한판 승부가 예상된다.

- 치킨전문점의 고민=전형적인 소자본 아이템으로 예비 창업자들이 영원한 인기 아이템으로 인정받아 오던 치킨은 동절기만 되면 나타나는 조류인플루엔자(AI) 파동으로 다소 주춤하고 있다. 올해 업계는 조리방식을 달리하는 등 변화를 시도하면서 새로운 활로를 찾았다. 하지만 그 결과는 만족스럽지 못하다.

  치킨전문점은 배달전문점과 치키호프전문점 두 가지로 나뉜다. 배달전문점은 이미 포화상태로 큰 틀의 변화보다는 틈새를 공략하는 전략이 유리하며, 치킨호프집은 기존 독립 점포에서 나타나는 부정적 이미지가 걸린다. 이런한 상황에서 치킨집의 치킨 맛과 생맥주전문점의 생맥주 맛을 보다 쾌적하고 안락한 분위기에서 맛볼 수 있는 치킨호프집의 업그레이드 형인 "치킨생맥주전문점"이 등장, 신선한 반응을 일으키고 있다. 소자본 초보 창업자가 가장 손쉽게 접근할 수 있는 치킨 업종은 리뉴얼과 업그레이드, 퓨전으로 새롭게 시장을 노크할 가능성이 다분하다.

- 해물전문점 "각광"=웰빙은 올해에도 여전히 창업의 중요한 화두였다. 이는 해물 관련 업종의 부상에서 찾아볼 수 있다. 웰빙을 등에 업고 해물에 대한 수요가 증가하면서 해물을 테마로 한 주점, 뷔페, 레스토랑, 샤부샤부 등 해물전문점들의 속속 등장했다.

  지금까지는 전통적 해물전문점인 횟집의 한 메뉴로 인식되던 초밥은 초밥전문점으로 당당히 시장 진입에 성공했다. 골라먹는 재미와 저렴하게 먹을 수 있다는 소비자들의 요구와 맞아떨어졌기 때문이다. 다만 해물 관련 아이템들은 조리 방법이나 운영 노하우, 그리고 재료 수급 문제 등이 타 업종에 비해 어려워 소자본 초보 창업자가 접근하기가 쉽지 않다. 하지만 이 업종의 성장은 지속될 것으로 보인다.

- 테이크아웃 업종 확대=테이크아웃의 대명사는 커피다. 그러나 올해에는 치킨, 피자 등 전형적인 배달 아이템이던 것이 테이크아웃형태로 변신하면서 창업시장의 새로운 화두로 떠올랐다. 지난해 저가형 테이크아웃 치킨전문점이 폭발적인 성장세를 보이다 안정적인 재료 공급에 제동이 걸리면서 올해는 다소 주춤하고 있다. 하지만 피자는 엄청난 가격 경쟁력을 기반으로 기존의 배달 피자를 강하게 위협하고 있다.

배달전문점이 가지고 있는 여러 가지 어려운 문제를 가격으로 보상하는 것이 이 업종의 성장 배경이다. 주머니 사정이 빈약한 소비자들은 직접 사가지고 가는 불편을 가격으로 보상받기 때문에 판매자와 구매자의 이해관계가 맞아떨어지고 있다. 경기가 호전될 경우 이 업종이 어떻게 살아남을지는 미지수지만 현 상황에서는 생계형 창업자들의 눈길을 끌고 있는 것이 사실이다.

지금까지 2006년에 나타난 업종별 특징이나 창업 관행에 대해 살펴보았다. 창업의 궁극적인 목적은 보다 나은 삶을 영위하기 위해서다. 그러나 대부분의 창업자들은 창업의 목적을 돈으로 생각한다. 물론 돈이 없으면 보다 나은 삶을 영위하는 데는 문제가 있지만 창업을 통해 큰 돈을 번 이들의 얘기를 들어보면 반드시 그렇지만은 않다. 자기가 하는 일에 대한 자긍심과 오는 손님들에게 행복을 줄 수 있도록 최선의 노력을 하다보니 돈이 벌리더라는 것이다. 쉽게 돈을 벌 수 있다면 누구나 창업으로 성공할 수 있을 것이다. 그러나 창업은 단거리 경기가 아니다. 마라톤이다. 그렇기 때문에 업종을 선택하는 것이 대단히 중요하다. 내가 가지고 있는 창업 환경을 철저히 분석한 후 내가 즐겁게 소화할 수 있는 업종을 선택하는 것이 성공 창업의 초석임을 명심하자.

(Business, 2006.12.25)

사업타당성 분석이란 사업의 가치를 평가하는 것으로, 기술적인 측면, 시장분석, 경제적인 분석 등 총체적인 평가와 분석을 통한 가치 측정 과정이다. 창업자는 자신의 사업이 어느 정도 가치를 가지고 있는지를 사전에 철저히 분석할 필요가 있다. 왜냐하면 창업이란 막대한 자본이 필요하며 이에 대한 적정수준의 수익이 발생하지 않으면 기업의 존립이 위태로울 수 있기 때문이다. 그렇기 때문에 자기가 하고자 하는 사업이 사업성이 있는 것인지 없는 것인지를 판단하는 일은 매우 중요하다. 창업은 한번 잘못하면 자기도 망하고, 집안도 망하는 파멸의 길을 걷게 되는 위험한 일이다. 그러므로 만일 사업성이 없으면 아예 시작하지 않는 것이 상책이다.

문제는 사업성이 있는지 없는지를 어떻게 정확히 판단하느냐는 것이다. 실제로 사업에서 실패한 경우를 보면 모두가 사업성을 평가해 보지 않았기 때문이 아니라 사업성을 잘못 평가한 데 그 근본적인 원인이 있다. 평가도 아무리 완벽하게 잘했다고 하더라도 실제로 창업을 하게 되면 많은 차질이 생길 수 있고 따라서 전혀 예측하지 못했던 문제 때문에 실패할 경우도 얼마든지 있다.

사업타당성 분석은 기업경영의 핵심요소를 체계적으로 점검하여 실패요인을 사전에 제거하거나 성공 가능성이 적은 사업진출을 미리 포기함으로써 사업 실패로 인하여 발생할 수 있는 손실을 예방하는 등 신규사업의 성공에 있어 필수적인 역할을 한다. 또한, 체계적인 사업타당성 분석은 경영능력 향상에 도움을 준다.

사업타당성 분석은 창업자가 사업을 시작하기 이전에 자신의 사업이 가지고 있는 잠재성과 성장성뿐만 아니라, 가능한 위험요소를 분석하고 이에 대한 대비책을 가지고 사업을 준비하도록 도와준다.

그림 4-1에서 보듯이 사업타당성 분석은 크게 네 가지의 단계로 나누어진다. 각 단계에서 도시된 바와 같은 분석을 통해 자신이 하고자 하는 사업의 성공 가능성을 평가하여야 한다. 창업성공을 위한 사업타당성 분석의 필요성을 다음 네 가지로 요약할 수 있다.

**첫째**, 창업가는 자신의 주관적 아이디어를 객관적이고 체계적인 사업 계획서로 작성하게 함으로써 사업 시작 전 위험요소를 제거하여 성공 가능성을 높일 수 있다. 많은 창업의 실패 요인 중 하나는 자신의 아이디어에 대한 사업가의 과신이다. 체계적이고 객관적인 사업타당성 분석은 사업가가 자신의 아이디어를 점검해보고, 약점을 보완하고, 위협요소를 사전에 제거할 수 있는 계기를 마련해 준다.

**둘째**, 창업자들이 사업타당성 검토를 통하여 구상하고 있는 기업의 제반 문제점과 제약요소들을 사전에 파악하여 효율적인 창업 업무를 수행할 수 있다. 사업타당성 분석에서는 앞으로 사업의 전개 방향과 강·약점 분석을 함으로써 시간 및 자원 낭비를 줄일 수 있다.

그림 4-1 사업타당성 분석 절차

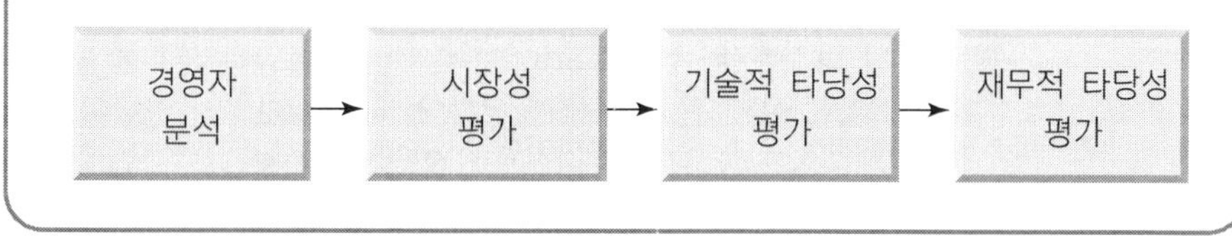

**셋째**, 창업자가 계획제품의 기술적 타당성, 시장성, 수익성 등 세부항목을 분석해 봄으로써 해당 업종에 대해 미처 깨닫지 못한 세부사항을 사전에 인지하여 성공적인 창업을 이룰 수 있다. 새로운 사업 아이디어가 생기면 일반적으로 자신의 사업은 매우 매력적인 것으로 보인다. 그러나 기술적 타당성, 시장성 등 세부항목에 대한 객관적이고 면밀한 분석의 과정을 거치지 않는다면, 자신이 예상하지 못한 문제들로 인해 위험에 빠질 수 있다.

**넷째**, 사업타당성 분석 시에는 창업자 자신에 대한 평가뿐만 아니라 사업에 대한 전반적인 분석이 동반되어야 한다. 사업 전반에 대한 분석과정에서 창업자는 자신의 기업규모와 조직 구성방안, 미래 사업방향 등에 대해 구체적인 비전을 가지고 사업을 시작하게 된다. 결국 사업타당성 분석을 통해 창업자는 자신이 개인적으로 보완해야 할 사항들과 함께 자신의 사업 운영방식을 설정하고 운영을 위한 필수 지식과 노하우를 습득하게 된다.

## 2. 창업자 분석

### (1) 적성과 자질 분석

창업의 성패도 결국 적성과 자질에 의존하는 바가 크며, 그 분석대상으로는 성공에 대한 집념, 리더십과 결단력 등이 있을 수 있다. 아무리 좋은 아이템과 여건이 조성되어 있더라도 창업자가 성공에 대한 확신과 강한 집념 그리고 의지력이 없다면 성공적인 창업이 될 수 없다.

이처럼 창업자 자질이 기업 경영에 매우 중요함에도 불구하고, 많은 경우에 창업자들은 사업타당성 분석에서 자신에 대한 분석을 게을리 하는 경우가 있다. 창업자들은 자신이 가지고 있는 개인적 역량이나 배경뿐만 아니라 자신에

**Article 2** 실패경영 — 파스퇴르

**실패에서 배우는 교훈 - 파스퇴르 유업**

1987년 파스퇴르유업이 출범하면서 저온살균 공법 우유를 국내시장에 처음 선보인 것은 우유시장을 완전히 뒤집어 놓은 획기적인 사건이었다.
당시 고온살균 우유를 생산하던 업체들이 대부분 대기업인 반면 파스퇴르 유업은 이름도 들어보지 못한 중소기업이어서 골리앗과 다윗의 싸움에 비유되기도

했다. 대기업을 겨냥한 검정 바탕에 빨간 글씨의 공격적인 광고는 고급 우유를 갈망하는 소비자들의 희망이었다. 그래서 파스퇴르 우유는 서울 부자동네 사람들이 마시는 우유라는 별칭이 붙기도 했다.

그러나 파스퇴르 유업은 창업한지 10년을 겨우 넘긴 98년 금융·외환위기 한파를 견디지 못하고 부도기업으로 전락했으며 지난 6월에는 한국야쿠르트에 매각되는 운명을 맞게 됐다.

파스퇴르 유업은 이제 한국야쿠르트에 의해 재기의 의욕을 보이고 있다. 파스퇴르 신화가 끝났다고 아직 단정할 수는 없지만 경영일선에서 물러난 창업자 '최명재 회장의 신화'는 일단 막을 내린 셈이다.

최 회장은 파스퇴르 유업을 경영하면서 숱한 우여곡절을 겪었고 화제도 많이 남겼다. 전북 김제 출신 최 회장은 서울대 경제학과를 중퇴(명예졸업)한 뒤 상업은행에서 근무하다 중동에서 운수사업을 해 큰 돈을 번 뒤 87년 환갑이 지난 나이에 파스퇴르 유업을 세웠다. 그는 창업 직후부터 신문지면을 통해 직설적이고 공격적인 광고전략으로 국내 유업계에 바람을 일으켰다. 그는 87년 저온살균 공법으로 만든 우유를 앞세워 고온살균우유가 주도하는 우유시장에 정면으로 도전했다.

저온살균우유 논쟁이 끝날 무렵 다시 고름우유 파동이 일어났다. 이는 유가공업계에 엄청난 충격을 안겨줬고 타업체와 법정싸움이 잇따랐다. 결국 이 같은 전쟁을 치르면서 상대에게 타격을 준 만큼 자신도 상처를 받았고 외환위기가 겹치면서 곪아 터지게 된 것이다.

파스퇴르는 뒤늦게 대대적인 구조조정에 나서는 등 살아남기 위해 발버둥쳤지만 회생하지 못하고 결국은 매각이라는 수순을 밟게 된 것이다.

그의 측근들은 파스퇴르 몰락을 97년 외환위기 직전 음료수시장에 진출해 성남공장 시설투자에 200억원 이상을 투입하고 96년 민족사관고등학교를 설립해 대규모 자금을 쏟아부은 것이 파스퇴르 유업의 경영난을 자초했다고 말한다. 최 회장은 파스퇴르 유업이 중소기업 수준으로 매출 1000억원을 겨우 넘어서자마자 대재벌 기업도 엄두를 내지 못했던 영재교육 학교를 설립했다.

그리고 이 학교에 매년 50억원을 회사 자금으로 지원해 왔던 것이다.

물론 최 회장은 우리나라 식품산업의 질적 수준을 선진국 수준으로 끌어올렸고 평준화 정책으로 숨통이 막혀 있던 교육 또한 돌파구를 열어 비로서 글로벌시대에 대비한 교육개혁의 방향을 얻게 한 점은 높이 살 만하다.

그러나 그가 수행해야 할 본연의 역할은 축산정책이나 교육정책을 펴는 것이 아닌 기업경영이었다. 경영인로서는 결국 실패했다는 낙인을 모면할 수 없을 것이다. 최 회장은 이제 연령과 건강을 감안할 때 경영인으로서 예전의 모습으로 재기하기는 어려울 것으로 보인다. 하지만 최 회장의 염원이 스며 있는 민족사관학교를 통한 인재양성과 파스퇴르를 살리려는 노력은 결코 사그라지지 않을 것이다.

(매일경제, 2004.8.12)

## Article 3 내가 잘하는 영역을 찾아라

새해를 맞는 마음은 모두가 희망이다. 지난해는 투자와 소비가 얼어붙으면서 외환위기 직후보다 더 어렵다는 이야기가 심심치 않게 나왔다. 이런 어려운 여건을 헤쳐나온 경영자들이 맞이하는 새해는 남다르다. 새해에 대한 나름의 희망과 기대를 가지고 외부환경 변화와 기업전략 방향을 살펴보고 고민할 것이다.

새해를 맞거나, 커다란 환경 변화가 있거나 새로운 도약을 모색할 때 경영자는 전략을 고민한다. 그렇다면 과연 전략의 본질적 개념은 무엇일까. 저명한 전략전문가인 브루스 핸더슨은 "전략의 본질은 생물이 진화하면서 '변종'(variety)이 출현한 이유를 생각해 보면 알 수 있다"고 했다. 생물은 살아남기 위해 진화과정에서 남보다 잘할 수 있는 것을 집중적으로 발전시켰다. 그 결과 1백만종이 넘는 변종이 나타나면서 지구는 다양한 생물로 뒤덮일 수 있었다.

기업들도 마찬가지다. 남보다 잘할 수 있는 영역을 찾아 집중적으로 발전시키는 것이 바로 전략의 본질이다. 한마디로 자신만의 생존공간을 만들어가는 것이다. 지구상에는 호랑이, 사자, 코끼리와 같은 힘센 동물도 살지만, 토끼, 생쥐, 곤충 같은 작은 생물들도 나름대로 살아가는 것과 동일한 이치다. 전략은 '무엇이 좋은가'를 찾는 것이 아니라 '무엇을 할 것인가'를 찾는 것이다. 실천을 전제로 한 생각이며, 당연히 현실에 대한 냉정한 분석과 자신의 능력에 대한 판단이 필요하다. 할 수 있는 일과 없는 일을 구분하고, 할 수 있는 일을 통해 최상의 성과를 낼 수 있도록 하는 것이 바로 전략의 역할이다.

세상의 수많은 기업들이 모두 GE·삼성전자와 같은 거대기업이 되는 것은 불가능하다. 또 필요치도 않다. 따라서 기업들은 나름의 장점으로 자신만의 시장과 고객을 만들면서 생존방법을 찾는다. 전략이 반드시 전문적으로 포장돼 있어야 되는 것은 아니다. 좋은 전략은 경영자의 머릿속에 있을 수도 있다. 중요한 것은 형식이 아니라 전략 개념의 본질이 녹아 있는지 여부다. 잘되는 회사는 체계적으로 문서화된 보고서는 없어도 경영자가 훌륭한 전략을 가지고 있는 경우가 많다. 특히 글로벌 시대에는 작은 규모로도 전 세계를 상대로 생존공간을 만들어 나가는 훌륭한 사례가 많다.

예를 들어보자, 독일의 하우니(Hauni)는 고속담배제조기계 세계시장 점유율 90%다. 바더(Baader)는 생선가공기계 세계시장 점유율 90%, 힐레브란트(hillebrand)는 세계 포도주의 60%를 운송한다. 우리나라에서도 벨 금속공업은 세계 손톱깎이의 40%를 만든다. 홍진크라운은 세계 오토바이 헬멧 시장에서 10년째 1위다. 목재회사인 이건산업은 전 세계 컨테이너용 합판의 50%를 생산한 적이 있다. 풍산(주)는 세계코인의 60%를 생산한다. 이들 모두의 공통점은 '자신만의 생존공간에서 세계적 수준을 만들었다'는 것이다. 자기 분야에서는 모두 GE나 삼성전자 부럽지 않은 위치를 차지한 것이다.

이처럼 잘되는 회사는 스스로 달성할 수 있는 목표를 전략으로 세우고 자신을 변화시킨다. 반면 그렇지 않은 회사는 세계적인 기업을 보면서 부러워만 한다. 이들에게 눈과 귀는 있지만 전략은 없다. (Economist, 2010.1.13)

대한 주변의 평판에 대해서도 객관적이고 체계적으로 평가하여 사업타당성 평가에 반영하여야 한다.

### (2) 경험과 능력 분석

성공적 창업을 위해서는 자신의 경험과 지식이 풍부한 분야로의 창업이 유리하며 그렇지 않은 경우에는 전문적 지식을 빨리 습득하거나 창업자를 대신하여 이러한 업무를 수행할 수 있는 인원의 확보가 필요하다.

경험과 능력 분석이란 창업자가 얼마만큼의 기술혁신능력이 있으며 환경변화에 대처할 수 있는 경영분석력이나 판단능력의 정도를 분석하는 것이다. 창업자의 리더십은 조직구성원에 대한 통제능력을 결정짓고 예기치 않은 변화에 순발력 있게 대처해야 하는 매우 중요한 요소이다.

또한 사업수행능력이나 적합성에 대한 평가를 누가 하느냐가 중요하다. 자기 자신을 가장 잘 아는 사람이 자기 자신인 것은 당연하지만 본인을 평가하는 데 있어서는 매우 주관적일 수 있다. 따라서 창업자는 조직의 구성원들 또는 전문적인 지식을 갖춘 전문가와 충분한 검토를 거쳐 이에 대한 결론을 도출하는 것이 바람직하다.

**표 4-1** 창업자 수행능력 평가요소

| 평가요소 | 세부평가 항목 |
|---|---|
| 적성 및 자질 | ① 모험심<br>② 가능성에 대한 집념<br>③ 스케일<br>④ 리더십<br>⑤ 의지력<br>⑥ 기타 창업자의 성격, 체질, 소질 |
| 경험 및 지식 | ① 창업관련 분야에서의 경험<br>② 학문과 지식<br>③ 창업자의 자격<br>④ 교제인들의 폭과 깊이<br>⑤ 창업자의 인간관계 |
| 업무수행능력 | ① 가정유지 능력<br>② 창업멤버의 구성 및 통제능력<br>③ 서비스 및 기술혁신 능력<br>④ 경영 경제적 환경 적응능력 및 경영분석·판단능력 |

### (3) 업무수행 능력

성공적 아이템 결정은 창업의 성공률을 높여준다. 창업자는 정확한 시장예측능력을 가지고 유망한 업종을 선택하였는지를 면밀히 검토해야 한다. 또 시기적으로 맞는 업종을 선택하여야 한다. 제품수명 주기상 시기적으로 맞지 않는 업종을 선택한다면 사업자의 헌신적 노력에도 불구하고 낭패를 보는 경우가 허다하다. 따라서 창업자는 업종선택의 적합성을 충분히 고려하여야 한다. 예측력을 가지고 유망한 업종 선택을 하는 것이 창업자의 업무수행 능력이다.

## 3. 시장성 분석

### (1) 시장성 분석 의의 및 방법

시장성이란 기업이 제공하고자 하는 제품이나 서비스의 시장반응을 측정, 평가하는 개념이다. 실제로 제품이나 서비스가 시장에 진입했을 경우 고객들이 어떤 반응을 보일 것인가, 특히 창업 초기에 계획하고 있는 제품이 시장에서 얼마나 팔릴 수 있을 것인가는 사업의 성패와 직결된다. 따라서 시장성은 기업의 창업타당성 분석과정에서 가장 중요한 분야다. 아무리 좋은 제품을 만든다고 하더라도 해당 제품이 시장에서 수용되지 않는다면 그 기업은 생존할 수가 없다.

시장성 평가에서는 자신이 하고자 하는 산업의 시장 동향이 어떠한지, 경쟁자들은 어떻게 분포되어 있으며, 그들의 사업전략은 무엇인지, 시장 수요는 어떻게 변하고 있으며, 소비자 욕구는 어떻게 변화되고 있는지, 매출 계획은 어떠하며 수익성은 어떠한지를 분석하여야 한다. 이에 더하여 경쟁자들과 차별화하기 위한 자신의 경쟁우위요인은 무엇인지를 분석하여야 한다.

시장성 분석방법으로는 크게 정성적 방법과 정량적 방법으로 나누어진다. 정성적 방법이란 과거 사례조사나 전문가의 의견수렴, 경험, 직관 등 질적인 분석방법을 의미하며 정량적인 방법이란 간단한 계산이나 계량적인 모형의 이용 등 양적으로 행해지는 분석방법을 의미한다. 정성적 방법은 비계량적이고 직관적이기 때문에 시장의 크기가 얼마나 될 것인지와 같은 구체적인 자료를 제시하지 못한다. 정량적인 방법은 매우 구체적이고 계량화된 자료를 제시하지만, 시장 예측 시 사용된 기본 가정에 대한 설명이 빈약하다. 따라서 이 두 가지 방법을 병행해서 사용하는 것이 바람직하다.

### (2) 시장성 분석 항목

#### 가격 및 품질 경쟁력

경쟁력의 제 1차적 요소는 가격이다. 가격정책을 어떻게 수립하느냐가 마케팅 성공의 지름길이다. 마케팅 성공이 창업 성공의 열쇠가 될 수 있기 때문에 시장성 분석에 있어서 제품가격 분석은 필수적 항목이다. 제품가격 분석은 제품의 원가, 시장가격, 가격경쟁력, 가격추세, 경쟁 점의 가격정책, 마진율, 물류비용 분석 등으로 분류할 수 있다. 신제품을 시장에 출시시킬 때는 시장에 침투하는 가격정책을 수립하여야 한다.

품질경쟁력에는 기능의 수와 질에 있어서 경쟁제품과의 비교에서 우월성을 분석하는 것이다. 자사의 강점에 맞추어 분석하되 약점도 동시에 분석함으로 자사의 경쟁력을 강화시켜나가야 할 것이다.

#### 시장현황 및 수요예측

시장현황 분석의 주 목표는 시장점유율과 수익성의 분석으로 수요예측은 바로 예상 매출액이며 이에 근거하여 생산계획, 판매계획 자금조달 및 운용계획이 세워지게 되는 것이다. 시장 침투시의 성공여부와 시장구조를 사전에 파악하여 발생 가능한 돌출상황에 대해 미연에 대처할 수 있는지의 가능성을 사전에 파악하는데 있다.

#### 경쟁자분석

경쟁자분석이란 계획제품을 생산하는 경쟁기업의 경쟁요소를 분석하는 것이다. 경쟁요소 분석 시 동일제품을 생산하는 기업만을 대상으로 하기보다는 유사제품 생산기업, 나아가 대체제품을 생산하는 기업까지 분석의 대상으로 하는 것이 좋다. 선정된 기업을 대상으로 기본적인 재무상태, 생산능력과 생산실적, 가격 및 유통체계 등 경쟁요소를 분석한다. 경쟁자는 경쟁의 정도에 따라 직접경쟁자, 2차경쟁자, 간접경쟁자로 구분할 수 있다.

**첫째**, 직접경쟁자는 동일하거나 유사한 아이템을 가지고 사업을 하는 자로서 사업규모도 비슷한 경우이다. 이러한 사업자는 창업 후 고객확보를 위하여 공개적으로 경쟁을 해야 하는 상대이므로 철저한 분석이 필요하다. 예를 들면, 맥도날드 체인점과 롯데리아 체인점의 경쟁관계이다.

**둘째**, 2차경쟁자란 자산과 기술면에서 비슷한 점을 가지고 있지만, 정확하게 같은 고객을 목표로 하여 경쟁하는 상대가 아닌 경우이다. 예를 들면, 맥도날드 체인점과 수제 햄버거를 취급하는 패밀리 레스토랑과 같은 관계이다.

**셋째**, 간접경쟁자란 같은 고객을 좀더 차지하기 위하여 경쟁하는 것은 아니지만 경쟁관계에 있는 사업자를 말한다. 예를 들면, 맥도날드의 경우 가격이 비슷한 한국 음식점이 간접경쟁자 관계이다.

대부분의 시장분석은 직접경쟁자 분석 위주로 그 범위가 한정되어 있다. 정확한 시장분석을 위해서는 2차경쟁자나 간접경쟁자에 대한 분석도 동시에 실시하는 것이 바람직하다.

**표 4-2** 시장성 평가항목

| 평가요소 | 평가방법 |
|---|---|
| 가격 및 품질 경쟁력 | • 경쟁제품 및 수입품과의 비교<br>• 자사제품의 비교 우위 요인 도출<br>• 품질의 기능과 수 |
| 시장현황 및 수요전망 | • 시장규모 및 전망<br>• 판매영역별, 고객별 잠재수요 분석<br>• 국내제품 및 대체, 유사품에 대한 수급 실적 |
| 경쟁자 분석 | • 경쟁기업의 재무상태 비교<br>• 생산능력 및 실적 비교<br>• 주요 경쟁요소 비교 |

## 4. 기술적 타당성 분석

### (1) 기술적 타당성 분석의 의의

기술적 타당성 분석이란 창업자가 보유하고 있거나, 추후 개발을 예정하고 있는 기술이 경쟁자에 비해 어떠한 차별성을 가지고 있는지에 초점을 맞추어야 한다. 만약 창업자가 가지고 있는 기술이 차별성이 있다면, 이를 적극적으로 강화할 수 있는 기술 개발 능력 및 인력이 조달 가능한가를 살펴보아야 한다. 기술적 타당성 평가단계에서는 창업자뿐만 아니라 기술개발 인력에 대한 중요성도 강조된다. 그리고 핵심 기술 인력의 이탈이 발생하더라도 사업에 영향을 주지 않도록 주의하여야 한다.

### (2) 기술적 타당성 분석 항목

#### 제품의 기술적 특성

제품의 기술적 특성이란 유사품과 비교하여 계획된 제품의 기술적 우수성, 가격 경쟁력, 대체기술의 출현가능성, 해외기술 도입가능성 등을 전반적으로 분석하여야 한다.

제품의 기술성은 경쟁회사의 경쟁제품, 유사제품뿐 아니라 대체제품에 대해서도 분석하여야 한다. 경쟁제품의 원가, 운반비, 유통경로, 판매방법, 생산기술수준 등에 대한 분석이다.

#### 입지 및 환경 분석

창업에서 입지 선정 또한 중요하다. 한번 결정된 공장이나 점포는 옮기기가 어려울 뿐만 아니라 매출에 직접 영향을 미치기 때문이다. 점포의 입지 분석으로는 주변의 인구수, 가구수, 시간대별 유동인구수, 경쟁점포, 소득수준, 교통, 같은 업종의 분포상태 등을 조사하여야 한다. 현재의 입지뿐만 아니라 앞으로의 상권 변화도 동시에 분석하여야 한다.

공장의 입지로는 자연환경적으로는 부지 상태, 공업용수, 배수, 매연, 폐기물 등의 공해, 기후, 풍토 등에 대한 해당 업종과의 적합성 검토이다.
경제적 입지로는 원재료 조달, 전기, 연료의 조달, 시장의 접근성, 노동인력, 통신, 지가, 금융거래 등에 대한 검토이다. 또 사회적 입지환경은 도시계획, 국토이용계획, 토지이용조건, 복지시설, 주거환경 등에 대한 검토이다.

#### 생산 및 재고 분석

적정 생산계획과 예상수요량 및 적정 재고수준은 불가분의 관계에 있다. 생산계획을 수립하기 위해서는 먼저 계획생산량을 산출하여야 하며, 생산량은 예상수요량과 재고수준에 따라 결정되기 때문이다. 일반적으로 제조업의 경우 많은 재고자산이 존재하며, 재고자산의 과다보유에 의한 관리비 등은 제조원가에 포함되어 제품가격으로 소비자에게 전가되므로 생산 및 재고 분석은 중요한 고려요소이다. 근래 정보기술의 발달로 POS, SCM, JIT기법의 활용으로 적정재고 보유에 크게 기여되고 있다.

표 4-3 기술적 타당성 평가 항목

| 평가요소 | 평가항목 |
|---|---|
| 제품의 기술적 특성 | • 기술상의 차별성<br>• 경쟁제품 및 수입품과의 기술 차이, 성능 비교<br>• 외부 연구기관의 자문<br>• 동업계와 산업별 단체의 기술적 특성분석 |
| 입지 및 환경 | • 가구수 및 유동인구수<br>• 경쟁 점포<br>• 소득 수준<br>• 교통편과 접근성 |
| 생산 및 재고 | • 적정한 생산량과 재고<br>• 원자재<br>• 소요인력<br>• 재고 보유량 및 관리비 |

## 5. 재무적 타당성 분석의 의의

### (1) 재무적 타당성 분석

시장성 분석을 통해 계획사업의 시장 타당성을 알아낸 후 재무적인 분석을 통해 매출액과 비용 구조를 구체적으로 수치화하고 검토함으로써 사업 착수에 본격적으로 들어갈 수 있다. 재무 분석은 회사가 얼마만큼의 매출을 올릴 수 있고 얼마만큼의 수익을 올릴 수 있는지, 그러기 위해서 어느 정도의 비용이 요구 되는지를 판단하는 데서 출발한다.

재무적 타당성 분석은 기존의 추정 손익 계산서와 추정 대차 대조표를 계산해 보아야 한다. 또 재무적 타당성 분석에서는 과거 자료나 경쟁사의 재무구조를 살펴봄으로써 창업자 자신의 사업을 육성시키기 위한 현금흐름 관리를 준비해야 한다. 창업기업의 자금 수요는 처음 예상보다 많아지기 마련이다. 더욱이 빠른 성장에 고무되어 과다한 투자를 하다가 자금이 부족하여 도산하는 사례도 많다. 재무적 타당성 분석에서는 총 소요 자금의 정확한 추정이 필요하다. 창업을 시작하게 되면 설비 및 인적자원, 연구개발 등에 대한 대단위의 투자가 요구된다. 따라서 총 요구 비용과 기대 매출액을 정확히 산정하여 손익분기점에 도달하는 시기를 명확히 하여야 한다.

### (2) 재무적 타당성 분석 항목

**필요자금 분석**

계획사업의 소요자금 추정은 사업성 분석의 중요한 요소 중의 하나이다. 대부분 사업실패 원인은 궁극적으로 자금부족으로 귀결된다는 사실을 감안할 때 정확한 소요자금의 추정은 그만큼 사업실패를 예방하는 데 도움을 준다. 따라서 사업규모는 자금조달 능력과 연계하여 검토되어야 한다. 제 아무리 사업성이 양호하다 하더라도 계획자금이 적기에 조달되지 못하면, 사업일정의 차질과 계약 불이행, 경쟁업체의 경쟁력 강화 등 사업 전반에 걸쳐 불안감이 증대되고 개발이나 원가절감, 제품개선, 인력수급 등 경영본연의 노력보다 매일매일 자금을 구하기 위해 여러 금융기관을 기웃거리다가 급기야 중도에 포기하는 사태에 이르기 쉬우므로 특히 창업 초기에 충분한 자금이 조달되도록 신경을 써야 한다.

**경제성 분석**

경제성을 분석하기 위해서는 자금수지, 자금조달능력, 성장성 등을 분석해 볼 필요가 있다.

수익성·경제성 분석의 평가항목은 크게 나누어 ① 수익전망, ② 손익분기점분석, ③ 투자수익 및 계획사업의 경제성 분석 등으로 분류할 수 있다.

**수익전망**은 창업 후 3년 내지 5년간의 추정손익계산서(제조원가명세서 포함), 추정대차대조표 및 자금수지 예상표를 작성한 후, 이를 근거로 기준시점 이후 3년 내지 5년간의 수익전망(당기순이익) 및 흑자실현 가능시점 등 수익성을 검토한다. **손익분기점 분석**은 영업활동에서 발생하는 수익과 비용이 일치하는 매출액은 어느 정도이며, 어느 시점에 실현이 가능한지를 중점적으로 분석한다. 또한 손익분기점 산출 후 판매수량, 금액, 고정비, 변동비 등이 균형을 이룰 수 있는지도 검토한다.

### (3) 재무성과 분석

기업의 경영실적은 일반적으로 비율이나 지수 등이 사용된다. 기업의 재무 상태나 영업성과 등을 이러한 비율이나 지수로 나타내면 기업의 과거나 현재 상태를 구체적으로 파악할 수 있고, 미래에 대한 개선방향을 제시해 줄 수도 있다.

기업의 재무성과 분석을 내용면에서 보면 성장성과 안전성, 수익성과 생산성, 유동성과 활동성으로 구분할 수 있다. 이러한 분석내용을 토대로 과거와 현재를 비교하여 기업의 경영상태가 어떻게 변화했는지를 파악할 수 있다.

### ① 성장성

성장성은 기업의 경영규모나 기업활동의 성과가 얼마나 증가했는지를 과거와 비교해서 나타낸 것이다. 이는 단지 기업의 매출액 증가만을 파악한 것으로 미래 수익 창출 능력도 파악해야 한다. 여기에는 총자산증가율, 자기자본증가율, 매출액증가율, 순이익증가율 등이 있다.

• **매출액증가율**(growth rate of sales)

매출액이 당해연도에 얼마나 증가하였는가를 나타내는 비율이다. 매출액은 정상적인 영업활동에서 발생하는 영업수입이므로 매출액 증가율은 기업의 성장률을 판단하는 대표적인 비율이다.

$$\text{매출액증가율(\%)} = (\text{당기매출액} - \text{전기매출액}) / \text{전기매출액} \times 100$$

• **순이익증가율**(growth rate of net income)

기업의 최종성과인 순이익이 당해연도에 얼마나 증가하였는가를 나타내는 비율이다.

$$\text{순이익증가율(\%)} = (\text{당기순이익} - \text{전기순이익}) / \text{전기순이익} \times 100$$

• **총자산증가율**(growth rate of total assets)

기업에 투자되어 운영된 총자산이 당해연도에 얼마나 증가하였는가를 나타내는 비율로서 전체적인 성장규모를 측정하는 지표이다.

$$\text{총자산증가율(\%)} = (\text{당기말총자산} - \text{전기말총자산}) / \text{전기말총자산} \times 100$$

• **자기자본증가율**(growth rate of stockholder's equity)

자기자본이 당해연도에 얼마나 증가하였는가를 나타내는 비율이다.

$$\text{자기자본증가율(\%)} = (\text{당기말자기자본} - \text{전기말자기자본}) / \text{전기말자기자본} \times 100$$

### ② 안전성

안전성은 레버리지 비율(leverage ratio)이라고 불리는데 기업이 조달한 자본이 어느 정도 타인자본에 의존하고 있는가를 나타내는 비율이다. 이는 부채의 원리금 상환능력을 측정하는 것으로 여기에는 부채비율과 이자보상비율이 있다.

• **부채비율**(debt to equity ratio)
총자본을 구성하고 있는 자기자본과 타인자본의 비율을 말한다. 이때 채권자의 입장에서는 부채비율이 낮을수록 유리하지만, 주주의 입장에서는 반드시 낮다고 좋고 높다고 나쁜 것은 아니다. 부채비율이 큰 경우에 경기가 좋으면 주주에게 돌아가는 이익의 크기를 확대할 수 있기 때문이다.

$$\text{부채비율}(\%) = \text{타인자본}/\text{자기자본} \times 100$$

• **이자보상비율**(times interest earned **또는** interest coverage ratio)
타인자본의 사용으로 발생하는 이자가 기업에 어느 정도의 압박을 가져오는가를 알아보기 위한 비율이다. 이 때 이자는 납세 전 이익에서 지출되므로 이자지급능력은 세금의 영향을 받지 않는다.

$$\text{이자보상비율}(\%) = \text{이자 및 납세전이익}/\text{이자} \times 100$$

### ③ 수익성

수익성은 기업이 투자본으로 얼마만큼의 경영성과를 달성했는가를 측정하는 것이다. 여기에는 총자본순이익률, 매출액순이익률, 자기자본순이익률 등이 있다.

• **총자본순이익률**(net profit to total assets)
순이익을 총자본으로 나눈 값으로 기업의 수익성을 대표하는 비율이다. 이를 투자수익률(return on investment: ROI)이라고도 한다.

$$\text{총자본순이익률}(\%) = \text{납세전순이익}/\text{총자본} \times 100$$

• **매출액순이익률**(net profit to sales)
순이익을 매출액으로 나눈 값으로 기업의 경영활동에 따른 성과를 총괄적으로 파악하는 비율이다.

$$\text{매출액순이익률}(\%) = \text{순이익}/\text{매출액} \times 100$$

• **자기자본순이익률**(net profit to net worth)
순이익을 자기자본으로 나눈 값으로 자기자본수익률(return on equity : ROE)이라고도 한다.

$$\text{자기자본순이익률}(\%) = \text{순이익}/\text{자기자본} \times 100$$

### ④ 생산성

생산성은 기업이 투입한 생산요소에 대한 산출량을 나타내는 비율로서 경영활동의 효율성 내지는 성과배분의 합리성 등을 분석하는 데 사용된다. 부가가치의 창출이 생산성 향상의 핵심이 되는 것이다. 생산성은 노동생산성과 자본생산성으로 구분할 수 있다.

• **노동생산성**(labor productivity)

이는 종업원 1인당 부가가치생산액으로 나타난다. 이 수치가 높다는 것은 그만큼 노동력이 효율적으로 이용되어 보다 많은 부가가치를 산출했다는 것이다.

노동생산성(원) = 부가가치/종업원수

• **자본생산성**(capital productivity)

기업에 투자된 총자본을 운영한 결과로 얻어진 부가가치액을 나타내는 것이다. 새로운 투자 없이 이 수치가 커지면 노동생산성이 높아지는 것으로 볼 수 있다.

자본생산성(원) = 부가가치/총자본

### ⑤ 유동성

유동성은 기업의 부채 상환을 위한 지급능력 측정하기 위한 비율을 말한다. 이때 유동성이란 기업이 보유하고 있는 총자산 가운데 단기간에 현금으로 충원할 수 있는 자산의 비중을 의미한다. 유동성에는 유동비율과 당좌비율 등이 있다.

• **유동비율**(current ratio)

유동자산을 유동부채로 나눈 비율로서 단기간 내에 현금화할 수 있는 자산과 1년 이내에 상환해야 할 부채를 비교한 것이다. 유동비율이 클수록 기업의 단기부채지급능력이 좋은 것으로 평가되지만 일반적으로 200% 이상이면 유동성이 양호한 것으로 볼 수 있다.

유동비율(%) = 유동자산/유동부채 × 100

• **당좌비율**(quick ratio)

유동자산 중에서 재고자산을 뺀 부분을 유동부채로 나눈 것으로 기업이 재고자산을 처분하지 않고서도 채무를 이행할 수 있는가를 나타낸다. 당좌비율이 클수록 기업의 단기부채지급능력이 좋은 것으로 평가하며 일반적으로 100%

이상이면 양호한 것으로 평가한다.

$$당좌비율(\%) = (유동자산 - 재고자산)/유동부채 \times 100$$

### ⑥ 활동성

활동성은 기업이 자산을 얼마나 효율적으로 활용하고 있는가를 나타내는 비율로서 매출액에 대한 주요 자산의 회전율로 나타내는 것이 일반적이다. 활동성에는 재고자산회전율, 매출채권회전율, 고정자산회전율, 총자산회전율 등이 있다.

• **재고자산회전율**(inventory turnover)

매출액을 재고자산으로 나눈 값으로 재고자산이 일정기간 동안에 몇 번이나 현금 또는 매출채권으로 전환되었는가를 나타낸다. 재고자산회전율이 높을수록 생산 및 판매활동을 효율적으로 수행하고 있다고 볼 수 있다.

$$재고자산회전율(회) = 매출액/재고자산$$

• **매출채권회전율**(receivables turnover)

매출액을 외상매출금으로 나눈 값으로 같은 매출액에 비해서 외상매출금이 적을수록 매출채권관리를 잘하고 있다고 볼 수 있으므로 매출채권회전율은 클수록 좋다.

$$매출채권회전율(회) = 매출액/외상매출액$$

• **고정자산회전율**(fixed assets turnover)

매출액을 고정자산으로 나눈 값으로 이 비율이 높을수록 고정자산의 이용도가 활발한 것을 나타낸다.

$$고정자산회전율(회) = 매출액/고정자산$$

• **총자산회전율**(total assets turnover)

매출액을 총자산으로 나눈 값으로 총자본은 총자산과 동일하므로 총자산회전율은 총자본회전율이라고도 한다. 이 비율은 기업이 사용한 총자산을 얼마나 효율적으로 이용했는가를 나타낸다.

$$총자산회전율(회) = 매출액/총자산$$

# 4.2 사업계획서 작성

## 1. 사업계획서 개념

### (1) 사업계획서의 의의

사업계획서는 창업자가 기업을 설립하고 자신의 사업을 지속적으로 성장 발전시키기 위해 필요한 모든 요소들을 기술해 놓기 위해 준비하는 서류로서 사업 목적달성을 위한 활동에 필요한 방법과 절차, 활동 범위 등을 표현한 것이다.

**Article 4 모든 일에 우선순위를 정하라**

경영상태가 나빠진 어떤 중견기업 회장에게 코칭을 하면서, 여의주가 당신 손안에 있어 사업에 큰 도움이 될 꼭 한 가지 소원을 들어 준다면 당신은 무엇을 구하겠느냐고 물었다. 그는 하루에 3시간씩만 더 줬으면 좋겠다고 했다.

그는 정치에 대한 꿈을 갖고 있는데, 일차적으로 시의원이 되기 위해 필요한 사람들을 만나느라 조찬·오찬·저녁 모임이 월40~50회, 경조사 참석이 월20여 회, 그러다 보니 명함만도 일주일에 두 통씩 필요하다고 했다. 그뿐이겠는가, 느닷없이 집이나 사무실로 찾아오는 사람도 만나야 하고, 도움의 손길이 필요한 곳에 성의 표시도 해야 하고…

회사가 예전처럼 잘 돌아가 주면 좋으련만, 주인장 마음이 콩밭에 가 있는 줄 알기라도 하는 양 시름시름 앓고 있으니, 회사까지 잘 챙기고 수익이 나게 하려면 아무래도 하루에 3시간은 더 있어야 하겠다는 것이다.

나는 회사와 정치 중에서 어느 쪽이 더 중요하냐고 물었다. 일단 회사가 잘 돼야 하므로 회사가 우선순위 1번이라고 했다. 그렇다면 그 3시간 동안 무엇을 하겠느냐고 물었다. 그는 회사의 어느 면이 동맥경화에 걸려 있는지도 좀 살펴보고, 무엇보다 직원들 하나하나 면담도 해보고 싶어했다.

나는 그에게 일단 '자기 사명서'(Personal Mission Statement)를 써 보도록 권했다. 자기 사명서란 인생의 의미와 목적을 분명히 한 인생설계도이며, 자기가 의사를 결정하고 행동을 선택하는 데 있어 지침이 되는 개인 헌법의 역할을 해준다. 복잡하고 분주한 일상으로부터 몸과 마음이 떠나 진의 내면을 깊이 들여다보지 않으면 사명서를 쓰는 일이란 그리 쉬운 일이 아니기 때문이다. 그는 그곳에서 사명서를 쓰고, 또 시간관리 매트릭스에 관해 놀라운 깨달음을 얻고 돌아왔다.

우리가 하는 모든 활동은 긴급성과 중요성에 의해 분류될 수 있다. 이러한 일들을 중요성과 긴급성에 따라 구분하면 4분면(상한)으로 나눌 수 있다. 이 네 가지 분면을 '시간관리 매트릭스'라고 부른다.

제1사분면은 긴급하고도 중요한 일, 제3사분면은 긴급하지만 중요하지 않은 일이다. 그리고 긴급하지도 중요하지도 않은 일은 제4사분면인데, 적어도 이 글을 읽는 분들 중에 여기에 속하는 분은 안 계시리라 믿는다. 반면 긴급하지는 않지만 중요한 일은 제2사분면(2상한)에 속하는 것들이다.
많은 사람들이 바쁘다 바쁘다 하고 살지만, 원하는 일은 별로 이루지 못하고 후회만 남는 경우, 대개는 1사분면과 3사분면에서 왔다갔다 하기 때문이다. 우리가 추구하는 삶이란 바로 2사분면에서 효과적이고 균형있는 삶을 사는 것이다. 여기에는 준비·예방·계획수립·인간관계 구축·진정한 휴식 등의 일들과 위에서 말한 중견기업 회장이 3시간이 더 주어졌을 때 하겠다는 운동·면담·공부 같은 것들이다.
그는 시의원이란 목적을 이루기 위해 잘못된 방법을 오래 써 왔음을 깨닫고, 일단 회사의 경영을 우선순위 1순위로 올려놓기로 했다. 워크숍 몇 달 뒤에 만난 그는 정치 일을 기업에서의 성공을 이룬 뒤로 미뤄놓고 이상한(제2상한의 일에 노력을 집중하는) 사람이 되니 회사 경영 상태가 개선되고 있고 시간이나 마음에 여유가 생겨 행복하다고 했다. 좀 더 일찍 리더십 교육과 코칭을 받았더라면 회사가 그 정도로 심각해지진 않았을 거라며, 그러나 "늦었다고 생각한 때가 가장 빠른 때"라고 했던가!

(Economist, 2004.12.1)

즉, 계획사업의 내용, 계획제품시장의 구조적 특성, 소비자의 특성, 시장 확보의 가능성과 마케팅 전략, 계획제품에 대한 기술적 특성, 생산시설, 입지조건, 생산계획 및 향후 수익전망, 투자의 경제성, 계획사업에 대한 소요자금규모 및 조달계획, 차입금의 상환계획, 조직 및 인력계획 등 창업에 관련되는 모든 사항을 객관적이고 체계적으로 기술한 것이다.

계획한 사업을 실제 창업으로 연결할 때 사업계획서는 계획사업의 타당성 검토를 통해 사업 성공의 가능성을 높여주며, 동시에 계획적인 창업을 가능케 함으로써 창업기간을 단축시켜 주기 때문에 계획사업의 성패에 많은 영향을 미친다. 또한 창업에 도움을 줄 제3자, 즉 동업자, 출자자, 금융기관, 매입처, 매출처, 더 나아가 일반고객에 이르기까지 투자 및 구매의 관심유도와 설득자료로도 활동도가 매우 높다.

사업계획서는 사업의 성공을 위해서 필요한 사항들을 체계적으로 검토하게 하며, 계획된 사업의 강점과 약점을 재인식할 수 있는 기회를 제공한다. 또한 창업과정에서 단계적으로 달성해야 할 이정표(milestone)를 제시하며, 순차적 행동의 가이드라인을 제공한다. 따라서 사업계획서는 종종 게임계획서(game plan) 또는 지도(road map)에 비유되며, 현재 나의 위치는 어디인가, 목적지는 어디인가, 그리고 어떻게 도달할 것인가와 같은 방법이 설정되어 있다.

새로운 사업의 시작은 결과가 불투명한 하나의 실험이다. 그러한 실험에서 창업자는 현 단계가 성공적으로 수행되고 다음 단계로 넘어갈 수 있는가를 추가적인 사업정보를 통해 정당화시켜야 한다. 여러 가지 사업상의 이정표를 통해 창업 기업의 경영 성과의 현황을 파악하게 되면, 창업자뿐만 아니라 경영진, 투자자, 고객들에게도 미래를 준비하는 시의 적절한 정보를 제공해 줄 수 있다. 이정표 기획을 수행하는 창업 기업은 다음과 같은 이점을 얻을 수 있다.

**첫째**, 비전을 제시하여 줌으로 조직에 희망과 활력을 부여한다.
**둘째**, 시의 적절한 대응을 하지 못해 생기는 경영상의 비용을 줄일 수 있다.
**셋째**, 창업 기업 전반에 대한 학습과 재평가를 할 수 있는 논리적이고 실천적인 이정표를 제공한다.
**넷째**, 점진적으로 입수되는 확실한 경영 정보에 기반을 두어서 다양한 기획을 할 수 있는 방법론을 제시한다.

사업계획서는 창업자와 경영진이 사업 추진 시 따라야 하는 일종의 길잡이라고 할 수 있다. 올바르게 설정된 이정표는 그것을 제대로 달성했을 때 사업 성공의 확률을 높이고 그 속도를 단축시키며, 사업 실패의 가능성을 최소화하도록 도움을 준다. 창업 기업에 따라서 구체적인 이정표는 달라질 수 있다. 하지만 어떠한 경우에도 제대로 짜여진 사업계획서는 기획성과 탄력성 두 가지 모두를 보장한다. 즉, 사업계획서는 창업 경영진이 효과적인 경영방침을 설정하고, 상황 변화에 탄력적으로 대응할 수 있는 바탕을 제공하는 것이다.

창업자를 크게 두 부류로 나누어 볼 수 있는데, 하나는 창업 준비단계에서부터 체계적이고 공식적인 계획을 세우고 철저히 실행하는 유형이고, 또 하나의 부류는 우선 사업 구상을 행동으로 옮기고 그때그때 상황의 변화에 따라 머리속에서 새로운 사업상의 계산과 계획을 세우고 집행하는 방식을 취한다.

창업자가 위의 두 부류 중 어디에 속하더라도 서류상 또는 마음속에 창업 계획이 체계화되어 있어야 한다는 점은 공통적이라고 할 수 있다. 실제로 여러 차례 사업상의 시행착오를 거쳐서 사업 궤도를 중도에 수정한 창업자들은 애초부터 사업계획을 체계적으로 생각하고 정리해 놓았다면 그러한 시행착오를 훨씬 줄일 수 있었을 것이라고 후회하는 경우가 많다. 사업계획을 체계적으로 세우는 창업 기업이더라도 그것을 반드시 창업 준비기간에 하는 것은 아니다.

창업 후 2~3년이 지나서 자금 조달이나 사업 파트너 유치 등 대외적인 필요에 의해서 체계적인 사업계획서를 작성하기도 한다. 또 그때그때 환경변화에 따라 계획을 흐름에 맞게 수정하기도 한다.

## (2) 사업계획서의 필요성

창업을 성공적으로 추진하기 위해서는 사업에 필요한 구체적 사항들을 합리적이고 체계적인 방법으로 정리한 사업계획서가 필요하다. 사업계획서의 필요성을 다음과 같이 들 수 있다.

### ① 외부자원의 획득

사업계획서는 투자자들이 제안된 사업이 갖는 위험과 가능성을 확인하기 위한 점검표이다. 비록 계획서에 제시된 일부 정보들은 가정에 기초한다 할지라도 계획을 완성하기 위해서는 창업자가 현금흐름과 투자금액을 어떻게 예상하고 있는가를 평가할 수 있는 기초 자료가 된다.

#### 투자자, 동업자, 후원자를 찾는 자료

계획사업이 혼자만의 힘으로는 추진하기는 힘들기 때문에 투자자, 동업자, 후원자를 찾아야 하는데 이를 위해서는 단순히 말로서가 아닌 구체적인 사업계획서가 효과적이고 설득력이 있다. 논리정연하고 설득력 있는 사업계획서를 제시하게 되면 마음을 쉽게 움직이게 할 수 있기 때문이다.

#### 인허가의 자료

관계기관으로부터 인·허가를 받을 때 제출하는 양식으로서 사용한다. 중소기업 창업지원법 시행규칙 제8조의 규정에 의해 공장을 설립하고자 하는 창업자는 관할 시·군·구에 사업계획서를 제출하여야 하며 공업배치 및 공장설립에 관한 법률 제38조에 의해 공업단지에 입주하고자 하는 창업자는 해당 시·군·구에 사업계획서를 공업단지 입주신청용으로서 제출하여야 한다.

#### 유능한 인재 영입자료

창업회사들이 능력 있는 인재들을 구하는데 어려움을 겪고 있다. 인재들에 있어 높은 임금도 중요하지만 회사의 장래성과 장래의 비전 역시 중요하다. 도전정신이나 창의성을 가진 유능한 인재의 영입에 있어 사업계획서는 이를 뒷받침할 수 있다.

**대외홍보자료**

계획사업의 경제적 효과, 고용적 효과, 간접적 효과 등을 설득력 있게 홍보함으로써 사업추진을 원만히 할 수 있다.

### ② 내부적 성과향상

사업계획서를 작성하는 과정에서 창업기업이 직면한 주요 문제들을 창업팀과 이해관계자들이 함께 회의를 하면서, 또는 토의나 조사 시에 발생하는 견해차이와 이를 조정하는 과정은 당사자들 간에 중요한 학습의 기회가 된다. 문제가 발생할 수 있는 소지와 문제 발생 시 이를 해결할 수 있는 전략을 수립할 수 있는 아이디어를 얻을 수 있다.

**창업의 시행착오를 줄여줌**

사업계획서를 작성하다 보면 미처 깨닫지 못한 사업의 결점을 발견하게 된다. 전체적 사업계획의 윤곽이 드러나면서 사업의 전반적 강점과 약점을 알게 되고 이에 대한 효과적 대처방안을 다시 강구하게 되어 창업의 시행착오를 줄여준다. 또한 계획하고 있는 사업이 과연 타당성이 있는 사업인지를 검토할 수 있는 기회를 가질 수 있다.

**창업초기의 지침서**

창업초기의 업무추진계획서의 역할도 한다. 사업이 일단 시작되면 업무의 증가와 함께 여러 가지 대안의 검토와 세부적 계획수립 등으로 시간에 쫓기게 된다. 당초 추구하고자 한 사업의 기본방향이나 목적 등의 장기계획을 잊어버릴 수도 있다. 이때 사업계획서는 사업추진의 기본방향을 제시해 주는 유용한 행동지침이 된다. 이처럼 사업계획서는 창업기업의 비전과 목표를 담고 있으므로 관리자와 종업원을 이러한 목표를 향해 나아갈 수 있도록 도와주는 안내자의 역할을 한다. 창업을 한 후에는 조직구성원들이 원래의 목적과 나아가야 할 방향을 잊기 쉽다. 그러한 경우에 사업계획서를 참조하면 기업의 목표를 재확인할 수 있고, 그와 관련된 문제를 해결할 수 있는 안내자의 역할을 한다.

**창업자의 자기평가기회 제공**

보통 창업자는 새로운 사업이 성공할 것이라고 확신하고 있다. 그러나 계획을 수립하는 과정에서 발생하는 여러 가지 질문들, 즉 아이디어는 타당성이 있는가, 제품화가 가능한가, 고객은 누구인가, 고객의 욕구를 만족시키는가, 경쟁자의 모방에 대한 방어 장치는 있는가, 사업을 운영할 능력은 있는가에 대한 생각들을 사업계획 작성을 통해 정리할 수 있다. 이러한 과정을 통해 잠재적 장애물을 극복할 수 있는 계획을 수립할 수 있다.

## 2. 사업계획서 작성 원칙

### (1) 이해의 용이성

사업계획서는 해당분야의 비전문가도 이해할 수 있도록 쉽게 작성되어야 한다. 창업자는 자신이 계획한 창업 아이디어를 제3자에게 설득력 있게 납득시켜야 한다. 사업계획을 설명하고 설득해야 할 대상은 그 분야의 비전문가이기 때문이다.

이해하기 쉬운 사업계획서를 만들기 위해서는 사업에 대한 충분한 내용을 담고 있어야 한다. 핵심 내용이 누락된 사업계획서는 읽는 사람으로 하여금 필요 없는 의문을 갖게 만들거나 엉뚱한 판단을 하게 만든다. 사업의 강점과 기회 요소뿐만 아니라 약점과 위협요소까지 포함하고 있어야 한다.

이해하기 쉬운 사업계획서를 만들기 위해서는 상대방의 입장을 고려하고, 그들의 언어를 사용할 수 있어야 한다. 따라서 기술적인 전문용어나 특정 업종의 속어들은 가급적 사용하지 말고 쉽게 풀어 설명하는 것이 바람직하다.

### (2) 객관성과 주관성

사업계획서는 객관적 증빙자료를 사용하여 확실한 근거와 함께 실현가능하며 정확한 바탕위에서 작성되어야 한다. 자칫 자신감이 너무 지나쳐 사업계획서의 평가자가 허황되고 현실성이 없다고 판단한다면 신뢰성에 큰 타격을 입을 수도 있다. 그러나 창업 초기단계에서 한정된 자원으로 객관적인 데이터를 충분히 확보하는 것은 쉬운 일이 아니다. 특히 신기술이나 신제품 또는 새로운 시장 형성을 기반으로 하는 벤처기업일수록 어려움은 더하다.

주관적인 추정이나 판단이 반드시 필요한 부분도 있다. 현상에 대한 주관적이고 독창적인 해석이 벤처기업의 경쟁력일 수 있다. 다른 사람들이 생각하지 못한 아이디어, 경쟁사가 간과한 틈새시장, 나아가서 소비자 스스로도 구체화하지 못하고 있는 시장수요와 같은 부분은 객관적 사실이나 자료만으로는 설명되지 않는다. 따라서 사업계획서의 많은 부분은 추정이나 주관적 판단에 의존할 수밖에 없다. 그러나 앞에서 설명한 것처럼 주관적 판단과 추정이 객관적 사실에 의해 뒷받침되지 않으면 사업계획서는 설득력을 상실하게 된다.

### (3) 일관성과 간결성

사업계획서는 사업의 실지 내용과 표현이 서로 일관성이 있어야 한다. 시장에는 어떠한 기회와 위협 요소가 있으며, 자사의 강점과 약점이 무엇이며 결론적으로 성공할 수 있는 요소가 무엇인가를 체계적으로 일관되게 서명해야 한다.

표현의 일관성이란 표현방식의 통일을 의미한다. 사업계획서의 편집방식, 숫자 또는 화폐단위 등은 통일해서 표현해야 한다. 형식적인 문제인 듯 하나 사업계획서를 읽는 사람으로 하여금 의외로 신경 쓰이게 하는 요소이다.

창업자들은 사업에 대한 지나친 열정과 의욕으로 사업계획서에 너무 많은 내용을 담고자 하는 실수를 범한다. 반대로 자기 기술에 대한 넘치는 자신감으로 너무나 자신을 과대평가하는 내용의 사업계획서를 만들기도 한다. 간결하고 명료하면서도 분명한 메시지를 전달할 수 있어야 한다. 대부분 보고서는 분량이 적을수록 좋은 보고서이며, 대체로 20분에서 30분 내에 읽어 볼 수 있는 내용이 좋다.

### (4) 독특한 특성

사업계획서는 이력서를 보는 것과 같아서 다른 것과 거의 비슷하고 평범한 것에 매력을 느끼지 못한다. 창업 기업의 독특하고 차별화된 개성을 효과적으로 부각시켜 분명한 메시지를 전달하는 것이 중요하다. 이러한 차별화된 특성은 같은 업종에서도 나타난다. 기업이 보유한 경영자원이 다르면 동일아이템, 동일시장 내에서도 경영전략이 달라지는 것이다. 차별성이 있는 전략이 성공 되듯이 차별성이 있고 개성있는 사업계획서가 되어야 한다.

## 3. 사업계획서의 작성요령

### (1) 사업의 개요

이 부분은 사업계획서의 가장 핵심적인 부분으로 사업의 목표와 전망, 전반적인 사업전략 등을 간략하게 서술하여야 한다. 즉 상대자로 하여금 호기심과 관심을 유발하여 끝까지 읽도록 유도하여야 하며, 또 이 개요 부분만 읽어도 사업에 대한 전반적인 사항을 파악할 수 있어야 한다. 가급적이면 일관성 있고 간략하게 표현하여 읽는 사람이 편하게 이해할 수 있도록 하는 것이 좋다.

### (2) 인력계획의 강점

투자자들은 사업계획서를 받을 때 구성원의 이력서를 먼저 본다. 이를 통하여 창업 멤버들이 알고 있는 지식과 사람, 그리고 창업자 자신의 인지도를 평가한다. 이는 창업에 사람이 가장 중요하기 때문만이 아니라, 적절한 사람이 없으면 다른 영역은 고려할 필요도 없기 때문이다.

투자자들은 당연히 자신의 분야에 경험이 많은 경험자를 높이 평가한다. 투자자들 중에 상당수가 아이디어에 투자하지 않고 사람에 투자한다고 한다. 이 부분은 솔직하게 작성하되 강점을 부각시켜야 할 것이다. 그 내용은 학력과 경력 그리고 과거의 업적이다.

### (3) 수익계획의 명확성

창업자와 투자자들은 주로 규모가 크거나 빠르게 성장하는 시장을 선호한다. 즉, 기업의 제품 또는 서비스에 대한 시장진출의 매력이 나타나지 않으면 창업자나 투자자들은 관심을 갖지 않는다. 그렇기 때문에 사업계획서에는 수익을 얻을 수 있는 방법을 명시하고 경쟁사와 비교하여 경영전반에 대한 어떠한 차별적 우위를 갖고 있는지를 충분히 설명하여야 한다.

아울러 사업계획서상의 전략과 계획을 추진한 결과 예상되는 추정재무를 명확하게 밝혀야 한다. 만약 추정재무제표 작성 시 매출액이나 비용 등에 대한 추정이 현실성이 없이 부풀려졌다는 인상을 주게 되면 사업계획서 전체에 대한 신뢰도를 떨어뜨려 투자자의 의사결정에 부정적인 영향을 줄 수가 있다.

### (4) 외부 환경 분석

환경의 변화는 매력이 없는 사업을 매력적인 것으로 바꾸기도 하고 매력 있는 사업을 별 볼일 없게 만들기도 한다. 따라서 모든 사업계획에는 환경과 관련된 몇 가지 근거들을 제시해야 한다. 이를 테면 먼저 창업자들은 사업의 외부환경의 변화가 자신의 사업에 도움을 줄 것인지 방해할 것인지에 대한 통찰력을 보여야 한다. 더욱 중요한 것은 사업계획서에 나타난 외부환경 또한 필연적으로 변한다는 사실을 인식하고 그러한 변화들이 사업에 미치는 영향을 예측해야 한다는 것이다.

또 산업전반에 걸친 환경 분석을 위하여 **첫째**는 목표시장에 대한 조사, 즉 우리 기업의 고객층을 누구로 할 것인지를 파악해야 한다. 이에 대한 결정이 끝나면 선정된 고객에 대한 접근방법, 고객의 제품수용가능성, 구매경로, 구매결정기준, 우리 회사 제품으로의 변경가능이유 등을 기술하여야 한다. 또한 자사제품에 대한 부정적인 견해가 있을 경우 이를 어떻게 극복할 것인지도 설명한다.

**둘째**는 경쟁관계에 있는 경쟁기업들에 대한 분석이다. 국내외 주요 경쟁업체들(유사업체나 대체제품 생산업체 포함)의 현황을 제시하고 각 사의 장점과 단점을 분석하여 기술한다. 또한 주요 경쟁업체의 고객의 제품구매 이유를 파악하고, 고객의 불만이나 이탈가능성 여부, 이들을 가능성에 대한 근거 등을 제시한다.

### (5) 위기관리 대책

위험을 어떻게 관리하는가에 따라 사업의 성패가 결정되기도 한다. 창업의 위험이 높은 것은 여러 가지 불확실성이 높은 요소들이 경영에 영향을 미치기 때문이다. 미래를 정확하게 예측하기는 힘들지만 잠재적인 투자자들에게 위험 및 보상의 유형과 정도를 설명할 수 있어야 한다. 사업이 최소한의 성공이라도 거둔다는 가정 아래, 최종적으로 투자자들에게 어떤 보상이 돌아가는지를 밝혀야 한다. 특히 전문투자자들은 광범위한 대안을 가진 기업을 선호하며, 기업이 그 대안을 유지하고 지속적으로 발전시키기를 원한다.

또 작성된 사업계획서의 가정이나 내용 중 발생가능한 문제점이나 위험 등에 대한 해결방법도 기술하여야 한다.

## 4. 사업계획서의 내용

사업계획서의 대부분의 내용을 망라한 기본 사업계획서를 외부 관계기관 제출용과 창업자 자체 용도의 두 가지 틀(form)로 나누어 그 구성과 내용을 간략히 제시하면 다음의 표 4-4, 표 4-5, 표 4-6과 같다.

**표 4-4 사업계획서의 형식**

Ⅰ. 표 지
1) 회사명 및 주소
2) 창업자들의 이름과 주소
3) 사업의 본질
4) 필요 자금조달 방법
5) 본 보고서의 비밀보장 요구관련 문안

Ⅱ. 요 약
3~4페이지 분량의 사업계획서 요약

Ⅲ. 산업분석
1) 미래의 추세
2) 경쟁자 분석
3) 시장 세분화

Ⅳ. 사업설명서
1) 제 품
2) 서비스
3) 사업규모
4) 사무실 장비와 인적자원
5) 창업자의 인적사항

Ⅴ. 생산계획
1) 제조 공정(하청업체와의 관계)
2) 공장부지
3) 기계화 설비
4) 원자재 공급자의 이름

Ⅵ. 마케팅계획
1) 가격정책
2) 유통정책
3) 촉 진
4) 통 제

Ⅶ. 조직계획
1) 소유형태
2) 동업자나 주요 주주의 신상명세서
3) 경영자의 권한
4) 관리팀의 인적사항
5) 조직구성원의 역할과 책임

Ⅷ. 위험의 평가
1) 사업의 약점 평가
2) 신기술의 등장 가능성
3) 대처방안의 제시

Ⅸ. 재무계획
1) 이전의 수입상태
2) 현금흐름
3) 과거의 재무제표
4) 손익계산 분석
5) 자금의 원천

Ⅹ. 부 록
각종 문서, 시장조사 자료, 계약관계 등에 관한 내용

**표 4-5 투자용 사업계획서**

사업계획서

Ⅰ. 일반현황
1. 기업체 개요
2. 기업연력
3. 경영진 및 주주 현황
   가. 주요 경영진 형황　　나. 주주 현황
4. 관계회사 현황
5. 영업 현황
   가. 영업실적　　나. 원재료조달 현황
   다. 거래추진 형황　　라. 주요거래처 현황

Ⅱ. 사업내용
1. 사업개요 및 계획
   가. 사업개요 등　　나. 관련법규
   다. 제품내용　　라. 제품개발 및 생산, 판매 추진일정
   마. 투자회수기간까지의 총 소요자금 및 조달 계획
2. 시장성
   가. 제품의 시장동향　　나. 수요전망
   다. 업계 현황　　라. 매출목표
3. 기술성
   가. 공업소유권 및 규격표시 보유 현황
   나. 기술인력　　다. 기술개발실적
   라. 기술제휴 현황　　마. 적용기술 내용 및 특성

Ⅲ. 재무상태
1. 향후 6개월간 소요자금 및 조달계획
2. 차입금 현황
3. 추정재무제표
   가. 제품별 판매계획　　나. 인력계획
   다. 단위당 생산능력계획　　라. 추정재무제표

Ⅳ. 사업추진 일정

Ⅴ. 첨부서류
1. 정관　　2. 법인등기부등본
3. 사업자등록증 사본　　4. 주주명부
5. 이력서(대표이사, 과점주주인 이사, 기술진, 경영실권자)
6. 사업장 부동산 등기부등본(임차시 임대차계약서 사본)
7. 대표이사 거주주택 등기부등본　　8. 금융기관 금융거래 확인서
9. 최근 3개년 결산서(최근 연도 부속명세서 포함) 및 감사보고서
10. 최근 연도 분기별 부가가치세신고서 사본(매출액 · 공급가액 증명원)
11. 최근 3개월 소득세징수액집계표(세무서 확인본)

12. 협회 및 단체가입 관련 회원증 사본
13. 제품에 대한 각종 공업소유권 및 인증서 사본
14. 기술제휴시 계약서 사본
15. 제품안내 팜플렛
16. 조직도 및 담당업무
17. 제출일 현재 미결제 자금어음명세서
18. 리스거래 현황
19. 기타 심사에 필요한 서류

**표 4-6 간이 사업계획서**

간이 사업계획서 (창업자 사업계획용)

Ⅰ. 기업체 현황
1. 회사개요
2. 업체연혁 창업동기 및 향후 계획

Ⅱ. 조직 및 인력 현황
1. 조직도
2. 대표자, 경영진 및 종업원 현황
3. 주주 현황
4. 인력 구성상의 강·약점

Ⅲ. 기술 현황 및 기술개발 계획
1. 제품(상품)의 내용
2. 기술 현황
3. 기술개발 투자 및 기술개발 계획

Ⅳ. 생산 및 시설계획
1. 시설 현황
2. 생산 공정도
3. 생산 및 판매실적
4. 원·부자재 조달 상황

Ⅴ. 시장성 및 판매 전망
1. 일반적 시장 현황
2. 동업계 및 경쟁회사 현황
3. 시장 총규모 및 시장점유율
4. 판매실적 및 판매계획

Ⅵ. 재무계획
1. 최근 결산기 주요 재무상태 및 영업실적
2. 금융기관 차입금 현황
3. 소요자금 및 조달계획

Ⅶ. 사업 추진 일정계획

Ⅷ. 사업차질시 대안

Ⅸ. 첨부서류
1. 정관
2. 상업등기부 등본
3. 사업자등록증 사본
4. 최근 3년간 요약 결산서
5. 경영진 이력서

먼저 외부 관계기관 제출용 사업계획서는 창업조성 실시계획의 승인과 공장인·허가 및 창업자금 조달 등을 위한 용도에 사용되며 간이 사업계획서는 창업자 스스로 사업계획을 구체적으로 수립하거나 이를 동업자·판매처 등에 활용할 목적으로 작성하는 창업자 자체 용도에 사용된다.

### Article 5 지금은 Prosumer시대

미래학자 앨빈 토플러는 1980년 〈제3의 물결〉에서 '프로슈머(Prosumer)'라는 단어를 처음 사용했다. 애초의 아이디어는 단순했다. 프로슈머는 향후 생산자와 소비자의 역할 구분이 희미해지고 점차 통합될 것이라는 그의 독특한 견해를 담고 있다. 토플러가 당시 주목한 것은 표준화된 제품의 대량 생산에 기초한 기존 시장이 포화 상태에 도달했다는 징후였다. 이런 상황에서 기업이 계속해서 성장할 수 있는 유일한 길은 대량 맞춤 생산, 즉 맞춤형 제품의 대량 생산 방식을 채택하는 것으로 제시됐다. 맞춤형 생산은 곧 소비자의 생산 과정 참여를 의미한다. 소비자의 참여 없이는 맞춤형 생산이 불가능하기 때문이다.
그러나 토플러가 던진 '프로슈머'라는 화두는 새롭기는 했지만 큰 반향을 일으키지는 못했다. 프로슈머의 초기 형태인 대량 맞춤 생산이 한계를 드러냈기 때문이다. 김상일 LG경제연구원 연구원은 "대량 맞춤 생산은 다양한 소비자들의 니즈를 충족시키는데 근본적인 한계가 있었다"고 말했다. 나이키는 한때 온라인을 활용해 고객의 원하는 로고나 이미지를 신발에 넣어주는 상품을 내놓았지만 고객의 외면으로 포기해야만 했다. 2000년 정보기술(IT) 산업의 급격한 발전과 함께 프로슈머에 대한 논의가 또 한 번 붐을 이뤘지만 여전히 추상적인 차원을 크게 벗어나지 못했다.

#### DIY형 프로슈머에 주목해야

그러나 최근 들어 상황이 완전히 달라졌다. 웹2.0, UCC등이 급격히 확산되고 오픈마켓이 급성장하면서 프로슈머 개념이 구체적인 화두로 대두되고 있다. 사용자 참여와 자발적인 콘텐츠 생산을 특징으로 하는 웹2.0과 UCC는 프로슈머의 개념과 그대로 겹친다. 누구나 생산자로 참여할 수 있는 G마켓 등 오픈마켓도 마찬가지다. 김 연구원은 롱테일 경제학도 프로슈머의 등장과 연관짓는다. 그는 "아마존 매출의 거의 50%를 소액거래, 희귀본 거래가 차지한다"며 "거래 비용이 크게 하락해 단 한 권이 팔려도 이를 포기할 이유가 없다"고 말했다. 아마존에서 수만 종의 희귀본을 공급해 주는 것은 수많은 소규모 공급자, 곧 프로슈머들이다.
이제 '프로슈머'는 하나의 의미로 해석되지 않는다. 이철선 현대경제연구원 연구위원은 프로슈머를 '신제품 개발 참가형', '정보공유형', 'DIY형' 등으로 구분했다. 신제품 개발 참가형은 토플러가 애초 제시한 생산자(Producer)와 소비자

(Consumer)가 결합된 형태다. 정보공유형은 전문가(Professional)와 소비자(Consumer)의 결합에 가깝다. DIY형은 자기만족, 자기소비를 위한 생산활동을 의미한다. 토플러는 최근 저서 〈부의 미래〉에서 DIY형 프로슈머에 집중적인 관심을 나타낸다.

그는 DIY형 프로슈머의 영역은 화폐경제에는 잡히지 않는 '숨겨진 절반의 경제'로, 향후 이들이 현재 기업들이 주도하는 기존 경제 질서를 위협하는 경쟁자로 등장할 수 있다고 경고한다. 이 연구위원은 DIY형 프로슈머에 대한 기업들의 적극적인 관심을 주문한다.

다양한 유형에도 불구하고 프로슈머를 둘러싼 논란은 모두 최근 두드러지게 나타나고 있는 근본적인 힘의 이동을 전제로 하고 있다. 김용태 김용태마케팅연구소장은 "프로슈머 현상의 밑바탕에서는 기업에서 소비자로의 힘의 대이동이 놓여 있다"고 말했다. 과거에는 생산자인 기업이 모든 정보를 독점했지만 이제는 일반 개인도 누구나 쉽게 정보를 얻고 자신의 의견을 확산할 수 있다.

특히 IT기술이 앞선 우리나라에서 이런 현상은 한층 빠른 속도로 가속화되고 있다. 이제 힘의 이동을 되돌릴 수 있는 방법은 없다. 어떻게 변화에 적응하느냐의 선택이 있을 뿐이다. 박재항 제일기획 브랜드마케팅연구소장은 "넓은 의미에서 보면 이재용 삼성전자 전무가 CCO(고객담당 최고경영자)라는 자리를 맡은 것도 이러한 패러다임 변화를 상징적으로 보여주는 사례"라고 말했다.

(Business, 2007.2.5)

## Article 6 사고혁신 · 교육 통해 자생력 키워야

2006년 정부가 부르짖는 단골메뉴는 양극화 해소와 서민경제 회복이다. 양극화의 주인공은 바로 영세자영업자와 비정규직 근로자로 대변된다. 매출부진에 따른 채산성 악화로 어려움을 더해가는 영세자영업은 240만 업체라는 방만한 숫자에 다양한 업종으로 인해 정부에서 체계적으로 지원하기에는 한계점을 드러낸 것으로 보인다. 무급종사자를 제외한 사업자등록 기준으로 인구 20명당 1명꼴로 자영업에 종사하고 있는 상태다. 정치인들도 자영업 소리만 나오면 골머리를 앓는다고 한다. 사안은 거대하지만 명쾌한 해법을 제시할 수 없는 까닭에 정치인들에게는 뜨거운 감자일 수밖에 없다.

재정경제부에서 하반기 '경제정책운용방향'을 발표하면서 최근 서민경제, 특히 영세자영업자의 어려움은 구조적 요인에서 비롯된 것으로 정책 초점을 영세자영업 경영 및 구조개혁 지원에 두겠다고 명시했다. 경기 회복의 혜택은 다소 시간이 걸리겠지만 궁극적으로 근로자와 서민들에게 돌아가도록 하겠다는 취지다. 영세자영업자들의 지원을 위해 관계부처들은 노심초사하고 있지만 자영업자를 달래주거나 희망을 던져주기에는 역부족인 것 같아 안타깝다. 특히 생계형 영세자영업자들은 재무구조가 매우 취약해 중소기업이나 대기업처럼 경영이 어려워지고, 채산성이 악화돼도 경기회복까지 기다릴 수 없는 처지다. 지금 이 순간에도 전국 곳곳에서 자연스러운 퇴출이 자행되고 있다.

그렇다면 자영업의 문제는 무엇일까. 과잉경쟁으로 인한 원가상승도 문제이지만 과다 책정돼 있는 상가임차료 문제가 근본적인 문제로 대두된다. 상가임차료의 비율이 매출 대비 10%정도 점유해야 적정한데 현재 15~20% 가까이 점유하고 있는 것이 자영업자를 어렵게 만드는 가장 큰 요인이라 볼 수 있다. 특히 음식업의 경우 매출 대비 식자재 35%, 일반경비 10%를 제외하면 55%의 매출이익이 발생하는데, 인건비 25%와 상가임차료 20%를 제외하면 평균 10%의 사업소득이 발생하게 된다. 여기에 부가세와 시설에 따른 감가상각비와 투자비용에 따른 수익 등을 고려하면 남는 게 전혀 없다. 상가임차료가 이렇게 높은 비중을 차지하는 원인은 상가소유주가 부동산 시세에 따른 투자수익을 고려해 상가임차료를 책정하기 때문이다. 영업실적에 따라 상가임차료가 책정되는 사회적 환경 조성이 시급하다.

서울 도봉구에서 음식업을 하는 K씨의 경우 문을 열자니 매월 300만원 이상 적자를 보고, 문을 닫자니 상가주인에게 지불해야 하는 임차료 때문에 150만원의 적자를 보게 된다고 한다. 문을 닫을 경우 시설비나 권리금을 못 받을 처지라서 고민하다가 결국 견디지 못하고 문을 닫았다. 모든 것을 포기하고 남은 보증금이라도 돌려받고 싶었지만 계약기간까지 보증금을 돌려주지 못한다는 상가주인의 말에 진퇴양난에 빠져 있다.
이외에도 매출부진에 따른 경영악화, 자금조달의 어려움을 비롯해 높은 물가, 인력운영, 상품개발, 원가절감, 고객관리 등의 다양한 문제가 도사리고 있다. 신용불량자와 가계부채의 급증으로 인한 민간소비의 감소, 과다한 상가임차료, 높은 인건비 등은 자영업자 스스로가 풀어나가기에는 역부족이다. 정부의 몫이 상당하다. 자영업자가 분담해야 할 몫은 고물가에 따른 원가절감, 경영능력 향상을 위한 혁신적 사고의 무장이다. 또 이를 위한 교육과 창업모델 보급에서 찾아볼 수 있다.

자영업자에게 자금을 지원할 경우 가장 인기 있는 정책으로 치부될 수 있는데 '우는 아이에게 떡 하나 더 준다'식으로 대처하면 악순환만 되풀이될 뿐이다. 혁신적 사고로 무장하지 않은 자영업자에게 또 다른 신용불량을 양산하고 구조조정을 지연시키는 결과를 가져오므로 바람직하지 않다. 당장 먹고살기도 어려운 자영업자에게 어떻게 경쟁력을 강화하도록 연구하고 노력할 것인지 교육하는 일은 쉬운 일이 아니다.
정부는 용어부터 자영산업으로 바꾸고 자영산업이 국가전략산업으로 육성 지원되고, 관광문화산업과 연계돼 국가발전으로 연결되도록 해야 한다. 자영업자의 소극적 대응에서 적극적 대응을 할 수 있도록 다양한 교육기회가 제공돼야 한다. 또한 업종전환을 위해 3,000만원 미만의 생계형 창업모델의 개발을 통해 영세한 자영업자들에게 보급할 수 있는 환경도 마련해야 할 것이다.
자영업자도 이제는 스스로 힘을 길러야 한다. 경제가 어렵다고 다수의 힘을 빌려 정책적으로 보호해 주기를 바라는 것은 바람직하지 않다. 자영업자 스스로 경쟁력을 가질 수 있도록 자생력을 키워나가야 할 때다.

- 대박을 꿈꾸지 마라 = 경제가 어려울수록 대박근성이 강하게 표출된다. 대박을 기대하고 창업을 시작할 생각이라면 포화상태인 창업시장에서 살아남을 수 없다. 대박보다 평생직장 만들기, 평생 일자리 창출을 목적으로 접근해야 성공할 수 있다. 경기는 쉽게 풀릴 것 같지 않지만 열심히 장사하면서 돈 버는 법을 배우고 있노라면 경제는 호전될 것이고 이때 역량을 발휘한다면 큰 부자가 될 수 있다. 전혀 다른 영역에서 일하던 사람들이 단 한번의 창업으로 부자가 되겠다는 발상 자체가 잘못된 생각이다.
- 혁신적 사고로 무장하라 = 버릴 것은 하나도 안 버리면서 얻을 것만 연구하면 곤란하다. 소비자들은 디지털세대로 합리적, 편의추구, 건강지향적으로 소비자 라이프 사이클이 시시각각 변해가고 있다. 기존의 영업방식으로는 경쟁력이 없다. 소비자의 수준에 걸맞은 눈높이 장사를 추구해야 한다. '안된다', '내가 더 잘 알고 있다' 같은 사고를 하루라도 빨리 버려야 한다. 버리는 만큼 다른 아이디어로 채워지기 마련이다. 값이 저렴하고 품질이 우수한 상품을 만드는 데 노력을 기울여야 한다.
- 평생 일자리 창출 개념으로 접근하라 = 성공창업자들의 숨은 노력, 기발한 아이디어, 평생직업관 등의 요소들을 과소평가하면 안된다. 특히 이러한 명소형 업소들은 남들과 달리 철저한 직업관이 있다. 대대로 이어오는 가정교육, 고객을 위한 접객술 등은 하루아침에 배워지는 것이 아니고 오랜 시간이 흘러야만 체질화되기 때문이다. 장기간 세월을 보내면서 인간적 갈등, 일시적 영업부진, 가족간 갈등 등 여러 가지 심리적인 부분을 잘 극복해 나오는 사람들이다. 따라서 사업아이템에서 성공요인을 찾기보다 성공창업담의 숨은 면면을 잘 살펴볼 필요가 있다.
- 점포도 인격이 있다 = 지금은 무한경쟁시대! 점포에 어떻게 생명력을 불어넣을 것인지 결정해야 한다. 생명력이 없는 점포는 살아남을 수 없다. 사람도 성격이 있듯이 점포도 성격과 생명력이 있다. 점포를 통해 어떤 이미지를 고객에게 심어줄 수 있는지 고민해야 한다. 모방으로는 결코 성공할 수 없고, 점포의 개성을 살려 고객들의 진실된 지지를 얻을 때에만 성공점포가 될 수 있다. 차별화를 구현하는 가장 큰 목적은 다른 경쟁점포보다 튀어 보이는 전략으로 매출을 증대시킬 수 있는 환경을 조성하는 데 있다.
- 소형·전문화를 추구하라 = 창업 당시부터 철저하게 거품을 제거해 창업금액 대비 수익률을 높이는 것이 중요한 과제다. 초보 창업자가 대형점포로 창업하면 그만큼 위험성이 높다. 작게 시작해 자신이 생길 때 점포를 늘려나가는 것이 정석이다. 작은 점포로 시작할 때는 대형점포와는 달리 전문성을 부여해야 한다. 특히 불특정 다수를 위한 만물상 형태의 영업을 배제해야 한다. 취급하는 품목이 많으면 많을수록 재고상품도 늘기 마련이다. 영세성을 탈피하고 전문화를 지향해 대형업체와 경쟁할 수 있는 체제를 구축해야 한다.

(Business, 2006.7.31)

## 참고문헌

1) 류태모 외 5인, 창업과 취업전략, 대명, 2002.
2) 정승화, 벤처 창업론, 박영사, 2004.
3) 조보상, 소자본 창업과 경영의 실무, 2004.
4) 지호준, 21세기 경영학, 법문사, 2004.
5) 한길석, 창업과 경영, 법문사, 2004.
6) 한정화, 벤처창업과 경영전략, 홍문사, 2003.

Chapter 05

# 창업경영전략

원래 전략(strategy)이란 병법에서 사용되는 용어로서, 전쟁에서 승리하기 위한 계획을 의미한다. 경영에서 전략이란 단어를 사용하는 것은 전쟁에서 승리하는 것과 기업이 시장경쟁에서 선도적 지위를 차지하는 것 간에 많은 유사성이 있기 때문이다. 손자병법에서도 상대를 알고 나를 알면 반드시 이긴다는 말이 있는데, 이는 상대편이 갖고 있는 강점과 약점을 잘 알고 자신의 장단점을 잘 활용하면 승리할 수 있다는 뜻이다. 이에 따라 기업들은 변화하는 경영환경 속에서 장기적인 기업목표와 사업영역을 결정하며, 조직내부의 다양한 기능들 간의 조정과 통제를 목적으로 경영전략개념을 도입, 활용하고 있다.

창업경영전략이란 새로이 사업을 시작할 때 변화하는 환경에 능동적으로 대처하기 위하여 기업의 목표를 설정하고, 기업성장을 위한 중장기적 계획을 수립·집행하는 과정을 의미한다. 다시 말해, 기업은 체계적인 창업경영전략을 통해 경쟁우위의 확보와 적절한 자원 배분으로 지속적인 기업 성장을 실현할 수 있게 된다.

**Article 1** **벽 떼고 붙이고… 'D.I.Y 아파트' 뜬다**

소비자가 자신의 취향에 맞게 거실·방 등의 구조를 바꿀 수 있는 아파트가 크게 늘어날 전망이다. 구조 변경이 쉬운 아파트에 용적률 등 인센티브가 주어지고, 아파트 평면에 대한 소비자들의 선호도가 다양해지는 추세에 따라서다. 이에 따라 수십년간 주된 아파트 건축공법인 벽식구조로 지어진 아파트가 점차 물러나고, 벽을 털 수 있어 리모델링이 쉬운 새로운 건축방식 도입이 잇따른다.

- '가변형'우대=아파트 구조에서 튼튼함보다 가변성의 비중이 커지고 있다. 정부는 100년 이상 가는 큰크리트의 수명에 맞게 리모델링을 통해 건물을 효율적으로 사용하기 위해 각종 장려책을 도입하고 있다. 정부는 5월부터 리모델링하기 쉬운 구조로 지은 아파트는 용적률·높이제한 등을 최고 20%까지 완화해주기로 하고 최근 구체적인 기준을 마련했다. ▷위아래나 옆 세대와 통합 가능 ▷구조체와 설비, 내부와 외부 마감재 분리 가능 ▷개별세대 내 공간 가변성 등이다. 올해부터 시행된 주택성능등급표시제도에서도 구조를 바꾸기 쉬운 아파트의 등급이 높게 매겨진다. 정부 지침에 따르면 세대 내 전체 벽·기둥의 길이 가운데 내력벽·기둥 길이가 차지하는 비중이 작을수록 높은 점수를 받는다. 정부 관계자는 "지난해 12월 발코니 확장이 합법화되면서 주택 수요자들의 가변형 내부구조에 대한 욕구도 커졌다"고 말했다.
- 새 건축공법 속속 도입=현재 대부분의 아파트 건축기법으로 벽과 슬래브(벽과 벽 사이를 연결하는 바닥과 천장)로 짜이는 벽식구조는 구조를 바꾸기 어렵다. 건물을 지탱하는 내력벽을 부수면 구조 안전이 위험해지기 때문이다.

리모델링하기 쉬운 대표적인 구조가 기둥과 보(기둥과 기둥을 연결하는 수평재)로 무게를 견디는 라멘조다. 하지만 고층건물에 적합한 대신 건축비가 벽식구조에 비해 15%가량 비싸 경제성이 떨어져 주상복합아파트 등에만 활용돼 왔다. 이 때문에 업체들은 벽식구조와 라멘조의 단점을 보완한 구조의 개발에 적극 나섰다. 대한주택공사는 지난해 슬래브의 강도 3등을 보강한 무량판과 비내력벽·기둥을 사용하는 무량판구조를 개발해 대구 율하지구와 청주 성화지구에 분양한 1500여 가구에 적용한 데 이어 올해 수도권 분양단지들에 확대 적용키로 했다.

주택공사 주인돈 차장은 "공사비는 벽식구조와 비슷하고 비내력벽으로 벽체를 짓기 때문에 라멘조처럼 거실·방 등을 자유롭게 바꿀 수 있다"고 말했다.

주공은 10평형대의 임대 아파트에는 위아래나 옆 세대와 합칠 수 있도록 내력벽을 거의 사용하지 않는 구조를 적용할 방침이다. 현대산업개발 이재홍 상무는 "벽식구조로는 획일화된 평면만 제시할 수밖에 없다"며 "소비자들의 다양한 수요를 반영할 수 있는 건축기법을 개발해 하반기에 선보일 것"이라고 말했다. 포스코건설도 지난해 5월 인천 송도 신도시에 분양한 주상복합아파트에 처음 적용한 무량판구조를 올해는 확대할 방침이다. 앞서 벽산건설은 지난해 12월 인천 도림지구 아파트 분양 때 무량판구조와 비슷한 구조를 적용한 다섯 가지 타입의 평면을 내놓아 관심을 끌었다.

경기도 광명시에 사는 정휘수씨(31)는 지난주 부인과 단 둘이 집도배를 끝냈다. 평소 손끝이 맵다는 소리를 듣는 편인데다 고작 17평짜리 아파트를 도배하는데 비싼 공임을 내기가 아까웠기 때문이다.

도배지 구입비용 15만원, 풀 등 각종 부자재비 4만원 등 20만원 정도로 전체 공정을 마무리했다. 도배공 두 명을 불렀다면 1인당 일당 12만원에 점심값까지 26만원이 추가로 지출됐을 것이다.

서울 장위동에 사는 정은영씨(31)는 자동차 계기판을 직접 갈아끼우기 위해 최근 자동차수리 동호회 사이트에 가입했다. 이 사이트에서 다른 회원들이 올린 정보를 보고 교체방법을 터득한 정씨는 공임 5만원을 아낄 수 있었다.

남의 손을 빌리지 않고 필요한 것을 직접 만들거나 해결하려는 'D.I.Y(Do It Yourself)족'이 늘어나고 있다.

수년째 경기불황으로 가벼워진 주머니, 주5일제 확대로 여가시간이 늘어난 것이 D.I.Y족 증가의 주요인으로 꼽힌다. '돈은 모지라고 시간은 넘치는' 시대를 살아가는 생활인들의 생존방식인 셈이다.

이런 영향으로 인터넷 쇼핑몰을 중심으로 D.I.Y관련 상품 매출도 꾸준히 늘어나고 있다.

김석호 '공구몰(toolmt.co.kr)' 대표는 "목공용 공구인 울프크래프트의 매출이 지난해에 비해 30%가량 증가했다", "고객의 70%는 한푼이라도 아껴보려는 경제적 동기에서, 나머지 30%는 여가생활을 위해 D.I.Y 상품을 구입한다"고 말했다.

인터넷 쇼핑몰 GS이숍의 '생활이 예뻐지는 D.I.Y' 코너 역시 퀼트·손뜨개 패키지 등의 매출이 지난해보다 20% 이상 늘어났다.

키보드를 넣을 서랍을 직접 짜서 원래 쓰던 헌 책상에 끼웠더니 손색 없는 컴퓨터용 책상이 됐다. 김씨는 "새 책상을 구입한 것에 비해 경제적으로 이익인지는 모르겠지만 직접 만드는 재미가 쏠쏠했고 아들도 좋아했다"고 말했다.
각종 D.I.Y 관련 동호회도 인기다. 자동차 D.I.Y 동호회 중 가장 활성화된 'D.I.Y월드'(www.diyworld.biz)는 회원수가 3만명을 돌파했다. 특히 D.I.Y에 처음 도전하는 초보자에게 동호회 가입은 필수로 통한다.

(매일경제, 2008.10.4)

## 5.1 제품/시장 전략

먼저 기존제품을 탐색하는 방법은 이미 존재하는 제품을 가지고 기존시장에서 새로운 수요를 창출하거나 새로운 시장에 접근하는 방법이며, 신제품을 탐색하는 방법은 기존의 제품과 다른 새로운 제품을 개발하여 기존에 형성되어 있는 시장이나 새로운 시장을 공략하는 방법이다. 이 방법은 제품/시장 확장 그리드(product and market expansion grid)를 통하여 파악하는 앤소프(H. Ansoff)의 방법이 대표적이다. 이는 시장을 기존시장과 신시장으로, 제품을 기존제품과 신제품으로 분류하여 시장기회를 파악하는 방법이다.

그림 5-1 제품/시장 전략

| | 기존제품 | 신제품 |
|---|---|---|
| 기존시장 | 시장침투 | 제품개발 |
| 신시장 | 시장개발 | 다각화 |

### (1) 시장침투 전략(market penetration strategy)

이는 기존의 제품과 기존시장에서 시장점유율을 확대함으로써 성장하는 전략이다. 즉 시장침투 전략에는 현재 자사제품을 사용하지 않는 고객들에게 자사제품을 사용토록 하는 방법과 기존 고객의 제품사용빈도와 사용률을 높이는 방법이 있다. 경쟁사의 고객이나 비사용자에 대해서는 광고를 통해 상표인지도를 높이거나 소매상의 수를 늘려 매출을 높일 수 있을 것이다. 사용빈도를 높이기 위해서 기업들이 주로 사용하는 방법은 광고 캠페인이다. 예를 들어 우유회사가 하루 석 잔의 우유를 마시는 것이 골다공증이나 어린이 성장에 좋다는 캠페인을 벌이거나 치약회사가 치아건강을 위해 하루 3번 이상 양치질을 하도록 광고 하는 것 등이다. 소비의 빈도를 증대시키기 위해 6개 포장 껌을 5개 값으로 판매하거나 항공사나 주유소에서 마일리지를 발급하는 경우도 있다. 1회 사용량을 증가시키는 방법으로는 맥도날드 햄버거 판매 시 콜라와 감자튀김을 묶어서 특별가로 판매하는 경우이다.

새로운 용도의 개발을 통해 성공을 거둔 고전적인 사례로는 Arm & Hammer (암 & 해머)사가 있다. 이 회사는 기존 빵이나 과자를 부풀리기 위해서만 사용하던 베이킹소다를 벌레 물린데 바르는 약, 햇빛의 자외선 차단제, 치약원료, 냉장고, 쓰레기통, 주방의 탈취제 등의 다양한 기능을 가진 제품으로 탈바꿈시켜 큰 성공을 거두었다.

### (2) 제품개발 전략(product development strategy)

이는 기존의 시장에서 신제품이나 변경제품을 생산하거나 판매하는 사업아이디어를 찾는 방법을 말한다. 이는 기존 제품에 약간의 창조성을 가미하여 제품의 질이나 용도, 그리고 기능을 향상시키는 방법으로 기존 제품과의 차별화를 통해 다른 사업자에 비해 유리한 경쟁력을 가질 수 있다는 장점을 갖고 있다. 제품개발 전략의 구체적인 방법으로는 **첫째**, 제품의 기능을 추가하는 방법으로 휴대폰에 데이터통신이나 카메라 기능을 추가하는 예가 이에 속한다. **둘째**, 제품계열을 확장하는 방법으로 예를 들면, 미원의 자연식품 브랜드인 청정원이 순창고추장, 순창쌈장, 된장, 햇살 담은 조림간장, 진 육수, 불고기양념, 국물내기, 화영식초, 마요네즈 등으로 확장하는 경우이다. **셋째**, 차세대 제품을 개발하는 방법으로 정체된 TV시장에서 디지털 TV를 개발하는 경우 등이 있다.

### (3) 시장개발 전략(market development strategy)

이는 기존 제품을 새로운 시장에 판매함으로써 시장점유율을 증대시키려는 전략이다. 시장개발 전략의 구체적인 방법으로 첫째, 지리적으로 시장의 범위를 확대하는 방법으로 새로운 시장 점포를 개설하거나 새로운 수출시장을 개척하는 것을 들 수 있다. 예를 들면 KFC, 맥도날드, 코카콜라 등은 세계적으로 사업영역을 확대하여 성공하였다. 둘째, 새로운 세분시장으로 진출하는 것이다. 예를 들면 johnson & johnson의 베이비샴푸가 유아용 시장에서 머리를 자주 감고 부드러운 머릿결을 원하는 성인 시장으로 진출함으로써 크게 성공을 거두었다.

### (4) 다각화 전략(diversification strategy)

다각화 전략이란 신시장에 신제품을 개발하여 시장점유율을 증대시키려는 전략이다. 현재의 시장에서는 기업이 더 이상 성장할 수 있는 기회가 없거나 새로운 시장에서 새로운 제품이 유리하게 매출을 증대시킬 수 있는 경우에 사용하는 방법으로 CJ가 기존 제품이나 기존 시장과는 전혀 관련이 없는 영상사업이나 캐릭터사업부분으로 진출하는 것이 그 예가 될 수 있다. 또 홈쇼핑을 인수하여 좋은 성과를 거두고 있는 것도 이에 해당된다.

### (5) 통합적 성장전략

통합적 성장전략이란 원자재 공급-생산-판매로 이어지는 공급체인(supply chain) 상에서 현재 외부에 의존하는 부분에 직접 진출함으로써 기업성장을 추구하는 방법이다.

예를 들어, 제조업자는 원자재 중 일부의 생산을 직접 할 수도 있으며, 직영점을 개설하여 유통사업에 진출할 수도 있다. 휴대폰사업자인 SK텔레콤에서 단말기를 직접 생산하는 경우가 이에 해당된다. 통합적 성장전략은 다시 전방

그림 5-2 통합적 성장전략

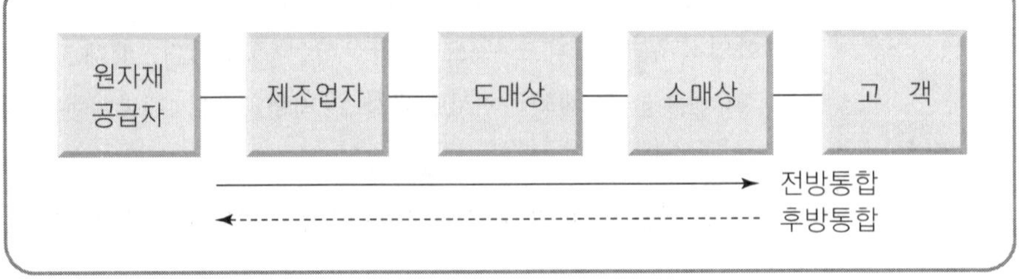

통합과 후방통합으로 나누어질 수 있는데, 공급체인에서 하위부분으로 진출하는 경우(예를 들면, 제조업체가 유통업체를 인수하여 성장을 추구하는 경우)를 전방통합(forward integration)이라 하고, 상위부분으로 진출하는 경우(가령, 제조업체가 원자재 공급업체를 인수하여 성장을 추구하는 경우 또는 유통업체가 제조업체를 인수하는 경우)를 후방통합(backward integration)이라 부른다.

## 5.2 제품 포트폴리오 전략

제품 포트폴리오 전략(product portfolio management: PPM)은 보스턴 컨설팅 그룹(Boston Consulting Group: BCG)에 의해 개발되었기 때문에 BCG 매트릭스라고 불리기도 한다. 이는 해당 제품시장의 성장률(market growth rate)과 기업의 상대적 시장점유율(relative market share)을 토대로 하여 설정되는 것이다.

사업부가 소속된 산업이 매력적인가를 평가하는 지표로 산업의 성장률을 이용하고 있는데, 성장률이 높을수록 산업의 매력도도 높아진다고 본다. 다음으로 해당산업 내에서 우리 사업부가 어느 정도의 경쟁력이 있는가를 평가하기 위한 지표로서 상대적 시장점유율을 이용하며, 사업부의 시장점유율이 높을수록 그 사업부의 상대적 경쟁력이 높아지는 것으로 평가된다.

이는 우선 기업이 취급하고 있는 여러 가지 사업을 전략적 사업단위(strategic business unit: SBU)로 파악한다. 이러한 전략적 사업단위는 자체적인 사업목적과 경쟁상대를 두고 독립적으로 경영된다고 보고 이들을 대상으로 그 사업을 확대할 것인지, 포기할 것인지에 대한 전략을 구상하게 된다. 이 때 어느 사업을 성장시킬 것인지 또는 어느 사업을 포기할 것인지를 전략적으로 결정할 때 사용할 수 있는 방법이 바로 제품 포트폴리오 전략이다

그림 5-3에서 수직축은 각 사업부가 진출하고 있는 해당산업의 전년 대비 연성장률을 의미하며, 대개 10~15% 정도를 중심으로 하여 산업의 성장률이 높고 낮음으로 분류된다. 수평축은 특정 사업부의 해당산업 내에서의 상대적 점유율을 의미하는 데, 상대적 시장점유율이란 산업내의 가장 큰(매출기준) 경쟁자에 대비한 자사의 매출비율이다.

그림 5-3 BCG 매트릭스

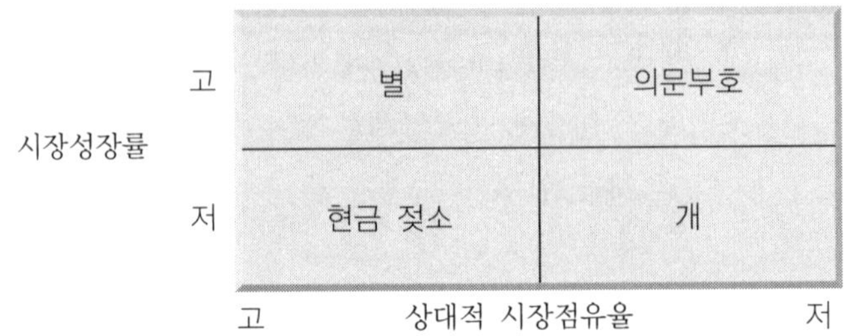


BCG 모형에서는 가능한 높은 점유율과 성장률을 갖는 사업부가 우선적인 투자대상으로 선택되어진다. 즉 이때 어느 사업을 성장시킬 것인지 어느 사업을 포기할 것인지를 결정하는 지표로 사용될 수 있는 것이다.

이러한 과정을 거쳐 기업이 처한 사업부별 위치는 주로 별, 현금 젖소, 의문부호, 개 등 네 가지로 구분할 수 있다.

### (1) 의문부호(question mark)군 사업부

이는 성장하는 속도 이상의 시장점유율을 확보할 수 있는 전략적 노력이 요구된다. 만약 이러한 경쟁력 강화노력이 성공하게 되면 별의 위치로 갈 것이고 그렇지 않고 실패하게 되면 개의 위치로 갈 것이다.

시장점유율과 매출을 높이기 위해서는 기술개발 및 마케팅노력에 상당한 투자가 요구되므로 문제아군에 속한 사업부들 가운데 성공의 가능성이 높은 제품들만을 잘 선별하여 투자를 하여야 한다. 의문부호군 사업부는 자체적으로 자금을 충당할 여력이 없으므로 현금 젖소사업부 등 외부로부터의 자금지원이 이루어져야 한다.

### (2) 별(star)군 사업부

이는 자사의 시장성장률도 높고 상대적 시장점유율도 높은 사업부로 성장률과 점유율 유지를 위해 지속적인 마케팅 노력을 기울여야 하지만 별처럼 떠오르는 상당한 가능성이 있는 분야이다. 대개 별군 사업부는 제품시장의 급성장에 따라 많은 경쟁자들이 산업에 진출할 것이 예상되므로 기존의 높은 시장점유율을 계속 유지하기 위하여 연구개발, 생산설비 확장, 소비자를 대상으로 한 광고 등에 상당한 투자를 필요로 한다. 따라서 현재 높은 매출을 통해 자금이 유입되기는 하나, 경쟁자에 대응하기 위해 지속적인 투자가 요구되므로 현시점에서 기업의 전체 자금흐름에 대한 공헌은 그리 크지 않다. 이 때 선호될 수 있는 전략은 성장전략으로 추가적인 투자를 하여 지속적으로 시장점유율을 늘려가도록 하는 것이다.

### (3) 현금 젖소(cash cow)군 사업부

이는 낮은 시장성장률과 높은 상대적 시장점유율의 사업부로서, 해당산업이 성숙기로 접어듦에 따라 전반적인 매출증가가 둔화되고 있지만, 그간의 투자로 인해 산업 내에서 높은 점유율을 유지하고 있는 사업부이다. 현금 젖소군 사업부는 매출로 인하여 자금의 유입은 높지만, 시설투자, 연구개발, 유통망확보 등에 대한 투자가 이미 완료된 상태이므로 지출은 그리 크지 않다. 이에 따라 잉여재원이 발생하며, 이는 투자재원으로 활용되어지게 된다.

### (4) 개(dog)군 전략

이는 산업성장률도 낮고 문제아군 사업부에 상대적 시장점유율도 낮은 사업부를 말하는 데, 개군에 위치한 사업부는 해당산업이 이미 성숙기를 거쳐 쇠퇴기에 진입하였으며 그 산업 내에서 우리 사업부의 시장점유율도 낮은 상태이다. 즉 저성장시장에 있으므로 기존시장 점유율의 유지노력이 의미가 없으며 더 이상 투자도 하지 않게 된다. 이 경우 해당산업이 다시 회복될 가능성이 적다면 사업부 자체에 대한 정리를 고려하여야 한다.

## 5.3 차별적 우위전략

"차별적 우위를 갖는다"는 말은 "경쟁자가 쉽게 흉내낼 수 없는 점을 소비자가 좋다고 생각하게끔 만드는 것"이라고 볼 수 있다. 또 차별적 우위란 기업에서 기능적 또는 기술적으로 우월한 제품을 만들었다고 해서, 그것이 반드시 소비자가 좋아하는 제품이 되리라고 단정 지을 수 없기 때문이다.

햄버거 시장의 경우를 살펴보자. 버거킹은 당시 햄버거 시장의 선두주자인 맥도날드의 독주를 막고자 "좋은 제품을 만든다면 소비자들을 버거킹으로 끌어당길 수 있을 것이다."라는 생각을 하게 된다. 맥도날드와 차별화 하기 위해 제품의 고급스런 이미지를 위해 숯불을 사용하여 고기를 굽는다는 점을 마케팅 포인트로 활용하여 더 좋은 맛을 강조한다. 그러나 여전히 맥도날드를 찾는 소비자가 버거킹의 3배가 넘는 것을 보면, 기업이 생각하는 우월한 제품이 반드시 소비자가 선호하는 제품이라고는 볼 수 없는 것이다.

### Article 2 자신의 메뉴를 늘리자

누구나 폭넓고 좋은 인간관계를 갖기 원한다. 이미지 관리에 대한 관심 역시 결론은 인간관계이다. 그러나 모두가 원하고 노력함에도 불구하고 사람들이 있는 곳에서는 오해와 갈등이 끊임없이 일어난다. 각종 설문조사에서 해마다 직장 생활에서 가장 어려운 부문 1위는 '인간관계'이다. 한두 해 직장생활도 아니고, 환경, 학력, 경력 등 비슷한 개인역사를 가진 사람들의 집단인데도 서로에 대해 이해 못할 부문이 많고 오해가 많다. 문제는 사람들이 얼굴 생김새만큼이나 너무 다르다는 것이다. 때문에 상대에 맞는 자신의 메뉴를 늘릴 필요가 있다. 이미지 관리에서 중요한 것은 다양성과 일관성이다. 오늘은 다양성에 대해 생각해 보자.

첫째, 나와 다른 상대를 인정하는 것이 중요하다. 과일 하나만 해도 사람들마다 좋아하는 것이 다르다. 심리유형 분류를 보면, 애니어그램은 9그룹으로 나눈다. 내 앞의 상대가 나와 다른 것을 탓하기는 커녕 나와 다른 것이 오히려 당연할 지경이다. 단호하고 분명한 이미지, 활기차고 밝은 이미지, 세련되고 유연한 이미지, 소탈하고 편안한 이미지 중에서 우열을 말할 수는 없다. 그러나 '생긴 대로 산다'는 편의주의나, 나와 다른 것은 틀렸다는 이분법적 사고는 이미지 관리와 인간관계에 치명적이다. 상대를 인정하고 상대의 장점을 찾아보자.

둘째, 상황과 대상에 따른 메뉴는 다양하게 준비해야 효과가 있다. 컨설팅을 하다 보면, 자주 듣는 말이 '원하는 것들이 다 달라서 어느 장단에 춤을 춰야 할지 모르겠다'는 것이다. 답은 간단하다. 장단마다 춤이 달라야 한다. 우아한 호텔 식당에서 어색하지 않은 모습일 때, 삼겹살 집에서의 소탈함도 빛을 발한다. 부하 직원을 대할 때의 내 모습과 나이 어린 손님을 대할 때의 나는 달라야 함은 당연한데, 익숙지 않으면 본의 아니게 결례를 하게 된다. 또한 닥쳐서 하려들면, 보는 이도 어색하고 본인도 불편하다. TOEIC대비처럼, 퍼팅 연습처럼 미리미리 연습해 둬야 스스로가 자유롭다.

셋째, 균형이 중요하다. 기업의 간부인 J씨는 '부하 직원들에게는 인기가 좋은데, 고객과 상사에게는 그렇지 못하다'는 고민을 털어 놓는다. 내가 보기에도 자상하고 차분한 그는 장점도 많지만, 좀더 추진력 있고 전문적인 이미지를 더할 필요가 있었다. 현재의 나의 이미지에서 놓치기 쉬운 이미지를 찾아내어 균형을 잡아 보자. 어떤 곳에서든 어울리고 중심이 잡힌 내 모습 근사하지 않을까?
이 모든 노력은 '나의 이미지가 갖는 책임' 때문이다. 이미지 연구를 하다 보면 한 사람의 이미지에 가장 큰 영향을 주는 요소는 가족을 비롯한 주변 사람이다. 한 사람의 이미지는 자신에게서 끝나지 않는다. 그 사실을 염두에 둔다면, 결코 주위를 의식하는 불편만이 아니라 생산적인 인간관계의 또 다른 의미가 될 것이다.
최근 복제 인간에 대한 우려의 소리가 높다. 윤리적인 면과 완전성에 대한 문제, 그리고 가족관계와 사회질서에 대한 대혼란을 예고한다. 그런데 그 중 주목할 필요가 있는 한 가지는 유전 정보만 동일할 뿐, 생물학적으로 별개의 독립된 인간으로 보는 의학계의 견해이다. DNA가 인간의 모든 것을 결정짓지 못한다는 것이다. 성장환경, 가족, 영양상태, 교우관계 등에 따라 성격, 취미, 키, 몸무게, 외모까지도 달라지게 된다는 것이다. 동일한 유전 정보를 갖고도 전혀 다른 성향의 사람이 될 수 있다는 점에서 우리는 사람들에 대한 이해와 공감 능력, 그리고 서로에게 미치는 영향의 중요성을 다시금 확인하게 된다.
나로 인해 내 곁에 있는 사람들의 색깔과 모습이 좌우된다. 최근 미국 코넬대학교 존슨 경영대학원에서는 앞으로 10년 후에는 타인에 대한 공감 능력이 비즈니스 리더들의 가장 큰 특징 중 하나가 될 것이라는 결론을 내렸다. 나는 결코 나 혼자가 아닌 것이다. (Economist, 2012.1.14)

'우위'라는 것은 "소비자"가 좋다고 생각하는 것이다. 그러므로 좋은 제품을 생산하는 것 못지않게, 소비자가 좋은 제품이라고 "생각하도록 만드는 것" 또한 중요하다. 즉 제품(product) 자체를 잘 만드는 것 못지않게 이를 어떻게 인식(perception)시킬 것인가도 중요하다는 뜻이다. 맥도날드는 햄버거를 잘 만든다. 그러나 맥도날드가 더 잘하는 것은 소비자가 좋다고 생각하도록 만드는 일이다.

## 1. 가격면에서의 차별적 우위

품질과 서비스를 다소 희생하더라도 가격을 파격적으로 낮출 수 있다면 차별적 우위를 점하는 한 방법이 된다. 이 전략이 성공하기 위해서는 비용측면에서 우위에 있어야 하기 때문에 비용우위전략이라고도 말할 수 있는데 과거 우리나라 기업들이 해외에 수출을 할 때 취하던 저가전략이 여기에 속한다. 소매업체인 월마트가 창업 초기부터 줄곧 비용우위전략을 고수하여 세계에서 가장 큰 소매업체가 된 것이 대표적인 사례이다.

소비자들이 좋다고 생각하는 가격이란 싼 가격이다. 그런데 "조금"싸게 제품을 판매할 경우, 경쟁사들이 쉽게 흉내낼 수 있다. 경쟁사들이 쉽게 흉내내지 못하도록 하려면, "매우"싼 가격에 팔 수 있어야 할 것이다.

비용우위전략이 성공하기 위해서는 첨단 생산시설 및 관리체제, 유리한 조건의 자원 확보, 공급업체와의 긴밀한 유대관계 등 경쟁기업이 흉내내기 어려운 경영여건을 갖추어야 한다. 이 전략의 문제점으로는,

**첫째**, 비용우위전략은 더 저렴하게 생산할 수 있는 경쟁기업이 나타나면 곧 고객을 잃게 된다는 점이다. 그 이유는 싼 물건을 찾는 고객은 브랜드에 대한 충성도가 약하기 때문이다.

**둘째**, 날로 발전하는 기술의 변화가 과거의 시설이나 노하우를 무용지물로 만들어 버릴 수 있다는 것이다. 특히 비용우위를 추구하다 보면 환경변화에 따른 차별화 전략을 구사하는 기업에게 대항할 수 없게 되는 경우가 발생하기도 한다.

이와 같은 저가격 전략은 품질이나 이미지의 희생이 요구되기 때문에 한계가 있다. 그러므로 품질과 어느 정도 타협하고자 한다면 시도해 볼 만한 전략은 가치의 추구이다. 가치란 주로 상징적 의미를 내포하며, "고객을 위한 가치 창조"와 같이 쓰인다. 일반적으로 마케팅에서는 실용적 의미로서 상대적 가치를 나타낸다. 즉, 품질을 가격으로 나눈 값(품질/가격)이라고 볼 수 있다. 따라서 품질을 좋게 하거나 가격을 낮춤으로써 가치를 높일 수 있다.

품질을 높이는 것은 생각과 같이 쉽지 않다. 그러므로 가치를 올리기 위해 좀 더 손쉬운 방법은 가격을 낮추는 것이다. 품질이 매우 좋은 것은 아니지만, "그런대로 쓸 한만"제품을 만들어 그 품질에 비해서는 저렴한 가격으로 판매한다면, 나름대로 가치있는 제품으로서 차별적 우위를 갖게 된다.

## 2. 품질면에서의 차별적 우위

품질면에서의 차별적 우위에서는 기능의 우위와 품질의 우위로 구별해서 살펴보려 한다.

## (1) 기능 우위

품질력이 뒤지는 기업이 소비자에게 어필하는 제품을 만들기 위해 흔히 시도하는 방법 중 하나는 제품에 다양한 기능을 부가하는 일이다. 예를 들면 연필에 지우개를 달거나 핸드폰에 카메라를 붙이는 일 등이다. 그렇지만 기능의 수보다는 기능의 질에 초점을 맞추어야 한다. 진정한 기능의 우위는 남들이 갖지 못한 '독특한 기능'이 있는 제품으로 차별성을 구현할 때 가능한 것이기 때문이다.

독특한 기능을 소비자에게 부각시키려면 어떤 한두 분야의 기능을 집중적으로 강조해야 한다. 예컨대, "볼보"(Volvo)하면 "안정성"(safety)이 떠오른다. 지금은 전 세계 자동차가 쓰고 있는 삼각 안전벨트를 최초로 장착한 자동차이다. 헤드라이트에 와이퍼를 처음 도입한 것도 볼보이다.

## (2) 품질 우위

좋은 제품품질의 조건으로 다음 세 가지를 살펴 볼 수 있다.

### 중심적 요소

좋은 제품의 중심적 요소로서 우선 성능(performance)을 꼽을 수 있다. 즉, "얼마나 잘 되느냐"를 나타내는 것으로 자동차의 가속력, 브레이크 능력 등이 그것이다.

둘째는 내구력(durability)으로서 "얼마나 오래 쓰느냐"를 말한다. 벤츠(Benz)는 몇 년을 쓰더라도 내구력이 좋아 재판매 가격(resale price)이 높은 것으로 정평이 나 있다.

### 신뢰적 요소

제품에 있어 신뢰성(reliability)이란, 우선 "품질의 균일성"을 말한다. 맥도날드 햄버거가 다른 햄버거에 비해 특별히 더 맛있다고는 볼 수 없다. 다만, 세계 어느 곳을 가든지 동일한 맛의 맥도날드 햄버거를 먹을 수 있다는 점이 사람들에게 어필 한 것이다.

신뢰성을 판단하는 또 다른 척도는 "결함(defects)의 범위 내지 빈도"이다. 일본 자동차들이 오늘날 좋은 자동차로 인식된 것은 다름 아닌 결함이 적다는 장점 때문이었다.

**주변적 요소**

디자인이 좋으면 내용이 동일하더라도 더욱 우수한 제품으로 인식된다. 이는 단지 디자인이 색다르거나 독특한 것을 의미하지 않는다. 고객의 입장에서 디자인되어야 하는 것이다. 또한 포장이나 애프터서비스의 차별화도 제품의 품질을 높이는 요소가 될 수 있다.

## 3. 이미지면에서의 차별적 우위

오늘날의 상품은 하이테크(high tech)와 하이터치(high touch)의 조화를 지향하는 추세에 있다. 첨단기술과 이에 걸 맞는 적절한 디자인이 조합되지 않는 한 이제는 기업간의 치열한 경쟁에서 살아남기 어렵다. 품질의 진정한 평가는 제품을 구입하고 써 본 후에야 내릴 수 있다. 그래서 소비자가 제품을 구매하는 순간에는 제품의 기능과 직접 관련이 없는 제품의 단서(cue: 브랜드명, 제조국명 등)를 중요하게 생각한다는 점을 간과해서는 안 된다.

이처럼 사람들은 물건을 살 때 "이 물건이 무엇을 할 수 있나"라는 기능뿐만 아니라 "이 물건이 무엇을 의미하나"라는 이미지를 생각한다. 오늘날 복잡한 정보의 홍수 속에 사는 소비자들에게는 후자가 점점 더 중요한 구매의 결정기준이 되고 있다. 이미지는 제품의 기능과 품질을 일일이 저울질하는 것보다 구매결정을 신속하고 손쉽게 해주기 때문이다. 그래서 이미지를 대표하는 상표명, 제조국명 등이 더욱 중요한 역할을 하게 된다.

이태원은 각종 유명 브랜드를 헐값에 구입할 수 있는 곳이다. 피에르 가르뎅, 지방시, 구찌와 같은 브랜드에 현혹되어 일본인, 미국인, 그리고 우리 한국인까지 뒤섞여 그것이 모조품인줄 알면서도 앞 다투어 물건을 고른다. 품질 때문에 사는 것이 아니라 브랜드 때문에 사는 것이니, 진짜이건 가짜이건 아무도 문제 삼지 않는다. 도대체 어떤 힘이 그들을 이렇듯 유인하는 것일까?

어떤 제품이든지 눈에 보이는 특성과 보이지 않는 특성이 있다. 보이지 않는 특성 가운데 하나가 바로 이미지로서, 다른 제품과 구별되는 그 제품만의 "컬러"인 것이다.

소비자들은 제품을 사용해 본 후에 값을 치르는 것이 아니다. 원산지, 기업명, 브랜드를 믿고 구매하게 된다. 대우에서 나온 레간자라는 차를 살 때는 대우자동차에 대한 전반적인 이미지가 구매 의사 결정에 큰 역할을 한다는 것이다.

좋은 이미지를 갖고 있는 제품은 다음과 같은 이득을 볼 수 있다. **첫째**, 경쟁효과를 갖는다. 즉 소비자가 제품 구매결정시 다른 브랜드보다 우선적으로 고려하여 비싸더라도, 또는 비싸기 때문에 더욱, 그 브랜드를 구매하려 할 것이다. **둘째**, 인정효과이다. 좋은 이미지를 갖는다는 것은 제품에 대해 좋은 선입견을 갖는 것을 의미하므로, 처음부터 일정 수준의 기대를 갖게 되고, 또한 품질이 기대에 부합함을 쉽게 인정한다. **셋째**, 이미지에 대해 신뢰도가 높으면 약간의 오점이나 실수에 대해서 소비자들이 관대해지는 관용효과도 기대할 수 있다.

서울의 큰 백화점에 가면, 발음하기도 어려운 외제 의류 상표들이 즐비하다. 국산 의류보다 가격이 월등히 비싼데다가 그런 외제 옷이 한국인에게 잘 어울리는 것도 아니다. 어떤 때는 구색이 충분치 않아 맞지 않는 사이즈를 구입해 가기도 한다. 잘 어울리지도, 크기도 잘 맞지 않는 옷을 유명 외제 브랜드라고 입고 다니는 모습이 우습기까지 하다. 그러나 고객이 그 옷을 사가는 데는 어쩔 수 없는 것이다.

이미지란 논리성과 경제성에 의거해 형성된다기 보다는 소비자들의 심리에 의해 좌우되기 때문에, 기업이 원하는 방향에 따라 인위적으로 만들어 가기 쉽지 않다. 그러므로 잘 형성된 이미지야말로 경쟁자가 가장 흉내내기 힘든 차별성이 된다.

이러한 가격차별화, 품질차별화, 이미지차별화 외에도 서비스차별화, 유통경로 차별화, 유동성의 차별화, 매장분위기 등 여러 가지 차별화를 시도할 수 있다.

## 5.4 고객관계 관리(Customer Relationship Management: CRM)

### 1. CRM의 정의

CRM(customer relationship management)은 고객을 기업가치의 중심으로 이해하는 바탕에서 출발한다. 고객에 대한 지식을 바탕으로 고객의 수익성을 높이고 다양한 욕구를 충족시킬 수 있는 차별화된 전략 수립을 수립하고, 이를 실행하기 위한 마케팅, 세일즈, 서비스의 고객접점 프로세스와 조직을 고객중심으로 재구축하여 통합적으로 관리함으로써 고객과 지속적으로 우호적인 관계를 형성하여 궁극적으로 기업의 지속적인 성장기반을 확보하고 수익을 극대화하기 위한 경영활동이다.

즉 CRM은 장기적인 관점에서 기업에 가치를 주는 고객에 대하여 지속적인 관계를 형성함으로써 고객이 해당기업의 제품을 평생 소비하여 창출되는 생애가치(LTV)를 극대화 한다는 개념이다. 고객의 생애가치와 장기적인 영향력에 대한 인식이 확대됨에 따라 점차 많은 기업이 고객을 기업의 중요한 자산으로 인식하기 시작했다. 과거의 고객만족 경영이나 데이터베이스 마케팅은 기업관점에서 고객을 관리하고자 했다. 그러나 CRM은 기업과 고객이 서로 도움이 되는(win-win situation) 쌍방향 관계(interactive relationship)에 초점을 맞춘다.

**Article 3** **자기관리는 성공으로 가는 첫걸음**

습관처럼 무서운 것이 없다. 평소 성실, 근면한 태도로 칭찬이 자자하던 한 젊은 세일즈맨이 입사일년이 지난 어느날부터 한달에 한번, 영업 결산을 한 다음날 지각을 하기 시작했다. 그러나 지각 횟수가 늘기 시작했고 급기야 영업 실적이 바닥으로 떨어지더니 결국 스스로 퇴사하고 말았다. 피로를 핑계삼아 일삼던 지각이 몸에 배 스스로 감당하지 못할만큼 나태해지고 만 것이다.

경영학의 아버지로 불리는 피터 드러커 교수는 "지식중심 경제에서의 성공은 자기 자신을 잘 아는 사람들에게 주어진다. 즉 자신이 소유한 강점과 가치관, 그리고 일을 최선으로 수행할 수 있는 방법을 스스로 운용할 줄 아는 것, 자신을 잘 드라이빙 하는 것이 중요하다"고 말했다. 철저한 자기 관리가 성공의 기본 요소임을 지적한 것이다.

세일즈는 1인 기업 CEO로서 스스로 시간을 관리하고 경영하는 자유로운 직업이다. 그런 이유로 순간 방심하면 자신을 컨트롤할 수 없을만큼 나태해질 수도 있는 직업이기도 하다. 고수익을 창출해 성공한 사람으로 회자되지 않더라도 당당하고 떳떳하게 일한 만큼, 혹은 투자한 만큼 보상과 만족을 얻기 위해서라도 엄격한 자기 관리와 통제가 기본이 돼야 한다는 얘기다.

삼갈 신(愼), 홀로 독(獨)의 신독은 홀로 있을 때에도 도리에 어그러짐이 없도록 몸을 삼가고 조심한다는 뜻으로 언제 어디서든 혼자 있을 때 더욱 자신을 엄격히 다스려야 한다는 세일즈맨 세계의 아포리즘이다. 이 신독의 자세는 성공한 사람들이 갖는 공통점이기도 하다.

고 정주영 회장, 고 이병철 회장 등 국내 경영사적으로 성공한 기업가들과 월마트 창시자 샘 월튼은 하루라도 자기계발을 하지 않는 날이 없었다고 한다. 세계에서 제일 큰 부자임에도 불구하고 죽을 때까지 신독하는 습관을 버리지 않았다.

지방 소도시에서 자취생활을 하며 보낸 고등학교 시절, 전기값이 아깝다며 불호령을 내리는 주인 할머니 눈을 피해 불빛이 방 밖으로 새나가지 않도록 솜이불을 덮어쓰고 밤새 공부한 적이 있다. 반드시 1등을 하기 위해 '잠 안오는 약'까지 먹어가며 스스로 학대(?)했었다. 그런 기억은 세일즈맨 시절 스스로 관리하고 통제하는데 힘이 됐고 습관화돼 자신감이 생겨났다. 분명한 목표와 자기 통제, 그리고 통제의 습관화, 결과에 대한 성취감과 자신감의 축적, 그것이 결국 삶의 연속적인 '행복 사이클'을 그려줬던 것이다.

세일즈 매니저로 일하던 어느 날, 비가 억수같이 내렸다. 천둥 소리와 함께 언니에게 선물을 하고 싶다며 배달을 해달라는 전화가 걸려 왔다. 필자는 우산 하나를 받치고 무거운 상품을 든 채 비바람 속을 헤쳐가며 고객 언니집에 도착했고 비맞은 생쥐꼴이 돼서도 제품을 설명하기를 한 시간, 그러나 다음날 제품이 자기 피부에는 맞지 않다고 반품을 해왔다. 그날 계약은 결국 실패했지만 비바람 속에서도 긴장의 끈을 놓지 않았던 내 모습에 부하 직원들은 감동을 받았던지 팀 전체 실적이 나아지기 시작했다.

장마와 더위 탓에 공연히 게으름을 피우고 싶은 요즘이다. 하루 정도 일을 안한다고 크게 달라지는 것이 없을 것이라 생각하지만 "소나기 오는 날 설마?"하고 하루 '제낀' 것이 몇 년간 공들인 탑을 무너뜨릴 수도, 평생을 망칠 수도 있다. 소나기가 오든 지진이 나든 그러한 천재지변조차 공략하는 경쟁자는 수없이 많다. 어느 자동차 세일즈맨은 고객과 잘 어울리고 고객 범위를 넓히기 위해 골프, 스키, 스쿠버 다이빙, 패러글라이딩 등 레저 스포츠와 중국어수업에 자기 수입의 절반을 투자한다고 했다. 습관은 만들어지고 꿈은 이루어진다. 이제라도 자신의 습관을 리뉴얼하자. (Economist, 2009.8.4)

결국 CRM은 고객의 습관, 태도, 욕구 등에 대한 것을 알기 위해 고객정보를 분석하는 것에서부터 시작한다. 이런 지식은 마케팅 캠페인, 전략과 실행계획 등에 적용된다. 또한 기업의 고객접점을 이루는 조직이 고객과의 수익성 있는 활동과 장기적인 관계유지를 위해 활용된다. 그리고 이런 활동에 대한 결과가 집계되고 분석되어 향후의 활동을 조정해 나갈 수 있도록 해야 한다. 이런 세가지 영역(고객지식을 끌어내는 것, 지능적인 고객 채널을 실현하는 것, 그 결과를 수집하고 분석하는 것)이 CRM의 핵심이다.

국내에서도 IMF이후 많은 기업들이 CRM을 구축하기 위해 전담 조직을 구성하고 수억에서 수십억원의 예산을 쓰고 있다. 은행, 증권, 보험, 신용카드사 등 대규모 고객 데이터베이스를 보유하고 있는 금융기관들은 이미 대부분 CRM시스템을 구축하고 있거나 기반 조성을 위해 콜센터(call center)운영, 데이터 웨어하우스(data warehouse)의 구축, 인터넷 뱅킹 및 사이버 트레이딩 시스템과 같은 인터넷 채널의 구축에 경쟁적으로 투자를 확대하고 있다. 또한 대형 온라인 기업들도 일대일(one-to-one) 고객관리에 초점을 맞춘 e-CRM도입에 적극적이다. 최근에는 오프라인 기업들도 서서히 CRM의 중요성을 인식하고 시스템을 구축하기 위한 준비를 서두르고 있다. 이런 기업들의 움직임은 우리나라뿐만 아니라 구미 선진 기업들의 경우도 마찬가지로, 80년대 중반부터 시작된 데이터베이스 마케팅을 바탕으로 지속적인 발전을 이루어 왔다. 그리고 신뢰성을 인정받고 있는 유명한 조사기관들도 CRM을 지속적으로 확대시킬 것으로 전망하고 있다.

국내 기업들의 경우, 경쟁사가 도입하니까 경쟁적으로 투자를 하는 경우가 있는가 하면 자신의 핵심역량이나 본원적 경쟁력을 고려하지 않고 선진 경영기법이 내장되어 있다고 주장하는 유명한 외국산 패키지를 그대로 도입하는 경우 등 다양하다. 이런 경우 비용만을 유발하고 수익에는 기여하지 못한 투자 실패 사례로 종종 회자되고 있다. 반면 필요성을 느끼면서도 수십억원의 투자비용 이상의 효과를 얻을 수 있는지 확신할 수 없어서 결정을 미루고 있는 기업들도 많이 발견된다.

CRM에 대한 다양한 시각을 종합하여 핵심적인 공통요소를 보면 CRM은 "고객과의 관계를 통해 축적된 정보를 분석하여 고객을 이해할 수 있는 지식을 얻고, 이를 통해 개별고객 수준에서 고객만족을 이끌어낼 수 있도록 마케팅, 판매, 서비스 활동을 효율적으로 전개함으로써 장기적으로 고객과 우호적인 관계를 형성하고 개별고객의 수익성을 극대화하기 위한 총제적인 경영활동이다." 라고 정의할 수 있을 것이다.

## 2. CRM의 등장배경

기업의 경영환경은 시대의 흐름에 따라 지속적으로 변화하여 왔으며, 환경의 변화에 따라 마케팅 방식도 변천을 거듭하였다. 1970년대까지 수요가 공급을 초과하고 소비자의 욕구가 다양하지 않았던 시대에는 생산 지향적 경영과 제품중심의 매스 마케팅(mass marketing)이 주류를 이루었다. 그러나 70년대 이후 기업간의 경쟁이 심화되고 소비자의 욕구가 다양하고 복잡해지면서 기업들은 고객 지향적인 경영에 눈을 뜨게 되고 새로운 마케팅 방식인 세분화 마케팅(segmentation marketing), 틈새 마케팅(Niche Marketing)등의 개념이 등장하였다.

세분화 마케팅은 기업의 제품 소비계층을 나누고 목표 고객층을 정의하는 것과 그들의 욕구에 부합하는 제품이나 서비스를 효율적으로 제공하기 위한 마케팅 방식으로 STP(segmentation-targeting-positioning)를 보편적인 틀로 사용한다. 틈새 마케팅에서 발전된 형태로 수요는 존재하고 있으나 다른 기업이 간과하고 있거나 시장규모가 작을 것으로 판단하여 진입하지 않은 시장을 공략하는 마케팅 기법이다. 결국 매스 마케팅 시대에는 제품의 '공급'에 초점이 맞추어졌으나 세분화 마케팅과 틈새 마케팅 시대에는 목표시장의 고객을 '만족'시키는 수요에 초점이 맞추어졌다고 볼 수 있으며, 이러한 배경에서 고객만족(customer satisfaction)이 중요한 경영개념으로 등장하였다.

1980년대 들어 정보기술의 발달로 매장을 갖지 않고 통신수단을 이용하여 판매를 하는 다이렉트 마케팅(direct marketing) 및 텔레마케팅(tele marketing)업체들이 보다 많은 판매와 마케팅 비용절감을 위해 고객 데이터베이스를 구축하고 거래이력을 통계적으로 분석하기 시작하면서 데이터베이스 마케팅의 개념이 구체화 되었다. 경제의 발전으로 소비자 욕구의 다양화, 개성화 경향이 심화되어 감에 따라 개별적으로 특별하게 대우 받기를 원하는 소비자 계층이 늘어나고 기업들의 기술수준이 평준화되어 특별한 제품의 개발보다는 소비자가 원하는 상품을 원하는 시간과 장소에 공급할 수 있는 능력이 중요하게 되었다. 이런 배경에서 고객과의 개별적이고 지속적인 관계유지를 추구하는 개인화 마케팅(individual marketing), 일대일 마케팅(one-to-one marketing), 관계 마케팅(relationship marketing)의 개념이 등장하게 되었다. 1990년대 들어 이러한 마케팅 기법과 급속히 발전한 정보기술의 영향으로 등장한 데이터 웨어하우스(data warehouse), 데이터 마이닝(data mining)등의 데이터베이스 기술과 전사적 자원관리(ERP), 지식경영(knowledge management) 등의 요소 기술들이 경합하여 CRM이 등장하였다.

표 5-1에서 기술하고 있는 것과 같이 마케팅의 흐름은 대량판매 시대 – 고객만족시대 – DB마케팅 시대 – CRM 시대로 이어지고 있다.

CRM이 급속히 확산된 요인을 살펴보면 다음과 같다.

**첫째**, 경쟁화의 변화이다. 경제의 발전으로 인한 시장의 성숙과 독과점금지법 등과 같은 정부의 규제는 기업간 경쟁을 치열하게 만들었고, 기업간 기술수준의 격차가 감소하여 소비자의 선택대안이 많아졌다. 이는 소비자의 상표전환

**표 5-1 고객관리의 시대적 변천**

| | 판매 (1970년대) | CS (1980년대) | DBM (1990년대) | CRM (1990년대 후반) |
|---|---|---|---|---|
| 대 고객 관점 | 수동적 구매자 | 선택적 구매자 | 개성화, 다양화된 구매자 | 능동적 파트너 |
| 고객과의 관계 | 전제시장에 일반적 공급 | 고객 만족도 측정, 일반적 관계 | 그룹화된 고객과의 일반적 관계 | 개별 고객과 쌍방향 의사소통 |
| 고객관리 | 단순영업 위주 | 영업과 판매 위주 서비스 | IT기술팀 위주 | 전사적 관리 |

(brand switching)의 가능성을 높여주었다. 이에 따라 기업들은 신규고객 창출을 통해 시장점유율을 확대하는 것보다 차별적인 가치제공을 통해 기존고객을 유지하는 것이 중요하다는 인식을 갖게 되었다. 다음과 같은 연구결과가 발표되어 이런 인식을 확산시키는데 많은 영향을 주었다. ① 신규고객의 획득비용은 기존고객을 유지하기 위해 사용하는 비용의 5배가 든다. ② 상위 20%의 고객이 기업매출의 80%를 기여한다. ③ 통상적으로 대부분의 기업은 5년마다 50%의 고객을 잃는다. ④ 60%의 고객이 서비스부족으로 떠나며, 그 중 구매상품에 대한 불만으로 떠나는 고객은 13%에 불과하다.

**둘째**, 고객의 형태와 요구수준의 변화이다. 소비자 욕구가 다양해지고 라이프스타일이 변하고 있다는 점이다. 이런 변화는 다음 네 개의 요소가 결합하여 나타나고 있다.

① **시 간** : 소비자들은 그들이 필요한 업무가 더욱 빠르고 편하게 처리되기를 원한다.

② **접근성** : 소비자들은 제품을 구매하거나 서비스를 받을 때, 어떤 채널로도 기업과 대화하기를 기대한다. 즉, 소비자는 그때그때의 시간이나 상황에 따라 가장 편한 채널을 선택하여 사용할 수 있기를 바란다.

③ **개인화** : 소비자들은 서비스에 대한 기대수준이 높아지고 자기 자신만을 위한 맞춤 서비스를 원한다.

④ **관련 정보** : 소비자들은 브랜드 간에 상품이 점점 비슷해지고 있다고 느껴 올바른 구매의사 결정을 위해 필요한 정보를 기대한다.

**셋째**, 정보기술의 발전이다. 컴퓨터, 데이터베이스, 정보통신 기술의 급격한 발전으로 투자비용이 감소하여 도입이 용이해졌다. 그리고 과거에는 업무 효율을 높이기 위해 정보기술을 활용하였지만 최근에는 정보기술의 전략적 활용가치에 투자를 하고 있다.

이러한 요인들이 최근에 CRM을 기업들의 가장 핵심적인 경영 수단으로 인식하게 만들었으며, 인터넷 인구의 확산과 전자상거래의 발달은 인터넷상에서의 네티즌 고객을 관리하기 위한 수단으로서의 e-CRM이 새롭게 태동하고 있다. 오프라인 매장과는 달리 인터넷 상점에서는 구매하지 않은 고객이 어떤 제품에 관심을 가지고 클릭 했는지 웹 로그 분석(web log analysis)을 통해 파악할 수 있고, 구매이력과 방문기록 등 웹에 남게 되는 정보를 분석하여 제품 추천 및 맞춤 서비스의 제공이 가능한 수준으로 발전하게 되었다.

CRM도입의 목적은 기업가치의 증대라고 할 수 있으며, 구체적으로는 다음과 같다.

① 주요 고객의 로열티 강화는 고객당 거래건수, 거래단가, 거래기간 등을 증가시킨다. 고객의 양적 증대에서 질적 고도화로의 전환은 기존고객에게 교차판매(cross-selling)와 상향판매(up-selling)를 통해 매출증가, 재고 리스크 감소, 매출 대비 마케팅 비용 감축 등의 효과를 발생시킨다.
② 핵심고객과 유사한 속성을 지닌 잠재고객을 선별하여 신규고객으로 유인하며 기존고객을 유지함으로 수익을 극대화시킨다.
③ 성공적인 CRM은 고객관리뿐 아니라 협력 업체들과의 원활하고 지속적인 관계를 유지하는데도 도움이 된다.
④ 고객 서비스 비용 감소 및 품질향상으로 고객만족도를 향상시킨다.

이러한 요인들이 최근 기업이 CRM을 기업의 가장 핵심적인 경영수단으로 인식하게끔 만들었다. 지금까지는 은행에 들어오는 고객을 모두 동등하게 생각하였으나 CRM개념의 도입으로 기업에 가치를 많이 주는 고객과 적게 주는 고객 그리고 전혀 가치를 주지 않는 고객의 구별이 가능해지게 되었다.

분석근거로 많이 사용되어지는 변수로는
① Recency – 최근 구매
② Frequency – 구매 회수
③ Monetary – 구매 금액

으로 이를 파악함으로 기여도에 따라 고객의 서열(등급)을 매길 수 있게 되었다. 이러한 분석을 근거로 기업에 많은 가치를 주는 고객에게 더 많은 서비스를 함으로써 훨씬 효율적인 마케팅 전략을 활용할 수 있게 된다.

또한, 최근에 인터넷이 확산되면서 e-CRM이라는 개념이 새롭게 탄생되었다. 인터넷과 이메일의 보편화로 기업은 더욱 다양해진 채널을 통해 고객정보를 수집할 수 있게 되었다. 인터넷을 통하여 e-데이터웨어하우스로 모아진 고객과 관련된 데이터를 데이터마이닝으로 분석하는 e-CRM은 인터넷과 인트라넷을 이용하여 고객층의 정교한 세분화와 개인 고객과의 일대일 관계 형성을 실현할 수 있게 되었다.

## 3. CRM의 중요성

이처럼 고객 지향적이고, 고객의 전 생애에 걸쳐 쌍방향의 관계를 형성, 발전시키며 전사적 차원의 프로세스 통합을 특징으로 하는 CRM은 다음과 같은 중요성을 갖는다.

**첫째**, 시장점유율(marketing share)보다는 고객점유율(customer share)에 비중을 둔다. 따라서 기존고객 및 잠재고객을 대상으로 고객유지 및 이탈방지, 타상품과의 교차판매(cross-selling) 및 수익성이 높은 상품을 판매하기 위한 격상판매(up-selling)등의 마케팅전략을 통해 고객점유율을 높이는 전략이 필요하다. 이를 위해서는 기업의 고객을 여러 가지 기준으로 분류하는 작업이 선행되어야 한다. 즉 생애가치(life time value)가 낮은 고객과 높은 고객을 차별화하고, 서로 다른 마케팅 방법으로 접근해야 한다는 것이다. 예전에는 모든 고객을 같은 고객으로 보았지만 이제는 고객을 다른 유형으로 분류하고 활용함으로 우량고객을 평생 점유될 수 있는 전략이 필요하다.

**둘째**, 고객획득(customer acquisition)보다는 고객유지(customer retention)에 중점을 둔다. 마케팅 활동의 초기에는 더 많은 고객을 획득하기 위해 노력해왔다. 그러나 고객 획득에는 너무 많은 비용이 들고 어려움이 많았다. 지금은 우수한 고객을 통해 기업의 수익성을 높이며, 이러한 우수한 고객을 유지하는 것에 중점을 두고 있다. 매스 마케팅을 통해 검증되지 않은 고객들을 획득하기보다는 검증된 한 명의 우수한 고객이 기업에게는 훨씬 더 도움이 된다는 사실에 주목해야 한다.

**셋째**, 규모의 경제(economic of scale)에서 범위의 경제(economic of scope)로 전환되어져 간다. 우리나라의 기업들도 과거에는 규모의 경제를 추구해 왔고, 또 지금까지 성공해 온 이유가 규모의 경제 때문이었다. 규모의 경제는 기업이 규모가 크면 클수록, 생산을 많이 하면 할수록, 상대적인 생산단가를 낮추거나 경험곡선상의 경험을 빨리 높일 수가 있어서 경쟁에서 유리하게 된다. 즉 생산단가를 낮추고 이를 경쟁우위로 삼아서 생기는 비용이익으로 경쟁을 해 왔다. 따라서 규모의 경제를 추구하는 회사는 대형화 현상을 낳게 되었다. 현재에는 대규모화가 꼭 유리한 것만은 아니다. 소비자의 기호가 다양하고, 경쟁 상황들이 급변하기 때문에 대규모 조직과 대규모 생산 라인을 갖고 운영하기에는 현실적응이 늦어진다. 그것은 곧 경쟁에서의 불리한 조건이 된다. 이것은 우리나라 기업이 현재 당면한 문제이기도 하다. 따라서 규모의 경제로부터 탈피를 해야 한다. One to One Marketing을 통해 과거의 방식에서 벗어나 범위의 경제로 전환해야 한다. 범위의 경제란 정해진 고객 내에서 시장을 넓혀 가는 고객 만 명이 있다면 기존의 만 명으로 하여금 범위를 넓혀서 우리 제품의 다른 것을 사게끔 하는 것이다. 로열티가 높은 고객과 Life Time Value가 높은 고객을 확보하고 그 고객을 철저히 관리해야 하겠다.

**넷째**, 제품에 고객을 맞추는 것이 아니고 고객에 제품을 맞추는 것이 중요하다. 제품을 만들어 놓고 고객을 찾는 것이 아니라 우리 제품에 대한 로열티가 높은 고객들이 있다면 그들이 원하는 제품을 만들고, 판매하는 것으로 전환해야 한다. 지금까지의 것들이 가능하게 된 것은 결국 컴퓨터와 데이터베이스가 발전했기 때문이다. 이런 데이터는 과거에 설문조사를 통해서 얻는 것과는 질이 다르다. 이것은 행동에 의한 데이터이다. 한사람의 개인기록이 정리돼 있어, 그 데이터에서는 한 사람의 소비행태를 알 수 있다.

## 4. CRM의 효과

CRM을 통하여 다음과 같은 효과를 기대할 수 있다.

**첫째**, 마케팅 측면에서 보면, 신규고객을 유치하고 기존고객을 활성화하여 평생 고객화를 통한 가치를 창출함으로써 수익 및 고객생애가치(life time value)를 증대시키고, 고객생애주기상의 결정적 시점에 효과적인 마케팅 활동을 가능하게 하며, 새로운 시장기회를 포착하는 데 유용하다.

**Article 4** **고객이 원하는 시간에 맞춰라.**

우리 기업들이 주목해야 할 미래 비즈니스는 무엇일까

선진국 히트산업을 분석해보면 앞으로 고객이 원하는 시간에 맞춤식 비용을 제시하는 제품과 서비스가 각광받을 것으로 보인다. 특히 정보기술(IT) 산업 발전과 함께 고객을 실시간으로 참여시키는 형태의 사업이 보편화될 것으로 예상된다. 24일 LG경제연구원은 '선진국 히트사업을 통해 본 미래 5가지 비즈니스' 보고서를 통해 • 시간, 비용의 맞춤화, • 고객을 찾아가는 제품, 서비스, • 실시간 고객 참여, • 틈새 찾기를 통한 차별화, • 적극적인 경험가치의 창출과 일상생활의 아웃소싱 등이 앞으로 뜰 트렌드라고 소개했다.

이는 미국, 유럽, 일본 등 선진 지역을 중심으로 최근 2~3년간 새롭게 부각되는 소비재와 창업 아이템 가운데 기존 패러다임에서 벗어난 것들을 분석한 것이다.

우선 개인별로 시간에 대한 선호도가 달라지면서 시간을 맞춤화하려는 경향이 나타나고 있다. 예를 들어 미국 디지털비디오리코더 회사인 티보(TiVo)는 녹화된 프로그램을 시청하기 전에 제품 광고나 홍보물을 볼 것인지를 고객이 선택할 수 있게 하고 있다.

원하지 않는 광고물을 선택적으로 배제함으로써 개인의 시간을 맞춤화하는 것이다. 미국 보험회사 프로그래시브는 차량 내 센서를 설치해 개별 고객의 차량 주행량을 측정하고 이에 따라 보험료를 차등 부과한다. 비용을 개인에게 맞추는 방식이다.

조준일 LG경제연구원 부연구위원은 "과거에는 고객이 제품과 서비스를 구매하기 위해 매장을 직접 방문해야 했지만 최근에는 반대로 기업이 고객을 찾아가는 비즈니스가 부상하고 있다."고 분석했다.

이런 사례로는 차량 내에 애견관리를 위한 첨단시설을 구비하고 고객집을 방문해 애견의 샴푸목욕, 건강검진 등 서비스를 제공하는 일본의 오시펫모빌, 취미생활이나 쇼핑을 즐기는 주부나 맞벌이 부부가 아이를 맡길 수 있는 미국의 이동식 놀이터 텀블버스 등이 제시됐다. 이 밖에도 인터넷 등을 통해 실시간 고객 참여를 가능하게 하는 사업과 휴대용 산소캔처럼 특이한 욕구를 만족시키는 틈새 사업 등도 뜰 가능성이 있는 것으로 연구원은 분석했다. 또 고객들이 공중에 떠다니는 할인쿠폰을 잡게 하는 미국의 신발가게 슈카니발처럼 고객이 자신의 경험을 창출할 수 있도록 하는 사업과 일상생활의 잡다한 일을 대행하는 사업도 인기를 끌 것으로 연구원은 덧붙였다. (매일경제, 2006.12.25)

**둘째**, 세일즈 측면에서 보면, 시장에서 경쟁력 있는 제품을 파악하여 사전대응 전략을 수립, 신속한 대응을 할 수 있도록 하고, 수익성 높은 고객을 분류해 표적 마케팅을 가능하게 하며, 틈새시장의 기회를 포착하여 신속히 대응하게 한다.

**셋째**, 고객 서비스 측면에서 보면, 고객의 행위에 대한 이해를 바탕으로 고객만족을 증대시켜 결과적으로 고객 충성도 및 고객 유지율을 향상시키고, 반복구매, 교차판매 및 격상판매의 기회를 가져오기 때문에 구매금액이 높아진다.

**넷째**, 채널관리 측면에서 보면, 고객 니즈에 맞는 최적의 채널을 제공하고, 비용을 최소화할 수 있는 채널로 고객을 유도하게 한다.

**다섯째**, 시장 및 고객 니즈를 파악하여 상품개발을 할 수 있다. 기업은 고객 니즈 변화에 대해 신속히 파악하여 대응함으로써 시장 및 고객 니즈의 변화에 맞는 상품을 개발할 수 있고, 상품에 대한 시장반응을 신속히 파악하여 보완할 수 있다.

이처럼 CRM이 갖고 있는 자명한 효과를 창출하기 위해서는 다음과 같은 선제조건이 필수적이다.

**첫째**, 고객관계관리(CRM)의 추진과 도입에 대한 전사적인 공감대의 형성이다. 이는 CRM이 관련부서에 국한된 제한적 시스템이 아니라 전사적이고 전략적인 상위 차원의 개념임을 말한다.

**둘째**, 고객에 대한 보다 정확하고 풍부한 데이터의 확보가 이루어져야 한다. 이는 CRM이 전사적이고 전략적인 차원에서 출발해야 한다는 첫 번째 선제조건과 밀접하게 연계되어 있는 문제이다. 다시 말해서 CRM의 성공을 위한 고객데이터베이스는 기존의 방대한 자료를 단순히 통합하여 DB화하는 것이 아니라 기존의 모든 내부 자료와 추가될 내·외부 자료들이 전사적 차원의 전략방향에 맞추어져서 재구축 되어야 한다는 것이다.

**셋째**, 구축된 데이터베이스를 가장 효과적으로 활용하고 그 결과를 다시 DB화할 수 있는 정보통신(IT)시스템의 구축이다. 많은 기업이 이 조건을 CRM의 전부인 것으로 오인할 만큼 CRM구축에 있어 가장 가시적인 변화를 가져오는 조건이다.

**넷째**, 조직(organization)과 업무 프로세스의 변화이다. 조직의 변화 없이 과거의 관행대로 업무 프로세스가 이루어진다면, CRM의 도입은 전산시스템의 도입 그 이상도 이하도 아닌 것이 되고 말 것이다.

결론적으로 CRM의 성공은 그 출발이 전사적인 공감을 바탕으로 상위차원의 전략적 구조 아래서 이루어져야 한다. 또한 CRM은 전략적 방향과 일치되는 고객DB의 구축은 물론, 이를 효과적이고 효율적으로 활용하기 위한 IT시스템의 도입에 따른 조직(organization)과 업무프로세스의 변화가 수반되어야만 그 성공을 보장받을 수 있다. 특히 기업은 앞에서 살펴본 성공의 전제조건들이 서로 유기적으로 관련되어 있는 것들임을 감안하여 그들을 단계적인(sequential)관점에서가 아니라 동시적인(concurrent)관점에서 관리하여야 한다.

## 5.5 아웃소싱 전략

### 1. 개 념

갈수록 다양하고 복잡해지는 기업 환경을 극복해 나가는 새로운 기업전략의 하나로 아웃소싱 전략이 많이 활용되고 있다. 아웃소싱(outsourcing)은 기업 내부의 프로젝트나 활동을 외부의 제3자에게 위탁 처리하는 경영기법이다.

자사의 경쟁력이 없는 사업부문을 외부업체에 위탁 주문한다고 해서 외주라고 한다. 이렇게 함으로써 기업은 경쟁력을 확보하기 위해 핵심 사업에만 집중하고 부수적인 부분인 전산, 인사, 디자인, 생산, 판매 등은 아웃소싱에 의존함으로서 자사 제품 및 서비스의 부가 가치를 높일 수 있다. 또한 업무의 일부를 전문화된 외부에 주문을 함으로 비용을 보다 절감할 수도 있다. 이처럼 아웃소싱은 생산성 향상과 비용을 절감시키는 효과를 가져 올 수 있다.

이러한 아웃소싱을 할 때는 먼저 왜 아웃소싱을 하려고 하는지에 대한 목표가 설정이 되고 이에 따른 전략이 수반되어야 한다. 주요 아웃소싱의 대상은 크게 인적자원 아웃소싱, 물적자원 아웃소싱, 지식자원 아웃소싱으로 나누어진다. 인적자원 아웃소싱은 노동력을 필요로 하거나 인력파견을 통해 지원하는 업무이며, 물적자원 아웃소싱은 정보시스템의 백업센터 운영이나 부품생산, 유통 판매 등 초기 투자비용이 많이 소요되는 업무이며, 지식자원 아웃소싱은 정보시스템의 개발, 관리, 유지 보수와 컨설팅 및 기업진단과 같은 전문지식이나 노하우가 필요한 업무이다. 그러나 최근에는 인력자원의 모집, 채용, 교육 훈련은 물론 광고, 포장, 서비스 같은 마케팅 활동이나 부품 또는 완제품 같은 생산활동, 나아가서 자본조달과 투자 등의 재무활동과 같은 기업활동도 외부에 아웃소싱 하는 경향이 많아지고 있다.

이와 같은 아웃소싱의 대상을 선정할 때는 무엇보다도 아웃소싱을 했을 때 발생할 수 있는 위험도를 분석하는 일이 우선되어져야 한다. 기업이 보유한 내부역량으로 그 대상 업무를 수행할 경우보다 외부에 위탁하였을 때 품질이나 가격면에서 유리할 수 있는지에 대한 검토가 이루어져야 한다. 이는 공급자의 수와 능력에 대한 정확한 정보와 가능성이 충분히 있으면 아웃소싱의 위험도는 낮아진다고 볼 수 있다. 현실적으로는 외부에서 조달하는 것이 비용 측면에서 유리하더라도 핵심이 되는 업무는 자체적으로 수행하는 것이 내부 핵심역량 강화를 위한 전략으로 평가될 수도 있다.

## 2. 기대효과

아웃소싱은 자체기업 내에서 모든 업무를 통합・관리하는데서 오는 문제점, 즉 조직의 비대화로 인한 비효율화, 비전문화, 비능률화, 관료화에 대한 해결책으로 원가절감 외에도 조직의 기능을 단순화 시켜 핵심역량(core competence)에 집중할 수 있도록 함으로서 조직의 경량화와 효율성을 제고할 수 있다.
구체적인 기대효과를 살펴보면 다음과 같다.

**첫째**, 아웃소싱은 환경변화에 유연하게 대응할 수 있다. 기업업무의 일부를 바깥으로 빼내는 다이어트를 통화여 경량화된 조직으로서의 스피드와 유연성을 높일 수 있다.

**둘째**, 아웃소싱은 회사의 기능을 단순화・전문화 시킨다. 기업내부에서 효율성이 없는 부분을 아웃소싱하고 핵심적인 부분만 전념하게 됨으로써 이 부분의 업무가 더욱 단순화・전문화 되어지게 된다.

**셋째**, 과도한 고정비 투자를 줄여준다. 기업이 모든 업무를 내부에서만 수행하게 되면 이에 따른 엄청난 고정비가 투자되어야 하는데 아웃소싱 함으로써 이 투자비용을 줄여준다.

**넷째**, 비용절감과 생산성 향상 효과를 가져온다. 기업 내부에서 숙련되지 않은 인력으로 업무를 수행할 때 과다한 비용이 소요되는 업무를 아웃소싱 함으로써 비용절감의 효과를 얻을 수 있으며, 짧은 기간에 많은 양의 생산 업무를 달성할 수 있다.

**다섯째**, 자원 확보의 한계를 극복할 수 있다. 아웃소싱을 통하여 외부 자원을 체계적으로 확보, 활용하는 시스템을 가동함으로써 조직 내에서 보유하고 있는 내부 자원의 한계를 극복할 수 있다.

**여섯째**, 미숙련된 자사종업원에 의존하는 것보다 제품이나 서비스의 품질이 높다.

## Article 5 전문업체에 맡겨 리스크 줄여야

최근 유명 베이커리업체, 그리고 등산복 등 아웃도어 드레스기업, 생활용품업체들이 HR아웃소싱 서비스를 적극 활용하고 있다. 이들 업체가 HR아웃소싱을 도입하는 이유는 첫째, 인력운용의 효율성과 용이성 도모다. 베이커리 업체들은 전국에 직영점이나 프랜차이즈 점포들을 운영하고 있기 때문에 적기에 적정인원의 수급이 관리의 요체가 된다.

둘째, 비핵심 부분의 많은 인력들에 대한 4대 보험 등 근로계약 관리 문제가 또 다른 비대한 조직의 틀을 형성할 수 있기 때문에 슬림화에 큰 도움이 된다는 점을 꼽을 수 있다.

셋째, 2006년 9월 비정규직법이 국회에서 통과될 경우 정규직이 아닌 근로계약기간의 정함이 있는 유기 계약근로자(흔히 비정규직)의 경우 2년 이상 활용할 수 없을 뿐더러 차별이 있을 경우 고발당할 수 있는 개연성을 희석시키기 위해서다. 물론 고정비 절감, 채용의 편리성 도모, 전체 조직의 탄력성 확보, 검증효과 등의 이유도 아웃소싱의 실행사유로 타당하나 이들 3가지 요인에 기인하는 것도 변화의 트렌드라 할 수 있다.

아웃소싱은 조직의 몸체를 줄이고 핵심역량에 집중하기 위한 경영전략이다. 그렇다면 어떤 절차와 사전준비를 결쳐 아웃소싱을 해야만 할 것인가. 먼저 기업내부의 아웃소싱 업무 선정을 위한 직무분석이 이뤄져야 한다. 핵심과 비핵심업무를 확연히 파악해 실행에 옮기는 것이 선결과제다. 이어서 아웃소싱 효과분석이 이뤄져야 한다. 우수한 외부업체에 아웃소싱해 어떠한 효율성이 있는가를 분석하는 일이다. 고정비 절감, 검증효과, 채용편의, 조직의 슬림화(탄력적 운용효과) 등을 면밀히 검토한 후 실행계획이 수립돼야 한다. 세 번째는 공급업체(아웃소싱업체) 선정을 위한 위험요소 분석이다. 아웃소싱을 통한 기업의 효율성과 생산성 제고는 반드시 윈윈전략이 그 목표가 돼야 한다. 그러나 적합하지 않은 업체를 선정, 실행에 옮길 경우 진정한 아웃소싱의 효과를 거두기 힘들다. 이 같은 회사는 주위에서 쉽게 볼 수 있다.

아웃소싱의 단점으로 외부직원이 우리 회사의 일을 하기 때문에 발생할 수 있는 충성심, 애사심 부족을 드는 사람들이 많다. 이에 대한 대비는 전략으로 얼마든지 가져갈 수 있으나 잘못된 공급업체와의 만남으로 인해 실패할 경우 아웃소싱의 '아'소리만 들어도 경기를 일으키는 인사담당자들을 볼 수 있다. 답답할 따름이다.

미국의 경우 96.8%의 기업이 아웃소싱 업체를 활용하고 있으며 우리나라도 이미 46.8%의 활용도를 보이고 있다. 아웃소싱의 전략적 실행은 기업 성패의 관건이 된지 오래며 글로벌 추세이기 때문이다. 네 번째로 필요한 것은 서비스 수준 관리다. 공급업체가 회사 업무를 수행하는 직원들에 대한 복지서비스를 어떠한 형태로 어느 선까지 할 것인지, 실행과정이 개선 될 수 있도록 어떠한 계획을 수립하고 있는지 등에 대해 철저히 검토해야 한다.

마지막으로 계약관리, 시스템 등 아웃소싱 도입에 관한 전반적인 사항을 점검해야 한다. 파견과 도급에 관한 구별고시에 대한 내용을 면밀히 파악해 HR아웃소싱을 실행할 것인지, 도급(민법 제664조)의 업무로 실행할 것인지를 명확히 해야 한다. 각각의 계약에 따라 올바르게 실행되지 않을 경우 불법파견, 위장도급의 형태로 손실을 입을 수 있다는 것을 기억해야 한다.
자칫 근로계약 관련 문제로 비화될 경우 대표이사의 형사입건 등 회사에 치명적인 손상을 입힐 수 있다. 한편 회사는 HR아웃소싱업체를 단순소개업, 근로자 중간 착취업 등으로 폄하해서는 안 되며 회사의 HR부서 내지 파트너로 인식해야만 성공할 수 있다. 또한 HR아웃소싱회사가 요구하는 이익금은 인력수급, 교육훈련 등의 인프라 구축과 우수인력 공급을 위한 광고비, 인력관리 대행 고용에 대한 리스크 등에 대한 대가라고 할 수 있다. 적절한 이익금이 보장돼야 HR아웃소싱업체가 발전할 수 있고 이를 통해 우수한 자질을 가진 인력 등을 통해 활용업체의 이윤 극대화에 기여할 수 있기 때문이다.
결론적으로 HR아웃소싱의 성공여부는 철저한 분석을 통한 대상 영역 설정, 효과분석을 통한 성공 확신성, 전문업체 선정을 통한 실행 리스크 최소화, 지속적인 서비스 계약관리 등에 있다. (Business, 2006.8.28)

## 3. 성공요인

어떻게 해야 기업에서의 아웃소싱이 효과적일까? 아웃소싱의 성공적인 활용방안에 대해 살펴보자.

**첫째**, 아웃소싱은 기업의 생존을 위해 필수조건임을 인식하고 체계적인 계획으로 아웃소싱 할 부분을 규정하여야 하며, 시행할 외주업체 선정과 계약은 아웃소싱 성패의 가장 큰 요인이라 할 수 있다.
잘 할 수 있는 분야에 경영자원을 집중하되 잘 할 수 없는 부분은 과감하게 전문기업에 맡겨야 경쟁력을 확보할 수 있다. 또 선택된 외주업체가 충분한 수행능력이 있어야 하며 상호 원만한 관계 형성 하에 신뢰와 통제가 유시되어야 하며, 계약 대상자가 제공해야 할 제품 및 서비스의 질적 수준을 명확하게 규정하여야 한다.

**둘째**, 아웃소싱은 단순한 고용조정이 아니라 기업의 경쟁력 확보라는 차원에서 접근하여야 한다. 즉 아웃소싱은 단순한 비용절감의 수단이라기 보다 조직내부의 업무 가치제고를 위한 전략적 수단으로 인식해야 한다. 단순한 비용절감 차원에서 아웃소싱할 경우 조직원들로 하여금 인력감축이라는 부정적 인식을 심어주고 내부적 저항감을 불러일으킬 우려가 있기 때문이다. 따라서 기업 내부에서 수행하고 있는 것 중 부가가치가 낮은 업무는 철저하게 아웃소싱을 추진하되 기존 조직구성원들은 보다 부가가치가 높은 업무에 배치 활용되어야 할 것이다.

**셋째**, 기업의 장기발전 시나리오 하에서 전략적으로 진행되어야 한다. 자사의 핵심역량이 무엇이며, 어떤 사업에 유력해야 하는가에 대한 전략적인 검토가 선행되어야 한다.

이랜드는 생산부문의 아웃소싱으로 신화를 낳는 성과를 거두었다. 1980년 이화여자대학교 앞에서 잉글랜드라는 두 평짜리 의류가게에서 빨강색을 위주로 하는 중저가의류 캐주얼을 취급하던 이랜드는 1986년에는 이태리풍의 원색적 색상을 주로 사용하는 청소년대상의 쁘렌따노, 1987년에 노란색을 주로 하는 스포티한 캐주얼의류, 1988년에는 하의를 중심으로 한 캐주얼 의류인 헌트를 계속하여 출시한다. 이런 다양한 변신의 바탕에는 주로 원부자재를 조달해주는 임가공 방식의 사용을 통해 공급물량을 조달하는 아웃소싱 방식이 있었기에 가능한 것이었다.

관리 분야의 아웃소싱은 고객관리, 해외출장, 자료정리, 행사대행 등 단순한 관리 분야는 물론 교육이나 전산 등 전문분야까지 급속히 진행되고 있으며 아웃소싱 대상 업무가 더욱 다양화되고 글로벌화 되는 경향이 가속화 될 전망이다.

## 4. 문제점

반면에 아웃소싱 전략은 다음과 같은 조직적인 문제와 인적인 문제가 지적되고 있다.

**첫째**, 협력회사의 통제와 의존도에 대한 문제이다. 상호 동반자적인 신뢰관계를 구축하여야 하며 협력회사의 경영운영도 지원 해줘야 하면서도, 기업내부 조직처럼 통제가 쉽지 않다.

**둘째**, 정보 보안상의 문제이다. 위임업무에 대한 수량, 납기, 가격, 진행 과정 등 모든 정보가 무단으로 노출될 수도 있기 때문에 제도적 장치가 준비되어야 하는 어려움이 있다.

**셋째**, 합리적인 용역료의 결정문제이다. 용역대가의 수준을 합리적으로 책정하여야 한다. 양질의 결과물이 산출될 수 있고 가격경쟁력이 유지되는 적절한 선에서 용역료가 결정되어야 하는데 따른 무리가 발생할 수 있다.

**넷째**, 아웃소싱을 주는 업무관계에 대한 전문적인 지식이나 응용능력이 점점 상실될 가능성이 많아진다.

**다섯째**, 기업 내 조직원들의 생산성이나 도덕성의 저하문제이다. 아웃소싱에 따른 인원의 삭감이나 전문지식의 결여, 정보의 노출에 따른 기업내부 조직원들의 심리적 위협이 일어날 수 있다는 점이다.

**여섯째**, 효율적인 가격조건과 우수한 품질과 서비스 능력을 갖춘 아웃소싱업체의 확보가능성의 제약 등이 있다.

## 5. 미래의 전망

국내기업들의 아웃소싱 현황은 미국이나 일본기업에 비하면 초기단계이지만 급속도로 활성화 될 것으로 보이며 아웃소싱 대상 업무가 다양화되고 아웃소싱대상 업체가 글로벌화 되는 경향이 가속화 될 전망이다.

물론 경우에 따라서는 종래의 외주부문을 오히려 내재화(insourcing)하는 사례도 있으나 1990년대부터 일어나는 급격한 환경변화로 인하여 아웃소싱을 하는 기업이 증가하고 있는 것이 세계적인 추세이며 우리나라도 마찬가지이다. 이제 아웃소싱의 영역은 청소, 경비 등 단순한 용역업무에서 벗어나 다양한 업무분야에 까지 확대될 전망이며 제조시설이 없는 기업(fabless company)이나 기업의 경계가 확연히 구분되지 않는 가상기업(virtual corporation)의 형태도 나타나게 될 것이다.

아웃소싱전략을 잘 수행하는 기업으로 대표되는 미국의 나이키는 연평균 20%내외의 성장률을 나타내는 초우량 기업이지만 자사가 직접 운동화를 생산하지 않는다. 나이키는 운동화를 만드는 과정 중 제품디자인과 마케팅을 자사에서 연구하고 생산 부문은 전 세계의 하칭업자에게 맡긴다. 이들은 나이키가 제시한 디자인과 높은 품질을 낮은 가격에 공급하고 있다. 그 결과 나이키 사는 노사관계, 임금협상, 환 위험, 무역장벽과 같은 복잡한 문제에 관여하지 않고도 값싸고 질 좋은 제품을 만들 수 있게 되었다.

일본의 대표적인 자동차 회사인 토요타와 닛산도 아웃소싱의 비율을 70% 수준으로 높여서 질 좋고 값싼 부품을 외부에서 조달함으로써 미국자동차 회사와의 경쟁에서 선전하고 있음도 글로벌 아웃소싱의 전형적인 예이다. 또 아웃소싱의 대상이 생산 부문에서 다양한 기능 부문으로 확대되면서 '주식회사 총무부', '주식회사 경리부'가 생겨나고 있다.

## 5.6 자본운용 전략

### (1) 사업투자를 통한 자본운용

조달된 자본을 언제, 어디에, 얼마만큼 투자할 것인가 하는 운용 측면에 대해 살펴보도록 하자.

기업에서 미래의 사업에 대한 투자결정은 매우 중요하다. 어디에 투자하느냐에 따라 기업의 수익이 달라질 뿐만 아니라 그 기업의 위험도 달라지기 때문이다. 따라서 기업의 위험수준과 수익성을 좌우하는 투자결정은 기업 가치를 결정하는 가장 중요한 요인이므로 합리적인 의사결정과정을 따라야 할 것이다.

투자안의 타당성을 분석해 주는 기법으로 회수기간법과 회계적 이익률법, 순현가법, 내부수익률법이 있는데 이 중에서 자본의 시간가치를 고려한 순현가법과 내부수익률법이 주로 이용된다.

그림 5-4 자본 운용

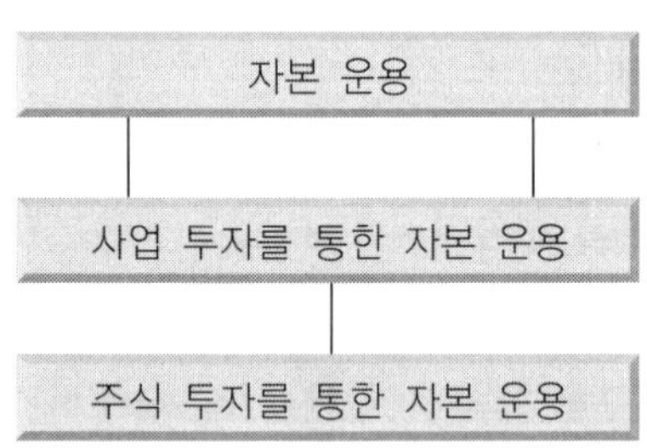


### (2) 순현가법

순현가(net present value : NPV)란 투자로 인하여 발생할 미래의 모든 현금흐름을 적절한 할인율로 할인하여 현재가치로 투자 안을 측정하는 방법을 말한다. 이는 투자에 따른 현금흐름을 현재가치로 환산하고 여기에서 최초의 투자액을 공제하여 산출한 순이익의 현재가치를 측정하는 것이다.

$$순현가(NPV) = \sum_{t=1}^{n} \frac{CF\,t}{(1+R)^t} - 1_o$$

$1_o$ : 최초투자액
CFt : t기의 현금유입액
R : 자본 비용

이때 CFt는 t시점의 현금흐름, R은 할인율, $1_o$는 최초의 투자액을 말한다. 순현가가 0보다 클 경우 기업가치가 증가하는 것을 의미하므로 그 투자안이 채택될 것이다. 또한 서로 다른 투자 안들을 놓고 순현가법으로 의사결정을 할 때에는 순현가가 가장 큰 것을 선택하게 된다.

예를 들면 A점포 앞에 커피 자판기를 설치하려고 하는데 이 자판기는 매년 100만원의 수익을 3년간 낼 것으로 판단된다. 자판기 가격은 200만원이고 현재 이자율은 10%일 때

$$NPV = \frac{100}{(1+0.1)} + \frac{100}{(1+0.1)^2} + \frac{100}{(1+0.1)^3} - 200 = 48.6$$

으로 NPV가 양의 수치임으로 투자하는 것이 바람직하다.

### (3) 내부수익률법

내부수익률(internal rate of return : IRR)이란 투자로 인해 발생하는 현금유입의 현재가치와 현금유출의 현재가치를 일치시키는 할인율을 말한다. 따라서 내부수익률법은 현금유입의 현재가치와 현금유출의 현재가치를 일치시켜 투자안의 순현가를 0으로 하는 할인율 IRR을 구한 후 이를 요구수익률과 비교하여 투자여부를 결정하는 방법을 말한다

$$\sum_{t=1}^{n} \frac{CF\,t}{(1+IRR)^t} - 1_o = 0$$

내부수익률법을 통해서 투자안의 채택여부를 결정할 때에는 내부수익률이 미리 설정된 요구수익률을 초과하면 채택하고 반대로 내부수익률이 요구수익률보다 낮으면 채택하지 않게 된다. 상호 배타적인 여러 투자 안을 놓고 내부수익률법으로 의사결정을 할 때에는 내부수익률이 가장 큰 투자 안을 선택하

게 된다.

예를 들면 A점포 앞에 설치할 예정인 커피 자판기는 매년 100만원씩 3년간 수익이 날 것으로 판단되며 커피자판기 가격은 200만원이고 현재 이자율은 10%일 경우 IRR를 구하면

$$\frac{100}{(1+\mathrm{IRR})}+\frac{100}{(1+\mathrm{IRR})^2}+\frac{100}{(1+\mathrm{IRR})^3}-200=0$$

IRR=0.2337임으로 내부수익률(IRR)이 현재이자율 10%보다 크므로 투자하는 것이 바람직하다.

### (4) 주식투자를 통한 자본운용

기업이 자본을 사업에 투자하여 영업이익을 낼 수도 있지만 주식이나 채권 등 금융상품에 투자하여 수익을 낼 수도 있다. 기업이 사업에 투자하여 벌어들인 수익을 영업이익이라고 하며 주식이나 채권에 투자하여 벌어들인 수익을 영업외 이익이라고 한다.

주식이나 채권에 투자할 때에는 기대수익률(expected return)과 함께 고려해야 할 사항이 위험(risk)이다. 이 위험을 줄이기 위해 투자자는 한 곳에 집중적으로 투자하지 말고 여러 주식에 분산 투자하는 것이 바람직하다. 이와 같이 여러 주식이나 채권에 분산 투자하는 것을 포트폴리오(portfolio)투자라고 한다. 이때 포트폴리오를 구성하는 방법은 기대수익률과 위험의 상관관계에 의해 결정되어진다. 높은 위험을 무릅쓰고 투자하면 많은 돈을 벌 수도 있지만 큰 손실도 입을 수 있다. 그러나 낮은 위험이 있는 곳에 투자를 하면 이익은 적게 나는 반면 손실에 대한 위험성은 줄어들게 된다.

### 참고문헌

1) 권익현 · 임병훈 · 안광호, 마케팅 관리적 접근, 2002.
2) 김규태, 창업경영과 실무, 형성출판사, 2002.
3) 안광호 · 한상린, 유통원론, 학현사, 2005.
4) 지효준, 21세기 경영학, 법문사, 2004.
5) 한길석, 창업과 경영, 법문사, 2004.
6) 홍성태, 보이지 않는 뿌리, 박영사, 1999.

## Article 6 친절이 바로 부의 원천, 오늘부터 실천하세요.

"친절은 돈입니다. MK택시는 특별한 서비스를 해서 명성을 얻은 게 아니라 누구나 아는 친절서비스를 실천해서 세계적인 친절의 대명사가 된 것입니다. 여러분도 그렇게 하십시오. 하면 됩니다."
일본에서 '친절과 봉사'하나로 고객감동경영의 신화를 창조한 MK택시. 이 회사 창업주(유봉식 회장)의 동생인 유태식 부회장은 2일 매경인터넷과 영애드컴 주최로 열린 'MK고객감동서비스' 특별강연에서 "친절은 부를 창출해주며 기업 경쟁력의 원천이자 고객감동의 원동력"이라고 강조했다.
그는 "기업의 본질은 고객을 바로 아는데 있으며 고객의 신뢰를 저버린 기업은 존재할 수 없다"고 지적했다. 먹고살 길이 없어 어린 나이에 일본으로 건너간 두 형제는 "열심히 일하면 먹고살 수 있다"는 생각 하나만으로 노력한 끝에 1960년 택시 10대로 창업을 할 수 있었다. 기분이 너무 좋아 잠도 안 자고 종일 일했다. 하지만 택시사업은 쉽지가 않았다. 택시기사들이 툭하면 지각을 하거나 결근했기 때문이다. 타성에 젖어 나무라면 아예 회사를 그만두기 일쑤였다.

"정말 경영을 잘해보고 싶었습니다. 택시는 서비스를 파는 업종이기 때문에 직원들을 교육해 깨끗한 자를 만들고 친절한 서비스를 제공하면 매출도 오르고 돈을 벌면 직원들 월급도 올려줄 수 있을 것으로 생각했습니다." 두 형제는 문제점을 파악하기 위해 직원들의 가정을 방문했다. 놀랍게도 집을 가진 직원이 한 명도 없었고 방 하나에서 모든 가족이 기거하고 있었다. 수면부족으로 기사들의 지각과 결근이 잦았다는 결론을 내린 두 형제는 1961년 11월 기사들이 생활할 수 있는 직원주택을 세웠다. 직원들이 떠나지 않아야 이들을 교육할 수 있고 차량 10대를 모두 운영해 돈을 벌 수 있다는 판단에서다. 주택을 제공하자 결근률과 이직률이 뚝 떨어졌다. 직원들 생활이 안정되자 교통사고도 줄었다. 경영에 자신감이 생기기 시작했다. 두 형제는 곧이어 교육을 해야 기업의 장래를 개척할 수 있다는 결론을 내렸다. 서비스를 제공하는 택시 회사로서 '친절과 봉사'를 경영핵심으로 채택한 것이다. 제일 먼저 인사교육을 했다. 그러나 직원 의식개혁은 쉽지가 않았다. 인사를 하지 않아도 택시손님이 넘쳐나는데 무엇하러 인사하느냐고 직원들이 거세게 반발했다. 인사하는게 싫다며 퇴사까지 했다.
"너무 그만두니까 회사가 기우는 것 같아요. 그래도 경제가 좋을 때 택시손님이 없을 때를 대비하려면 친절교육밖에 없다고 생각했습니다." 인사하기에 앞장을 선 사람은 유 회장이다. 유 회장은 인사를 해도 대꾸하지 않는 직원을 향해 한결같이 인사를 해댔다. 10년이 지나자 직원들 마음이 열리고 자발적으로 인사하기 시작했다. 택시요금에는 친절과 서비스가 포함돼 있기 때문에 기사가 인사를 하지 않으면 요금을 내지 않아도 된다고 선언했다. 유 부회장은 "택시기사들이 인사를 하자 교토시민들이 놀라기도 하고 오히려 겁을 내기도 했다"며 "그렇지만 곧 서비스가 좋은 MK택시를 타자는게 유행이 됐다."고 말했다.

이처럼 MK정신은 인사에서 시작됐다. 친절이라는 목표를 향해 쉼없이 달렸던 것이다. 인사는 직원들의 의식개혁을 이끌어냈고 MK는 '친절택시'라는 브랜드 파워를 얻기 시작했다. 안전하고 친절한 차로 명성을 얻었다. 부르기만 하면 시간을 정확히 맞춰 달려오는 택시로 정평을 얻었다. 여성이 혼자 탈 때는 무조건 MK택시를 이용했다. 시민들은 빈택시가 줄지어 있어도 MK택시가 올 때까지 기다렸다. 회사는 돈을 벌기 시작했고 10대이던 택시는 200대, 2,000대로 늘었다. 인사 하나가 시민의 마음을 움직였던 것이다.

1972년 5월 MK택시는 '장애인 먼저 태우기'운동을 펼친다. 장애인을 먼저 태워야 할 택시가 이를 외면하면 안 된다는 생각에서다. 장애인에게는 요금도 10% 할인해줬다. 하지만 이것 역시 쉽지가 않았다. 직원들이 장애인 탑승을 외면했고 경쟁사들은 '병신 택시'라고 비아냥거렸다. '장애인 우선 택시'라는 스티커를 택시에 붙였지만 기사들은 운행을 나가면서 떼어버렸다. 유 회장은 "장애인을 태우는 것은 위대한 일"이라 스티커를 떼지 말라고 호소했다. 3개월 후 이상한 일이 생겼다. 스티커가 모든 택시에 붙어 있었기 때문이다. 기업들이 MK택시 후원기관으로 나선 것이다. "MK택시가 사회를 위해 위대한 일을 하기 때문에 회사 차원에서 이용하기로 했다"며 기업과 사회단체들이 MK택시를 이용하기 시작했다. 스티커는 '위대한 일'의 상징이 됐고 택시기사들은 바빠지기 시작했다. 10% 할인에도 불구하고 매출은 오히려 눈덩이처럼 늘었다. 택시기사들은 자긍심을 갖게 됐다. 나아가 존경받는 택시가 됐다. 관용 차량 대신 교토를 방문한 일왕부부, 고르비초프 옛 소련 대통령, 카터 전 미국 대통령 등 귀빈들이 MK택시를 이용했다. 기적과 같은 일이었다. 유 부회장은 "경영자는 직원들이 회사 매출에 기여할 수 있는 바탕을 만들어주는 데 최선을 다해야 한다"며 "이렇게 창출된 이익으로 직원과 사회 복리를 위해 써야 한다"고 강조했다. 그는 "일본인의 의식개혁에 앞장선 사람이 다름아닌 한국인이었다"며 "한국인은 안 된다는 생각을 버리고 오늘부터 친절을 실천하는 사람으로 변하라"고 주문했다.

### MK의 원칙 12가지

친절을 테마로 한 MK택시의 경영철학은 "교육을 통해 사람을 움직여라"로 정리된다. 친절이 바탕이 된 서비스 정신, 끈질긴 의식개혁, 희생을 강조하는 봉사정신, 사회공헌을 위한 나눔경영을 통해 MK택시는 '친절과 봉사'라는 'MK정신'을 만들었다. 이 정신은 고객을 최고 VIP로 섬기겠다는 고객지상주의와 통한다. MK정신은 직원과 시민의 의식을 바꿨고 '일본 택시는 친절하다'는 이미지를 전세계에 심어줬다. MK택시에 브랜드 파워를 만들어줬고 기업을 반석 위에 올려놓았다. 다음은 MK정신을 탄생시킨 '고객 감동경영'사례다.

친절은 돈이다.
같은 값이라면 고객은 친절한 곳을 찾는다. 아무리 뛰어난 인품을 가졌다고 해도 친절하지 않거나 겸손하지 않으면 남들에게 호감을 얻지 못한다. 기업경영이나 장사도 마찬가지다.

옷은 당신의 인격이다.
항공기 승무원 제복은 디자인해 주면서 왜 택시기사 제복은 디자인하지 않느냐. 인간 생명을 실어 나르는 것은 항공기나 택시나 마찬가지다. 그래서 MK택시는 일본의 유명 디자이너인 모리 하나에 씨가 디자인한 50만엔짜리 제복을 직원들에게 입혔다. 평범한 옷을 입으면 그 정도 행동밖에 나오지 않는다는 판단에서다.

손님에게 서비스를 팔아라.
값이 싸고 시설이 좋아도 서비스가 엉망이면 손님은 외면한다. 서비스가 경쟁력이면 고객감동을 실현하는 중요한 경영요소다.

인사하지 않으면 요금을 받지 않는다.
택시요금에는 친절과 서비스가 포함돼 있다. 요금이 비싼 만큼 승객에게 봉사하는 것은 의무이며 친절이 체질화되면 일이 편해지고 능률이 오른다.

고객만족이 영예의 훈장이다.
경영인으로서 개인의 명예보다는 MK택시에 대한 고객만족이 가장 우선돼야 한다. 그것이 진정한 훈장이다.

초심을 잃으면 모든 걸 잃는다.
사업가는 사업을 시작할 당시의 초심을 버려서는 안 된다. 초심은 어떤 뜻한 바를 이루어 갈 수 있는 원초적인 힘이다. 아무리 상황이 월등히 좋아지고 많은 사람의 존경을 받는 위치에 있다 해도 초심을 잃으면 낭패를 볼 수 있다.

청결하지 않으면 운행 말라.
차량이 청결하지 않으면 운행할 수 없다는 것은 MK택시의 신념이다. 자신의 몸처럼 청결히 해야 고객만족을 배가시킬 수 있다.

긍정적인 생각과 행동을 하라.
MK 정신은 아무리 어려운 일이라도 '하면 된다'는 믿음으로 추진하는 것이다. 긍정적인 생각은 마음을 움직이고 마음은 행동을 결정한다.

학습에 전념하고 인격 완성에 힘써라.
노동이 최고며 신성하다는 것을 믿어야 하고 책임과 임무는 승객을 위한 것임을 믿어야 한다.

근로자 자질은 경영자 하기에 달렸다.
승차거부가 있는 한 회사의 발전은 없다. 승차거부를 막기 위해 운전기사의 수입을 대폭 늘리는 것이 최선이며 경비를 줄여 수지타산을 맞춰나가야 한다.

현장을 파고들어라.
MK경영주는 사원들과 수시로 대화를 나눠야 한다. 문제점이 드러나면 곧바로 시정하는 적극적인 경영을 펼쳐야 한다. 직원의 고충을 파악해 어떻게 서비스 질을 높일 수 있는지 고민해야 한다.

서비스 질을 더욱 높여라
지금 우리의 수준은 '우물 안 개구리'에 지나지 않는다. 택시 기사 대우를 비행 조종사 수준으로 올리는 것이 이상적이며 목표다. 이를 위해 더욱 분발해야 한다.

(매일경제, 2006.11.6)

## Article 7 퇴직후 6개월의 전략

수 십년 회사 생활만 해온 퇴직자 가운데 지루한 시간을 견디기 힘들어서 쉽게 창업을 시작하는 경우가 많으나 성공하는 사례는 많지 않다. 마음은 급한데 준비는 없고 우왕좌왕하다가 무작정 시작하는 경우가 많다. 이것은 실패의 지름길이다. 한번 실패하면 투자 손실도 크지만 자신감이 떨어지는 악순환에 빠진다. 이경희 한국창업전략연구소 소장은 "퇴직후 6개월을 어떻게 준비하느냐에 성패가 달려 있다"고 한다.

- 퇴직후 1개월 : 개인의 인성을 바꾸는 시간을 갖자. 회사에서 임원, 부장, 과장이었던 시기는 모두 잊어야 한다. 겸손한 생각으로 현재의 위치를 인정하고 마음을 정리해야 한다. 창업에 대한 큰틀에서 그림을 그려봐야 한다.
- 퇴직후 2개월 : 창업사례 책, 창업교육, 박람회, 신문, 잡지, 인터넷 등을 통한 창업정보를 살펴야 한다. 마음에 맞는 업종에 대한 사례와 현장을 조사해야 한다. 머리로 생각하고 말로만 듣지 말고 발로 뛰어야 한다.
- 퇴직후 3개월 : 업종을 선택해야 하는 중요한 타임이다. 다양한 업종을 살피되 나와 여러 가지 환경 여건을 생각해야 한다. 정하려는 업종에서 이름난 잘되는 곳을 부지런히 다녀야 한다. 한번 시작한 업종은 바꾸기가 퍽 어렵다는 것을 명심해야 한다.
- 퇴직후 4개월 : 결정된 업종으로 어느 곳에 점포를 잡아야 할지 입지와 상권을 분석 해봐야 한다. 전철과 버스정거장의 거리, 점포의 권리금 관계, 인근에 경쟁업소가 있는지, 유동인구의 흐름, 미래의 전망도 살펴야 한다.
- 퇴직후 5개월 : 업종과 점포가 결정되면 점포 인테리어, 간판, 종업원, 고객관리등 크고 작은 일들을 정리해야 한다. 그리고 원료와 제품이 들어와야 한다. 점포 인테리어와 간판은 돈이 좀 더 들더라도 개성 있게 고객의 눈을 끌도록 하는 것이 좋다.
- 퇴직6개월 : 6개월의 준비 끝에 드디어 사업을 시작한다. 시작 후 얼마간은 마음이 초조하고 어려운 일이 새롭게 등장하기도 한다. 그러나 이 시기를 잘 넘겨야 한다. 최선을 다해 열심히 준비 하면 결과도 좋아진다. 원칙과 체계를, 품질과 서비스, 고객관계에 정성을 쏟아야 한다. 끊임없이 노력하여 이 부분에서 전문가가 되어야 한다.

2,3개월째가 가장 중요하니, 결정이 안된다고 '에라 모르겠다'하고 시작하지 말고 생각도 많이 하고, 시간이 걸리더라도 고민과 분석을 철저해야 한다.

(참고; 매일경제 2009.2.13일자)

Chapter
06

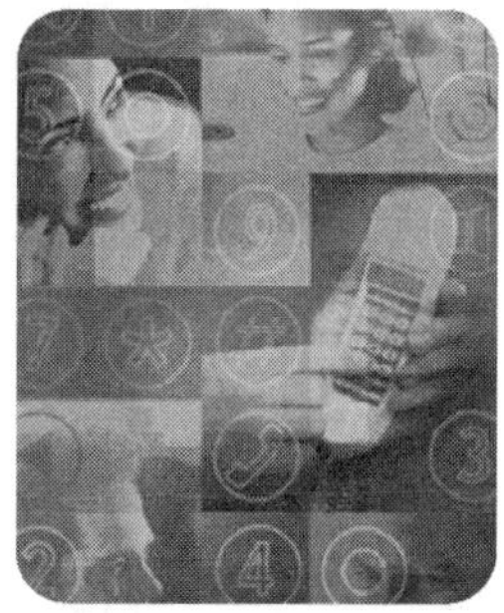

# 업태별 창업절차



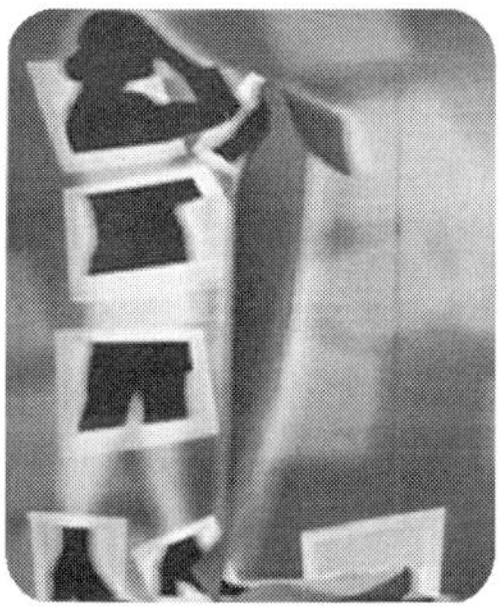

지금까지 우리 경제는 수출 위주의 제조업 주도로 성장을 거듭하여 왔다. 그러나 1990년 이래 제조업에서 67만개의 일자리가 감소한 반면 서비스업에서는 약 640만개의 일자리가 증가하였다. 즉 과거 사람의 노동력이나 기계를 사용해 유형의 제품을 만들어 내는 제조업이 산업의 중심이었다면 미래는 노무, 편의를 제공하는 서비스업이 우리경제의 성장의 견인차가 될 것이란 분석이 지배적이다.

'생산'에 대한 개념도 포괄적이어서 과거 제조업의 생산을 중시했던 것에 반해 서비스 생산활동의 부가가치가 높아지면서 이에 대한 관심도 차차 높아지고 있다. 즉 제조업에서의 이익의 원천이 제조부분에서 서비스부분으로 이동하는 현상이 나타나면서 제조업의 생산활동과 서비스업의 생산활동을 분리해서 생각하기 보다는 통합해서 생산활동으로 이해할 필요가 있다. 제조와 서비스의 명확한 경계를 구분짓기 어려운 경우가 많기 때문이다.

**Article 1** 오피스플러스

**움직이는 만물상 무엇이든 배달**

사무실에서 쓸 볼펜이나 종이가 떨어지면 총무과 여직원이 근처 문방구에서 하나둘씩 사다 쓴다.
4~5년 전만 해도 오피스타운에서 자주 보던 모습이었다.
30여 전부터 해 오던 구매 방식이었다. 그러나 요즘 이런 모습은 찾아보기 어렵다. 도심 오피스빌딩 근처에 있던 문방구들도 어느새 하나둘씩 사라져 버렸다. 기업들의 사무용품 구매 패턴이 확 달라진 때문이다. 사무용품만 전문적으로 파는 유통업체를 이용하는 것이다. 필요한 물품이 있으면 인터넷이나 전화로 연락만 하면 바로 배달해준다. 직원이 회사 근처 가게를 이곳저곳 돌아다니며 사는 것보다 품도 덜 들고 값도 싸다. 기업 입장에선 경비는 물론 인건비까지 줄일 수 있다. 이용하지 않으려야 않을 수 없다. 국내 처음으로 기업들을 대상으로 문구·사무용품 유통에 도전해 국내시장을 이끌고 있는 곳은 오피스플러스이다. 153볼펜으로 유명한 문구업체 모나미의 자회사다. 오피스플러스가 처음 선보인 것은 외환 위기가 나던 해인 1997년, 당시만 해도 모나미는 잘 나가는 회사였다. 153볼펜이라는 확실한 히트상품이 있어 국내 문구류 시장에서 선두를 달리고 있었고, 수출도 적지 않게 했다. 그러나 모나미를 경영하던 송하경(47) 사장의 생각은 달랐다.
송 사장은 90년대 중반 주요 수출시장이던 미국을 자주 드나들며 현지 문구류 시장의 동향과 새로운 변화 모습을 자연스레 접하게 됐다. 가장 먼저 송 사장의 눈에 띈 것은 문구 유통업이었다. 미국에도 문구류 제조업이 있었지만 유통업의 비중이 갈수록 커가고 있었다. 한국 시장에선 제조업체가 시장을 주도하고 있었지만, 미국은 이미 유통업체가 소비자 요구에 맞춰 제조업체를 선도하는 구조로 달라져 있었다. 더구나 90년대 말은 기업에서 프린터 사용이 확산되는 등 사무환경이 빠른 속도로 바뀌는 시기였다.

제조업체의 중국 진출도 한창 진행되던 무렵이었다. 중국산 제품이 봇물처럼 들어올 경우 문구 제조업의 경쟁력이 갈수록 떨어질 게 뻔했다. 이대로는 안 되겠다는 위기감이 들었다. 송 사장은 “선진국 시장의 변화하는 모습을 보고 큰 충격을 받았다”며 “기업 환경은 급속도로 달라지는데 볼펜만 만들어 팔다가는 회사가 머지 않아 문을 닫을지 모르겠다는 생각까지 들었다”고 했다. 유통분야에 진출할 필요성을 절감했다. 회사에 힘이 있을때 서둘러 하기로 했다. 곧바로 현지의 문구 유통업체와 접촉해 국내 사업을 함께 할 것을 타진했다. 그러나 그 업체는 한국 시장에 별다른 관심이 없었다. 생각다 못한 송 사장은 현지 업체들의 영업방식을 눈여겨 본 뒤 이를 벤치마킹해 독자적으로 유통업에 뛰어들었다. 97년 초였다.

우선 서울 강남지역에서 영업을 시작했다. 기업 소모품만 전문적으로 다루는 카테고리 킬러형 유통업체였다. 하지만 매장 하나 없는 무점포 영업은 자리 잡기가 쉽지 않았다. 중소기업 사무실을 기웃거리며 구매담당자를 물어물어 찾아가 카탈로그를 내보여도 반응은 시큰둥했다. 반전의 계기가 된 것은 외환위기였다. 기업마다 허리띠를 졸라매며 경비절감에 나서는 바람에 문구류나 소모품의 구매 패턴이 달라졌다. 문방구보다 훨씬 합리적인 가격에 필요한 물품을 제때 공급해주는 선진 시스템을 너무나도 반겼다. 외환위기를 계기로 기업들은 새로운 거래선을 찾아 나섰고, 시장 환경은 갈수록 좋아졌다. 이후에도 불황이 닥칠 때면 으레 매출이 껑충 뛰었다. 2001년에는 모나미의 사업부로 있던 오피스플러스를 자회사로 분리했다.

현재 오피스플러스가 납품하는 기업은 5만 2000여 곳이며 중소기업과 대기업의 비중이 6대4 정도 된다. 동종업체를 기준으로 한 시장점유율은 30%선, 그러나 국내 문구류 전체 시장에서는 6%에 불과하다. 이순례 총괄본부장은 “사무환경이 많이 달라졌다지만 아직도 문방구를 돌아다니며 문구류 등을 사는 기업이 많아서 시장 개척 여지도 그만큼 크다”고 말했다. 오피스플러스가 국내 최대 업체로 성장하게 된 데는 취급 제품을 다양화하고 독특한 서비스를 도입한 게 주효했다. 현재 오피스플러스에서 다루는 품목은 모두 8000여 가지, 볼펜, 책꽂이 등의 문구류는 물론 컴퓨터와 라넨·커피믹스·스타킹·산업안전용품까지 없는 게 없다. 초기에는 문구류를 주로 다뤘으나 지금은 문구류의 매출 비중이 10%선에 불과하다. 대신 복사용지와 커피믹스·컴퓨터·프린터잉크 등이 매출 상위권을 차지한다. 한마디로 “사무실에서 필요로 한다면 뭐든지 공급한다”는 전략이다. 이 본부장은 “기업 구매 담당자들의 편의를 최대한 반영해 다양한 품목을 다루고 있다”고 말했다.

차별화된 기업별 맞춤 서비스도 히트하게 된 배경이다. 2003년에는 대기업들을 상대로 매달 구매 관련 리포트를 보내주고 있다. 어떤 물건을 얼마나 샀는지 자세히 알려줌으로써 예산 관리를 대행해 주는 셈이다. 현재 200여 곳에 리포트를 보내고 있다. 거래 금액이 비교적 큰 중견기업들은 '메가 고객'으로 따로 분류해 영업사원이 상담을 통해 기업에 맞는 제품을 추천해 주고 가격도 예산에 맞춰 주는 서비스도 도입했다. (Economist, 2006.8.22)

그러나 어떤 업태의 창업을 하던 아래의 사항들은 반드시 고려되어야 한다.
첫째, 내부여건과 외부환경을 분석하여 창업에 따르는 위험을 최소화하여야 한다.
둘째, 내부여건과 외부환경에 대한 분석이 이루어지면 최적의 아이템을 선정하여야 한다.
셋째, 많은 창업 아이템 가운데 한두 개의 아이템이 선별되면 이 아이템으로 확실히 성공할 수 있을지에 대한 타당성을 분석할 필요가 있다.
넷째, 창업 아이템의 타당성이 긍정적으로 평가되면 구체적인 사업계획을 세워 사업을 시작하게 된다.

이 장에서는 제조업, 서비스업, 도·소매업으로 구분하여 세부적인 창업절차를 살펴보도록 한다.

## 6.1 제조업의 창업절차

제조업에서의 창업은 다른 산업에 비해 어렵게 인식되어 진다. 제품생산을 위한 공장설립, 기계설비 등 막대한 기초 투자비용과 경험, 지식을 갖춘 전문인력의 확보, 각종 인·허가 등 까다로운 조건 등은 제조업 창업을 어렵게 만드는 요소들이다.
제조업의 창업은 몇 가지 단계로 나누어 볼 수 있는데

수요예측과 제품설계 → 입지 선정 → 공장설립 인·허가 → 공장시설의 배치 → 운영 및 품질 검사 등의 순서로 이어진다.

### 1. 수요예측 및 제품설계

창업이란 미래에 대한 불확실성의 전제하에서 이루어지는 의사결정이므로 생산하고자 하는 제품에 대한 시장성, 즉 수요가 얼마나 있을 것인가에 대한 예

그림 6-1 제조업 창업 기본 절차도

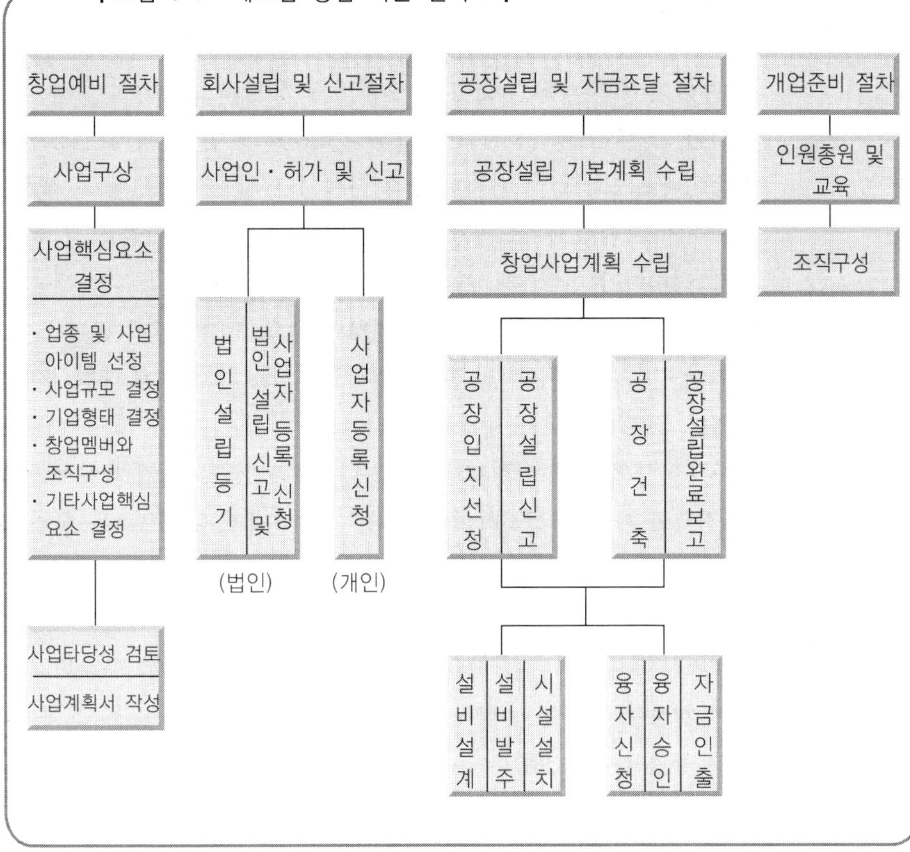


측은 창업결정의 중요요소이면서 동시에 가장 어려운 일이기도 하다.

또한 계획하고 있는 창업이 경제성 내지 수익성이 있는지를 분석하여 예상되는 투자수익률, 매출액 마진, 시장점유율, 손익분기점 등을 분석하고 아울러 경쟁기업과 비교하여 차별적 우위부면과 열등부면도 예상 분석하는 것이 바람직하다. 또 이러한 예측은 소비자의 욕구가 어떻게 변화하며 무엇을 원하는지 정확하게 예측한 결과를 토대로 이루어져야 한다.

제품설계는 제품의 기능에 대한 설계뿐 아니라 제품크기, 모양, 색깔, 디자인, 포장에 대한 설계까지도 포함한다. 제품설계는 한 번의 작업으로 끝나는 것이 아니고 수없이 변하는 환경, 수요, 경쟁자, 법적규제 등에 유연성 있게 적응되도록 적절한 설계변경을 해야 하는 경우가 대부분이다. 또한 고객들이 기업의 제품에 대한 불평불만을 즉각 해소할 수 있도록 체계적인 개선 시스템을 설계하는 것도 필요하다.

## 2. 입지 선정

그 제품에 대한 수요가 충분히 발생할 수 있다고 판단되어서 제품 설계가 이루어지면 그 제품을 생산할 공장입지를 선정하게 된다. 입지 선정은 해당 기업의 업종이나 규모, 작업 상황에 따라 다르지만 일반적으로 용수, 도로망, 기후 등 자연적인 요인과 수송, 노동력, 시장, 수질오염, 관계 법규, 지역사회 특성 등을 고려하여야 한다. 또 기술적 요인도 고려해야 한다. 과거에는 중요하지 않던 기술적 요인들이 환경변화로 인하여 주요 고려대상이 될 수도 있으며, 해외 현지 공장을 설립해야 할 경우, 국가간 비교우위 자원에 대한 요인이 무엇인지 면밀한 검토가 이루어져야 한다.

제조공장의 입지는 한번 결정되면 변경하기가 어렵기 때문에 처음부터 충분한 검토를 거쳐서 선정하여야 한다. 공장입지의 유형으로는 국가 및 공공기관이 조성하는 산업단지인 계획입지와 개별적으로 공장을 건축하는 자유입지로 구분된다.

**계획입지**는 국가나 공공단체가 공업의 합리적 배치를 유도하고 지원하기 위하여 일정한 지역을 선정하여 계획에 따라 개발하여 집단적으로 설립육성하기 위한 공업단지를 말한다.

**자유입지**는 창업자가 업종의 특성, 여건 등의 이유로 계획입지 이외의 지역에서 공장을 설립하는 것을 말한다.

자유입지라고 하여 아무데서나 자유롭게 공장설립을 할 수 있는 것은 아니다. 기본적으로 국토이용관리법이나 수도권 정비계획법 등에서 수도권공장 신·증설 허용범위에 관한 법률에 적합한지 여부를 검토하여야 한다.

## 3. 공장설립 인·허가

공장설립 인·허가 제도는 공장을 설립하기 이전에 관계기관에 인·허가를 받아야 하는 제도를 말한다. 이는 공장입지의 체계적인 관리를 통하여 지속적인 공업발전과 지역 균형발전, 그리고 국민경제의 건실하고 체계적인 발전을 이루어 내는데 그 목적이 있다.

공장입지 예정지가 수도권일 경우에는 공업배치법에 의한 지역별 허용업종, 도시지역일 경우에는 건축법에 의한 용도지역별 허용업종, 기타지역일 경우는 국토관리 이용법에 의한 용도지역별 허용업종에 한하여 공장설립 신고 또는 허가 신청을 할 수 있다. 이 경우 부대시설을 제외한 제도시설 건축물의 바닥 면적이 500평방미터 이상인 경우 신고를 하여야 한다.

이처럼 공장을 확보하기 위해 공장입지를 선정하고 공장을 설립하기 위한 전반적인 공장설립 기본계획을 수립해야 한다. 공장을 확보하기 위해서는 공장입지를 선정하여 직접건축을 하는 방법과, 기존공장을 매입하는 방법, 그리고 기존공장을 임차하는 방안이 있다. 창업초기에는 초기 투자에 대한 자금부담을 줄이고, 시간도 단축하기 위하여 공장을 임차하는 방법을 고려해 볼 수도 있다.

## 4. 공장시설의 배치

시설의 배치란 자재를 투입하는 것으로부터 완제품을 생산하여 출고하는 곳까지의 생산 공정 내에서 원료, 반제품, 완제품 등의 흐름을 가장 적은 비용으로 처리하기 위하여 가장 적절한 양, 가장 적절한 장소에 선정된 기계를 순서에 따라 배치함으로 효율성을 극대화하려는 것이다.

즉, 공장내부의 인적·물적 자원의 이동을 최소화하고 작업특성에 따라 업무가 원활히 이루어질 수 있게 시설배치가 되어야 하는 것이다. 공장시설의 배치에는 다음과 같은 방법이 있다.

**제품별 시설배치**

대량 생산이나 연속 생산을 할 때는 작업순서에 따라 시설을 배치하는 것이 효율적일 수 있다.

**공정별 시설배치**

동일한 기능을 가진 기계시설을 종류별로 한 작업장에 모아 배치하는 방법이다.

**고정형 시설배치**

무게가 너무 무겁거나 부피가 커서 이동이 곤란한 경우에 한 곳에서 작업을 할 수 있도록 고정시켜 놓은 형태를 말한다. 항공기, 선박, 기차 등이 여기에 해당된다.

**혼합형 시설배치**
고정형 시설배치와 공정별 시설배치를 상황에 따라 적절히 혼합하여 배치하는 경우를 말한다.

**셀룰러 시설배치**
공정별 시설배치와 제품별 시설배치의 장점을 결합한 형태로 여러 종류의 제품이 생산될 때 이용하는 방법이다.

## 5. 운영 및 품질 검사

이처럼 입지가 선정되고, 공장이 확보되고 시설배치가 완료되면 실제로 공장을 가동하는 운영활동을 하게 된다. 운영활동은 공장의 장・단기적인 계획에 따라 체계적으로 이루어져야 하며 제품의 품질검사가 이어지게 된다.

**총괄생산 계획**
예측된 수요를 바탕으로 생산량, 재고수준, 인력, 작업시간 등에 대한 총괄적인 계획을 말한다.

**자재소요 계획**
수요될 원자재나 부품의 종류, 주문량, 주문시기 등에 대한 계획을 말한다.

**일정 계획**
작업량과 작업순서에 따라 일일단위로 작업지시를 내릴 수 있도록 세부적인 일정계획을 수립하게 되는데 주로 작업현장에서 세운다.

**품질 검사**
제품의 품질검사는 미리 선정된 표준과 비교할 때 얼마나 일치성이 있느냐는 것이다. 품질에 대한 중심적인 요소로는 성능과 내구력이 있으며 신뢰적인 요소로는 균일성과 고장성, 주변적인 요소로는 제품자체에 내재된 것이 아니라도 디자인, 포장, 서비스 등 이미지와 편리성에 관계되는 것이 있다.

# 6.2 서비스의 창업

서비스란 "소비자의 편익과 욕구를 충족시킬 목적으로 사람 또는 설비와의 상호작용으로 제공되는 무형의 행위"로 정의되고 있다. 소비자의 욕구가 갈수록 다양화되고 다변화됨으로서 모든 산업은 더욱 분업화, 전문화되어 가고 있다.

근래 정보통신의 급속한 발달과 더불어 서비스에 대한 소비자의 니즈가 다양화, 고급화, 전문화되면서 세계 각국의 산업구조에서 제품보다 서비스가 더 큰 비중을 차지하게 되었다. 우리나라 국민경제는 물론 세계경제도 산업사회에서 초산업사회 즉 서비스 혁명시대로 진입하고 있다. 이처럼 서비스의 영역이 확대되면서 서비스 관련 신규창업의 기회가 증가되고 성공률도 높아지고 있다. 우리나라도 소득수준이 높아지고 여가시간 증대에 따라 여가산업인 레저, 스포츠, 건강, 금융, 정보, 문화 등 서비스산업의 수요가 크게 증가하고 있다.

그러나 아직도 우리나라 서비스산업의 경쟁력은 여타 OECD 선진국들에 비해 취약한 수준이며, 특히 노동생산성은 서비스산업 선진국인 미국에 비해 절반에도 미치지 못하는 실정이다. 최근에는 이러한 서비스산업의 취약한 경쟁력으로 인해 해외소비가 크게 증가하는 등 서비스수지 적자도 급증 추이를 보이고 있다.

## 1. 서비스의 특성

### (1) 무형성(intangibility)

유형의 제품과 달리 서비스는 무형임으로 보거나 만질 수 없다. 성형수술은 받아본 후에야 자신이 그 전보다 얼마나 더 예뻐졌는지 알 수 있다. 즉 서비스에 대한 품질도 모양이 없기 때문에 경험을 해봐야 알 수가 있다는 것이다. 그렇기 때문에 서비스에 있어서는 기업의 광고 보다는 입소문(word of mouth)효과가 선택에 더 많은 영향을 끼치게 된다. 또 제공하는 서비스의 품질이 좋다는 것을 인식시키기 위하여 유형적인 것을 최대한 활용하여 나타내기도 한다. 병원이나 커피숍에서 화려한 시설과 내부장치를 통하여 소비자의 관심과 신뢰를 얻으려고 노력하는 것 등이 여기에 속한다.

### (2) 생산과 소비의 비분리성(inseparability)

제품은 원료나 부품이 투입되면 공장에서 변환과정을 거쳐 생산되고 유통과정을 통하여 최종소비자에게 전달되어진다. 그런데 서비스는 생산과 동시에 소비가 이루어진다. 의사가 환자를 진료하는 그 자체에 서비스가 생산이 되는 것이고 소비되는 것이며 진료가 끝남과 동시에 생산과 소비도 끝나는 것이다. 온 세계를 열광시켰던 월드컵 축구 전후반 45분 경기 서비스 역시 그 자리에서 생산되어지고 경기종료 휘슬과 더불어 소비되어진다.

이처럼 서비스는 생산자와 소비자 간에 상호작용에 의하여 이루어지기 때문에 서비스 시설과 서비스를 제공하는 사람에 의해서 그 서비스 가치가 제공되는 것이다.

### (3) 이질성(heterogeneity)

제품은 일정한 규격이나 표준화가 되지만 서비스는 제공자, 구매자, 제공 상황에 따라 똑같은 서비스를 제공하더라도 그 품질에 있어서 차이가 나타나게 된다. 예를 들면 이발소나 미장원을 찾는 고객 대부분은 자기가 항상 다니는 이발소나 미장원을 찾는다. 다른 곳에 가면 서비스가 달라져서 엉뚱한 모양이 나올 수 있기 때문에 불안한 것이다. 심지어 같은 이발소에 가더라도 종업원에 따라 서비스가 달라지기도 한다.

이러한 위험의 부담을 최소한 줄이기 위하여 큰 병원의 유명한 의사에게 줄을 서서 특진을 신청하기도 한다. 의사마다 서비스의 질이 다르기 때문이다. 또 수술 환자는 가능하면 오전시간에 수술 받기를 원한다. 시간에 따라서도 서비스 질이 다르게 나타나기 때문이다. 맥도날드 햄버거가 전 세계의 매장에서 유사한 메뉴, 유사한 시설, 유사한 맛과 서비스를 제공하려고 노력하는 것도 이 때문이다.

### (4) 소멸성(perishability)

유형의 제품은 판매하고 남는 것은 보관이 가능하며 다음에 또 팔 수 있다. 그러나 서비스는 생산과 동시에 소멸해 버림으로 보관이 불가능하다.

100개의 객실을 보유하고 있는 호텔이 어느날 밤 60실 밖에 판매하지 못한 경우 이것을 보관한 후 다음 날 밤에 합쳐서 140실을 판매할 수는 없다. 나머지 40실을 판매하지 못하여 잃어버린 수익은 영원히 사라지는 것이다.

지금 출발하는 버스에 좌석이 반이 남아 있어도 목적지에 도착하면 빈 좌석의 사용권은 소멸해 버린다. 반면 수요가 많은 휴가철이나 명절 때는 추가적인 공급이 어려워서 기회를 상실하기도 한다. 팔리지 않는 재고를 이월할 수 없다는 서비스의 특성으로 인해 서비스 수익을 최대화 하려면 수요와 공급의 조절이 필요하다.

적절한 직원배치, 유휴설비투입, 조조할인, 사전예약제, 생산과정에 소비자가 참여하는 셀프서비스제, 파트타임 아르바이트제 등을 통하여 수요와 공급을 탄력적으로 활용하기도 한다.

## 2. 서비스업의 분류

서비스업을 분류하는 기준은 생활양식의 변화, 여가시간의 증대, 소비자 욕구의 변화, 소득수준에 의한 고급화 등에 따라 매우 복잡, 다양하고 그 기준 또한 변하고 있다.

복잡, 다양한 서비스 분류기준은 크게 두 가지로 정리해 볼 수 있다.

**첫째**는 서비스 효용에 따른 분류이다.

이 방법은 서비스를 받음으로서 느끼는 효용의 가치 측면에서 서비스를 분류하는 것으로 시간절약형과 자아창조형으로 구분할 수 있다.

시간절약형이란 소비자가 그 서비스를 받음으로서 시간이 단축되는 것을 말한다. 즉 다소의 비용이 지불되더라도 시간이 절약됨으로서 생기는 여가에 가치를 둔다는 것이다. 예를 들면 KTX나 항공기 등을 이용하는 운송서비스, 패스트푸드점, 택배업, 포장이사 등이 있다. 자아창조형이란 물질적 욕구, 지식, 문화, 건강 등 인간의 자아를 충족시키는 서비스로 레저, 스포츠, 건강, 교육, 금융, 정보서비스 등이 이에 속한다.

**둘째**는 서비스 제공수단에 따른 분류이다.

이 방법은 고객과 직접적인 관계를 유발시키는 서비스 제공수단에 의해 분류하는 것으로 인간중심형 서비스와 시설중심형 서비스로 분류할 수 있다. 인간중심형 서비스란 예를 들면 가사서비스업, 의료업, 미용업, 경영자문, 교육, 식당 등과 같이 사람의 역할을 통해 서비스가 제공되어지는 것을 말한다. 설비

중심형 서비스란 금융업, 통신업, 숙박업, 유통업, 운송업 등과 같이 서비스 제공이 주로 설비기능에 의해 이루어지는 것이다. 그러나 이러한 구분은 점점 어려워지는 추세이며, 모든 요소가 결합된 형태로 변해가고 있다.

## 3. 입지의 선정

입지란 기업이 업무를 수행할 장소를 물색하는 것인데 고객들이 얼마나 편하게 그 기업과 거래를 할 수 있는가를 결정하는 요인이다.

제조업의 입지는 생산기지를 어디에 두느냐에 따라 비용면에서 커다란 차이를 보일 수 있지만 서비스업에서는 비용보다 수입에서 큰 차이를 보이게 된다. 즉 제조업은 비용최소화에 중점을 두지만 서비스업은 수익창출에 초점을 두게 된다는 것이다.

수익창출을 위한 중요한 요인으로는 대지, 건물, 장비, 운송비 등 경제적 요인은 물론 대중교통이용가능여부, 주차가능성, 시설확장, 서비스를 보완해주는 주변 분위기 등도 고려되어야 한다. 사무실을 구입하는 경우에는 완전히 사서 입주하는 경우와 전세 또는 월세로 임차하여 입주하는 방법이 있다. 이때 건물의 소유주관계, 근저당이나 압류관계, 도시계획에 따른 용도관계, 가건물 또는 무허가 건물 등의 여부를 확인하여야 한다. 또한 계약조건에서 임차보증금과 권리금, 월세액과 각종공과금, 관리비와 명도일, 계약기간, 계약기간후 재연장조건, 하자보수 등에 대한 사항도 명시하여야 한다.

서비스업의 시설배치는 서비스 유형에 따라 차이가 나는데 직접 고객을 상대해야 하는 경우에는 고객이 얼마나 편리하게 이용할 수 있는지, 고객이 얼마나 쉽게 접근할 수 있는지를 고려하여 시설배치가 이루어져야 한다. 또 직접고객을 상대하지 않고 후방에서 지원하는 경우에는 업무의 효율성이 높도록 시설 배치가 이루어져야 한다.

## 4. 품질 관리

서비스 품질은 무형이기 때문에 제품처럼 정품, 불량품이 쉽게 구별되어지지 않는다. 이는 서비스를 받는 사람의 주관에 따라서 다르기 때문이다. 즉 서비스는 제공자에 따라 또는 고객의 인식에 따라 품질에 많은 차이가 발생하기 때문에 품질 관리에 많은 어려움이 따른다. 서비스의 품질은 고객이 기대하는 정도와 실제 경험후 성과에 대한 정도의 차이에 의해 결정된다. 고객이 구매 전에 갖고 있던 기대수준보다 실제 제공받는 서비스 품질이 높을 때 고객은 만족하며 이는 재구매로 직결된다. 이렇게 저마다 느끼는 서비스 품질은 다르기 때문에 제품의 품질에서 불량이나 내구성을 평가하듯 서비스의 품질을 측정하기가 어렵다.

서비스의 기대수준과 실제로 제공되는 성과와의 차이를 줄이는 방법, 즉 서비스 품질을 향상시키는 방법으로는

**첫째**, 고객의 욕구를 정확하게 판단하기 위하여 태도, 습관, 구매행동 등의 정보를 수집하기 위하여 체계적인 조사를 하여야 한다.
**둘째**, 고객의 욕구를 만족시켜주기 위한 표준화가 마련되어야 한다. 맥도날드 햄버거의 표준화 노력이 이에 해당된다.
**셋째**, 정해진 지침에 따라 고객들에게 정해진 서비스 품질을 제공하기 위해 지속적인 교육이 필요하다.
**넷째**, 고객에게 제공되는 서비스의 내용을 정확하게 알림으로서 고객이 엉뚱하게 높은 기대를 갖지 않게 해야 할 것이다.

## 5. 마케팅 관리

### (1) 제 품

서비스는 소비자가 보거나 만질 수 없으므로 서비스의 구매과정은 제품의 경우와는 상이하다. 유형의 제품인 경우에 소비자는 소유나 물리적 사용을 통해 효익을 얻게 되지만 서비스의 경우는 서비스 그 자체보다 이를 통해서 얻게 되는 간접적인 효익에 더 큰 비중이 부여된다. 같은 시간을 여행할 때 그 시간이 즐거울 수도 있고 지루할 수도 있기 때문에 기업은 소비자가 실제로 바라는 효익이 무엇인지를 알고 그것에 초점을 맞추어야 한다.
이러한 서비스 제품의 생산성을 향상시키기 위한 방법으로는

**첫째**, 예약 제도를 실시하여 수급의 불균형을 줄여야 한다.
**둘째**, 야간에만 이용하는 시설을 주간에도 사용하는 방법과 겨울에만 사용하는

시설을 여름에도 사용하여야 한다. 야간 주점을 주간에 카페나 레스토랑으로 사용하는 방법과 겨울철 스키장을 여름에 골프장으로 사용하는 것이 그 예이다.
**셋째**, 피크타임에 시간제 아르바이트를 이용하는 방법이 있다. 음식점에서 점심시간에 시간제 아르바이트를 실시하는 방법이다.
**넷째**, 서비스 이용자가 생산에 참가하는 방법으로 셀프서비스제가 있다. 제공하는 구성원의 동기부여를 통하여 질적으로 양적으로 높은 서비스가 이루어져야 한다.

### (2) 가 격

서비스업에서 가격은 다양한 용어로 불리고 있다. 정부의 서비스에 대하여는 세금이라고 하고, 은행에서 돈을 빌리는 서비스에 대해서는 이자, 학교의 교육서비스는 등록금, 고속도로에서는 통행료라 하고 극장과 공원에서는 입장료라고 한다.

서비스는 무형이기 때문에 소비자의 구매과정에서 물리적 속성이 없기 때문에 가격을 품질의 척도로 인지하는 경우가 많다. 가격이 좀 높아도 품질에서 차이가 있을 것으로 생각하기 쉽다는 것이다. 또 서비스업은 정확한 수요예측이 어렵기 때문에 가격을 수요조절의 도구로 활용하기도 한다. 극장에서는 수요가 적은 오전에는 조조할인을 하며, 스키장에서 여름에는 골프장으로 사용하기도 한다. 호텔이나 항공사도 비수기에는 가격할인을 통하여 수요를 증대시킨다.

### (3) 유 통

서비스업에서는 소비자와 생산자를 연결해주는 중간상의 비중은 그리 크지 않다. 기업과 고객이 직접적인 접촉을 통해 서비스가 생산되고 소비되기 때문이다. 반면에 서비스가 전달되는 점포나 서비스 제공 장소가 중요한 역할을 하게 된다. 서비스 제공 점포는 많은 사람들이 쉽게 찾을 수 있는 편리한 장소에 위치하여야 한다. 많은 금융기관들이 교통의 요지에 위치하고 있는 것은 이 때문이다. 근래에는 고객이 보다 쉽고 편리하게 유통서비스를 제공받을 수 있게 하기 위하여 자동판매기, 은행의 무인현금출납기를 보급하여 24시간 서비스를 제공한다. 항공사도 과거에는 여행사를 통하여 서비스를 판매하여 왔으나 근래에는 무인자동판매기나 인터넷을 통한 구매가 가능하게 하고 있다.

### (4) 촉 진

무형의 서비스를 나타내기 위하여 유형의 건물이나 시설을 이용하는 경우가 많다. 현대적이고 웅장한 호텔건물, 넓은 매장이나 주차공간, 다양한 음식메뉴와 실내분위기 등이 이런 경우의 예이다.

또 많은 서비스 기업의 서비스는 종업원에 의해 이루어지므로 인적판매의 비용과 교육이 큰 비중을 차지하고 있다.

그림 6-2 서비스업 창업 절차도

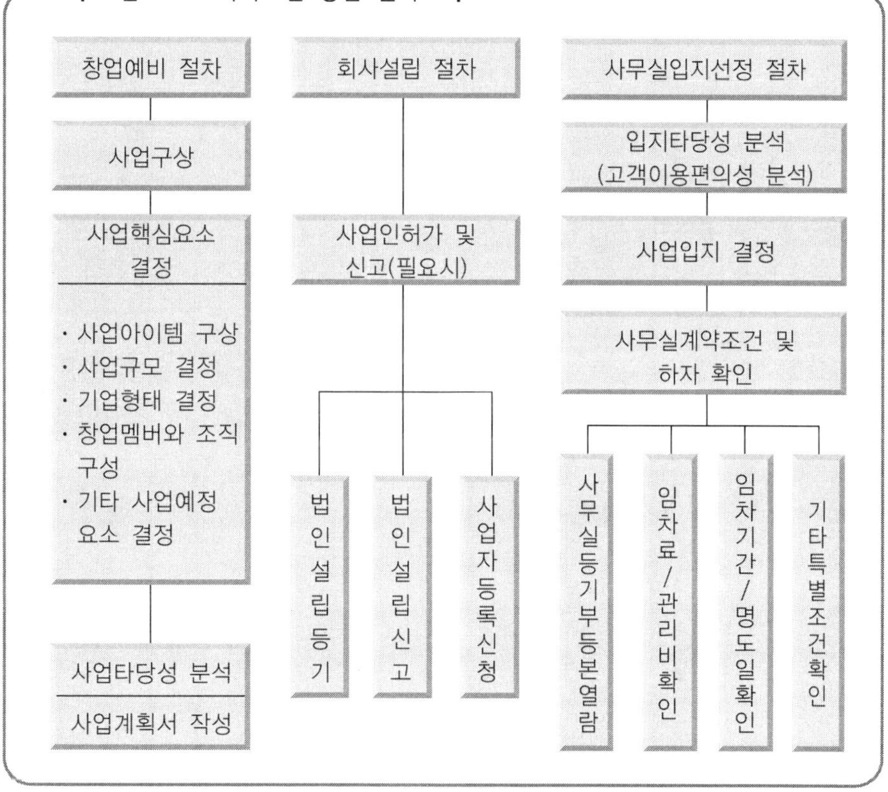


자료 : 창업과 취업전략, 류태모외 5인, 도서출판 대명.

## 6.3 도 · 소매업 창업절차

### 1. 도·소매업 개념과 중요성

소비자 욕구의 다양화와 시장의 세분화, 기술의 발달과 같은 유통환경의 변화로 인해 새로운 업태의 도 · 소매상이 등장하고 있고 기존 도 · 소매상과 치열한 경쟁을 하고 있다. 국내의 경우 좁은 국토의 영향으로 도매업의 발달이 부진하였으며 최근의 유통산업에서의 변화가 소매업에 의해 주도 되고 있는 상황이다. 일반적인 유통경로의 구조는 제조업체 – 도매상 – 소매상 – 소비자로 구성되고 있다. 이 구조에서 나타나듯이 도매상과 소매상은 1차 산업의 생산물인 농림, 축산, 수산물과 2차 산업의 광 · 공업제품을 수요자에게 공급하는 과정에 참여하는 산업이다. 즉 생산물이 제조업자에 의해서 만들어지면 이것이 최종 소비자에게 경제적, 사회적으로 이전되어져가는 과정이다. 경제적 사회적 이전이란 생산지와 소비자가 서로 달라야 하는 것이고, 경제적 이전이란 생산물의 효용이 높아져서 부가가치가 증대되어야 한다는 뜻이다. 집에서 재배한 야채를 부엌에서 요리하여 식탁에 올린 것은 유통경로에 해당되지 않는다.

#### (1) 도매업의 구조

도매업은 재판매 또는 사업을 목적으로 구입하는 고객에게 상품이나 서비스를 판매하고 이와 관련된 활동을 수행하는 산업으로 정의된다. 즉 도매는 제품을 최종 소비자에게 판매하지 않고 소매상이나 다른 상인, 또는 다른 기관 등 상업적 사용자에게 판매하는 사람이나 조직의 행위를 말한다.

도매업은 기능에 따라 전기능 도매업과 한정기능 도매업으로, 산업 분류 기준에 따라 생산재 도매업과 소비재 도매업으로 분류하며, 취급하는 상품이 어느 정도인가에 따라 단일품 도매, 전문품 도매, 종합도매로 나누기도 하며 상권에 따라 지방도매, 지역도매, 전국도매로 나누며 입지기준에 따라 산지 도매, 집산지 도매, 소비지 도매로 분류하기도 한다.

**Article 2** **비타500의 역발상 전략**

"이겼다!" "해냈다!" 지난 2005년 5월 11일, 서울 강남구 삼성동 경암빌딩 5층 광동제약 본사에선 잇따라 환호성이 터져 나왔다.

도저히 안 될 것 같았던 박카스의 아성을 마침내 비타500이 무너뜨렸다는 낭보가 주요 언론에 잇따라 보도된 것이다. 지난 4월 비타500의 매출액은 107억원, 반면 박카스는 98억원에 그쳤다. 국내 드링크 시장에서 40여년을 독주해 온 박카스 신화를 무너뜨린 것이다. 보고를 받은 최수부 회장은 자리에서 벌떡 일어서며 외쳤다. "그래, 잘했어. 이제야 우리 꿈이 이뤄진 거야." 그날 오후 광동제약에선 한바탕 떡잔치가 벌어졌다. 비타민 음료라는 새로운 시장을 개척해 온 비타500은 지난해 9월 판매량에서 이미 박카스를 앞서 있었다. 다만 박카스의 출고 가격이 비타500에 비해 120원 정도 비싸 매출 면에서는 다소 뒤져 왔는데, 그마저 넘어선 것이다.

이에 앞서 지난 200년, 의약분업의 전면실시로 제약업계도 경영환경이 불투명해지는 등 회오리 바람이 몰아치고 있었다. 외환위기 때 맞은 1차 부도의 상처를 겨우 추스른 광동제약에는 쌍화탕 외에는 마땅한 드링크 제품이 없었다. 연일 대책회의가 열렸다. 당시 음료사업을 담당했던 김현식 전무는 선풍적 인기를 끌고 있던 비타민C로 눈길을 돌렸다. 가루약이나 빨아먹는 정제밖에 없는 비타민C를 음료로 만들어보자는 것이었다. 시제품을 만들어 최수부 회장 방에 들어섰다. 한 모금 마셔본 최 회장은 무릎을 치며 "사업 가능성이 크다. 바로 개발에 착수하라"고 지시했다. 국내 드링크 시장의 새로운 기록을 써내려가고 있는 비타500이 탄생하는 순간이었다.

당시 시장에선 웰빙 트렌드가 확산되면서 비타민C 제품은 없어서 못 팔 정도로 인기였다. 광동제약 역시 비타민C 시장을 내버려둘 수 없었다. 문제는 선발업체의 벽을 뚫고 들어가기가 여간 어렵지 않다는 것이었다. 고심 끝에 광동제약에서 내린 결론은 선발업체들이 버티고 있는 과립이나 알약시장은 포기하고 비타민C를 드링크로 만들어 보자는 것이었다. 레드 오션은 과감히 버리고 블루 오션에 도전한 것이다.

나머지는 제품 개발. 6개월여에 걸친 개발과정에서 최 회장은 '맛'과 '품질'을 끊임없이 강조했다. 수십 차례에 걸친 테스트 끝에 마침내 시제품이 완성됐다. 비타500은 2001년 초 시장에 나오자마자 엄청난 속도로 팔려나갔다.

시판과 함께 내긴 목표는 "비타민C 500mg을 함유한 비타500을 500원에 팔아 연간 500억원의 매출을 일으키자"는 것이었다. 회사 관계자는 "사실 처음에는 박카스의 아성을 넘본다는 것은 엄두도 못 냈다"며 "500억원이라는 매출목표도 미에로 화이바를 겨냥한 것이었다"고 밝혔다. 그런데 첫해 53억원이던 매출이 기하급수적으로 늘어나자 시장 라이벌도 자연스레 박카스로 바뀌었다. 비타500은 올해 1500억원 매출이 목표다. 4년간 무려 30배 가까운 성장이다. 내년에는 2000억원이 가능할 것으로 점치고 있다. 드링크 시장의 골리앗 박카스에는 4월 이후 줄곧 앞서가며 격차를 조금씩 넓혀가고 있다. 운도 따랐다. 마시는 비타민C라는 게 기존의 정제, 과립형태 비타민C 시장과 박카스 등의 드링크 시장을 절묘하게 혼합한 듯한 제품이다 보니 양쪽 모두 경쟁상대로 여기지 않았다. 자연히 견제가 거의 없어 시장 진입도 상대적으로 수월했다.

### 드링크에 올인하라

제약회사는 물약 제조라인의 가동률을 높이기 위해 저마다 드링크를 만들어 판다. 광동제약 역시 마찬가지였다. 광동제약이 드링크 시장에 진출한 것은 75년 서울신약을 인수해 쌍화탕을 만들면서부터다. 광동의 쌍화탕은 선풍적 인기를 끌었으나 2000년 의약분업 이후 성장세가 꺾였다. 게다가 1990년대 인기를 끌었던 운지천도 시장에서 사라져 버려 남아도는 생산라인을 활용할 방법을 찾는 게 다급했다. 이런 상황에서 마시는 비타민C라는 개념에 착안해 비타500이 개발됐고, 시장에서 큰 인기를 끌었다. 회사 측은 경기도 송탄 공장의 드링크 생산라인을 지난해와 올해 잇따라 증설해 1분에 2700병을 생산할 수 있는 첨단 설비를 갖춰 시장 수요에 대응했다. 동양 최대의 드링크 생산라인이다. 현재 하루 18시간씩 가동하고 있다. 내년에는 중국 공장 건립에도 나설 계획이다.

### 비타민C 효과도 있었다.

200년 비타500이 개발될 당시 국내엔 웰빙 바람이 불어닥쳤다. 동시에 비타민C에 대한 관심도 커져 갔다. 언론 보도 등을 통해 알려진 비타민C의 효능은 대단한 것이었다. 항산화제로 인체 내 다른 물질의 산화를 막아주고, 철분의 장내 흡수를 촉진시키며, 피로 회복에도 효과를 준다는 등등이었다. 게다가 비타민C는 다른 비타민과 달리 체내 합성이 안 돼 야채, 과일등을 통해 섭취해야 했다. 그러다 보니 제약업체마다 비타민C 제품을 쏟아냈고 월100억원대 시장으로 커졌다. 이런 배경에서 탄생한 새로운 형태의 비타민 음료가 인기를 끄는 것은 당연한 일이었다.

### 성공 요인은 컨버전스

광동제약의 초기 전략은 철저한 차별화였다. 우선 맛과 품질 박카스, 원비 등과의 직접적인 경쟁을 피하면서 미에로 화이바 같은 식이섬유 음료와도 차별화된 시장을 타깃으로 했다. 둘째, 가격의 차별화. 국내 드링크 시장은 300원대 박카스와 800~1500원의 중고가 드링크로 나뉘어 있었다.
비타500은 드링크의 주 소비층인 20대가 부담없이 사 마실 수 있는 500원으로 값을 매겼다. 불황에도 충분히 먹힐 수 있는 절묘한 가격정책이었다. 셋째, 유통의 차별화. 제약회사와 주 영업상대인 약국보다는 수퍼 등 대리점 유통에 과감히 도전했다. 현재 비타500 판매는 70% 이상이 편의점, 수퍼에서 이뤄진다. 넷째, 판촉의 차별화. 젊은 소비층을 겨냥해 대대적인 온라인 마케팅을 벌였는데 이게 제대로 먹혔다.
이같은 차별화는 필연적으로 컨버전스(융합)전략을 필요로 했다. 실제 2000년은 컨버전스 현상이 두드러지게 나타나고 있었다. 예컨대 비타민C를 음료와 컨버전스하고, 여러 형태의 유통업체를 컨버전스한 것이 대표적이다.

**비타500의 힘**

올해 광동제약의 매출에서 비타500이 차지하는 비중은 55% 정도로 예상된다. 단일 품목으로 유례없는 수치다. 매출 순위로 따져 지난해 제약업체 8위였던 광동제약은 올해는 5위에 오를 것으로 기대하고 있다.
2000년 이후의 불황앞에 제약업계도 속수무책이었으나 광동제약은 매출이 쑥쑥 오르며 휘파람을 불어댔다. 모두 비타500 덕이다. 지난해 말에는 전 직원에게 200%의 특별 보너스가 지급됐다. 창업 이래 처음이라고 한다. 지난 3월에는 최수부 회장의 외아들인 최성원 부사장이 사장으로 승진해 2세 경영 체제가 가동됐다. (Economist, 2005.10.11)

### (2) 소매업의 구조

소매업은 개인적 혹은 비영리적 목적으로 구매하려는 최종소비자에게 재화나 서비스를 판매하는 것에 관련된 활동을 주업으로 하는 개인이나 조직으로 정의된다. 도 · 소매업은 제조업과 달리 공장설립이나 기계장치 등이 필요없고 소규모 자영업이 대부분이지만 근래 유통업의 개방으로 세계적인 대규모의 대형할인점이 증가하고 있는 추세이다. 소매업이라고 하여 판매행위에 그치는 것이 아니고 가격설정, 재고관리, 상품의 매입, 진열, 광고, 판촉 등 최종소비자에게 상품을 판매하기 위한 모든 활동을 포함한다. 소매업은 판매방법에 따른 업태별 분류를 비롯하여 점포의 유무에 따라 유점포와 무점포로, 경영방식에 따라 단독점과 체인점으로, 입지에 따라 단일점포와 집합점포로 분류할 수 있다.

## 2. 도 · 소매업의 효용과 기능

중간상은 소비자의 욕구를 충족시키는 효용을 창출하여 소비자에게 제공한다.

**① 시간효용**(time utility)
중간상은 소비자가 원하는 시간에 알맞은 제품을 판매한다. 겨울에 창원의 공장에서 만든 에어컨을 소비자가 필요로 하는 여름에 판매를 한다. 또 24시간 영업을 하는 편의점은 소비자가 원하는 시간에 언제라도 이용할 수 있음으로 더 많은 시간의 효용을 소비자에게 제공한다. 그래서 편의점은 슈퍼마켓보다 더 비싼 값으로 제품을 판매하는 것이다.

② **장소효용**(place utility)

중간상은 소비자가 원하는 장소에서 제품이나 서비스를 구매할 수 있도록 하는 효용을 제공한다. 울산에서 만드는 자동차를 서울에서 판매하여 소비자의 편리를 도모한다.

③ **소유효용**(possession utility)

중간상은 제조업자를 대신하여 소비자에게 신용판매나 할부판매를 함으로 소유를 도와주고 있다.

중간상은 다음과 같은 기능을 수행하고 있다.

① **교환과정의 촉진**

제조업자는 수많은 소비자와 직접 거래를 하지 않고 소수의 중간상과 거래를 함으로 복잡하고 불편한 거래를 보다 단순하게 할 수 있다. 중간상의 개입으로 거래를 효율적으로 촉진시킬 수 있다.

② **제품 구색의 촉진**

중간상은 여러 제조업자로부터 생산되는 다양한 제품을 골고루 갖추어 놓음으로 소비자의 선택의 범위를 넓혀주는 기능을 한다.

③ **소비자와 제조업자의 연결**

중간상은 제조업자에 비해 소비자의 정보를 정확하게 파악하고 있다. 그래서 제조업자는 중간상을 통하여 적은 비용으로 소비자의 욕구에 맞는 제품을 생산할 수 있게 된다.

## 3. 도·소매업의 창업절차

도·소매업의 창업절차는 제조업에 비해 창업절차가 비교적 간단한 편이지만 경영의 초보자인 창업자에게는 그리 쉽지만은 않다. 나름대로 사업 준비가 철저하지 않으면 창업초기에 시행착오를 겪게 된다. 그러므로 도·소매업도 창업준비에 있어서 점포의 입지선정, 취급할 품목선정, 자금조달능력 등 종합적인 준비와 함께 상권분석과 영업방법에 대한 충분한 검토가 필요하다.

도·소매업의 창업도 제조업 창업과 마찬가지로 창업자가 사업자 등록이나 법인신고만으로 영업활동이 가능한 업종이 있고, 일정한 시설과 요건을 갖춘자만이 영업활동을 할 수 있는 인·허가 업종으로 구분할 수 있다. 도·소매업의 창업절차는 사업아이템 선정단계인 창업 예비절차와 점포입지 선정절차 및 개업 준비절차의 3단계로 나눌 수 있다. 〈그림 6-3 참조〉

**Article 3 좋은 상가 고르는 5대 비법 - 유동인구에 속지 말라**

일반적으로 좋은 상가란 임대수익률이 높은 상가를 말한다. 수익률이 곧 상가투자의 바로미터가 되기 때문이다.
수익률이 좋은 상가를 고르기 위해서는 우선 입지를 비롯한 주변지역의 상권을 제대로 따져봐야 한다. 대부분의 초보자는 유동인구만을 가지고 상가투자를 결정하곤 한다. 누구는 상가투자로 몇 억원을 벌었다고 하는데, 누구는 상가만 사두면 실패하는 경우가 있다. 바로 유동인구만으로 상가투자를 결정하기 때문이다. 유동인구는 상가투자에 필요한 '조그만 한 가지 참고사항' 이지 중요한 결정요소는 아니다. 좋은 상가 고르는 5가지 비법을 알아두자.

- 좋은 상가는 낮은 곳에 밀집돼 있다.
  고객의 동선은 낮은 지대로 형성되게 마련이다. 일반적으로 높은 곳보다 낮은 곳에 있는 상가가 수익률이 높은 편이다. 모든 사물은 높은 곳에서 낮은 곳으로 흘러가서 모이는 법이다. 고객 동선도 마찬가지다. 경사도가 있는 아래쪽에서 대부분 소비활동이 이루어진다. 따라서 낮은 지역이 목이 좋은 확률이 높다.
- 사람 발길을 사로잡는 업종 옆이 좋다.
  대형 시설의 길목을 파악하자. 대형 패스트푸드점이나 대형 할인점의 교차로 횡당보도는 사람을 집중적으로 끌어들인다. 이런 곳 옆이 좋다. 또 이런 좋은 업종이 몰려 있는 곳은 사람들 흐름까지 크게 바꿔 놓는다. 따라서 주위에 스타벅스, 커피빈 같은 게 있으면, 손님들 동선의 변화를 빨리 감지하고 주요 길목에 있는 상가에 투자하는게 좋다.
- 출근길보다 퇴근길이 유리하다.
  지하철역에서 주거지역으로 퇴근길은 황금동선이다. 일반적으로 구매력은 아침시간보다는 퇴근시간에 이뤄진다는 걸 알고 있자. 또한 바쁘게 출근하는 길보다는 여유로운 퇴근길에 소비를 많이 한다는 것도 잊지 말자. 퇴근길 길목에 위치해 있는 상가를 선택하는 것이 상가투자의 정석이다.
- 유동인구의 허와 실 파악하라.
  좋은 상가를 고를 때 유동인구가 중요한 요소로 여겨지던 것은 옛날이다. 남대문 시장은 하루 유동인구가 수십만이 오가도 상인들은 장사가 안 된다고 울상이다. 반면 청담동의 각종 갤러리 상가들은 거의 지나다니는 사람이 없어도 장사가 잘되는 곳으로 유명하다. 이는 상품의 전문화, 브랜드화로 인해 소비 패턴이 심하게 변하고 있기 때문이다.

유동인구를 참고사항으로 보면서, 구매력이 있는 유동인구와 구매자의 동선을 잘 살펴봐야 한다. 아무리 통행량이 많아도 상가를 그냥 지나쳐 버린다면 의미가 없다. 보행자가 유람하듯이 걸을 수 있는 장소라야 구매욕구가 생기는 것이다.

• 배후단지가 튼튼해야 한다.

일반적으로 남성 비율보다는 여성 비율이 높고 연령대가 10~30대가 주 통행량을 이루는 배후단지를 끼고 있어야 한다. 예를 들어 강남이나 명동 상권처럼 유명한 상권이 아니더라도 배후지에 구매력 있는 인구가 풍부해야 한다. 배후지에 대규모 아파트 단지가 있거나, 재건축이나 재개발이 예상되는 지역이거나, 또는 지하철 개통을 앞둔 지역이 좋다. 개발 재료가 있어 인구의 증가가 예상되는 곳이 좋다는 얘기다. 빌딩이 연속해서 모여있는 대형 오피스가 존재하거나 기업체 사무실이 집중되어 있는 곳도 좋다.

상가투자는 돈 되는 부동산을 고르는 작업이다. 사람이 북적이고 돈이 모일 수 있어야 상가투자가 성립된다는 것이다. 그러나 초보자들은 이 같은 점을 간과한다. 단순히 유동인구만 가지고 투자한다든지, 주변시세보다 싸게만 구입했다고 좋아하는 경우가 많다. 이는 위험한 투자 원칙이다. 실패할 가능성도 높다. 왜냐하면 수익률이 낮은 상가를 사서 수익성 좋은 상가로 만들기는 쉽지 않기 때문이다.

따라서 다소 비싸더라도 미래수익을 보장받는 좋은 상가를 고르는 게 원칙이다. 좋은 상가를 고르기 위해서는 구매력이 있는 고객의 동선을 꼼꼼히 체크해야 한다. 해당지역에 맞는 소득 수준, 라이프스타일, 학력 수준, 연령층 등을 사전에 파고들어야 한다. 그래야 상가로 돈을 번다.

(이코노미스트, 2007.6.5)

### (1) 업종 선정과 사업규모 결정

도・소매업 창업자는 어떤 품목을 취급할 것인가 하는 문제는 창업자에게 가장 중요하며 사업의 성패가 달려있다. 창업자는 다양한 정보와 자료를 분석하여 적절한 아이템을 선정하여야 한다. 그 형태가 도매점인가, 소매점인가 또는 대리점인가, 독립점인가, 체인점인가를 종합적으로 검토하여야 한다.

사업규모는 창업자의 자금조달 능력을 고려하여 결정하여야 한다. 창업초기의 소요자금은 주로 점포구입비, 점포권리금, 시설비, 내・외부장식, 상품구입비, 체인점 가맹시 보증금 등이 있으며 운영자금으로 인건비, 점포유지비, 물류비, 각종공과금 등 회전 운영자금이 확보되어야 한다.

입지 선정에서 좋은 입지의 점포는 보증금과 권리금이 많기 때문에 아무리 좋은 입지라도 상응하는 자금조달 능력이 없으면 소용없다. 또 좋은 위치라 하더라도 인접한 다른 상점과 비교하여 규모가 작다면 소비자는 작은 가계에 잘 들어오지 않는다. 따라서 자신의 상품을 좋게 진열하고 적정규모가 확보되어야 한다.

### (2) 상권 및 시장 분석

도 · 소매업 창업자는 자신에게 적합한 업종을 선택할 때 그 업종에 맞는 상권을 선정하여야 한다. 상권이란 한 점포가 고객을 유인할 수 있는 지역범위를 말한다. 창업자는 신설점포의 입지 선정과정에서 기존상권을 선택할 것인가 아니면 독자적인 상권을 개발할 것인가를 결정하여야 한다. 독자적인 상권으로 결정하게 되면 점포신설지역에 창업품목이나 업종에 대해 새로운 경영환경을 조성하고 고객층을 새로이 형성하여야 하기 때문에 공격적인 마케팅 전략을 수립하여야 한다. 그러나 기존 상권에 진입하는 경우에는 그 상권의 분위기에 적절히 대응하고 고객의 기호나 니즈에 적응하기 위한 마케팅을 통해 기존고객을 신설점포로 끌어 들이는 전략이 효과적이기 때문에 신설점포의 차별성을 부각시키기 위한 점포의 면적, 점포간의 거리, 광고 및 홍보 전략을 추진하여야 한다. 점포의 입지는 상권내에 소비대상 유동인구가 많고 장래에도 인구가 증가할 것으로 예상되며 구매력이 왕성한 연령층과 소득층이 존재하는 곳을 선택하여야 한다. 또한 도로, 지하철, 버스노선 등 교통체계를 비롯한 다수 소비자를 유인할 수 있는 기존상권이 형성되어 있는 곳이 경험이 적은 창업자에게 유리하다. 그러나 최근 증가하고 있는 인터넷 판매나 통신 판매의 경우는 별도점포를 갖추지 않는 것이 일반적이다.

### (3) 점포입지의 선정

도 · 소매업 사업의 성패는 입지 선정에 달렸다고 할 정도로 입지가 중요하다. 소비자가 직접 점포에 찾아오지 않으면 판매가 이루어지지 않기 때문에 편리하고 쉽게 찾아올 수 있는 입지가 선정되어야 한다.
이와 같은 좋은 입지 선정을 위해 고려해야 할 사항은 다음과 같다.

**첫째**, 점포의 입지는 상권내 유동 인구가 많고 소득수준과 소비성향이 높은 곳을 선정해야 한다. 또한 행정구역과 자연조건 및 도로교통망과 함께 경쟁업체도 관찰하여 선정할 필요가 있다.

**둘째**, 창업자 자신의 능력과 취향 그리고 창업할 업태와의 적합성이다. 즉 점포 보증금과 월세 및 권리금, 점포 임대기관과 연장가능성 등을 확인해야 한다.
**셋째**, 입지의 장래성을 살펴야 한다. 앞으로의 유동인구, 앞으로의 환경변화, 앞으로의 경쟁자 상황을 미리 예측함으로 미래의 추세에 적절히 대처해야 한다.
**넷째**, 점포의 규모와 자금조달 능력을 검토하여 보증금과 권리금, 그리고 임대료와 점포의 크기 및 위치 선정 등을 자세하게 검토하여야 한다.
**다섯째**, 쉽게 편하게 찾아올 수 있는 곳이라야 한다. 즉 목표시장의 고객들이 접근하기가 용이하여야 한다. 건널목, 신호등, 버스나 지하철 정거장입구, 주차장 여부 등도 고객의 점포 접근의 용이성에 큰 영향을 준다.

## 4. 점포 계약

### (1) 점포 임대차 계약

점포 임대차 계약시 차후에 말썽의 소지를 없애기 위하여 대비할 사항들이 있다.
**첫째**, 부동산의 현장 확인, 등기부등본 확인, 토지 및 가옥대장 확인 및 도시계획 확인을 하여야 한다.
**둘째**, 계약서에는 임대인, 임차인, 중개인의 이름, 주소, 주민등록번호와 연락처와 계약금, 중도금, 잔금의 금액과 지급기일이 기재되고 권리금, 하자보수문제, 시설 설비와 중개료 등의 문제가 기재된다.
**셋째**, 계약은 임차인과 임대인 당사자가 직접 체결하는 것이 원칙이고 부득이하여 대리인과 계약할 시에는 인감도장이 날인된 위임장을 받아두어야 한다.
**넷째**, 권리금은 법적으로 보장받지 못하고 관행으로 거래되기 때문에 만일의 분쟁에 피해보지 않도록 주의하여야 한다.

### (2) 점포장식과 진열

#### ① 점포장식

**외부장식**

사람도 남에게 잘 보이기 위해 화장을 하고 좋은 옷을 사서 입고 이·미용실에서 머리를 손질한다. 하물며 점포를 찾는 고객에게 인상적이고 안정적이며 활기차고 일관성을 느끼는 매력적인 외향을 갖춘 점포는 고객을 효과적으로 유

그림 6-3 도 · 소매업 창업절차도

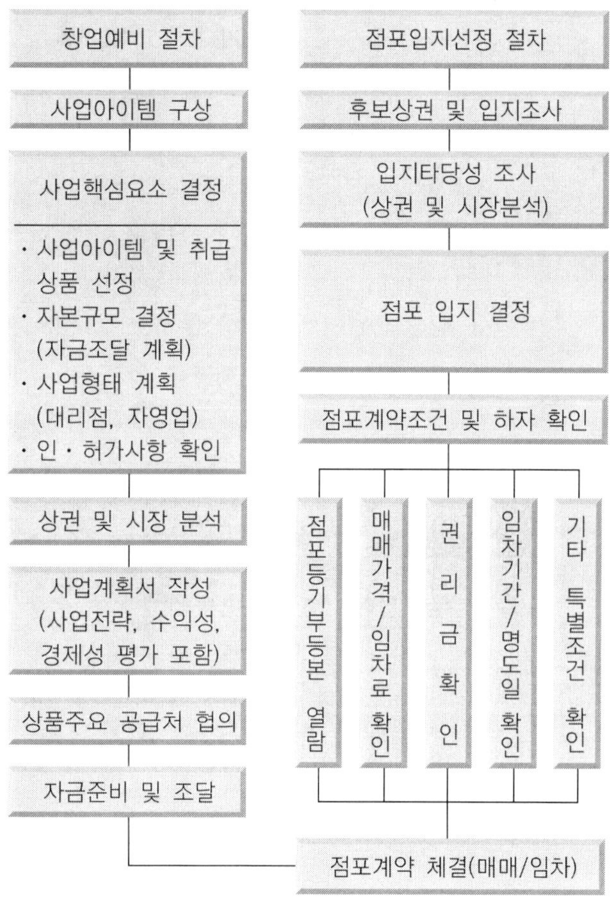


인할 수 있다. 즉 점포의 외관 디자인은 고객을 내부로 흡인할 수 있는 첫 번째 관문임으로 특별한 이미지가 전달될 수 있도록 간판, 입구, 진열창 등 외양을 잘 갖추어야 한다.

#### 내부장식

내부장식은 고객의 구매 욕구를 높이기 위해 점포분위기를 즐겁게 하고 상품이 매력적으로 보이도록 조명이나 음악에 신경을 써야 한다. 특히 내부 인테리어는 전체적인 주변 분위기와 잘 어울리고 취급하는 업종에도 맞게 꾸며져야 한다.

### 진 열

진열을 효과적으로 잘하여 점포나 상품의 개성이나 특성을 살리면 고객의 구매심리를 자극하여 점포 앞을 지나는 고객도 안으로 들어오게 하여 충동구매가 일어나게 된다. 그러므로 진열을 할 때는 고객 지향적으로 고객에게 서비스가 되어야 한다. 소비자 구매심리를 응용한 진열에 아이드마(AIDMA)원칙이 있다.

A(Attention) : 주의를 끌게 하고
I(Interest) : 관심과 흥미를 끌게 하고
D(Desire) : 소유욕을 느끼게
M(Memory) : 기억나게 하고
A(Action) : 구매행동을 일으키도록 하는

것이다.

**Article 4** 창업시장의 트렌드

#### 질적 성장·변화 '피할 수 없는 대세'

IMF 외환위기는 우리나라 창업시장의 구도를 송두리째 뒤바꿔 놓은 계기가 됐다. 수십만명의 봉급생활자들이 생계형 창업자로 변신했고 그 결과 수많은 실패자를 양산, 중산층이 무너지는 원인이 되기도 했다. 어찌됐건 10년이 채 못된 창업시장은 우리 사회의 '보편적 이슈'로 자리잡아 많은 사람들의 관심의 대상이 되고 있다. 또 과거 우리 사회를 뿌리 깊게 지배해왔던 사농공상(士農工商)의 사상적 경계를 완전히 무너뜨려 가치있는 경제활동으로 자리매김하게 됐다. 그 와중에 많은 업종이 탄생하고 사라졌으며, 굵직한 트렌드의 변화를 여러차례 경험하기도 했다.
2003년부터는 메가 트렌드인 웰빙과 가격파괴가 공존하면서, 조기퇴직 바람과 실업률 증가로 여성 및 청년창업이 증가했다. 주5일 근무제로 인한 상권의 변화, 프랜차이즈 시장의 급성장 등도 빼놓을 수 없는 변화이다. 21세기 초 벤처창업 붐과 함께 기대를 모았던 디지털 관련 업종들은 일반인들과 기술적 차별화에 실패, 반짝 유행했다 사라졌고, 다만 인터넷의 발달로 온라인 마켓 플레이스 등 온라인 창업은 크게 성장했다. 우선 외식업은 장기불황 속에서도 해마다 히트업종이 등장하는 등 큰 폭의 성장을 해왔다. '먹는 장사가 남는 장사'라는 속설이 끝까지 창업자들의 마음을 사로잡아 위력을 발휘했다. 외환위기 이후 창업시장을 지배했던 배달 전문 치킨시장은 조류독감 파동을 겪으면서 찜닭, 불닭, 바비큐 등으로 유행을 달리하다가 최근에는 치킨호프 전문점으로 바뀌면서 성장을 거듭해 나가고 있다. 쇠고기 등 육류시장은 2003년 광우병 파동 이후 삼겹살, 돼지갈비 등 대체업종이 강세를 보이다가 지난해부터 저가형 쇠고기 전문점이 움직이기 시작, 오는 10월부터 재개되는 미국산 쇠고기 수입과 맞물려 기대를 모으고 있다. 장기불황을 반영하듯 감자탕, 삼겹살, 보쌈, 순대, 곰장어(먹장어), 김밥 및 우동 등 서민형 업종이 강세를 보였고, 매운 맛 열풍에 전통음식인 한식이 선전하기도 했다. 웰빙 붐을 타고 건강·다이어트 외식업이 인기를 끄는가 하면, 베트남 쌀국수 등 에스닉푸드와 생과일 아이스크림 및 요거트 아이스크림도 젊은 여성층을 중심으로 시장을 넓혔다. 웰빙 바람과 함께 불어닥친 각종 음식물 파동은 저지방·저칼로리 건강식인 해산물 전문점의 성장을 부채질했고, 맥주전문점 등 주점은 안주메뉴의 퓨전화와 인테리어의 업그레이드로 시장을 확대해 나갔다. 일본식 돈가스는 완전히 자리를 잡았으며 피자, 스파게티 등 외래음식도 젊은층을 중심으로 굳건히 입지를 굳혔다.

판매업은 성장하는 업종이 있는가 하면 유통구조의 변화와 온라인 쇼핑몰의 증가 등으로 쇠퇴하는 업종도 많았다. 성장한 대표적인 업종은 편의점이다. 전국적으로 브랜드가 있는 점포만도 1만개가 넘을 정도로 과다경쟁을 하고 있다. 불황으로 인해 가격파괴 화장품 전문점과 생활용품 전문점 1000원 숍이 많이 생겼고, 웰빙 붐을 타고 유기농 식품 전문점도 약진했다. 맞벌이 부부의 증가는 현대식 반찬 전문점, 세탁편의점 등 생활편의형 사업의 성장을 가져왔으며, 해외 유명 브랜드의 수입과 테이크아웃 붐은 베이커리, 에스프레소 커피, 프리미엄 아이스크림 전문점 등의 강세로 이어졌다. 신세대층이 소비시장의 주류로 등장하면서 주얼리 등 액세서리 전문점이 중심상권 위주로 큰 성장을 해왔다.

반면 백화점, 할인마트 등의 증가와 온라인 판매시장의 성장은 가격이나 제품 경쟁력에서 우위를 점하지 못한 소규모 점포들을 대거 문 닫게 했다. 동네 어귀의 작은 서점, 문구점, 신발 및 의류점 등이 대표적인 업종들이다. 이를 극복하기 위해 문구점은 대형화되고 팬시 등과 복합화하거나 제본, 복사, 도장 등의 OA 서비스를 추가하는 자구책으로 맞서 생존해나가고 있다. 미래 산업이라고 일컬어지는 서비스업은 어린이 교육사업, 뷰티 관련사업, 스트레스 해소사업 등 시장이 크게 성장하는 등 대체로 선전하면서 미래의 가능성을 확인했다. 어린이 교육사업은 영어 및 수학학원 등 전통적 강세 업종뿐 아니라 최근에는 중국어 및 한자 교육 학원도 많이 생겼다. 창의력 교육, 놀면서 공부하는 에듀테인먼트 논술 학원도 강세고 홈스쿨과 아동도서 방문대여업도 주부 부업 아이템으로 인기를 끌었다. 뷰티 관련 업종은 IMF 직후 등장, 가격파괴를 내세운 남성 전용 미용실이 공전의 히트를 기록했고, '얼짱', '몸짱' 열풍으로 피부 및 몸매관리 전문점도 폭발적으로 늘어났다. 스트레스 해소사업으로는 PC방이 히트를 쳤고, 노래방, 비디오 및 DVD방 등도 세속 기기 및 인테리어가 업그레이드되면서 인기를 끌었다. 찜질방은 남녀노소를 불문하고 전 국민의 사랑을 받을 정도로 인기를 끌다가 최근에는 점차 대형화 추세로 나아가고 있다.

사회적인 검약 분위기와 소비심리 위축으로 불황에 내성이 강한 리폼, 리스, 리필 사업이 주목을 받았다. 또한 환경에 대한 사회적인 관심의 증가도 재활용 사업의 성장에 긍정적인 역할을 했다. 대표적 업종인 잉크 충전방은 2005년부터는 방문 잉크, 토너 충전으로 소비자의 사랑을 이어갔고, 창업 자금이 부족한 창업가들을 겨냥한 컴퓨터 방문수리업, 향기관리업, 청소대행업 등 무점포 소자본 창업이 많이 생겨나기도 했다. 그렇다면 향후 5~10년 후 우리나라 창업 시장은 어떻게 변할까. 과거보다 훨씬 더 많은 변화를 가져올 것이라는 게 대체적인 시각이다. 지금까지의 창업시장이 양적 팽창에 근거한 정착화 단계였다면 앞으로는 질적 성숙을 전제로 한 성장과 변화를 거듭해 나갈 것이다. 창업환경적 측면에서 보면 경쟁자가 혼재하는 상황이 발생할 것이다. 기금까지는 주로 경쟁자가 동일 업종간에 있었다면 미래에는 이종업종간에도 경쟁이 혼재하는 과당경쟁으로 생존경쟁은 더욱 치열해질 것이다. 외식업이든, 판매업이든, 서비스업이든 고객만족을 넘어 감동을 일으키는 맞춤형 밀착서비스를 제공하는 점포가 경쟁력을 가지고 확산돼 나갈 것이다.

**유통에서 서비스 중심으로**

'정보백화점 시대'가 도래해 정보가 공유되기 때문에 정보력의 차이로 발생하는 유통이익보다 고객에게 꿈과 경험을 주는 서비스업종이 강세를 이룰 것이다. '소황제'를 위한 엔젤 비즈니스는 보다 고급화되고 전문화될 것이고, 특히 어린이 교육시장은 하나뿐인 내 아이를 잘 키우려는 부모들의 욕망과 더불어 성장할 전망이다. FTA가 체결되면 교육시장의 개방으로 교육시장은 질적·양적 팽창을 거듭해나갈 것이다. 장보기 대행업, 제사상 차림 대행업 등 정보를 중심으로 하는 서비스업과 청소대행업, 실내환경개선사업 등 생활환경 관련 서비스업은 고객의 감성을 자극하거나 일대일 맞춤 고객가치를 창출하려는 노력들이 더해지는 등 질적으로 업그레이드되면서 자리를 잡아 나갈 것이다. 반면 판매업은 대형 유통업체의 확산으로 전반적으로 퇴조하는 가운데 시간과 공간의 장점을 잘 살리고 고객 서비스가 좋은 지역밀착형 점포들은 여전히 생존해나갈 것이다.

**외식업의 질적 성장**

건강에 좋은 재료와 음식을 파는 유기농 건강식 전문점들이 득세할 것이고, 생산이력제를 도입하는 점포들도 크게 증가할 것이다. 반면 FTA가 체결되면 품질은 높고 가격은 저렴한 매스티지 업종들도 늘어나고 동시에 가격파괴 전문점들도 증가하면서 외식시장은 전반적으로 성장해나갈 전망이다.

**퓨전화와 복합화**

제품 및 서비스는 퓨전화되고 복잡화될 것이다. 즉 제품 하나만을 파는 것이 아니라 관련 제품을 동시에 취급하고, 서비스와 정보까지 동시에 제공하는 원스톱 서비스매장이 확산될 조짐이다.

**온라인 창업 보편화**

지식·정보화, 유비쿼터스 등 인터넷 기반기술이 발달하고 청년실업 및 퇴직실업의 증가와 주부창업 수요가 증가하면서 적은 비용으로 쉽게 창업할 수 있는 온라인 창업이 보편화될 것이다. 점포 역시 온라인 판매방식을 도입하는 곳이 늘어날 수밖에 없다.

**여성 · 실버 업종 증가**

소비주체의 중심이 여성을 이동하면서 여성을 대상으로 하는 업종들이 꾸준히 증가할 것이다. 천연화장품, 뷰티 관련 업종 등이 대표적이다. 그리고 노인인구가 증가하면서 실버시티 파견업, 실버용품 전문점, 건강제품 전문점 등도 성장이 예상된다.

**프랜차이즈 시장의 질적 성장**

정보 공유에 힘입어 불량 프랜차이즈는 거의 퇴출될 것이며 도덕적·재무적 건전성을 갖추고 정보화 등 미래를 위한 R&D(연구개발)투자를 아끼지 않는 업체들 중심으로 시장이 재편될 것이다. 동시에 독립창업자들은 경쟁력을 상실하고 프랜차이즈 가맹점 창업을 하는 수가 훨씬 늘어날 것으로 보인다.

**창업시장의 글로벌화**

미국, 일본, 유럽 등 해외 브랜드의 국내진출과 국내 브랜드 해외진출이 활발해져 국가간의 경계선이 무너지고 무한경쟁시대가 도래할 것이다. 동시에 해외이민 창업도 증가할 전망이다.

## 참고문헌

1) 권익현 · 임병훈 · 안광호, 마케팅, 경문사, 2002.
2) 김규태, 창업경영과 실무, 형설, 2002.
3) 안광호 · 한상린, 유통원론, 학현사, 2005.
4) 조보상, 소자본창업과 경영의 실무, 2004.
5) 지효준, 21세기 경영학, 법문사, 2004.
6) 한길석, 창업과 경영, 법문사, 2004.

Chapter 07

# 창업기업의 설립과 인사활동

# 7.1 창업기업의 설립

## 1. 기업형태의 결정

최근의 기업환경이나 창업환경은 매우 복잡하고 다양해졌다.

직장상사의 말 한마디에 밤낮없이 열심히 일하던 직원들의 근무태도에도 많은 변화가 생겼다. 보다 좋은 근무환경, 보다 많은 복리후생, 더 많은 여가시간이 있는 직장을 찾아 주저 없이 자리바꿈을 하고 있다. 이제는 경쟁도 국내에만 국한된 상황이 아니다. 국내 상점 어디에서든 쉽게 세계 여러 나라에서 생산된 제품들을 만날 수 있으며 소비자들도 별다른 거부감 없이 가격과 품질이 좋은 외국상품들을 거리낌 없이 구매한다.

**Article 1** 시한폭탄 비정규직법

"가뜩이나 중국에 밀려 힘든데 사람도 제대로 못 쓰면 중소기업들은 앉아서 죽으라는 얘깁니까"

의정부시에서 의류를 임가공해 미국에 수출하는 최병학 사장(가명)은 "비정규직법이 시행되면 임금을 올려주든지 다른 비정규직을 뽑아야 하는데 숙련공을 확보하기가 쉽지 않을 것 같아 걱정"이라고 토로했다. 최 사장이 운영하는 기업은 현재 외국인 산업연수생 9명을 포함해 비정규직 15명이고, 정규직은 10명에 불과하다. 업황에 따라 공장 가동률이 달라지는 특성상 비정규직을 쓸 수밖에 없는 실정이다. 요즘처럼 한달에 17일 정도만 공장을 돌리는 상황에서는 더욱 그렇다. 최 사장은 "원화값 강세로 중국업체에 밀리는 판국에 비정규직법마저 시행되면 임금 경쟁력도 낮아질 텐데 기업을 운영할 수 있을지 자신이 없다"고 한숨만 내쉬었다.

비정규직 근로자의 93%를 고용하고 있는 중소기업들이 '비정규직 시한폭탄'에 떨고 있다. 물론 중소기업들이 당장은 비정규직 보호법안을 시행하지 않아도 된다. 중소기업의 부담을 감안해 100~300인 사업장은 2008년 7월부터, 100인 미만 기업은 2009년 7월부터 비정규직 보호법안이 적용되기 때문이다.

"강력한 리더십이 있는지 여부가 삼성, 소니의 운명을 갈랐습니다."

14일 서울 워커힐 호텔에서 산업자원부 주최로 열린 '부품, 소재 포럼' 참석차 방한한 고노모토 신고(46) 노무라 종합연구소 부사장(제조업, 정보통신 담당)은 본지와의 인터뷰에서 이렇게 말했다. 그는 "삼성은 강력한 리더십 아래 신사업을 추진하고 있지만 소니는 미국인 사장 교체 이후에도 닛산의 카를로스 곤 회장처럼 명확한 비전을 제시하고 조직을 이끄는 리더십이 아직 보이지 않는다."

고 평했다. 고노모토 부사장은 이어 "소니는 1990년대 중반 영화, 소프트웨어 같은 콘텐트 중심의 사업으로 전환하면서 개발, 제조라는 바퀴의 축이 깨져 금세 회복되기 힘들 것"으로 내다봤다. 도쿄대 기계공학과를 나온 그는 노무라연구소에 입사해 20여년간 도요타, 소니 등 일본 대표기업과 한국 주요 대기업을 컨설팅해 왔다.

하지만 대기업보다 사정이 열악한 중소기업들이 1~2년간의 유예기간을 줬지만 인건비 부담이 늘어날 수밖에 없는 비정규직 보호법안을 제대로 시행할 수 있을지 의문이라는 목소리가 커지고 있다. 따라서 중소기업에 근무하는 비정규직들은 보호법안이 시행되더라도 정규직 전환은 커녕 오히려 2년짜리 계약직으로 전락하고 기업들도 인력확보에 어려움을 겪을 것이라는 비관적인 전망이 나오고 있다.

양현경 사장도 수도권에서 식품가공업체를 운영하고 있는데 전체 직원 30여 명의 3분의 2가 4,50대 비정규직이다. 이들은 식품포장과 스티커 부착 등 단순 업무를 파트타임으로 맡는다. 양 사장은 "단순 업무를 하는 이들을 정규직처럼 관리하고 승진도 시키면서 책임도 묻는 것은 무리"라며 "2년 후에나 비정규직법안 적용을 받지만 법안이 시행되더라도 이들을 정규직으로 전환할 생각은 없다"고 밝혔다. 그는 "비정규직법이 시행되면 번거롭지만 2년을 채우기 전에 계약을 해지하고 다른 비정규직들을 재고용하는 방식을 선택할 수밖에 없다"고 강조했다.

시화공단에서 섬유업체를 운영하는 정두식 사장(가명)은 "설비증설을 하면서 생산직 인력 2명을 비정규직으로 고용했다"며 "한달만 지나도 4대보험 의무가 생겨서 같은 사람을 이를테면 A, B, C, D로 바꿔가며 계약을 갱신하고 있다."고 밝혔다. 그는 "비정규직 보호법안이 시행되면 노동유연성이 거의 없는 국내에서 제조업하려는 사람은 없을 것"이라고 밝혔다.

중소기업중앙회가 2005년 조사한 결과에 따르면 중소제조업체들이 비정규직을 고용하는 이유로 '불규칙한 단기적 주문(33%)'과 '인건비 절감(25.9%)', '필요인력 확보 곤란(23%)', '인력조정 용이(14.6%)' 등을 꼽았다.

기업의 규모가 작을수록 불규칙한 단기적 주문 비율이 더 높았다. 업황의 영향을 많이 받는 상황에서 중소제조업체가 정규직으로 부담을 안고 갈 여유는 거의 없다는 얘기다. 직원 300인 이상을 고용할 정도의 대규모 기업들은 이미 비정규직 비율을 대폭 줄였다. 일부 파견근로자 형태 용역을 제외해도 손에 꼽을 만큼의 인력을 채용하고 있다.

하드디스크 제조업체 H&T 정국교 사장은 "아직 직원수가 140여 명에 불과해 비정규직 보호법안 적용을 받진 않지만, 대기업들이 비정규직 업무를 중소협력업체로 돌리듯 법이 시행되면 중국 법인에 일감을 돌릴 수밖에 없는 상황"이라고 말했다. 그는 "임금경쟁력이 점점 떨어지기 때문에 비정규직을 채용하지 않고 국외로 생산시설을 옮기는 기업들이 많을 것"이라고 지적했다.

(매일경제, 2007.1.13)

이러한 시장 환경들을 고려해 볼 때 기업창업에 있어서 어떠한 기업형태를 갖춰야 하는지를 결정하는 것은 중요한 문제이다.

창업자는 자신의 사업아이템이 긍정적으로 평가되면 이를 본격적으로 상품이나 서비스로 개발하여 시장에 공급하게 되는데, 이러한 경영활동을 하기 위한 전제조건은 기업형태를 갖추는 일이다. 우선 창업자는 기업의 형태를 개인으로 할 것인가 또는 법인으로 할 것인가의 선택을 하여야 한다. 개인기업은 기업활동과 관련된 모든 책임을 사업자가 부담해야 하는 기업형태를 말한다. 반드시 그런 것은 아니지만 일반적으로 규모가 작은 자영업은 개인기업을 선호하는 경우가 많다.

법인기업은 기업이 법인격을 가지도록 만들었기 때문에 기업활동에서 발생하는 권리와 의무는 기업자체가 부담하게 된다. 우리나라 기업의 경우 법률상으로 주식회사이면서 운영은 한 개인이 주도하는 가족회사와 같은 형태로 경영되는 경우가 많다.

창업자는 여러 가지 기업환경과 경영능력 그리고 개인과 법인기업의 장단점을 비교하여 자기 기업에 알맞은 기업형태를 선택하여야 할 것이다. 최근의 추세를 보면 법인기업의 설립이 늘어나고 있으며, 창업 시에는 개인기업으로 출발하여 규모가 좀 커진 후에는 법인기업으로 전환하는 경우도 많다.

## 2. 개인기업과 법인기업의 장단점

사업 시작 시 가장 먼저 결정하여야 하는 문제는 '개인기업'으로 사업을 시작할 것인지, '법인기업'으로 사업을 시작할 것인지를 결정하는 문제이다. 어떤 기업형태가 더 좋다고는 정의하기 어렵다. 각 기업의 장단점을 충분히 검토한 후 자신이 하고자하는 사업에 맞는 기업형태를 결정하여야 한다.

### (1) 개인기업의 장단점

개인기업은 완전한 법인격이 없음으로 창업자 즉 사업자 개인이 출자하여 경영활동을 수행하는 기업으로 다음과 같은 장점이 있다.

**첫째**, 개인기업은 이윤이 발생하였을 때 기업주가 모두를 독점할 수 있다. 이에 반해 법인기업은 출자자의 주식소유 비율에 따라 이윤이 분배되어진다.

**둘째**, 개인기업은 법인설립등기 필요없이 세무서에 사업자 등록만 하면 사업활동을 개시할 수 있다.

**셋째**, 창업비용이 저렴하고 창업절차가 간단하여 쉽게 창업기업을 설립할 수 있다.

**넷째**, 사업상의 비밀이나 제조상의 비밀, 경영노하우나 마케팅전략, 또는 자금조달과 운용상의 비밀유지가 가능하다.

**다섯째**, 자금이 부족하여 증자를 할 경우에 아무런 제약이 없으며, 이익금이 발생하였을 경우에 종합소득세만 내면 나머지금액은 자유로이 인출할 수 있다.

**여섯째**, 창업자는 기업주체임으로 의사결정시 타인의 간섭 없이 빠르게 결단을 내릴 수 있다.

이처럼 개인기업은 개인이 단독으로 출자하여 만든 기업이므로 소유와 경영이 일치하는데서 오는 장점이 있으나 다음과 같은 단점도 있다.

**첫째**, 개인기업은 기업경영상 문제가 생길 경우에 일어나는 모든 손실과 부채를 개인이 혼자서 부담해야 하는 무한 책임을 가져야 한다.

**둘째**, 창업자 개인능력의 범위 내에서 자금 조달이 가능하며 대외신용도가 낮다. 법인일 때는 주식공모를 통하여 많은 액수의 자금도 조달할 수 있다.

**셋째**, 소득이 많아질 경우에 세금부담이 많아질 수 있다. 세율측면에서 보면 개인기업의 9~36%로 누진세율 4단계인데 비해 법인기업은 15~27%로 누진세율 2단계로 더 유리하다.

**넷째**, 창업주 개인 신상에 문제가 발생할 경우에는 폐업을 해야 하고 다른 사람이 신규로 사업자 등록을 하여야 하므로 영속성이 단절된다.

**다섯째**, 전문경영인을 영입할 수 없기 때문에 경영능력의 한계를 극복하기 어렵다.

### (2) 법인기업의 장단점

우리나라 법인기업의 대부분의 형태는 주식회사이며 다음과 같은 장점이 있다.

**첫째**, 자금조달이 개인기업에 비해 유리하다. 주식공모를 통하여 자본을 거액으로 조달할 수 있다.

**둘째**, 법인기업은 소유와 경영이 분리되어 있음으로 소유자의 경영능력이 부족할 시에는 언제든지 전문경영인을 영입하여 효율적인 경영을 할 수 있다.

**셋째**, 개인기업보다 대외공신력이 높기 때문에 자금대출 등 신용면에서 유리하다.

**넷째**, 기업이 도산하여 많은 부채와 손실이 발생하였을 경우에도 주주는 출자액의 한도범위 내에서만 책임을 지는 유한 책임이다.
**다섯째**, 기업의 규모가 클 때에는 세금부담이 개인기업에 비해 적다.

최근의 기업수준으로 보아 영세한 도소매업도 연간소득이 4천만원 이하인 경우가 드물기 때문에 법인형태가 더 선호되고 있으나 법인기업도 아래와 같은 단점이 있다.
**첫째**, 기업 설립시 정관작성, 발기인구성, 창립총회, 법인설립등기 등 절차가 까다롭고 복잡하다.
**둘째**, 소득금액에 대한 세무처리를 잘못하면 개인기업보다 훨씬 무거운 가산세와 추징금을 내야 한다.
**셋째**, 중요한 결정사항은 주주총회, 이사회, 임원회 같은 기구의 승인을 받아야 하기 때문에 의사결정이 복잡하며 신속하게 이루어지지 않는다.
**넷째**, 폐업을 할 경우에 개인기업은 세무서에 폐업신고만 하면 되는데 법인기업은 해산등기, 잔여재산청산 등 절차가 복잡하고 비용도 많이 든다.
**다섯째**, 제조관계, 마케팅관계, 자금조달과 운용관계, 경영노하우 등에서 비밀이 보장되지 않는다.

따라서 창업자는 여러 가지 기업환경과 경영능력을 잘 분석하고 개인기업과 법인기업의 장・단점을 비교 평가하여 자기 실정에 맞는 기업형태를 선택하여야 할 것이다.

## 3. 개인기업의 설립

개인기업은 개인이 단독으로 출자하여 만든 소유와 경영이 일치하는 기업으로 기업이윤도 독점하지만 부채나 손실에 대해서도 무한책임을 진다. 반면 기업을 설립 시 설립절차와 휴・폐업이 간단하며, 정부의 인・허가를 필요로 하는 업종 외에는 세무서의 사업등록증만 교부받으면 영업이 가능하다. 즉 복잡한 설립등기 없이 사업자등록만으로 사업을 개시할 수 있어 간편하다.

### (1) 개인기업의 설립절차

적은 규모로 사업을 시작할 때, 사업경험을 쌓기에 알맞은 기업형태는 개인기업이다. 그 이후 사업이 번창하여 규모가 커지고 기업성장전망이 생길 때는 법인기업으로 전환할 수도 있을 것이다.

개인기업을 창업하려는 때에는 그 규모나 업종에 관계없이 관할세무서에 사업자등록을 하여야 한다. 사업자등록은 주민등록과 같은 것으로 모든 국민이 주민등록을 하듯이 창업자도 사업을 시작한 날로부터 20일 이내에 구비서류를 갖추어 관할세무서 민원 봉사실에 사업자등록을 신청하여 세무서로부터 사업자등록증을 발급받아야 한다.

그림 7-1 개인기업의 설립절차

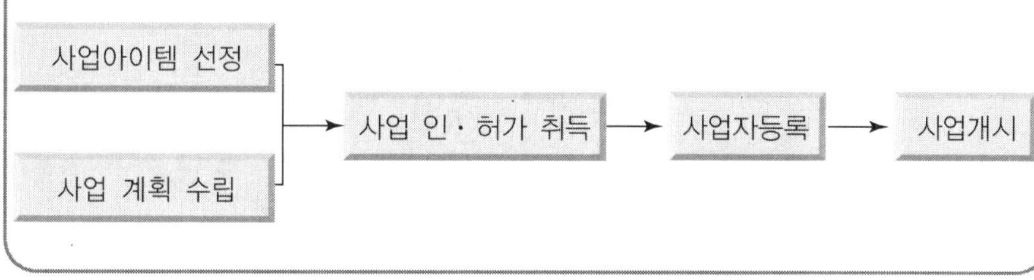


### ① 사업 인·허가 취득

법령에 의하여 인·허가, 또는 신고를 득해야 사업을 개시할 수 있는 업종은 미리 당해 업종을 주관하는 주무관청 또는 지방자치단체에서 인·허가를 취득하여야 한다. 창업자는 사업아이템으로 선정한 업종이 인·허가대상업종인지, 신고대상업종인지를 사전에 검토하여야 한다.

### ② 사업자 등록

신규로 사업을 개시하는 자는 사업장마다 사업개시일로부터 20일 이내에 관할세무서에 신고하여 교부받은 사업자 등록번호로 대외적으로 사업체를 표시하게 된다. 만일 사업자 등록을 하지 않고 사업을 하였을 경우에는 개인기업일 때는 공급가액의 1%, 법인기업은 공급가액의 2%에 해당하는 미등록 가산세를 부담하여야 한다. 사업자 등록 신청 시 구비서류는 다음과 같다.

- 사업자 등록 신청서 1부
- 사업장 임대차 계약서 1부
- 사업 인·허가증 사본 1부
- 주민등록증 또는 주민등록 등본
- 2인 이상이 공동으로 사업을 하는 경우에는 공동사업사실을 증명할 수 있는

서류와 1인을 대표자로 한다.

- 사업장이 여러 개 있을 경우 사업장별 등록절차를 이행
- 사업자 등록 후 등록증 기재사항에 변동사항이 발생할 시에는 바로 정정 신고를 하여 고쳐야 한다.

**Article 2 상황 따라 법인 또는 개인 창업 선택**

공동창업 성공의 관건은 관리와 회계의 투명성이다. 이를 위해 사전에 투자자들 간에 규정을 협의하고 이를 문서화해 법인의 형태로 자기가 투자한 만큼의 지분을 가지고 창업하는 경우가 일반적이다. 법인으로 공동창업할 때는 개인으로 공동창업할 때와 차이가 있다.

첫째, 법인은 신용카드 발행세액공제를 받지 못한다. 외식업과 같이 신용카드 매출이 많은 경우 그 카드매출의 1%를 부가가치세로 납부할 때 차감해주는 신용카드 발행세액공제(연간 500만원 한도)를 적용받는 데, 법인은 혜택을 받지 못한다.

둘째, 세율의 차이로 인한 세금의 차이이다. 개인의 세율은 8%부터 35%까지의 4단계 누진세이고, 법인은 13%, 25%의 2단계 누진세를 적용받는데 과표에 따라 납부할 세금이 달라진다. 일반적으로 과표가 일정금액 이상이면 법인이 유리하지만 개인으로 공동사업 시에는 그 과표가 지분비율로 나눠지므로 이것까지 고려한 후에 비교해야 한다.

셋째, 비용과 관리상의 문제다. 법인은 설립에 따른 비용발생과 추후 구성원 변경 시마다 다시 등기를 변경해야 하는 번거로움과 회계관리를 개인보다 철저히 해야 하는 어려움이 있다. 반면에 분쟁발생시 상법에 따라 해결한다는 기준이 있으므로 관리가 용이한 장점도 있다.

지인 간의 동업은 신뢰를 바탕으로 하지만 최근의 공동창업은 그 신뢰라는 매개를 명확한 규정과 시스템으로 바꿨다고 볼 수 있다. 공동창업은 단순한 동업보다 진일보한 형태로 명확한 규정과 관리시스템을 가지고 운영하면 소자본으로는 생각하기 어려운 분야에서 높은 수익을 낼 수 있다. 그러나 아무리 정교한 규정과 시스템을 가지고 있더라도 이를 운영하는 것은 사람이므로, 결국 구성원 사이에 신뢰가 확보될 때 보다 나은 결과를 가져올 것이다.

(Business, 2006.12.4)

## 4. 법인기업의 설립

법인기업은 여러 출자자가 참여하는 기업형태이며, 그렇기 때문에 자본조달이 용이하고 모든 참여자는 출자 지분 범위 내에서만 책임을 지는 유한 책임만 지

기 때문에 기업에 문제가 발생하더라도 개인문제로 확대되지 않는다. 또 소유와 경영이 분리되어 합리적인 경영이 가능하며 대외신용도가 높다.

### (1) 법인기업의 종류

이러한 법인에는 주식회사, 유한회사, 합명회사, 합자회사가 있다.

**① 주식회사**

주식회사란 자신이 소유한 주식의 금액을 한도로 출자의무를 질 뿐 기업의 손실이나 채무에 대하여는 출자범위 외에는 전혀 책임을 지지 않는다. 주주는 자신이 소유하고 있는 주식을 아무런 제한 없이 자유롭게 양도할 수 있기 때문에 투자 자본의 회수가 용이하며, 기업입장에서는 주식 발행을 통해 쉽게 자금조달을 할 수 있다. 법인기업 형태 등 가장 대표적인 형태가 주식회사이다.

**② 유한회사**

유한회사는 주식회사와 기능이 비슷하지만 사원이 1인 이상 50명 이하이고 자본도 1천만 원 이상이면 되기 때문에 가족형 법인으로 적당한 형태이다.
주식회사와 마찬가지로 자신이 출자한 금액 한도 내에서만 책임을 지는 유한책임사원만으로 구성된 법인이다. 다만 사원의 총수가 제한되어 있고 지분양도가 자유롭지 못한 점에서 주식회사와 다르다. 또 주식회사에 비해 규모가 작기 때문에 대외 신용도가 낮아 어려움이 있을 수 있다. 사실 우리나라 중소기업 대부분이 주식회사의 형태를 취하고 있으나 내부적으로 가족회사 또는 1인회사인 경우가 많다.

외형만 화려하게 보이려고 주식회사를 선호하기 보다는 설립수속이 간단하고 경영상태를 공개하지 않아도 되는 실속 있는 유한회사를 설립하는 것도 좋은 방법이다.

**③ 합명회사**

합명회사는 사원 모두가 기업의 채무에 대하여 무한책임을 져야 한다. 따라서 대외적으로 인적 신용이 중요시되며 대내적으로 서로 간에 믿을 수 있는 신뢰관계가 중요시 된다. 마치 개인기업의 공동경영과 같은 형태로 법적으로도 사원은 회사의 업무집행권과 회사 대표권을 동시에 가진다.

정관을 작성하고 설립등기를 하면 되는 간단한 절차로 설립이 가능하다. 인적요소를 중요시하므로 출자에 관해서는 현금, 현물, 노무, 신용 등 광범위하게 허용되지만 출자 지분 양도는 다른 사원의 승낙이 필요하다. 만일 회사경영이 잘못되면 자신의 모든 재산을 잃을 수도 있으므로 합명회사 선호도가 많지 않다. 서로 간 확실히 믿을 수 있고 미래전망이 틀림없이 좋을 때 설립할 수 있는 형태이다.

**④ 합자회사**

합자회사도 인적요소가 강한 법인형태로서 회사 채무에 대하여 직접 책임을 지는 무한책임사원과 출자액의 한도 내에서만 책임을 지는 유한책임사원으로 구성된 두 부류의 사원으로 구성된 복합조직형태이다.

무한책임사원은 업무경영에 대한 집행권과 회사대표권을 동시에 가지며, 유한책임사원은 회사의 대표권도 없고 경영에 참여도 하지 않으며, 업무 감사권만 있을 뿐이다.

유한책임사원은 자본을 제공하는 대가로 사업에서 생기는 이익의 분배에만 참여한다.

위에서 살펴본 바와 같이 개인기업과 법인기업은 서로 다른 장단점이 있기 때문에 창업기업의 규모나 경영방침 또는 사업내용이나 환경에 따라서 적절한 기업형태를 선택하여야 할 것이다.

일반적으로 소규모 창업일 경우에는 개인기업으로 시작하는 것이 바람직하다고 볼 수 있으며, 어느 정도 규모가 클 때는 법인기업으로 창업하는 것이 좋다.

## 5. 주식회사의 설립

법인의 설립절차는 상당히 복잡하기 때문에 법무사 같은 전문가에게 대행시키는 경우가 많다. 앞에서 살펴본 바와 같이 법인에는 주식회사, 유한회사, 합명회사, 합자회사 등 4가지 형태가 있지만 대부분이 주식회사를 선호하기 때문에 여기서는 주식회사의 설립절차에 대해서만 살펴보기로 한다.

주식회사의 설립은 사업업종에 따라 관할관청에서 사업에 대한 인·허가를 먼저 취득해야 한다. 상법에 따라 1인 이상의 발기인이 발기조합을 구성하여 정관작성, 주식인수와 청약, 발기인 서명날인을 하여서 법원에 설립등기를 한

후 20일 이내에 관할 세무서에 법인 설립신고를 해야 한다. 또 주식회사는 5천만 원 이상, 벤처창업일 경우에는 2천만 원 이상의 최저 자본금 제도를 두고 있다.

주식회사는 주주의 변동이 회사의 존립이나 회사경영에 미치는 영향이 적고, 주주의 지분이 주식으로 세분화 되어 있어서 주주는 언제든지 소유주식을 양도 할 수 있어서 투자한 자본을 용이하게 회수할 수 있으며 회사가 해산할 경우에 주식을 포기함으로서 더 이상의 책임을 지지 않는 유한책임을 지기 때문에 오늘날 주식회사가 합리적인 투자 대상이 되고 있다.

### (1) 발기인 구성

발기인은 회사의 설립을 기획하고 주관하는 자로 설립업무의 집행기관이 된다. 발기인 조합은 발기인 1인 이상이며 자격에 특별한 제한이 없다. 내국인이든, 외국인이든, 법인이든, 개인이든 관계없으며 미성년자일 경우에도 법정 대리인이 발기인 조합의 구성원이 되고 대외적으로는 회사의 대표가 된다.

### (2) 정관의 작성

국가의 헌법에 해당하는 법규로서 회사의 조직 및 운영에 관한 기본규칙을 말하고, 이러한 규칙을 서면으로 기재한 것이 정관이다. 즉 회사의 제 규정인 인사규정, 급여 및 복지규정, 회계규정, 생산 및 품질규정, 그 외 모든 경영관리규정 등 회사의 최상위 기본 규칙이라고 할 수 있다.

#### ① 정관의 기재사항

정관의 기재사항에는 정관에 기재하지 않으면 회사의 설립이 무효화되는 절대적 기재사항과 기재하지 않아도 정관은 유효하지만 기재하지 않은 사항에 대해서는 효력이 없어지는 상대적 기재사항, 그리고 기재하면 기재효력이 있고 기재하지 않아도 정관의 효력에는 영향이 없는 임의적 기재사항이 있다.

절대적 기재사항

- 상호 : 영업상 창업기업을 표시하기 위하여 사용하는 명칭
- 사업목적 : 기업이 경영하려하는 사업을 나타냄
- 본 지점 소재지

- 공고방법 : 기업의 이해관계에 대한 사항에 대하여 관보 또는 일간신문에 공고를 해야 함
- 발행예정 주식총수 : 발행예정주식의 총수는 설립 시 4분의 1이상만 발행하면 됨
- 1주의 금액 : 1주의 금액은 균일하여야 하며 100원 이상이면 되지만 보통 5,000원임
- 주식의 종류
- 설립 시 발행하는 주식 총수
- 발기인 성명, 주소, 주민등록번호

상대적 기재사항
- 발기인이 받을 특별이익과 받을 자의 성명
- 현물 출자자의 성명 : 재산의 종류, 수량, 가격과 이에 대하여 부여할 주식의 종류와 수
- 회사가 부담할 설립비용과 발기인이 받을 보수액

임의적 기재사항
정관의 기재할 것인지의 여부를 완전히 회사의 자유의사에 맡기는 사항이다.
- 발행 주권의 종류
- 주식의 명의 개시 등의 절차
- 주주총회 의장
- 이사 감사의 수
- 사업연도 등

#### ② 정관의 인증

창업 시 작성하는 정관을 원시정관이라고 하는데 이 원시정관은 정관인증 취급 공증인의 인증을 받아야 효력이 발생한다. 정관인증 구비서류로는,
- 정관 2부
- 각 발기인 인감증명 및 주민등록증
- 대리인의 경우 위임장 및 대리인의 인감증명서

### (3) 설립 절차

주식회사의 설립에는 발기설립과 모집설립 2가지 방법이 있다. 발기설립은 발기인이 주식의 전부를 인수하는 설립방법이며 모집설립은 발기인이 주식의 일부를 인수하고 나머지는 주주를 모집하여 주식을 인수시키는 방법이다.

주식 인수 시, 구두에 의한 인수는 무효이므로 서면으로 하여야 하며 모든 발기인은 1주 이상의 주식을 반드시 인수하여야 한다. 발기설립의 경우는 발기인의 주식인수, 주금의 납부, 이사감사의 선임, 설립경관조사, 기재사항에 대한 조사, 발기인 총회, 대표이사 선임 등의 절차를 거친다.

모집설립의 경우는 발기인의 주식인수, 주주의 모집 및 주식의 청약, 주금의 납부, 기재사항 조사, 창립총회, 법인 설립등기, 사업자 등록신청의 절차를 거치게 된다.

**Article 3** **경영의 마음가짐 – 세상이 뭘 원하는지 촉각 곤두세워라**

"집이 가난했기 때문에 세상의 쓴 맛을 일찍 맛볼 수 있었고, 몸이 약했기 때문에 남에게 일을 부탁하는 법을 배웠고, 학력이 모자랐기 때문에 항상 다른 사람에게서 배움을 구하는 법을 알았다."

꼬마 점원에서 시작해 경영의 신(神)이 된 마쓰시타 고노스케는 몸으로 세상을 배운 사람이다.

가난 때문에 초등학교 4학년으로 학업을 끝내야 했던 마쓰시타에게 세상은 곧 스승이었다. 그가 남긴 경영철학은 그가 몸으로 부딪쳐 배운 것이기 때문에 후대에 와서 더욱 와닿는다.

평생을 기업현장에서 보낸 마쓰시타의 경영록이 출간됐다. 마쓰시타가 직접 쓴 이 책은 전체 3권이다. 1970년대에서 1980년대에 걸쳐 쓰인 이 책은 지금도 일본에서는 자기계발과 경영의 원전(原典)으로 읽힌다.

첫 번째 권인 '사원의 마음가짐'은 우리가 왜 일을 소중하게 생각해야 하고… 왜 일을 해야 하는지에 대한 철학이 담겨 있다.

마쓰시타는 일에 미치라고 말한다. 선택한 직장을 운명으로 받아들이고 매진하는 것이 곧 '재미'를 가져다 준다는 것. 마쓰시타는 회사를 자랑스럽게 여기는 사람이라면 중역은 몰라도 부장까지는 무리없이 승진할 수 있다고 조언한다.

또 회사 내에서 힘겨운 선배나 상사를 만나더라도 실망하지 말라고 말한다. "몰상식하고 몰인정한 스승 밑에서 배운 사람들 중에 드물지 않게 명인이 나온다"는 게 그의 생각이다. 그냥 때려치울까 하는 생각이 들 때, 이것을 참으면 한층 성숙할 수 있다는 뜻. 마쓰시타는 이것이 바로 "세상을 사는 묘미"라고까지 말한다.

'경영의 마음가짐'에서도 마쓰시타의 실천철학은 빛난다.
그에게 경영이란 "세상이 뭘 원하는지, 세상 사람들이 뭘 원하는지 알고, 그것을 실현하기 위해 노력하는 일"이다. 학문적이고 경제적인 이론은 이것이 갖춰진 이후의 문제라는 것.
그에게 경영은 인격 수양의 한 방법론이다. 마쓰시타는 "모든 경영에는 신념과 확신이 필요하다. 어떻게 경영되고 있는지에 대한 끊임없는 생각이 기업의 성공을 약속한다"고 정리한다. 그는 통찰력과 자기반성의 힘을 잘 알고 있었던 경영자였다.
마쓰시타가 20세기 초에 시작한 회사를 1989년 사망할 때까지 평생 끌고 올 수 있었던 힘은 그의 경영원칙에서 나왔다. 그가 성공적인 경영자가 된 건 화려한 경영술 때문이 아니라 세상의 요구를 알고 원칙을 버리지 않았기 때문이다.
'사업의 마음가짐'에는 그의 장사철학이 담겨 있다. 어린 나이에 점원으로 시작해 그의 몸에 밴 장사철학은 한편 흥미로우면서도 현실적이다.
마쓰시타는 책에서 "손해보는 장사는 절대로 하지 마라", "판매한 상품은 시집보낸 딸과 같다", "돈을 느슨하게 다루면 사업도 느슨해진다" 등 상식에 맞는 장사를 할 것을 조언한다. 진정한 장사꾼은 "항상 고객과 판매처에 신경이 가 있는 것이 정상"이라는 그는 단 한 문장으로 장사 비결을 알려준다.
자신의 가게가 문을 닫았을 때 고객들이 "괜찮은 가게였는데 문을 닫다니"하며 아쉬워 할지, "어, 가게 하나가 없어졌네"하며 심드렁한 반응을 보일지 늘 상상하면서 가게를 하라는 것이 마쓰시타의 주문이다.
마쓰시타는 또 많은 상인이 "욕심에 눈이 멀어 비가 쏟아지는데 우산도 쓰지 않고 빗속으로 뛰어든다"고 꼬집었다. 비가 쏟아지면 우산을 쓰는 게 상식인데 사람들이 사업을 할 때는 이처럼 간단한 상식도 너무 쉽게 잊어버린다는 것이다.
결국 사업은 상식 안에서 기본을 다지는 작업이라는 지적이다.
마쓰시타 철학에 술수는 없다. 바로 그 점이 꼬마 점원을 경영의 신으로 만든 동력이었다.
(매일경제, 2007.3.10)

## 7.2 창업기업의 인사활동

### 1. 기업의 인사활동

기업에 필요한 여러 가지 자원 중 인적자원은 그 효과를 계량화하기 어렵고 또 장기적으로 효과가 발휘된다.

흔히들 '인사가 만사'라는 말처럼 인사활동의 중요성을 표현하지만 지금까지

인적자원의 중요성은 간과되어 왔다. 인적 구성원을 자원으로 인식하기 보다는 주어진 하나의 요소로 생각하고 고정적인 임금대상으로 인식하여 왔다. 그러나 인간의 지적능력이 주요 생산 원천으로 대두되는 지식정보화 사회에서 인적자원의 가치는 더 높게 부각되어지고 있다. 일례로 우수한 인재들의 경우 기업의 선택에 자신을 맞추기 보다는 보다 적극적으로 자신이 원하는 조직을 직접 선택하면서 기업과 고용인의 관계도 역시 크게 변화하고 있다. 이제 인적자원은 기업의 성패를 가늠할 만큼 중요변수가 되고 있고 기업은 생존을 위하여 우수 인력을 확보해야만 하는 환경이 조성되었다.

일반적으로 인사활동은 좁은 의미로 볼 때는 사람의 채용과 교육훈련 및 배치, 훈련평가, 보상 등에 관련된 활동을 말하며 넓은 의미로는 기업에 있어서 사람과 관련된 모든 활동을 의미한다. 즉 종업원을 채용하여 교육 훈련시켜 적재적소에 배치하는 인적자원 활동과 사용자인 기업주나 경영자와 원만한 관계를 유지하도록 하는 노사관계(labor relations)관리 활동을 포함한다. 일반적으로 경영활동에서 인사활동이 차지하는 비중이 크기 때문에 넓은 의미로 이해하는 것이 바람직하다. 이러한 인사활동은 기업이 가지고 있는 특성인 기업문화를 형성하는데 밑바탕이 되고 있다.

## 2. 인적자원 관리

인적자원(human resources) 관리 활동이란 기업에 있어서 조직구성원들이 조직목적달성에 적극적으로 기여하게끔 하여 조직의 발전과 함께 개인의 안정과 발전을 가져올 수 있도록 하는 제도 및 기술체계라고 할 수 있다. 즉 오늘날 인적자원 관리는 기업의 목적과 개인의 행복을 추구하는데 근본이상이 있다.

인적자원 관리의 시작은 어느 정도의 인원을 어디에서 필요한지를 파악하여 인적자원의 계획을 수집하는 것으로부터 시작된다. 계획을 수립하고 나서 기업에 필요한 인적자원을 모집하게 되고 적당한 자원을 선발하게 된다. 선발된 자원은 교육 및 경력개발을 통해서 업무능력을 배양하고, 적절한 자리로 배치된다. 그리고 업적을 평가하여 공정한 보상을 지급하게 되며 승진이나 전근을 통해 교체·이동된다.

이러한 과정이 끝나게 되면 인적자원의 재조정이 필요하게 되어 새로운 인적자원 관리계획을 수립하게 된다.

### (1) 인적자원 관리 계획 수립

인적자원에 관한 현재와 미래의 수요를 분석하여 그 수요를 충족시키기 위해 종업원을 확보하는 과정을 말한다. 즉 기업이 보유하고 있는 인적자원을 중심으로 최적의 인적자원 규모를 결정하여 적재적소에 배치하게 된다. 이러한 인적자원 관리 계획수립은 아래와 같은 4가지 활동으로 나누어 볼 수 있다.

**첫째**, 적정인원 계획수립이다. 각 부서별로 필요한 전문지식을 가진 인적자원이 얼마나 필요한가를 분석

**둘째**, 인원 수급계획이다. 부서별로 현재의 종업원과 필요한 종업원 간의 수급 불균형을 조정하는 활동

**셋째**, 구인 · 해고 계획이다. 필요한 인적자원을 채용하고 불필요한 인적자원을 해고하는 계획 활동

**넷째**, 인적자원 개발계획이다. 종업원의 능력을 개발하기 위한 개발계획의 수립활동

이러한 인적자원 관리계획을 효율적으로 수립하기 위하여 직무분석을 하고 이를 바탕으로 직무기술서와 직무명세서를 작성하게 된다.

직무 분석(job analysis)

직무에 관한 제 사실을 발견하여 그 내용을 기술하는 절차로서 직무와 인간과의 상호관계를 파악하고 직무에 어떠한 요건이 필요한가를 조사한 내용을 분석한다. 직무 분석의 목적은 직무의 기본요소와 직무의 성질을 결정함으로써 ① 합리적인 내용기준 ② 교육훈련의 기초자료 ③ 적재적소의 배치 ④ 임금결정 자료로 활용 ⑤ 업무개선에 기여하는데 있다.

그림 7-2 인적자원 관리과정

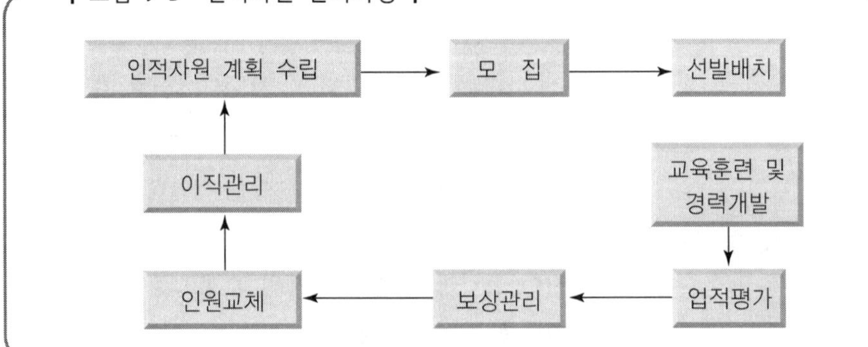

직무 기술서(job description)

이는 직무 분석의 결과를 정리, 기록한 서식이며 다음과 같은 직무사항이 기재된다.

① 직무표시(job identification) : 직무명, 번호, 소속부, 과명, 직무종사자 인원 수 등이 기재
② 직무개요(job summary) : 직무행의 목적이나 내용을 간략하게 서술
③ 직무내용(job content) : 직무수행의 목적이나 내용을 서술
④ 직무요건(job requirement) : 직무를 수행하는데 요구되는 조건 즉 책임, 지식, 정신적 신체적 요건을 기술

직무 명세서(job specification)

이는 직무 기술서보다 발전한 서식으로서 직무에 요구되는 인적요건을 강조하여 기술한 서식이며 다음과 같은 내용이 기재된다.

① 성별 및 연령의 구분
② 신장과 체중의 한계
③ 행동과 기계의 기민성
④ 정신적 지각력의 수준과 개인의 특성
⑤ 기술과 경험의 정도
⑥ 교육수준과 이해력의 수준 및 훈련기간의 요건
⑦ 신분보장의 상한선 등.

### (2) 모집 선발 및 배치

인적자원 관리는 관리의 대상인 사람을 결정하는 활동인 모집, 선발, 배치로부터 시작된다. 아무리 임금이나 교육훈련제도가 잘 되어있고 후생, 복지시설이 잘 되이 있어도 직무에 일맞은 사람을 고용하지 못한다면 작업능률이 향상될 수 없으며 따라서 경영의 성과도 기대할 수 없을 것이다. 직무에 부적당한 사람을 고용한다는 것은 단순히 경영상 이익을 초래하지 못한다는 것뿐만 아니라 그 사람 자신을 위해서도 불행한 결과를 낳게 될 것이다. 따라서 인사선발은 고정자산의 투자결정과 같이 신중하고 중요하게 다루어져야 할 것이다.

**① 모집활동**

모집(requirement)이란 인적자원을 기업 안으로 끌어들이는 과정이다. 기업에서 필요한 사람들이 기업에 매력을 느껴서 적극적으로 지원할 수 있도록 유도하는 활동이다. 모집방법으로는 사내 모집방법과 사외 모집방법으로 나눌 수 있다. 사내 모집방법은 기업내부의 종업원 중에서 적절한 인력을 충원하는 방법으로 절차가 간편하고, 종업원의 사기도 높이며, 또 기존 자원 중에서 확보하므로 비용도 적게 든다. 사외 모집방법은 광고나 직업소개소, 교육기관 추천 등의 방법이 있으며, 외부인에게 기회를 주어 적절한 인력을 충원하는 방법으로 최근에는 인터넷을 통한 모집이 늘어나고 있다. 외부인력 선발의 경우 그 적격성 판정이 어려운 반면, 잘못 선발하면 이로 인한 경제적, 비경제적 손실이 큰 편이다.

**② 선발 활동**

적절한 인재의 선발은 측정도구의 정교함과 더불어 광범위한 지원자 풀을 확보함과 동시에 다양한 측면의 기준을 활용하여 다단계로 선발하는 것을 의미한다. 입사 후에 훈련이 가능한 구체적인 직무기술 외에도 문화적인 적합성과 적응성도 적극 고려할 필요가 있으며, 최고경영층이 선발과정에 참여함으로 그 중요성을 강조해야 한다. 선발(selection)은 많은 응시자 중에서 기업이 필요로 하는 능력을 갖춘 사람을 선별하는 과정이다. 이러한 선발활동은 일반적으로 지원서 작성, 테스트, 서류심사, 필기시험 선발면접, 신체검사, 채용의 과정을 거치게 된다. 그러나 실제 선발과정은 기업에 따라, 모집하는 분야에 따라 차이가 난다. 선발 시 고려할 사항으로는 적재적소의 원칙이 적용되었는지, 전형방법이 선발목적과 부합하는지, 채용자격의 표준이 설정되어 있는지를 고려하여야 한다.

**③ 배치 관리**

개인이 가지고 있는 역량을 최대한 발휘할 수 있도록 적합한 자리에 인재를 배치(placement)하는 것은 조직의 성패를 좌우하는 매우 중요한 활동이다. 배치는 선발된 지원자를 특정 직무에 귀속시켜 조직구성원의 자격을 주는 과정으로 단순히 채용된 사람에게 일자리를 제공한다는 의미 이상으로 유능한 인재를 적소에 연결시키는 활동이다. 선발을 잘했다하더라도 배치가 잘못되면 조직에 적응하지 못하게 되므로 노력과 비용만 낭비될 수 있다. 배치관리의 원칙에는 적재적소주의, 능력주의, 인재육성주의, 균형주의가 있다.

적재적소주의(right man right place)

조직의 효율성을 높이기 위하여 선발된 구성원이 소유하는 능력, 성격, 취향에 가장 적합한 자리에 배치되어야 하는 원칙으로 구성원의 능력을 최대한 발휘토록 위한 방안이다. 직무가 요구하는 자격요건과 개인이 보유한 능력조건이 균형있게 결합되어야 성공할 수 있는데 이를 적재적소원칙이라고 한다.

능력주의(ability)

개인의 능력을 발휘할 수 있는 기회와 장소를 제공하고, 그 성과를 올바르게 평가하여 평가된 능력과 실적에 대해 상응하는 보상을 하는 원칙을 말한다. 여기서 말하는 능력이란 현재적인 능력뿐 아니라 잠재적인 능력도 포함하는 개념으로, 능력을 개발하고 양성하는 측면도 고려되어져야 한다.

인재육성주의

구성원의 자주성, 자율성이 존중되는 시대에는 더욱 인재육성주의가 중요시된다. 인재육성주의는 조직이나 상사가 구성원을 육성한다는 측면뿐 아니라 본인 자신의 의지, 의욕, 희망, 비전을 중심으로 하는 자기개발(self development)도 강조되어야만 한다.

균형주의

조직은 사람들이 모여 이룬 작은 사회이다. 따라서 구성원의 배치나 이동시 조직 내부의 상하좌우를 살펴 구성원에 대한 평등하고 공평한 배치를 해야 한다. 전체와 개체가 균형을 이루는 배치를 통하여 조직 전체의 능력향상, 의식개혁, 사기앙양 등을 도모할 수 있다.

### (3) 교육훈련 및 경력개발

모집과 선발과정을 거쳐 인적자원이 확보되면 배치된 곳에 대한 적응력을 높이고 맡은 바 직무를 보다 효율적으로 수행할 수 있도록 교육훈련(training)과 경력개발(career development)을 실시하여야 한다.

#### ① 교육훈련

갈수록 다양화되고 다변화되는 경영환경에 적응하기 위하여 개인의 능력이나 직무관련 수준을 지속적으로 향상시키고 개발하는 과정을 교육훈련이라고 한다. 교육훈련은 아래 4가지로 구분하여 볼 수 있다.

신입사원 오리엔테이션(orientation training)

신입사원에 대한 교육훈련으로서 견습기간 중 또는 채용직후 일정기간 동안 회사의 조직기구, 경영방침, 연역과 전통 등 회사의 제반사항, 직무에 관한 규정, 근무 방침 등에 대해 훈련시키는 것이다. 입사초기에 이직률이 많기 때문에 신입사원의 조직에 대한 신속한 적응을 위하여 그 중요성이 증대되고 있다.

직무현장 교육훈련(on the job training:OJT)

오늘날 일선 종업원을 위한 훈련방법으로 가장 널리 쓰이는 훈련방법이다. 이는 현장에서 상급자나 숙련공이 일하는 과정에서 개별적으로 실무 또는 기능에 관하여 필요한 지식이나 기술을 배우도록 하는 제도이다.

직무현장 외 교육훈련(off the job training : OffJT)

이 방법은 직무현장 이외의 장소에서 강의나 시청각 교육, 사례연구 등을 통한 교육훈련이다. 이렇게 함으로서 외부의 뛰어난 전문가나 지도자의 훈련을 받을 수 있고 다른 부서에 종사하는 사람들과 지식이나 경험 등을 교환할 수 있는 기회를 갖게 되는 것이다.

경영자 계층별 교육훈련

이는 경영층마다 필요한 자질을 갖추도록 교육훈련을 시키는 방법이다. 최고경영층, 중간경영층, 일선경영층별 의사결정능력이나 리더십 개발, 현장감독 능력을 함양시킨다.

**② 경력개발**

경력개발(career development)은 조직이 그 구성원 개개인의 경력을 조직 내에서 개발하며 그 과정에서 조직의 목표달성에 필요한 능력을 개발하기 위한 제도이다. 이러한 경력개발은 개인의 욕구를 적절히 충족시킬 기회를 제공하여 그들이 스스로 경영활동에 적극 참여하여 기업의 발전과 개인의 발전이 동시에 달성할 수 있도록 하는 것이다.

즉 경력개발은 개인의 욕구를 충족시키는 것에서 출발하지만 동시에 기업목표 달성도 연계시킬 수 있어야 한다.

### (4) 업적평가 및 보상관리

**① 업적평가**(performance appraisal)

인간이 다른 인간을 평가한다는 것은 기계설비, 원재료 등에 대한 객관적인 평가와 달리 실제적으로 매우 어려운 일이다. 인간이란 그 행위에 있어서 주관적인 가치 판단에 따라 평가하게 되는 본성을 가지고 있기 때문이다. 평가자의 악의나 편협에 의한 평가는 경영 질서의 혼란을 야기할 뿐만 아니라 근로 의욕을 저하시키고 생산성 향상에 장애요인이 되기 쉽다. 업적평가는 종업원의 인적자원 관리 활동에서 기준이 되기 때문에 합리성과 공정성, 객관성과 타당성이 전제되어야 한다. 공정한 업적평가가 이루어졌을 때 종업원의 저항이 줄어들고 동기가 유발되어진다. 공정한 업적평가는 임금, 승진, 포상 등의 기초 자료로 활용되는 근거가 되는 것이다.

**② 보상관리**(compensation management)

보상이란 사용자가 노동의 대가로 근로자에게 임금, 봉급, 기타 명칭으로 지급하는 일체의 금품으로, 종업원들이 기업에 공헌한 대가로 제공받는 금품일체라고 할 수 있다. 종업원들에게 보상은 생계비나 욕구충족 등 생활수준을 유지하기 위한 수단인 동시에 동기부여 수단이 될 수 있다. 그러나 기업 입장에서 보면 비용이기 때문에 줄이려고 하는 반면 종업원은 소득으로 보기 때문에 더 많이 받으려고 한다. 이 두 가지를 만족시킬 수 있도록 중재가 필요한데 이것이 바로 보상관리이다. 보상은 임금과 복리후생으로 나누어지며, 임금은 기본급, 수당, 상여금으로 구성된다. 기본급은 무엇을 기준으로 하느냐에 따라 연 공급, 직무급, 직능급으로 구별된다.

연 공급(wages on seniority)

근무연한, 학력, 연령, 남녀별 요소 등에 따라 임금수준이 결정되는 임금체계를 말한다. 연 공급은 조직구성원의 연령에 따른 생활보장의 성격이 강하고 장기고용을 전제로 하고 있기 때문에 구성원이 받는 임금이라고 하는 경제적 유인과 구성원이 조직에 공헌하는 가치와의 사이에 장기적 균형을 유지하는 임금체계라고 할 수 있다. 연 공급은 기업풍토, 경영층의 의식, 업무내용면에서 보수성이 강하고 가족주의적이며, 사회적으로 노동이동률이 낮고 직무의 난이도 격차가 적은 기업에 적합하다. 반면에 능력 요소를 반영하지 않으므로 능력개발 및 동기부여 효과가 미약하여 소극적 근무태도를 야기시키고, 고령층이 많은 기업에서는 과도한 인건비를 부담하는 등의 단점이 있다.

직무급(wages on post)
직무급은 직무의 난이도, 중요도, 기여도에 따라 직무의 질과 양의 상대적 가치를 평가한 임금이다. 즉 직무가 같으면 개인의 학력이나 근무연한이나 연령에 관계없이 같은 임금이 지급되는 것이다. 동일직무 동일임금의 원칙이 적용된다.

직능급(on job evaluation)
직능급은 직무의 수행능력을 기준으로 근로자의 임금을 결정하는 임금 체계를 말하는데, 각 직무가 필요로 하는 능력, 즉 근로자가 직무를 수행하는데 요구되는 능력의 결과에 따라 임금을 결정한다. 이렇게 함으로 조직원 개인의 능력을 향상시키기 위한 노력이 배가 되게 함으로써 직무능력 개발의욕이 커지며 동기유발이 된다. 연 공급이 평생직장의 개념이라면 직능급은 평생직업의 개념이라고 할 수 있다.

### (5) 인원교체 및 이직 관리

인원을 교체할 때 인력을 기업 내에 보유하면서 현재 직무에서 다른 직무로 이동시키는 데는 전근과 승진이 있다. 반면에 인력을 기업 내에 보유하지 않는 것을 이직이라고 한다. 가끔 혈연이나 지연, 학연 등에 의해 종업원의 사기를 저하시키는 비합리적인 승진관리를 배제시켜야 함은 기본이다. 이를 위해 최근 많은 기업에서 도입하고 있는 것이 바로 성과에 따른 연봉제이다. 이직에는 사직, 해고, 파면, 은퇴 등이 있다.

## 3. 노사관계 관리

노사관계(labor relations)란 노동자인 종업원과 사용자인 경영자 사이에서 노동조건 결정이라는 대립적 또는 협조적 경영관계를 기초로 하여 형성되는 관계이다. 즉 노동조합의 대표자와 사용자 입장에서의 경영자가 상호 대등한 입장에서 단체교섭을 통하여 노사 쌍방 간의 상호능률화의 논리가 관철 될 수 있도록 노력하여 상호이익을 조정하는데 노사관계 관리의 목적이 있다.

노사관계는 넓게는 국가적 수준에 있어서의 노동문제를 의미하기도 하고,

같은 범주에서 연합한 노동단체와 기업단체의 관계로도 볼 수도 있으나, 가장 좁은 의미로는 한 작업장 내에서 일선 경영자와 작업자의 관계로 볼 수 있다. 즉 노동자인 종업원과 사용자인 경영자의 관계를 중심으로 노동조합과 기업, 그리고 정부를 대상으로 한 관계이며, 이 관계를 안정적이고 상생되는 동반자적인 관계로 승화시켜나가는 것이 인사활동에서 매우 중요한 요소이다. 그러나 우리나라에서의 노사의 관계는 으레 분쟁의 관계로 생각되어진다. 협조적인 관계보다는 대립적인 관계, 부정적인 관계로 노사관계를 인식하고 있다. 제로섬(zero sum) 게임으로 생각하고 앞뒤 가리지 않고 돌진하는 강성노조가 여기저기 나타나고 있는 모습은 우리나라 경제 발전의 많은 저해 요소가 되고 있다. 노사 상호간의 최종목표는 동일함을 인식하고 신뢰를 바탕으로 상생하는 협조적인 노사관계 문화를 형성해 나가야 할 것이다.

### (1) 노동조합

노동조합(labor union)이란 노동자가 개별적 고용관계에서 오는 경영자와의 불리한 지위를 극복하고 나아가 경제적 사회적 지위를 향상시키기 위하여 설립한 자주적 집단조직을 말한다. 즉 근로생활의 조건을 유지, 개선하기 위해 조직된 임금근로자들의 기관이라고 할 수 있다. 이러한 노동조합의 형태로는

#### 일반 노동조합(general union)

직종이나 산업 또는 지역에 관계없이 모든 노동자들로 조직된 단일 노동조합으로서 조합원이 각 방면에 분산되어 있다. 주로 미숙련 노동자나 중소기업 노동자들이 결성한다.

#### 산업별 노동조합(industrial union)

직종의 여하를 가리지 않고 동일산업에 종사하는 노동자가 결성하는 노동조합을 말한다. 예를 들면 맥주공장에서 양조관계 노동자 외에 전기공, 자동차 운전수, 수위, 삼직원 등 모든 노동자를 조합원으로 한다.

#### 직업별 노동조합(craft union)

직종이나 같은 직업에 종사하는 노동자가 결성하는 조합이다. 선반공 조합이라든지 인쇄공 조합 등과 같이 각 직종의 숙련공이 자기들의 지위를 확보하기 위하여 조합을 결성하는 경우이다.

**기업별 노동조합(company union)**
동일기업에 종사하는 노동자에 의하여 조직된 노동조합으로 노동시장에 대한 지배력이나 역량은 약하다.

노동조합의 가입 방식으로는
**오픈 숍(open shop)**
고용관계에 있어서 고용주가 노동조합의 가입조합원이든 조합원 외의 노동자이든 자유로 고용할 수 있는 제도이며 우리나라에서는 이 오픈 숍 제도를 사용하고 있다.

**유니온 숍(union shop)**
자유로운 채용이 허용되나 일단 채용된 후에는 조합에 가입해야 하는 제도이다. 그러나 조합이 제명하거나 본인이 가입을 거부할 경우 해고해야 되는 것은 아니다.

**클로즈드 숍(closed shop)**
고용 시에 채용인원을 조합에 통고하고 조합이 일정기간 내 조합원을 추천하지 않을 때는 비조합원을 채용할 수 있으나, 일단 채용되면 조합에 가입하지 않으면 안 된다.

**Article 4** **한국 노동생산성이 미국의 반밖에 안되는 이유**

미국의 노동 생산성을 100이라고 볼 때 일본은 78이고 한국은 45라고 한다. 같은 양의 노동을 투입해도 우리나라의 최종 생산양이 미국의 절반 밖에 안된다. 미국근로자들이 우리나라 근로자들 보다 손동작도 느리고, 슈퍼마켙 판매원은 암산도 제대로 못하는데 말이다. 그런데도 미국경제의 생산성이 높은 이유는 미국의 똑똑한 인재는 말단에 남겨두지 않는다. 미국에서는 일단 능력이 확인되면 빠른 시간내에 발탁되고 승진된다. 한국은 연공서열에 의존하거나 혈연, 지연, 학연등 능력 이외의요인을 중요시 하는 사회에서는 인적자원의 재배치가 훨씬 더디게 되고 결국 생산성을 떨어뜨린다. 말단직원의 실수는 지엽적인 수준에 그치지만, 상급자가 무능하거나 판단을 잘못하면 여러 사람의 노력은 수포로 돌아간다. 비효율적인 자원 배분인 것이다. 경륜이 풍부하고 존경받아야 할 분들을, 장유유서(長幼有序)를 강조하는 우리나라에서 오히려 소홀히 대접한다는 느낌이 들 때가 있다. 존칭을 붙이지 않고 고개를 숙이지 않는다고 미국인이 웃어른을 제대로 모시지 않는 사회라고 생각하면 오해다. 존경심을 표현하는 풍습이 다를 뿐이다. 능력과 인품을 갖춘 분들은 형식적인 예의가 아닌 마음에서 우러나오는 존경을 받고, 회사나 대학에서도 최대한 오래 모시려 노력한다.
우리나라 국민의 평균IQ는 홍콩에 이어 세계2위라고 한다. 우리의 생산성이 낮은 이유는 결코 인재풀(pool)이 나빠서가 아닌 것이다. 문제는 같은 인재풀을 가지고도 적재적소에 배치하지 못하는데 있다. 정부차원에서 백방으로 노력하고 있으나 그에 앞서 모름지기 뿌리 내리고 있는 혈연, 지연, 학연, 성별을 이유로 배제된 재능 있는 인재를 제대로 배치한다면 경제 전체의 생산성을 충분히 더 높일 수 있다. (참고; 조선일보 2009. 5.9~10. 장용성교수 경영노트)

## Article 5 1명이 10만 명 몫… 자부심 갖도록

기업이 핵심 인재를 제대로 관리하기 위해서는 3S(Say, Stay, Serve)를 도입해야 한다.
핵심 인재들이 긍정적인 얘기를 할지(Say), 장기간 근무하기를 원하는지(Stay), 요구받는 것 이상으로 일하는지(Serve) 등을 최고경영자(CEO)가 지속적으로 평가해야 하는 것이다. 바꿔 말하면 핵심 인재는 긍정적이고 적극적인 자세(Say), 남다른 헌신과 열정으로 업무에 몰입(Serve)하는 사람이라고 할 수 있다. 핵심 인재와 비핵심 인재의 차이를 연구한 제프리 페퍼와 로버트 서튼은 업무가 단순할 때는 일 잘하는 직원과 못하는 직원의 생산성 차이가 많아야 3배 남짓이라고 했다.
중급 정도의 난이도를 지닌 업무일 때도 생산성 차이는 최대 열 두 배 정도, 그러나 복잡한 일에 맞닥뜨리면 핵심인재와 비핵심 인재의 성과는 거의 무한대에 가까운 차이가 난다고 했다. 왜 인재 전쟁(War For Talent)인가. 작금의 글로벌 비즈니스 상황은 상시적으로 복잡한 일에 직면해 있다 해도 과언이 아니기 때문이다.
핵심 인재 육성과 리더십의 대가인 워런 베니스(Warren Bennis)는 직장을 경쟁의 터전이 아니라 자신의 삶을 살찌우고 개인의 역사를 만들 장(場)으로 생각하는 사람이 핵심 인재의 조건이라면 열 가지의 도전 항목을 제시했다.
'지속적인 학습과 결코 시들지 않는 호기심을 가진 자. 강력한 비전을 지니고, 스스로 그들이 가능하다고 믿는 것을 명확히 규정지은 뒤 그들의 꿈을 키워 나가는 자. 비전에 대해 다른 사람들을 이해시키고 그들로 하여금 그에 따르도록 북돋는 능력 개발자. 불확실성을 견뎌내고 과감히 위협을 무릅쓰는 배짱을 가진 자. 성실한 사람됨으로 자기 파악, 솔직 담백함, 성숙한 인간성 그리고 비평을 수용하는 태도의 소유자. 다른 사람들에게 배우지만 다른 사람들에 의해 만들어지는 것이 아닌 독창적이고 남다른 존재. 새로운 것들을 창조하는 것은 때로 자기 자신을 재창조하는 일을 수반하듯이 유전자와 환경에 의해 영향을 받을 수 있지만, 자신에게 영향을 미치는 모든 요인들을 수용해 무언가 독창적인 것을 재창조하는 능력자. 문제의 해답을 불러오고 해결책을 생산하는, 생각하고 반성하는 시간을 많이 갖는 자. 삶과의 약속에 대한 열정으로 자기 자신과 다른 이들을 위해 최선을 다하는 신념의 소유자. 대박을 바라지 않고 세월을 허비하지 않으며 사소하고 일상적인 발전과 기쁨에서 성공을 보는 눈을 가진 자 등이다.' 베니스는 이들 열 가지의 핵심인재의 요건 중 6가지 이상의 성향이 보이는 사람이 핵심 인재의 요건을 갖춘 자라 했고, 조직이 이들을 잘 관리해야 한다고 얘기한다. 환경을 자신의 특정한 재능을 발전시킬 배경으로 보는 핵심인재들은 많지 않다. 대부분의 직원은 기업 내외의 환경이 자신의 정신세계를 좌지우지하도록 방치하는 경우가 많다. 1명이 10만 명을 먹여 살린다는 삼성 이건희 회장의 말대로 핵심인재 한 명이 기업 내에서 역동해 준다면 그 기업의 미래는 어둡지 않을 수 있다.

1980년대에 들어서며 미국은 핵심인재의 기근에 허덕였다. 일본의 부(富)와 경제력이 미국을 지배하는 듯 보였다. 〈로보캅〉이라는 영화를 보면 일본의 경제력이 미국을 지배한다는 가정 아래 로보캅으로 일본의 부와 생산성 그리고 경제력에 대항하는 장면들을 볼 수 있다. 그러나 미국은 이때부터 핵심인재 관련 연구를 본격적으로 시작하며, 혁신과 질에 집중하기 시작했고 직장인들의 잠재능력을 최대한 발휘할 수 있는 환경을 일구었다. 새로운 타입의 핵심인재들이 성장하며 한 가지 업무를 하거나 회사를 경영하는 것에 만족하지 않고 세상에 대한 개인적인 비전의 탈출구를 찾는 인재들이 양성되기 시작하면서 경제적 부활을 이뤘다.

글로벌 경쟁시대의 핵심인재는 그 성향도 지난 시대와 사뭇 다르다.

뛰어난 인재를 불러들이고 빼앗기지 않는 유일한 길은 단순히 돈과 특정한 혜택 이상의 그 무엇을 그들에게 제시해야 한다. 그들에게 역사를 만들 기회를 제공하는 것이며 창조할 대상을 주는 일이다.

네이버, 네이트, 구글 등 갑자기 성장한 회사들이 핵심인재들에게 끊임없는 창조적 비즈니스 모델을 생성시키도록 요구하듯이, 그럴 수 있도록 자부심을 높여주는 것이 CEO의 막중한 몫일 것이다. (Business, 2007.7.9)

## 참고문헌

1) 권상철, 경영학원론, 삼성북스, 2005.
2) 김규태, 창업경영과 실무, 형설, 2002.
3) 김형길 · 정구도, 창업과 경영, 두남, 2005.
4) 이명호외 9, 경영학으로의 초대, 박영사, 2004.
5) 지효준, 21세기 경영학, 법문사, 2004.
6) 한길석, 창업과 경영, 법문사, 2004.
7) lgor Ansoff, Corporate strategy, London: Penguin, 1985.
8) Arther, J. B., 'Effects of human resource system on manufacturing performance and turnover' Academy of Management Journal, 37, 1988.

Chapter 08

# 창업과 소비자 행동

## 8.1 소비자 행동 분석

마케팅 전략을 실천에 옮기는데 기본적인 조건은 제품서비스를 구매하고자 하는 소비자의 행동에 대한 철저한 이해라고 할 수 있다. 소비자의 욕구를 충족시킬 수 있는 대안은 여러 가지가 있다. 이들 대안 중 소비자는 자신의 지불능력을 가장 크게 만족시켜 줄 수 있는 대안을 구매한다. 마케터는 잠재구매자가 여러 경쟁 브랜드 중에서 자사의 브랜드를 선택하도록 광고물, 포장, 판매원 등에 의하여 제품 정보를 제공한다. 제품 정보에 노출된 소비자가 자사의 브랜드에 대하여 호의적 태도를 갖도록 하기 위해서 마케터는 정보노출 이후 소비자의 습관, 행동, 태도, 심리적 변화 과정을 이해하여야 한다. 그러나 기업의 마케터가 기업의 관점이 아닌 소비자의 관점에 선다는 것은 쉬운 일이 아니다. 즉 자신들이 판단한 자사제품의 강점을 머릿속에 간직한 채 소비자에 대한 분석을 실행하는 어리석음을 범하게 된다. 소비자의 행동, 태도를 제대로 파악하지 못하면 실패하기 쉽고 커뮤니케이션도 허공을 맴돌게 된다. 지금의 시장 환경은 더욱 더 다양한 욕구를 가진 소비자 계층의 출현과 이를 충족시키기 위한 치열한 경쟁으로 정의될 수 있다. 소비자 구매의사 결정에 절대적인 영향을 미치는 소비자 정보도 질적, 양적으로 더욱 다양해져서 소비자에 대한 체계적이고 지속적인 분석이 요망되고 있다. 다음은 소비자 행동에 영향을 미치는 개인적, 사회적, 문화적 요인과 구매의사 결정과정을 살펴보기로 한다.

### 1. 관여도

관여도(involvement)는 소비자가 어떤 대상을 중요시 여기는 지각의 정도나 관심의 정도를 말한다. 소비자의 구매제품에 대한 관여도의 높고 낮음은 상대적인 것으로 개인마다 다르고, 제품에 따라 다르며, 상황에 따라 달라진다. 예를 들면 김 과장은 골프를 아주 즐기지만 김 과장 부인은 골프를 치지 않는다. 김 과장은 얼마 전에 새로 구입한 골프채를 매일 만져보고 손질 하지만 김 과장 부인은 청소할 때 불편하고 짜증만 난다. 골프채에 대한 관여도가 개인마다 다르기 때문이다.

**Article 1** **흥행? '골드 미스' 에게 물어봐**

외국계 금융회사 10년차인 싱글 여성 양미소 과장(33)의 한 달 문화 생활비는 50만여 원. 최근에는 태양의 서커스 '퀴담'로열석을 구매하기 위해 11만원을 지출했다. 제대로 공연을 감상하기 위해서는 비싼 티켓값이 아깝지 않다고.

뮤지컬 마니아인 그는 "화장품과 옷 구입비는 아껴도 대작 공연은 챙겨 본다"며 "업무로 쌓은 스트레스를 풀고 문화적 소양도 쌓을 수 있어 공연을 즐긴다"고 말했다.

양 과장처럼 요즘 공연장은 30대 싱글 직장여성, 이른바 '골드 미스(Gold Miss)'들로 북적인다.

공연예매 업체인 티켓링크가 지난 해 뮤지컬 티켓 구매자 연령대를 분석해 보니 30대 여성 비율이 25%로 1위를 차지했다.

골드 미스란 대졸 이상 학력에 연봉 4,000만원 이상을 받는 30대 미혼 여성을 지칭한다. 개인 자산 8,000만원 이상은 기본이며 고급 승용차, 해외여행, 골프처럼 고급 취미를 가졌다.

이들은 직장에서 안정된 지위에 올랐기 때문에 삶의 여유가 생기고 지갑도 두둑한 편. 특히 자기 계발 욕구가 강해 문화예술에 관심이 많다. 공연을 보는 안목도 상당해 주로 관람료가 비싼 대작 뮤지컬을 섭렵한다. 최근에는 '30대 그녀들의 감성을 건드리지 못하면 망한다'는 새로운 흥행 공식까지 만들어냈다.

'138회 공연에 객석 점유율 93%, 수익률 50%.' 최근 막을 내린 창작 뮤지컬 '김종욱 찾기'의 흥행도 골드 미스의 구매력이 뒷받침됐다. 7년 전 첫사랑을 찾아 나선 싱글 여성을 다룬 이 공연은 연일 30대 초반 여성들로 가득찼다.

공연기획사인 CJ엔터테인먼트는 "관객의 80%가 20~30대 여성"이라며 "특히 뮤지컬 동호회에 소속된 30대 독신 여성들의 단체관람이 많았다"고 설명했다.

다음달 무대에 오를 뮤지컬 '싱글즈'도 골드 미스가 타깃. 이미 영화로 성공을 거둔 이 작품은 독신 남녀들의 일과 사랑을 유쾌하게 풀어낼 예정이다.

골드 미스는 미남 배우에도 약하다. 최고 인기를 누리는 젊은 배우 류정한을 내세운 연극 '쓰릴 미'로 쏠쏠한 재미를 본 충무아트홀은 잘생긴 피아니스트 김정원 연주회를 준비하고 있다.

나이가 많아 결혼시장에서는 '찬밥'신세지만 문화예술계에서는 '큰손'으로 환영받는 골드 미스. 뮤지컬 외에도 문화영역 전 장르에서 최고 소비 주체로 떠올랐다.

출판업계에서도 '나는 남자보다 저금통장이 좋다'등 30대 직장 여성들을 겨냥한 재테크와 자기계발서가 쏟아졌다. 하지만 골드 미스는 장르를 가리지 않는다. 대부분의 베스트셀러는 이들이 가세해 만들어진다.

교보문고 관계자는 "30대 여성들의 독서율이 매우 높다"며 "한동안 골드 미스가 출판계 화두가 되기도 했다"고 분석했다.

대중문화도 이 흐름을 거스를 수 없다. 30대 여성을 주인공으로 내세워 대박을 터트린 TV드라마 '내 이름은 김삼순' 이후 잇달아 방영됐던 '달자의 봄'이나 '여우야 뭐 하니' 등도 골드 미스의 이야기. 아이 키우느라 드라마 볼 틈이 없는 주부보다는 싱글 여성이 상대적으로 TV를 시청할 시간이 많은 탓이다.

현재 인기를 끌고 있는 시트콤 '거침없이 하이킥' 주 시청자층도 30대 여성. 시청률 조사기관 TNS미디어코리아 집계 결과 30대 여성이 14.5%를 기록하며 1위를 차지했다.
TNS미디어코리아 관계자는 "1990년대까지는 20대 여성이 주요 시청층이었지만 2000년대 이후는 30대 여성이 주류가 됐다"며 "결혼이 늦춰지면서 이 같은 현상이 생긴 것"이라고 설명했다. (매일경제, 2007.5.11)

또 김 과장은 슈퍼마켓에서 칫솔을 사러가서는 대충 괜찮아 보이는 것을 쉽게 사서 집으로 돌아온다. 반면 소형 승용차를 구입하기로 결정한 뒤부터는 택시운전사나 동료들에게 정보를 얻기 위해 질문도 많이 하고 지나가는 차들도 관심 있게 살펴보았지만 아직도 결정을 못하고 있다. 제품에 따라 관여도가 다르기 때문이다. 비교적 저가 제품은 관여도가 낮은 편이고 고가 제품은 관여도가 높은 편이다. 또 김 과장은 자기가 집에서 마시려고 양주 1병을 사올 때는 퇴근길에 슈퍼에 들러서 쉽게 구입을 해오지만, 존경하는 선배에게 추석선물로 구입할 때는 양주의 브랜드나 가격, 제품형태, 심지어 포장에까지 신경을 쓴다. 같은 양주를 구입하는 것이지만 내가 마시려고 구입할 때와 선물 할 때의 상황에 따라서 관여도 달라지기 때문이다. 같은 가격대의 제품이라도 소비자의 소득수준에 따라서도 달라질 수도 있고, 심리적인 위험이나 사회 문화적 요인에 의해서도 관여도가 달라진다.

이처럼 관여도는 소비자가 그 제품이나 서비스에 대해 얼마나 개인적인 관심을 갖고 있느냐 하는 개인적인 요인과 구매하려는 제품이 갖는 중요성에 좌우되는 제품요인에 의해 달라지게 된다. 그리고 구매의 긴급을 요하는 시간에 따라서도 관여도의 차이가 난다. 자동차 주유등에 불이 들어오면 어느 곳에 주유소가 있는지 긴장하면서 운전을 하게 되지만 기름이 가득 들어있으면 주유소가 어느 곳에 있는지 관심이 전혀 없게 된다.

## 2. 소비자 구매행동의 유형

욕구충족을 위해 여러 가지 제품이나 서비스를 구매할 때 소비자의 구매행동은 다양한 형태를 띠게 된다.

한 달에도 여러 차례 구매하는 비누, 칫솔, 화장지, 라면 등의 구매와 한번 구매하면 수년간 사용하는 자동차, 냉장고, 세탁기, 가구 등과 같은 제품의 구매시 매우 다른 구매행동을 보인다. 다음에서 소비자의 구매행동을 관여도와 제품의 특성에 따라 설명하고자 한다.

그림 8-1 소비자 구매행동의 유형

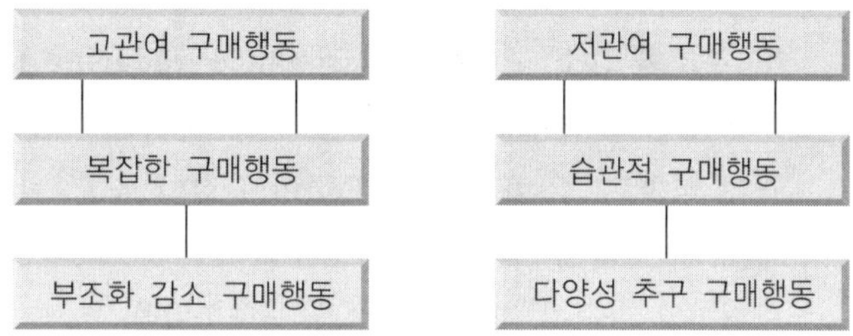


### (1) 고관여 구매행동

소비자가 제품에 대해 관심을 갖는 정도가 높을수록, 제품구매의 중요도가 높을수록, 소비자가 처한 구매 관련 상황의 긴급도가 높을수록 소비자의 구매의사 결정에 대한 관여도가 높아지는 고관여 구매행동을 보이게 된다. 즉 소비자들은 제품이나 서비스를 구매하는 그 의사결정이 중요하다고 생각하거나 개인적으로 많은 관심을 갖고 있는 경우에는 신중한 의사결정을 하려고 노력한다. 이처럼 고관여 제품의 구매행동은 복잡한 구매행동과 부조화 감소구매 행동으로 나누어 볼 수 있다.

**① 복잡한 구매행동(complex buying behavior)**

소비자가 제품을 구매함에 있어서 그 제품구매의사결정이 중요하다고 생각될수록, 개인적 관심이 많을수록, 구매하려는 제품군의 상표간 차이가 뚜렷할수록, 구매행동은 매우 복잡한 양상을 띠게 된다.

이처럼 복잡한 구매행동이 요구될수록 소비자는 그 제품구매를 위하여 많은 정보를 찾으려고 한다. 자동차 구매를 하기로 결정한 소비자는 그 자동차의 브랜드, 디자인, 색깔, 가격, 승차감등 등에 대한 정보를 열심히 탐색한다. 자신이 알고 있는 내부정보는 물론이고, 자신이 알지 못하는 외부정보를 찾으려고 동분서주한다. 이처럼 복잡한 구매를 하는 소비자는 그 제품에 대하여 주관적으로 갖게 되는 신념이 있어야 하며, 그 제품을 좋아하거나 싫어하는 정도를 나타내는 태도가 형성되며, 마지막으로 가장 합리적이라고 생각하는 구매대안을 선택하게 되는 것이다. 그렇기 때문에 마케팅 관리자는 소비자들이 제품 구매시 그들이 중요하게 생각하는 속성들과 자사제품이 경쟁사 제품에 비하여 어떠한 속성에서 차별적인 이점이 있는지에 대하여 소비자들에게 정보를 제공해야 한다.

**② 부조화 감소 구매행동(dissonance-reducing buying behavior)**

부조화 감소 구매행동이란 소비자가 구매하는 제품이 고관여 제품일 때, 즉 가격이 비싸고, 소비자에게 중요하여 관심이 높고, 한번구매하면 오래 사용하며, 구매 후 결과에 대하여 위험부담도 느껴질 때 일어나는 현상이다. 평소 자주 구매하고 가격이 저가인 제품을 구매하였을 때는 구매한 제품의 선택이 잘못되었을 경우에도 심리적 부담이 크지 않다. 비록 잘못된 선택이라 할지라도 구매금액 자체가 적어 손해에 대한 위험부담도 적기 때문이다. 그러나 엄청난 고가제품을 구입하였을 경우에는 구매한 뒤 제품에 대한 불만사항이 발견되었거나, 주변으로부터 구입한 제품보다 구입하지 않은 제품이 훨씬 좋은 제품이라는 정보를 얻을 때 부조화를 경험하게 된다. 또한 소비자는 자신이 구입한 제품이 좋은 선택이었다는 정보에는 크게 공감을 하지만, 나쁜 선택이었다는 정보에 대하여서는 적게 공감을 한다. 이를 스키마(schema)라고 한다.

이러한 부조화를 줄이기 위하여 마케팅 관리자들은 구매 후 그 제품에 대하여 확신을 갖게 하기 위하여 촉진활동을 하는 것이다.

### (2) 저관여 구매행동

소비자들이 제품이나 서비스를 구매할 때 언제나 높은 관여도를 보이는 것은 아니다. 비교적 가격이 저렴한 제품을 구매할 경우에는 그 제품에 대한 정보를 수집하기 위하여 많은 노력을 기울이지는 않는다.

예를 들면 담배나 껌을 사러갈 때는 제품에 대한 신뢰나 태도형성 없이 습관적으로 손에 잡히는 대로 구매하는 경우가 일반적이다. 이와 같이 소비자들이 그 제품이나 서비스에 대하여 관심이 적거나, 별로 중요한 구매의사 결정이라고 생각하지 않을 경우의 저관여 구매행동의 특성으로 습관적 구매행동과 다양성 추구 구매행동으로 나누어 볼 수 있다.

① **습관적 구매행동**(habitual buying behavior)

습관적 구매행동 제품은 비교적 저관여 제품 구매일 때와 상표 간 제품차이가 적을 때 일어난다. 소비자가 생수를 구매하려고 슈퍼에 들어갔을 때 동원샘물인지 진로석수인지 별 생각없이 손에 잡히는 데로 한 상표를 선택하는 경우가 많다. 때로는 동원샘물에 저절로 손이 가는 습관적 구매행동을 보일 때도 많다. 이처럼 습관적으로 한 상표만 지속적으로 구매하는 것은 상표충성도가 높기 때문이 아니고 습관적 구매행동인 것이다. 이 때 동원샘물이 없으면 옆에 있는 진로석수를 바로 구입하게 된다. 이와 같이 저관여 제품을 구매하는 소비자는 신념, 태도, 행동의 과정을 거치지 않는다. 또 습관적 구매행동을 하는 저관여 제품은 TV광고를 할 때에 제품의 속성에 대한 내용에는 별 관심이 없다. 오히려 그 제품을 광고하는 그 배우가 누구인지, 그 광고의 배경이나 음악이 무엇인지에 관심이 더 많다. 그 상표에 대하여 강한 신념을 가지고 선택하는 것이 아니라 그 상표가 친숙하기 때문에 선택하게 되는 것이 보통이다. 그래서 광고를 할 때 고관여 제품일 경우에는 중심경로인 제품의 속성에 대하여 비교적 긴 시간동안 정보를 제공하지만 저관여 제품인 경우에는 주변경로인 등장인물이나 배경 또는 음악에 중요성을 더 많이 두고 광고도 짧은 시간동안 반복 광고를 하게 된다. 이와 같은 방법은 상표에 대한 확신을 심어주기 보다는 상표의 친숙성을 이끌어 내기 위함이다. 이때 소비자들은 낮은 관여도를 보이기 때문에 구매 후 평가를 하지 않기 때문에 부조화 현상이 나타나지 않는다.

② **다양성 추구 구매행동**(variety-seeking buying behavior)

다양성 추구 구매행동이란 소비자가 구매하는 제품이 저관여 제품일 경우 상표간 차이가 뚜렷하면 이 제품도 구매해 보고 저 제품도 구매해 보는 다양한 구매행동을 말한다. 이와 같은 다양성 구매 추구를 위하여 소비자들은 잦은 상표전환(brand switching)을 하게 된다. 즉 A생수를 구매한 소비자가 다음엔 B생수, 또 그 다음엔 C생수를 구매하기도 한다. 이처럼 다양성 추구 구매는 A생수를 마셔보고 불만족스러워서 B생수를 선택하기 보다는 다양성을 추구하기 때문에 이러한 구매행동이 일어난다는 것이다. 즉 소비자는 이번에는 전에 구매했던 것과 다른 상표를 선택해 보겠다는 생각만으로 타 상표를 구매한다.

## 3. 소비자 의사결정과정

소비자는 자신의 욕구를 충족시키기 위하여 제품을 구입할 때에 일련의 과정을 거치게 되는데 이것을 소비자 의사결정과정(consumer decision marketing process)이라고 한다.

소비자들은 매일 여러 가지 제품이나 서비스를 구매하게 된다. 아침에 출근할 때 이용할 교통편에 대한 결정, 점심메뉴에 선택에 대한 결정, 퇴근할 때 집에서 마실 음료수로는 어느 것을 선택 하느냐 등 다양한 구매의사 결정 상황에 직면하게 된다. 이처럼 의사결정과정에 영향을 미치는 변수가 관여도이다. 관여도가 낮은 소비자는 적은 시간과 노력을 소비하며 의사결정을 하게 되지만 관여도가 높은 소비자는 많은 시간과 노력을 소비하게 된다. 소비자들의 구매의사 결정과정은 그림 8-2와 같이 문제인식, 정보탐색, 대안의 평가, 구매, 구매 후 평가 등 5단계로 설명할 수 있다. 경우에 따라서는 이 5단계가 순서가 바뀌거나 생략되는 단계도 있을 수 있다.

그림 8-2 구매의사 결정 5단계

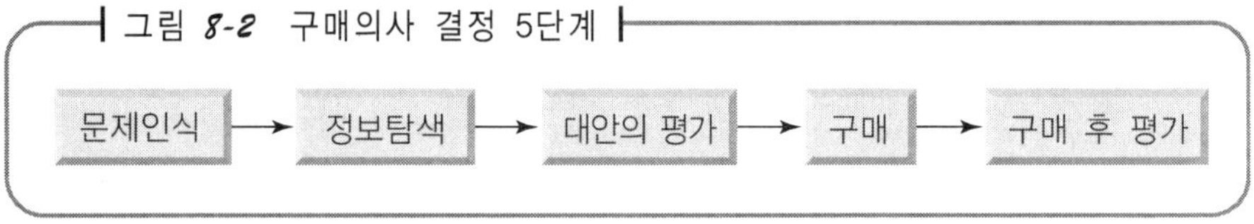


냉장고나 세탁기의 경우는 비교적 5단계를 모두 거치게 되지만 비누나 세제와 같은 제품을 구매할 때는 기존에 사용하던 제품이 떨어짐을 인식하는 문제인식단계를 거쳐 평소에 주로 사용하던 상표를 구매하는 직접구매단계를 밟게 되므로 경우에 따라서는 정보탐색단계와 대안의 평가단계가 생략되기도 한다.

### (1) 문제인식(problem recognition)

소비자는 자신이 처해있는 현재 상태와 바람직한 이상적인 상태 간에 차이가 생기게 되면 이를 충족시키고자하는 욕구가 생기게 된다. 이것이 문제인식이라고 하는 소비자의사결정의 첫 번째 단계이다.

문제의 인식은 목이 마름, 배고픔과 같은 생리적인 내부적 자극에 의해 발생할 수도 있고, 김이 무럭무럭 나는 식당 앞을 지나가다 시장기를 느끼거나 액세서리 가게 앞을 지나다가 예쁜 목걸이에 마음이 끌리는 등 외부 자극에 의해서도 발생할 수 있다. 그러나 소비자가 문제를 인식하였다고 해서 반드시 문제해결 과정을 거치는 것은 아니다. 문제인식이 구매로 이어지려면 그림 8-3에서 보는 바와 같이 문제인식의 중요성이 문제해결 비용보다 커야 한다.

그림 8-3 문제인식과 구매과정

문제인식의 중요성 > 문제해결 비용

구매로 이어짐

### (2) 정보의 탐색(information search)

소비자가 문제인식을 하게 되면 최상의 선택을 하기 위하여 정보를 탐색하게 된다. 이렇게 소비자가 정보를 탐색하게 될 때 먼저 기억 속에 내재되어 있는 정보를 내적 탐색이라고 하며, 더 많은 정보를 얻기 위하여 외부에서 찾는 것을 외적 탐색이라고 한다. 대체로 저관여 제품은 내적정보로 충분하기 때문에 쉽게 의사결정을 내릴 수 있지만 고관여 제품을 구입할 때는 내적 정보로는 부족하여 여러 가지 외적 탐색을 하게 된다. 소비자는 다양한 정보원천으로부터 정보를 획득하게 되는데 첫째는 가족, 친구, 이웃, 친지로부터 획득하는 개인적 정보원천이고, 둘째는 광고, 판촉사원, 중간상, 포장, 진열 등으로부터 획득하는 상업적 원천, 셋째는 신문기사나 방송뉴스와 같은 공공적 원천, 넷째는 시험구매, 직접사용경험으로 얻는 경험적 원천이 있다.

### (3) 대안의 평가(alternative evaluation)

소비자들이 정보탐색 과정을 거치고 나면 여러 상표 중에 어느 것을 선택할 것인가의 문제가 발생하게 되는데 이 단계가 바로 대안의 평가단계이다. 소비자가 평가하는 평가단계는 개인에 따라, 제품에 따라, 상황에 따라 달라진다. 평가기준이 개인에 따라 다른 것은 특정 제품으로부터 얻는 혜택이나 효용이 사람마다 다르기 때문이다.

평가기준이 제품에 따라 다른 것은 저관여 제품일 때는 평가기준 수가 작은 반면 고관여 제품일수록 평가기준 수가 증가하기 때문이다. 또 상황에 따라 다른 것은 급박한 구매상황에서는 평상시보다 훨씬 적은 수의 평가기준을 생각하거나 빠른 구매결정을 더 중요하게 생각한다. 마케팅 관리자들은 소비자가 어떤 평가과정을 거치는지 파악하고 있어야 소비자의 구매의사 결정을 자사 제품에 유리한 방향으로 이끌 수 있는 효과적인 방안을 모색할 수 있다.

### (4) 구매의사 결정(Purchase Decision)

소비자는 평가단계에서 각 상표에 대한 평가가 이루어진 후에 구매의사 결정을 하게 된다. 소비자의 구매의사 결정은 소비자가 가장 선호하는 상표를 구매하는 것을 말하는데, 자신이 원하는 제품과 실제구매되는 제품이 항상 일치하는 것은 아니다. 또 의사결정 이후 구매가 곧바로 이루어지지 않고 상당시간 후에 이루어질 수도 있기 때문에 시장상황 변화에 따라 다른 상표를 구매할 경우도 발생한다. 이러한 변화의 원인은 가족구성원의 영향이나 갑자기 예기치 않은 상황변수 등에 의해 구매자의 의사결정이 변화될 수 있다. 갑자기 집을 구입하게 되었다든지, 가족 중 갑자기 입원을 하게 되는 일이 생기는 등 구매보다 더 급한 상황이 발생하거나 하는 상황들도 구매 의사결정을 지연시키는 요인들이다. 또한 구매시점에서 경쟁사의 마케팅 노력으로 소비자 의사결정이 변화될 수 있다.

마케팅 관리자는 소비자들의 위험수준을 높여주는 요인들을 먼저 알아내어 이를 제거하거나 감소시킬 필요가 있다.

### (5) 구매 후 행동(Post purchase Behavior)

소비자는 제품을 구매하여 사용 후 제품에 대하여 만족 또는 불만족의 반응을 나타내게 된다. 소비자들이 구매에 대한 만족, 불만족은 소비자들이 구매이전에 가졌던 기대와 구매 후에 느끼는 제품성과 간의 차이에 의해서 결정된다. 구매 이전에 가졌던 기대에 못 미치게 되면 소비자는 불만족 할 것이고 제품의 성능이 기대에 부응하면 만족을 하게 될 것이다. 기대와 성과간의 차이가 크면 클수록 소비자들의 불만족은 높아지기 때문에 소비자의 만족을 높이기 위해서는 판매자들이 상품의 성능을 과장되지 않게 그대로 밝히는 것이 효과적이다. 일반적으로 제품의 구매 후 고관여 제품을 구매한 소비자는 자신의 의사결정이 옳았는지에 대한 확신의 부족으로 인지부조화 또는 심리적인 불편을 경험하게 된다. 미국의 한 조사에 의하면 만족한 소비자들은 3명에게 호의적인 구전을 전하고 불만족한 소비자는 11명에게 그들의 불만족을 전하기 때문에 불만족한 구전이 더 넓게, 멀리, 그리고 빠르게 전달되며 기업에 더 큰 손상을 줄 수 있다. 또 불만족한 소비자들의 96%는 그들의 문제를 해당기업에 이야기 하지 않는다고 한다. 어떤 기업은 소비자가 불만을 이야기 할 수 있는 창구마련을 위해 노력하지만 이러한 방법을 통하여 기업의 문제점이 얼마나 개선되는지 알 수 있다.

**Article 2** **5분안에 못끝내면 '말짱 헛일'**

최 대리는 최근 사장님의 말을 듣고 귀를 의심했다. "난 3페이지에서 벤치마킹 이야기가 나오지 않으면 그 프레젠테이션은 보지도 않아." 아니 이게 무슨 말? 그는 지금까지 첫째 쪽은 제목, 둘째 쪽은 목차, 셋째 쪽에는 그동안의 사업 개괄을 담는 것이 당연하다고 생각했던 것이다. "사장님, 왜 하필이면 벤치마킹입니까?" 최 대리가 사장님께 물었더니 "우리 기업은 시장에서 일등이 아니지 않습니까. 일등을 하려면 일등이 뭐 하고 있는지 알아야 하는데 그 자세가 없으면 되겠습니까?" 하고 말했다는 것이다.
최 대리는 부랴부랴 내일 사장님 앞에서 진행할 프레젠테이션 자료의 순서를 바꿨다. 자료의 셋째 쪽에는 당연히 '경쟁업체 분석과 벤치마킹'에 대한 내용이 들어가 있었다.
최 대리는 이번 일을 계기로 배운 것이 있다. 그야말로 시작이 반이라는 것이다. 초반에 분위기를 리드하지 못하면 청중은 산만해진다. 자연스레 유머로 청중을 집중시키고 시작하면 좋은데 최 대리는 유머엔 도통 자신이 없다. 남은 방법은 하나. 3쪽에 승부를 거는 것이다. '3P'에서 청중을 내 편으로 끌어들이지 못하면 그 프레젠테이션은 해봐야 실패할 확률이 높다. 단번에 사로잡은 방법은 없을까. 달인의 몇가지 비결을 소개해본다.
지금은 프레젠테이션의 달인으로 불리는 A컨설팅사의 K이사. 그러나 그도 헤매던 때가 있었다. 몇 년 전 부장으로 승진한 후 개별 프로젝트를 지휘하는 프로젝트 매니저(PM)를 처음 맡았을 때다. 그런데 첫 고객(Client)이 하필이면 까다롭기로 소문난 S전자였다. 당시 K부장은 팀원들과 며칠간 밤을 새우며 프레젠테이션 자료를 준비했다. 분량만도 100쪽이 넘는 노작이었다. 예상 질문도 30개 이상 준비해 든든했다. 사전에 컴퓨터와 빔 프로젝트도 점검하고 자리 배치도 확인했다. 이제 잘 마무리만 하면 된다.
마침내 프레젠테이션 시간이 되자 클라이언트의 대표인 S전자 사업부장(전무)이 들어섰다. 그런데 대뜸 "아! 미안한테 내가 지금 서울로 올라갈 일이 있어서 말이야, 5분안에 간략하게 해주게!"
이게 웬 날 벼락이란 말인가. 머릿속에 채워 둔 것은 많은데 어디서부터 실마리를 풀어 5분안에 끝내야 될지... K부장은 얼어붙었고 결국 대답을 제대로 못하며 머뭇거리자 사업부장은 자리에서 일어났다. 그리고 나선, 이렇다 저렇다 말도 없이 측근을 대동하고 나가버렸다.

K부장은 이날 이후로 하상 요약본을 만드는 것을 잊지 않는다. 간혹 5분 정도 짧은 시간에 메시지를 전달해야 할 때가 있고, 그것이 아니더라도 결국 청중은 결론을 원하기 때문이다. 한국 기업은 미국·유럽에 비해 다소 엄격한 경향이 있어 컨셉트나 철학보다는 그 프로젝트 자체에 대한 결론부터 PT를 시작하는 경향도 고려해야 할 것이다. 특히 실무진이 아닌 경영층에 프레젠테이션을 할 경우에는 반드시 요약본을 준비하는 것이 좋다. 요약본의 배치는 제목 바로 다음이나 목차 다음에 놓는 것이 일반적이다. 즉, 셋째 쪽은 서론이 아닌 결론이 놓일 자리가 된다.

눈길을 사로잡는 가장 쉬운 방법은 시청각 자료를 활용하는 것이다. 하이닉스에서는 직원 1만9000여 명이 모여 임원들의 강의를 듣는 시간이 있다고 한다. 임원이 직원 앞에서 프레젠테이션을 하는 것이다. 동영상 칭찬 캠페인이라든지 고향에 계신 부모님의 메시지를 동영상으로 전달하다 보면 몇 천 명이 됐든 집중도가 높아진다. 하이닉스에는 다양한 직군, 다양한 연령대의 직원들이 함께 있기 때문에 임원진은 모두가 공감할 수 있는 내용의 동영상을 제작해 함께 시청한다고 한다. 조는 것을 방지할 뿐 아니라 프레젠테이션 시간 동안 하나가 되는 장점이 있다.

또 다른 예로는, 신제품 출시 프레젠테이션을 할 때 잘 쓰는 방법으로 플래시와 같은 도구를 이용해 시선을 붙드는 예가 있다. 신제품이 론칭되기 전에 마켓 트렌드, 소비자 리서치 등 시작 페이지에 들어갈 만한 단계들이 많은데, 이런 것들을 과감히 생략하고 신제품을 한 번에 보여 주는 것이다.

호주관광청 서울지사의 최승원 지사장은 모든 메시지를 함축하는 한마디로 승부를 걸었다. 그 말은 'Be Careful'. 다른 말이나 그림없이 흰 바탕에 검은 글씨로 이 말만 화면에 띄웠다. 우리가 하는 모든 작은 일들이 브랜딩에 영향을 미치기 때문에 언제나 주의해야 한다는 메시지를 전달하기 위해서였다. 당시만 해도 그녀의 클라이언트는 TV광고가 한 브랜드의 9할은 책임진다고 생각했다. 그는 이 말에 동의하지 않았고 작은 판촉물이나 사소한 이벤트도 모든 게 체계적으로 이뤄져야 한다는 것을 전달하고 싶었다. 물론 적임자는 자신이라는 것을 어필하고 싶었다. 결국 그 한마디는 그녀가 지금의 위치에 올라오는 데 도움이 됐다.

한 소형가전 업체 P사의 프레젠테이션 시간이었다. 너도나도 다양한 그래픽, 컬러풀한 화면으로 상사의 시선을 사로잡고 싶어 했다. 그러나 가장 반향을 일으킨 것은 무심할 정도로 심플한 프레젠테이션이었다. 그는 제목도 목차도 없이 대뜸 엑셀 화면을 띄웠다. 그리고 나서 발표자는 엑셀 화면만 보면서 각 숫자의 의미를 읽어내고 트렌드를 설명하고, 5년 후 10년 후의 변화상까지 발표했다. 광고 전문가라면 모두 자신을 똑똑하다고들 생각하는데 아이디어만이 아니라 숫자 곧 사실 정보를 전달하니 반론을 제기하는 사람이 없었다고 한다. 마찬가지로 매출액 증감 뿐 아니라 재무제표도 활용해 본다면 경영진으로부터 좋은 점수를 얻을 수 있을 것이다.

(이코노미스트, 2007.7.10)

## 4. 소비자 구매행동에 영향을 미치는 요인들

소비자들은 구매의사 결정과정에서 여러 가지 요인에 의해서 영향을 받는데 그 중에 개인적 요인, 심리적 요인, 사회적 요인, 문화적 요인을 들 수 있다.

### (1) 개인적 요인(Personal Factors)

소비자 행동에 영향을 미치는 개인적 요인은 매우 많다. 인구 통계적 요인, 라이프스타일, 자아개념 등으로 구분해서 살펴보자.

**① 인구 통계적 요인**(Demographie Factor)

소비자의 제품이나 서비스의 구매양상은 연령, 성별, 직업, 교육수준, 소득수준 등의 인구 통계적 요인에 따라 커다란 차이를 보이게 된다. 나이에 따라 좋아하는 음식이나 옷이 달라지고, 남녀, 결혼여부에 따라 구매행동이 달라진다. 교육수준 또는 소득수준에 따라서도 선호도가 달라진다. 신혼부부는 보르네오가구처럼 실용적인 가구를 선호하지만 중년부부는 이태리에서 수입한 고가 가구에 관심이 간다. BMW 같은 고급 외제승용차는 고소득층만을 표적고객으로 삼는 것이 더 효과적이다.

인구 통계적 요인변수에 심리적 요인, 사회 · 문화적 요인이 추가되면 더 효율적인 접근을 할 수 있다.

**② 라이프스타일**(Life Style)

라이프스타일이란 사람들이 살아가는 방식을 말한다. 동일한 직업이나 소득, 학력을 가진 사람들도 그들의 라이프스타일은 상당히 다를 수 있다.

라이프스타일은 한 개인의 생활패턴으로 AIO(activity, interest, opinion)항목에 의해 측정되는데 활동(activity)은 사람들이 시간을 활용하는 행태를 말하고, 관심(interest)은 자신과 주위환경에서 중요하게 생각하는 것이고, 의견(opinion)은 자신과 주변에 대한 생각을 말한다.

**③ 자아개념**(self-concept)

자아개념은 자신의 독특한 심리적 특성으로서 사회적 규범이나 유행에 대한 적응성, 방어성, 공격성으로 표현된다. 또 자아개념은 자신을 어떻게 생각하는지, 남들이 나를 어떻게 보는지, 어떠한 자신이 되고 싶은지에 대한 개념이다.

화장품 광고에 활동적인 모델을 등장시킨 것은 그러한 자아개념을 가지고 있는 여성들이 그 제품에 일체감을 느끼게 함으로 구매를 유도할 수 있기 때문이다.

### (2) 심리적 요인(Psychological Factor)

#### ① 동기(Motivation)

소비자의 욕구는 다양하다. 배고픔, 추움, 목마름 같은 생리적인 욕구가 있고, 행복, 존경, 소속감에 대한 욕구와 같은 심리적인 것도 있다. 이러한 각각의 욕구들이 어느 정도 강도가 높을 때 비로소 하나의 동기가 되는 것이다. 배고픔의 수준이 어느 정도 높아져야 그 배고픔을 충족시키려는 동기가 나타나게 되는데, 이 동기에 의해 소비자는 샌드위치를 먹든지 라면을 먹게 되는 것이다.

#### ② 지각(Perception)

동기가 충분해지면 행동을 취하게 된다. 그런데 같은 내용에 대하여 동기가 부여되고 같은 상황에 처해 있는 사람들도 서로 다른 행동을 취하기도 하는데 이는 그들이 상황을 다르게 지각하고 있기 때문이다. 사람들이 거치게 되는 3가지 지각과정은 선택적 주의, 선택적 왜곡, 선택적 보유이다.

##### 선택적 주의

사람들은 많은 양의 자극에 노출되어 있으나 이 모든 자극들에 대하여 주의를 기울일 수 없다는 것이다.

##### 선택적 왜곡

정보가 소비자에게 전달되었다 하더라도 꼭 의도대로 전달되어지는 것은 아니다. 사람들은 주어진 정보를 기존에 자신이 가지고 있던 신념에 동화시키려는 경향이 있다.

##### 선택적 기억

사람들은 자신들이 얻은 방대한 정보의 내용 중 상당수를 잊게 된다. 자신의 태도와 신념에 맞는 정보만을 기억하게 된다는 것이다.

#### ③ 학습(Learning)

소비자의 경험과 정보처리과정으로부터 신념과 태도를 형성하거나 변화시키는

데 이 과정을 학습이라 한다. 학습은 일반화와 차별화로 나누어지는데 일반화는 현대자동차 아반떼를 구입하여 사용한 소비자가 이 제품에 만족을 느꼈을 경우 다음엔 현대의 소나타를 구입하게 되는 경우이다. 일반화의 반대개념이 차별화인데 위의 아반떼를 사용하면서 대우의 매그너스가 더 좋다는 정보를 입수하고 소나타 대신 매그너스를 구입하는 경우이다.

학습에는 행동주의적 학습이 있는데 여기에는 고전적 조건화와 수단적 조건화가 있다. 고전적 조건화는 동물에 먹이를 줄 때 종을 반복하여 치면 나중에는 먹이를 주지 않고 종만 쳐도 침을 흘리게 되는 경우이다. 수단적 조건화는 어떤 제품을 시험 삼아 구매 사용 후 만족하였으면 재구매를 하지만 불만족 하였을 경우에는 구매를 중지하는 부정적 태도를 보이는 것을 말한다.

### (3) 사회 · 문화적 요인(Social Cultural Factors)

개인의 태도와 행동 형성은 직접 또는 간접적으로 비교의 기준이 되는 준거집단에 의해 많은 영향을 받는다. 그래서 마케터들은 표적시장의 준거집단을 파악하는데 노력한다. 준거집단은 개인의 행동과 생활양식에 영향을 미치는 것은 물론 제품, 상표 선택에도 영향을 줄 수 있기 때문이다. 마케터는 준거집단 안에서의 의견 선도자들에게 접근하기 위하여 노력한다. 어떤 제품에 대해서는 의견 선도자인 사람이 다른 제품에 대하여는 추종자가 되기도 한다. 대학 교수는 정치나 경제 분야에서 선도자가 될 수 있지만 의류 유행에 있어서는 추종자가 될 수 밖에 없다.

문화는 사람들의 욕구와 신념, 태도, 행동에 영향을 미치는 가장 근본적인 요인들 중 하나이다. 아프리카 원주민에게 컴퓨터는 무용지물일 것이다. 근래 다이어트와 건강에 관심이 높아지면서 기업들은 운동기구와 운동복 생산에 관심이 높고, 저칼로리와 유기농산물이 인기가 높아지며, 여가문화 수요가 증가함에 따라 다양한 레저, 스포츠산업이 발달하게 되었다. 그래서 마케팅 관리자들은 항상 문화적 변화의 흐름을 잘 포착하려고 노력한다.

## 8.2 시장세분화, 표적시장 선정 및 포지셔닝

마케팅 전략과 계획을 수립하기 위해서는 전체시장에서 동질적인 세분시장으로 구분된 시장 중 일부를 표적시장으로 정하고 그 시장에 대해 회사의 역량을 집중한다. 즉 전체시장을 유사한 욕구를 가진 소비 집단인 세분시장으로 구분하고 이중에 자기 기업이 경쟁우위를 발휘할 수 있고 효율적으로 성과를 올릴 수 있는 일부시장을 목표로 삼고 그 시장을 집중 공략한다는 것이다.

그림 8-4와 같이 시장을 세분화(segmentation)하고, 표적시장(targeting)을 선정하여, 이 시장에 적합한 제품 포지셔닝(positioning)하는 일은 마케팅 전략의 기본이며 중요한 전략이다. 이 세 가지 단어의 머리글자를 따서 STP전략이라고 한다.

그림 8-4 STP전략의 진행과정

1. 시장세분화(marketing segmentation)
↓
2. 표적시장 선정(targeting)
↓
3. 제품 포지셔닝(product positioning)

### 1. 시장세분화(market segmentation)

#### (1) 시장세분화의 의의와 목적

사회의 발달과 함께 소비자의 욕구가 너무나 다양해졌기 때문에 한 기업이 모든 소비자가 만족 할 수 있는 제품이나 서비스를 제공한다는 것은 불가능한 일이다. 시장세분화(market segmentation)란 전체시장을 일정한 기준에 의해 동질적인 세분시장으로 구분하는 과정이다. 제한된 자원으로 전체시장을 동시에 공략한다는 것은 비효율적이기 때문에 자사가 가장 성공적으로 공략할 수 있는 세분시장을 선택하는 방식을 채택한다.

세분화 시장을 실시하는 목적을 다음과 같이 설명할 수 있다.

**첫째**, 기업은 시장세분화를 통해 다양한 소비자의 욕구를 파악해서 이들의 욕구를 만족시켜줄 수 있다.

**둘째**, 시장세분화를 통해 잠재되어 있는 소비자의 욕구를 찾아내어 새로운 시장기회를 찾을 수 있다.

**셋째**, 시장세분화를 통해 자사 상표들 간의 불필요한 경쟁을 방지할 수 있다.

### (2) 시장세분화의 수준

기업은 일정한 규모의 동질적 소비자를 하나의 집단으로 묶고 각 집단별로 서로 다른 마케팅 프로그램을 제공함으로서 기업의 목표와 소비자의 욕구를 동시에 충족시키기 위하여 어느 수준에서 하나의 세분시장으로 묶을 것인지에 대한 결정을 해야 한다.

그림 8-5 시장세분화의 수준

**① 대량 마케팅(Mass Marketing)**

대량 마케팅은 전체시장을 하나의 시장으로 보고 시장 내 고객들을 구분하지 않고 하나의 마케팅 전략으로 대응하는 방법이다. 이 때 기업은 주로 대량생산, 대량유통, 대량촉진을 통해서 한 종류의 제품을 모든 구매자들에게 판매를 한다. 예를 들면 럭키치약이 처음 나올 때 하나의 제품을 가지고 전체시장을 상대로 접근하였다. 대량 마케팅은 동일한 제품을 대량으로 생산하기 때문에 원가 및 마케팅 비용의 절감효과를 얻을 수 있으며 저렴한 가격으로 큰 시장의 공략을 가능하게 해준다. 이 방법은 규모의 경제(economics of scale)나 경험효과(experience effect)를 충분히 활용하여 성과를 올릴 수 있는 마케팅 방법이다.

**② 세분화 마케팅(Segment Marketing)**

소비자들은 다양한 욕구를 가지고 있고 세분시장마다 욕구가 차이가 날 수 있기 때문에 시장을 세분화함으로서, 전체시장을 대상으로 마케팅 노력을 분산하는 것보다 선별된 표적시장의 고객들에게 맞는 제품과 유통망을 개발하고 촉진활동을 효율적으로 함으로서 표적시장 내에서 비교우위를 확보하려는 것이다. 자동차 회사가 가격수준에 따라 몇 가지 종류로 나누어 생산한다든지, 화장품 회사가 20대, 30대, 50대에 알맞은 화장품을 나누어 생산 판매하는 것이 그 예이다.

**③ 틈새 마케팅(Niche Marketing)**

틈새시장이란 세분시장을 더욱 세분화하는 시장을 의미한다. 1년 단위로 유아용 이유식 제품이 생산되던 것이 3~6개월 단위로 생산되고, 비만인구가 많아지면서 투엑스라지(XXL)사이즈의 제품이 생산되고 있는 것 등이 그 예이다. 틈새시장은 세분시장에 비해 규모는 작지만 경쟁자가 더 적으며 독특한 소비자 욕구를 충족시킴으로서 이 외의 성과를 거둘 수 있는 전략이다.

**④ 미시적 마케팅(Micro Marketing)**

최근에는 컴퓨터 기술의 발전과 함께 데이터에 의한 고객의 정보 분석이 가능해 짐으로서 개별적인 고객에 맞는 마케팅 프로그램을 개발하여 1:1로 상품을 설명하고 주문을 받는 시스템이 각광을 받고 있다. 즉 개별적인 고객수준에서 각 고객의 욕구에 맞춰 제품과 마케팅 전략을 개발하여 제공하는 방법이다.

### (3) 세분 시장의 기준

시장세분화는 다양한 변수를 기준으로 세분화하고 그 중에서 시장구조를 가장 잘 나타내는 세분화 변수를 채택하면 된다. 연령, 성별, 소득, 심리, 사용정도 등 다양한 소비자의 특성을 기준으로 분류하여 세분화를 이루게 된다. 그러나 어떤 제품에 대해서는 효과적인 세분화 기준이 되는 것이 다른 제품에 대하여는 별 효과가 없을 수도 있다. 자동차와 같은 제품은 소득수준이 중요한 변수가 되지만 소주시장은 마시는 횟수나 양이 중요변수가 된다.

그림 8-6 세분화 기준 변수들

1. 지리적 변수 — 2. 인구통계적 변수 — 3. 심리묘사적 변수 — 4. 행동적 변수

**① 지리적 변수**(Geographic Variables)

소비자가 거주하는 지역에 따른 세분화이다. 국가, 지방, 도시, 농촌 등 지역에 따라 소비자를 세분화 할 수 있는데 기업은 자사 제품에 유리한 몇 개 지역을 선택하여 마케팅 활동을 할 수 있고, 또 각 지역마다 서로 다른 소비자 욕구를 파악하여 그 욕구에 맞는 마케팅 전략을 구사한다. 미국에서는 서부가 동부보다 원두커피 판매량에서 2배 차이가 나며 우리나라 도시와 농촌에서 필요한 가구가 서로 취향이 다른 것도 지리적인 요인 때문이다.

**② 인구 통계적 변수**(Demographics)

이는 소비자의 나이, 성별, 직업, 소득, 학력, 가족관계 등과 같이 소비자가 속한 가구의 특성을 세분화 기준으로 활용하는 방법이다. 일반적으로 소비자의 욕구나 사용량, 사용 빈도 등은 인구통계학적 변수에 따라 나누어지는 경우가 많다. 신발을 예로 들어보면 어릴 때는 활동적인 신발을 선호하고 20대는 멋을 추구하며 노년기에 이르게 되면 편안함을 추구하게 된다. 성별에 따른 세분화도 널리 활용되는 기준으로 화장품, 의류, 신발, 잡지 등의 산업에서 많이 이용되고 있다. 그러나 성별에 따른 세분화의 경우 최근 남여공용 제품의 등장으로 인해 모호해 지는 경우도 있다.

이러한 성별에 따른 여러 가지 사회적 변화에 마케터들은 세심한 관심을 가져야 할 것이다. 남녀 평등주장, 여권신장, 여성의 사회참여가 높아지면서 과거에 남성위주의 의사결정이 최근에는 여성에게로 넘어가면서 '여성을 알아야 마케팅을 안다'라는 말까지 나오고 있다. 또 소비자들 간에 소득차이도 세분화 변수가 된다. 저소득층에는 엄두도 못내는 고급제품을 고소득자는 쉽게 구입할 수 있기 때문이다.

**③ 심리 묘사적 변수**(Psychographics)

소비자들의 심리적인 특성을 세분화의 기준으로 사용할 수 있으며 여기에는

사회적 계층, 라이프스타일, 성격 등이 있다. 사회계층이란 소득, 직업, 학력 등을 복합적으로 고려하여 소비자의 사회적 지위를 구분하는데 사용되는 변수이며 상류층, 중산층, 하류층으로 구분된다.

라이프스타일(lifestyle)이란 소비자들이 살아가는 방식을 말하며 근래 국내 소비자의 라이프스타일에도 많은 변화가 일어나고 있다. 예를 들면 싱글 가구 수가 500만 가구를 넘어서고 있고 앞으로도 증가 추세가 계속 될 것으로 예상됨에 따라 이들의 취향에 맞는 주택에서부터 소형가전제품, 간단하게 조리할 수 있는 인스턴트식품, 실용적인 가구시장까지 규모가 급성장하고 있다.

#### ④ 행동적 변수(Behavioral Variables)

앞에 소개한 변수들이 소비자의 특성에 따른 세분화 변수라면 제품 사용 행태에 관한 변수로도 시장을 세분화 할 수 있다. 누가 사용자이며, 누가 우리상표 충성자이며, 소비자들이 추구하는 제품의 효익이 무엇인지와 같은 구매 관련 변수들을 세분화의 기준으로 이용한다.

##### 소비자가 추구하는 편익

소비자가 제품을 사용함에 있어서 비슷한 편익을 추구하는 소비자들을 모으는 방법이다. 소비자들이 제품을 구입할 때 고려하는 주요 편익의 차이에 따라 소비자를 몇 개의 차별적 집단으로 나누는 방법이다.

예를 들면, 같은 치약 제품이라도 '충치예방'을 중요하게 생각하는 소비자, '미백효과'를 중요하게 생각하는 소비자, '치석제거'를 중요하게 생각하는 소비자 등으로 세분화 할 수 있다.

##### 사용량에 의한 세분화

소비자를 제품의 사용량에 따라 다량소비자, 보통소비자, 소량소비자로 구분하는 방법이다. 이 방법이 전략수립에 중요한 이유는 많은 제품군에 있어서 적은 수의 소비자가 대부분의 제품소비를 하고 있다는데 기인한다.

20%의 소비자가 80%의 제품을 소비한다는 파레토의 법칙을 사용하고 있는데, 마케터는 다량소비자를 파악하여 이들의 구매 형태를 분석하는데 노력을 기울여야 한다.

##### 상표 애호도에 의한 시장세분화

상표 애호도(brand loyalty)란 상표에 대하여 충성도가 높아 동일 상표의 반복

구매를 계속하는 성향을 의미하며 기업은 이러한 소비자들의 충성도에 따라서 소비자를 세분화 한다.

첫 번째 유형은 항상 동일한 한 가지 상표를 구입하여 특정 상표에 대하여 높은 충성도를 보이며, 두 번째 유형은 다른 상표와 돌아가면서 구매하는 변덕스러운 소비자이며, 세 번째 유형은 자사 상표를 전혀 구매하지 않고 다른 상표들을 구매하는 비구매자로 구분할 수 있다. 상표 충성도에 따라 분류된 세분시장에 대해서는 차별적인 마케팅 전략이 요구된다. 자사 상표를 구매하지 않는 비구매자 집단에 대해서는 샘플을 증정하거나 판촉행사를 벌여야 할 것이다.

#### 제품에 대한 태도

소비자들은 제품에 대해 열광적, 호의적, 보통, 부정적인 태도 등을 보일 수 있다. 자사제품에 대하여 열성적이거나 호의적인 소비자에 대하여는 자사제품의 우수성을 확인시킬 수 있을 정도의 판촉 활동만으로도 충분한 효과를 얻을 수 있으나, 부정적인 소비자를 자사소비자로 만들기 위해서는 기업은 많은 시간과 노력을 통한 촉진활동으로 소비자의 태도를 전환시켜야 한다.

### ⑤ 효과적인 시장세분화의 요건

다양한 시장세분화 기준을 이용해서 시장을 세분화하였다고 해서 좋은 세분시장이 되는 것은 아니다. 뜨거운 커피를 좋아하는 소비자와 냉커피를 좋아하는 소비자를 조사하기 위한 세분화 변수들을 가지고 시력이 좋은 소비자와 시력이 나쁜 소비자를 구분하였다면 이는 효과가 없는 세분화이다. 커피와 시력과는 아무런 상관관계가 없기 때문이다.

세분시장을 구분하기 위한 효과적인 조건은 다음과 같다.

**첫째**, 측정(measurability)이 가능해야 한다. 마케터가 소비자가 어떤 특성을 갖고 있는지를 알지 못한다면 고객의 요구에 맞는 제품 개발이나 판매 전략을 세우는 것이 불가능하며, 그런 상태에서 효과적으로 소비자에게 접근할 수도 없다. 소비자의 특성을 알기 위하여 각 세분시장 내의 소비자의 인구 통계학적 특성이나 라이프스타일 등이 파악되도록 측정할 수 있어야 한다.

**둘째**, 세분시장에 대한 접근이 쉽도록 시장세분화가 이루어져야 한다. 마케팅 관리자는 각 세분시장 내의 고객들에게 자사제품에 대한 정보를 효과적으로 전달하기 위한 구체적인 접근방법을 사용할 수 있도록 세분화를 이루어야 한다. 예를 들면 20대 여성에게 접근하기 위해서 이들의 관심사가 무엇인지, 이들이 주로 보는 TV프로그램이나 신문 잡지가 무엇인지 파악한 후 그러한 매체를 통하여 효과적으로 정보를 전달할 수 있는 접근성을 찾아가야 할 것이다.

**셋째**, 충분한 시장 규모를 가져야 한다. 기업이 어떤 세분시장에 진입하여 특정한 마케팅 노력을 기울일 만한 가치가 있기 위해서는 그 세분시장이 충분히 큰 동질적인 소비자 집단이여야 한다. 그래야 규모의 경제나 경험효과를 충분히 활용할 수 있다.

**넷째**, 세분시장간에는 이질적인 소비자 욕구를 가져야 하고, 세분시장 내에서는 동질적인 소비자 욕구를 가져야 한다. 각 세분시장에 속한 소비자들의 욕구가 다른 세분시장과 별로 차이가 없다면 시장을 구분하여 별도의 마케팅 전략을 이용할 필요가 없다. 또 잘못 구분하여 별도의 마케팅 전략을 이용할 필요가 없다. 또 잘못하면 자사제품을 자사제품이 잡아먹는 일이 생길 수도 있다.

## 2. 표적시장의 선정

전체시장을 몇 개의 세분시장으로 구분한 후에는 각 세분시장을 평가하여 그 시장의 특성과 매력도를 분석한 후 이중 어떤 시장을 공약대상으로 선정할지의 문제를 해결해야 한다. 모든 시장을 공략하는 것은 기업의 한정된 자원 때문에 불가능하거나, 가능하더라도 효율적이지 못하다. 이렇게 선정된 하나 또는 일부를 표적시장이라고 한다.

### (1) 표적시장 선정 시 고려요인

표적시장을 선정할 때는 다음과 같은 요인을 염두에 두어야 한다.

**첫째**, 세분시장의 크기와 예상매출이다. 새로운 표적시장이 선정되어 그 시장을 공략할 가치가 있으려면 투자금액을 회수할 수 있을 만큼 충분한 시장규모를 가져야 한다.

**둘째**, 기업의 재원에 맞아야 한다. 새로운 표적시장에 진입하려면 여기에 소요되는 제품생산, 유통라인, 촉진 등의 비용을 부담할 만큼 기업의 재원이 있어야 한다.

**셋째**, 기존사업과 연관성이 있으면 더 효율적이어야 한다. 기존제품의 생산시설이나 유통망, 원자재 등을 공유하게 될 때 원가가 훨씬 절감될 수 있게 된다.

**넷째**, 제품수명주기의 흐름을 잘 살펴야 한다. 제품수명주기 도입단계에서는 소비자 욕구의 다양성이 적을 때이기에 하나의 제품으로도 시장 접근이 가능하지만 시장이 성숙기로 접어들면 소비자의 욕구가 다양해지기 때문에 각 세분시장별로 차별화 된 제품이 필요하기 때문이다.

**다섯째**, 경쟁자의 전략을 파악하여야 한다. 자사가 선정한 표적시장을 공략할 때 자사의 차별적 우위 가치가 있는 것보다 더욱 좋은 조건의 강한 경쟁자가 있으면 곤란하다. 경쟁사보다 경쟁우위를 확보할 수 있는 것을 개발해야 한다.

### (2) 표적시장 선정 전략

일반적으로 기업이 선택할 수 있는 마케팅 전략으로는 비차별적 마케팅, 차별적 마케팅, 그리고 집중적 마케팅이 있다.

#### ① 비차별적 마케팅(Undifferentiated Marketing)

비차별 마케팅 전략은 세분시장간의 차이를 무시하고 전체시장을 하나의 시장으로 보고 공략하는 전략이다. 기업은 대량생산, 대량유통, 대량광고 방식으로 소비자의 마음속에 우수한 자사제품의 이미지를 심어주고 다수의 구매자에게 소구하는 방식의 마케팅 전략을 고안한다. 신라면, 오리온 초코파이, 박카스, 비타500과 같이 모든 세분시장마다 공통적으로 선호되어지는 제품을 비차별 마케팅을 함으로써 생산자는 유통비용, 관리비용, 시장조사, 광고판촉 등 비용면에서 많은 절감효과를 기대할 수 있다.

#### ② 차별적 마케팅(Differentiated Marketing)

이는 몇 개의 세분시장에 동시에 접근하는 방법으로 각 세분시장을 상대로 서로 다른 제품과 마케팅 전략을 활용하는 방법이다. 현대자동차는 소비자의 경제력과 연령 등에 따라 소비자들을 나누고 각 시장의 특성에 맞는 제품을 생산한다. 산타페, 아반떼, 소나타, 그랜저, 에쿠스 등 다양한 종류의 제품을 통하여 각 세분시장에서 강력한 위치를 차지 할 수 있고 소비자의 욕구에 알맞은 제품을 제공하기 때문에 높은 재구매 효과를 기대할 수 있다.

#### ③ 집중적 마케팅(Concentrated Marketing)

이는 기업의 자원이 제한되어 있을 경우에 주로 사용되는 방법으로 큰 시장에서 작은 점유율을 누리기보다는 적은 시장에서 높은 점유율을 높이기 위한 전략이다. 집중 마케팅 전략은 제한된 시장에서 경쟁우위를 확보함으로서 높은 수익을 창출할 수 있는 장점이 있지만 고객의 욕구가 변하거나 유통, 생산, 광고 등에서 규모의 경제에 의한 비교우위를 갖는 대기업이 진출할 경우에 이에 대처하기 어려운 단점이 있다. 따라서 이에 대한 대처 방안으로 지속적인 제품개발이 필요하며, 현시장의 성공적인 바탕 위에 유사점이 있는 다른 세분시장으로의 확장을 고려하여야 한다.

## 3. 포지셔닝(Positioning)

포지셔닝은 소비자들의 인식 속에 자사의 제품이 경쟁제품에 비하여 차지하고 있는 상대적 위치를 말한다. 기업이 표적시장을 선정하고 그 시장에 제품을 출시하였다 하더라도, 표적시장 내 소비자들이 그 제품이 자신들에게 적합하지 않다고 판단하면 마케팅 노력은 실패로 돌아간다.

이러한 문제를 해결하기 위하여 자사의 제품이 경쟁사 제품에 비하여 어떠한 차별점을 갖고 있는지, 또 소비자가 그 사실을 제대로 인지하고 있는지, 이러한 것들을 확인시켜주는 전략개발이 필요하다. 자사제품을 소비자들의 마음속에 포지셔닝 시키는 구체적인 방법을 살펴보면 다음과 같다.

### (1) 포지셔닝의 유형

#### ① 제품속성에 의한 포지셔닝

자사제품이 소비자들이 중요하게 생각하는 속성이나 기능에서 차별적 우위를 갖고 있다는 것을 포지셔닝 하는 방법이다. 티코는 저가격을 강조하여 경제성을 추구하는 소비자에게, 볼보는 안전성을 제일 중요하게 생각하는 소비자에게, 레간자는 소음이 없음을, BMW는 우월성을 나타내고 싶어 하는 소비자에게 소구할 수 있는 포지셔닝 방법이다.

#### ② 사용상황에 따른 포지셔닝

소비자가 사용해야 하는 적절한 상황과 용도에 맞게 자사제품을 연결시키는 방법이다. 갈증 해소에 게토레이, 술 마시기 전후에 컨디션, 졸음방지에 카스민트 껌, 키스할 때 가그린 등이 사용상황에 따른 포지셔닝을 시도한 예라고 볼 수 있다.

**③ 사용자에 따른 포지셔닝**

이는 표적시장 내의 소비자가 그 제품의 사용이 욕구충족에 아주 적합한 제품이라는 점을 강조하는 방법이다. 고급 향수나 비싼 와인은 고소득자인 상류층에, 맞벌이 부부는 아침 출근시간에 대단히 바쁘다는 점에 착안하여 제품을 포지셔닝하는 것으로 럭키가 샴푸와 린스를 구별하지 않고 한번에 샴푸하는 랑데부를 개발한 것이 그 예이다.

**④ 이미지에 의한 포지셔닝**

이는 제품을 사용하므로 느끼는 이미지와 연계시키는 방법이다.
다시다를 광고할 때 '이 맛이야'하면서 어릴 때 고향에서 먹던 된장 맛을 연상시킨다든지, '당신과 마시는 커피가 향기롭다'라고 표현하는 맥스웰 커피도 이미지에 소구하는 방법이다.

**⑤ 경쟁제품에 의한 포지셔닝**

경쟁제품이 자사제품에 비해 소비자의 마음속에 강하게 인식되어 있을 때 경쟁제품에 비해 자사제품의 차별적인 우월점을 강조할 때 제시하는 방법이다. 칠성사이다는 경쟁제품인 코카콜라를 겨냥하여 무카페인, 무색소, 무로열티를 강조하였고, 아시아나는 KAL을 겨냥하여 '이 비행기 몇 년 되었어요'라고 광고한다. 천연 암반수로 유명한 하이트 맥주는 '소비자 여러분 물은 가려마시면서 맥주는 가려 마시지 않습니까?'라고 물으면서 당시 시장점유율 1위이던 OB맥주를 겨냥한 마케팅을 펼쳐 90년대 중반 맥주 시장점유율 1위에 올라 현재까지 부동의 1위를 지키고 있다.

### (2) 포지셔닝 전략의 수립과정

여러 기업에서 생산하는 많은 상표들이 동일한 고객을 대상으로 경쟁하는 소비자 시장에서 경쟁자가 쉽게 모방할 수 없는 독특한 포지셔닝 방법을 찾아내는 것은 쉽지 않다. 그러므로 기업은 체계적인 포지셔닝 전략을 개발하여 표적고객에게 전달하여야 한다.

**① 소비자 욕구와 경쟁사 비교강점 파악**

소비자들은 그들에게 가장 높은 효용을 주는 제품이나 서비스를 선택하게 된다. 기업은 소비자의 욕구를 경쟁사들보다 더 잘 파악하고 있어야 소비자들에게 더 높은 가치를 제공해 줄 수 있다. 이는 곧 소비자들이 자사제품을 계속적으로 구매하도록 하는 요인이 되기도 한다. 이를 위해 기업은 우리와 동일한 세분시장을 표적시장으로 하고 있는 경쟁자가 누구이며, 앞으로 진출할 것으로 예상되는 경쟁자는 누구인지를 알아야 하고 그들이 표적시장 내 소비자들의 욕구를 어떤 방법으로 충족시키고 있는지에 대한 조사 분석을 해야 한다.

### ② 가능한 차별적 우위 요인 선택

소비자들이 자사제품을 경쟁사 제품보다 우선적으로 선택하는 경우는 자사제품이 경쟁사 제품과 비교하여 품질이 비슷한데 가격이 저렴하든지 가격은 비슷한데 품질이 더 좋다고 판단될 때이다. 이처럼 자사제품이 경쟁사 제품에 비해 차별적 우위를 가지고 있는 부분을 찾아내는 것이 중요하다.
표적시장 소비자들의 욕구를 충족시킬 수 있는 자료를 바탕으로 제품, 서비스, 종업원, 이미지 측면에서 차별점을 찾아내야 한다.

#### 제품 차별화 (Product Differentiation)

기업은 다양한 유형적 제품 속성이나 디자인, 색상, 포장 등에서 경쟁 제품들과 비교하여 자사제품이 상대적으로 우수한 요인들을 찾아 낼 수 있다.
SK텔레콤은 지하철 내에서의 통화품질에 대한 불만이 속출하자 지하철 내 기지국을 많이 설치하여 타 이동통신사와 통화품질에서의 차별화를 꾀했다.

#### 서비스 차별화 (Service Differentiation)

제품의 물리적 특성 외에 기업들은 제품의 부가적인 서비스 부분에 대해서도 차별화가 가능하다. 도미노 피자는 30분 이내에 배달되지 않으면 가격을 할인해주는 서비스 방법을 채택하고 있으며 편의점이 24시간을 영업을 하는 것도 여기에 속한다.

#### 인적 차별화 (Personal Differentiation)

또 다른 차별화의 요인으로는 고객과 접촉하는 직원의 친절한 서비스가 요구되고 있다. 기업은 경쟁사보다 직원의 선발과 훈련에 있어서 많은 노력을 기울여서 강한 경쟁적 우위를 누리려고 한다.

우리은행에서는 고객을 장시간 기다리게 하면 1,000원을 보상케 함으로써 창구 직원들이 신속하고 친절한 서비스를 제공하고 있음을 강조하였다.

### 이미지 차별화 (Image Differentiation)

소비자들은 똑같은 제품이 공급 되더라도 그 기업의 이미지나 상표 이미지를 다르게 인식하기도 한다. 상표의 심벌이나 로고 등은 이미지 차별화의 중요한 수단으로 사용된다. 학교 자판기 커피는 200원인데 스타벅스에서는 4,000원을 받는다. 그런데도 스타벅스에서는 빈자리를 찾기 어렵다.

바로 이미지의 차별화 때문이다.

**Article 3** **'고객이 웃으면 기업 실적도 좋아진다.'**

고객만족경영은 기업이 제공하는 제품과 서비스에 만족하는 고객이 많을수록 그 기업의 경영성과도 좋아지게 된다는 지극히 평범한 상식에서 시작된다. 하지 고객만족경영은 기업이 제공하는 제품과 서비스에 만족하는 고객이 많을수록 그 기업의 경영성과도 좋아지게 된다는 지극히 평범한 상식에서 시작된다. 하지만 진정한 의미에서 고객만족경영을 펼치는 기업은 많지 않다.

사장부터 말단 사원까지 고객만족 정신으로 무장돼 있지 않으면 성공하기 힘들기 때문이다. 고객만족경영에 성공한 대표적 기업으로 한국능률협회컨설팅이 주관하는 '2006년 제14회 대한민국 고객만족경영대상(KCSMA)'에 선정된 KTF, 삼성화재, 기업은행을 비롯한 31개 기업의 성공비결이 눈길을 끄는 이유다.

고객만족경영이 성공하기 위해서는 우선 강력한 리더십이 필요하다.

고객만족경영에서 최고경영자(CEO)의 비중은 다른 어느 혁신활동보다 높다.

고객만족경영 시스템을 평가할 때도 중요한 무게를 두는 것이 바로 최고경영자의 리더십이다.

'고객감동을 넘어, 고객열광으로' 캐치프레이즈를 앞세워 고객가치 혁신에 힘쓰고 있는 우리은행 황영기 은행장, '가족사랑'에 바탕을 둔 고객지향적 의사결정에 역량을 집중하고 있는 한화리조트 김관수 사장 등이 대표적이다.

올해 수상기업의 최고 경영자들은 전사적인 고객 만족 경영혁신을 위해 많은 시간과 자원을 투입했을 뿐만 아니라 교육과 강연, 워크숍 등 고객만족과 관련한 모든 현장활동에 자신이 직접 뛰어든 공통점이 있다.

둘째, 총체적 혁신활동을 전개해야 한다.

좋은 서비스가 고객을 만족시키고 이에 만족한 고객의 충성도가 높아져 자연스럽게 기업의 경영성과 향상으로 연결된다는 것이 고객만족 경영혁신의 기본 개념이다. 하지만 아직도 고객만족 경영을 친절서비스 정도로 이해하고 있는 기업들이 많다.

이런 측면에서 올해 수상기업들의 사례는 이제 고객만족경영이 기업의 전 영역을 포함하는 경영혁신의 체계적 방법론으로 정착되고 있음을 증명한다.

셋째, 기업의 이미지를 향상시켜야 한다.

고객에게 만족을 제공하는 데 있어 선택과 집중의 노력이 커지고 있다.

특히 고객이 기업의 상품, 서비스를 이용하며 느끼는 총체적 경험과 그 경험을 통해 연상되는 긍정적 이미지를 만들어 고객의 충성도를 높이고 기업의 이미지, 서비스에 대한 정체성을 높이는 움직임이 전략으로 펼쳐지고 있다.
KTF의 'Have a good time', 삼성화재의 'Allife' 등이 이를 잘 보여준다.
이들 노력은 단순한 슬로건이 아니라 회사가 제시한 고객경험이 구체적으로 실현되고 그것이 고객에게 제대로 전달될 수 있게 하는 혁신활동으로 추진되고 있다.
넷째, '고객만족 평가시스템(CS)'을 활용해야 한다.
경영혁신의 성공 여부는 전 조직원이 얼마나 적극적으로 혁신활동에 참여하는가에 달려있다.
많은 기업들이 고객만족경영을 혁신활동으로 추진하는 데 있어 평가시스템을 활용하는 것도 혁신의 성공을 위한 동기를 부여하기 위해서다.
KTF, 한화리조트, 우리은행 등은 고객만족도 결과를 부서의 경영평가와 개인 인사평가·보상에 대폭 반영하고 있다.
한국지역난방공사, 한국가스안전공사 등 공기업도 그 결과를 인사평가에 반영하는 내부 평가시스템을 구축하고 있다.
고객만족경영은 기업이 제공하는 제품과 서비스에 만족하는 고객이 많을수록 그 기업의 경영성과도 좋아지게 된다는 지극히 평범한 상식에서 시작된다. 하지
다섯째, 사회 기여활동과 접목시켜야 한다.
고객만족경영 우수기업들은 하나같이 지역사회를 광범위한 고객으로 인식하고 사회에 대한 기여활동을 체계적으로 수행하고 있다.
현대백화점의 'Green Market', 우리은행의 'Together Woori', KT의 '청각장애인 소리찾기' 등은 이제 기업의 사회기여 활동이 기업경영활동과 연계되는 전사적 참여의 장이 됐음을 보여준다. (매일경제, 2006.11.14)

## 참고문헌


1) 권익현·임병훈·안광호, 마케팅 관리적 접근, 경문사, 2002.
2) 김동훈·안광호·유창조, 촉진관리, 학현사, 2004.
3) 안광호·조재윤, 유통관리원론, 학현사, 2003.
4) 이명호외 9, 경영학으로의 초대, 박영사, 2004.
5) 지효준, 21세기 경영학, 법문사, 2004.
6) 최정환·이유재, 죽은 CRM 살아있는 CRM, 한·언, 2001.
7) 한길석, 창업과 경영, 법문사, 2004.
8) 홍성태, 보이지 않는 뿌리, 박영사, 1999.
9) Kotler, Philip, Marketing Management: Analysis, Planning, Implementation and Control, 9th ed Prentice-Hall, 1997.
10) Assel, Henry, Consumer Behavior and Marketing Action, 6th ed, South-Western Colledge Pub., 1998.

Chapter 09

# 마케팅 관리

## 9.1 마케팅이란?

DB, 매스, 그린, 가상, 네트워크, 다이렉트, 관계, 시간, 스포츠, 구전, 고객로열티, 공동상표, 사이버… 서로 연관성이 없어 보이는 이 단어들은 모두 '마케팅'이란 단어와 함께 우리 일상생활 깊숙이 침투해 있는 친근한 마케팅 전략들이다.

### Article 1 지구촌 히트상품의 비결

**자연을 생각하는 제품, 값비싸도 팔렸다.**

환경오염에 대한 경각심이 높아지면서 이제는 환경 친화적 상품이 아니면 소비자에게 다가갈 수 없는 시대가 됐다.

사람이 사는 아파트에서 먹는 음식까지 의식주와 연관된 모든 상품은 친환경을 내세우고 있다. 또 지구 환경 보호를 위한 국제 협약인 기후변화협약이 지난 2월 시행됨에 따라 온실가스, 즉 탄소가 환경 상품의 새로운 개척 분야로 등장했다. 고유가가 정착되는 가운데 대기오염과 연료소비를 대폭 줄인 하이브리드 차량이 본격적으로 인기를 얻기 시작했다. 이러한 분위기 속에서 국내에서는 서울시가 복원한 청계천이 비록 제조물품은 아니지만 친환경 바람을 불러온 대표적인 히트 작품으로 전 세계적인 관심을 받았다.

• 친환경, '먹고 입고 사는' 상품 핵심 요소로

친환경을 내세운 아파트는 더 이상 생소하지 않다. '자연과 인간의 건강한 공존'을 내세운 대우 건설의 아파트 브랜드 '푸르지오'는 올해 1만 3000여 가구를 공급해 5년 연속 주택 공급 1위를 차지할 것이 확실시된다. 아파트 단지에 산책로가 들어서고 실개천이 조성되기도 한다. 목재와 점토 벽돌, 화강석 등 친환경 소재는 기본이다. 또 새집증후군이 집중적인 관심을 끌면서 친환경 벽지와 천연 페인트 등도 인기를 얻었다.

우리산업은 친환경 벽지인 '드림' 시리즈를 개발해 지난해 한국 공기청정기협회의 친환경 건축자재 최우수 등급을 획득하면서 좋은 반응을 얻었다. 친환경은 의류 관련 제품에도 확산됐다. 피죤은 액체 타입의 세제 '액츠'를 내놓아 호응을 받았다. 액츠는 가루 세탁세제와는 달리 찬물에서도 100% 풀리고 적은 양으로도 많은 빨래를 할 수 있어 물을 절약하고 물오염을 최소화할 수 있다는 점을 내세운 제품이다.

친환경 제품의 판매 급증 현상은 한국에 국한된 것이 아니다. 영국은 일반상품 식품시장점유율이 81%에서 75%로 하락하고 있지만 유기농식품 판매는 11% 증가했으며 네덜란드도 유기농식품 판매가 15% 성장했다고 KOTRA는 밝혔다.

- '온실가스' 세계 히트 상품 키워드로
  온실가스를 강제로 감축하자는 교토의정서가 지난 2월 발효되며 '탄소'는 올해 대표적인 상품으로 떠올랐다. 특히 일본과 유럽 등 교토의정서를 주도하는 국가들은 올해 수조원의 '탄소펀드'를 결성했다. 탄소펀드는 선진국이 개발도상국 또는 후진국에 온실가스 저감 기술을 이전하는 사업에 투자하는 것으로 이를 통해 탄소 배출권 등을 확보하고 수익을 발생시키는 새로운 개념의 환경 상품이다. 올해는 스페인과 덴마크, 네덜란드, 일본 등 교토의정서를 주도하는 선진국 정부와 소니, 바스프, 알리안츠 등 다국적 기업이 탄소펀드에 참여했지만 향후 펀드가 활성화되면 개인의 펀드 참여 방법도 열릴 것으로 전망된다.
  세계은행은 덴마크, 스웨덴 정부와 각각 3,500만 달러, 1억7,000만 달러 규모의 탄소펀드를 결정했으며 세계배출권거래협회(IETA)는 오스트리아, 캐나다 바스프, 닛폰 오일등과 1억2,800만 달러 규모의 탄소펀드를 만들었다.
  미국 시카고 기후거래소(CCX) 대주주인 영국 '기후변화 PLC'도 지난 6월 1억6,000만파운트(약 3,000억원) 규모로 CDM 전문 투자 펀드를 결성해 투자하고 있다. 또 기후 관련 컨설팅 사업을 하고 있는 냇소스(Natsource)는 최근 자산운용 사업을 확대하면서 이달 초 7억5,000만 달러의 투자 펀드를 결성했다.
- 친환경 차량 본격 히트
  도요타자동차의 배기량 1500cc급의 소형차 '프리우스'는 친환경 하이브리드 차량으로는 세계 최초로 대량 생산에 성공하며 올해 관심을 집중시켰다. 연비가 L당 25.5km에 달하는 프리우스는 고속에서는 전기모터를 이용해 휘발유 사용량을 대폭 줄인 차량으로 고유가가 심화되면서 큰 인기를 끌었다. 프리우스는 올해 13만대 이상 판매고를 올릴 것으로 전망하며 친환경 차의 대명사로 군림했다. 혼다도 올해 시빅 하이브리드 차량의 미국 판매량이 지난해보다 55%나 급증한 4만 2000대를 판매할 것으로 예상하고 있다.

(매일경제, 2005.12.28)

전문적인 학술용어이면서도 우리생활과 뗄 수 없는 밀접한 개념이 바로 마케팅이다. 누구나 손쉽게 마케팅이란 용어를 사용하지만 마케팅은 한마디로 그 개념을 정리하기 어려울 정도로 포괄적인 의미들을 포함한다. 마케팅에 대한 인식 없이는 세상을 살아내기 힘겨울 정도로 온통 마케팅 천국이다.

소비자의 욕구가 갈수록 더욱 다양화 다변화 고도화 되어가고 있으며 이를 충족시켜주기 위한 기업의 끊임없는 노력에 따라 시장에서의 경쟁은 더욱 심화되고 있다. 이러한 치열한 경쟁 환경 속에서 경쟁기업보다 먼저 소비자에게 선택되어지기 위한 노력들이 바로 마케팅 활동이다. 기업은 자신이 만든 제품이나 서비스를 소비자의 욕구에 꼭 맞도록 생산을 하고, 보다 더 좋은 이미지를 느끼도록 인식시키고, 가장 합리적인 가격으로, 보다 더 많이 판매하려고 노력을 한다. 이러한 일련의 과정을 마케팅이라고 한다.

과거에는 마케팅을 단순히 제품을 생산하여 판매함으로 이익을 극대화 시킨다는 판매의 개념으로 보았으나 최근에는 생산자와 소비자 사이에서 제품과 서비스를 판매하기 보다는 교환하는 활동으로 보고 있다. 1960년대 초반까지는 마케팅을 영리를 추구하는 기업의 목적 달성을 위한 기능으로 인식되어 왔으나 1969년 Kotler에 의해 이윤추구 기업만이 마케팅 활동을 수행하는 것이 아니라 학교, 정부, 교회 등 비영리기관도 마케팅 활동을 하는 것으로 보아야 한다는 주장이 제기된 이후 마케팅의 범위가 훨씬 넓어졌다.

## 1. 마케팅의 정의

미국 마케팅 협회(american marketing association)에서는 "마케팅은 개인과 조직의 목적을 충족시켜주는 교환을 창출하기 위해 제품, 서비스, 아이디어, 가격, 촉진, 유통을 계획하고 실행하는 과정이다."이라고 정의하고 있다.
이 AMA의 정의에 나타나는 내용을 간추려보면 다음과 같이 정리될 수 있다.

첫째, 마케팅은 욕구(want)나 니즈(needs)를 만족시킨다.
둘째, 마케팅은 가치의 교환활동이다.
셋째, 마케팅 대상은 유・무형, 사람, 시간, 장소 등 매우 다양하며 포괄적이다.
넷째, 마케팅은 기업이 목적달성을 위해 행하는 수단이다.
다섯째, 마케팅은 계획하고 집행하는 일회성이 아니고 지속적인 노력을 강조하는 과정이다.

이러한 맥락에서 현대마케팅에서 중요시되는 개념이 관계 마케팅(relationship marketing)이며 기본적인 핵심은 고객과의 가치 교환을 통해 장기적인 우호관계 증대가 바로 기업의 성장을 가져온다는 것이다.
한국 마케팅 협회에서 지난 2002년 정의한 마케팅의 개념은 다음과 같다.
"마케팅은 조직이나 개인이 자신의 목적을 달성시키는 교환을 창조하고 유지할 수 있도록 시장을 정의하고 관리하는 과정이다."
이 내용을 풀이하여 보면 마케팅의 주체는 조직이나 개인이 될 수 있으며, 자신의 제공물과 그 반대급부로서 유형의 제품, 무형의 서비스, 사람, 조직, 아이디어, 국가, 장소 등 시장에서 제공할 수 있는 모든 것을 의미한다. 또 교환을 창출하고 한발 더 나가서 유지한다는 것은 신규고객을 창출하기도 하지만 그 고객과의 지속적인 교환당사자가 되도록 관계를 맺어나가겠다는 뜻이 되겠다. 여기에서 말하는 시장이란 교환의 상대자를 말하며 현재의 시장과 미래에 창출되어질 수 있는 시장도 포함한다는 말이다. 시장을 정의하고 관리한다는 의미는 기업이 자신이 원하는 방향으로 시장의 행동을 선도함으로써 시장에서의 불확실성을 줄이고 경쟁력을 높여나갈 수 있다.

## 2. 마케팅 관리란?

### (1) 마케팅 관리 정의

마케팅 관리란 고객의 욕구 충족과 기업의 목적을 달성하기 위해 관련 자료를 수집·분석하여 마케팅 전략을 수립하고 실행하며 그 성과를 평가하고 통제하는 행위를 말한다.

이처럼 마케팅 관리는 소비자와 관련된 각종자료를 수집하여 정확하게 분석하여야 하는 것이 기본 사항이다. 즉 기업의 목적 달성과 소비자의 욕구충족을 동시에 해결해 나가기 위하여 기업의 내부분석, 외부환경분석, 미시적·거시적 분석, 경쟁사 분석 등에 기초하여 마케팅 전략을 수립하여야 한다.

마케팅 전략은 시장세분화(segmentation), 표적시장(targeting) 선정, 제품포지셔닝(positioning)의 단계로 구분한다. 즉 동질적인 욕구를 가진 소비자들로 세분화(segmentation)하고 세분화된 시장 중에 기업이 공략 할 시장을 목표로 선정(targeting)하여 그 자리에 자기 기업의 제품이나 서비스를 위치화(positioning) 시키는 이 3단계의 과정이 마케팅 전략의 기본 틀인 것이다.

그림 9-1 마케팅 관리

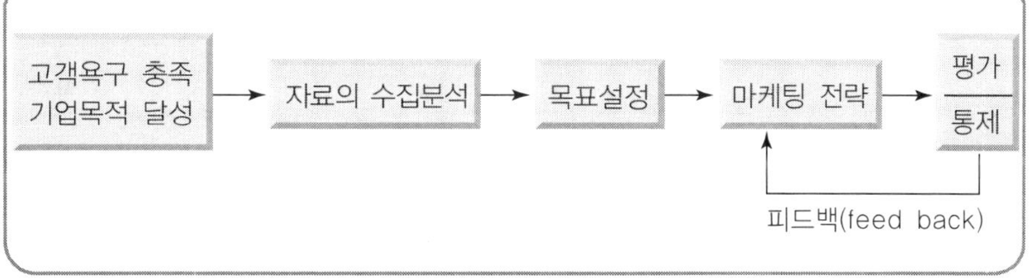

이러한 마케팅 전략은 마케팅 믹스라는 수단에 의해서 구체화된다. 마케팅 4P라고 부르는 이 마케팅 믹스는 product(제품), price(가격), place(유통), promotion(촉진)에 대한 전략을 계획 실행하는 것이다. 그 이후 마케팅 관리자는 실행한 마케팅 전략의 성과를 평가하고 통제하여야 한다.

마케팅 관리자는 지금의 기업 위치를 제대로 파악하고 난 후 앞으로의 목표를 설정하고, 그 설정된 목표에 도달하기 위해 전략을 수립하여 실행해야 한다. 그리고 그 결과를 체계적으로 분석 평가하여 다음 기의 마케팅전략에 분석 결과를 활용하여 점차 마케팅의 품질을 개선해 나가도록 관리하여야 한다.

### (2) 마케팅 관리 철학의 진화과정

마케팅 관리 철학은 오랜 기간 동안 여러 단계를 거쳐서 오늘날 고객을 최우선으로 하는 고객지향적 단계에 이르게 되었다.

그 진화과정을 살펴보면 생산 컨셉, 제품 컨셉, 판매 컨셉, 마케팅 컨셉, 사회지향적 마케팅 컨셉 단계가 있다.

#### ① 생산 컨셉(production concept)

생산개념은 마케팅 관리 철학 중에서 가장 오래된 개념으로 소비자들이 그 제품을 선호하고 구매할 여력이 있으며, 해당제품이 생산되기만 하면 항상 호의적인 태도를 가지고 구매할 것이란 전제를 가진 경영철학이다. 이러한 생산개념은 소비자들이 제품구매에서 가격을 가장 중요시 할 때 유용한 개념으로, 두 가지 상황으로 나누어 볼 수 있다.

**첫째**, 수요가 공급을 초과하는 상황이다. 이러한 경우는 기업이 생산만 하면 판매는 쉽게 이루어지기 때문에 기업은 어떻게 하면 많은 양을 생산할 수 있는가에만 관심이 집중된다.

**둘째**, 공급이 수요를 초과하지만 경쟁제품들이 차별화 되지 않고 가격경쟁에만 의존하는 경우이다. 이때 기업은 생산 및 유통 효율성 제고를 통해 비용우위를 가지려고 한다. 경기가 불황이어서 소비자가 기본 기능에 충실한 저렴한 제품을 원하거나, 제품의 차별화 보다는 비용우위전략이 효과적일 때 많은 기업이 고려하는 전략이다.

#### ② 제품 컨셉(product concept)

제품 컨셉이란 소비자들이 더 좋은 제품의 품질, 더 좋은 제품의 성능보다 나은 제품의 역량을 통한 지속적인 제품개선을 통해 보다 우수한 제품을 개발하는데 관심을 쏟는 경영철학이다.

그런데 좋은 제품을 만드는데 성공한 기업이 시장에서 실패하는 경우를 우리는 자주 본다. 제품의 개선이 소비자의 관점에서 이루어지지 않고 기업관점에서 이루어지기 때문이다. 미국의 철도산업이 쇠퇴되어진 원인을 보면, 더 좋은 제품의 기차만 만들면 끊임없이 성장할 것으로 생각하고 경쟁관계에 있는 자동차나 비행기를 고려하지 않았기 때문이다. 또 코카콜라가 주 경쟁자를 펩시콜라로 한정하다보니 비콜라성인 비탄산음료시장의 잠식현상에 적절히 대처하지 못해 고전하고 있는 예도 볼 수 있다.

### ③ 판매 컨셉(selling concept)

판매 컨셉은 소비자들은 제품 판매를 증대시키기 위한 판매 지향적 대규모 촉진 노력이 없으면 해당제품을 구매하지 않을 것이라고 생각하는 경영철학이다.

1930년대에 들어서면서 마케터들은 기업의 성패를 가름하는 중요한 문제가 결코 충분한 양의 생산이나 제품자체의 품질개선이 아니라 생산된 제품을 효과적으로 판매하는 일임을 인식하게 되었다. 잠재고객들이 필수품 이외의 대부분 제품에 대하여 무관심하기 때문에 강력한 판매노력만이 시장에서 교환이 원활하게 일어나도록 하는 관건이라고 간주하는 마케팅 관리 이념을 채택하였는데 이러한 마케팅 관리 이념을 판매개념(sales concept)이라고 부른다.

즉 시장에서의 경쟁이 심화되면서 판매자시장에서 구매자시장으로 시장판도가 바뀌어 지면서 판매 컨셉 개념이 등장하게 된 것이다. 판매자시장(seller's market)이란 수요가 공급보다 많은 시장이며 구매자시장은(buyer's market) 공급이 수요를 초과하는 시장이다. 이와 같이 공급이 수요를 초과하는 상황에서는 판매원의 노력증대와 광고, 판촉에 의해 판매량을 높이는 사고가 판매 컨셉이다.

'제품은 판매원에 의해 팔리는 것이지 고객에 의해 구매되는 것이 아니다'에서 나타나 있듯이 잠재고객의 욕구나 의지보다는 기업의 일방적인 판매노력을 강조하는 단계이다.

판매 컨셉은 판매를 지나치게 강조함으로서 '고객중심의 장기적 관계설정을 통한 기업의 지속적 성장'이라는 근래의 마케팅 목적과는 차이가 난다. 그림 9-2에서 나타나듯이 판매 컨셉에서는 목적이 판매증대를 통한 이윤 창조에 있으나 마케팅 컨셉에서는 목적이 고객만족을 통해 이윤이 창조된다.

그림 9-2 판매 컨셉과 마케팅 컨셉의 차이점

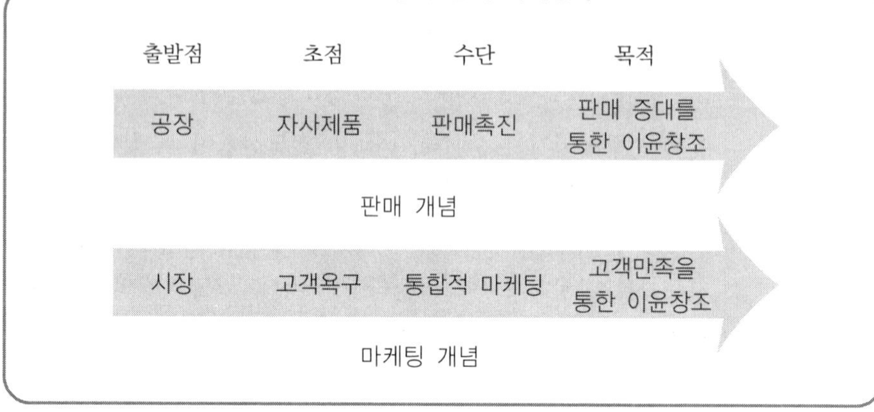


**④ 마케팅 컨셉(marketing concept)**

제2차 세계대전이후 제품의 양과 품질이 획기적으로 개선되어지고, 판매개념에 대한 소비자들의 저항이 발생되면서 마케팅의 초점이 일방적 판매에서 고객만족을 위한 판매로 전환되어진다. 경쟁자들보다 목표고객들의 욕구와 니즈를 보다 정확히 파악하여 더 나은 만족을 고객에게 충족시키도록 노력하는 고객지향적인 개념이 바로 마케팅개념이다. 판매개념이 기업중심의 개념이라면 마케팅개념은 고객이 중심에 위치하는 관리 철학이다.

많은 기업들이 고객지향을 부르짖고 있지만 실질적으로 판매실적이 많은 영업사원을 우수하게 평가하고 있다. 근래 고객만족, 고객감동, 고객의 실현을 위해 기업들이 많은 노력과 훈련을 하고 있으나 교육을 통한 단순 반복적인 훈련보다는 종업원의 마음에 담기고 가슴에서 우러나오는 진실된 고객 서비스가 더 많은 성과를 달성할 것이다.

**⑤ 사회적 마케팅 컨셉(social marketing concept)**

사회적 마케팅 컨셉은 기업이 이윤을 창출하기 위하여 특정고객 뿐 아니라 사회 전체의 이익과 복지를 증대시키는 방향으로 마케팅 활동을 수행해야 한다는 경영철학이다. 소비자와 사회의 장기적인 복지를 보존하거나 제공하는 방향으로 마케팅개념을 실천하는 것이 기업성패를 결정짓는 관건이라고 간주하는 마케팅 노력은 1970년대 말 태동되기 시작한다. 심각한 환경문제 및 사회성과 윤리성에 대한 사회적 책임이 강조되면서, 기업은 단기적인 이윤창출과 더불어

장기적으로 사회전체의 이익창출에 더욱 관심을 갖고 노력하여야 소비자들로부터 보다 나은 평가를 받게 된다는 것이 사회지향적 마케팅 개념이다. 사회적 책임경영을 실천하는 대표적 기업으로 유명한 유한킴벌리는 '우리강산 푸르게'라는 그린 마케팅을 펼치고 있다. 그린 마케팅(green marketing)은 기업이 자연보호, 환경보호에 바탕을 둔 제품·서비스를 생산함으로서 사회 전체의 이익을 증진시키는데 공헌해야 한다는 것이다. 삼성전자나 현대차의 수십 분의 일에 불과한 유한킴벌리가 매년 각종 조사에서 '한국에서 가장 존경받는 기업', '가장 좋은 직장'의 단골 1위에 오르는 이유는 그린 마케팅처럼 사회적 성과와 환경보호 등 사회적 가치를 창출하는 데 우선순위를 두고 있는 유한킴벌리의 경영철학 때문이라는 것이 대부분의 견해이다. 재벌이나 다국적기업들과의 경쟁을 뚫고 생활용품 시장에서 부동의 1위를 지키고, 지난 70년 설립 첫해를 제외하고 36년 연속 흑자를 기록한 비결도 마찬가지다. 유한킴벌리의 생산성은 동종업계에서 세계 최고다. "신뢰받는 기업의 제품은 고객들이 광고도 안보고 사주기 때문에 실적이 좋을 수밖에 없다"고 강조하는 한 임원의 말은 사회지향적 마케팅의 성과가 얼마나 큰지를 단적으로 보여주는 것이다.

**⑥ 문화 마케팅(culture marketing)**

기업의 모든 마케팅 전략은 브랜드 인지도를 고취시키는데 주안점을 두고 있다. 문화예술이 구축한 독특한 감성코드는 소비자의 인식 속에 강력한 기업이미지를 형성하는데 기여한다. 기업과 문화 모두가 행복할 수 있는 상생전략인(win-win) 문화 마케팅은 사회적 마케팅보다 더 넓은 차원에서 인간과 인간, 인간과 사회간의 상호관계와 감성에 초점을 맞추고 있다. 즉 문화 마케팅은 감성 마케팅이고 체험 마케팅이다. 지역에 따라, 연령에 따라, 역사에 따라, 종교에 따라, 사회에 따라 독특하고 통일된 그들의 문화에 바탕을 둔 문화 마케팅은 기업이미지 제고를 통해 장기적으로 매출 증대에 기여하기도 한다.

## 3. 마케팅 믹스 관리

마케팅 믹스(marketing mix)란 표적시장에서 마케팅 목표를 달성하기 위하여 제품(product), 가격(price), 유통(place), 촉진(promotion)을 통합적으로 결정하는 전략을 말한다.

## Article 2 사무용품 유통서비스업체 거듭 납니다

### 사무용품 유통서비스업체 거듭 납니다
### 송하경 모나미 사장

'153볼펜'과 '왕자파스'로 유명한 문구제조업체 모나미가 창립 46년 만에 사무용품 유통서비스 기업으로 변신한다. 송하경 모나미 사장(47)은 "모나미는 더 이상 문구제조업체가 아니다"며 소매점 및 도매점, 대형할인점, 24시간 편의점 등 다양한 유통채널을 기반으로 전국 일일 배송 물류서비스를 제공하는 복합 사무용품 유통 서비스기업으로 탈바꿈한다는 구상을 최근 발표했다.

모나미는 이미 자사제품을 비롯해 삼성전자, 엡손, 캐논의 전산소모품, 프랑스 필기구 '워터맨(Waterman)' 등을 판매해 오고 있다. 2005년 매출액 2,625억원 중 66%을 유통분야에서 벌어들였다. 하지만 앞으로는 총매출의 약 80% 비중까지 유통분야 매출을 키운다는 게 송 사장의 계획이다. 명실공히 '사무용품 유통서비스 대표기업'으로 변모하겠다는 것이다.

1960년 설립 이후 국내 문구산업을 이끌어온 대표기업 모나미가 이 같은 변신을 꾀하는 데는 세 가지 이유가 있다. 첫째는 문구시장의 지속적인 축소이고, 둘째는 고가와 저가 제품 사이에서 차별화된 제품경쟁력을 확보하지 못한 채 조금씩 경쟁력을 상실해 가고 있기 때문이다. 마지막으로는 오피스데포 등 해외 거대 사무용품 유통업체의 진출로 토종 문구제조업체와 유통업체가 한꺼번에 어려움을 겪는 것도 또 다른 이유다.

국내 문구류는 PC와 인터넷, 그리고 휴대전화 및 각종 첨단 IT기기가 실생활과 밀착되면서 점점 설자리를 잃어왔다. 젊은 소비자층은 편지보다 e메일을, 쪽지보다 휴대전화 문자메시지를 선호하게 됐고 사무실에서는 각종 서류 결재까지 온라인으로 하는 풍조가 자리잡았다.

가격 및 품질 경쟁에서도 국내 문구제조업체는 샌드위치 신세를 면치 못했다. 독일, 일본 등 선진국들은 고급 브랜드를 앞세워 국산 제품과의 격차를 벌리고 중국, 필리핀, 베트남 등은 저가를 앞세워 국산 제품을 위협하는 추격전을 벌였다. 최근에 유통에서도 해외 글로벌 업체의 위협을 받고 있다. 기존 영세한 도매상들이 각종 할인점과 미국 사무용품업체 오피스데포 등 해외 거대 유통업체에 밀리고 추억 어린 학교 앞 문방구는 외환 위기 이후 보기 힘들어졌다. 한국문구도매업협동조합은 "유통시장의 다변화로 대부분의 영세한 유통업자는 사라지고 문구 유통도 대형화, 전문화되고 있다."고 지적했다.

이 같은 상황을 타개하기 위해 송 사장은 문구제조사업을 기반으로 사무용품, 소모품, 유통 및 사무환경에 적합한 유통망 확대 등 사업다각화를 꾀했다. 그는 송삼석 모나미 창업자의 아들로 지난 93년 사장으로 취임하며 모나미의 변신을 이끌어왔다. 이에 앞서 그는 대학을 졸업한 뒤 모나미에 입사해 기획, 영업, 구매 등을 담당하며 문구시장 흐름을 몸에 익혔다.

송 사장은 우선 문구용품 사업분야에서는 필기구, 학생 및 사무용 문구류, 펜, 마카, 노트 등 종합 문구제품을 공급하면서 에버그린, 토로레, 수퍼겔, 바우하우스, 제니스 등 다양한 문구 브랜드를 만들었다. 사무용품 사업분야에서는 사무용품, 소모품, 프린터, 복합기 유통사업을 펼치면서 대형할인점, 편의점과 미국 프린터 제조업체 휴렛팩커드(HP)프린트 스테이션 등의 새로운 채널을 통해 유통서비스를 시작했다.
현재 모나미의 유통 자회사로는 두 개 업체가 있다. '원메이트'는 90년에 설립돼 삼성전자, 엡손, 캐논 브랜드의 전산소모품을 팔고 있으며 '항소'는 90년 모나미 특판 사업부에서 별동법인으로 독립해 파카의 수입 유통사업을 시작했다. 항소는 프랑스 필기구 '워터맨'(Waterman), 명함정리기 '롤로덱스(Rolodex)' 등도 국내시장에 유통, 서비스하고 있다. 모나미 관계사인 '오피스플러스'는 문구제품뿐 아니라 꽃배달 서비스 등 사무실에 필요한 각종 제품 배송 및 유통을 해왔다. 올해 초에는 HP와 전략적 제휴를 맺고 '모나미 이미징 솔루션즈'를 설립, OA기기 리스, 렌털 및 프린트 출력 사업에도 진출했다. 오는 10월에는 'HP 프린트 스테이션' 1호점을 개설해 HP 프린터 장비와 소모품을 이용한 고객맞춤형 출력 서비스를 시작할 계획이다.
모나미는 이미 제조보다 유통 비중이 큰 업체다. 그런데도 송 사장은 최근 '유통업체로의 변신'을 선언했다. 더욱 공격적인 전략으로 유통분야의 비중을 확대하겠다는 것이다.
송 사장은 "2010년까지 매출액을 5,200억원 이상으로 늘리고 전체 매출의 약 80%를 유통서비스 부문에서 벌어들여 명실공히 '사무용품 유통서비스 대표기업'으로 변모할 것"이라고 말했다. 이번에 발표된 계획중에는 특히 문방구 및 기존 도매점 등 재래 시장과의 유대관계를 돈독히 하는 상생전략이 들어있어 눈길을 끈다. 모나미 제품이 현재 전국 3만개 문방구 소매점 및 450여개 도매점 등으로 납품되는데 여기에 첨단 시스템을 접목, 유통채널을 선진화한다는 것이다.
송 사장은 "기존 문방구나 문구 도매상들의 경쟁력이 점점 더 취약해지고 있으니 이들과 상생하기 위해 모나미는 카탈로그와 온라인 주문시스템을 도입, 좀더 쉽고 편리하게 주문과 배송이 이뤄질 수 있도록 할 계획"이라고 말했다.
그에 따르면 전국 450여개 도매상들은 그 동안 소매상이나 기업에 물건을 납품하는 역할만 해왔다. 영세해서 카탈로그조차 만들지 못하다보니 대형 유통업체에 기존 거래처를 빼앗기게 됐다. 송 사장이 제안하는 새로운 유통방식은 이렇다. 모나미에서 카탈로그를 만들고 재고 관리 및 배송을 맡을 테니 도매상들은 기존 납품업체에 대해 영업만 하라는 것이다. 또 전국 8,000여 문구점과 연계한 신개념 온라인 쇼핑몰을 열어 학생들이 물품을 주문하면 모나미가 학교에서 가장 가까운 문구점으로 물품을 배송해 주고, 학생은 등교나 하교 도중 문구점에 들러 필요한 물품을 찾아가도록 하자는 내용도 들어있다.
송 사장은 "이 같은 사업모델은 이미 일본에서 효과를 입증 받은 것"이라며 "일본 최대 사무용품 납품업체인 아스쿨(ASKUL)이 이런 방식을 도입해 다국적 기업과의 경쟁에서 우위를 점하고 있다"고 설명했다.

송 사장의 제안에 대한 도매상들의 반응은 현재 반신반의 상태. 일부 도매상들은 "재고관리 및 배송에 돈이 들어가지 않으니 유리하겠다."고 생각하는 반면, 일부 도매상들은 "모나미가 기존 도매상들의 고객사마저 빼앗으려는 것 아니냐"고 우려한다는 것이다. 송 사장은 그런 우려에 대해 "비즈니스는 믿음을 기반으로 하는 것이니만큼 확실하게 우리를 신뢰할 수 있도록 해주겠다."고 말한다. 이를 위해 모나미는 현재 1만 2,000평에 달하는 경기도 일죽물류센터를 더욱 확대할 계획이다. 온라인 주문이 가능한 원스톱 시스템을 위한 IT시스템 구축 및 글로벌 소싱 시스템도 구축할 예정이다.
해외시장에서의 사무용품 유통 계획도 좀 더 공격적으로 진행할 방침이다. 송 사장은 "미주 및 아시아, 중동지역 등 20개 핵심지역을 선정하고 글로벌 맞춤 마케팅 프로그램 및 고급 펜 전문 브랜드 '제니쓰(Zenith)', 중성펜 전문 브랜드 '슈퍼겔(Supergel)' 등 글로벌 개별 브랜드 자신을 전략적으로 강화할 계획"이라고 말했다.
모나미는 터키 전체 필기구 시장의 60% 이상을 차지하는 등 아시아, 중동지역 문구시장에서 높은 시장점유율을 확보하고 있다. 지난 89년 태국 공장 설립을 시작으로 미국, 중국, 폴란드 등 해외 생산 및 판매법인 4곳을 구축했으며 이를 거점으로 전 세계 100여 개국에 문구 및 사무용품을 수출하고 있다.
문구제조업체 모나미의 변신은 이 회사만의 문제가 아니라 점점 좁혀지는 국내 제조업의 입지를 대변해 준다는 점에서 의미심장하다.
송 사장은 "문구 수요가 줄고 있는데 미련하게 제조만 고집할 수 없었다"며 "모나미를 영속시킬 수 있는 계기가 필요하다는 점에서 유통업체로의 변신은 피할 수 없는 길"이라고 말했다. 그는 이어 "이제는 기존의 문구제조사업을 기반으로 미래의 사무환경에 맞는 신제품 개발과 유통망 혁신을 주도해 글로벌 기업으로 키워 나가겠다."고 말했다. (한국경제, 2006.10.16)

### 제 2의 도약 꿈꾸는 모나미 송하경 사장

지난 2일 오후 경기도 아산시 초지도 모나미 안산 공장 송하경 사장은 회사가 만들어내는 수많은 필기구를 앞에 두고 "볼펜 만드는 기술이야 세계 어디에 내놔도 뒤지지 않죠"라고 말하면서 "'모나미=볼펜'이라는 이미지를 바꾸자고 해 놓고 이렇게 볼펜 자랑하면 안 되는데…"하면서 웃었다. 모나미는 요즘 변신중이다. '153볼펜'으로 대표되는 사무용품 제조, 생산업체에서 '글로벌 사무용품 유통 서비스 기업'으로의 도약을 선언했다. 1960년 설립이래 46년 동안 국내 문구 시장의 선두 자리를 지켰지만 이젠 한 단계 더 비상을 꿈꾸고 있다. 9월에는 새로운 로고도 발표했다. 모나미에 대한 일반의 인식을 바꾸기 위한 노력의 하나다.
"어려서부터 볼펜만 보고 자라온 제게 볼펜은 분신이다. 볼펜 회사로서의 입지도 탄탄하지만 지금의 성과에만 만족한다면 더 이상 크게 발전하기 어렵다."고 송 사장은 설명한다. 모나미 창업주인 송삼석(78)회장의 장남인 송 사장은 1993년부터 회사를 이끌고 있다.

• 사운 건 사무 유통사업=모나미는 이달초 서울 여의도에 140여평 규모의 '프린트 스테이션'을 열었다. 인쇄 서비스를 제공하는 곳으로 앞으로 계속 늘려갈 생각이다. 프린트 스테이션은 문방구 소매점내에도 '숍인숍' 형태로 운영할 예정이다. 유통 서비스 사업을 확대하려는 포석이다. 이를 위해 문방구 등 전국 3만여 소매상과 450여 문구 도매상을 본사와 온라인으로 연결하는 정보기술(IT) 유통 시스템을 구축한 다음 대형할인점, 편의점에도 파고들 방침이다. 송 사장은 "사이트가 구축되면 학교 앞 문방구가 실시간으로 온라인으로 주문하면 당일 혹은 다음날 주문 상품을 배달해 줄 수 있다."고 말했다. 경기도 일죽에 있는 1만 2000평 규모의 물류센터도 곧 넓힌다. 모나미가 올해 프린트 스테이션 사업 온라인 유통망 구축 등에 적극 나서지만 사실 유통은 이미 모나미의 주력사업으로 자리를 잡았다. 지난해 (주)모나미와 자회사의 매출 2,625억원 가운데 유통, 서비스 부문 매출(1,738억원)이 전체의 60%가 넘는다. 모나미는 2010년까지 매출을 5,200억원으로 늘리고 이 가운데 유통서비스 부문 비중을 80%까지 올린다는 계획이다. 물론 볼펜 등 기존 사무용품 부문을 홀대하는 것은 아니다. 송 사장은 "어디까지나 사무용품 사업의 토대위에서 새로운 분야를 개척하는 것"이라고 말했다. 모나미는 현재 펜, 문구류 분야에서 1500여개의 상품을 만든다. 주로 안산공장에서 생산하지만 일부는 하청 생산한다. 물론 기술개발, 디자인은 모나미가 한다. 모나미는 내년 초 새로운 문구 브랜드인 '토로레(땅 강아지의 순 우리말)'을 선보인다. 이 브랜드로 펜, 공책, 노트 등 초등학생을 대상으로 하는 상품을 만들 계획이다.

• 기업공개로 정면돌파=모나미가 46년째 문구업체의 선두자리를 유지하는 힘은 어디서 나올까. 송 사장은 153볼펜 등 시장을 선도하는 상품 개발과 기업공개(1974년)를 그 배경으로 꼽았다. 송 사장은 "70년대 당시 자본시장 육성에 적극적이었던 정부가 모나미 기업공개를 권유했다."며 "지금이야 증시를 통해 자본을 조달하는 것이 일반적이지만 당시엔 많은 기업이 무자료 거래를 해 기업공개가 쉽지 않았다."고 말했다. 증권시장에 상장되면 도매상과 모나미와의 거래내용을 모두 공개해야 하고 도매상들은 그것을 두려워했다. 어쨌거나 모나미가 상장되자 적잖은 도매상들이 등을 돌리거나 거래규모를 줄였다. 회사경영이 벼랑에 몰렸다. 하지만 시간이 지나면서 "다른 회사 물건 가져다 놓았더니 팔리지 않는다."며 도매상들이 속속 회귀했다. 송 사장은 "창업주께서 이때 '우리 물건 사주는 고객이 최고'라는 생각을 했다."고 말했다. 78년 서울 성수동 공장의 화재 등 크고 작은 경영위기가 있었지만 고객의 도움과 제품력 덕에 이겨낼 수 있었다고 한다. 송 사장은 "앞선 기술을 바탕으로 소비자가 필요로 하는 제품을 한발 빨리 만드는 것이 우리의 일이자 앞으로의 과제이기도 하다."고 말했다.

모나미는 지난달 말 태국에서 세계 15개국의 마케팅 담당자들이 참석한 '2006 모나미 글로벌 콘퍼런스'를 열었다. 송 사장은 "올해 처음 연 행사로 향후 해외시장 개척에 더욱 박차를 가한다는 의지의 표현"이라고 말했다. 모나미는 앞으로 매년 해외에서 이 회의를 열 방침이다. 모나미는 현재 미국, 중국, 폴란드 등에 생산공장, 법인 4곳을 두고 있다. 이를 거점으로 100여개국에 문구 및 사무용품을 수출한다. 모나미는 터키 필기구 시장의 60% 정도를 차지할 정도로 해외시장에서도 힘을 내고 있다. 앞으로 폴란드를 거점으로 해동유럽 시장도 공략할 생각이다. 모나미는 1989년 태국에 공장을 설립하면서 해외생산 시대를 열었다. 연필이나 물감처럼 원가절감이 필요한 제품은 인건비가 싼 태국 등지에서 만들고 고급제품은 주로 국내에서 만든다. 송 사장은 "불어로 '내 친구'란 뜻을 가진 '모나미' 브랜드의 해외 농사는 지금부터"라고 말했다. '153볼펜'은 모나미의 원조 상품이다. 흰색자루에 머리 부분이 검은색인 이 볼펜은 1963년 만들어졌다. 창업주인 송삼석 회장이 '누구나 사용할 수 있는 볼펜을 우리 손으로 만들겠다.'며 일본 오토볼펜과 기술 제휴해 생산했다. 이 볼펜은 바로 KS제품으로 인정받았고 소비자들의 사랑을 받았다. 지금까지 만들어진 153볼펜은 약 33억 자루(한개당 길이 14.5cm)다. 이를 늘어세우면 지구 둘레의 열 바퀴가 넘는 길이가 된다. 이 볼펜은 회사 이름을 바꾸는 계기도 됐다. '모나미 153'볼펜이 히트하자 1967년 회사는 상호를 광신화학에서 모나미로 바꾸었다.

(중앙경제, 2006.11.07)

창업기업은 시장을 세분화하고 그 중에서 표적시장을 결정하며, 결정된 표적시장 내의 소비자를 대상으로 자사제품이 경쟁사 제품보다 차별적 우위에 있다는 여러 가지 마케팅 활동을 하게 된다. 그런데 마케팅 믹스를 따로 따로 볼 것이 아니고 전체적인 측면에서 모든 요소들이 조화를 이루어야만 전체적인 기업목표를 달성할 수 있는 것이다. 즉 제품의 특성에 맞도록 가격, 유통, 촉진이 이루어져야 한다.

그림 9-3 마케팅 믹스

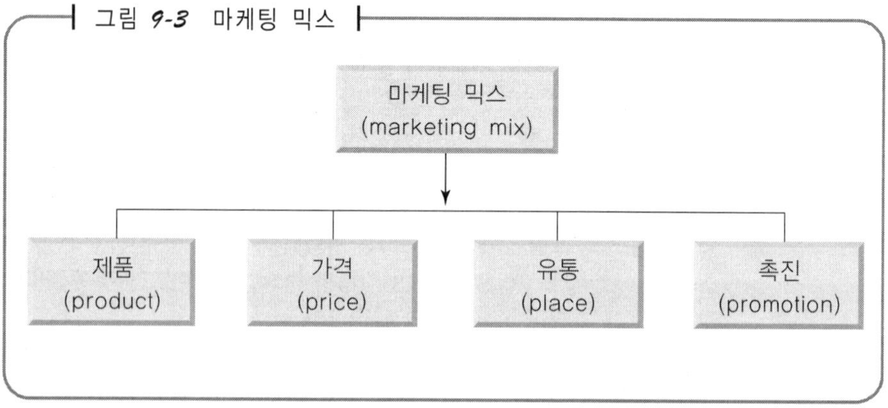

# 9.2 제품의 관리

## 1. 제품의 의의

학교의 자동판매기에서 200원을 넣으면 커피가 한잔 나온다. 그런데 여자친구와 스타벅스에 갔더니 커피한잔에 4,000원이었다. 이 두 가지 경우에 똑같은 커피를 마셨다고 할 수 없을 것이다. 제품을 단순한 물리적 기능으로만 본다면 동일한 커피를 구매하였다고 볼 수 있으나 넓은 의미로 본다면 서로 다른 제품이라고도 볼 수 있다. 즉 좁은 의미의 제품이란 물리적이고 기능적인 제품 그 자체를 말하지만 넓은 의미의 제품이란 여기에 브랜드, 포장, 서비스, 매장의 분위기 등을 모두 포함한다.

Kotler는 제품의 정의를 3가지 차원으로 설명하였다. 제품은 그림 9-4 같이 핵심제품, 유형제품, 확장제품으로 구성되는 다차원 개념으로 설명하였다.

**첫째**, 핵심제품이란 소비자가 그 제품으로부터 원하는 편익이다. 소비자는 제품을 소비하는 것이 아니라 제품이 주는 혜택을 소비한다. 제품으로부터 기대하는 혜택은 소비자마다 다를 수 있으므로 마케터는 표적소비자 집단이 기대하는 혜택을 조사할 필요가 있다.

그림 9-4 제품의 세 가지 차원

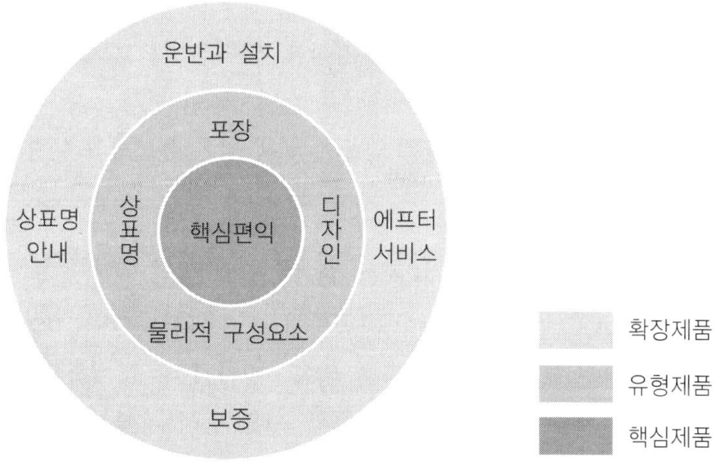

**둘째**, 유형제품이란 소비자가 제품으로부터 추구하는 편익들의 구체적인 물리적 속성들의 집합으로 이를 유형화 시킨 것이다. 즉 제품의 질, 특성, 디자인, 색깔, 크기, 모양, 무게, 상표, 포장 등의 집합이다.

**셋째**, 확장제품이란 유형제품에다 친절한 판매원 서비스, 낮은 이자율, 24시간 서비스, 2년간 품질보증, 배달, 설치, 애프터서비스 등 제품의 본체와는 상관이 없지만 소비자의 구매에 결정적인 영향을 미칠 수 있는 것들이다.

## 2. 제품의 분류

제품은 물질적 형태의 유무에 따라서 유형제품과 무형제품(서비스)으로 구분하며, 유형제품은 다시 사용자의 구매목적에 따라서 최종소비자가 소비를 목적으로 구매하는 소비자와 기업이 제품이나 서비스를 생산하기 위하여 구매하는 산업재로 구분된다.

### (1) 소비재의 분류

소비재는 쇼핑습관에 따라 편의품, 선매품, 전문품으로 분류된다.

① **편의품**(Convenience Goods)
편의품은 소비자가 일상생활에서 자주 구매하고 제품구매를 위해 많은 시간이나 노력을 기울이지 않는 제품을 말한다.

편의품은 라면, 치약, 화장지, 설탕, 커피 등과 같이 저렴한 가격의 제품들로, 구매 전에 이미 충분한 지식을 가지고 있으므로 쇼핑에 별다른 노력을 기울이지 않는다. 따라서 편의품은 소비자들이 편리한 위치에서 손쉽게 구매할 수 있도록 가능한 한 많은 점포에서 폭 넓은 유통망과 대량촉진의 마케팅 전략이 요구된다.

② **선매품**(Shopping Goods)
선매품은 소비자들이 구매하기 전에 제품의 가격, 질, 디자인, 포장 등 제품특성을 토대로 제품대안을 비교·평가한 후 구매하는 제품이다.

예를 들면 가구, 가전제품, 의류 등이 이에 속하며 대체로 고가격이고 편의품에 비해 구매빈도가 낮다. 선매품의 구매 시 소비자는 제품 구매 전에 점포를 방문하고 구매계획을 세우며 정보탐색에 많은 시간을 소비한다. 그렇기 때문에 지역별로 소수의 판매점을 통해 유통되는 선택적 유통이 유리하다. 소비자가 선호하는 상표를 취급하는 점포가 먼 거리에 위치하더라도 기꺼이 방문하기 때문이다.

③ **전문품**(Specialty Goods)
소비자가 전문품을 구매하기 위하여서는 특별한 노력을 기울이는데 이는 높은 제품 차별성, 높은 소비자 관여도, 강한 상표 애호도가 있기 때문이다. 고급화장품, 유명 디자이너의 의류제품, 유명한 화가의 그림 등이 이에 속한다. 전문품을 구매하는 소비자들은 특정 상표에 높은 충성도를 보이기 때문에 그 상표를 취급하는 점포를 방문하는데 상당한 시간이 소요되더라도 감수한다. 그래서 소수의 전속 대리점이 넓은 상권을 포괄하는 전속적 유통이나 선택적 유통전략이 적합하다.

### (2) 산업재의 분류

산업재는 기업이 추가적인 제품이나 서비스를 생산하기 위해 구매하거나 또는 업무를 수행하기 위해 구매하는 상품들을 말한다. 자동차를 자신의 교통수단으로 구입했다면 소비재가 되지만 기업이나 단체, 정부 등에서 업무용으로 구입했다면 산업재로 볼 수 있다. 산업재는 생산과정에 어떻게 이용하느냐에 따라서 자재와 부품, 자본재, 소모품으로 나누어진다.

① **자재**(Materials)**와 부품**(Parts)
자재와 부품은 제조업자가 완전한 제품을 생산하기 위하여 제품의 한 부분으로 투입되는 부분품이라 할 수 있다. 자재와 부품은 다시 원료, 가공재와 부품으로 세분될 수 있다. 원료에는 농산물, 광산물 등이 있으며 가공재는 원료의 추가적인 가공처리로 이루어진 제품으로 다른 제품의 생산에 투입될 경우 원형을 잃게 되는 철강, 설탕, 밀가루 등이 이에 포함된다. 부품은 더 이상 형태의 변화 없이 완제품의 형태로 다른 제품의 생산에 투입되는 타이어, TV브라운관, 렌즈 등이 이 예이다.

② **자본재**(Capital Items)
자본재는 제품의 일부분을 구성하지는 않지만 제품생산을 원활히 하기 위해

투입되는 것으로 기자재와 설비재로 나뉘어진다. 타자기, 책상, 컴퓨터, 건설장비 등으로 완제품 생산을 보조하기 위한 역할을 한다. 설비재는 공장, 사무실 같은 건물처럼 제거하기 어려운 제품이다. 일반적으로 구매단가가 매우 높고 구매의사 결정이 장기간, 많은 협상과정을 거쳐서 이루어진다.

**③ 소모품(Supplies)**

소모품은 완제품 생산에 투입되지 않는 제품으로 종이, 페인트, 연필, 못 등의 업무 및 유지보수에 필요한 것이다. 소모품은 다른 산업재에 비해 가격이 저가이고 구매노력이 적게 들기 때문에 산업재의 편의품으로 비교되기도 한다.

### (3) 제품 믹스와 제품계열

제품 믹스는 기업이 제공하는 모든 개별제품들의 집합을 말한다. 제품 믹스의 구조는 제품 믹스의 넓이(breadth), 제품 믹스의 길이(length), 제품 믹스의 깊이(depth)로 분석될 수 있다.

제품 믹스의 넓이는 회사가 취급하는 제품계열의 수를 말하며 제품 믹스의 길이는 각 제품계열의 제품수를 말한다. 제품 믹스의 깊이는 특정 제품계열 내의 각 제품이 제공하는 품목의 수로서 얼마나 다양한 품목을 취급하는지를 나타낸다.

제품계열은 서로 유사한 기능을 수행하거나, 동일한 고객집단에게 판매되거나, 같은 유통경로를 이용하기 때문에 서로 밀접하게 관련된 제품의 집합을 말한다. 쌍방울은 내의와 남녀외의, 청바지 등 여러 계열을 취급함으로써 제품 믹스 넓이가 넓지만, 백양은 내의를 중점적으로 취급하기 때문에 제품 믹스의 넓이가 좁다. 마케팅 관리자는 자사의 제품 믹스 넓이, 길이, 깊이를 어떻게 관리하는 것이 더 좋은 성과를 가져올 것인가를 잘 분석하여야 한다.

**표 9-1** LG생활건강 제품 믹스 구조

| | 제품 믹스의 넓이 | | | |
|---|---|---|---|---|
| | 샴 푸 | 비 누 | 세 제 | 치 약 |
| 길이 | 드 봉<br>랑데뷰<br>노비드<br>더블리치 | 우 유<br>드 봉<br>살 구<br>화이트 | 한스푼<br>슈퍼타이<br>샤프란 | 드 봉<br>페리오닥터<br>죽 염<br>럭키후래쉬 |

## 3. 브랜드

### (1) 브랜드 개념

소비자는 매일 매일 브랜드 홍수 속에서 살아간다. 사람을 구별하기 위해 이름을 지어 사용하는 것과 마찬가지로 다양한 종류의 제품을 구별하기 위해서 이름이 만들어지고 이를 사용한다.

브랜드(brand)란 제품이나 서비스를 소비자에게 식별시키고, 경쟁자들의 것과 차별화하기 위하여 사용되는 독특한 이름과 상징물들의 결합체이다. 브랜드명은 브랜드를 구성하는 요소들 중 말로 표현될 수 있는 부분(글자, 단어, 숫자 등)으로 애니콜, 초코파이, 맥도날드 등이다. 브랜드마크는 말로 표현되지 않고 눈으로 볼 수 있는 부분(로고, 디자인)으로 빈폴의 자전거, 폴로의 말, 라코스테의 악어 등이다.

**Article 3 코카콜라 브랜드 가치 세계 최고**

세계 최고의 브랜드에 코카콜라가 선정됐다. 국제 브랜드 가치 평가기관인 영국의 브랜드 파이넌스(BF)는 6일 세계에서 가치가 가장 높은 브랜드 250개를 선정해 발표했다. 코카콜라의 브랜드 가치는 431억 4000만 달러로 2위인 마이크로소프트(MS. 370억 달러)를 가볍게 눌렀다 .경쟁 회사인 펩시콜라(19위. 239억 달러)의 거의 두 배에 이르렀다. 한국 기업으로는 삼성(32위. 165억 달러)과 LG(122위. 62억 달러), 현대(154위. 50억 달러)가 올랐다.
코카콜라와 MS에 이어 씨티뱅크와 월마트, IBM, HSBC, GE, 뱅크 오브 아메리카, 휴렛팩커드, 말보로 등이 10위 안에 들었다. 미국계가 아닌 기업으로 10위권에 든 것은 HSBC가 유일하다. 이번에 발표된 250개 가운데 112개가 미국계, 92개가 유럽계였다. 일본 기업 중에서는 도요타(16위)와 혼다(57위), 소니(61위), 히타치(77위), 캐논(89위) 등 19개가 포함됐다.
업종별로는 금융, 서비스 분야에서 30개, 제조업에서 19개가 각각 꼽혔다. 인터넷 회사로는 구글이 246억 달러의 가치를 인정받아 15위에 올랐다.
보고서는 "앞으로 개도국이나 비전통적인 산업의 브랜드들이 미국과 유럽의 기존 유명 브랜드들과 치열한 경쟁을 벌이게 될 것"이라며 "지급부터 10년 안에 인도와 중국, 러시아, 브라질 등의 신흥 브랜드가 세계를 지배하는 시대가 올 것"이라고 전망했다. 인도 PTI 통신은 "향후 10년간은 자금력이 풍부한 선진국 브랜드들이 개도국의 유력 브랜드를 인수하려는 노력을 배가할 것으로 보인다."고 보도했다.

(중앙일보, 2007.2.07)

브랜드는 소비자에게 다음과 같은 가치를 제공한다.

**첫째**, 소비자의 구매 효율성을 높인다. 브랜드가 있으므로 슈퍼마켓에 진열된 유사 경쟁품과 혼돈하지 않고 쉽게 반복구매 할 수 있다.

**둘째**, 좋은 브랜드는 소비자에게 일관성 있는 제품 품질을 제공함으로써 소비자는 신뢰하고 제품을 구입할 수 있다.

브랜드는 기업에게도 많은 이점을 제공한다.

**첫째**, 진입장벽을 구축함으로서 기업에게 경쟁우위를 제공한다. 좋은 브랜드는 소비자의 브랜드 애호도를 높이고, 소비자의 자사 브랜드에 대한 가격 민감도를 낮게 한다.

**둘째**, 신제품의 도입을 용이하게 한다. 소비자에게 뒤이어 나오는 제품에 대한 신뢰도를 높이게 된다.

**셋째**, 중간상에게 경쟁우위를 제공함으로 경쟁사보다 나은 위치에 진열공간을 확보할 수 있다.

**넷째**, 좋은 브랜드 이미지를 가진 제품은 고가격을 받을 수 있으므로 높은 수익성을 창출할 수 있다.

**다섯째**, 등록상표는 법적 보호를 받을 수 있다.

### (2) 브랜드명과 브랜드 전략

#### ① 브랜드명

제품시장에서 성공하는데 중요한 역할을 하는 좋은 브랜드명이 되기 위해서는 다음과 같은 조건이 바람직하다.

**첫째**, 브랜드명은 제품내용과 조화를 이루어야 한다. 풀무원하면 생산되는 제품이 자연식품을 암시한다.

**둘째**, 제품의 기능이나 편익을 잘 전달할 수 있어야 한다. 물 먹는 하마, 애니콜과 같은 브랜드명은 그 제품의 기능이나 편익이 잘 묘사되어 있다.

**셋째**, 기억하기 용이하고 발음하기 쉬워야 한다. 따봉, 통통은 발음하기 쉽고 참나무통 맑은 소주, 몸에 좋은 큰집 대추 등은 기억하기 좋다.

**넷째**, 부정적인 연상을 유발하지 않아야 한다. 간장으로 유명한 브랜드인 샘표에서 오렌지 주스를 새로 개발한다 하자. 샘표 오렌지라는 브랜드를 접하는 소비자들은 다른 오렌지음료 브랜드에 비해 신선함이나 상큼함이 훨씬 적다고 느낄 것이다. 그것은 간장으로 대표되는 샘표 브랜드에 대한 인지도 때문일 것이다.

**② 브랜드명 전략**(Brand Strategy)

브랜드명 전략은 크게 공동브랜드 전략, 개별브랜드 전략, 혼합브랜드 전략으로 나누어진다.

**첫째**, 공동브랜드 전략은 생산된 제품에 이미 사용하고 있던 기업명이나 브랜드 명을 사용하는 전략이다. 드봉 비누, 드봉 세제, 드봉 치약 등과 같이 모든 제품에 동일한 브랜드명을 사용한다. 공동브랜드의 장점은 신제품 도입 시에 저렴한 마케팅 비용으로 소비자에게 쉽게 인식되어 질 수 있다. 그러나 기업이 동일한 브랜드를 사용할 경우 소비자의 혼란을 초래할 수 있어 신뢰성이 낮아질 수 있고 기존제품이 소비자에 좋게 인식되어지지 않았을 때는 신제품도 나쁘게 인식될 수 있다는 단점이 있다.

**둘째**, 개별브랜드 전략은 생산된 제품에 각각 다른 브랜드명을 부착시키는 전략이다. 코카콜라도 브랜드 가치가 세계 1위이지만 다른 제품에 코카콜라 브랜드를 사용하지 않는다. 네스카페, 파워에이드, 환타와 같이 개별브랜드명을 사용한다.

개별브랜드명의 이점은 한 브랜드가 시장에서 실패하더라도 다른 브랜드에 별다른 영향력을 행사하지 않으며 서로 다른 브랜드 이미지를 구축하기 때문에 다양한 고객욕구를 충족시킬 수 있다는 점이 있으나 마케팅 비용은 높아지는 단점이 있다.

**셋째**, 여러 제품을 생산하는 많은 기업들은 개별브랜드명과 공동브랜드명을 섞어서 사용하는 혼합브랜드명을 선택하기도 한다. 제일제당에서는 화장품에는 식물나라, 전통식품에는 본가, 조미료에는 레또 등의 공동브랜드명을 사용하고 있다.

### (3) 브랜드 자산관리

브랜드 자산이란 높은 브랜드 인지도와 브랜드 연상에서 비롯된다.

제품은 경쟁사에 의해 쉽게 모방될 수 있지만 브랜드 이미지는 모방되기 어렵다. 또 제품은 다양한 소비자의 욕구 변화에 따라 더 좋은 제품으로 쉽게 대체될 수 있지만 잘 구축된 브랜드는 오랜 기간동안 소비자에게 매력을 느끼게 한다. 브랜드 자산(brand equity)은 어떤 제품이나 서비스가 브랜드를 가졌기 때문에 발생되는 브랜드 선호도의 증가, 또는 시장점유율의 증가와 같은 마케팅 효과를 말한다. 즉 브랜드 자산은 소비자가 브랜드를 잘 인지하고 있고, 그 브랜드와 연상하여 긍정적이고 경쟁제품과 비교하여 차별화된 연상을 기억 속에 갖고 있을 때 나타나게 되는 것이다.

그림 9-5 브랜드 인지도의 계층

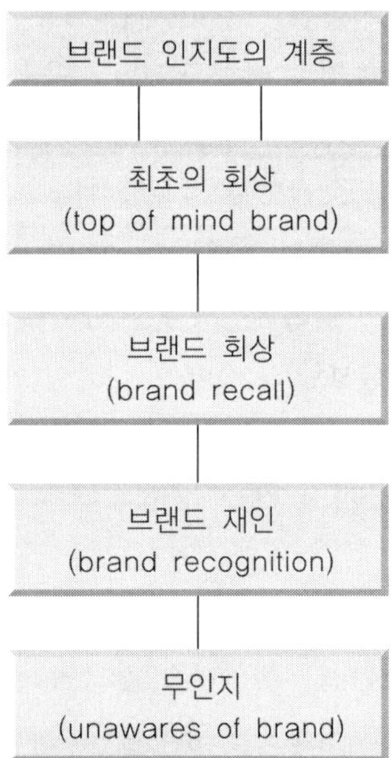


**① 브랜드 인지도(Brand Awareness)**

소비자들은 한번도 들어본 적이 없는 브랜드를 구입하지 않는다. 그래서 기업의 브랜드 자산 구축의 첫 번째 단계는 소비자에게 브랜드를 인지시키는 것이다. 브랜드 인지도란 고객이 한 제품 범주에 속한 특정브랜드를 재인(recognition)하거나 회상(recall)할 수 있는 능력을 말한다. 브랜드 재인은 가장 약한 수준의 브랜드 인지로서 어떤 제품 범주내의 여러 브랜드 중에서 과거에 들어본 적이 있는지를 조사하는 것이다. 브랜드 회상은 브랜드 재인보다 강한 브랜드 인지로서 어떤 제품 범주가 주어졌을 때 주위의 도움을 받지 않고 특정 브랜드의 정보를 인출할 수 있는 능력을 말한다. 기억된 브랜드 중 가장 먼저 떠오른 브랜드는 강력한 인지도를 가지므로 경쟁에서 우위를 갖는다. 소주하면 진로, 조미료하면 미원을, 휴지하면 크리넥스 등은 각 제품 범주 내에서 가장 먼저 떠오르는 브랜드로서 이는 시장점유율을 증가시키는데 결정적인 요인이 된다.

브랜드 인지도를 높이는 방법으로는 다음과 같은 것이 있다.

**첫째**, 반복광고를 통해서 브랜드 인지도를 높인다. 반복광고는 소비자의 기억 속에 장기간 유지시키는데 아주 효과적이다. 가격이 저렴한 저관여 제품은 특히 광고를 길게 설명하는 것보다 짧게 반복하는 것이 훨씬 효과적이다. 그림이나 글씨도 똑같은 것을 연달아 놓으면 기억을 더하게 된다.

**둘째**, 시각적 정보를 제품정보와 함께 제공한다. 사람들은 단어(언어적 정보)보다 그림(시각적 정보)을 더 잘 기억한다고 한다. 그래서 브랜드와 관련이 있는 심벌(symbol)을 이용하면 브랜드 회상에 훨씬 도움이 된다.

**셋째**, 로고송과 같은 소리의 형태로 기억되게 한다. '12시에 만나요 브라보콘'이나 엘리베이터를 타고 출근하려는 남편에게 '화－이－투－벤'이라고 크게 외치는 것이 소리를 통한 기억 증대법이다.

**넷째**, 브랜드 관련 단서(cue)를 제공한다. 약간의 힌트를 주었을 때 잊어버렸던 내용이 갑자기 떠오르는 경우이다. 광고에 이용했던 문구나 모델의 사진을 제품포장에 인쇄하면 소비자가 쉽게 제품정보를 상기 시킬 수 있다.

**② 브랜드 연상(Brand Association)**

브랜드 연상이란 브랜드와 관련하여 기억으로부터 떠오르는 모든 것이다. 브랜드 자산이 형성되기 위하여서는 소비자들이 자사 브랜드에 대해 독특하고 강력한 연상들을 가져야 한다.

소비자의 기억 속에는 특정브랜드와 관련된 연상들이 그물처럼 연결되어 있다. 브랜드 연상의 유형에는 제품속성과 관련된 연상, 제품속성과 관련이 없는 연상, 기업과 관련된 브랜드 연상이 있다.

말보르와 관련된 연상에서 구수한 맛, 높은 니코틴 함유량, 빨간색 담뱃갑 등은 제품의 속성과 관련된 연상이며, 필립모리스, 말보르, 컨트리, 카우보이, 남성적, 미국담배 등과 같은 브랜드 연상들은 제품속성과 직접적인 관련이 없는 것이다. Volvo하면 안전성이, BMW하면 우월성이, 게토레이하면 목마른 때가 자연스럽게 떠오른다. 제품속성과 관련이 없는 연상으로는 브랜드 퍼스넬리티, 사용자, 용도, 원산지 등이 있다. 브랜드 퍼스넬리티란 한 브랜드를 인간으로 표현하였을 때 그 브랜드와 관련된 인간적인 특성이다. 기업과 관련된 연상은 특정브랜드를 듣거나 보았을 때 소비자들이 그 브랜드를 생산하는 기업 구성원의 특성, 최고경영자의 가치관, 그 기업의 문화 등의 기업과 관련된 특성이 떠오르는 경우를 말한다.

## 4. 신제품 개발

### (1) 신제품 정의

신제품의 유형은 기업의 입장과 소비자의 입장에 의해 분류될 수 있다.
그림 9-6 기업에게 새로운 제품인가 여부는 그 제품이 시장에 처음으로 진출한 것인지, 이미 진출하였던 제품인지에 의해 분류된다.

그림 9-6 신제품의 유형

| 소비자 입장에서 신제품 \ 기업 입장에서 신제품 | 예 | 아니오 |
|---|---|---|
| 예 | 혁신제품 | 기존제품 응용 |
| 아니오 | 모방제품 | 신제품 아님 |

혁신제품은 기업과 소비자에게 모두 새로운 제품을 말한다. 컴퓨터, TV, 자동차 발명 등이 이에 해당된다.

모방 제품이란 소비자에게는 널리 알려진 제품이지만 그 기업은 처음 생산하는 새로운 제품이다. 웅진식품의 초록매실을 모방하여 동원의 청매실, 해태의 참매실, 롯데의 모메존 매실, 또는 물먹는 하마를 모방한 습기사냥, Mr.코끼리가 그 예이다.

기존제품의 응용이란 기업이 기존 생산제품을 응용한 것으로 애니콜, 백세주, 자일리톨 껌, 2080치약 등이 있다. 기존제품에 대한 약간의 변화는 기업이 기존제품의 재질이나 사양을 약간 향상 또는 변화시킨 것이다. 순창된장이 순창고추장, 순창간장으로 제품계열을 확장한다든지 소나타가 EF소나타로, 박카스가 박카스F로 변화하는 것이 이에 해당된다.

### (2) 신제품의 실패요인

매년 히트상품이 신바람 나게 성공을 거둔 예도 많지만 시장에 나온 많은 신제품들이 실패로 끝나는 경우도 많다.
신제품의 실패요인을 살펴보면 다음과 같다.

**① 시장조사가 부정확 하였거나 시장조사를 하지 않았다.**

미국의 여성용 월간지는 황색언론이라는 말이 전혀 무색치 않게 악성루머와 스타들의 가십을 다루기로 유명하다. 신생 여성 월간지를 기획하던 미국의 마리안느사는 창간준비를 하며 시장조사를 하게 된다. 시장조사 결과는 악성루머, 섹스, 스캔들로 난무한 기존 여성 잡지에 대한 식상함과 함께 문학적이고 실생활에 유용한 고급 잡지가 발간된다면 구독하겠다는 내용이었다. 마리안느는 시장조사 결과를 바탕으로 악성루머, 스캔들, 섹스 기사를 다루지 않는다는 3무 전략을 쓰기로 결정한다. 그러나 창간 17호 만에 폐간을 맞이하게 된다. 시장조사시에는 응답자들은 그 세 가지에 식상하였다 하였지만 속으로는 흥미가 있었는데 시장조사의 미숙함으로 구독자들의 속마음까지 읽지 못했기 때문이다.

**② 차별화된 독특한 편익을 소비자에 전달하지 못하였다.**

모방제품이 시장기반을 구축한 선도제품을 따라잡지 못하였거나 독특한 편익이 있었으나 소비자 기호가 바뀌어 성공하지 못한 예이다. 대우자동차가 고급 승용차 종인 로얄 XQ를 생산하였으나, 제품성능이 소비자 기대를 충족시키지 못하여 실패하였다.

**③ 마케팅 전략의 잘못으로 실패한 경우도 많다.**

신제품을 표적시장에 적합하지 않은 광고로 포지셔닝을 했을 때이다. 최초의 천연담배인 Real담배를 생산한 Reynolds사는 소비자들이 담배가 건강에 해롭다는 사실을 인지하지 못하고 있을 때 자사 담배는 천연성분이기에 건강에 해롭지 않다고 소비자에게 포지셔닝 하였다. 이는 오히려 담배가 건강에 해롭다는 부정적인 인식만 초래하는 결과를 가져와서 실패하였다.

**④ 사내조직의 부서간 마찰로 실패한 경우이다.**

성공적인 제품의 개발을 위해서는 연구개발부서, 생산부서, 마케팅부서, 영업부서 등 사내 조직 간의 충분한 의사소통이 이뤄져야 한다. 관련부서 간의 불충분한 의사소통 및 마찰은 신제품의 실패로 이어질 확률이 높다.

그 밖에도 개발 속도나 출시의 타이밍 또는 수요예측의 오판으로 인한 과다생산, 가격책정문제, 경쟁자의 예상보다 높은 반격 등도 실패의 원인이 된다.

### (3) 신제품 개발과정

신제품 개발과정은 그림 9-7에서와 같이 아이디어 창출단계에서부터 상업화단계까지의 단계를 거친다.

그림 9-7 신제품 개발과정

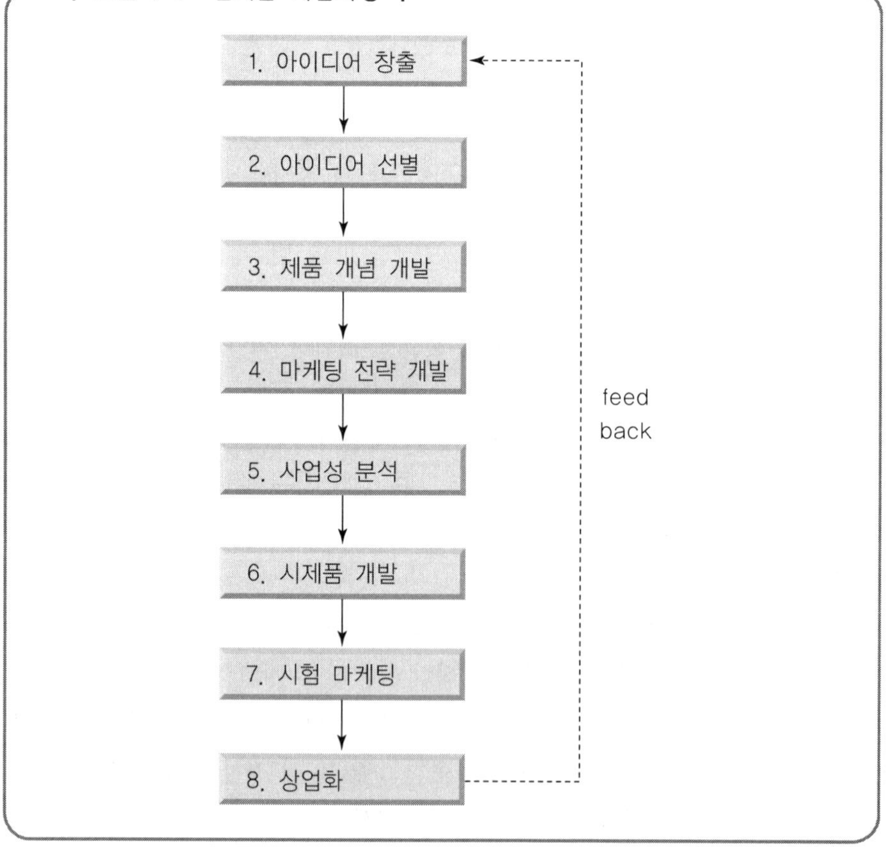

### ① 아이디어의 창출단계

신제품 개발은 기업의 마케팅 목표에 적합한 신제품 아이디어에 대한 탐색과정부터 시작된다. 성공적인 신제품 아이디어를 찾기 위해 다양한 아이디어 원천을 통해 수집된 많은 아이디어를 창출해 내어야 한다.

**첫째**, 기업은 영업사원이나 판매사원 또는 연구원들에 의해 아이디어를 얻을 수 있다. 이들은 고객과 직접 접촉하기 때문에 고객의 욕구, 새로운 재질 등에 관한 많은 조언을 들을 수 있다.

**둘째**, 소비자 조사를 통해 고객의 불만 등을 조사하여 아이디어를 구할 수 있다. 기업은 소비자를 통해서 고객의 필요와 욕구를 파악하고 기존제품에 대한 불만사항을 조사하고 해결하는 과정에서 신제품에 대한 아이디어를 얻을 수 있다.

**셋째**, 기업은 유통과정의 중간상이나 부품 공급업자들이 제공하는 정보를 통하여 아이디어를 얻을 수 있다.

**넷째**, 경쟁기업의 제품이나 전략을 분석하는 과정에서 아이디어를 발견할 수 있다.

### ② 아이디어의 평가 및 선별단계

아이디어의 창출은 가능한 많은 아이디어를 찾아내는 것이지만, 아이디어의 평가 및 선별은 많은 아이디어를 축소시켜 나가는 것이다. 최적의 소수 아이디어를 평가하고 선별해야 하는데 좋은 아이디어가 기각되거나, 나쁜 아이디어가 선별되는 두 가지 오류를 범하지 않도록 유의해야 한다.

### ③ 제품개념의 개발과 테스트

제품개념은 제품 아이디어를 소비자가 사용하는 용어로 전환시킨 것이다. 다시다의 '이 맛이야'로 표현되는 제품개념은 바로 옛날에 먹었던 구수한 된장 맛으로 정의될 수 있다. 마케터는 가능성이 있는 제품 아이디어를 제품개념으로 소비자 조사를 통하여 적합성을 검증한다. 즉 제품의 편익이 신뢰가 가는지, 충분하게 소비자 욕구를 충족시키는지, 가격은 적정한지, 구매의도가 있는지, 그 집단은 누구이며, 그들의 구매 빈도는 어떠한 지에 대한 반응을 조사한다.

### ④ 마케팅 전략 개발단계

선택된 제품의 마케팅 전략은 세분화 된 시장 중 표적시장을 선정하고 마케팅의 목표와 장단기적인 전략을 수립하는 단계이다. 즉 선택된 제품의 색깔은 몇 가지로 하며, 어떤 색상을 택할 것인지, 가격은 어떻게 책정하며, 유통경로의 선택과 마진, 그리고 광고의 방법과 예산의 범위 등에 대한 전략을 수립하는 것이다.

**⑤ 사업성 분석단계**

제품의 개념과 마케팅 전략이 결정되면 마케터는 신제품 사업계획의 매력도를 평가해야 한다. 사업성 분석은 신제품의 예상매출액, 예상비용, 예상이익 등에 대한 추정치를 토대로 이 사업이 기업목적과 일치하는지를 판단해야 한다. 마케터는 매출액 추정과 함께 생산비, 자본 비용 및 마케팅 비용을 추정하여 신제품의 수익성을 조사하여 사업성이 있는지의 여부를 판단해야 한다.

**⑥ 시제품 개발단계**

제품개념의 사업성이 충분하다고 판단되면 실제 물리적 형태의 제품을 구체화하여야 한다. 즉 지금까지는 제품개념을 단순한 그림이나 글 또는 간단한 형태의 모형 등으로 되어 있었으나 실제로 제작 · 시험함으로서 가능성에 문제없는지, 예상보다 제품생산의 소요시간이나 예상원가 등이 기준과 잘 맞는지를 판단해 보아야 한다.

**⑦ 시험 마케팅**

신제품 테스트를 거친 다음에는 개발된 신제품이 표적시장에 출시되기 전에 소규모 시장에서 소비자의 반응을 조사하여, 예상된 매출액과 예상된 수익 또는 소비자의 반응에 대한 분석을 토대로 표적시장에 대한 진출여부를 결정하게 된다.

만일 예상목표와 차이가 날 경우에는 사전에 수정을 해야 한다. 시험 마케팅을 통해 마케팅 관리자는 소비자나 경로 구성원들의 신제품에 대한 태도와 구매여부 등을 파악할 수 있고, 향후 마케팅 전략의 수립 또는 수정의 기초 자료가 될 수 있다. 시험마케팅에는 시간과 비용이 소요되며, 시험 시장에서 너무 오랜 시간을 지체하게 되면 경쟁사에 많은 정보가 유출되어 타격을 입을 수도 있기 때문에 자신이 있을 경우에는 이 과정을 생략할 수 있다.

**⑧ 상업화 단계**

시험마케팅에서 긍정적인 판단이 나오게 되면 전국시장에 신제품을 도입할 것을 결정한다. 전국시장에 동시 진입할 것인가 단계적으로 진입할 것인가도 신중히 결정하여야 한다.

## 5. 제품 수명주기 단계별 특징과 마케팅 전략

### (1) 제품 수명주기의 의의

신제품이 개발되어 성공적으로 시장에 도입되면 그림 9-8과 같이 단계별로 시간이 경과함에 따라 제품 수명주기는 변화되어진다. 생물의 성장과정처럼 제품도 처음 도입기는 판매가 완만하게 증가하며 이익도 별로 나지 않지만, 성장기는 매출과 이익이 급속하게 증가하는 기간이다. 성숙기는 매출 성장이 둔화되고 경쟁이 심화되는 단계이며 쇠퇴기는 매출과 이익이 모두 크게 감소하는 단계이다.

제품 수명주기는 다양한 형태를 가질 수 있지만 전형적인 제품 수명주기는 S자형을 가진다. 다음에서는 각 단계별 특징과 마케팅 전략을 설명한다.

그림 9-8 제품의 수명주기

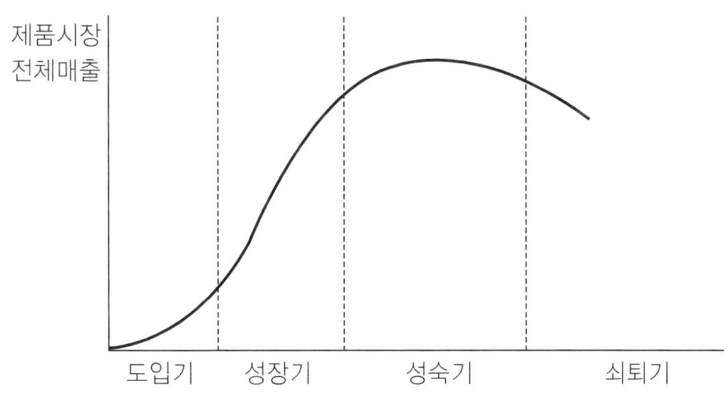


### (2) 제품 수명주기 단계별 특징과 마케팅 전략

#### ① 도입기

도입기에는 소비자들의 신제품에 대한 인지도가 낮기 때문에 판매량이 상당기간 매우 적다. 중간상을 설득하기 위한 노력과 소비자에게 상표를 인지시키는 노력을 기울여야 한다. 생산량, 판매량이 적지만 유통, 촉진비는 많이 들기 때문에 단위당 원가가 높아 이익이 적거나 적자가 발생한다. 신제품이 시장에서 성공하고 빠른 시간 내에 잠재소비자에게 확산될 수 있느냐 하는 것은 그 제품의 특성에 달려 있다.

도입기의 마케팅 전략은 상표구축 전략이 기본이다. 제품전략은 기본적인 형태의 제품을 생산하며, 제품의 품질이나 원가는 기존제품보다 차별적인 경쟁우위를 가져야 한다.

유통전략으로는 신제품은 낯설기 때문에 취급하려는 중간상이 별로 없다. 그래서 소수의 중간상을 선별하여 이들에게 적극적인 지원을 통한 유통망 구축을 해나가야 한다. 가격전략은 단위당 생산원가나 마케팅 비용이 높고 경쟁자가 적기 때문에 고가전략을 책정하는 경우가 많으며, 차츰 생산량이 많아지면서 단위당 원가가 낮아지고 경쟁자가 생길 때는 저가 전략을 선택하게 된다.

촉진전략으로는 혁신소비층에 자사제품의 편익과 상표를 인지시키는 것이 중요하기 때문에 중간상에게는 광고지원금이나 마진의 지원 등을 제공하며 소비자에게는 무료샘플이나 쿠폰 등을 제공하는 방법으로 촉진활동을 한다.

**② 성장기**

신제품이 표적시장 내 고객들을 만족시키면 매출이 급속하게 증가하는 성장기로 들어간다. 따라서 생산량이 급격히 증가되므로 제품 원가는 하락하게 되고 지속적인 판매량 증가는 유통비와 촉진비를 하락시킨다. 이는 곧 수익의 확대로 이어지고 새로운 경쟁자들이 시장에 진입함에 따라 시장규모는 급속도로 확대된다.

성장기 제품의 마케팅 전략으로는 상표를 강화시키는 전략으로 시장점유율을 확대시키는 것이 바람직하다. 이 때의 제품전략으로는 제품의 품질을 향상시키고 새로운 특성과 서비스를 추가하면서 경쟁제품의 진입에 대응하여야 한다.

가격전략으로는 초과수요가 존재하기 때문에 고가정책을 유지할 수도 있지만 기존가격을 유지하여 경쟁사 진입에 대응하거나 또는 시장점유율 확보를 위해 저가전략을 채택할 수도 있다.

유통전략으로는 시장이 급속하게 성장하므로 가능한 한 점포수를 늘리는 집중적 유통전략이 바람직하다. 기존 중간상과의 거래를 돈독히 하면서 시장점유율이 취약한 지역에 자사의 제품을 취급하는 점포를 늘리는 전략이다.

성장기의 촉진전략으로는 브랜드를 인지시키기 위한 정보제공의 광고방법으로부터 제품 선호형 방법으로 전환하는 것이 좋다. 촉진비는 계속 지출되지만 시장점유율이 늘어났기 때문에 단위당 촉진비는 많이 저렴해졌다. 그러나 경쟁자의 진출여하에 따라 촉진비는 증감되어진다. 동원참치가 오랜 기간 동안 시장을 독점하여 왔으나 사조참치가 진출하여 두 기업이 경쟁적으로 촉진비용을 증가시키면서 소비자들의 참치 통조림에 대한 인지도가 높아졌고 참치 통조림 시장은 급속히 확대되기도 하였다.

### ③ 성숙기

높은 매출 성장률이 어느 시점에서 둔화되기 시작하는데 이 때가 제품의 성숙기에 해당된다. 따라서 생산량도 더 증가시키지 않아도 되기 때문에 생산시설에 더 이상 투자를 할 필요가 없다. 경쟁기업이 많아지기 때문에 광고와 촉진비용을 증가시키는 공격적 마케팅이 실행되고 더 우수한 제품을 개발하기 위한 연구 개발비가 늘어난다. 성숙기의 제품전략으로는 시장 개발전략과 제품의 확장전략이 있다. 시장 개발전략은 지금까지 자사제품이 침투되지 않았던 지역이나 새로운 세분시장을 찾는 방법이 있다. 또 사용빈도를 증가시키거나 새로운 용도를 개발할 수도 있다. 제품 확장전략으로는 제품의 특성이나 기능을 추가하거나, 제품 스타일의 개선을 통해 매출을 확대할 수 있다. 이 시기의 가격전략으로는 경쟁사와 가격경쟁이 치열한 때이기에 한 기업의 가격 하락이 전체 시장가격의 하락을 부추길 수 있으므로 가격은 변동시키지 말고 중간상 촉진을 강화시키는 것이 바람직하다. 유통전략으로는 경쟁이 치열하기 때문에 기존 중간상과 깊은 유대관계와 적절한 관리가 필요한 때이다. 촉진전략으로는 제품간의 차이가 별로 없기 때문에 자사제품의 이미지를 높여 상표차별화를 할 수 있는 방향으로 광고나 판촉을 시행하는 것이 바람직하다.

### ④ 쇠퇴기

대다수의 제품들은 성숙기를 지나면 시장점유율이 급격히 떨어지는 쇠퇴기에 접어들게 된다. 쇠퇴기를 맞는 원인으로는 소비자의 취향의 변화 또는 기술진보에 의한 대체품의 등장, 시장경쟁에서 패배 등이 있다. 판매량과 이익이 감소함에 따라 많은 기업들이 시장에서 철수하게 된다. 이 시기의 제품전략으로는 절대 필요한 품목에 한해서만 제품생산을 하는 것이 좋고 가격전략으로는 가격을 할인하더라도 많은 재고량을 인수시키는 방법이 바람직하다. 유통전략으로는 꼭 필요한 중간상만 거래하는 선택적 유통전략을 선택하게 된다. 이 시기에는 촉진에 투입되는 판매원과 광고비는 낭비이기 때문에 대폭 줄이든지 중단하는 것이 좋다.

### 6. 디자인

제품의 디자인이 사업성공에서 중요한 역할을 한다는 것은 과거부터 잘 알려진 사실이지만 근래에 와서 디자인이 전략적 수단이 될 수 있다는 인식이 더욱 확산되고 있다. 과학기술의 발달로 제품간의 속성 차이가 점점 유사해지면서 소비자의 감성에 소구하는 디자인의 중요성이 커지게 되었다. 경쟁사간의 차별적 우위를 마련해 줄 수 있고 이미지를 높일 수 있는 디자인 개발에 대한 필요성은 증대되고 있다. 21세기는 젊은 세대뿐 아니라 전 세대에 걸쳐 감성의 매력이 소비자의 태도 결정에 절대적인 영향을 끼치는 시대가 되었다. 따라서 보다 나은 품질이나 기능도 중요하지만 깔끔하고 세련된 디자인과 색상이 미래 경쟁의 핵심이며 최후의 승부처라고 할 수 있다.

### 7. 패키징

포장이란 제품 활동의 한 부분으로 제품의 포장물을 설계하고 생산하는 활동을 말한다. 이러한 포장은 과거에는 제품의 내용물을 보호하는 단순한 기능적 수단으로 인식되었으나 최근에는 포장의 형태, 색상, 재질 등으로 제품의 이미지를 형성할 뿐만 아니라 제품 정보의 제공과 커뮤니케이션의 역할도 수행한다. 포장을 말 없는 세일즈맨이라고 할 만큼 그 중요성이 증대 되면서 마케터들은 혁신적인 포장 개발에 관심을 쏟고 있다. 중요한 패키지가 갖추어야 할 특징은 가시성(visibility), 정보능력(information), 감성(emotion), 기능수행력(workability) 등이 있으며 첫 글자를 따서 VIEW라는 약자로 표시한다.

## 9.3 가격 관리

### 1. 가격의 의미

마케팅 믹스에서 가격이란 제품이나 서비스를 소유 또는 사용하는 대가로 지불해야 하는 금전적인 가치 또는 화폐의 양으로 정의한다. 그러나 기업이 적정한 제품가격결정을 한다는 것은 매우 어려운 문제인데, 이는 제품이나 서비스의 가치를 평가하는 일이 간단하지 않기 때문이기도 하지만 기업의 수익과 직결되기 때문이기도 하다. 이처럼 가격은 기업측면에서 보면 제조원가를 보상하고 이윤이 발생할 수 있어야 하고, 소비자 측면에서 보면 그 가격이 소비자의 지불능력과 구매의욕에 적합하여야 한다. 즉 지불하는 화폐의 가치보다 구입할 제품이나 서비스의 가치가 더 커야 거래가 이루어진다. 같은 회사에서 생산한 동일한 브랜드 제품이라도 백화점에서 판매하는 가격과 재래시장에서 판매하는 가격, 그리고 대형할인점에서 판매하는 가격은 상당한 차이가 난다. 소비자가 백화점을 이용할 때는 쇼핑의 편리함, 양질의 서비스, 시간 절약, 문제 발생시 즉각 처리, 화려한 포장지와 같은 추가적인 서비스에 대한 욕구가 있기 때문에 비록 가격이 저렴하다 하더라도 할인점에서 제품을 구입하지 않는다. 그러나 이러한 서비스에 별로 매력을 느끼지 못하는 소비자는 할인점에서 싼 값에 제품을 구입하고 추가적인 서비스는 본인의 시간과 위험부담에 저렴한 가격으로 대체하는 것이다.

## 2. 가격 결정방법

제품의 가격이란 기업입장에서 볼 때는 수익이 보장되지 않을 정도로 낮아도 안 되고 수요가 없을 정도로 높아도 안 된다. 가격의 결정방법에는 가격의 근거를 어디에 두느냐에 따라서 소비자 중심의 가격 결정방법, 원가 중심의 가격 결정방법, 경쟁자 중심의 가격 결정방법이 있다.

그림 9-9 가격의 결정방법

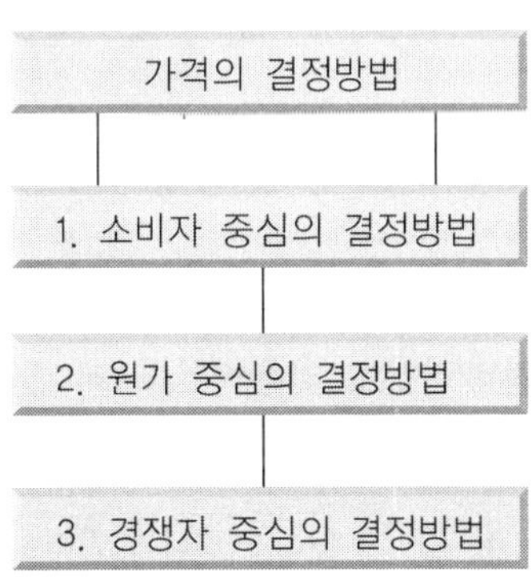

### (1) 소비자 중심의 가격 결정방법

소비자 중심의 가격 결정은 소비자들의 상품에 대한 평가와 그에 따른 수요를 바탕으로 가격을 결정하는 방법이다. 소비자는 자신이 원하는 가격수준보다 비싼 제품을 구매하지 않기 때문에 가격변화에 따른 소비자의 반응을 검토하는 것이 우선 고려되어야 한다. 아무리 좋은 제품이라도 소비자가 지불할 가격 수준 대에서 가격이 결정되지 않는다면 소비자는 이 제품을 외면한다. 이를 위해 소비자 조사를 통해 소비자의 수용 가능한 가격을 알아야 한다. 즉 소비자들의 가격민감도와 구매의도, 그리고 소비자의 심리적인 반응 등에 대한 정보를 바탕으로 한 가격결정이 이루어져야 한다.

#### ① 가격탄력성을 통한 소비자 반응

소비자의 가격에 대한 민감도의 정도는 수요곡선과 이를 통해 얻어지는 수요의 가격 탄력성을 이용해 알 수 있다.

그림 9-10에 의하면 기업에서 정한 제품의 가격과 소비자들의 구매량간의 관계를 나타낸 것이다.

그림 9-10 두 제품 (A), (B)의 가격탄력선

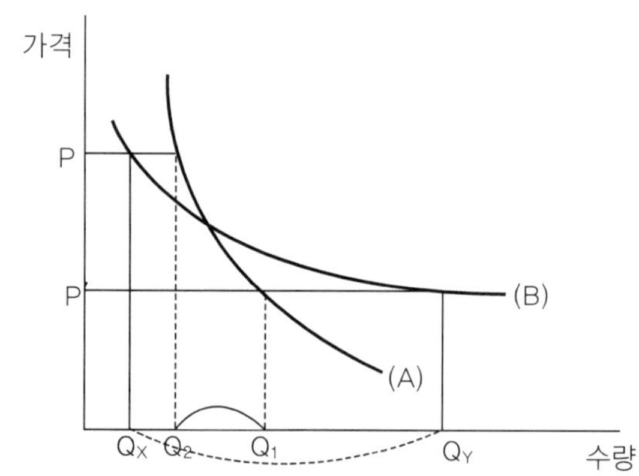


(A)는 가격탄력성이 낮은 경우로서 가격의 변화에 따라 수요의 변화가 크지 않지만 (B)는 가격탄력성이 높은 경우로서 가격의 변화에 따라 수요의 변화가 크다. 즉 그림 9-10에서 가격을 P에서 P 로 낮추었더니 (A)는 구매량이 $Q_2$에서 $Q_1$으로 수요가 조금밖에 증가하지 않았는데 (B)는 구매량이 $Q_X$에서 $Q_Y$로 수

요가 크게 늘어났다. 소비자의 가격에 대한 민감도를 나타내는 수요의 가격탄력성은 가격의 변화에 따른 수요의 변화정도를 나타낸 것이다. 즉,

$$\text{가격탄력성} = \frac{\text{수요의 변화율(\%)}}{\text{가격의 변화율(\%)}}$$

**② 개별 소비자 가격에 대한 심리적 반응**

위에서 설명한 가격탄력성은 가격변화에 대한 전체소비자의 반응이다. 여기에는 준거가격, 유보가격, 최저수용가격이 있다.

준거가격이란 소비자들이 그 제품에 대하여 예상하고 있는 가격이다. 즉 소비자들이 제품가격의 고·저를 평가할 때 기준으로 사용하는 가격이다. 소비자는 자주 구매되는 상표의 가격, 과거에 구입한 경험이 있는 가격, 유사제품의 가격 등을 이용하여 준거가격을 형성할 수 있다. 소비자는 어떤 제품의 시장가격이 자신의 준거가격보다 높으면 비싸다고 지각하고, 반대로 준거가격보다 낮으면 싸다고 지각할 것이다.

유보가격은 소비자가 특정제품에 대하여 지불할 의사가 있는 최고 가격이다. 소비자가 구매하기 전에 생각하고 있었던 유보가격보다 제시된 제품가격이 비싸면 소비자는 구매를 유보하게 된다. 또 최저수용가격이란 소비자는 제품가격이 너무 싸면 제품에 무엇인가 하자가 있는 것으로 판단하고 구매를 거부하는데 이때의 가격을 말한다. 저 장난감은 10,000원 정도 될 것으로 예상하였는데 2,000원 일 때, 이 물건이 가짜거나 불량품이어서 한두 번 사용하면 고장이 날 것으로 판단하고 구입을 거부한다는 것이다.

### (2) 원가 중심가격

**① 손익분기점**

매출과 원가 구조의 관계를 체계적으로 알아보기 위해서는 손익분기점 분석(break-even analysis)이 많이 이용되는데, 이것은 주어진 고정비와 변동비 수준에서 최소한 투자비용만을 회수하는데 필요한 가격 및 매출 수준을 추정하는 방법이다. 손익분기점(break-even point)이란 수익과 비용이 일치하여 수익이 0이 되는 판매량 또는 매출액을 말한다.

$$\text{손익분기점 판매량} = \frac{\text{고정비}}{\text{가격} - \text{단위당 변동비}}$$

예를 들면 단위당 변동비가 5,000원이고 판매가격이 7,000원이며, 고정비가 10,000,000원이면

$$\text{손익분기점 판매량} = \frac{10,000,000}{7,000 - 5,000} = 5,000\text{개}$$

그림 9-11에서 보면 수익곡선과 비용곡선이 만나는 점 A가 손익분기점이 되고 이 때의 판매량이 5,000개가 된다.

그림 9-11 손익분기점 분석

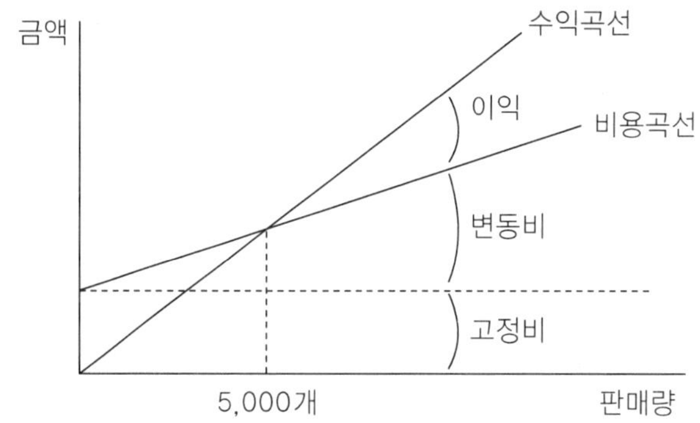


② **원가 중심가격**

원가 중심가격 결정방법은 단위당 원가를 구하고 여기에 일정 비율의 마진을 더해서 판매가를 결정하는 방법이다.

단위당 변동비가 5,000원이고 고정비가 10,000,000원이며 예상판매량이 10,000개이고 판매가 대비 마진율이 40%라면

$$\text{단위당 원가} = \text{단위당 변동비} + \frac{\text{고정비}}{\text{예상판매량}}$$

$$= 5,000\text{원} + \frac{10,000,000}{10,000} = 6,000\text{원}$$

$$\text{판매가} = \frac{\text{단위당 원가}}{(1 - \text{마진율})} = \frac{6,000\text{원}}{(1 - 0.4)} = 10,000\text{원}$$

이렇게 원가를 중심으로 한 가격 결정방법은 기업이 원가에 대한 자료를 비교적 정확하게 갖고 있기 때문에 가격결정을 구하기가 매우 쉽고, 또 일반적으로

원가에서 어느 정도 이익을 넣으면 된다는 관행이 있기 때문에 불필요한 가격 경쟁을 피할 수 있는 장점이 있다.

목표이익 가격 결정방법은 기업이 설정한 목표이익과 예상판매량을 가지고 가격을 결정하는 방법이다. 목표이익 가격 결정방법은 손익분기점 분석을 변형시킨 것으로 다음과 같은 공식으로 구할 수 있다.

$$\text{목표판매량} = \frac{\text{고정비} + \text{목표이익}}{\text{가격} - \text{단위당 변동비}}$$

기업의 예상판매량이 10,000개이고 목표이익이 10,000,000이며 고정비가 10,000,000원이고 단위당 변동비가 5,000원 일 때 가격결정은

$$\begin{aligned} 10{,}000\text{개} &= \frac{10{,}000{,}000 + 10{,}000{,}000}{x - 5{,}000} \\ &= 10{,}000(x - 5{,}000) = 20{,}000{,}000 \\ &= 10{,}000x - 50{,}000{,}000 = 20{,}000{,}000 \\ &= 10{,}000x = 70{,}000{,}000 \\ x &= 7{,}000\text{원} \end{aligned}$$

즉 그림 9-12에서와 같이 7,000원에 10,000개를 판매하면 고정비를 제하고 목표치로 정한 이익을 달성할 수 있게 된다.

그림 9-12 목표이익 가격결정 분석

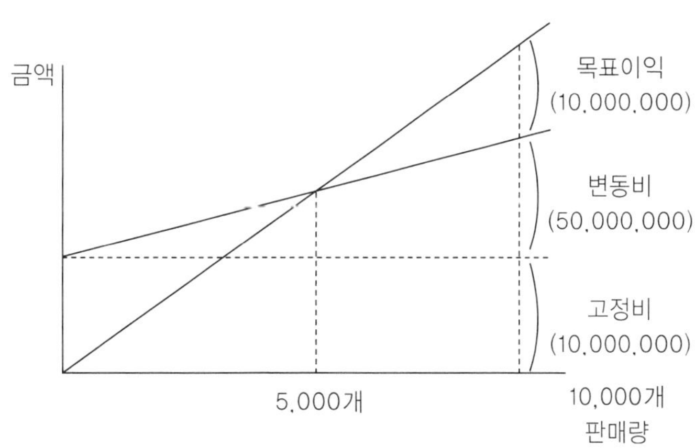

### ③ 경쟁자 중심 가격결정

가격결정시 고려해야 할 또 하나의 요인은 경쟁자 중심 가격결정이다. 경쟁자 중심 가격결정은 자사제품의 가격결정에 가장 중요한 기준은 바로 경쟁사의 가격이라는 것이다. 이 방법을 선택하는 기업은 소비자들이 판단할 때 자사제품과 경쟁사 제품이 유사하기 때문에 경쟁제품들 간의 가격을 비교하여 특정 제품을 선택할 것이라 생각한다. 시장의 경쟁구조는 독점, 과점, 완전경쟁 등이 있다. 독점적 경쟁(monopolistic competition)은 표적시장 내에서 차별적 우위를 갖고 있는 제품으로, 그 제품에 대해서는 고가격을 취함으로서 많은 이익을 얻게 된다. 과점적 경쟁(oligopolistic competition)은 소수의 경쟁자들이 시장의 대부분을 지배하는 경우이다. 이때에 기업은 가격인하 결정에 신중을 기해야 한다. 한 기업이 가격을 인하할 경우에 경쟁사들도 즉각적으로 가격을 인하할 수 있기 때문이다. 그렇기 때문에 과점적 상태일 때는 유지가격 전략이 바람직하다.

경쟁 입찰에 따른 가격결정(sealed-bid pricing)은 2개 이상의 기업들이 각각 독자적으로 제품이나 서비스에 대한 가격을 제시하는 방법이다. 입찰에서 낙찰되기 위해서 기업은 경쟁자보다 낮은 가격을 제시해야 하므로 수요나 비용 등의 추정을 통한 가격보다 경쟁자의 가격을 예측하는 것이 중요하다.

## (4) 가격결정 전략

### ① 신제품에 대한 가격결정 전략

창업기업의 가격결정 전략에서 특히 어려운 것이 신제품 가격의 책정이다. 신제품을 시장에 내 놓을 때 사용하는 가격전략에는 초기고가전략(skimming pricing)과 시장침투가격전략(penetration pricing)의 두 가지가 있다. 초기고가전략은 초기에 많은 단기 이익을 창출하기 위해 가격 민감도가 가장 낮은 고소득 혁신 소비자 층을 상대로 고가격을 책정한다. 그러나 시간이 지남에 따라 이들의 구매가 감소하면 가격에 민감도가 높은 일반 소비자 층을 표적으로 가격을 인하하여 판매량을 넓혀 나가는 것이 목적이다. 소니의 워크맨, 듀퐁의 나일론, 삼성의 반도체 등이 그 예이다. 시장침투전략은 빠른 시간 내에 시장 점유율을 확대하기 위해 신제품 도입 초기에 낮은 가격을 책정하는 것으로서 규모의 경제를 실행할 수 있고, 단위당 이익이 낮더라도 대량판매를 통해 총 이익을 높일 수 있을 때 적정한 전략이다. 모방 제품을 개발한 후발 진입자가 시장 선도자의 점유부분을 침투할 때도 이 전략을 사용하며, 또는 저가격으로 경쟁자의 진입을 사전에 방지하고자 할 때에 효과적이다. 이 전략은 단기적으로는 이익을 희생해야 하므로 장기적인 안목이 요구된다.

**② 제품계열에 대한 가격결정**

제품계열에 대한 가격결정은 단일 가격을 결정하는 것이 아니라 품질이나 디자인에 따라 어느 정도 가격 차이를 두는 전략이다. 각 제품에 대한 가격은 제품 계열 내 다른 제품들의 제조원가, 계열 내 각 제품들에 대한 소비자 평가, 경쟁사 제품의 가격 등을 고려하여 결정하여야 한다. 남성 정장의 가격대를 저급품, 중급품, 고급품으로 분류하여 저가는 10만원, 중가는 15만원, 고가는 20만원으로 세분화하여 책정하는 방법이다. 가격 계열화는 소비자에게 다양한 가격의 제품을 제공함으로서 여러 세분시장의 고객을 고루 흡수할 수 있으므로 전체적으로 볼 때 높은 매출을 올릴 수 있다.

**③ 사양제품에 대한 가격결정**

사양제품에 대한 가격결정(optional product pricing)이란 주력제품과 함께 판매되는 각종 부수적인 제품에 대하여서는 소비자가 자신에 취향에 맞는 제품과 가격을 선택하게 하는 전략을 말한다. 미국 자동차 회사는 저가격의 기본모델만 보여주고, 의자, 타이어, 오디오, 시트 등은 여러 가지 종류 중에 소비자가 선택을 하는 전략을 채택하였다.

**④ 종속제품에 의한 가격결정**

종속제품에 대한 가격결정(captive product pricing)은 기본적인 주종제품과 반드시 함께 사용해야 하는 부수제품이 있을 때 책정되는 가격 전략이다. 이때 주종제품에 대해서는 이윤을 적게 남기고 가격을 낮게 하여 시장점유율을 높여놓고 종속제품에서 수익을 올리는 전략이다. 정수기 회사에서 정수기를 낮은 가격으로 판매하고 종속제품인 필터 가격을 높게 책정하여 이윤을 많이 남기는 것이나, 복사기 회사가 기본품인 복사기를 낮은 가격으로 책정하고 종이와 잉크의 가격을 높게 하는 것, 면도기를 낮은 가격으로 판매하고 면도날에서 이윤을 올리는 방법 등이 예이다.

**⑤ 이부제 가격전략**

이부제 가격전략(two-part price)이란 주로 서비스 기업에서 활용하는 경우가 많은 전략으로 기본급과 사용료 2부제로 가격을 부가하는 전략이다. 에버랜드에 가면 기본입장료를 내고 입장해서 그 내부시설을 이용할 때마다 추가적인 이용료를 내야 한다. 휴대폰 전화사용의 경우도 기본 사용료를 내고 기본통화시간을 초과했을 경우에는 추가로 통화된 시간의 통화요금을 내는 전략이다. 이처럼 이부제 가격전략을 실시하는 기업들은 서비스 구매를 유도하기 위해 기본요금은 비교적 낮게 책정하고 추가 사용요금으로 이익을 얻는다.

#### ⑥ 심리적 가격전략

심리적 가격결정은 소비자들이 여러 심리적 요인에 의해 그 가격에 대한 지각을 하게 된다는 것이다. 즉 소비자들의 심리적 상태나 구매패턴을 감안해 최종가격을 선정하는 방법이다. 기업은 가격을 내렸을 경우는 소비자에게 강하게 인식시키고, 가격을 올렸을 경우에는 가격인상을 약하게 인식하도록 노력해야 할 것이다. 많은 소비자들은 가격과 품질간의 연상관계를 형성하고 있어 가격이 높으면 제품의 품질이 좋은 것이고 제품의 가격이 낮으면 품질이 좋지 않을 것이라고 생각하는 경향이 있다.

##### 단수가격

제품의 가격을 현재 화폐단위에 맞게 1,000원, 10,000원 등으로 책정하지 않고, 990원, 9,900원처럼 조금 낮추어서 소비자가 지각하는 가격이 실제가격보다 상당히 큰 차이가 있다는 느낌을 주는 방법이다. 실제로는 가격차이가 별로 나지 않지만 소비자들이 심리적으로 느끼는 가격의 차이로 인해 판매량의 변화가 발생할 수 있다.

##### 관습가격

관습가격이란 소비자들이 오랜 기간 동안 일정금액으로 구매를 해온 관습 때문에 실제 제품의 원가가 상승하였음에도 불구하고 계속 동일한 가격을 유지하는 전략이다. 초코파이의 경우 소비자들이 항상 100원이라는 가격으로 초코파이를 인식한다. 이러한 기존인식 때문에 1996년 150원으로 가격을 올리는데 20년이 걸렸다. 결국 20여년 동안 초코파이는 원가상승으로 인한 가격상승 압박도 가격상승이 아닌 내용물의 양을 줄이는 방법을 통해 해결해야만 하였다.

##### 유인가격

이는 소비자에게 잘 알려진 제품의 가격을 매우 저렴한 가격으로 책정함으로서 소비자에게 그 점포가 양심적이라는 인식을 고취시켜서 고객을 유인한 후 다른 제품에서 이윤을 얻는 전략이다.

중국음식점에서 자장면 가격을 아주 낮게 책정하여 고객을 유인한 후 탕수육이나 난자완스, 잡탕밥 등에서 이윤을 올린다든지 약국에서 드링크제를 다른 약국보다 싸게 팔아서 고객을 유인하여 다른 조제약에서 이윤을 얻는 전략이다.

### ⑦ 할인가격 전략

기업은 자사제품을 많이 판매하기 위하여 중간상이나 소비자에게 여러 가지 형태의 할인을 실시한다.

#### 현금할인

제조업자와 중간상간의 거래는 대부분 현금거래가 아닌 어음거래와 외상거래에 의해 이루어지는데 이는 제조업자에게 자금압박을 가져온다. 이를 해결하기 위하여 어음 대신 현금으로 결제를 하거나 외상대금을 현금으로 빠른 시일 내에 결제할 경우에 판매금액의 일정률을 할인해 준다.

#### 수량할인

중간상이나 소비자가 일정량 이상을 구매할 시 일부분에 대한 할인을 해주는 경우이다. 예를 들면 중간상이 한달에 1억 이상의 매출을 올리면 3%의 추가적인 보너스 할인을 한다든지, 볼펜을 12개를 넣어서 10개 가격을 받는 경우, 껌을 6개 넣어서 5개 가격을 받는 경우이다.

#### 계절할인

계절성 제품의 경우 비수기에 제품을 구매하는 고객에게 할인 혜택을 주는 전략이다. 이 방법을 통해 제조업자는 제품수급상태나 현금흐름의 원활함을 통해 혜택을 얻을 수 있다. 스키장 주변의 호텔이나 콘도에서 비성수기인 여름철에 할인을 해주는 경우도 이에 속한다.

#### 세일행사

주로 백화점 등에서 선호하는 할인방법으로 일정기간동안 취급품목의 대부분을 할인가격으로 판매하는 방법인데 단기적인 매출증대와 상품회전율을 높이고 현금흐름을 원활히 하며 재고감소를 가져오는 효과가 있다. 그러나 너무 자주 세일행사를 할 경우에 소비자들은 정상가격의 구매를 연기하며, 브랜드 이미지가 떨어지고, 제품의 품질을 의심하는 등 부정적인 영향을 가져온다.

**보상판매**

소비자가 신제품을 구매하면서 기존에 사용하던 중고품을 가져오는 경우 판매가의 일부를 삭감해주는 것이다. PC나 휴대용 전화기 등에서 보상판매제도를 활용하고 있다.

#### ⑧ 차별화 가격전략

**고객에 따른 차별화**

고궁에 들어갈 때나 대중교통을 이용할 때 노인이나 학생에게 할인해주는 제도이다.

**이미지에 따른 차별화**

향수를 일반적인 병에 넣어서 $10,000에 판매하면서 모양이 우아한 병에 같은 양을 넣어서 $20,000에 판매하는 경우이다.

**위치에 따른 차별화**

연극이나 음악회에서 무대 앞쪽에는 가격이 비싸고 무대에서 먼 거리는 가격이 싸다.

**시간에 따른 차별화**

극장에서 조조에 할인을 하는 경우나 심야 전기료, 주중골프장 할인 등이 이 경우이다.

## 9.4 유통경로 관리

### 1. 유통경로의 개념

제품이나 서비스가 생산자로부터 유통경로를 통하여 최종소비자에게 전달된다. 그래서 생산자는 자기의 제품이나 서비스가 쉽게 이동할 수 있는 최선의 유통경로를 선택하여야 한다. 유통경로(channels of distribution)란 제품이나 서비스를 생산자로부터 최종소비자에게 이동시키는 과정에 참여하는 개인이나 조직이라고 정의된다. 제조업자들은 중간상을 이용함으로서 마케팅에 대한 통제력이 상실될 수 있음에도 불구하고 마케팅의 일부를 그들에게 위임하고 있다. 그 이유는 중간상을 이용하여 얻는 혜택이 통제력의 상실로 인해 일어나는 비용보다 크기 때문이다. 즉 제조업자가 이러한 기능을 직접 수행할 때 발생되는 비용과 중간상에게 이 기능을 대신 수행하게 하는 대가로 받는 수수료 비용과의 차이에서 제조업자는 더 유리한 방법을 선택하게 된다.

제조업자는 다음과 같은 이유로 중간상을 이용하게 된다.

**첫째**, 제조업자는 중간상 이용을 통해 거래의 경제성을 달성할 수 있다. 그림 9-13에서 보는 바와 같이 중간상이 없을 경우에는 9번의 접촉이 일어나야 한번씩 거래가 되지만 중간상인이 있을 경우에는 6번으로 감소하게 된다. 이처럼 중간상은 제조업자와 소비자가 직접 거래할 때 일어나는 번거로움을 단순화 시켜준다.

**둘째**, 제조업자가 최종소비자와 직접거래 하는 것보다 중간상 이용을 통해 시간효용, 장소효용, 소유효용을 더 많이 제공한다. 즉 제조업자가 직접 소비자와 거래할 때보다 중간상이 있는 것이 소비자에게 더 빠른 시간에, 더 가까운

그림 *9-13* 중간상이 거래를 단순화 시킴

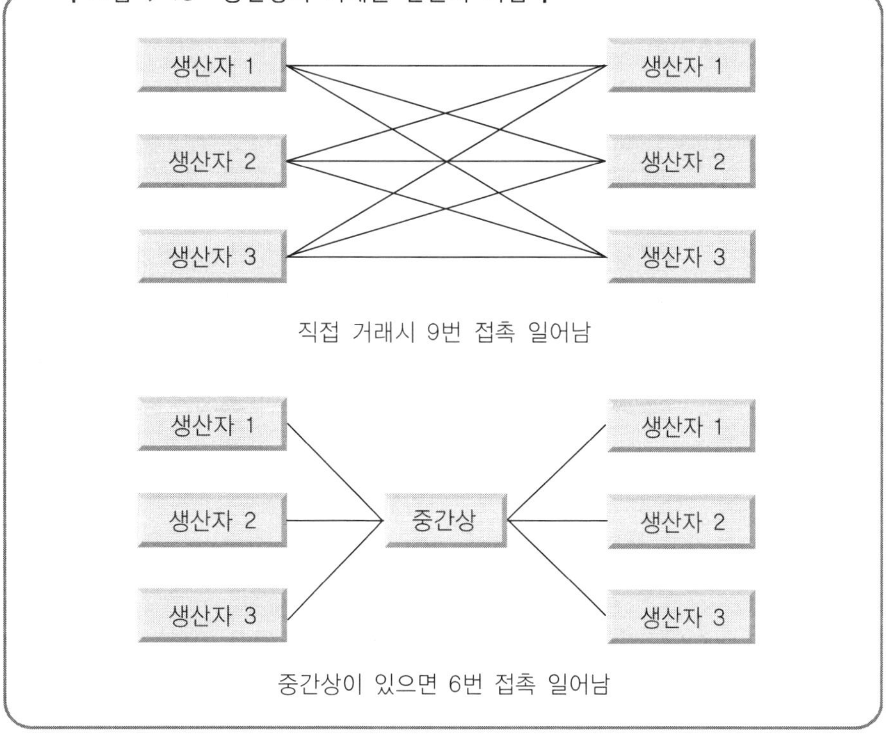

장소에서, 더 좋은 신용거래를 할 수 있다는 것이다.

## 2. 유통경로의 유형

유통경로는 소비자들의 욕구에 따라 다양하게 존재할 수 있다. 그래서 제조업자는 소비자의 욕구를 잘 충족시킬 수 있으며 동시에 경로 구성원을 자신들의 의도대로 선택할 수 있는 이상적인 유통경로를 찾아야 한다. 또 기업은 하나의 유통경로를 이용할 수도 있고, 둘 이상의 서로 다른 유통경로를 활용할 수도 있다. 그림 9-14에서와 같이 소비재 제조업체가 선택할 수 있는 유통경로의 유형은 4가지로 분류할 수 있다.

그림 9-14 소비재 유통경로의 유형

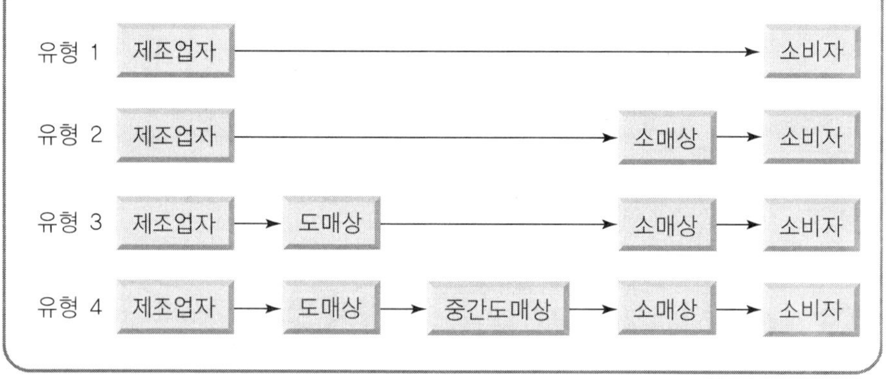


유통경로 1은 직접마케팅이라고 하며 제조업자가 중간상을 거치지 않고 직접 소비자에게 제품을 판매하는 형태이다. 한국 야쿠르트, 학습지 회사인 웅진, 대교, 암웨이 등은 직접 가정방문을 통해 자사제품을 판매한다.

유통경로 2는 제조업자와 소비자 사이에 소매상이 개입하는 형태이다. 예를 들면 가전제품, 가구, 구두 등은 제조업자가 대리점을 통하여 자사제품을 판매하는 유형이다. 또 백화점이나 할인점 같은 대형 소매업체들은 제조업자로부터 직접 상품을 구매한다.

유통경로 3은 제조업자와 소비자 사이에 도매상과 소매상이 참여하는 형태이다. 가장 전형적인 이 형태는 식품, 약품, 잡화 등 많은 소비용품 분야에서 이용되고 있다.

유통경로 4는 제조업자와 소비자 사이에 3단계의 중간상이 개입되는 형태로서, 1차상품인 농산물에서(곡물, 야채, 과일) 많이 이용되어지는 형태이다.
과거에는 하나의 유통경로만으로 판매가 이루어졌으나 경쟁이 치열해지고 고객의 욕구가 다양해지면서 각 세분시장에 따라 시장환경에 맞는 복수유통경로를 선택하는 기업이 늘어나고 있다.

## 3. 유통경로의 설계

갈수록 다양해지는 신제품의 경쟁적 출시로 제조업체들은 소매점의 제한된 진열공간에 자사제품을 진열하는 것이 갈수록 어렵게 되었다. 중간상들은 보다 높은 마진을 요구하거나 촉진활동의 많은 부분을 제조업자가 부담하도록 요구하고 있다. 제조업자는 직영점을 개설함으로서 통제력을 높일 수 있지만 많은 자본의 투자가 필요하며, 기존의 중간상들로부터 반발을 일으킬 수 있다. 이러한 상황에서 제조업자는 자사제품의 유통과정에 대한 통제력과 고객의 구매편의성을 높이기 위해 보다 체계적인 유통경로를 설계할 필요가 있게 되었다.

### (1) 경로 서비스에 대한 고객 욕구의 분석

유통경로의 설계과정의 첫 번째 단계는 고객이 원하는 서비스와 이를 충족시키기 위하여 경로구성원들이 고객에게 제공해야 할 서비스가 무엇인지를 파악해야 한다. 고객에 제공해야 할 서비스에는 다음과 같은 것이 있다.

**첫째**, 입지의 편의성이다. 입지가 편리할수록 고객의 이동거리와 제품탐색비용이 감소하여 만족이 증가된다.

**둘째**, 최소구매단위의 크기이다. 소비자들은 소량으로 제품을 구매하기를 원하기 때문에 제조업사와 소비사 사이에 많은 도·소매상이 개입되어 소비자가 원하는 수준의 구매단위로 제품을 분류해야 하는 기능도 수행해야 한다.

**셋째**, 대기시간이다. 대기시간이 길수록 소비자의 불편이 증가한다. 대기시간을 줄이기 위해 제품구입이 용이한 위치에 점포가 입지해야 한다. 근래 고객 대기시간을 줄이기 위해 자동판매기, 현금자동인출기 등의 유통경로 수단이 도입되고 있다.

**넷째**, 다양한 제품구색의 제공이다. 소비자는 일괄구매(one stop shopping)

와 비교구매를 하므로 정보탐색노력과 교통비를 절감할 수 있다.

그런데 제조업자가 경로서비스 수준을 높일수록 유통비용도 증가하게 되고 유통비용이 증가되면 제품가격이 높아지게 된다. 따라서 가격에 민감한 고객집단은 유통경로 구성원이 제공하는 서비스를 스스로 수행하거나 낮은 경로서비스를 기꺼이 감수한다. 최근 할인점이 급성장하는 이유가 바로 여기에 있다.

### (2) 경로 커버리지의 결정

유통경로의 목표를 달성하기 위해 얼마나 많은 중간상이 필요한가를 결정해야 한다. 특정지역에서 자사제품을 취급하는 점포의 수를 경로 커버리지(market coverage) 또는 유통집약도(intensity of distribution)라고 하며, 경로 커버리지 전략에는 집중적 유통, 선택적 유통, 전속적 유통이 있다.

집중적 유통은 자사제품을 취급하는 중간상이 많을수록 좋다는 전략이다. 집약적 유통의 장점으로는 충동구매의 증가, 소비자 인지도의 확대, 편의성의 증가 등을 들 수 있으며, 단점으로는 낮은 마진, 소량주문, 중간상에 대한 통제의 어려움 등이 있다. 고객들이 자주 구매하고, 가격이 저렴한 편이며, 구매 시 최소의 노력이 필요한 편의품은 집중적 유통이 바람직하다.

전속적 유통은 일정지역에서 자사제품을 취급하는 점포를 한 개의 점포에게 독점권을 부여하는 전략이다. 전속적 유통은 상품구매를 위해 적극적으로 정보를 탐색하고, 편리성을 중요하게 생각하지 않고 그 제품을 취급하는 먼 거리까지 기꺼이 쇼핑 노력을 투입하고자 하는 소비자가 있고, 제조업자와 유통업자 간에 강한 유대가 존재해 유통업자에 대한 통제가 가능하며, 자사제품 판매에 적극 노력할 수 있는 선매품과 전문품에 적당한 전략이다. 자동차, 패션의류, 가전, 가구제품 등이 전속적 유통 전략을 채택하고 있다.

선택적 유통은 집중적 유통과 전속적 유통의 중간 형태의 전략으로 일정 지역 내에서 자사제품을 취급하는 중간상 수를 몇 개 정도 허용하는 전략이다. TV, 화장품, 의류 등에서 자주 이용되는 전략이다. 이 세 가지 전략 중에 어떤 전략을 선택하느냐는 첫째 고객들이 자사제품을 어떤 유형으로 지각하느냐 하는 것과 둘째 제조업자가 중간상을 어느 정도 통제할 것인가에 따라서 결정해야 한다. 즉 집중적 유통을 채택하는 제조업체는 판매과정에 대한 통제를 상당부분 포기해야 하지만 전속적 유통경로전략을 채택한 제조업체는 의도한 데로 통제할 수 있다.

### (3) 경로길이의 결정

유통경로길이에는 가장 짧은 직접유통 경로로부터 경로 단계별로 다양한 유형의 중간상들이 참여하는 간접유통에 이르기까지 다양한 경로 대안이 있을 수 있다. 즉 제조업자는 상황에 따라 중간상들을 배제하고 자신이 고객들과 직접 거래하는 길이가 짧은 경로구조를 선택할 수도 있고 제품의 유통과정에 많은 유형의 중간상 들을 참여시킴으로서 경로길이가 매우 긴 경로구조를 선택할 수도 있다. 제조업자가 경로길이를 결정할 때는 다음과 같은 요인이 있다.

#### ① 시장의 특성

표적시장의 고객의 특성은 유통경로길이에 영향을 미친다. 일반적으로 시장의 규모가 클수록, 지리적으로 시장이 집중되어 있을수록 제조업자는 직접마케팅을 선택하게 되어 마케팅 경로는 짧아질 것이다. 반면에 시장규모가 작고 지리적으로 분산되어 있으면 중간상에 의뢰하는 긴 유통경로가 될 것이다.

#### ② 제품의 특성

제품의 특성도 경로길이에 영향을 미치게 된다. 마케터가 고려해야 할 제품 특성으로는 신선도를 유지해야 하는 부패가능성(perishability), 판매에 전문적 기술을 요하는 복잡성(complexity), 그리고 대체율(replacement) 등이 있다. 제품의 부패가능성이 높을수록 신속한 제품 공급이 이루어져야 하므로 유통경로길이가 짧아진다. 또 제품의 복잡성 정도가 높을수록 직접 유통경로를 통하게 되는데, 이는 믿을 수 있는 중간상이 컴퓨터나 첨단 기자재를 소비자에 잘 교육시킬 수 있을지에 대한 확신이 서지 않기 때문이다. 또 제품 대체율도 경로선택에 영향을 미치는데, 우유는 대체율이 높고 그릇은 대체율이 낮은 편이다. 대체율이 높은 제품은 마진이 낮고, 소비기간이 짧으며, 제품을 탐색하는 소요시간도 짧다. 대체율이 높은 제품에는 보다 많은 중간상이 참여함으로서 긴 유통경로가 선호된다.

#### ③ 기업의 특성

기업의 충분한 자금력과 강력한 마케팅 수행능력, 중간상과의 거래경험, 유통과정에 대한 통제욕구등과 같은 기업특성들도 경로구조 선택에 영향을 미친다. 기업이 마케팅 기능을 수행할 충분한 능력이 있고, 유통경로에 대한 통제욕구가 강하고, 재무적 능력이 있으면 경로길이를 단축하는 직접 마케팅 경로를 선택 할 것이다.

**④ 경로구성원 요인**

제조업자는 유통경로 선택 시 다음과 같은 경로구성원의 요인도 고려해야 한다.

**첫째**, 중간상의 이용가능성이다. 마케팅 기능을 수행할 수 있는 중간상을 구할 수 없거나, 구할 수 있더라도 이를 수행할 능력과 의지가 없을 경우, 제조업자는 직접 마케팅 경로를 구축할 수밖에 없다.

**둘째**, 경로구성원들이 수행할 서비스의 수와 질을 고려하여야 한다. 즉 중간상이 제공해야 할 신용, 정보, 배달, 보증, 교육 등에 대한 서비스의 품질을 신뢰할 수 없을 때, 기업은 직접 마케팅을 선택할 것이다.

**셋째**, 거래에서 발생되는 상대적 비용도 고려되어야 한다. 스타킹, 손수건, 양말, 벨트 등을 제조하는 기업은 다수의 소형 점포들과 거래하는 것이 소수의 도매상을 거래하는 것보다 많은 비용이 들게 된다. 이런 경우에는 경로길이가 긴 유통 경로구조를 선택하게 된다.

## 4. 유통경로의 계열화

전통적인 마케팅 경로에서는 각자 독립적으로 이익을 추구하고 다른 경로구성원들의 성과에 대해서는 관심을 두지 않는다. 제조업자는 경로구성원들에 대한 통제력이 없고 갈등이 생겨도 해소할 공식기구가 없었다. 그 결과 경로구성원들은 경로 전체의 목표에 관심이 없었고, 따라서 제조업자가 경로구성원들의 기능을 조정하고 통제하려고 하면 강한 불만과 반발이 일어나게 되었다. 이와 같은 전통적 마케팅 경로의 대안으로 경로구성원들 간의 상호능률과 통제를 효과적으로 할 수 있는 수직적 마케팅 시스템(vertical marketing system)이 도입되게 되었고, 빠르게 성장하고 있다.

수직적 마케팅 시스템은 중앙에서 계획된 설계에 의해 생산에서 소비까지의 경로구성원들을 전문적으로 관리하고 통제하는 네트워크 형태의 경로조직이다. 수직적 마케팅 시스템은 경로구성원에 대한 통제의 강도에 따라 기업형, 계약형, 관리형으로 나눈다.

그림 9-15 전통적 마케팅 경로와 수직적 마케팅 시스템의 비교

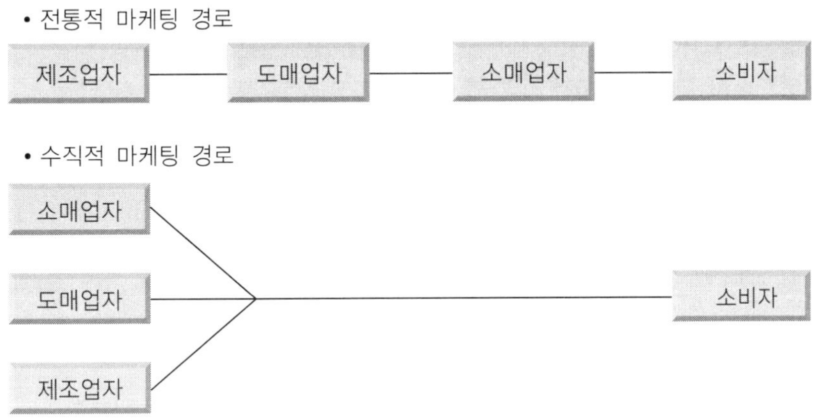


## (1) 기업형 VMS

기업형 VMS는 한 경로구성원이 다른 경로구성원들을 법적으로 소유·관리·통제하는 경로유형이다. 우리나라의 자동차 유통구조가 여기에 속한다. 기업형 VMS에는 기업형 전방통합과 기업형 후방통합의 두 가지 유형이 있다. 기업형 전방통합이란 제조회사가 도·소매업체를 소유하거나 도매업체가 소매업체를 소유하는 것을 말한다. 그런데 때로는 제조업자가 일부시장에서는 자신이 소유한 도·소매상을 이용하고 또 다른 시장에서는 독립적인 다른 도·소매상을 이용하기도 하는데, 이를 이중유통경로라고 한다.

기업형 후방통합은 소매상이 도매상이나 제조회사를 소유하거나 도매상이 제조회사를 소유하는 경우이다. 세계적인 할인점인 WalMart나 K Mart는 도매상을 통하지 않고 제조업체와 직접 거래를 하고 있다.

## (2) 계약형 VMS

계약형 VMS는 경로구성원들이 자기가 수행해야 할 마케팅 기능들을 계약에 의해 상호경로관계를 규정하는 경로시스템이다. 계약형 VMS에는 도매상 후원의 자발적 연쇄점, 소매상협동조합, 프랜차이즈 시스템의 3가지 유형으로 나뉘어진다.

그림 9-16 수직적 마케팅 시스템의 유형

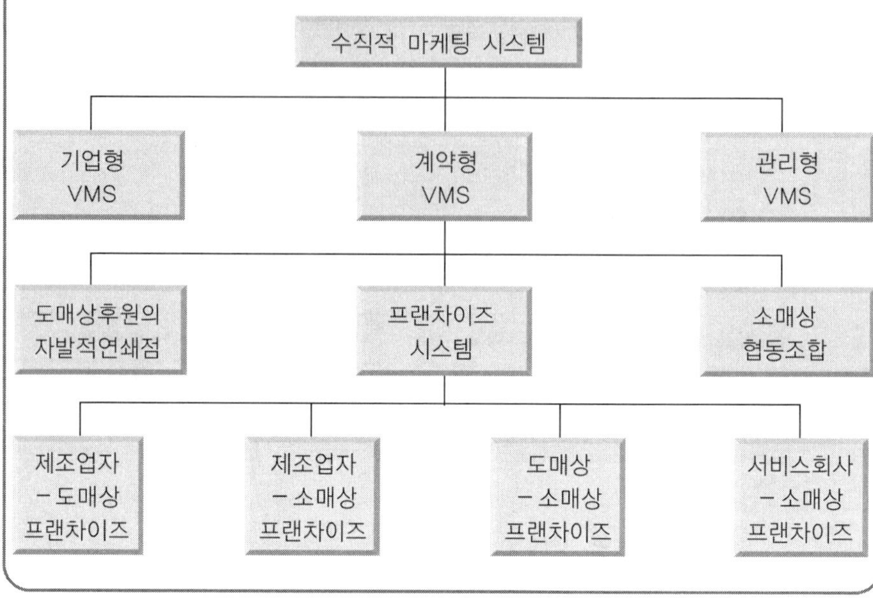


**① 도매상 후원 자발적 연쇄점**(Whole saler-Sponsored Voluntary Chain)

도매상 후원의 자발적 연쇄점은 도매상을 중심으로 통합된 형태이다. 연쇄점 구성원들은 통합을 함으로서 공동구매와 공동촉진에 의한 규모의 경제효과를 얻을 수 있다. 특히 근래 대형할인점에 대한 고객의 점유율이 집중되고 있는 것은 대량 제품구입에 의해 가격 경쟁에서 우위에 있기 때문으로 소매상들이 대형 도매상을 중심으로 통합하는 것이다.

**② 소매상 협동조합**(Retailer Cooperative)

소매상 협동조합은 소매상들이 도매상 기능을 가진 공동소유의 조합을 결성하여 공동으로 운영하는 경로 조직이다. 공동구매와 공동촉진을 수행하기 때문에 규모의 경제를 달성한다는 동기는 도매상 후원 자발적 연쇄점과 같다. 한국 슈퍼마켓협동조합이나 서울우유, 전국중소상인연쇄점협회 등이 있다. 일반적으로 도매상 후원 자발적 연쇄점이 소매상협동조합보다 경쟁력과 통제력이 더 강하다. 자발적 연쇄점의 경우 도매상들이 그들의 전문지식과 시장지배력을 이용하여 경로구성원들의 리더가 될 수 있는 반면 소매상 협동조합은 파워가 분산되어 있기 때문에 통제가 더 어렵다.

③ **프랜차이즈 시스템(Franchise System)**

프랜차이즈 시스템은 수직적 마케팅 시스템의 여러 유형 중 가장 급속한 성장을 보이는 경로유형이다. 프랜차이즈 시스템은 프랜차이즈 본부가 계약에 의해 가맹점에게 일정기간동안 특정 지역 내에서 자신들의 상표, 상호, 경영노하우 등을 사용하여 제품이나 서비스를 판매할 수 있도록 허가해주며, 가맹점은 이에 대한 대가로 초기 가입비와 매출에 대한 일정비율의 로열티를 지급하는 경로 조직이다. 프랜차이즈 본부는 법적계약에 의해 가맹점에게 제품을 판매하거나 설비를 판매 또는 임대하기도 한다. 프랜차이즈 시스템은 크게 4가지의 유형으로 나누어진다.

**제조업자-소매상 프랜차이즈** : 가전대리점이나 의류대리점에서 이러한 형태가 많이 있다.

**제조업자-도매상 프랜차이즈** : 코카콜라, 펩시콜라 등에서 볼 수 있는데 제조업자는 도매상에게 원액을 공급하고 도매상이 원액에 물을 섞어서 병에 담은 후 완제품을 소매상에게 유통시킨다.

**도매상-소매상 프랜차이즈** : 의약품 도매상과 약국의 관계나 잡화상에서 많이 이용하는 형태이다.

**서비스회사-소매상 프랜차이즈** : 프랜차이즈 산업의 대부분을 차지하고 있는 형태로서 치킨종류, 인스턴트식품, 숙박업, 자동차정비, 부동산 등이 모두 이 형태에 속한다.

최근에 와서는 같은 경로수준에 있는 기업들이 자본, 재산, 마케팅 기능 등을 경합하여 경쟁우위를 공유하려는 추세가 있는데 담배인삼공사가 홍삼원의 생산을 담당하고 제일제당이 판매를 담당하는 경우이다.

### (3) 관리형 VMS

관리형 VMS는 경로구성원들의 마케팅활동이 법적소유나 계약에 의하지 않고 경로리더의 규모와 파워에 의해 조정되어지는 경로유형이다. 예를 들면 비타 500, 농심 신라면 등처럼 브랜드 자체의 파워나 규모가 큰 제조업체는 유통업체로 부터 유리한 조건을 확보할 수 있다. 반면 백화점이나 대형할인점 같은 대형 유통업체들은 그들이 판매하는 상품을 공급하는 제조업체로부터 좋은 조건을 확보할 수 있다.

## 5. 물적 유통(Physical Distribution)

### (1) 물적 유통의 개념

물적 유통 관리는 원재료나 부품의 공급자 단계에서부터 생산단계를 거쳐 최종소비자까지 물리적 재화가 전달되는 과정을 관리하는 것이다. 물류관리의 최근의 추세는 통합적인 물류시스템의 단계로 나가고 있다. 이 통합 물류의 실현을 위해 기업들이 추진하고 있는 공급사슬관리(supply chain management : SCM)는 제조업체, 납품사, 소매업체, 운송사 등 제품의 유통과정에 관여하는 모든 업체들이 공동으로 데이터베이스를 구축하여 상호간에 정보를 공유함으로서 물류비의 절감, 인건비절감, 관리비절감 등을 달성하려는 전략이다. 이러한 물적 유통의 영역은 조달물류, 생산물류, 판매물류로 나눌 수 있다. 조달물류는 원자재를 공급처가 제조업체의 자재창고까지 수송 및 배송을 하는 단계이고, 생산물류는 자재창고에서의 출고로부터 생산공정으로 운반, 하역과정을 거쳐 완성된 제품을 제품창고로 입고하는 단계까지이다. 그리고 판매물류는 완제품 창고에서 소비자에게로 전달 될 때까지의 수송 및 배송활동으로서의 모든 작업이 포함된다.

### (2) 물적 유통관리의 목표

물적 유통의 목표는 고객에게는 서비스를 향상시키고 기업에게는 물류비용이 최소화되는 두 가지를 고려해야 한다. 그런데 이 두 가지가 역주행을 하고 있다. 즉 고객서비스를 향상하려면 물류비용은 증대되기 마련이다. 마케팅 관리자는 이 두 가지 중 어느 부분에 중점을 두느냐를 결정하여야 한다.

**① 고객서비스 목표**

제조업자가 물적 유통에 관한 결정을 내릴 때 고객이 요구하는 물류서비스 수준을 파악하여 경쟁사보다 나은 물류서비스를 제공해야 한다. 고객에 대한 물류서비스는 재고이용 가능성, 서비스 제공능력, 서비스의 질로 나누어진다.

재고이용 가능성

기업은 고객이 주문할 때 공급할 수 있는 충분한 재고를 보유하고 있어야 한다. 그렇다고 많은 양의 재고를 갖고 있으면 재고비용이 높아진다. 적정한 재고를 유지하는 것은 무척 중요하다.

서비스의 제공능력

서비스 제공능력은 주문처리 업무의 속도, 일관성, 유연성 등을 말한다. 고객서비스의 속도는 고객이 거래처에 대해 기대하는 주문처리 시간이다. 기업은 고객이 기대하는 고객서비스 속도에 맞도록 서비스 제공능력을 개선하여야 한다. 서비스의 일관성을 기대하는 고객이라면 여러 번의 주문과정에서 주문이행시간이 번번이 차이가 날 때 당황하게 될 것이다. 유연성은 고객의 서비스요구에 대응할 수 있는 능력이다. 고객이 주문하였으나 물량이 모자랄 경우에는 적은 양이라도 일부 택배로 배송한다든지, 다른 점포에서 임시로 빌려서 기동성 있게 보내는 등의 방법을 통해서 고객요구에 유연하게 대처하여야 한다.

서비스의 질

서비스의 질은 주문된 내용을 오류 없이 수행하는 능력이다. 수량이나 품목이 정확하게, 제품이 손상 없이 고객에게 잘 배달되었는지, 문제가 발생하였을 때 신속하게 해결하는 등을 말한다.

**② 비용최소화 목표**

제조업자는 최소의 비용으로 고객에 대한 서비스를 제공하여야 한다. 물류비용은 수송관련 비용과 재고관련 비용으로 나눌 수 있는데, 이 두 물류비용은 상충관계가 있다. 즉 소수의 대형 창고를 만들어서 많은 물량의 재고를 넣으면 재고관련 비용은 절감되지만 여러 곳에 분산되어 있는 고객들에게 배달하는데 드는 수송비는 증가하게 된다. 그렇다고 수송비를 줄이기 위해 소형 창고를 많이 갖게 되면 수송비는 적게 되지만 재고비가 증대된다.

수송관련 물류비용

수송비에 영향을 주는 요인으로는 선적제품의 양과 수송거리가 있다. 선적제품의 양이 많을수록 단위당 수송비가 낮아지고, 수송거리가 길수록 단위당 수송비는 낮아진다. 즉 선적제품의 부피가 크고 수송거리가 멀수록 단위거리 및 단위제품 당 수송비가 낮아진다. 그러나 수송비와 함께 재고비용도 고려하여야 한다.

**재고관련 물류비용**

재고비는 시간과 관련된 비용으로 기업은 가능한 한 최소의 재고를 가지고 고객의 서비스에 저해되지 않기를 바란다. 재고부족으로 이익실현의 기회가 상실되거나 고객이 서비스에 불만이 발생되어서는 안 된다. 제조업자는 고객에게는 서비스의 향상을, 그리고 자사의 재고비용 최소화를 동시에 만족시킬 수 있는 적정 재고량을 유지하여야 한다. 그런데 기업이 재고비만 고려한다면 소수의 배송센터에 재고를 집중화시켜 재고비용을 최소화 시키겠지만 재고비의 최소화는 수송비의 증대를 초래하게 된다.

**③ 총비용의 최소화**

이와 같이 수송비와 재고비 간에는 상충관계가 있다. 따라서 기업은 수송비와 재고비를 합한 총비용을 최소화 하면서 고객서비스 목표를 달성할 수 있는 물적 유통시스템을 구축해야 한다.

## 9.5 촉진 관리

기업은 자사제품에 관한 정보를 고객에 알려야 한다. 고객은 자신이 알지 못하는 제품을 구매하지 않기 때문이다. 이와 같이 마케팅 믹스에서 촉진 전략이란 특정제품의 효능에 대하여 실제 고객이나 잠재고객에게 효과적이고 효율적으로 정보를 제공하고 또 구매하도록 설득하는 활동을 말한다. 주요촉진방법으로

그림 9-17 촉진 믹스

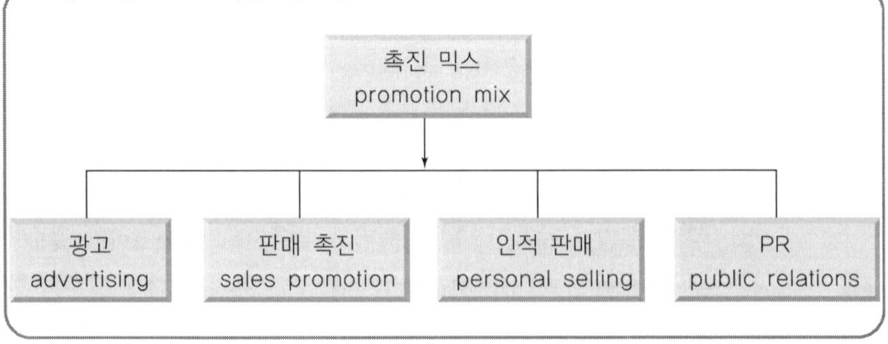

광고(advertising), 판매 촉진(sales promoting), 인적 판매(personal selling), PR (public relations) 등이 있다.

## 1. 광고 관리(Advertising Management)

광고는 기업이 TV나 라디오, 신문, 잡지 등을 활용하여 소비자들에게 특정제품에 대한 정보를 제공, 인식토록 하여 구매되도록 하는 것을 말한다. 즉 기업이 자신의 비용으로 매체를 이용하여 자사의 제품, 서비스, 아이디어 등이 구매되도록 정보를 제공하는 촉진활동이다. 광고의 특징은 짧은 시간에 많은 사람들에게 전달되기 때문에 절대비용은 아주 높으나 상대비용은 저렴하다는 것이다. 해마다 수많은 광고들이 소비자들의 관심을 잡기 위해 제작되어지지만 대부분은 소비자의 관심을 끌지 못한 채 사장되어져 버린다. 그래서 기업들은 소비자의 관심을 끌 수 있는 광고 개발에 노력을 기울이고 있다. 하지만 기업들 간의 경쟁적 광고 활동은 광고 홍수, 광고 혼잡을 초래하였고, 이는 소비자를 식상하게 만들어 광고에 대한 무관심이라는 태도를 유발하는 아이러니를 낳고 있다. 문제는 전달할 메시지의 내용도 중요하지만 어떻게 제시하느냐 하는 소구방법이 더욱 중요한 이슈이다. 메시지 소구방법은 인지적 반응을 유발하기 위한 이성적 소구와 정서적 반응을 창출하기 위한 감성적 소구로 나누어진다. 이는 광고할 상품과 소비자의 반응에 따라 소구 비중이 달라지겠지만 두 가지를 적절히 조화롭게 사용하는 것이 좋다. 실질적인 소구방법으로는 비교 광고, 유머 소구, 이미지 소구, 공포 소구 등이 있다.

### (1) 비교 광고(comparative advertising)

비교 광고는 직접 비교 광고와 간접 비교 광고로 구분된다.

직접 비교 광고는 경쟁상표를 직접적으로 거명하며 자사제품과 경쟁사 제품을 비교하는 광고를 말하며 간접광고는 비교되는 특정상표의 이름을 구체적으로 표현하지 않는 방식이다.

비교 광고는 시장에 새로 진입하는 후발브랜드가 기존의 선도브랜드와의 비교를 통해 자사브랜드의 특성을 부각시켜 소비자에게 소구하는 것으로 매우 효과적이다.

### (2) 유머 소구(humor appeal)

유머 소구는 소비자의 주의를 유발하는데 효과적이다. 유머의 특성상 소비자들이 부정적인 이미지보다 긍정적 이미지를 느끼기 때문에 광고되어지는 제품에 대한 태도에도 긍정적인 영향을 미친다. 특히 영국, 미국 같은 나라에서는 많이 웃을 수 있고 재미있는 유머에 대한 광고가 아주 많다. 우리나라는 유교의 영향을 받아서 잘 웃지 않기 때문에 유머광고를 많이 사용하지 않았으나 근래 점점 증가 추세에 있다.

### (3) 이미지 소구(image appeal)

근래 광고의 표현이 제품자체보다 그 제품에서 풍기는 감성적인 이미지에 소구하여 효과를 얻는 광고가 늘어나고 있다. 다시다 광고에 '이 맛이야', 동서식품이 '당신과 마시는 커피가 향기롭다', 초코파이의 정 시리즈가 바로 이미지에 소구하여 효과를 높이는 광고들이다.

### (4) 공포 소구(fear appeal)

공포 소구는 소비자가 어떠한 행동을 취하지 않음으로서 발생할 수 있는 위험을 알려서 자사제품의 구매를 설득하는 방법이다. 정수기회사나 생수회사에서 일반 식수에 대장균이 들어있는 장면을 보여준다든지, 침대회사에서 일반 침대 매트리스에 많은 곰팡이와 세균이 있음을 보여주고 자사제품은 항균 처리가 되어 있어서 그러한 위협이 존재하지 않는다는 점을 강조하는 것이 공포 소구의 예이다.

## 2. 판매 촉진(sales promotion)

판매 촉진이란 소비자로 하여금 자사제품을 즉각적으로 구매하게 하기 위하여 추가적으로 인센티브를 제공하는 촉진방법이다. 근래 광고에 비하여 판매 촉진이 더 증가하는 추세이다. 그 원인을 살펴보면 다음과 같다.

**첫째**, 광고의 홍수로 소비자의 주의를 끌지 못한다. 너무나 혼잡스럽게 쏟아져 나오는 광고로 소비자는 식상해져 있다. 그래서 소비자에게 직접적인 자극을 제공하는 판매 촉진이 증대되고 있다.

**둘째**, 경쟁 상표간의 표준화의 증가로 품질이 비슷해지므로 상표의 충성도가 줄어들고 가격 민감도가 증가하고 있다. 그래서 기업은 자사제품을 구매하도록 하기 위하여 가격의 변화나 추가적인 프리미엄을 제공하는 판매 촉진을 활용한다.

**셋째**, 판매 촉진은 광고보다 측정이 가능하고 단기 효과적이다. 광고는 그 효과의 측정이 어렵고 장기간에 걸쳐서 나타나기 때문에 기업들이 단기적인 성과를 토대로 가시적으로 나타나는 판매 촉진을 광고보다 선호하게 되었다.

**넷째**, 교섭력에 대한 파워가 제조업자에서 유통업자로 이전되었다. 과거에는 제조업체가 유통업체를 지배하는 경로구조였으나 근래에는 할인점과 같은 새로운 대형 유통업체 등장으로 유통업자의 힘이 더 커졌다. 이에 따라 제조업체들이 다양한 인센티브를 거래조건으로 제시하게 된 것이다.

**다섯째**, 경쟁업체간의 판촉의 경쟁 심화이다. 예를 들면 한 슈퍼마켓에서 판촉을 하면 옆에 있던 슈퍼마켓은 고객을 빼앗기면서 경쟁적으로 판촉을 하게 된다.

### (1) 푸시 전략과 풀 전략

기업이 촉진 전략의 대상을 누구로 하느냐에 따라서 푸시 전략(push strategy)과 풀 전략(pull strategy)으로 구분한다.

그림 *9-18* 푸시 전략과 풀 전략

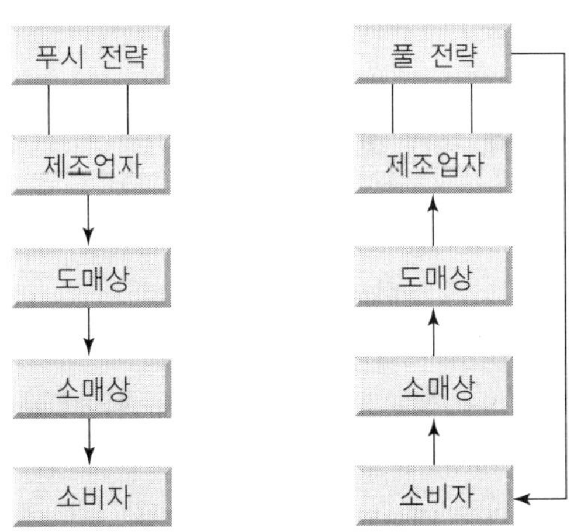

푸시 전략이란 제조업자가 유통단계의 중간상들에게 촉진활동을 하는 것이며 풀 전략은 제조업자가 최종소비자를 대상으로 촉진활동을 하는 것이다. 푸시 전략은 제조업자가 중간상에게 보다 많은 제품을 판매하기 위하여 판촉활동을 하는 것으로 결국 이러한 활동은 최종소비자가 자사제품을 자발적으로 구매하도록 하는 것에 목적을 두고 있다. 반면에 풀 전략은 기업에서 최종소비자를 상대로 판촉활동을 펼쳐 소비자가 자사제품에 대해 호의적인 태도를 형성하게 되면 소비자는 자발적으로 물건을 구입하게 된다. 결국 소매, 도매상을 거쳐 기업으로 끌려오게 된다는 전략이다.

산업재를 생산하는 기업들은 푸시 전략을 사용하는 경우가 많으며 소비재(주로 편의품)를 취급하는 기업은 풀 전략을 사용하는 경우가 많다.

### (2) 판매 촉진의 효과

첫째, 판매 촉진은 판매의 증대 효과가 있다. 이 판매 증대는 네 가지 요인에 의해서 이루어진다. 상표전환, 재구매, 구매가속화, 제품군 확장 등이다. 상표전환이란 다른 상표를 구하려는 소비자가 판매 촉진 때문에 자사 상표를 구매하게 되는 현상이다. 재구매는 소비자가 판매 촉진 때문에 자사 상표를 구매하게 되면 그 제품 사용 후 만족하였을 때는 반복구매를 하게 된다는 것이다. 구매가속화는 평소 구매하는 양보다 판촉 때문에 더 많은 양을 한꺼번에 구매하는 재고 쌓기 현상이다. 또 구매할 시기가 아직 안되었지만 판촉 때문에 구매 앞당기기 현상이 일어난다. 또 판촉제품군 확장을 창출한다. 코카콜라가 판촉을 하면 경쟁콜라의 수요를 잠식할 뿐만 아니라 다른 음료의 수요도 잠식하게 된다.

### (3) 판매 촉진 효과의 지속성

판매 촉진이 끝이 나면 인센티브도 없어지기 때문에 소비자의 구매 욕구를 더이상 자극하지 못한다. 귀인이론에 따르면 추가적인 인센티브라는 외적요인에 귀인 하다가 그 외적요인이 사라지면 더 이상 구매해야 할 이유가 없다는 것이다.

그림 9-19에서 나타나듯이 판매 촉진활동 중에는 매출이 증가되었다가 판매촉진이 끝난 직후에는 평소보다도 오히려 매출이 낮아지다가 일정한 기간이 경과하면서 매출이 A로 회복되거나 또는 B수준까지 회복될 수도 있다. 판매

촉진 직후에 오히려 판매 감소 현상이 일어나는 것은 구매가속화, 즉 재고 쌓기와 구매 앞당기기 현상으로 구매가 미리 이루어졌기 때문이다.

그림 9-19 판매 촉진의 효과와 지속성

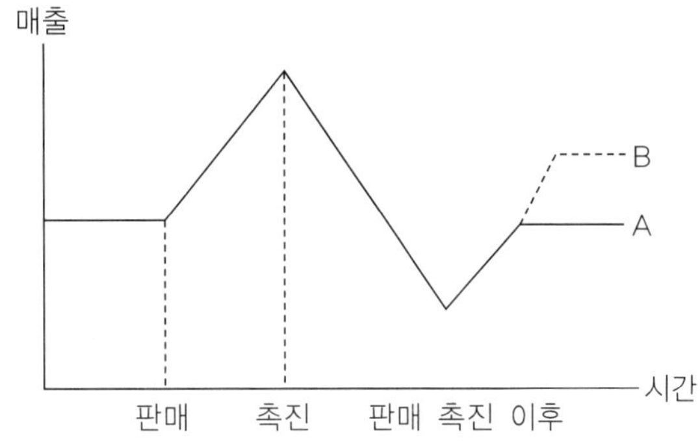


### (4) 판매 촉진의 한계

촉진활동 중에는 판매 촉진이 증가하는 추세에 있기는 하지만 지나치게 빈번하게 활용할 경우에는 문제점이 발생하기도 한다. **첫째**는 상표자산의 구축에 부정적인 영향을 미친다. 상표자산은 소비자가 특정상표에 대해 호의적인 태도와 강한 충성심을 갖고 있을 때 생기는 무형자산이다. 그런데 판매 촉진의 증대는 상표자체에 대한 호의적인 이미지나 상표자산구축을 방해하게 된다. 품질이나 시기적으로 가치가 좀 떨어졌을 때 제조업자는 세일을 많이 하게 되며 그렇게 되면 브랜드 가치는 떨어지게 된다.

**둘째**는 판매 촉진을 증대하면 소비자 가격의 민감성이 증대된다. 백화점에서 세일을 많이 하면 소비자들은 구매를 세일기간에만 집중적으로 하게 된다. 그렇기 때문에 기업은 편매 촉진관리에 있어서 세일의 크기와 빈노를 석설하게 조절하여야 한다.

## 3. 인적 판매(Personal Selling)

### (1) 인적 판매의 개념

인적 판매는 세일즈맨이 예상고객과 직접 대면하여 서로 대화에 의해 제품이나 서비스의 구매 행동을 일으키도록 설득하는 커뮤니케이션 활동을 말한다. 즉 인적 판매는 판매원이 고객에게 직접 정보를 제공하고 설득하기 때문에 고객이 마음을 정하게 하는데 아주 효과적인 수단이 되고 있다. 인적 판매는 다른 촉진과의 방법과는 달리 판매원이 고객의 표정 등 반응을 보아가면서 즉석에서 대응할 수 있는 커뮤니케이션이라는 특성을 가지고 있다. 또한 인적 판매는 장기적이고 지속적인 유대관계를 통해 이루어지기 때문에 촉진의 속도가 느리고 시간이 많이 걸리기 때문에 비용이 높다.

### (2) 인적 판매의 과정

인적 판매 과정을 준비단계, 설득단계, 고객관리단계의 3단계로 구분된다. 준비단계는 관련 자료의 분석을 통해 잠재고객을 파악하고 정보를 수집하여 이들에 대한 접근방법을 찾아내는 것이다. 설득단계는 표적 잠재고객에게 접근하여 제품을 소개하고 제품에 대한 고객 반응에 따라 장단점을 파악 조정하고 구매를 권유하여 계약을 완료하는 단계이다. 고객관리단계는 고객만족의 극대화를 통하여 고객의 반복구매를 유도하고 지속적으로 고객을 관리하는 단계이다. 〈그림 9-20 참조〉

그림 9-20 고객관리단계

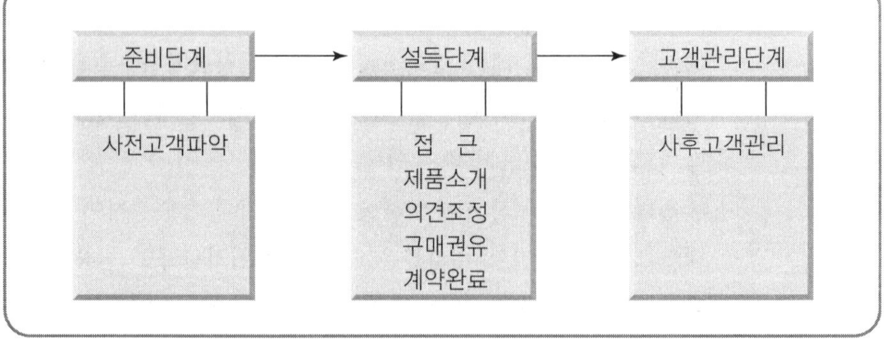


## 4. PR(Public Relations)

### (1) PR의 개념

PR은 공중의 이해와 수락을 얻기 위하여 기업에 대한 호의적인 이미지를 개발

유지하고, 기업에 대한 비우호적인 내용은 소비자의 기억 속에서 희석시키기위한 계획을 세우고 실행하는 관리기능이다. PR은 비용면에서는 광고보다 저렴하면서도 높은 신뢰성을 가질 수 있는 촉진방법이며, 적은 비용으로 높은 효과를 얻을 수 있기 때문에 기업이 중요하게 다루는 활동이다. PR이 과거에는 홍보(publicity)의 개념으로 인식하였으나 근래 그 범위가 훨씬 넓어졌다. 홍보는 비용을 들이지 않고 TV, 라디오, 신문, 잡지 등 매체의 기사나 뉴스로 기업이나 자사의 제품과 관련된 사항을 소비자에게 알리어 수요를 자극하는 반면 PR은 홍보활동 이외에도 대언론관계, 국회입법관계, 정부규제관계 등 기업 내외 이미지에 직·간접적으로 영향을 미치는 모든 분야에서 합법적인 설득, 인식, 조언을 하는 일들이 포함된다.

PR은 공중과의 관계이므로 다양한 이해집단을 대상으로 하고 있는데, 기업의 조직원, 주주, 유통경로참여자, 고객, 언론매체, 정부기관 등이 있다.

### (2) PR의 관리

효과적인 PR의 관리를 위해 PR의 목표를 설정하고, PR의 메시지와 전달수단을 결정하고, PR계획을 실행하고, PR의 효과를 평가하는 단계를 거친다.

#### ① PR목표의 설정

PR담당자는 PR을 통하여 궁극적으로 얻고자하는 목표가 무엇인가를 결정해야 한다. PR목표의 설정은 기업이나 제품에 대한 공중의 이해와 태도를 파악하고 파악된 태도를 기준으로 얻고자 하는 것을 구체적으로 결정하여야 한다. PR은 그 영역이나 대상이 넓고 광범위하며 다양하기 때문에 표적고객과 목표설정이 명확하여야 한다.

#### ② PR메시지 및 전달수단 선택

PR의 목표가 설정되면 기업이나 제품에 대한 흥미로운 메시지를 찾아내고 이를 전달하는 수단을 결정해야 한다. 메시지의 전달수단으로는 첫째 메시지를 기사화하여 언론에 전하는 방법이 있고 둘째, 각종행사에 후원을 하는 방법, 셋째 기업이 직접 행사를 기획, 실행하는 방법 등이 있다. 뉴스를 찾아내는 것보다 뉴스를 창조하는 스포츠 행사나 전시회, 각종 문화행사를 주최하거나 후원하는 활동이다.

### ③ PR계획의 실행 및 결과의 평가

PR계획을 실행에 옮기는 것은 쉬운 일이 아니다. 흥미 있고 중요하며 화제가 될 만한 내용이어야 매체에 실리게 되기 때문이다. PR담당자가 화제가 될 만한 이야기라고 생각되는 내용도 매체에서는 기사로 다룰 필요성을 느끼지 못하는 경우가 많다.

PR의 효과를 측정하는 가장 간단한 방법은 기업이나 제품에 대한 내용이 매체에 게재된 빈도를 측정하는 것이다. 그러나 이 방법은 만족스러운 측정방법이라고 볼 수는 없는데, 그 이유는 메시지를 본 후에 어떠한 생각을 했는지에 대한 측정이 불가능하기 때문이다. 그래서 노출횟수를 세는 것보다 제품이나 기업에 대한 소비자들의 인지도, 지식, 태도 등이 PR의 이전과 이후 어떻게 달라졌나를 측정해 보는 것이 PR의 효과를 가늠해 볼 수 있는 더 좋은 방법이다.

## (3) PR의 수단

PR의 영역은 매우 넓고 광범위하며 구체적인 수단들도 매우 다양하지만 중요한 몇 가지를 살펴보면,

**첫째**, 언론 보도이다. 언론매체에 기사거리를 제공하고 제공된 정보가 기사화되면 소비자는 다른 촉진방법에 비해 매우 높은 신뢰도로 PR효과를 크게 한다. 그래서 기업들은 자사와 자사제품에 대한 정보를 여러 경로를 통하여 언론에 전달하고 있다. 자사나 자사제품에 대한 정보가 기사로 선택되려면 그 정보 자체가 고객에게 관심과 흥미가 있는 것이라야 한다.

**둘째**, 정치인들이 기자회견을 통해서 국민에게 뜻을 전달하듯이 기업체에서 최고경영자의 연설이나 간담회 등을 통해 기업의 의견이나 이슈에 관하여 기업의 입장을 밝히는 방법으로 기자회견이 있다. 기업이 획기적인 신제품이나 신기술을 알리거나 기업간의 인수·합병이나 전략적 제휴 등을 알리기 위해 회견을 이용한다.

**셋째**, 특별행사를 통하여 기업이나 제품에 대한 공중의 관심을 끌 수 있다. 투자설명회, 신제품 출시기념회, 독특한 기업의 로고, 유니폼, 사인 등이 있으며 특별행사를 직접 기획하지 않고 후원하는 방법도 많이 활용된다.

**넷째**, 학교나 지역사회에 대한 기부금 출연이나 사회봉사 활동을 통해서 기업은 자기기업이나 제품에 대해 호의적인 이미지를 고객에게 인식시키려고 한다.

## Article 4 싱글 · 엔젤 · 실버 '3대 키워드'

인구 구조의 변화는 창업시장에도 큰 영향을 미칠 전망이다. 우선, 소비 잠재 수요가 감소하는 대신 1인 기업과 은퇴자들이 증가하면서 창업 수요는 오히려 늘어날 것이다. 또 잠재 소비자를 실질 소비자로 전환시키기 위한 다양한 전략들이 등장, 창업시장은 양적 팽창에서 질적 성숙으로 새로운 패러다임을 만들어 낼 가능성이 높다.

• 급속한 초핵가족화 = 저출산의 원인으로 지적되는 만혼이나 이혼 등에 따른 독신 세대의 증가는 생활편의형 서비스업이나 판매업의 성장을 촉발할 것으로 기대된다. 독신 직장인들이 많은 오피스가나 오피스텔 주변을 중심으로 의식주를 해결하기 위한 수요가 늘어날 것이기 때문이다.

특히 '골드 미스'에 주목할 필요가 있다. 만혼 분위기가 확산되면서 경제적으로 여유가 생긴 골드미스들이 점차 늘어날 것으로 전망되는 가운데, 이들을 구체적으로는 혼자서 생활하는 독신자들을 위해 청소나 세탁을 대행해 주는 '가사 서비스', 에어컨이나 수도 등을 수리하는 '관리 서비스', 1인용으로 판매하는 '반찬 판매점', 나홀로 생활의 스트레스를 풀어주는 '도서 대여점, DVD 방 등' 오락 관련 사업을 들 수 있다. 이러한 업종들은 클러스터 형태로 집적화해 하나의 상권을 이룰 수 있고, 서비스와 판매를 원스톱으로 해결할 수 있도록 한 복합 매장도 가능하다.

겨냥한 시장도 그만큼 커질 것으로 예상된다. 특히 골드미스들이 뷰티, 여행, 쇼핑 등에 관심이 많다는 점을 감안하면 이와 관련된 업종이 득세할 가능성이 높다. 자녀를 하나만 낳거나 아예 낳지 않는 풍조가 확산되고 있는 데다 이혼율 증가에 따른 가족 해체 등으로 3인 이하의 미니 가족이 증가하고 있다는 점도 중요하다.

이러한 미니 가족은 대체적으로 부모(이혼인 경우 싱글 맘 또는 싱글 대디)가 모두 일을 하고 있는 경우가 많다. 대신 부모는 자신의 부재를 만회하기 위해 탁아나 보육 등에 대한 지출을 아끼지 않는다. 따라서 '베이비시터 파견업' 등 육아 서비스업의 수요 확대가 예상된다. 그러나 종래의 육아만을 강조한 베이비시터가 아니라 놀이와 학습을 병행할 수 있는 차별화된 전략을 가지고 접근할 필요가 있다. 또 저녁 준비시간이 부족한 워킹 맘을 위해 '식사 재료 배달 서비스' 등도 고려할 만하다.

초핵가족화는 개인의 다양성 실현으로 이어져 이와 관련된 업종들 또한 발달할 것이다. 인터넷 마켓플레이스 등 쇼핑몰, 오프라인과 온라인을 접목한 업종 등이 다양한 개인들을 대상으로 한 일 대 일 밀착 서비스로 성장해 나갈 것이고, 결혼 준비 대행업 등 결혼 컨설팅 사업도 성장할 전망이다.

또 '정보 백화점 시대'가 도래하기 때문에 시간과 공간의 제약을 뛰어넘는 서비스 업종이 경쟁력을 가지고 성장해 나갈 것이다. 따라서 단순히 판매만 하던 점포는 시간의 제약을 해결해 주는 서비스 기능이 추가될 것이고, 그러한 점포만이 대형 백화점과 할인점과의 경쟁에서 살아남을 수 있다. 또한 이러한 소비자의 다양한 욕구를 충족시킬 수 있는 경쟁력 있는 프랜차이즈 점포들이 성장해 나갈 것이다.

- 저출산에도 엔젤 산업은 호황= 우리나라의 출산율은 2005년 1.08명까지 떨어지며 홍콩 등 도시국가를 제외하고는 세계 최저 수준을 기록했다. 또한 출산율 감소속도도 세계에서 가장 빨라, 일부에서는 1.0명 이하까지 낮아질 가능성도 배제할 수 없다고 지적하고 있다. 그러나 아이러니컬하게도 이러한 초저출산율이 오히려 영·육아 관련 사업, 즉 '엔젤(Angel) 산업'의 급속한 성장과 변화를 이끌어 나가고 있다. 자녀를 위해 돈을 아끼지 않는 강력한 소비 세력인 '듀크족(Dual Employed with Kids)'이 조기 교육 바람을 타고 소수의 자녀에게 집중적으로 투자하고 있는 가운데 영·유아를 위한 각종 사업들이 우후죽순처럼 생겨나고 있다. 절대적인 아동 수 감소에도 불구하고 엔젤 산업은 오히려 성장하고 있는 것이다.
  그러나 수요자의 욕구가 질적 수준 향상으로 나아가면서 엔젤 산업이 방향은 양적 팽창이 아닌 고급화·차별화를 지향하고 있다. 특히 전통적인 엔젤 산업으로 분류되던 교육, 완구, 아동의류 등에서 기존 형식을 업그레이드하거나, 틈새를 파고든 새로운 형태의 엔젤 비즈니스가 각광받고 있다.
  엔젤시장 가운데 가장 뜨거운 곳은 역시 교육시장이다. 가계 총지출에서 자녀를 위한 교육비가 차지하는 비율을 나타내는 '엔젤계수'는 가계 지출 중 식비의 비중을 나타내는 엥겔계수와 함께 최근 가계의 생활 패턴을 반영하는 지수로 많이 쓰인다. 특히 이 엔젤계수는 불황일수록 높아지는 추세를 보인다. 부모들은 경제가 어려울수록 교육비를 미래에 대한 투자로 인식해 가계비용에서 교육비 지출비율을 늘리기 때문이다.
  이러한 가운데 최근에는 전통적인 '교육'형태에서 벗어나 교육과 오락을 접목한 '에듀테인먼트'나 인터넷이나 간단한 설비를 동원한 형태의 사업들이 주목받고 있다.
  '이동어린이영화관사업'이 이런 분위기 속에서 등장한 신종 아이템이다. 대형차량의 내부를 극장식으로 개조해 DVD영상 음향 시스템을 갖추고 교육용 영상물을 상영해 준다.
  또 글로벌 스탠더드 시대가 눈앞에 다가오면서 국제어로서의 영어의 중요성이 날로 높아지는 가운데, 영어 관련 업종들이 유망 업종군을 형성하고 있다. 그중 조기 유학의 피해가 늘어나면서 그 대안으로 국내에서 조기 영어 교육을 받을 수 있는 사업이 크게 증가할 전망이다. 영어 전문 베이비시터 파견업, 영어 놀이방, 영어 유치원 등이 있다.
  인터넷 인프라를 배경으로 인터넷을 통해 학습을 지도하는 '인터넷 학습방'도 주목받고 있다. 인터넷 학습방은 학생들은 홈페이지를 통해 자신에게 맞는 수준의 교과목을 교사의 관리를 받으며 학습하고, 학부모는 아이의 학습과정 및 결과를 온라인으로 확인할 수 있는 시스템이다. 인터넷 학습방은 시간과 장소에 구애받지 않고 온라인으로 접속할 수 있는 곳이라면 어디에서든지 교육을 받을 수 있다는 것이 장점이다.
  그동안 아이들을 주고객으로 삼지 않았던 틈새영역에서 비즈니스 기회를 살리는 전문업체들이 등장하면서 엔젤 산업은 점차 전문화, 다양화 되는 추세다. '어린이 화장품전문점'은 틈새를 파고든 비즈니스로 주목받고 있다. 현재 베이비 로션, 스킨 같은 기초화장품을 포함한 어린이 화장품시장 규모는 성인시장의 30%정도를 차지하고 있다. 또한 최근에는 성인의 전유물로 여겨졌던 색조화장품도 판매가 성장세를 보이고 있다. 지난해 식품의약품안전청이 어린이 634명을 대상으로 조사한 바에 따르면 색조화장품을 사용한 경험이 있는 어린이가 전체의 57.9%를 차지했다.

이 밖에 이미 동네에 1~2개 정도는 자리잡고 있는 '어린이 전용 사진관'도 틈새영역을 개척한 엔젤 비즈니스의 한 형태라고 할 수 있다.

- 실버 비즈니스 팽창=고령화 시대가 도래하면서 이에 따른 '고령 친화 산업(실버산업)'에 대한 관심도 높아지고 있다. 최근 한국은행이 발표한 '고령 친화 산업의 현황과 과제' 보고서에 따르면 우리나라 실버산업의 시장 규모는 2002년 12조 8000억 원에서 2010년에는 43조 9000억 원으로 3배 이상 커질 것으로 분석했다. 특히 2020년에는 시장 규모가 148조 6000억 원으로 12배 이상 급팽창할 전망이다.

이는 우리나라가 지난 2000년 전체인구 중 65세 이상 인구비율이 7%를 넘는 '고령화 사회'에 진입한 후, 2018년에는 '고령사회'(14% 이상), 2026년에는 '초고령사회'(20% 이상)로 진전되는 등 고령화가 빠르게 진행되고 있기 때문이다.

비영리를 기반으로 하는 사회 복지 사업과는 기본적으로 구분되는 실버산업은 경제력 있는 노인층을 대상으로 노인 복지의 상품과 서비스를 공급하고 노후 생활의 안락과 안전을 제공하는 영리 산업이다. ① 연금, 보험 등 금융사업, ② 서비스 사업, ③ 여가 사업, ④ 의료, 보건 관리 사업, ⑤ 주거 관리 사업, ⑥ 노년층 또는 장애인들의 일상생활에 필요한 여러 물품을 판매하는 노인용품 판매 사업 등이 있다.

고령화가 심화되면서 실버산업도 높은 성장세를 보이고 있다. ① 요양 사업=재가 요양 서비스(가정 간호 사업), ② 의료 기기 사업=케어 시스템, 생활보조기구, 스포츠용품, ③ 정보 사업=유비쿼터스 건강 안심 시스템, ④ 여가사업=교양 및 엔터테인먼트 등이 유망하다.

가장 짧은 시간 안에 성장할 수 있는 현실적인 업종으로는 '실버시터 파견업'을 들 수 있다. 지난 4월 '노인장기요양보험법'이 국회를 통과하면서 내년 7월부터 65세 이상 노인이거나 65세 미만의 노인성 질환자들은 저렴한 비용으로 요양시설을 이용할 수 있고 집에서도 요양서비스를 받을 수 있게 됐기 때문이다. 이 밖에 '실버용품 전문점', '건강제품 전문점' 등이 있다.

(Business, 2007.6.4)

## Article 5 창업은 경영학도의 전유물이 아니다

크리스 길아보는 "창업은 경영을 전공한 사람들의 전유물이 아니다. 어디서부터 시작할지 몰라 헤맬 필요도 없다" 고 말한다. 그는 창업주가 팔고 싶은 제품이나 서비스, 고객이 되어 기꺼이 돈을 지불할 사람들, 결제수단등 세 가지에 집중하라고 말한다. 그밖의 것을 지나치게 고민해 일을 복잡하게 만들지 말라는 게 길아보의 조언이다. ""

### 1) 팔고싶은 제품이나 서비스

창업자는 스스로 팔고 싶은 제품이나 서비스를 정해야 한다. 그래야만 창업자가 열정을 쏟고 재미를 느낄 수 있기 때문이다. 그리고 창업자는 제품과 서비스에 가치를 입혀야 한다. 길아보에게 가치는 '가치'는 남에게 도움을 주는 것이다. 따라서 남에게 도움이 되는 제품.서비스를 찾아 창업을 해야 한다.

### 2) 돈을 지불할 사람들

아무리 좋은 제품이나 서비스라 해도 돈을 지불할 사람이 없으면 사업은 실패한다. 사업은 이윤을 만들어 내야 하기 때문이다. 미친 생각처럼 보이는 아이디어도 돈을 지불할 고객만 있으면 성공한다. 예를 들면 죽은 애완동물을 화장하고 남은 재로 보석을 만들어 평생동안 간직한다는 아이디어는 어떤가. 어떤 이들은 괴상한 아이디어라고 할 것이다. 하지만 아이디어로 창업을 해서 대박을 낸 사람도 많다. 돈을 지불 하겠다는 고객들이 많았기 때문이다. 인터넷에 글만 올려도 사람들의 반응을 알아 볼 수 있다. 수요가 있다고 판단되는 순간 사업은 성공 가능성이 있다.

### 3) 결제수단

좋은 제품과 서비스 그리고 고객이 있다 해도 결제 수단을 찾지 못하면 창업은 불가능하다. 동네에서 현금만 받고 할 수 있는 사업은 많지 않다. 신용카드도 받을 수 있어야 한다. 인터넷에서 신용카드로 손쉽게 결제하는 페이팔(paypal) 등 전 세계적으로 사용되고 이용료가 저렴한 방법들을 택하면 된다. 길아보는 "창업의 세 가지 필수요소가 조화를 잘 이루면 성공적으로 창업을 할 수 있다"며 "여기에 열정을 더하면 더욱 번창할것"이라고 말했다.

(참고; 매일경제 2012.12.15 토~일)

## Article 6 기능에서 느낌의 시대로

오늘날 우리는 이미지 시대에 살고 있다. 물건을 살 때 물건이 지니고 있는 기능에다 그 물건이 있음으로 즐겁고 행복해지는 이미지를 사는 시대다.
벽걸이 TV가 아니라도 화면이 깨끗하고 여러 가지 채널이 다 잘 나온다. 아무런 불편함이 없다. 그런데 집들이를 할 때 구식TV는 왠지 초라하고 불행해 보인다. 드림세탁 아니라도 세탁이 잘 되고 투 도어 냉장고가 아니라도 불편하지 않으나 남이 보고 '너 아직도 이것 쓰고 있나?' 하면 불행해진다.
덴마크의 화자 롤프 앤센은 그의 저서 '드림 소사이어트'에서 미래의 시대는 물건이 필요해서 사는 시대에서 좋아서 사는 시대가 온다고 하였다. 같은 종류의 상품이라도 스토리가 있으면 느낌이 다른 것이다. 왜 김태희나 송혜교가 입고 있는 옷이 인기가 있는가? 느낌이다. 제품의 성능이 비슷해지기 때문에 소비자는 디자인이나 색깔이 좋아서 그것을 선택하게 된다는 것이다. 삼성의 애니콜이 잘 팔리는 것도 디자인이 마음에 들기 때문이라는 것이다.
기능의 시대에서 느낌의 시대로 옮겨가고 있다는 것이다.
동대문 시장의 의류제품은 대부분 중국산이다. 그런데 일부 유통업자들이 매이드 인 차이나를 떼어 버리고 판매한다. 그러면 중국관광객들이 그 물건이 한국에서 만든 것으로 알고 '한국제는 역시 달라' 하면서 많은 양을 구매한단다.
같은 제품인데 느낌이 다른 것이다.
한국의 삼성에서 만든 백색 가전 제품인 TV, 세탁기, 에어콘, 냉장고, 세탁기등을 미국 일부 유통업자는 매이드 인 코리아를 뗀다고 한다. 미국대학생 50%가 삼성이 일본 기업인줄 안다고 한다. 그러면서 일본 제품이 역시 다르다고 하면서 구입한다.. 그렇게 느끼는 것이다.
사람은 그 느낌에서 즐거움 쾌락을 얻는 것이다.
아주 합리적인 판단을 하는 것으로 생각하지만 실지로는 퍽 비합리적인 결정을 하는 것이다.
그림을 감상할 때 그 그림 자체를 평가하기보다 그 그림을 그린 화가가 누구냐가 중요하다. 스테이크를 먹을 때 그 고기맛 자체보다 국내산이냐 호주산이냐에 관심이 더 간다. 맛이라는 감각은 똑 같았지만 느끼는 즐거움의 크기는 다른 것이다.
똑같은 와인에 유명 브랜드와 이름없는 브랜드를 붙여놓으면 전문가들도 대부분 유명 브랜드가 붙은 쪽의 와인이 더 맛이 있다고 한다는 실험 결과도 있다.
세계적인 바이올리 니스트 조슈아 벨의 연주를 듣기위해 비싼 값을 치르고 장시간 줄을 서서 공연을 기다리지만 2007년 조슈아 벨이 워싱턴 지하철역에서 허름한 옷을 입고 낡은 모자를 눌러 쓰고 연주하는 그를 대부분 외면하더라는 것이다. 느낌의 차이인 것이다.

## 참고문헌

1) 권익현 · 임병훈 · 안광호, 마케팅관리적 접근, 경문사, 2002.
2) 김동훈 · 안광호 · 유창조, 촉진관리, 학현사, 2004.
3) 안광호 · 하영원 · 박흥수, 마케팅원론, 학현사, 2004.
4) 안광호 · 조재윤, 유통관리원론, 학현사, 2003.
5) 지효준, 21세기 경영학, 법문사, 2004.
6) 한길석, 창업과 경영, 법문사, 2004.
7) 홍성태, 보이지 않는 뿌리, 박영사, 1999.
8) Kotler, philip, Marketing Management: Analysis, Planning Implementation and Control, 9th ed prentice-Hall, 1997.

Chapter 10

# 벤처기업의 창업

## 10.1 벤처기업의 개념

벤처기업의 정확한 개념은 국가에 따라 학자에 따라 의미와 해석이 다양하지만, 일반적으로 벤처기업은 고도의 기술이나 새로운 아이디어를 바탕으로 경영되는 기업으로서 위험성이 매우 높지만 성공했을 경우에는 상당한 성과가 기대되는 사업으로 모험심과 기업가 정신이 왕성한 창업가에 의해서 세워진 중소기업이라고 할 수 있다. 즉 왕성한 기업가 정신을 바탕으로 위험이 큰 첨단기술 개발에 과감히 도전하여 새로운 시장을 개척하는 사업이다. 최근에 이와 같은 디지털, 인터넷 및 글로벌시대 등 다양한 흐름과 복합되면서 새로운 패러다임으로 기술 개발을 선도하고 있으며 창업의 기회는 물론 사업가로서의 꿈을 실현하는 형태로 자리 잡고 있다. 벤처기업은 이처럼 긍정적인 측면도 있지만 심각한 부정적인 측면도 있다.

**Article 1** **벤처기업 1조원 매출시대 연다.**

"변대규 사장은 벤처업계의 자랑입니다. 평소 과묵하면서도 변별력이 있는 사람이라 정도(正道)를 걸어온 거죠. 언론이 벤처기업에 무관심할 때도 자기사업뿐 아니라 전체 벤처기업 시장을 위해 뛰었습니다."
벤처기업협회 회장을 맡고 있는 조현정 비트컴퓨터 대표는 변대규(47) 휴맥스 사장을 이렇게 치켜세운다. 벤처업계의 '변대규'에 대한 기대감이 그대로 담겨 있다. 정작 본인은 조용하다. 팬택 워크아웃(기업개선작업) 신청 후 언론의 관심이 부담스러운지 변 사장은 요즘 외부활동이 뜸하다. "그런 것보다 2005년 매출액이 6000억원을 넘어서면서 회사 내부를 더 단단하게 다지기 위해서"라고 휴맥스 관계자는 말한다.
조현정(비트컴퓨터)·이민화(메디슨)·박병엽(팬택) 등과 함께 벤처 1세대를 이룬 변 사장은 벤처기업들의 몰락에 대해 "결국은 전략과 내부 조직 경쟁력의 문제"라고 말한다. "기업 규모가 커지면 조직의 질적인 변화가 필요합니다. 소규모 벤처기업일 때는 열정만으로도 성장이 가능하지만 조직이 대형화될수록 전문화된 시스템을 도입해야죠."
휴맥스의 설립 배경엔 '포장마차 결의'가 빠지지 않는다. 서울대 동기들과 포장마차에서 술을 마시다가 내뱉은 말에 5000만원을 마련해 세운 건인시스템은 매출 8000억원대를 넘는 준(準)대기업으로 성장했다. 휴맥스는 현재 코스닥 시장 8위 업체다. 코스닥 상장 9년 만에 이룬 성과다. 노래방 영상반주기로 성공을 맛본 변 사장은 96년부터 셋톱박스를 개발해 세계 2위의 글로벌 업체로 승승장

구했다. 현재 휴맥스는 전 세계 90개국, 15개 이상의 방송사업자에게 디지털 위성 셋톱박스를 공급하고 유럽·호주·중동 시장에 자체 브랜드를 단 디지털 TV를 판매하고 있다.

전문가들은 휴맥스의 성장세가 계속 될 것으로 분석한다. 한국투자증권의 최문선 연구원은 "2010년, 적어도 2008년까지는 방송의 디지털화로 상승세를 보일 것"이라며 미래를 낙관했다. 최 연구원은 "IPTV(인터넷 TV)도입의 부진 등을 이유로 휴맥스의 성공에 의심을 품는 이도 있지만 기업 자체의 건실함과 변 사장의 벤처 마인드에 이견을 다는 전문가는 거의 없다"며 "많은 벤처기업의 몰락 사이에서도 성공 신화를 쓸 수 있는 이유는 연구개발에만 치중하지 않고, 마케팅도 함께 신경 쓴 결과"라고 분석했다. 소비자가 선호하는 제품을 개발할 수 있는 시장 감각을 키운 것이 도움이 됐다는 얘기다.

기업공개 이후 '코스닥의 삼성전자'라는 찬사를 얻기도 했지만 시련도 겪었다. 그의 말대로 전략과 내부조직의 경쟁력에서 문제가 생긴 것이다. 2004년 디지털 TV 연구개발비 지출로 매출이 바닥을 쳤고, 해외 고부가가치 산업발달이 늦어지면서 사업이 정체됐다. 급성장한 기업 규모에 조직이 흔들리기도 했다. 기업 내 벤처정신이 점점 사라지고 있었다.

변 사장은 자신에게, 기업 내부에 눈을 돌렸다. 내부 조직을 재정비하고 연구개발 인력을 60% 이상을 늘렸다. 삼성·LG·소니 등 대기업이 선점한 대형시장을 피해 방송 사업자가 지정한 특수 기능을 첨가한 디지털 TV로 틈새시장을 공략했다. '나는 이 회사를 왜 하는가?'라는 화두 앞에 눈앞의 이익보다 근본적인 문제를 끊임없이 생각했기에 이런 판단이 가능했다. 휴맥스는 2005년 60%에 가까운 매출 증가율을 보이며 성과가 나타나기 시작했다.

"투자자들이 가장 우려하는 것이 삼성전자와 LG전자라는 골리앗이 버티고 있는 시장에 휴맥스 제품이 먹히겠느냐는 것입니다. 우리도 이런 사실을 잘 압니다. 물론 휴맥스로서는 큰 도전이지요. 그러나 당장 무모한 도박을 하지는 않을 작정입니다. 대형 LCD(액정표시장치)나 PDP벽걸이 TV용 영상장치 제품은 대기업에서 선점하고 있는 만큼 휴맥스는 30인치 이하의 디지털 TV를 우선 내놓을 계획입니다. 여기에다 셋톱박스 기술을 접목하는 것이지요. 이미 국내의 디지털 TV제조업체와 제품 개발에서 협력하고 있습니다."

변 사장은 매주 한 번 용인 공장에 가서 직접 생산라인을 살핀다. 내부 조직 강화와 신사업 추진을 위해 해외 출장을 줄였지만 미국의 CES, 독일의 IFA, ANGA, 네덜란드의 IBC등 해외 관련 산업 전시회에는 빠지지 않고 참석한다. 수출 시장 개척과 시장 트렌드를 적기에 파악하기 위해서다.

그에게 2007년 목표를 물었다. 구체적인 숫자가 아닌 '내부 역량 혁신'과 '업무 효율성 강화'라는 대답이 돌아온다. 생산성, 책임 의식, 전문성, 원가 의식 등 내부 역량을 끌어올리는데 박차를 가할 계획이란다. 직원 개인의 경쟁력 성장을 가장 큰 가치로 보고 대기업으로 가기 위한 내실 다지기에 본격적으로 팔을 걷어붙인 것이다.

성장 역시 큰 고민거리일 것이다. 2003년 변 사장은 "디지털 제품으로 2006년께 매출 1조원을 올리겠다"고 선언했다. 그의 선언보다는 조금 주춤거리고 있지만 이런 성장세라면 올해 이 목표 달성이 가능할 수도 있다. 인수합병을 거치지 않고 자체 성장한 벤처기업으로 매출 1조원 달성은 휴맥스가 첫 사례가 된다. 벤처의 맏형 격으로 휴맥스는 이미 도움닫기를 시작했다.

(이코노미스트, 2007.1.2)

단기간에 부를 축적할 수 있다는 환상에 따른 혼란, 준비부족으로 의욕만 앞세워 창업했다가 금방 도산하는 실패기업의 양산 등이다. 이러한 벤처기업의 개념을 구체적으로 다음과 같이 설명할 수 있다.

**첫째**, 벤처기업은 고위험, 고수익 사업이라고 할 수 있다. 새로운 첨단기술과 아이디어에 바탕을 두고 있기 때문에 미래의 불확실성이 크므로 상당한 위험이 따르지만, 성공했을 경우에는 높은 수익을 얻을 수 있다. 그래서 벤처기업은 모 아니면 도라고 한다. 벤처기업을 그림으로 표시하면 그림 10-1과 같이 표시된다.

그림 *10-1* 벤처사업의 위치

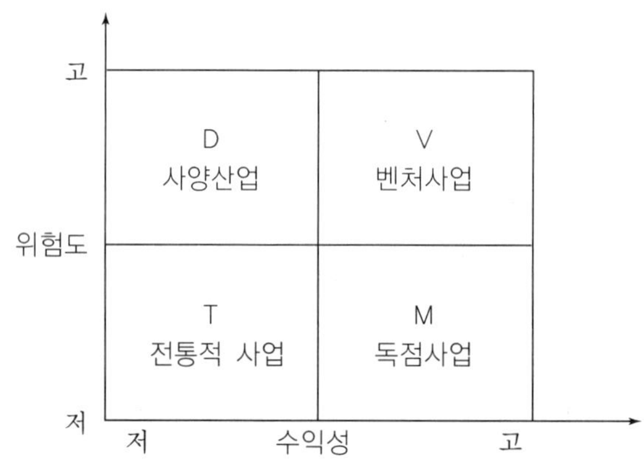


즉 벤처사업(venture business)은 고위험, 고수익 부면이지만 성공했을 경우에는 저위험, 고수익의 독점사업(monopolistic business) 부면으로 내려오게 되지만 실패했을 경우에는 고위험, 저수익의 사양산업(declining business) 부면으로 옮겨가게 된다. 그런데 흐름에 따라 경쟁자가 나타나기도 하고, 소비자의 취향에 변화가 올 수도 있으며, 더 좋은 대체품이 나타나기도 하는 등, 이러한 변화가 나타날 경우에는 독점적 지위를 유지하지 못하고 저위험, 저수익의 일

반적 사업(general business) 부면으로 이동된다.

**둘째**, 벤처기업은 새로운 첨단기술이나 특이한 아이디어가 바탕이 되어야 한다. 누구나 생각할 수 있는 기술이나 아이디어라면 경쟁업체가 쉽게 모방을 하게 된다. 즉 벤처기업이란 비록 소자본을 투자했을지라도 높은 기술이나 기발한 아이디어를 바탕으로 창업하는 모험기업을 말한다. 왜 모험기업이냐 하면 첨단 고기술이나 기발한 아이디어를 바탕으로 만든 제품이나 서비스가 미래에 얼마나 많은 수요를 창출할려는지에 대한 불확신성으로 인한 위험이 따르기 때문이다. 1980년대 전후에 원자재와 에너지, 그리고 환경문제가 심각해지는 가운데 신기술에 의한 도전이 절실히 요구되었다. 이는 막대한 인적자원과 연구비를 투입하던 대기업 위주의 형태에서 기술 혁신적이고 지식 집약적이고 획기적인 아이디어가 뒷받침되는 이러한 산업에 매력을 느끼게 되었다.

**셋째**, 벤처기업은 의사결정에 있어서 독립적이다. 다양하고 불확실하며 급변하는 환경 속에서 신기술과 아이디어에 바탕을 두기 때문에 새롭고 독자적인 경영방법을 개발하고, 창조적인 활동을 전개하는 파이오니어 기업이다. 제품의 기획, 구매, 생산, 마케팅 등에서의 의사결정에 있어서 지금까지와 같은 일반적인 형태가 아닌 새로운 형태의 경영전략을 독립적으로 창조하여야 했다.
한기업의 요구에 절대적으로 의존하는 하청기업은 벤처기업이라고 할 수 없으며, 기술이나 자본관계에서 종속적인 관계라면 벤처기업이라고 할 수 없다.

**넷째**, 벤처기업은 경영성과의 결과 일어나는 수익과 손실은 참여한 주체들간에 분배되어진다. 즉 벤처창업은 위험 전담형이 아니라 위험 분산형이라는 것이다. 벤처기업은 융자가 아닌 투자를 위주로 한 자금 조달을 통하여 창업기업가와 투자자가 위험을 동시에 가지며, 수익이 발생되었을 때도 기업가와 투자자가 동시에 배당을 받게 된다. 이러한 과정에서 투자자는 투자자간의 회수에 가장 관심이 많아지게 되며 이는 상호간 신뢰와 투명성이 바탕이 되어야 한다. 우리나라 벤처기업이 혼란과 침체를 되풀이 하고 있는 근본이유가 바로 이러한 기본을 지키지 않았기 때문이다. 이처럼 벤처기업은 자본조달 과정에서 주식이 분산되어지고 소유와 경영이 분리되는 경향이 많이 있다.

## 10.2 벤처기업의 특성

이와 같이 벤처기업은 첨단혁신기술과 새로운 아이디어, 그리고 창조성에 바탕을 두고 독립적인 경영운영을 하며 주식공개를 지향하는 현대적 기업이라 할 수 있다. 이러한 벤처기업의 특성을 구체적으로 살펴보면 다음과 같다.

**Article 2 윈도비스타시대 메모리시장도 장악**

삼성전자가 세계 최초로 60나노급 D램 반도체 생산에 본격 돌입했다.
60나노급은 현재 시장에서 주종을 이루고 있는 90나노급보다 생산성이 두 배 이상 높아 삼성 반도체의 경쟁력이 또 한번 크게 높아질 전망이다.
삼성전자는 지난달 말 60나노급(68nm) 공정을 적용한 1기가 D램 양산에 착수했다. 지난해 3월 세계 최초로 80나노급 양산에 들어간 데 이어 1년도 채 안 돼 60나노급 생산 체재를 갖추게 된 셈이다.
60나노급 D램이란 D램 반도체칩 안에 있는 회로들의 간격이 60nm(나노미터)인 것을 뜻한다. 60nm는 머리카락 굵기의 2000분의 1에 해당한다.
회로가 간격이 좁아질수록 전체칩 사이즈를 줄일 수 있으므로 똑같은 크기의 생산라인에서 더 많은 반도체칩을 생산할 수 있다. 하나의 칩 안에 회로를 더 많이 집어넣을 수 있으므로 메모리 용량도 늘어난다.
마치 출근길 지하철에서 사람과 사람간 간격을 좁히면 더 많은 사람이 들어갈 수 있는 원리와 비슷하다.
기존 80나노급의 용량은 512메가였으나 60나노급은 1기가다.
현재 전 세계 D램 시장에서 주종을 이루고 있는 제품은 90나노급이다. 이번에 양산에 들어간 60나노급은 90나노급보다 생산성이 두 배 이상 높다고 삼성전자 측은 설명했다.
80나노급보다 40% 정도 높다. 생산성이 높다는 것은 그만큼 원가를 절감할 수 있다는 뜻이기도 하다.
60나노 양산을 시작함에 따라 삼성전자는 2001년 150나노급 이후 7세대 연속 최첨단 공정기술을 세계 최초로 내놓은 반도체 회사가 됐다.
삼성전자는 이미 지난해 50나노급 개발도 성공한 상태다. 따라서 내년 중 50나노급 양산까지 가능할 전망이다.
회사 관계자는 1일 "기존제품보다 생산성이 높은 만큼 경쟁사와 원가경쟁력 차이를 더욱 확대할 수 있을 것으로 기대한다."고 밝혔다.
그는 "60나노급 양산은 그 자체로도 의미가 깊지만 앞으로 50나노급, 40나노급 초미세 공정기술 상용화 단계에서도 삼성이 업계를 리드해 나갈 수 있는 기반을 마련했다는 점에서 의미가 더욱 크다."고 덧붙였다.

삼성전자 D램 공정기술의 핵심은 RCAT(Recess Channel Array Transistor)다. 삼성전자는 이 기술로 2003년 세계 최고 권위의 반도체 학회(VLSI)에서 최우수 논문상을 받기도 했다.
기존 D램 셀의 트랜지스터는 주로 2차원 평면 방식으로 돼 있었으나 삼성전자는 RCAT기술을 통해 3차원 방식으로 바꿔 용량을 늘리면서도 오히려 폭은 좁일 수 있는 기반을 마련했다.
삼성전자는 올해 60나노급 D램 시장이 23억달러에 달할 것으로 보고 있다. 2009년에는 그 규모가 320억 달러에 육박할 전망이다.
회사 관계자는 "60나노급 D램은 대용량 PC와 그래픽 D램, 모바일 D램 등 사용 분야가 매우 광범위한 데다 올해는 윈도비스타 출시로 PC의 평균 메모리 용량이 512메가에서 최대 2기가까지 늘어나는 만큼 시장 확대가 더욱 가속화할 것으로 보인다"고 말했다.
산선전자는 80나노급이 주류였던 경기도 화성 메모리 라인에 60나노급 생산시설을 새로 갖췄다. 기존 80나노급 라인도 점차 60나노급으로 대체한다는 계획이다.

**60나노반도체**

1 나노미터(nm)는 '10억분의 1'm를 의미한다. 따라서 60nm는 5000만분의 3m다. 반도체에서 나노는 칩 안에 있는 여러 회로간 간격을 의미한다. 즉 60나노는 회로간 간격이 60nm란 얘기다. 이는 머리카락 굵기의 2000분의 1에 해당한다. 육안으로는 확인이 불가능하다.

(매일경제, 2007.3.2)

## 1. 벤처기업의 경영자 특성

벤처 기업가는 창업과정에서 다양한 위험에 직면하며 다음과 같은 특성을 가진다.

**첫째**, 벤처기업 경영자는 전문능력과 새로운 기술을 지닌 고학력의 소유자들이 많다.

**둘째**, 첨단기술을 바탕으로 창업한 기업가 중에는 연구소나 대학 또는 대기업 연구 부처 등에서 많이 배출된다.

**셋째**, 새로운 환경과 변화에 잘 적응하고 도전하는 젊은층과 전 직장에서의 기술개발이나 경영경험을 가지고 창업하는 경우가 많다.

**넷째**, 호기심이 많고 개성이 강하며 왕성한 활동력으로 끈기 있게 몰입하는 기업가에 의해 경영되어진다.

## 2. 벤처기업의 조직 특성

### (1) 비전 제시

벤처기업은 대기업에 비해 근무환경이 열악하기 때문에 종업원이 회사에 대하여 의욕을 가지고 일할 수 있도록 동기부여가 제공되는 것이 중요하다. 특히 종업원을 하나로 묶는 강력한 비전과 가치를 제시하여 모든 종업원의 마음에 새기는 것이 바람직하다. 비전은 벤처기업의 미래의 방향을 결정하는 나침판구실을 함으로서 불확실성이 높은 환경에서 구성원의 이탈을 막고 높은 경영성과를 달성하는 수단이 된다.

### (2) 투명성

벤처기업은 대외적으로 인지도가 낮기 때문에 경영에 대한 모든 내용을 홍보함으로서 투자자들에게 신뢰감을 주어 투자에 관심을 갖게 할 수 있고, 대내적으로 모든 종업원에게 제공되는 경영정보는 그들로 하여금 회사의 정책과 비전에 대하여 명확한 이해를 함으로 주인의식을 고취시킬 수 있다.

### (3) 동태적이고 수평적 조직

벤처기업은 신기술과 새로운 아이디어를 바탕으로 창조력을 충분히 발휘하는 동태적 경영조직이다. 또 전문기능과 주체성을 가지고 대등하게 결합하는 수평적 조직이다.

근래 한국기업이 많이 모방하고 있는 수평적 조직이란 기존의 관료화된 위계 질서적 조직이 아니라 팀구성원이 동등한 지위를 갖는 수평적 관계를 강조하는 조직으로 중간 관리층이 감소되어 업무 의사결정이 신속하게 이루어진다. 위계질서 중심의 전통적 조직은 직무의 범위가 좁고 모든 정보를 경영자들만이 독점하여 업무를 계획하고 종업원들에게 지시를 한다. 그러나 팀 위주의 수평적 조직은 구성원들이 정보를 공유하며 공동으로 업무를 수행한다.

### (4) 인간 중심의 팀웍 조직

벤처기업은 종업원의 사기를 높이고 기업의 철학과 비전에 대한 의식을 공유하며 사람의 가치를 인정하고 상호간의 인격과 신뢰가 존중되어야 한다. 팀구성원의 선발은 실력위주로 인재를 발굴 육성하기 때문에 학력이나 연공서열보다는 능력에 따른 연봉제를 추구하는 기업이 많다. 또 우수한 인재를 유치하기 위하여 재량권과 자율성이 부여되는 다양한 인센티브를 제공하며 채용 후에도 개인의 능력개발을 위하여 교육훈련과 자기개발 활동을 지원한다. 그리고 종업원 상호간의 원활한 의사소통을 바탕으로 팀웍이 잘 이루어지며 주요한 의사결정에 자신의 의견을 제시할 기회가 항상 주어져 있다.

이와 같이 팀 조직에서는 모든 구성원들이 동시에 정보를 공유하며, 업무계획과 전략수립 및 시행 등에서 같이 참여하여 의사결정을 함으로서 모든 구성원들이 갖고 있는 능력을 최대한도로 발휘할 수 있게 한다.

### (5) 핵심역량의 구축과 급속한 성장

핵심역량은 제품이나 서비스 자체에 구현되기도 하지만 대부분은 구성원의 머릿속에 암묵지 형태로 남아있다. 즉 기존의 기업이 찾아내지 못하고 있는 새로운 틈새시장을 벤처기업이 개척하게 되는데 이는 벤처가 구축한 핵심역량을 바탕으로 이루어진다. 이러한 핵심역량은 벤처기업이 지속적으로 경쟁력을 가지게 되는 원천으로 잠재되어 있으며 지속적인 기술혁신이나 아이디어 개발로 가능하다. 대체로 벤처기업은 신기술이나 새로운 아이디어를 바탕으로 활동하기 때문에 성장속도가 매우 빠르다. 이처럼 빠른 성장은 벤처기업에게 새로운 기회를 탐색하게 하고 시장에서 선도기업으로 급속한 성장을 이룰 수가 있다. 그러나 때로는 이와 같은 빠른 성장이 문제점을 야기할 수도 있다. 창업기업가는 급속한 성공에 대한 자신감에 들떠서 정확한 사업방향을 잡지 못하고 인사나 재무, 마케팅 분야의 관리기술에서 졸속한 운영으로 급속성장이 한순간의 물거품이 되기도 한다.

## 10.3 벤처기업의 경영전략

### 1. 시장진입 전략

벤처기업은 새로운 제품이나 서비스를 가지고 시장에 진입하게 되는데 이때 진입장벽을 어떻게 극복할 것인가에 대한 전략을 수립하여야 한다. 진입장벽 극복의 제일 좋은 방법은 경쟁자들이 시장에서 자신의 위치를 세우기 전에 시장에 진출하여 선발자 위치에서 공격적 전략을 선택하는 것이다.

#### (1) 선발자의 공격적 전략

벤처기업은 대체로 선발자 기업이기 때문에 선발자의 이점을 충분히 활용할 필요가 있다. 첫째, 기술적 우위이다. 새로운 기술이기 때문에 경쟁자가 별로 없으나 모방경쟁자가 추격해오면 차세대 기술에 의한 제품을 시장에 내놓음으로서 어려움을 극복해 나갈 수 있다. 둘째, 핵심적인 자원획득의 우위이다. 선발자는 자원의 공급자와 좋은 조건으로 핵심적인 자원획득에서 우위를 차지할 수 있다. 셋째, 전환비용 유발이다. 고객이 자사제품을 사용하다가 추격해 오는 경쟁자 제품을 사용할 경우 전환비용(switching cost)의 부담을 갖게 함으로서 상대적 교섭력의 우위를 유지하고 진입장벽을 만들 수 있다. 선발자의 가장 큰 이점은 개척자 또는 선도자로서의 명성을 구축할 수 있고 브랜드 인지도를 높일 수 있다는 점이다.

또 시장에 진입하는 벤처기업은 선발자 우위와 더불어 공격자의 우위(attacker's advantage)를 활용해야 한다. 공격자는 기술혁신으로 새로운 유형의 제품이나 서비스를 가지고 시장에 진출하며, 기존 기업의 영역을 침범하는 경쟁품이나 대체품인 경우가 대부분이다. 반도체가 발명됨으로서 진공관시대가 사양화 되었고, 오랜 역사를 가진 브리태니커 백과사전은 마이크로 소프트의 엔카타(Encarta)라는 CD롬 백과사전에 밀려 시장지배력을 잃게 되었다. 현재의 리더기업은 기존의 기술로 경쟁우위를 가지고 있기 때문에 새로운 변화나 새로운 기술로 전환하기가 쉽지 않다. 왜냐하면 기존기술에 의한 자원과 역량을 구축하는데 막대한 투자와 노력이 있었고 이것이 매몰비용(sunk cost)으로 작용하기 때문이다. 또 현재의 인력구조, 마케팅전략, 경영노하우 등이 기존의 체계에 바탕을 두고 있기 때문에 조직의 관성(organizational inertia)이 작용하게 된다. 더구나 기존의 기술에 의해 탁월한 성과를 거둔 경우에는 이러한 현상이 심하게 나타난다. 이처럼 변화에 적극적으로 대처하지 못하는 경우에는 과거핵심요인이 핵심실패요인이 되고 조직의 핵심성공역량이 핵심실패역량으로 된다. 그래서 벤처기업은 의사결정에 독립적이고 신속한 장점을 살려 과감한 공격적 전략으로 시장진출을 하는 것이 바람직하다.

### (2) 틈새시장의 진입

벤처 창업기업의 성패를 좌우하는 것은 결국 시장이다. 또 벤처기업은 대기업보다 매우 제한된 자원과 역량을 가지고 있다. 따라서 벤처기업은 자사에 적합한 세분시장을 선택하여 그 시장을 집중적으로 공략하는 것이 바람직하다. 바로 틈새시장(niche market)을 공략하는 것이 효과적이다. 이 틈새시장을 대기업이 진출하기에는 너무 작거나 중요성이 낮아서 취급하기 힘든 시장이다. 그러므로 대기업이나 기존기업이 관심을 갖고 있지 않는 틈새시장에 우선 진입하여 확고한 자신의 위치를 굳히는 전략이 효과적이다. 그렇다고 언제나 작은 규모의 시장에만 매달리라는 것은 아니다. 처음에는 다른 기업에서 별 관심이 없는, 특히 대기업이 행하기에는 매력이 없는 산업이었다고 하더라도 소비자의 태도, 행동의 변화나 환경의 변화에 따라 시장의 규모가 얼마든지 확대될 수도 있다. 이와 같이 새로운 틈새시장의 개척자는 먼저 제품을 소비자에게 알리게 됨으로 선도주자가 될 것이며 제한된 자원을 집중적이고 효과적으로 활용할 수 있다. 특히 인터넷이 많이 보급되면서 인터넷 기업들에서는 시장의 선점이 더욱 중요해졌다. 자사 사이트 회원수가 기업성과에 중요한 영향을 주는 요인이기 때문에 경쟁자가 없는 틈새시장에서 회원을 확보를 하고, 일정수준의 회원이 확보되면 다양한 정보의 제공과 이벤트 행사로 더욱 시장을 넓혀나갈 수 있다. 이처럼 창업기업은 기존의 기업이 충족시키지 못하는 틈새시장을 찾아내고 진입쐐기를 만들어야 한다. 진입쐐기(entry wedge)란 창업기업이 초기에 고객에게 효과적으로 제품서비스를 알리는 방법을 말한다. 창업기업이 구사하는 진입쐐기에는 제품/서비스, 병행적 경쟁, 프랜차이즈 시스템 등이 있으며 이중 어떤 진입쐐기를 선택하느냐 하는 것이 앞으로 나타날 기업성과에 큰 영향을 미치게 된다.

#### 신제품/서비스

벤처기업이라도 진정으로 혁신적인 제품 서비스를 만들어 낸다는 것은 상당히 어렵다. 그러나 그것이 성공으로 이어질 때는 경쟁우위의 결정적 발판이 될 수 있으며 이점이 매우 크다.

진입 초기에 쉽게 시장점유율을 확보할 수 있고, 이를 바탕으로 제조, 유통 등에서 후발주자에 비해 차별적 경쟁우위를 굳힐 수 있다.

#### 병행적 경쟁

벤처 창업은 혁신적인 제품이나 아이디어를 바탕으로 하지만 기존기업의 기술이나 아이디어를 모방 변경하여 시장에 진입하기도 한다. 이를 병행적 경쟁(parallel competition)이라고 하며, 이는 기존의 상품과 동일하지는 않지만 기존상품과 유사한 경쟁상품을 내는 것이다. 이러한 제품은 상당히 혁신적일 수도 있고, 기존에 인기 있는 상품을 약간 변형한 유형일 수도 있다. 이와 같은 창조적 모방은 새로운 비전과 창의력을 발휘한다면 큰 성과를 나타낼 수도 있다. 즉 창조적 모방은 기존시장에 잘 받아들여지고 있는 상품특성을 더욱 큰 성과를 재창출하는 모방의 측면과 더 나아가서 기존상품이 충족하지 못하고 있는 고객의 욕구를 표적으로 하는 창조적 변형을 잘 조화시킬 때 특정 틈새고객을 손쉽게 확보할 수 있다.

#### 프랜차이즈

벤처 창업자는 프랜차이즈 조직(franchise system)을 통해 안전하게 빠른 시간 내에 시장에 진입할 수 있다. 이러한 진입방법은 이미 한 시장에서 성공적인 사업을 다른 시장에 반복하는 것으로서 상대적으로 위험부담이 훨씬 적다. 가맹점은 본사로부터 일정기간 일정지역에서 상표, 상호, 기술, 상품, 경영노하우 등을 사용할 수 있는 권리를 받으며, 그 대가로 초기 보증금과 매출액의 일정 비율의 로열티를 지불하게 된다. 프랜차이즈 본사는 가맹점에게 일정하고 표준화된 제품, 서비스를 여러 지역에 반복적으로 확장·성장시켜 나간다.

## 2. 단순화 전략

벤처기업은 새로운 기술과 새로운 아이디어로 의사결정이 빠른 독립적이고 창조적인 활동을 하는 기업이라고 하였다.

일반기업에서 조직상에 가장 심각한 문제가 조직의 방만화와 관료주의 화로 인하여 신속한 의사결정이 이루어지지 못한다는 점이다. 기술수명, 제품수명, 지식수명이 갈수록 짧아지고 소비자 욕구가 급변화하는 시장상황에 신속히 대처하기 위해서는 조직의 단순화가 필수적이라는 것이다. 일반 제조업체가 기존 사업을 운영하는 데는 사업부 제도가 효율적일수도 있으나 미래의 사업을 창출하는 데는 새로운 경영자원과 핵심역량을 창의적으로 개발할 수 있는 단순한 팀조직이 더 적합하다는 것이다. 근래 우리나라 기업들도 수직적인 단계를 축소함과 동시에 위계질서에 입각한 부서별 조직에서 조직구성원간의 수평적 관계인 팀조직으로 변화시키고 있다. 전통적인 위계조직이 수직적이라는 말은 조직의 계층이 뚜렷하여 최고경영층, 중간경영층, 일선경영층으로 구별되고 모든 정보와 의사결정은 바로 이러한 관리자들의 결정이 하부구조로 지시되어 내려왔다. 이에 반해 수평적인 팀조직은 모든 정보가 조직원간에 동시에 들어오고 의사결정도 팀구성원이 함께 결정하고 계획하게 된다. 그 결과 중간관리계층의 필요성이 점점 감소되거나 없어지게 된다.

이러한 수평적인 팀조직이 가능한 바탕에는 첫째, 정보 통신의 발달로 조직원의 계층간 구별 없이 동시에 정보를 접할 수 있기 때문이며 둘째, 현대사회에서 기술은 빠른 속도로 발전하며 시장이 개방되고 경쟁이 더욱 치열해지는 현상이 모든 산업에서 공통적으로 나타나고 있기 때문이다. 즉 경쟁이 치열해짐에 따라 싼 가격에 높은 품질의 제품과 서비스가 공급될 수 있어야만 살아남을 수 있게 되었다. 이러한 목표를 동시에 수행할 수 있는 방법은 바로 수평적인 팀조직에서 찾을 수 있고 이는 벤처기업에 가장 적합한 전략인 것이다.

## 3. 성장단계별 시장진입 전략

벤처기업은 새로운 기술이나 아이디어를 바탕으로 사업계획을 세우는 단계로부터 시작된다. 새롭고 검증되지 않은 제품과 아이디어이며 불확실한 미래에 대한 구상이기 때문에 신중하고 세심한 계획이 이루어져야 한다. 어느 산업이나 창업단계인 생성기를 거처 성장기, 성숙기, 쇠퇴기라고 하는 생명주기(life cycle)단계를 거친다.

### (1) 생성기 시장진입

새로운 기술이나 아이디어를 기업화하기 위하여 구체적으로 사업을 시작하는 단계이다. 신제품이 생산되고 경영진과 종업원이 구성되어지고 목표시장에 마케팅 전략에 따른 신제품이 도입되어지는 시기이다. 이 시기에는 자원, 수요, 고객, 전략 등에 여러 가지 불확실성이 존재함으로 시장진입에 상당한 위험부담을 갖게 된다. 경쟁업체가 어디에 있는지, 어느 시장에서 성과가 높을지, 사용하고 있는 전략이 최상의 전략인지 모두 불확실하다. 따라서 투자에 대한 보상도 불투명하기 때문에 투자자들로부터 쉽게 창업자금을 지원받기가 어렵다. 따라서 창업자의 보유자금이나 담보에 의한 대출을 활용하여야 한다. 그러나 사업계획이 훌륭하여 미래의 가치창출에 확신이 서게 되면 벤처캐피탈 투자가 가능할 수도 있다.

### (2) 성장단계

이 시기는 신제품이나 신기술이 시장에서 점점 확대하면서 성장해 나가는 단계이다. 새로운 기술이나 아이디어와 마케팅 전략이 시장에서 받아들여진다는 사실이 확인되고 매출이 대폭적으로 신장되면서 생산량이 증가됨으로 제품의 단위당 원가가 저렴해지는 시기이다. 따라서 설비투자와 마케팅 전략에서나 조직운영상에서 성장자금이 필요하게 된다. 이 시기에 기업은 경영의 틀이 완전히 잡히지는 않았기 때문에 제품의 개선, 기술의 적합성, 마케팅과 유통의 변경, 판매 가격의 수정 등을 하는 시기이다. 그러나 기업 재무구조가 손익분기점을 넘어 미래가 확실해지면 벤처캐피탈을 비롯한 타인자본의 효과적인 조달과 운용이 필요할 때이다. 그러나 불확실하던 미래의 전망이 안정적인 방향으로 흐르면서 경쟁업체 진입이 증가하게 되어 전체 제품수요는 확대되지만 여러 자원이 희소해지면서 가격도 오르게 된다. 생성기에 시장이 잘 정의되지 않은 상황에 비해 상품특성, 품질, 가치 등에 대해 보다 정확한 판단과 내부조직, 유통, 촉진, 생산부문의 효율적인 관리를 위한 조정과 합리적인 관리가 이루어져야 한다. 이 시기에 진입하는 창업자는 기존업체의 장단점을 검토하여 자사의 차별적 우위가 무엇인지에 대한 정확한 타당성 평가 바탕 위에서 의사결정이 이루어져야 한다. 또 기존업체의 재편결과로 유지하기 어려워 처분되는 기업의 자산과 자원을 저렴한 가격에 매입할 수 있는 기회로 적극 모색할 필요가 있다.

### (3) 성숙기의 시장진입

지금까지는 벤처기업으로서 성장성에 중점이 있었으나 이 단계부터는 기업의 종합적인 경영능력에 의하여 기업의 성과가 나타나는 시기이다. 대체로 성장률이 둔화되고, 경쟁업체간의 특성들이 비교적 투명하게 나타남으로 서로간의 장단점도 알게 된다. 시장전체수요가 안정세를 보이기 때문에 기업은 나름대로 새로운 아이디어나 경영합리화에 노력을 하게 된다. 성장률의 둔화로 생산량을 증가시키지 않아도 되기 때문에 새로운 설비투자는 일어나지 않으나 제품의 기능을 추가시키거나 계열을 확장하는 전략, 그리고 신규시장을 개발하는 시기이다. 그러나 이 시기에도 창업기업이 틈새전략이나 선도업체공략, 자신만이 갖고 있는 노하우 등을 통해 성숙산업에 진입할 소지도 있다. 물론 선도업체를 공략하는 것이 쉬운 일이 아니지만, 효율적인 경영능력 부족으로 어려움을 당하는 기업도 나타나고, 자신이 넘쳐 고객에 대한 서비스를 소홀히 할 수도 있는 기업도 생기면서 시장진입의 기회를 살펴볼 수 있다. 그러나 이때는 단순한 모방진입이 아니라 적어도 선도기업에 도전할만한 품질의 제품과 지속적인 경쟁우위를 창출할 수 있는 여건, 그리고 선도기업의 반격을 저항할 수 있는 기반이 전제 되어야 한다.

### (4) 쇠퇴기의 시장진입

이 시기는 소비자의 취향이 변화하여 그 제품에 대한 매력도가 급격히 떨어지거나 대체품이 출현되어 그 제품의 판매량이 감소하는 단계이다. 대부분 기업은 이 시기에 다른 유망성장산업에 진출하려 하고 지금의 쇠퇴산업을 회피하려고 하지만 이 시기에 진입하는 것도 고려해 볼 수 있다. 왜냐하면 기존업체들이 시설자산을 매각하거나 청산할 때 그것을 아주 저렴한 가격에 취득하여 시장에 진입할 수 있다. 선제 수요는 줄어도 일부 표적시장에서 여전히 매력적일수도 있고 새로운 아이디어로 제품의 변화시도나 새로운 경영기법으로 경쟁우위를 창출하여 새로운 수요의 증가를 꾀할 수도 있다.

## 4. 벤처기업의 마케팅 전략

벤처기업이 마케팅 계획과 전략 없이 투자자 및 관련 이해관계자를 설득할 수 없기 때문에 마케팅 역량을 키우는 것은 대단히 중요하다. 벤처창업가는 새로운 기술이나 아이디어를 바탕으로 사업화 시키는데 중점을 두기 때문에 제품, 서비스를 시장에 상품화 하는 데는 능력이 부족할 수가 있다. 성공적인 마케팅의 기본전제는 고객지향성이다. 고객의 만족을 추구할 수 있는 제품과 적절한 가격으로 고객의 인지도와 신뢰도를 높일 수 있는 유통구조와 촉진관리가 필요하다. 단순한 기술기반이나 출고실적 또는 우직한 용기로 되는 것이 아니고 장기적인 고객과의 관계, 고객만족을 위한 업무기능의 통합적 관리, 좋은 품질의 제품을 저가격에 제공하면서도 수익을 올릴 수 있는 최대한 고객을 위한 경영이 필요하다. 최근 인터넷의 발전은 벤처기업의 마케팅 전략에 큰 영향을 미치고 있다. 즉 고객의 욕구나 습관, 구매태도 등에 관한 정보를 데이터베이스를 기반으로 고객과 개인에게 장기적인 서비스를 함으로 자사의 상품을 지속적으로 구매케 하는 고객관계 마케팅이 중요한 요소가 되었다.

### (1) 첨단기술 마케팅

새로운 아이디어와 신기술을 가지고 첨단제품시장에 진입할 때 성능 좋고 품질이 우수한 제품을 보유한 벤처기업들이 자신들의 제품이 왜 시장에서 성공하지 못하는지 그 원인을 파악하지 못해 실패하는 경우가 생긴다. 이러한 신기술 제품은 소비자가 이에 적응하기 위해서는 전환비용이 지불되어야 하기 때문에 소비자의 행동과 태도가 신기술제품의 혁신을 받아들이느냐에 따라서 그 제품의 운명이 결정된다.

#### ① 기술수용주기 이론

이 이론에 의하면 첨단 제품을 크게 3개 시장에 5개 유형으로 구성되어 있다. 즉 기술수용주기에 따라서 초기시장, 주류시장, 말기시장으로 구분되고 초기시장에는 혁신수용자(innovators)와 선각수용자(early adopters)로 구성되며 주류

그림 10-2 기술수용주기 모델

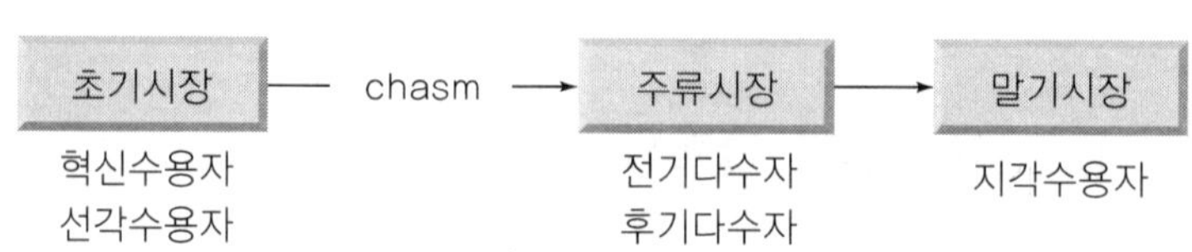

시장에는 전기다수자(early majority)와 후기다수자(later majority)로 구성되고 말기시장은 첨단제품에 대한 지각수용자(laggards)로 구성되어있다. 이러한 각 고객들은 제품수용에 대한 태도와 사고방식에 있어서 차이가 있다.

### 초기시장

초기시장은 혁신수용자와 선각수용자로 구성되며 혁신수용자는 초기시장의 중심으로 첨단기술제품이 기존제품보다 경쟁력 있다는 이유를 먼저 인식하고 신기술을 습득하는데 관심과 능력이 있는 집단이다. 선각수용자는 충분히 검증되지 않은 혁신제품을 과감히 채택함으로 일어나는 위험을 수용하고 그것을 통한 가치 창출에 초점을 둔다. 혁신수용자는 첨단기술에 대한 관심이 더 많으며 선각수용자는 첨단제품에 관심이 더 많은 집단이다. 이러한 초기수용자들은 가격에 덜 민감하며 이 집단의 기대치를 충족시키고 확신을 심어줄 수 있는 전략으로 이들과의 관계유지를 하는 것이 중요하다.

### 주류시장

주류시장은 전기다수자와 후기다수자로 구성되며 전기다수자는 전체시장의 주류를 이루는 집단으로서 예측가능한 단계적인 발전을 모색하는 진보적인 실용주의자 집단이다. 이들은 제품 구매 시 다양한 내용을 면밀히 검토하지만 의사결정은 비교적 빠르다. 기업은 이들을 상대로 하는 제품설명회나 유통 및 촉진전략을 개발하고 이들과의 관계형성이 대단히 중요하다. 후기다수자는 첨단기술에 두려움을 느끼는 보수집단으로 확실하고 안전한 기술제품을 대폭 할인된 가격에 구매하기를 원하는 집단이다. 다소 뒤처진 기술이라도 안전한 기능에 중점을 두며 시기적으로 늦더라도 할인된 가격을 중요시한다.

### 말기시장

첨단기술시장의 마지막을 구성하는 지각수용자들은 첨단기술시장에 거의 참여하지 않는다. 그렇기 때문에 이들의 영향력을 무력화시키도록 노력하여야 한다. 이들과의 관계를 유지하기 위한 전략은 비용에 비해 성과가 나타나지 않는다. 그 이유는 이들은 첨단기술제품에 관심이 없어서 그 기능을 습득하려하지 않기 때문이다. 즉 첨단제품을 사용할 수 있도록 하기 위한 교육에 투자한 시간과 비용이 이로 인해 얻는 성과보다 더 크다는 것이다. 그러나 벤처기업은 이 회의론자들의 욕구를 만족시키기 위해서는 이들의 비판을 수용하여 제품을 향상시킬 필요는 있다.

### (2) 벤처기업의 캐즘 극복

그림 10-2에서와 같이 첨단기술시장에서는 각 시장에서 새로운 단위시장으로 이동할 때 고객 기반의 부족으로 매우 어려운 특성을 보인다. 즉 초기수용자와 전기다수자 사이에 크게 벌어진 대단절 "캐즘(chasm)"이 존재한다. 이 캐즘을 뛰어넘는 과정에서 가장 어려운 점은 새로운 고객이 부족하다는 것이다. 즉 신기술 채택에 적극적이고 관심이 많은 초기수용자 집단 중심으로 생성된 초기시장은 포화상태에 이르고 있으나 주류시장의 고객들이 구입욕구를 느낄만한 수준에 이르지 못하고 있다는 것이다. 캐즘극복의 가장 중대한 목표는 초기시장의 한계를 극복하고 주류시장으로 한 단계 높은 진입을 위하여 공격적인 전략을 활용하여 경쟁자들의 거센 대응을 이겨나가야 한다. 이를 위해서 주류시장 고객들의 욕구에 맞는 제품·서비스가 기본이며, 그 다음엔 이 제품·서비스가 갖고 있는 정보가 고객들에게 신뢰할 수 있도록 잘 전달되어야 한다. 효과적인 첨단기술의 마케팅 활동은 이러한 기술 수용주기에 따른 적절한 표적시장에 대한 포지셔닝이 잘 이루어져야 한다. 우선 목표 표적시장의 틈새시장으로 진입한 뒤에 이곳에서 경쟁적 요소를 몰아내고 주류시장으로 기업과 브랜드 인지도를 높여 나가는 것도 좋은 방법이다. 그러나 많은 기업들이 곧 주류시장에 들어가서 성공할 엄청난 가능성에 현혹되어 집중력을 잃고 자만하거나 우왕좌왕하다가 실용주의적 구매자들에게 인정을 받지 못하여 캐즘을 뛰어넘는데 실패하게 된다.

벤처기업이 캐즘을 뛰어넘기 위하여 주류시장의 틈새시장에 전진기지를 확보해야 하는데 이를 위한 방안으로 **첫째**, 주류시장 고객의 욕구에 맞는 완전한 제품·서비스가 제공되어야 하며, **둘째**, 주류시장의 틈새시장에 기업이 제공한 우수한 제품·서비스가 제대로, 빠르게 전파되도록 유통경로와 촉진관리전략이 이루어져야 하다. 이렇게 하여 틈새시장에서 어느 정도 선도자 위치를 차지한 후에는 시장에서 돌풍을 일으켜야 한다. 이 단계에서는 기존 또는 신규 경쟁자를 과감히 공격하고 유통망과 촉진을 확장하는 전략을 실행해야 한다. 이와 같이 캐즘 단계를 무난하게 통과한 이후에는 다시 새로운 첨단기술 개발이 연달아 나타나야 한다. 삼성반도체가 1년마다 집적도가 2배가 되는 기능이 향상된 제품을 개발함으로 '황의 법칙'으로 세계에서 통하는 새로운 패러다임이 생겨났다.

## 5. 사내벤처

### (1) 사내벤처의 개념

사내벤처에 대한 정의는 연구자에 따라 다르지만 일반적으로 사내벤처란, 이질적인 시장에 진출하거나 이질적인 제품 및 서비스를 개발할 목적으로 기업이 사내에 기본 통상라인 조직과 분리하여 별개의 자율적이며 독립적인 사업체를 설립하여 사업 활동을 수행하는 경영시스템을 의미한다. 즉 기존사업과 다른 새로운 사업 창조를 추구하며, 기업조직내부에 독립성이 높은 사업단위가 설립되기 때문에 기업 내 기업 또는 작은 회사라고도 불린다. 또 사업과 관련된 연구개발, 생산, 마케팅, 재무, 인사에 이르기까지 광범위한 권한과 이를 수행하기 위한 자원 등이 이 시스템에 부여된다. 그러나 사내벤처는 그 제품자체보다 그 제품개발을 통하여 창출된 지식을 이용하여 신규사업을 창조하기 위한 조직이라고도 할 수 있다. 이때 어느 정도 본업과 다른 시장에 진출하는 조직이어야 하는지, 어느 정도 이질적인 제품을 개발해야 하는지, 어느 정도 독립적이고 자율적인 조직이어야 하는지는 고정적인 방법이 아니라 회사나 사업의 환경에 따라서 유연하고 탄력성 있는 형태가 바람직하다.

이와 같은 사내벤처를 도입하는 목적은

**첫째**, 경영다각화 사업재구축을 추진하기 위해서이다. 기업이 사업의 성숙화로 다각적인 확대전략을 위하여 주력사업의 경쟁력과 수익성을 유지 강화하면서 기업전체의 사업내용과 조직운영을 재구축해 나가는 과정을 의미한다.

**둘째**, 새로운 제품, 서비스 개발 시 효율적이다. 제품수명, 지식수명, 기술수명주기가 점점 단축되어지기 때문에 신제품과 신기술을 바탕으로 하는 신규사업 개발의 속도가 중요한 과제인 최근에는 신속한 제품화와 사업화를 위해 소수정예팀을 조직하여 이의 가능성과 적합성을 소사 분석하는 것이 효율적이라는 것이다.

**셋째**, 조직의 활성화이다. 사내벤처는 새로운 제품이나 새로운 기술에 대하여 창의적이고 적응력이 강한 사원들에게 경영에 참여하여 의사결정을 하는 기회를 부여해 주기 때문에 사명감과 동기부여가 이루어지며 이는 조직전체의 활성화와 체질개선에 도움이 된다. 기업이 내부에 보유하고 있는 경영자원을 활용하여 새로운 사업을 효율적으로 개발하기 위한 제도로 스핀오프(spin-off)

를 방지하는 효과도 있다.

### (2) 사내벤처의 전략

기업은 종업원의 창의력과 선도성을 자극하여, 사업초창기 창업기업가적 기질을 발휘하여 이들의 아이디어를 성과 높은 사업으로 전환시켜 나가는 새로운 기회를 만들기 위한 총체적인 방법을 모색한다. 이와 같이 기업이 새로운 사업을 재구축하기 위한 사내벤처의 전략에는 내부지향전략과 외부지향전략이 있다.

#### ① 내부 지향적 전략

내부 지향적 전략은 내부개발과 사내벤처와 같이 사내의 축적된 자원으로 신규사업을 개발하는 전략이다. 내부개발은 내부에 축적되어있는 자원만을 활용하는 방법으로 관리가 용이하지만 의사결정에 시간의 제약이 따른다. 그렇기 때문에 본업과 큰 차이가 없는 유사한 분야의 제품개발에 유용할 수 있다. 이에 비해 사내벤처는 본업과 이질적인 분야의 제품을 개발하여 사업화하기 위하여 사내에 독립적이고 자율적인 조직을 설치하는 것이다. 사내벤처는 내부경영자원을 활용한다는 점에서는 내부개발과 유사하지만 사내벤처를 통해 스핀오프를 방지할 수 있기 때문에 유능한 기업 내 기업가를 확보할 수 있는 장점이 있으나 대기업과 같은 관료제 조직 내에서 독립된 기업을 구축하는 것이 용이하지는 않다.

#### ② 외부 지향적 전략

외부 지향적 전략이란 기업의 매수 및 합병(merger & acquisition), 제휴(alliances), 라이센싱(licensing), 합작사업(joint venture) 등과 같이 외부의 경영자원을 활용하여 신규사업을 개발하는 전략을 말한다. 매수 및 합병은 외부자원의 내부화를 의미하며 성공하게 되면 신속하고 간단하게 신규사업 진출이 가능하다. 제휴는 복수기업이 상호이익을 위하여 공동으로 계약에 의한 사업을 전개하는 것을 의미한다. 라이센싱은 타 기업이 이미 확보해 놓은 기술가치나 브랜드 가치에 신속하게 접근할 수 있는 방법이다. 합작사업은 신규사업을 개발하기 위하여 복수기업이 협력하여 투자하고 독립된 법인을 설립하며 출자 범위 내에서 책임을 지는 장점이 있으나 합작 파트너 사이에 갈등이 발생할 수 있다.

### (3) 사내벤처의 효과

국내에서 시행되고 있는 사내벤처 제도는 5~10명이 팀을 구성하여 새로운 아이디어나 기술로 신제품이나 경영방법의 재구축을 통하여 경영의 효율화를 이룩하고 있다. 이러한 사내벤처를 도입함으로서 기대할 수 있는 효과는 다음과 같다.

**첫째**, 사내벤처의 조직구성원은 하나의 독립된 기업 내 기업 경영에 직접 참여하기 때문에 주인의식과 자긍심을 갖고 의욕적이고 심리적인 동기부여를 유발시켜 신규사업 개발 수행에 효율적이다.

**둘째**, 사내벤처는 자율적으로 편성된 독립된 조직이기 때문에 사업개발이나 정보교환에 신속하게 대응할 수 있다.

**셋째**, 기업이 시장에 진출하려는 신규사업이 미래전망이 불투명하기 때문에 불확실한 영역 내에서 실험장치로서의 효과를 기대할 수 있다.

**넷째**, 사내벤처는 기업이 새로운 기술이나 사업아이디어를 착상으로 끝나지 않고 새로운 사업을 전개하는데 방향을 제시해주고 정보를 창조하는 수단이 된다. 새로운 경영자원이 필요하지 않고 사내 축적된 경영자원과 정보를 활용하여 아이디어를 신속하게 경험적으로 검증할 수 있다.

# 10.4 벤처캐피탈

## 1. 벤처캐피탈의 개념

벤처캐피탈은 새로운 기술개발이나 새로운 지식의 아이디어를 바탕으로 설립한 산업체에 투자되는 자금이라고 정의되고 있으나 국가의 경제발전단계나 벤처기업의 성격, 투자방법, 투자자의 입장, 벤처캐피탈 경영환경 등에 따라 다양하게 정의된다. 즉 또 신기술이나 아이디어를 바탕으로 창업하는 벤처기업에게 높은 위험의 부담을 각오하고 높은 자본이득을 얻고자 투자와 컨설팅을 하는 투자회사라고 할 수 있다.

이러한 정의들은 기술개발에 대한 배경이 호의적이며 모험적 창업가 정신이 충만한 풍토위에서 자생적으로 발달한 미국의 벤처기업의 경우로서 우리의 표현과는 다소 차이가 날 수 있다.

국내 학자들 중 윤주섭은 "벤처기업에 의한 사업의 창조확대를 돕기 위해 투자자로부터 조달한 자금을 벤처기업에 투자하는 동시에 경영 및 기술을 중심으로 컨설팅을 행함으로 벤처기업을 주식 공개로까지 유도하는 투자자"로 정의하였고 강문수는 "고도의 기술력과 장래성은 있으나 역사가 짧고 경영기반이 약하여 일반금융기관에서 융자하기에는 위험부담이 큰 기업에 투자하는 그룹이나, 성장이 기대되는 발전단계 초기의 기업 등에 대하여 자금을 공급하고, 투자된 기업의 성장을 지원하고자 하는 투자그룹"이라고 하였다. 이를 종합적으로 해석하여 보면 높은 실패위험에도 불구하고 사업전망이 밝은 벤처기업에 대한 과감한 투자를 실시하고 경영관리, 자금, 기술면에서의 계속적인 지원을 통해 벤처기업의 성공과 함께 높은 자본이득을 취하는 새로운 금융형태로 보고 있다. 우리나라는 미국에 비해 벤처기업이 벤처캐피탈만의 도움으로 성장하기에는 기술적 기반 축적이 약하고 기술 창업 잠재력도 부족함으로 미국처럼 첨단기술을 보유한 신기업으로 국한시키기에는 적합성이 부족하다.

벤처캐피탈은 투자대상기업에 자금을 공급하는 기능을 가지고 있어 금융활동이란 측면에서는 금융기관과 같으나 벤처캐피탈은 투자기업이 성장하지 않으면 자신의 이득을 얻을 수 없는 투자이며 투자 대상기업과 위험부담에 대한 운명을 함께 하기 때문에 은행 같은 일반금융 기관에서 취급하는 융자와는 그 성격이 다르다.

**첫째**, 벤처캐피탈은 고수익, 고위험투자 자금인데 반해 일반금융기관은 안정지향적인 융자 자금이다.

**둘째**, 벤처캐피탈은 주식에 대한 투자형식으로 이루어지며 투자대상 회사에 대한 자본참여를 목적으로 하지만 일반 금융회사는 일정자금을 안전하게 차용해주고 일정기간 후 원금과 차용료를 회수하게 된다.

**셋째**, 벤처캐피탈은 투자기업의 성장이 수익과 직결되어 연대의식이 일반 금융기관보다 훨씬 강하다.

**넷째**, 벤처캐피탈은 기업의 경영능력, 기술성, 성장성, 수익성을 중요시하지만 일반금융기관은 기업의 안전성, 재무상태, 담보능력을 중요시한다.

**다섯째**, 벤처캐피탈은 투자수익은 투자대상기업의 배당금보다 소유주식의 매각에서 얻은 주식양도 소득을 목표로 한다.

**표 10-1** 벤처캐피탈과 일반금융기관의 비교

| 구 분 | 벤처캐피탈 | 일반금융기관 |
|---|---|---|
| 지원형태 | 투 자 | 융 자 |
| 담 보 | 없 음 | 있 음 |
| 자금회수 | 지분매각 | 원금회수 |
| 목표이익 | 기업성과에 따른 투자수익 | 이자율에 따른 금리 |
| 고수익 · 고위험 | 많 음 | 없 음 |

표 10-1에서와 같이 투자를 위주로 하는 벤처캐피탈과 융자를 위주로 하는 일반 금융기관과는 자금의 지원방식, 자금의 회수, 목표이익, 수익과 위험도에 대한 차이가 있다. 이와 같이 벤처캐피탈은 일반 금융기관에서 거래하기 곤란한 창업초기의 경영기반이 취약한 벤처기업에 대하여 투자, 경영컨설팅, 기술지원 등을 통하여 투자기업을 성장 발전시켜 투자수익을 취하는 투자회사를 말한다.

## 2. 벤처캐피탈의 기능과 역할

### (1) 벤처캐피탈의 기능

벤처캐피탈은 규모는 작지만 새로운 아이디어로 급속한 성장이 기대되는, 즉 장래성이 있는 벤처기업의 싹을 발견하여 자금지원, 성장지원, 기업공개지원을 함으로 대상기업이 성장과 발전을 실질적으로 돕는 기능을 한다.

#### ① 자금지원 기능

벤처캐피탈은 벤처기업이 성장할 수 있도록 자금을 지원하고 기업경영을 컨설팅하며 성장 후에는 보유주식을 매각하며 자본이득을 실현하는 것으로 일반 금융기관의 한계를 확장 보완하는 기능을 하고 있다.

창업단계

벤처기업의 창업은 개인의 마음속에서 개발된 신기술이나 아이디어를 바탕으로 한 신제품의 기업화가 착안되는 단계로부터 시작된다. 이 단계에서는 사업에 대한 검토기간으로서 미래의 전망이 불투명하여 높은 위험이 따르기 때문에 벤처캐피탈도 이 단계에서는 투자를 꺼린다. 그러므로 이 단계에서 소요되는 자금은 개인의 자기자금과 가족이나 친지 등으로부터 차입에 의하여 조달하지 않으면 안 된다. 그러나 사업계획 내용에 큰 매력을 느끼는 벤처캐피탈은 한발 앞선 투자를 감행하기도 한다. 아울러 중요한 의사결정에 참여하여 경영계획 수립이나 마케팅 그리고 인재확보에도 협조한다.

성장단계
벤처기업이 창업 후 신기술이나 신제품이 시장에서 받아들여지고 기업이 성장하고 상품판매량이 증가하게 되면 추가적인 운전자금과 시설확장을 위한 성장자금이 필요하게 된다. 제품이나 경영의 틀이 완전하게 잡히지는 않았기 때문에 제품의 개선, 유통과 판촉의 변경, 판매가격의 수정을 할 수 있는 단계이며 재무구조도 좋지 않고 담보력이 미약하여 일반금융기관에 의뢰하기는 어렵다. 그러나 기업이 손익분기점을 넘어 미래 가능성이 보이면 벤처캐피탈은 과감한 투자를 한다. 벤처캐피탈의 자금지원을 받은 벤처기업은 공장 확장, 시설확대로 생산량을 증가시키면서 시장 확대 품질개량 등으로 활력을 받는다.

성숙단계
성숙단계는 기업의 종합적인 기반이 형성된 단계로서 성장률은 둔화되지만 생산량 증대를 위한 투자자금이 필요하지 않고 이윤이 발생되는 시기이다. 자금조달 면에서 보면 주식공개에 의하여 자본을 동원할 수 있게 됨으로 벤처캐피탈은 이 단계에 있어서 조속한 주식공개를 권유하게 된다. 투자기업이 주식공개를 하면 보유주식을 매각하여 비로소 자본이득을 얻게 되는 것이다.

### ② 성장지원 기능

벤처캐피탈은 투자대상기업의 경영전략, 재무, 인사, 마케팅 관리의 전반에 걸쳐 지도하거나 정보를 제공하며 자문을 하고 추가적인 자금도 필요에 따라 제공한다. 즉 벤처기업의 창업자는 기술개발에는 유능하지만 제품의 판매, 재무, 인사 등 기업의 경영에는 익숙하지 못하며 창업자를 도와줄 수 있는 인재확보 능력도 부족하다. 그래서 적합한 인재확보와 교육훈련, 유통구조와 촉진방법, 재무 등 경영전반에 걸친 컨설팅을 통하여 그 기업의 성장을 지원한다. 그러나 현실적으로 어느 정도의 성장지원기능을 발휘하는가는 벤처캐피탈 자체의 역량에 달려있다. 우리나라의 벤처캐피탈 회사들은 환경여건이 충분히 갖추어지지 않아 소극적인 지원에 그치고 있는 실정이다. 즉 양질의 공급자금의 양이

적으며 그 자금의 대부분이 간접금융에 의존하고 있기 때문에 비교적 안정도가 높은 기업에 한하여 투자하고 있다. 벤처캐피탈의 각종 성장지원을 활용하여 성공적인 기업으로 성장 발전해 나가기 위해서는 벤처캐피탈 회사와 투자대상기업간에 상호신뢰관계가 형성되어 투자대상기업은 벤처캐피탈 회사의 지도와 조언을 긍정적으로 받아들여 활용해야 하고 벤처캐피탈 회사는 투자대상기업에게 보다 우수한 지도와 조언을 제공하려는 의지가 확립되어 있어야 한다. 이렇게 벤처기업이 성장하고 어느 정도 안정단계에 들어가면 주식을 상장하거나 장외시장에 등록하게 된다. 여기에서 벤처캐피탈 회사의 투자금이 회수되고 이윤이 남게 된다.

## 3. 우리나라 벤처캐피탈

우리나라에서 벤처캐피탈이 최초로 도입된 것은 1974년에 설립된 한국기술진흥주식회사(KTAC)이다. 이 회사의 투자대상은 한국과학기술연구소(KIST)의 연구결과를 기업화하기 위한 전담기구였고 실적도 미미하였다. 그 후 한국개발금융주식회사가 연구 개발형 신기술기업에 제한된 범위 내에서 지원하였는데 이는 기술지향적인 기존기업을 확장·신설하거나 또는 지존기업에 자금 및 경원지원을 하기 위하여 1978년에 업무를 시작하였다. 그 후 한국개발금융주식회사는 1980년에 한국장기신용은행(KLB)으로 개편되었다. 1981년에 한국기술개발주식회사가 특별법에 의해 설립되었고 1984년에 국제금융공사와 아시아개발은행이 공동으로 출자하여 한국개발투자주식회사(KDIC)를 설립하였으며, 한국산업은행이 한국기술금융주식회사(KTFC)를 설립하여 이들 회사를 중심으로 벤처캐피탈이 어느 정도 활성화 되었다. 이렇게 1974년부터 1985년까지를 우리나라 벤처캐피탈의 도입기라고 볼 수 있다. 이들 4개 회사는 1986년에 신기술사업금융지원에 관한 법률에 의해 신기술사업금융회사로 그 명칭과 업무내용이 통일되었다.

1992년에 모법이 개정되어 한국종합기술금융주식(KTB)으로 명칭이 변경되면서 업무를 확대하고 제도를 개편하였다. 우리나라에서 본격적인 벤처캐피탈의 활동은 1986년 중소기업 창업지원법에 의거하여 설립된 중소기업창업투자회사들이 영업을 개시한 이후라고 할 수 있다. 그러므로 우리나라 벤처캐피탈의 지원한 내용과 파급효과로 볼 때 1986년부터 1995년까지를 우리나라 벤처캐피탈의 발전기로 볼 수 있다. 그리고 1996년에 코스닥시장의 개설과 벤처캐피탈의 이해의 확산 등으로 우리나라 벤처캐피탈의 도약기를 맞이하고 있다. 우리나라 벤처캐피탈에 대한 법률은 중소기업 창업지원법, 신기술사업금융지원에 관한 법률과 한국종합기술금융회사법이 있으며 정부담당부서로는 상업자원부, 재정경제부, 과학기술처로 나누어진다.

신기술 사업금융지원에 관한 법률에서는 신기술사업금융회사를 육성 · 지원하고 신용보증제도를 정착 · 발전시킴으로서, 신기술 사업에 대한 자금의 공급을 원활하게 함을 목적으로 하고 있다. 주요업무는 자금지원, 기술지도, 경영지도, 투자조합의 운영과 관리 등으로 구분되어 있다. 자금지원은 투자, 융자, 리스, 팩토링의 형태로 이루어지며, 재원조달은 자본금, 차입금 그리고 신기술투자조합의 결성 등으로 이루어지고 있다.

한국종합기술금융회사법에는 기업의 기술개발을 촉진함으로서 산업구조를 고도화하고 국제경쟁력을 강화함을 목적으로 하고 있으며 초기에 공적벤처캐피탈 성격을 가지고 있었으나 현재는 주요업무가 신기술 사업금융회사와 유사하며, 재원조달에서 정부의 정책 자금 집행 및 기술복권 발행 등으로 유리한 경영입지를 가지고 있다. 중소기업 창업지원법에서는 제조업 등의 중소기업의 설립을 촉진하고 중소기업 창업자가 성장발전할 수 있도록 지원하며, 특히 농어촌 지역의 중소기업 설립을 촉진함으로 지역간의 균형발전을 통하여 건실한 산업구조 구축에 기여함을 목적으로 하고 있다. 중소기업창업투자회사의 업무내용은 창업자에 대한 투자, 창업과 관련된 상담과 정보제공 및 창업자에 대한 창업의 알선, 창업자로부터 위탁받는 사업의 경영 및 기술향상을 위한 용역사업, 해외기술의 알선과 보급 및 이를 촉진하기 위한 해외투자, 투자한 창업자에 대한 보증 및 자금의 알선, 창업자의 사업타당성 검토를 위한 조사용역사업 등이다.

## 4. 엔젤캐피탈

### (1) 엔젤캐피탈의 개념

엔젤이란 기술과 아이디어를 가진 벤처창업기업가에게 천사처럼 나타나 자금지원과 함께 경영 지도를 해주는 개인투자자를 말한다. 벤처기업의 창업자는 설립초기에는 담보나 신용이 없기 때문에 자신의 자본이나 친구, 친척, 동업자의 투자를 통해 조달되는데 이러한 자금을 엔젤캐피탈이라고 부른다. 또 엔젤은 자신의 경험을 활용하여 기업이 성장할 수 있도록 자문역할을 하는 경우도 있다. 벤처캐피탈 회사는 주로 창업 후 제품의 판매단계에서 많이 이루어지는데 반하여 엔젤캐피탈은 아이디어만 있고 제품은 아직 생산되지 않는 창업 초기단계에서의 자금을 공급하는 것이 특징이라 할 수 있다. 엔젤제도가 확실한 자리매김을 하고 있는 미국에서는 엔젤투자 총액이 벤처캐피탈 회사 재원총액을 능가하며 세제상의 우대조치를 부여하여 벤처기업의 창업촉진에 많은 기여를 하고 있다. 우리나라에서도 벤처기업지원에서 벤처캐피탈 회사의 재원조달에 한계를 극복하는 수단으로 많이 활용되고 있으나 일반인들의 벤처산업에 대한 인식이 부족하고 투자환경이 성숙되지 않아서 음성적인 거래가 많이 이루어지고 있는 실정이다.

엔젤과 벤처캐피탈은 벤처기업에 대해 자금공급과 경영지원을 한다는 공통점을 갖고 있으나 투자단계, 투자절차, 투자선정과정, 투자규모 등에서 많은 차이점이 있다.

**첫째**, 벤처캐피탈은 주로 창업단계 후반기에 해당기업의 미래성장전망에 대한 전망이 보일 때 투자가 진행되지만 엔젤은 이제 막 사업을 구상하는 단계에서 창업초기단계에의 투자비중이 높다.

**둘째**, 벤처캐피탈은 회사나 조합과 같이 조직의 형태를 갖추고 있으나 엔젤은 개인투자자가 주류를 이룬다.

**셋째**, 벤처캐피탈은 엔젤에 비해 경영에 깊이 관여하는 편이다. 그러나 엔젤의 규모가 커지면서 벤처캐피탈의 기능을 충분히 하는 엔젤이 늘어나고 있는 실정이다.

**넷째**, 엔젤은 벤처캐피탈에 비해 유연성이 높다. 의사결정에 있어서 벤처캐피탈은 절차가 필요하지만 엔젤은 신속하게 의사결정이 이루어진다. 첫 만남에서부터 투자가 이루어질 때까지 걸리는 시간이 훨씬 짧다.

**다섯째**, 벤처캐피탈은 찾기가 쉽지만 엔젤은 어디에 있는지 알기가 어렵다. 개인적인 연줄이나 그러한 정보를 갖고 있을 만한 곳을 수소문해야 한다. 많은 시간과 발품을 들여야 하기 때문에 엔젤을 연결하는 네트워크가 필요하다.

**여섯째**, 투자규모에서 차이가 난다. 벤처캐피탈의 투자규모는 엔젤에 비해 훨씬 크다. 우리나라 창투사들이 한 기업당 최소 1억원 이상을 투자하는데 비해 엔젤들은 1,000만원 정도를 선호한다. 그러나 최근 엔젤의 투자규모가 증대되고 있으며 엔젤투자형태는 소액다수이기 때문에 전체규모는 엔젤투자가 벤처캐피탈보다 크다.

**Article 3** 올드보이 고데기

**올드보이 고데기로 세상을 휘감았다.**

지난해 세계 각국의 헤어 가전기기 5000만달러어치를 수출한 KICA 김태철대표 그는 4년 전 예순 나이로 사업에 뛰어들었다. 나이 예순인 남자가 하기에는 좀 엉뚱한 고데기사업이었다.
2002년 당시 미국 LA에서 무역업을 하고 있었던 그에게 사업을 제의한 사람은 화장품 바이어였던 미국 친구였다. 고데기 분야는 워낙 낙후돼 있어 품질만 좋다면 충분히 팔아줄 수 있다는 제안이었다.
한양대 기계공학과 출신으로 30년 동안 기계·공구관련 무역업에 종사했던 김대표는 한번 해볼 만하다는 생각이 들었다.
국내에서 기계·공구 제조업을 하다 부도가 나 사업을 접고 미국으로 떠났던 그로서는 제조업으로 재기할 수 있는 좋은 기회였다.
고데기를 쓰는 사람은 기계 사용자와 완전히 다르지만 엔지니어 관점에서 보면 작동원리는 기계·공구와 크게 다르지 않았기 때문이다.
새 사업을 시작하기에 예순이란 나이가 적잖이 부담됐다. 그러나 가장 큰 걱정거리인 판로를 외국 바이어들이 뚫겠다고 하니 마음이 한결 가벼웠다.
가능성 있는 사업이라고 판단한 것인지 외국 바이어들은 개발비용을 3만~5만달러씩 대기까지 했다.
외국 바이어들이 현지에서 법인을 설립해 제품을 팔고 이 회사가 주문자상표부착생산(OEM)으로 고데기를 납품하는 방식으로 업무분담이 이뤄졌다.
"일본, 미국 등 선진국 제품을 모두 구해서 분석해봤는데 품질이 형편없었습니다. 품질만 업그레이드되면 시장 개척은 시간문제라는 생각이 들었죠"
그러나 연구개발이 생각처럼 쉽지는 않아 마음 고생도 많이 했다. 그러나 귀국 후 1년 동안 연구한 끝에 개발한 제품이 미국시장에서 호평을 받으면서 자신감이 붙었다. 고데기 단가도 120~200달러로 기존제품보다 훨씬 비싸게 받을 수 있었다.
"외국 파트너를 여럿 두지 않고 소수에게 권한을 준 덕을 톡톡히 봤죠. 외국 법인들이 마돈나, 귀네스 펠트로 등을 대상으로 스타마케팅을 펼친 것이 많은 도움이 됐습니다."
미국 바이어들이 다리를 놓아줘 유럽시장에도 진출할 수 있었다.
부설연구소를 설립하고 제품 수준을 업그레이드한 결과 2003년에는 산업자원부가 선정하는 세계 일류상품 인증기업으로 지정되기도 했다.
사업 첫해 260만달러를 수출한 KICA는 수출국이 확대되면서 지난 해 실적이 5000만 달러로 부쩍 늘었다.

김 대표는 "미용시장을 빠르게 장악할 수 있었던 것은 소비자 관점에서 기존 제품 단점을 보완했기 때문"이라고 강조했다. 기존 고데기는 한번 머리카락을 훑어내리고 나면 온도가 급격히 떨어져 다시 온도가 오르기까지 시간이 걸렸지만 이 제품은 5초 만에 복원되도록 한 것이 특징이다.
또 머리카락이 많이 뜯기는 것을 방지하기 위해 머리카락과 접촉되는 부분에 세라믹 열판을 장착해 정전기를 줄이고 원적외선이 방출되도록 했다.
전선에 줄줄이 달려 있던 컨트롤 장치를 벽면에 부착해 심플하게 바꾼 것도 시장에서 호평을 받았다.
현재 KICA는 미국 CHI·HAI, 영국 GHD 등 세계 7개 미용기기 브랜드에 OEM 방식으로 월 400만달어치를 공급하고 있다.
지난해에는 고데기 종주국인 일본에서도 인정받아 연간 30만대 공급계약을 체결했다. 거의 동시에 사업을 시작한 외국 파트너 5명도 이 제품 덕에 대박이나 김 대표를 빅보스(Big Boss)라고 부르며 따른다.
현재 미국에 40%, 유럽에 60% 수출하고 있는 이 회사는 호주, 남미, 일본, 동남아 등으로 수출지역을 확대할 예정이다.
일찌감치 외국시장을 공략하고 시장이 좁은 국내에서는 판매하지 않았으나 지난해부터는 OEM을 통해 축적한 기술력을 바탕으로 자사 브랜드 S&S, B2Y 등도 출시했다. 또 고데기와 헤어드라이어 외에 헤어캡 등 다양한 미용기기를 개발해 미용기기 토털 회사를 지향하고 있다.
예순이 넘은 나이지만 일에 대한 그의 열정은 회사에서 따라갈 사람이 없다. 제품에 적용하는 참신 아이디어는 대부분 그의 머리에서 나올 정도로 아이디어 뱅크다. 전자파 차단 헤어드라이어, 코드리스 헤어드라이어 등도 모두 김 대표 아이디어다.
그는 더 작은 제품이나 모발 특성에 맞춘 제품라인도 기획하고 있다. 이 같은 노력으로 창업 후 등록한 특허만 30건에 달한다.
"나이가 많거나 적거나 비즈니스에는 공식이 있는 것이 아니더라고요. 경험이 많아도 시장 변화에 대처하지 못하면 실패하니까 젊은 사람 보다 두 배 더 뛰어야지요."
엔지니어 출신인 만큼 자신은 연구개발에만 몰두했고 재무와 마케팅은 전문가를 영입해 맡겼다. 각자 잘할 수 있는 분야에 에너지를 쏟는 것이 효율적이라고 느꼈기 때문이었다.
김 대표는 "나이가 들어서 창업을 하는 사람들에게는 오랜 세월 알고 지냈던 인적 네트워크가 큰 재산이 된다."면서 "나도 별 사업밑천 없이 시작했는데 힘들 때마다 지인들의 도움을 받았다."고 말했다.
고데기 사업이 잘되면서 다른 분야로 다각화할 기회도 많았지만 그는 한 우물을 파는데 의미를 두고 있다. 유행에 휩쓸려 이것저것 손대기보다는 이미 발을 담근 분야에서 최고가 되자는 것이 김 대표의 지론이기 때문이다.

(매일경제, 2006.2.6)

**Article 4** 3C에 코리아 IT살길 있다. - Contents, Community, Connectivity

**콘텐츠 경쟁 치열**

콘퍼런스에서는 인터넷을 둘러싼 IT기업들의 콘텐츠 경쟁이 갈수록 치열해지고 있다는 공감대가 형성됐다.
한국인인 데이비드 은 구글 부사장은 "구글은 전 세계를 주도하는 콘텐츠와 정보제공자들과 파트너십 또는 제휴관계를 맺고 있다."면서 "구글의 목적은 글로벌 정보시장을 묶어 이에 대한 접근성과 효용성을 향상시키는 것"이라고 강조했다.
유진 리 전 어드비스스템스 부사장은 "디지털 콘텐츠가 폭발적으로 늘어나면서 인터넷을 기반으로 한 새로운 비즈니스 모델이 봇물처럼 터져나오고 있다."며 "신생기업들은 고객과 관계를 더욱 강력하고 깊은 수준으로 묶어두려 하고 있다."고 설명했다.
이호수 삼성전자 기술총괄 부사장(소프트웨어 연구소장)은 "글로벌 IT 경쟁은 인터넷을 중심으로 치열하게 전개되고 있다."면서 "전 세계가 마치 하나의 컴퓨터처럼 연결돼 있는 것"이라고 설명했다. 이 부사장은 "이 때문에 이를 좌지우지하는 컨트롤러 구실이 중요해지고 있다."면서 "인터넷 기업들이 웹에 대한 이해 수준을 더욱 높일 필요가 있다."고 지적했다. 정보기술 전문지 레드헤링의 알렉스 뷰스 사장은 "사용자제작콘텐츠(UCC)로 인해 콘텐츠 질적 수준이 갈수록 업그레이드되고 있다."면서 "다음단계는 B2B와 관련된 콘텐츠가 글로벌화되는 것"이라고 지적했다.
이와 함께 국내 IT기업들이 e러닝에 대한 관심을 확대할 필요가 있다는 점도 지적됐다. 비제이키마 매사추세츠 공대(MIT)학무부장은 "MIT는 학과 과목과 실험실을 인터넷에서 공개하는 방향으로 나아가고 있다."면서 "MIT가 보유한 지식을 먼저 공개하는 것은 새로운 비즈니스 모델을 학교가 주도할 수 있다는 것을 뜻한다."고 말했다.
스탠퍼드대학 최고기술책임자(CTO)인 폴 김은 "학교는 물론 기업이나 정부조직에서도 e러닝이 새로운 비즈니스 모델로 등장하고 있다"고 설명했다.

**네트워크를 강화하라**

네트워크를 강화할 필요성도 크게 높아지고 있다. 기업과 기업, 네트워크와 네트워크 간 '컨버전스'만이 생존을 위한 방법이라는 인식이 강하다.
실리콘밸리의 중국계 기업인협회와 인도계 기업인협회는 올해 들어 대규모 콘퍼런스를 열었다. 이들은 이 지역 트렌드를 주도할 만큼 강력한 네트워크로 떠오르고 있다. 김종갑 정보통신국제협력진흥원(KIICA)실리콘밸리 지부 이사는 "중국과 인도의 실리콘밸리 IT네트워크 콘퍼런스에는 이 지역 주요 기업들이 거의 참석했다."며 이들은 "실리콘 밸리에서 막강한 네트워크로 성장했다."고 지적했다.

박성일 KIN 회장은 "실리콘밸리에서 미국 기업들은 물론 중국과 인도 기업 네트워크 영향력도 갈수록 커지고 있다."면서 "실리콘밸리에서 코리아 IT 네트워크의 힘을 키우는데 더욱 관심을 기울여야 한다."고 말했다.
김선배 KIICA원장도 "실리콘밸리에서 국내 IT기업과 인적 네트워크를 확대하는 데 관심과 지원을 늘리겠다."고 강조했다.
국내 기업들은 실리콘밸리 진출을 위해 적극적으로 나서고 있다. 최근 들어 소프트웨어와 인터넷, 게임, 애니메이션, 엔터테인먼트 등은 물론 아이오와 클린테크 분야 기업들이 앞 다퉈 실리콘밸리를 찾고 있다.
지방자치단체까지 나서고 있다. 고양시는 지난 7~8일(현지시간) 실리콘밸리에서 고양지식정보산업진흥원이 기술력을 지닌 국내 IT벤처기업들과 연계해 실리콘밸리 기업과 협력 모색을 위한 자리를 마련했다.

### 설립 6년 맞은 KIN

대표적인 한국계 IT네트워크인 코리아 IT네트워크(KIN)는 지난 2001년 실리콘밸리 기업과 국내 IT기업간의 원활한 협력과 교류를 목적으로 만들어 졌다. 창립 당시 실리콘밸리의 대표적인 한국 기업인인 이종문 앰백스 벤처그룹 회장과 황규빈 텔레비디오·젤라인 회장이 참여했던 조직이다.
실리콘밸리에서 활동하고 있는 한국계 IT기업인들은 물론 이와 관련된 변호사와 투자자, 기술자들이 참여하고 있다. 한국인들이 절반 넘게 차지하고 있지만 미국인은 물론 중국계, 인도계 기업인들도 참여하고 있다. 전체 멤버는 1400여 명에 달하고 있다.

(매일경제, 2007.6.12)

### Article 5 스마트폰 덕에 청년창업 급증

최근 스마트폰 열풍과 지식기반 서비스 확산으로 30세 미만 청년창업자들이 크게 늘어난 것으로 나타났다. 중소기업청은 지난해 30세 미만 창업자가 등록한 신설법인 수는 11월 말까지 2887개를 기록했다고 밝혔다. 이는 2009년 같은 기간 2181개였던 신설법인 수에 비해 32.4% 증가한 수치다. 2010년 전체 신설법인 수는 같은 기간 5만 4853개를 기록했다. 이는 2009년 같은 기간 5만 1406개보다 6.7% 늘어난 것이다. 청년창업은 지식 기반 서비스, 방송 통신 등 정보서비스, 도소매업, 숙박 및 음식점 등이 포함된 서비스 업종에서 집중적으로 늘어난 것으로 조사됐다. 특히 서비스 분야에서 30세 미만 창업자의 신설법인 등록수는 2008년 1370개에서 2009년 1501개, 2010년 2179개로 급증했다. 반면 상대적으로 경기회복이 더딘 일반 제조업과 건설, 농업, 어업, 임업, 광업 등의 분야에서는 서비스업에 비해 신설법인 수가 늘어나지 않았다. 청년창업이 이같이 늘어나는 것은 글로벌 금융위기 이후 경기가 회복 되면서 창업 열기가 살아났기 때문으로 해석된다. 전문가들은 스마트폰 열풍이 창업증가에 영향을 미치고 있다고 분석한다. 스마트폰 앱의 경우 소자본으로도 사업이 가능해 젊은이들이 많이 뛰고 있다는 설명이다.

정부의 지원책도 한몫하고 있다. 중기청은 태양광, LED등 친환경 기술 창업,패션 같은 지식 창업, 정보기술(IT)응용 3대 분야에 2012년까지 청년 창업자 3만명을 양성한다는 계획이다. 아울러 1인 창조기업을 지속적으로 키워나가면서 올해에는 청년기업가재단과 청년창업사관학교를 설립해 청년창업CEO를 육성한다는 구상이다.

한편 지난해 벤처펀드 결성규모와 신규 벤처 투자 규모는 각각 1조 5000억원과 1조원을 돌파한 것으로 전망됐다. 한국벤처캐피탈협회에 따르면 지난해 10월 말까지 결성된 벤처 펀드 규모는 총 1조4662억원으로 2009년 연간 규모 (1조 4089억원)를 넘어섰다. (매일경제 2011. 1.6)

### 참고문헌

1) 김충렬 · 최화섭, 21세기 창업경영론, 형설출판사, 2003.
2) 류태모외 5, 창업과 취업전략, 도서출판 대명, 2002.
3) 정승화, 벤처창업론, 박영사, 2004.
4) 지효준, 21세기 경영학, 법문사, 2004.
5) 한정화, 벤처창업과 경영전략, 홍문사, 2003.
6) 홍성도, 벤처창업 경영론, 박문사, 1998.

Chapter 11

# 소자본 창업

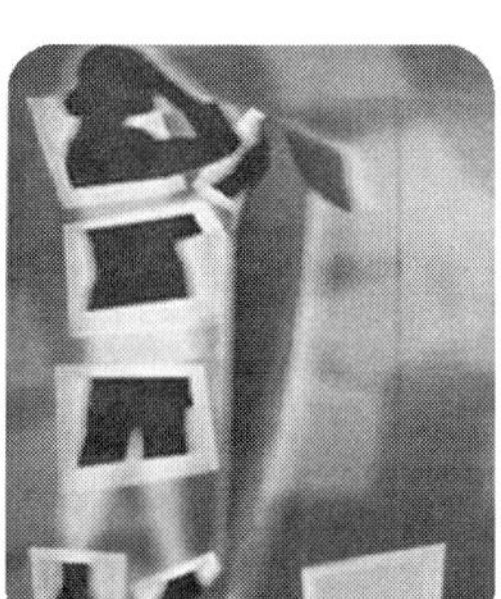

# 11.1 소자본 창업

## 1. 소자본 창업의 개념

소자본 창업이란 소규모의 자본을 근거로 하여 운영하는 사업체를 말한다. 창업초기에는 자금 확보의 문제와 미래 불확실한 사업전망으로 인하여 대체로 작은 규모의 기업에서 시작하여 점차 사업규모를 확대해 나가는 것이 일반적인 흐름이다.

**Article 1** **BBQ 치킨매장 문화공간으로 변신**

국내 1위 치킨 브랜드인 BBQ가 유기농 쌀과 야채, 장난감과 팬시용품 유통 사업에도 진출한다.
BBQ는 앞으로 치킨 배달 전문점에서 벗어나 치킨뿐만 아니라 유기농 쌀과 야채, 장난감 등 고객에게 다양한 제품을 배달한다.
뿐만 아니라 각 매장에서는 여행상품과 택배도 취급하는 등 제품 취급 범위를 크게 넓힌다.
윤홍근 제너시스 BBQ회장은 25일 기자와 만나 "골목에 있던 기존 BBQ 매장이 도로변으로 모두 나오도록 가맹점주들과 합의했다"며 "새로운 타입의 BBQ 매장은 규모도 커지고 취급 상품도 다양해질 것"이라고 밝혔다.
윤 회장은 공격적인 신규 사업을 벌이기 위해 국내 사업 부문에 김신영 사장을 새로 선임했다.
김신영 사장은 삼성물산, 골드만삭스, 교촌치킨 등을 거쳐 최근 BBQ에 합류했다.
윤 회장은 또 장난감 유통사업을 위해 최근 어린이 팬시용품업체를 인수해 BBQ월드도 새로 설립했다.

**점포 키우고 매출도 확대**

제너시스 BBQ가 새로 고안한 BBQ 매장은 우선 기존 점포보다 규모가 크다.
현재 BBQ 매장은 8~10평 규모지만 앞으로 15~20평 규모로 확대한다.
이를 위해 골목상권에 자리한 점포들을 동네 중심상권으로 재배치한다.
1850개 매장 중 올해 상반기까지 적어도 100개 매장을 새로운 BBQ 매장으로 바꾸고 지속적인 리뉴얼 작업을 벌인다는 계획이다. 매장 규모와 취급 상품을 확대함으로써 가맹점 매출도 늘린다는 게 윤 회장 전략이다.
이를 통해 현재 점포당 70만원 수준인 하루 평균 매출을 150만원까지 늘릴 수 있다는 계산이다. 제너시스 BBQ 전체 매출은 지난해 6800억원이었는데 올해는 1조원을 목표로 하고 있다.

**맞춤형 배달 서비스**

윤 회장은 "골목 점포를 밖으로 빼내 고객들에게 브랜드 인지도를 더욱 높이고 또 고객에게 더 다양한 서비스를 하기 위해 상품 종류를 늘린다"고 설명했다.
유기농 쌀과 야채 공급을 하기 위해 이미 전남 장성 학사농장, 부산 풍년농산 등과 계약을 맺었다.
고객이 BBQ 매장을 방문해 쌀과 야채 등을 주문하면 즉시 생산 농가에서 공급받아 고객에게 배달해주는 맞춤형 주문배달 시스템을 구축한다.
장난감이나 팬시용품 등도 대부분 샘플을 두고 고객 주문을 받은 뒤 나중에 배달하는 방식으로 운영할 예정이다.
윤 회장은 "여행상품 접수 서비스도 하고 특히 창업투어 프로그램을 특화할 것"이라고 말했다.
현재 서울 송파구, 용인 동백지구에 새로운 컨셉트 점포를 운영하고 있으며 치킨 이외 상품 배달은 최소 50개 점포가 리뉴얼되면 시작한다.
윤 회장은 또 BBQ 점포를 동네 사랑방으로 꾸민다는 구상이다.
동네 주민들이 편하게 매장을 찾아 차와 스낵을 즐길 수 있도록 한다는 것이다.
각종 음료도 판매하고 꼬치나 아이스크림 등 간식거리도 제공한다는 계획이다.
배달 사원 유니폼이나 오토바이를 바꾸는 등 서비스 업그레이드를 위한 세심한 변화가 시도된다. 한편 윤 회장은 "프랜차이즈 본사와 가맹점주 등 사업자는 고객을 위해 끊임없이 변신해야 한다"고 말했다.
그는 또 "가맹본사는 관리와 통제를 제대로 해야만 질 높은 서비스와 상품을 고객에게 줄 수 있다"고 강조했다. (매일경제, 2007.4.26)

여기에서 소자본이란 작은 규모의 자본이란 뜻이나 구체적으로 어느 정도의 규모라고 구분하는 객관 타당한 기준은 없다. 그러나 소자본 창업은 프랜차이즈 가맹점 창업, 소호(SOHO) 창업, e-Business 창업, 기타 소규모로 구분하고 있다. 그 아이템으로는 음식점, 이발소, 세탁소, 컴퓨터 공부방, PC게임 전문점, 제과점, 안경점, 노래방, 부동산 소개업소 등 매우 다양한 업종의 작은 형태로 운영되고 있다. 이러한 소자본 창업은 그 수가 대단히 많아 우리 주변에서 쉽게 발견되며 그 규모가 영세하여 대수롭지 않게 보이지만 성공할 경우에는 엄청난 파장을 일으킬 수 있다.

이병철, 정주영의 창업사례에서 나타난 것처럼 이들도 창업초기에는 쌀가게, 자동차정비소, 정미소 같은 소자본으로 시작하였지만 지금은 삼성전자, 현대자동차 같은 세계적인 기업으로 성장하였다. 소자본 창업에 관심을 갖는 유형의 사람들을 보면 자신의 성격상 누구의 간섭이나 지시를 따라 하기를 싫어하며 불안한 미래를 자신의 힘으로 극복하려는 창의적인 취향을 가진 사람에게는 상당한 매력이 있다. 또 학교를 마치고 직장을 구하지 못하는 취업 재수생들, 직장을 급하게 구했지만 적성에 전연 맞지 않아 뛰쳐나오려 하는 젊은이들, 정년까지 가지 못하는 중간 퇴직자들, 가사 외에 새로운 일을 해보려 하는 여성 창업 희망자들, 직업을 갖고 있으나 시간 여유가 많이 있는 2잡(job)희망자들 등에게는 소자본 창업에 대한 지식을 갖춰둘 필요가 있다.

## 2. 소자본 창업의 규모

창업을 희망하는 많은 사람들이 첫 번째로 부딪치는 관문이 자본이다. 이 자본에 대한 부담을 적게 갖고 시작하는 사업이 소자본 창업이다. 자본에 대한 부담이 없는 대신 남들이 갖고 있지 않은 전문지식이나 아이디어, 그리고 경영노하우를 가지고 다양한 수익사업을 전개하는 것이다. 소자본 창업에서 자본에 대한 수량적인 규정은 뚜렷하게 선을 정할 수 없으나 소유자금 규모에 맞는 업종, 즉 자신의 능력에 맞는 범위내의 인력자원이나 점포를 운영하는 형태를 말한다. 소기업 지원을 위한 특별조치법에서는 소기업은 제조업의 경우에는 종업원 수 50인 이하, 도소매 기타서비스업은 10인 이하로 규정하고 있다. 우리나라 기업은 숫자상으로 90% 이상이 소기업에 속한다. 소기업 중에서 규모가 특히 작은 소상공인은 제조업인 경우 10인 이하, 도소매, 기타 서비스업은 5인 이하로 규정하고 있으며, 중소기업 청에서는 각 지역별로 소상공인 지원센터를 운영하여 이들의 창업을 지원하고 있다. 점포형태로 본 소자본 창업은 10평 이내의 소규모 사무실이나 점포 또는 자신의 집에서 운영하는 소규모의 창업이다. 근래 SOHO(small office home office)라는 이름으로 자택 또는 소규모 사무실에서 자신의 전문지식이나 경험 또는 새로운 아이디어 등을 네트워크나 정보통신기술 등을 활용한 다양한 네트워크형 사업이 증가하고 있다. 벤처 창업은 기술과 모험이 결합된 중소기업형태이지만 소자본 창업인 소호는 비기술 분야인 정보에 비중을 높이는 지식, 직장경험, 취미, 특기, 아이디어를 활용한 자영업 형태이다. 이렇게 볼 때 소자본 창업의 규모를 한마디로 규정하기는 어렵지만 혼자 또는 소수의 인원으로 비교적 작은 공간에서 가족적인 형태로 적정한 수익을 올리는 사업단위라고 볼 수 있다.

**표 11-1** 소기업과 중기업의 규모

| 구 분 | 상시근로자수 | |
|---|---|---|
| | 소기업 | 중기업 |
| 제조업<br>광 업<br>운송업 | 50인 이하 | 300인 이하 |
| 건설업 | 30인 이하 | 200인 이하 |
| 도소매업<br>기타 서비스업 | 10인 이하 | 20인 이하 |

## 3. 소자본 창업의 성공요건

성공적인 소자본 창업을 위해서는 다양한 분야에 대한 경험, 지식, 정보, 기술이 필요하다. 최근의 창업 경향은 제조분야가 위축되고 서비스 분야가 성장하고 부가가치가 높아지고 있다. 창업자들의 평균연령이 낮아지고 고학력 창업과 특히 여성창업이 증가하고 있다. 갈수록 증가추세에 있는 소자본 창업의 예상되는 변화는 다음과 같다.

**첫째**, 컴퓨터, 정보통신기술의 발달, 개인 휴대폰의 보급, 산업의 소프트화에 의해 창출될 다양한 소자본적 형태의 창업이 증가될 것이다.

**둘째**, 보다 저가격 고성능의 사무기기 및 컴퓨터 등의 하드웨어의 설치에 따른 비용부담이 줄어들 것으로 보인다.

**셋째**, 교통수단과 통신기술의 발달, 네트워크 관련 하드웨어의 발달로 활동무대가 보다 넓게 확대될 것이다.

**넷째**, 집에서 보내는 시간이 많아지고 가족 중심적 업무형태로 변화하게 된다.

이러한 변화 속에서 소자본 창업은 별다른 자본 없이 정보, 지식, 아이디어, 경험 등 다양한 네트워크를 이용하여 수익화 하는 사업이다. 지식이나 아이디어가 아무리 뛰어나도 네트워크를 적절히 이용하지 못하면 사업을 성장시켜나가기가 어렵다.

**Article 2** **장사나 한다구요? 잘 생각하세요**

자영업을 하는 이들 간의 소득 격차가 봉급생활자보다 심각한 것으로 조사됐다. 삼성경제연구소가 지난해 6월 전국의 성인 남녀 1612명에게 소득과 직장 등에 관해 설문한 결과다.
연구소는 이런 내용을 '최근 자영업 취업 구조의 특징과 시사점'보고서에 담아 18일 내놓았다. 양극화의 원인은 생계형 아마추어 창업의 과잉 때문으로 풀이됐다. 40~50대 실직자들이 새 직장을 찾지 못하고 영세한 음식점이나 점포를 열어 경쟁하다보니 웬만한 급여생활자보다 형편이 못한 '사장님'이 속출했다는 것이다. 연구소의 손민중 연구원은 "정부가 실직자의 창업 지원 프로그램을 마련해 자영업주를 늘리기보다 40~50대 실직자를 위한 일자리를 늘리는데 주력해야 자영업의 부익부 빈익빈 현상을 완화할 수 있다."고 주장했다. 다음은 보고서 요약이다.
지난해 6월 조사를 보면 임금근로자 중 월 가구소득 150만원 미만인 저소득층이 9.3%인데 비해 자영업주는 두 배에 가까운 17.5%였다. 월 소득 750만원 이상도 임금근로자는 5.6%인 반면 자영업주는 그 두 배를 넘는 12.1%로 나타났다. 자영업주의 소득 양극화 정도가 임금근로자보다 심한 것이다. 전체적인 소득 분포도 임금근로자의 경우 중간 계층이 두터운 항아리형이었지만 자영업주는 저소득층이 많은 피라미드형에 가까웠다.
저소득 자영업주의 주 연령대는 40~50대로 추정됐다. 자영업주 중에서 40대 비중이 2005년 31%에서 지난해에 36%로 5% 늘었다. 여기에 50대를 합한 비중 역시 51%에서 57%로 늘었다. 이는 최근 직장에서 내몰린 40,50대의 창업이 많았다는 걸 보여준다. 오랜 직장생활로 자기사업을 해보지 못한 40~50대들은 창업이 손쉬운 음식업과 도소매업에 주로 뛰어들지만 경쟁이 치열해 이익이 기대에 미치지 못하는 경우가 태반이다.
우리나라의 전체 취업자 중 자영업자 비중은 27%로 미국(7%), 일본(10%), 독일(6%)등 선진국보다 훨씬 크다. 자영업자의 과잉현상이 심각한 것이다.
자영업주 양극화의 해결책은 40~50대들이 몸 담을 만한 일자리를 늘려 자영업주를 급여 생활자로 되돌리는 것이다. 노인 요양 같은 공공서비스 기관을 늘려 이곳의 일자리에 40~50대 인력을 흡수해야 한다. (중앙일보, 2007.6.19)

### (1) 창업자

안되면 때려치우고 장사나 해야지, 내 사업을 해야지 하는 막연한 생각만 가지고 창업을 시작할 때 성공적인 경영을 기대하기는 어렵다.
성공적인 창업을 위해 창업자가 가져야 할 바람직한 자세는 다음과 같다.

**첫째**, 창업에는 철학이 있어야 한다. 단순히 돈만 벌면 된다고 과욕을 부리는 것보다 창업자의 비전과 신념, 그리고 가치관이 설정되어 있어야 그 결과에 보람을 느끼게 되고 일하는 자체에 의욕과 열정이 생겨나는 것이다.

**둘째**, 선택한 아이템이 자신의 취향과 적성에 맞아야 한다. 창업자가 선택한 업종이 자신의 이상과 적성에 맞을 때 그 일에 대한 의욕과 집념이 생기고 저절로 그 일에 매달리고 싶어진다. 그러할 때 능률이 올라가고 힘든 줄 모르게 일할 수 있다. 재미가 생기고 저절로 신바람이 나게 되는 것이다.

**셋째**, 장단기적인 계획이 필요하다. 사업이란 즉흥적으로 감성적으로 그때그때 적당히 해나가서는 안된다. 환경과 여건의 바탕위에서 세심한 조사와 연구, 그리고 장단기적인 계획과 준비가 성공창업의 지름길이 되는 것이다.

**넷째**, 경험을 통한 차별화 전략이 필요하다. 예비창업자들을 경영에 대한 감각을 익히기 위해 그 업종의 종업원으로 일정기간 일해 보는 것이 창업에 많은 도움을 얻을 수 있다. 이 곳에서 경험한 지식으로 앞으로 펼쳐질 경쟁자와의 싸움에서 이길 수 있는 자신만의 차별화된 독특한 전략이 필요하다.

**다섯째**, 자신감과 겸손함이 동시에 있어야 한다. 창업자는 자신이 시작한 일에 의욕과 집념을 바탕으로 자신감이 충만하여야 한다. 그렇게 함으로 경쟁자보다 먼저 한발 앞을 내다 볼 수 있고 자신의 재능을 배가하여 어떤 난관에도 도전할 수 있다. 그러나 지나친 과욕과 오만은 잘못하면 큰 과오를 가져올 수 있기 때문에 언제나 객관적이고 겸손한 자세로 대처하여야 한다. 크게 성공하는 것도 좋으나 우선 실패하지 않아야 한다.

**여섯째**, 사회에 기여하려는 책임의식이 있어야 한다. 나 혼자 돈만 벌면 된다는 생각보다 국가와 사회에 기여하겠다는 사회적 책임의식을 갖고 투명하고 윤리적인 경영을 하여야 한다.

## 4. 유망한 소자본 창업 아이템

### (1) 네트워크 이용 아이템

소자본 창업은 출발은 소규모이지만 성장하기 위해서는 네트워크 개념이 필수적이다. 기술, 정보, 네트워크가 시장에서 이기기 위해서는 한발먼저 표준화시켜 시장을 차지하는 사람이 이긴다는 것이다. 네트워크 형태에는 수직적 네트워크와 수평적 네트워크가 있다. 수직적 네트워크는 구성원간의 권한이나 지분이 동일하지 않다. 군대나 정부조직같은 관료조직이 대부분 여기에 속한다. 수직적 네트워크의 특징은 시너지 효과를 창출하지 못하며 한사람 몫이 커지면

한사람 몫이 적어지는 제로섬(zero sum)게임 형태이다.

이에 반해 수평적 네트워크는 구성원 간의 지분이나 권한이 동일하고 구성원간의 자율에 의한 네트워크이다. 수평적 네트워크는 일방적인 의사전달이 아닌 쌍방교류이며 한사람 몫이 커지면 구성원 전체의 몫도 커지는 윈윈(win win)게임 형태이다. 일반적으로 네트워크라고 하면 수평적인 네트워크를 말하는 것이다. 이렇게 네트워크를 이용한 사례를 보면 전국 꽃 배달 네트워크, 전국 부동산 네트워크, 전국 우체국 네트워크, 전국 렌트카 네트워크 등 수없이 많은 예가 있다. 전국의 주요도시에 꽃집 하나씩만 네트워크로 연결시키면 전국의 어느 도시로나 꽃배달이 가능하다. 또 전국에 있는 우체국을 네트워크로 연결하면 각 지역의 유명특산물을 어느 곳에서나 쉽게 산지의 상품을 구입할 수 있다.

### (2) 전화나 팩스 이용 아이템

전화를 이용한 아이템에는 전화받아주기, 회원관리, 모닝콜, 메시지 전달, 설문조사 등 갈수록 다양한 용도가 개발되고 있다. 한국통신에서 서비스중인 1588국번은 금융회사를 비롯한 서비스회사들이 많은 이용을 하고 있다. 이는 업무의 속도를 빠르게, 많은 양을 소화해 주면서도 비용이 아주 저렴하기 때문에 폭발적인 사용 증가가 일어나고 있다.

팩스를 이용한 아이템으로는 각종 신문 잡지에 실리는 관련정보를 발췌 통합하여 회원들에게 발송해주는 아이템이다. 요리, 부동산, 서적, 학습지, 다이어트, 기상, 물가, 구인, 여행 등 같은 취향이나 관심을 갖고 있는 동호인들 간의 정보교환을 이용한 무한한 아이템을 개발할 수 있다.

### (3) 아이디어 이용 아이템

아이디어 상품은 조그마한 창조적인 생각이나 아이디어를 이용하여 소비자들이 쉽고 편리하게 이용할 수 있는 새로운 개념의 상품이나 서비스를 만들어 내는 것을 말한다. 이 방법에는 두 가지가 있는데 하나는 기존의 상품에다 새로운 아이디어를 넣어서 기존상품을 조금 변형시키는 경우이고, 또 하나는 전혀 새로운 개념의 상품이나 아이디어를 만들어 내는 방법이다. 철조망을 만들어 거부가 된 그 아이디어는 양치는 소년이 양들이 찔레꽃 나무를 먹지 않는 것을 이상하게 생각하여 살펴보았더니 찔레나무에 가시가 있는 것을 보고 철조망을 만들었으며, 연필지우개는 연필에다 지우개를 매단 것에 지나지 않으나 세계 발명특허사상 가장 많은 돈을 번 아이템으로 평가되고 있다. 음료수 빨대를 꼬부려서 만든 것도 조그마한 아이디어에서 출발한 것이다. 소자본 아이템도 이러한 작은 것에서 접근하면 많은 새로운 상품이나 서비스를 만들어 낼 수 있다.

### (4) 서비스 아이템

우리나라의 서비스 아이템은 선진국에 비해 상당히 부족하기 때문에 이 분야에서 많은 개발 가능 아이템이 나타날 것으로 예상된다. 이 서비스의 형태를 두 가지로 나눌 수 있는데 하나는 다른 사람들이 쉽게 모방할 수 없는 전문적인 지식이나 기능이 있어야 하는 경우이고 또 하나는 다른 사람도 할 수 있지만 이를 남에게 맡기는 것이 시간과 비용 그리고 서비스 질에서 더 유리할 수 있는 경우이다. 서비스 분야는 크게 대행, 대여, 중개로 나눌 수 있다.

대행 서비스는 전문분야든 아니든 다른 사람이 할 일을 대신해 주는 아이템이다. 정보발송, 편집대행, 이벤트, 각종홍보 등 업무를 대신 해주는 서비스가 이에 속한다. 근래 죽음 외에는 무엇이든지 다 대행한다는 업체가 나타나고 있다.

대여아이템은 비교적 고가의 상품으로 고객 취향이 쉽게 변하거나 사용빈도가 낮은 분야에서 많이 나타난다. 자동차 스포츠 용품, 헬스기구, 노래방기기, 의류, 의료기, 사무용품기 등 이 또한 수요가 급증할 것으로 보인다. 근래는 종속제품을 판매하기 위하여 주된 상품을 대여하기도 한다. 웅진코웨이는 필터를 교체해주기 위하여 정수기를 대여해주며, 신도리코는 잉크와 종이 같은 종속제품을 많이 팔기 위하여 복사기를 대여한다.

중개아이템은 실물을 다루지 않고 정보만 있으면 가능한 사업이다. 결혼, 미팅 같은 만남을 주선해주는 중개업, 부동산, 주식 같은 정보를 제공해주는 중개업, 직업이나 인력의 정보 등 수많은 중개아이템들이 있다. 선진국에서는 M&A의 활성화로 비즈니스 중개업이 활성화 되고 있다.

### (5) 아웃소싱 아이템

아웃소싱은 조직의 내부활동이나 기능의 일부를 조직외부의 더욱 숙달되고 전문화된 업체에 위탁 처리하는 경영 기법으로 품질과 원가절감에 효율적이기 때문이다. 또한 조직의 기능을 단순화시켜 핵심 역량에만 전념하여 조직의 비대화, 관료화를 방지할 수 있다. 기업이나 공공기관의 업무 대부분이 아웃소싱의 대상이 될 수 있다. 전문 인력 스카웃업, 인력교육훈련, 전문 인력 파견업, 또는 전산업무, 세무 회계업무, 데이터베이스구축업무, 마케팅이나 판매업무, 컨설팅 업무 등은 아웃소싱업종으로 각광을 받고 있다.

### (6) 테이크아웃 업종

테이크아웃은 음식을 구입한 후 이동하면서 먹는 형태의 사업이다. 근래 싱글족, 맞벌이 부부, 핵가족화 등의 추세로 생활환경이 바빠지면서 테이크아웃 업종이 급증하고 있다. 테이크아웃 업종의 사업아이템은 유동인구확보 외에 지역성을 고려하면 적은 자본으로 많은 수익을 기대할 수 있는 아이템이다. 좁은 매장에서도 가능하기 때문에 매장위치를 정할 때 틈새를 보는 안목이 필요하다. 건물과 건물사이 빈틈공간, 계단아래, 상가나 빌딩의 입구 공간 등 유동인구가 많고 임차료가 싼 곳을 활용하면 효율성을 더욱 높일 수 있다. 최근 관심을 모으고 있는 소규모 테이크아웃점으로는 커피전문점, 구슬아이스크림점, 호떡전문점, 치킨점, 샌드위치전문점 등이 있으며, 기존음식점에서도 테이크아웃을 겸하는 업체가 늘어나고 있다.

### (7) 자판기 업종 아이템

자동판매기는 24시간 영업 가능한 업종으로 셀프서비스를 하고 있다. 설치비용이 높으나 비교적 편리하게 사용할 수 있는 위치에 있으며 한번 설치해 놓으면 인건비가 들어가지 않기 때문에 근래 확산되고 있는 추세이다. 직장인들이 부업형 창업, 또 주부들이 참여도 증가하고 있다. 초기에는 파손되는 문제점이 있었으나 근래 시민의식이 성숙되면서 선호도가 높아졌다. 국내의 경우 커피, 음료, 담배, 캐릭터, 솜사탕, 게임자판기, 캔디 초콜릿 자판기, 사진자판기, 즉석라면 등 점점 이용도가 확산되고 있다.

## 5. 소자본 창업의 미래 전망

**첫째**, 컴퓨터의 보급이 일천만대를 넘고, 정보 통신기기가 발달되면서 소자본 창업인구도 크게 증가할 것이다. 평생직장 개념이 보장되지 않고, 평균수명이 점점 길어지는 사회분위기 변화와 눈부신 통신기술의 발달로 이제는 같은 사무실, 같은 출퇴근 시간이 아닌 소수인원, 소규모사무실에서 소자본으로의 창업이 가능해졌기 때문이다. 또한 점점 더 치열해지는 경쟁에서 살아남기 위해서는 구조조정을 통한 인원을 정리하고 사내업무의 상당부분을 아웃소싱 전략을 취하는 기업이 늘어나고 있다. 이에 따라 불어나는 실업자와 고용불안정이 소자본 창업에 관심을 증대시키며 나아가 소자본 창업인구를 폭발적으로 증가할 것이다.

**둘째**, 원맨 창업이나 2잡(job) 창업이 많이 생겨날 것이다. 소자본 기업이 더욱 세분화되어 혼자서도 할 수 있는 창업이 증가하게 될 것이며 하나의 직업에 만족하지 않고, 새로운 아이디어로 일정한 사무실이나 인력을 고용하지 않고 정보통신 시스템과 네트워크를 활용하여 눈에 보이지 않는 또 하나의 직업을 출현시킬 것이다. 즉 미래사회는 돈이나 권력에 의존하지 않고 자신의 취향을 중요시하는 사회로 변화되어지면, 부담 없이 자기만의 즐거움을 느끼게 되는 나 홀로 기업이나, 한 가지 직업에 만족하지 않고 두 가지 이상의 직업을 동시에 갖게 되는 인구가 늘어날 것이다.

**셋째**, 소자본 기업간의 경쟁이 더욱 치열해 질 것이다. 폭발적으로 소자본 창업이 증가되면 서로 간에 물고 물리는 경쟁이 더욱 심화되어 진다는 것이다. 이에 따라 사회제도와 경제시스템이 현재보다 유연해질 것이다. 제조업보다 유연성이 높은 서비스나 정보통신 분야 종사자가 훨씬 많아질 것이고, 레저, 유통, 정보, 인터넷 등의 시장이 확대될 것이다. 경쟁의 결과로 제품의 기능이나 내구성에서는 별 차이가 없어지고 감성 측면인 색상과 디자인의 중요성이 더욱 커질 것이다.

**넷째**, SOHO가 하나의 자연스러운 생활양식으로 자리 잡을 것이다. 현재 자신의 집이나 소규모 사무실을 기반으로 경제활동을 하는 소호족은 인터넷 보급과 정보통신의 발달로 폭발적으로 증가하면서 자연스러운 하나의 생활양식으로 자리 잡으면서 강력한 소호 네트워크가 출현할 것이다. 작업특성상 개별적으로 활동하는 이들은 조직과 규모를 갖춘 기업들과의 거래에서 불이익을 당하지 않기 위하여 네트워크를 형성하여 이들의 역량을 강화할 것이다.

# 11.2 프랜차이즈 창업

## 1. 프랜차이즈 시스템의 개념

현대 유통산업에서 큰 부분을 차지하고 있는 프랜차이즈 시스템에 대한 정의가 많은 이견이 있으나 일반적으로 다음과 같이 정의한다.

프랜차이즈 시스템(franchise system)은 프랜차이즈 본부(franchisor)가 계약에 의해 가맹점(franchisee)에게 일정한 기간동안 특정장소 내에서 자신들의 상표, 상호, 경영노하우 등을 사용하여 제품이나 서비스를 판매할 수 있는 권한을 허가해주며, 가맹점은 이에 대한 대가로 초기가입비와 매출액에 대한 일정 비율의 로열티(royalty)를 지급하는 경로조직이다.

법적 계약에 의해 본부는 가맹점에게 제품 또는 원료와 제조방법을 판매하거나 설비나 건물을 임대나 판매하기도 한다. 최근 들어 수직적 마케팅 시스템의 유형 중 프랜차이즈 시스템이 가장 빠른 속도로 발전하고 있는데 그 이유는 프랜차이즈 본부는 자본 투자 없이 빠른 시간 내에 대량의 제품을 판매할 수 있으며 가맹점은 비교적 안전성이 높고 인지도가 있는 상표와 검증된 경영노하우를 이용함으로 단기간 내에 많은 매출을 올릴 수 있으며, 일정구역 내에서 독점권이 주어지므로 쌍방간에 상승효과를 가져오기 때문이다. 프랜차이즈 본부의 역할은 어떤 경로구성원도 할 수 있다. 즉 제조업자가 본부역할을 할 수도 있고, 서비스 전문업체가 본부역할을 할 수도 있으며, 도매상이나 소매상도 본부역할을 할 수가 있다.

## 2. 프랜차이즈의 유형

프랜차이즈 시스템은 크게 네 가지 유형으로 나누어진다.

**① 제조업자 – 소매상 프랜차이즈**

이 유형은 프랜차이즈 본부가 제조업자이고 프랜차이즈 가맹점은 소매상이 되는 경우이다. 의류, 가전, 가구 등의 제조업체가 대리점에게 자기 상표를 판매할 수 있는 권리를 주며 대리점은 제조업자가 요구하는 조건을 준수해야 한다.

**② 제조업자 – 도매상 프랜차이즈**

이 유형은 콜라회사들이 많이 사용하는 유형이다. Coca cola, Pepsi cola는 제조업자는 자신이 많든 콜라원액을 도매상들에게 판매하며 도매상들이 원액에 물을 타서 병에 담은 후 소매상에게 유통시킨다.

**③ 도매상 – 소매상 프랜차이즈**

의약품 도매상은 자사 산하에 있는 소매상(약국)을 많이 거느리고 있어야 매출을 높일 수 있으며 약국은 자신들이 필요한 약품을 직접 제조업자와 일일이 거래를 할 수 없기 때문에 도매상에 의뢰하여 약품을 쉽게 공급받는다.

**④ 서비스회사 – 소매상 프랜차이즈**

우리나라 프랜차이즈 시스템의 대부분이 이 유형에 속한다.

1980년대 후반에 우리나라에서 급속히 유행하기 시작한 외식 프랜차이즈로 각종 치킨, 장터국수, 투다리, 찜닭, 롯데리아, 김밥, 죽 등과 외국에서 들어온 인스턴트 식품산업인 맥도날드, 버거킹, KFC, 호텔숙박업인 하얏트, 쉐라톤, 그 외에도 자동차정비, 세차, 부동산, 서점, 직업소개소, 헬스클럽, 컴퓨터, 복사점 등 헤아릴 수 없을 정도이다.

## 3. 프랜차이즈 시스템의 특징

프랜차이즈 시스템 사업방식은 소매업에서 가장 많이 활용하고 있으며 특히 우리나라에서는 소자본 창업이 이 방식을 매우 선호하고 있다. 즉 프랜차이즈 본부입장에서 보면 대규모 사업으로 볼 수 있으나 실은 다수의 가맹점이 소규모로 사업을 하고 있는 셈이다. 그리고 슈퍼마켓이나 편의점은 다품종을 취급하고 있으나 프랜차이즈 시스템은 전문성이 있는 특정상품이나 서비스를 주로 취급한다. 프랜차이즈 시스템의 경영효율을 높이기 위한 경영상 특징을 살펴보면 다음과 같다.

### (1) 프랜차이즈 본사의 관리통제

프랜차이즈 시스템은 프랜차이즈 본사의 일관성이 있고 통일된 경영관리 방침에 따라 일사불란하게 운영되며 각 가맹점은 판매기능만 잘 관리하여 좋은 성과를 거두면 되는 것이다. 미래 경쟁에 대비한 제품개발이나 마케팅 전략 등은 본사의 경영방침에 따라 모든 가맹점을 관리 운영할 때 프랜차이즈 조직은 체계적이고 효율적인 성과를 얻게 된다.

### (2) 상품 프랜차이즈 본사에서 통일적으로 표준화

프랜차이즈 본사에서는 필요한 원료를 가맹점에서 개별적으로 구입하지 않고 본사에서 통일적으로 구입하게 됨으로 품질과 가격에서 좋은 조건으로 구매가 가능하다. 또 가맹점에 제공되는 상품이나 반제품, 원료 등은 규격화 표준화 되어있으며 제공방법도 체계화 되어있다. 또한 가맹점의 외형이나 내부구조 및 시설물도 본부에서의 통일된 표준화 동질화된 규격에 맞게 설치되어야 한다. 즉 계획도 없이 표준화, 규격화, 단순화 되지 않은 상태에서 가맹점의 숫자만 늘리면 본사가 프랜차이즈 기능을 제대로 할 수 없으며, 원가와 비용만 많아져서 실패하게 된다.

### (3) 운영방법

프랜차이즈 시스템의 본부는 가맹점과 고객들에게 폭넓은 인지와 매력을 느끼게 하기 위해 제품과 서비스에 대한 끊임없는 품질 개발과 일관된 제품 서비스 및 촉진 관리 운영에 노력하여야 한다. 본부와 가맹점은 모든 면에서 상호 협조하여야 한다. 가맹점이 활성화되어야 본부가 성장·발전할 수 있기 때문에 개점시점과 개점 후에 다음과 같은 서비스를 제공한다.

**① 개점시점의 서비스**

- 입지선택과 시장조사
- 점포 설계와 배치
- 종업원 교육 훈련
- 회계, 세무에 대한 자문
- 기타 재정, 운영에 관한 자문

**② 개점 후의 서비스**

- 상품구색 및 품질 지도 감독
- 현장 지도 감독

- 광고 및 판촉
- 관리자 및 종업원 재훈련
- 시장 동향분석
- 재무 및 보험관리
- 기타 경영 전반에 관한 자문

위와 같은 서비스를 위하여 본부는 서비스 프로그램을 체계적으로 설정하고, 가맹점을 정기적으로 방문하여 운영상의 문제점을 자문하며 가맹점의 성장 발전을 위하여 노력한다.

한편 가맹점들은 주변 혹은 월별로 매출액, 광고, 재고, 재무 및 마케팅 정보 등을 본부에 보고한다. 이를 바탕으로 본부는 경영전반에 대한 현안을 파악하고 통제한다. 근래 POS(point of sale)시스템의 도입으로 매출정보와 개인정보, 시장정보가 즉시 본부에 집계됨으로 본부가 프랜차이즈 시스템 전반에 걸친 전략의 분석 · 수립 · 통제가 한결 빠르고 용이해졌다.

## 4. 프랜차이즈 시스템의 장 · 단점

### (1) 프랜차이즈 시스템의 장점

프랜차이즈 시스템의 장점은 업종과 형태에 따라 다소 차이가 있다. 프랜차이즈 본부와 가맹점의 장점을 구분하여 살펴보면

#### ① 프랜차이즈 본부의 장점

㉠ 자본 투자 없이 빠른 시간 안에 사업을 확장할 수 있다. 본부는 사업 노하우만 있으면 가맹점이 초기 가입비를 지불하기 때문에 적은 자본으로 쉽게 사업을 확장시킬 수 있다.

㉡ 모든 원료를 대량 구매함으로 가격과 품질에서 유리하다. 각 가맹점에서 필요한 원료를 대량으로 공동구입하기 때문에 소량구매자들보다 저렴한 가격에 믿을 수 있는 품질의 원재료를 구입할 수 있다.

㉢ 광고 · 선전도 공동으로 벌임으로 개별독자적인 점포에 의해 집행되는 것보다 훨씬 효율적이다.

㉣ 본부는 직접 영업에 참가하지 않기 때문에 프랜차이즈 패키지 개발에 전념

할 수 있으며, 유통분야에 고용해야 하는 인력을 줄임으로 조직 및 인사관리에 따른 비효율적인 비용을 줄일 수 있다.

**② 프랜차이즈 가맹점의 장점**

㉠ 실패의 위험성이 적다. 프랜차이즈 본부가 이미 그 사업에 대하여 인지도를 넓혀 명성을 쌓고 강력한 이미지를 구축하였으며 영업효과가 검증된 점을 확인한 후 계약하기 때문에 가맹점은 그만큼 실패위험이 적다.

㉡ 독립 소매점으로 창업을 하는 것보다 소액자본으로 시작할 수 있다. 담보가 설정되면 본부가 외상으로 상품을 공급해 주기도 하고 설비투자에 들어가는 비용도 할부로 지급하며 전체적인 투자비용이 더 적게 투자된다.

㉢ 그 사업에 대한 경험이나 지식이 별로 없어도 본부의 교육프로그램과 경영지도를 받아 쉽게 사업운영을 할 수 있다.

㉣ 본부가 공동 집중 구매를 통해 상품과 원료를 공급해 주기 때문에 품질과 가격 면에서 안정된 공급을 받을 수 있다.

㉤ 본부가 계속적으로 프랜차이즈 패키지를 개발하여 우수한 품질의 상품, 인지도 높은 브랜드, 점포디자인 등을 주기 때문에 가맹점은 판매에만 전념할 수 있다.

㉥ 광고 및 홍보도 본부에서 일괄적으로 촉진활동을 하기 때문에 개별적인 촉진활동보다 훨씬 효율적이다.

## (2) 프랜차이즈 시스템의 단점

**① 프랜차이즈 본부의 단점**

㉠ 가맹점 관리에 따르는 애로사항이다. 명령체계가 내부직원들과 다르기 때문에 가맹점 직원에게 동기부여 시키는 일은 퍽 어려운 일이다. 본부에서 정한 표준지침에 따른 제품, 가격, 촉진활동이지만 계약대로 착착 진행되지 않을 때, 특히 불경기시에는 더욱 어려움이 커진다.

㉡ 가맹점과 공개적인 분쟁이 발생된다.
가맹점이 숫자가 많아지면 조직화되고 조직화되면 힘이 생긴다. 이때 본부와 가맹점간에 이익에 관해 대립이 되어 양자간의 분쟁이 공개적으로 발생할 수 있고 법적대항도 생길 수 있다.

**Article 3** **퇴직하면 음식점이나 한다고? 10명중 3명 1년내 거덜나요**

금융회사에서 10년동안 근무하다 구조조정으로 퇴직한 엄성욱 씨(가명 40).
엄씨는 1년 전 고향인 제주에 내려가 구시가지에서 우연히 점포자리를 보았다. 근처에 방송통신대 지역학습관 시민회관 공용도서관 등이 즐비해 당연히 장사가 잘될 것이라 판단했다. 업종도 평범한 게 수요가 많다고 판단해 부대찌개로 정했다.
처음 3개월은 장사가 잘됐지만 인력관리 노하우가 없어 직원과 마찰이 끊이지 않았다. 주방 직원이 바뀌면서 맛이 변했고 그 바람에 고객이 줄어들기 시작했다. 설상가상으로 신시가지로 인근 공용시설이 옮겨간다는 정보가 나돌면서 상권도 쇠퇴하기 시작했다.
매출이 떨어지면서 엄씨 성격도 신경질적으로 변해 고객들과 마찰도 잦아졌다. 초기 한 달 매출은 2000만원을 웃돌았으나 매출이 700만~800만원대로 떨어지면서 6개월만에 사업을 접고 말았다.
10년여 동안 남성의류 제작회사를 다니다가 명예퇴직을 한 김윤규씨(가명 45)도 회사 경험만 믿고 2년전 의류 전문점을 봉천동에 열었다가 실패한 사례다. 인근 재래시장 내 경쟁 점포보다 깨끗한 매장에서 다양하고 질 좋은 제품을 갖춰 처음에는 한달 매출이 3000만원까지 올랐다. 그러나 보라매공원 근처 대형 상권에 대형 할인매장이 등장하자 손님이 줄어드는 것을 구경할 수밖에 없었다. 대형 매장과는 가격 경쟁력에서 비교가 안 됐다.
김씨는 상권 움직임을 예측하지 못해 창업 6개월 뒤에는 월세 내기도 어려운 처지가 됐다.
경기침체는 끝이 보이지 않고 대형 체인점과 할인점이 득세하는 가운데 자영업자들 설자리는 갈수록 좁아지고 있다. 특히, 취업이 어렵고 정년도 짧아지자 섣불리 창업을 선택하는 사계가 많으나 준비 없는 창업은 폐업 신고만 늘게 할 뿐이라는 지적이다.
창업 전문가들은 창업에 나선 명예 퇴직자 중 1년 이상 사업을 지속하는 사례가 10명에 3명 정도밖에 안 된다고 지적한다.
실제 국세청에 따르면 폐업신고한 개인사업자 4명 중 한 명은 1년도 못 버틴 것으로 나타났다. 특히, 요식업이나 도·소매업은 창업 뒤 1년 이내 폐업하는 비율이 30%를 넘어섰다. 2005년에 폐업을 신고한 개인사업자는 총 75만3994명으로 이 중 1년도 채 안 된 상태에서 폐업한 사례는 20만8461명에 달했다. 1년 이내 폐업비율이 27.6%인 셈이다. 특히 요식업과 도·소매업에서 1년 이내 단기폐업이 집중됐다. 소매업에 나섰던 개인사업자 중 총 14만 6789명이 폐업했는데 이 가운데 1년 안에 폐업한 사람이 34.1%에 달했다. 6개월도 버티지 못한 초단기 폐업자도 2만 8308명에 이른다.
요식업을 했던 개인사업자들 1년 이내 폐업 신고율이 무려 32.9%에 달했다. 이밖에 도매업이 32.5%로 뒤를 이었고, 숙박업도 25.3%로 나타나 자영업자들 한숨소리가 컸던 것으로 해석됐다. (매일경제, 2007.2.8)

㉢ 본부의 파워가 가맹점 쪽으로 시간이 흐르면서 넘어간다. 본부보다 가맹점이 고객에 대한 모든 정보를 더 많이 알게 되고 관계도 더욱 밀착할 가능성이 크다. 결국 고객의 구매에 대한 태도, 습관, 불만, 행동을 훨씬 많이 알고 있는 가맹점에 파워가 높아진다.

㉣ 가맹점 중에는 본부에서 의도한대로 잘 협조하고 고객에게 양질의 서비스를 제공하는 가맹점도 있지만 그렇지 못한 가맹점도 있다. 서비스 질은 서로 다르기 때문에 양질의 서비스를 제공하지 못하는 가맹점을 처벌하는 기준이 애매모호할 수 있다.

**② 프랜차이즈 가맹점의 단점**

㉠ 본부가 프랜차이즈를 판매할 때 과장해서 표현한다. 본부가 내세운 가능수익의 과장된 표현과 가맹점이 실제로 얻은 수익 간에 많은 차이가 발생하여 문제가 생긴다.

㉡ 비효율적인 측면이 많다. 본부가 우월적인 지위를 남용하고 부당하게 구속함으로 공정한 경쟁 질서를 저해할 수 있다. 즉 프랜차이즈 계약은 본부에 일방적으로 유리하게 되어있다는 것이다.

㉢ 본부는 단기적인 안목으로 가맹점 확보에만 급급하고 가맹점의 매출실적이나 영업에 관심이 적을 수 있다. 가맹점의 종업원 교육이나 경영에 대한 자문을 게을리 하는 본부가 많다는 것이다.

㉣ 유연성이 적다. 본부의 노하우가 짧은 기간 내에 완전히 학습되어도 계약기간까지는 로열티를 지불해야 하며 본부의 지시를 따라야 한다.

## 5. 우리나라 프랜차이즈 현황

우리나라는 1997년 IMF경제위기 시기의 기업체의 대량부도 사태와 실업자 증가로 인하여 프랜차이즈 본부의 사업체가 수적으로 크게 증가하였다. 2002년 한국 프랜차이즈 협회 조사에 따르면 국내 영업중인 프랜차이즈 가맹본부는 약 1천 6백 개이며 가맹점 수는 약 12만개로 경상GDP의 7.6%에 달한다. 우리나라 프랜차이즈 산업은 전체 소매유통의 약 10%를 점유하며 연평균 10% 이상의 고도성장을 지속하고 있으며 관련종사도 약 56만여 명에 이른다.

우리나라 프랜차이즈 사업은 외식업이 가장 큰 비중을 차지하고 다음으로 선호하는 업종은 서비스업이다. 고용인구 비중으로 보면 프랜차이즈 전체 총

종사자수 56만 8천여 명 중 82.5%가 가맹점 종사자이다. 업종별 본부 현황은 외식업 51%, 도소매업 29%, 교육기타서비스업 20%이며 업종별 가맹점 현황은 외식업 43%, 도소매업 36%, 기타서비스업 20% 순으로 나타났다. 지역별 프랜차이즈 본부 소재지는 서울 경기지역이 86%로 압도적인 편중현상을 보이고 있다. 프랜차이즈 본사의 해외진출현황을 보면 가맹점포수가 743개로 이중 90%가 중국이며 미국이 6%이다.

**Article 4** **KFC 창업주**

세계적인 치킨체인으로 유명한 KFC의 전 세계 매장 어디를 방문해도 가장 먼저 고객을 반기는 것은 입구에 세워진 한얀 양복을 입은 인상 좋은 할아버지이다. 그가 바로 KFC의 창업주 할랜드 데이빗 샌더스(Harland David Sanders)이다. 65세의 나이, 105달러라는 턱없는 사업자금. 그리고 1008번의 거절 속에서도 지칠 줄 모르고 1009번의 도전을 해서 결국 기적을 만들어낸 커넬 샌더스. 다음은 너무나 드라마틱해서 자주 회자되는 그의 라이프 스토리이다.

6살에 아버지를 잃고 어머니가 일하러 나가면 동생을 돌봐야했다. 12살 되던 해에 어머니마저 재혼한 남편을 따라 떠났다. 그는 이때부터 닥치는 대로 무슨 일이든 했다. 철도 노동자, 자동차 정비소일, 농장일, 보험일등 안 해 본 일이 없었다. 20대 초반에 결혼했으나 어렵게 모은 돈으로 하던 사업이 실패하자 부인마저 떠나버렸다. 거듭된 실패에도 샌더스는 40살이 되던 해 켄터키 주에서 다시 작은 주유소를 운영하며 재기를 시작했다.

"주변에 음식점이 없으니 주유소를 찾는 손님들에게 간단한 음식을 팔면 어떨까."

그렇게 해서 만든 음식이 바로 닭튀김이었고 그의 식당은 점점 입소문이 나면서 번창하기 시작했다. 부위별로 잘라서 여러 가지 양념을 넣고 튀겼는데 맛이 너무나 좋아서 한번 맛본 사람은 다시 찾아 왔고 소문이 삽시간에 사방으로 퍼져나갔다. 그런데 승승장구하던 샌더스에게 예상하지 못한 시련이 닥쳐왔다. 식당 앞으로 큰 고속도로가 생기면서 그의 식당은 문을 닫게 된 것이다.

그의 나이 65세. 그의 수중에는 아무것도 없고 국가에서 연금조로 나오는 105달러뿐이었다. 열심히 일하던 사람들도 은퇴를 하고 물러날 나이. 샌더스는 새로운 도전을 시작한다.

"내가 개발한 11가지 양념의 닭튀김 비법을 파는 거야. 조리법을 알려주는 대신 로열티를 받는 거지. 분명 관심이 있는 식당 주인이 있을 거야!"

자신만이 만들 수 있는 닭튀김 조리법을 알려주고 로열티를 받는 사업을 생각했다. 프렌차이즈란 개념조차 없던 때에 치킨 한 조각 당 4센트를 로열티로 받기로 야심찬 각오를 한 것이다. 전 재산을 털어 중고차 한 대를 샀다. 그리고 그의 닭튀김 비법을 사줄 사람을 찾아 미국 전역을 돌아 다녔다. 그러나 식당 주인들은 그의 설득에 넘어가지 않았다. 잡상인으로 취급받고 정신병자로 오해도 받았다. 그러나 그는 포기 하지 않았다. 2년간 1008개의 사람과 식당에서 퇴짜를 맞았지만 그는 포기하지 않았다. 어느덧 68세의 나이. 1009번째 콜로라도에 있는 한 식당을 방문하게 된 샌더스는 마침내 기적을 만나게 된다. 그 식당에서 그의 닭튀김 비법을 사기로 한 것이다. KFC 1호점이 탄생하는 순간이었다. 상상을 초월하는 그의 집념이 만들어낸 결과였다.
그의 집념 덕택에 KFC는 4년 만에 200개의 매장이 생겼고 1971년에는 매장이 무려 3500개 이상으로 늘어났고, 세계적인 기업으로 뻗어 나가게 된다. KFC 매장은 현재 전 세계에 100여개 국 약 1만 3000여개에 달한다. 샌더스는 말한다. "훌륭한 생각을 하는 사람은 많지만 행동으로 옮기는 사람은 드물다. 나는 포기하지 않았다. 대신 무언가를 할 때마다 그 경험에서 배우고 다음에는 더 잘할 수 있는 방법을 찾아냈다."

## 11.3 SOHO 창업

### 1. SOHO란?

#### (1) 개 념

아침부터 출근전쟁의 시작이다. 회사에 출근하기도 전에 사람들은 지쳐서 업무의 시작은 힘이 없다. 회사에 도착하면 온갖 잡무에 시달리고, 책상위에 놓인 많은 서류, 팩스를 통해 자료는 수없이 들어온다. 퇴근할 때쯤이면 녹초가 되어버린다. 이것이 지금껏 우리가 생각해온 전통적인 근무형태, 사무실의 모습이다. 그런데 요즘에는 이런 전통적인 근무형태, 사무실에서 벗어나 전혀 다른 모습의 사무실이 등장하기 시작한다. 마당에서는 아기가 뛰어놀고 있고 부엌에서는 아내가 밥상을 차리며, 구수한 된장찌개 냄새가 배어 나온다. 바로 이런 모습이 요즘 들어 새로 등장하고 있는 사무실의 모습이며 21세기의 새로운 사업형태이다. 흔히 SOHO라고 불리는 새로운 사업형태인 것이다.

SOHO란 Small Office Home Office의 줄임말로써 말 그대로 조그만 사무실이나 재택근무를 하면서, 별도의 인력이나 자본 없이 돈을 버는 소규모의 사업

형태를 의미하며 21세기형의 새로운 사업형태이자 근무형태이다. 우리나라에서 소호개념은 IMF라는 시대적 배경과 맞물려 일반인들에게 급속히 알려지게 되었다. 하지만 미국은 경제인구의 1/3이상이 하고 있고, 일본 역시 그 비중이 상당히 커지고 있다.

### (2) 기존의 개인사업과 다른 점

SOHO가 기존의 개인사업과 구별되는 특징은 무엇일까? 바로 컴퓨터와 네트워크, 인터넷을 이용해서 기존의 사무실 환경과 동일한 기능을 가정에서도 완벽히 수행할 수 있다는 점이다. 일단 사무실의 기능을 한번 살펴보자. 많은 기업이 도시 중심가의 값비싼 건물을 임대하거나 구입하여 사무실을 구축하는 것은 그만큼 사무실의 존재가 필요하기 때문이다. 하지만 네트워크의 발달로 굳이 사무실을 임대하지 않아도 가정에서 충분히 그 기능을 대체할 수 있게 되었다.

**Article 5 내 인생, 내가 경영한다.**

"성실하게 일하면 반드시 성공한다."
아서 밀러의 1949년 작품 〈세일즈맨의 죽음(Death of a Salesman)〉의 주인공 윌리 로만은 30년 동안 '성실한 직장생활'을 신조로 떠받들며 가장의 도리를 다한다. 보통 사람 누구나 금과옥조로 섬기는 이 덕목은 그러나 로만의 해고와 자살로 산산조각이 나고 만다. 이야기의 배경은 60년 전이지만 지금도 세일즈맨의 죽음은 가슴 저리는 '현실'이다.
윌리 로만의 이야기에서 보듯 동서고금을 막론하고 직장인 신세는 똑같이 고달픈가 보다. 누구나 높은 이상과 건강한 패기로 직장생활을 시작하지만 처음 그렸던 미래를 맞이하는 이는 극소수에 불과하다. 그렇다보니 많은 직장인이 '내 사업' 또는 '자유로운 일'에 대한 환상을 품곤 한다. 한때 '프리랜서'가 자유와 고소득을 상징하는 직업으로 뜬 것도 이와 무관하지 않다.
최근 1인 기업에 관심이 쏠리는 것도 마찬가지다. 열풍은 이미 시작됐다. 출판, 강연방송, 컨설팅, 창작, 온라인 상거래 등의 분야에서 활약하는 1인 기업가들이 부쩍 늘었다. 활동영역이 넓어지고 연령이 낮아지는 추세다. 물론 남녀 구분도 없다. 이들은 스스로 최고경영자(CEO)가 되어 기획과 생산, 마케팅과 유통을 책임진다.
특히 지식산업 분야에서 1인 기업의 약진이 돋보인다. '콘텐츠'를 생산하는 지식 비지니스의 경우 1인 기업이 활동하기 좋은 조건을 두루 지녔다. '새로운 비즈니스 종족'의 출현은 지식기반 경제시대와도 절묘하게 맞아떨어지는 셈이다.
1인 기업은 흔히 직장에 다니지 않고 독립적인 수익 모델을 갖고 사회활동을 하는 사람을 말한다. 사업자 등록을 했느냐, 법인 설립을 했느냐를 따질 필요는 없다. '1인 기업'에서 '기업'은 구체적인 존재방식을 말하는 게 아니라 기획부터 생산, 유통, 관리까지 모든 과정에 CEO로서 책임을 진다는 의미다. 프리랜서와 같은 의미로 생각해도 크게 다르지 않다.

반드시 '혼자' 일을 하는가 역시 그리 중요하지 않다. 많은 1인 기업가들이 매니저나 비서를 두고 일을 한다. 하지만 자기를 브랜드로 만들어 수익 모델을 운영하고 있다면 몇 명이 움직이든 상관없이 1인 기업이라고 할 수 있다. 심지어 직장 울타리 내에서도 1인 기업가라 부를만한 이가 수두룩하다. 자신의 이름을 브랜드화해 1인 기업을 운영하는 것이나 다름없는 효과를 누린다면 이들 역시 1인 기업 범주에 속한다.

결국 1인 기업을 구분하는 잣대는 한 사람의 개인이 '브랜드'가 되느냐, 못되느냐의 문제로 요약된다. 이 점은 1인 기업을 이야기할 때 빠지지 않는 '경영학의 구루' 톰 피터스의 견해이기도 하다.

톰 피터스는 1인 기업가의 세계적인 아이콘으로 통한다. 그는 1인 기업가를 '브랜드 유(Brand U)' 또는 '나 주식회사(Me Inc.)'라고 규정한다. 나 자신이 곧 브랜드가 되어야 한다는 의미다. 자신이 어디에 있든 스스로를 브랜드로 포장해 팔지 못한다면 존재 의미가 없다는 게 톰 피터스의 주장이다.

국내 1인 기업의 등장은 공병호 박사와 구본형 변화경영연구소장부터로 보는 게 일반적이다. 이른바 '원조 1인 기업'이 이 두 사람인 것이다. 이들은 각기 활발한 저술활동과 강연기고 방송 등을 통해 끊임없이 스스로를 브랜드화하고 있다. 공병호 박사의 경우 2001년 10월 벤처기업 CEO를 그만두고 '공병호경영연구소'를 차리면서 1인 기업 길에 나섰다. 공 박사가 들고 나온 '자기경영'은 외환위기 이후 가장 대표적인 성공 키워드로 꼽힌다.

이들이 1세대라면 최근에는 다양한 영역에서 2세대 1인 기업가들이 약속이나 한 듯 선을 보이고 있다.

지난해부터 1인 기업으로 활동하고 있는 최효찬 자녀경영연구소장은 "컨설턴트, 강연가, 저술가, 프로그래머, 저널리스트, 콘텐츠제작자, 일러스트레이터 등 해당되지 않는 분야가 없을 정도"라면 "이로 인해 1인 기업가들의 나이도 40~50대에서 20~30대로 낮아지고 있다."고 말했다.

실제로 1인 기업의 분야와 수익을 창출하는 방법은 무척 다양하다. 만화를 전공한 일러스트레이터 박수란 씨의 경우 싸이월드 미니 홈피를 꾸미는 그림 '스킨'을 제작 판매해 월 평균 1800만원의 수익을 올리고 있다. 연봉으로 따지면 2억원 수준이다. 박 씨가 사업을 위해 투자한 것은 아이디어 가득한 머리와 그림 솜씨, 하루 12시간의 작업시간이 전부였다. 투자비가 거의 없으니 매출 대부분이 순수익이다.

싸이월드에는 박 씨 같은 1인 기업이 적지 않다. '룰룰' '스낵박스' 등도 고수익을 올리는 인기 판매자들이다. SK커뮤니케이션즈 신희정 과장은 "품질이 좋은 물건을 팔면 금세 1촌이 많아지고 입소문도 빨라 1인 기업이 사업하기 좋은 환경"이라고 말하고 "입점을 원하는 수요가 점차 늘어나고 있다"고 밝혔다.

1인 기업가 중에는 세상이 선망하는 대기업을 박차고 나와 1인 기업의 고독한

길을 택한 이들도 있다. LG전자 출신인 윤홍렬 트리즈센터장은 러시아의 경영 혁신 이론인 '트리즈(TRIZ)'의 전도사를 자처하며 지난 2005년 1인 기업을 차렸다. 그는 포항, 이천 등 자신을 부르는 기업이 있는 곳에서 며칠씩 머무르며 트리즈 교육과 컨설팅에 전념하고 있다.

1인 기업을 지원하면서 스스로가 대표 1인 기업이 된 사례도 있다. 국내 유일의 1인 기업가 에이전시인 크레밴의 백기락 회장이 그렇다. 백 회장은 독서 경영 전문가로 활동하면서 1인 기업들의 활동을 지원하는 커뮤니티를 만들어 운영 중이다. 크레벤 커뮤니티의 회원은 현재 950명에 달한다.

이 밖에도 부동산 컨설턴트인 고종완 RE멤버스 대표, '아침편지'로 유명한 고도원 아침편지 문화재단 이사장 등도 1인 기업 범주에 포함되는 이들이다. 또 비즈니스 라이팅 코치 윤영돈, 창업 컨설턴트 심상훈·서정헌, 1인 출판가 서사봉, 커리어코치 하영목 등도 주목할 만한 1인 기업가로 손꼽힌다.

"직장을 떠돌다 생을 마감할 작정인가."

최효찬 소장은 위기관리에 나서지 않는 직장인들에게 이렇게 외쳤다. 30~40대 직장인 대다수가 5년 후를 두려워하는 지금, 가만히 앉아서 삶에 이끌려 갈 것이냐는 질타다. 그는 "1인 기업은 고단하고, 직장은 포근한 게 사실"이라면서 "그러나 1인 기업엔 직장에서 받는 스트레스쯤은 일시에 상쇄하고도 남을 만한 성취가 있다"고 강조했다.

먼저 1인 기업 대열에 나선 이들은 이 새로운 비즈니스 종족의 출현이 '필연적'이라고 입을 모은다. 특히 지식 기반 경제가 가속화하면서 1인 기업의 입지가 비례적으로 확대되고 있다는 게 전문가들의 의견이다. 불안정한 직장 대신 자신만의 비전을 키우며 전문영역을 구축하는 현상은 새로운 트렌드로 이어지고 있다는 분석이다.

그러나 어떤 일이나 그런 것처럼, 1인 기업은 시작하기도 성공하기도 쉽지 않다. 결단에 앞선 '준비'의 중요성은 누구나 입을 모아 강조하는 '성공 요건'이다. 또 자기 절제와 건강관리도 중요한 조건으로 꼽힌다. 이 외 가장 중요한 조건은 바로 '가족'이다. 아내나 남편을 아군으로 만들지 못하면 절대 성공할 수 없다는 게 먼저 길을 나선 1인 기업들의 공통된 '경고'다.

(Business, 2007.4.9)

## 2. SOHO의 특성

### (1) 전문성

SOHO는 팔방미인이 아니다. 자신이 생각하고 있는 어떤 한 아이템에 충실하고, 전문적인 지식을 가져야만 살아남을 수 있다.

### (2) 소자본에 의한 창업

SOHO는 자본에 크게 구속을 받지 않는다. 물론 자신이 생각하는 사업에 대한 기본적인 자본은 필요하겠지만, 아이디어만 있으면 적은 자본으로도 창업이 가능하며, 운영에 있어서도 크게 영향을 받지 않는다.

### (3) 공간과 시간제약에 대한 탈피

SOHO에 있어서 가장 매력적인 장점이라 할 수 있을 것이다. 공간은 전 세계, 시간은 24시간, 구매하고자 하는 고객만 있으면 언제든지 접촉이 가능하다. 특히 인터넷이라는 매개체가 놓이게 되면 그 활용도는 배가 될 것이다.

### (4) 관련 업체 및 소비자와의 연결

사무실에는 대개 수많은 전화와 팩스가 설치되어 있기 마련이다. 또한 방문객을 접대하고 중요한 얘기를 나눌 수 있는 공간도 따로 존재한다. 하지만 SOHO의 경우 그렇게 많은 장비와 공간을 마련할 수 없다. 그럼에도 네트워크와 기타 서비스를 이용하면 일련의 작업들을 사무실 환경과 비슷하게 수행할 수 있다. 우선 전화와 팩스처럼 외부와 연락하는데 긴요한 사무기기들은 사무용 복합기기를 하나 구입함으로써 모두 갖출 수 있다. 전화업무가 너무 많아 업무를 제대로 볼 수 없을 지경이라면 사무 대행 회사의 전화 대행 서비스를 이용하면 간단히 해결된다. 사무 대행 회사의 전화 대행 서비스를 이용하면 전용 전화번호와 비서를 배정해 주며, 전화가 걸려오면 담당 비서가 전화 내용을 고객에게 전달해 준다. 따라서 전용비서나 전화를 받아줄 인력이 없어도 전화를 통한 업무를 쉽게 해결할 수 있다.

상품 샘플이나 사업 기획안 등 전화 통화로는 해결될 수 없는 업무도 부득이한 경우가 아니라면 택배 서비스와 전자우편을 이용하여 처리할 수 있다. 물론 반드시 상대방을 만나야 하는 상황이라면 직접 발로 뛰어야 하지만, 이러한 경우는 대기업에 근무하더라도 마찬가지 방식을 취해야 하므로 비단 SOHO만의 단점이라고는 볼 수 없다. 물론 SOHO의 네트워크와 인터넷이 모든 것을 대신해 주지는 않는다. 하지만 대부분의 작업이 통신과 전화, 팩스 등을 효율적으로 사용하면 해결된다는 것에는 의의가 없을 것이다.

### (5) 직원들의 협업과 효과적인 업무 분할

기업들이 사무실을 내는 가장 큰 이유는 역시 함께 작업할 수 있는 공간을 확보한다는데 있다. 오늘날의 업무는 매우 복잡해서 한 개인이 모든 것을 처리하는 경우는 드물다. 기획, 시장조사, 영업망 관리, 자금관리, 광고 및 홍보 등을 한 개인이 모두 하는 것은 능률적이지 못하기 때문이다. 이러한 협업의 필요성은 SOHO의 경우에도 예외가 아니다. 독창적인 아이디어를 가지고 시작했다 해도 하나의 일을 완성하는 데는 다른 이와의 공동작업이 필요하다. 같은 사무실을 사용하고 있다면 별 문제가 없겠지만, SOHO인 경우에는 함께 작업할 사람들이 모두 떨어져 있게 된다. 이 때 예전에는 불가능했을지 모르지만, 인터넷과 전화를 효율적으로 이용하면 공동 작업도 크게 어렵지 않다.

우선 전화는 여러 명이 동시에 통화가 가능한 전화서비스(상담전화 : 각 국번 +0000)를 사용하면 함께 모여 회의하는 것과 같은 효과를 볼 수 있다. 그리고 가장 중요한 작업 내용의 공유는 인터넷과 PC통신을 이용해 지속적으로 상호 전송해 사용하면 완벽한 작업이 가능하다. 실제로 미국이나 일본의 SOHO들은 이런 방식을 통해 함께 작업하는 경우가 많으며, SOHO를 광고하고 연결시켜 주는 웹 사이트들도 많다. 국내에서는 아직 미흡하지만 '코리아 SOHO'라는 홈페이지에서 비슷한 기능을 수행하고 있다. 아직은 SOHO의 광고를 대행해 주는 정도이지만, 시간이 흐르면 SOHO를 연결해 주는 역할도 하게 될 것이다.

### (6) 효율적인 관리 체계

사무실이 주는 장점 가운데 잘 드러나지 않는 것 중의 하나가 바로 효율적인 관리가 가능하다는 점이다. 회사 역시 조직이기 때문에 일정한 수직적 관리 구조가 존재한다. 한 회사의 책임자인 사장부터 말단 직원까지 수직적인 관계를 유지, 관리하는 데 같은 공간에 있다는 것은 큰 영향을 끼치게 된다. 서슬 퍼런 부장의 눈앞에서 빈둥거리기는 어렵게 마련이기 때문이다.

그러나 지금은 전통적인 기업의 관리 방침이 바뀌고 있다. 요컨대 관리보다는 효율을 더 중시하는 풍토로 변모하고 있다. 좀더 효율적인 작업을 위해 제한적으로나마 재택 근무제를 채택하는 회사가 늘고 있다. 직원들을 재택 근무시키면 회사로서는 사무실 공간을 축소할 수 있으므로 각종 부대비용이 줄어드는 장점이 있다. 또한 직원에게는 출퇴근에 소요되는 시간과 회사 내에서 일어나는 각종 잡무에서 벗어나 자신에게 주어진 일만 할 수 있는 장점이 있다. 실제로 국내의 두산유리에서는 영업사원들에게 국한된 경우이긴 하지만, 1996년부터 재택근무제를 실시하고 있다. 이 회사에서는 재택근무자에게 휴대폰과 노트북 컴퓨터를 나누어주고, 매일 아침 활동 보고서와 회사의 지침을 통신이나 네트워크를 통해 전달하고 있다. 긴급히 직원에게 연락을 취할 필요가 있을 때에는 휴대폰을 이용한다. 두산유리 측에서는 사무실 공간을 효율적으로 운영하고, 출퇴근에 따른 시간 낭비, 업무 외의 불필요한 잡무 등으로부터 직원들을 해방시킴으로써 독창적인 영업활동을 하도록 하기 위해 이 제도를 도입했다고 밝힌다. 두산유리처럼 완벽한 전산 관리 시스템과 네트워크가 갖추어진 기업에서는 이러한 재택근무가 업무의 효율성을 높여줄 수 있다. 국내에서는 두산 이외에도 한국듀폰, 한국IBM, 나래이동통신 등에서 제한적으로 재택근무가 실시되고 있으며, 이러한 움직임은 더욱 확산될 것이다.

## 3. SOHO가 부상하는 이유

### (1) 전 세계적인 인터넷 붐

SOHO가 갑작스런 관심의 대상이 된 이유는 다름 아닌 인터넷의 폭발적인 유행 때문이라 할 수 있다. 집 안 컴퓨터 앞에 앉아 전 세계 어디라도 방문할 수 있는 인터넷의 매력은 기업이나 사업자들에게 별다른 자본 없이도 자신이 원하는 사업을 할 수 있다는 희망을 갖게 하였다. 대기업이 가진 전 세계적인 영업망과 전문 두뇌들, 그리고 대규모 자본이 투자되는 광고 시스템 없이도 인터넷을 통해 전 세계 소비자들을 대상으로 판매와 홍보를 할 수 있기 때문이다. 어느 정도의 컴퓨터 지식과 참신한 아이디어만 있으면 누구든 인터넷을 통해 사업을 펼칠 수 있다. 전 세계에 걸친 영업망을 가지고 있고, 대규모 광고가 가능한 대기업들조차 경쟁적으로 인터넷에 자사의 홈페이지를 구축하는 것은 인터넷의 위력을 보여주는 단적인 실례라 하겠다.

하지만 인터넷은 단순한 홍보 수단으로만 쓰이는 것이 아니다. 현재 양과 질에서 가장 우수하고 최신의 정보를 습득할 수 있는 장소도 역시 인터넷이다. '정보의 바다'라는 별명에 걸맞게 언제라도 전 세계의 컴퓨터에 실시간으로 접속해 자신이 원하는 정보를 찾아볼 수 있다. 물론 아이러니하게도 너무나 많은

## Article 6 新소비층 블루슈머가 뜬다.

'이동족', '무서워하는 여성', '20대 아침 사양족', '피곤한 직장인', '일하는 엄마', '살찐 한국인'.

통계청이 주요 국가 통계를 활용해 올해의 '신 소비자층'으로 지목한 사람들이다. 새로운 수요자를 발굴하려는 기업이나 창업 예정자라면 새겨들을 만한 대목이다.

통계청은 23일 각종 통계를 분석해 기업이 올해 주목해야 할 6개 블루슈머를 선정 발표했다.

블루슈머는 경쟁 없는 시장인 '블루오션(Blue Ocean)'과 소비자란 뜻인 '컨슈머(Consumer)'가 합성된 말로 '경쟁자가 없는 시장의 새로운 소비자'를 의미한다.

우선 이동시간이 늘어남에 따라 관심을 끌고 있는 '이동족'이 꼽혔다.

2004년 10세 이상 국민 한 명의 하루 평균 이동시간은 1시간 40분으로 1999년보다 5분 증가했다. 또 '걷기'가 건강 유지를 위한 대중적 운동으로 자리잡으면서 개인이 걷는 시간도 5년 새 5분 늘었다.

이동, 도보 시간이 늘어남에 따라 DMB, PMP, 무선 헤드폰 등 움직이면서 즐길 수 있는 상품이 인기품목으로 자리잡고 있다.

강력 범죄 증가에 따른 '무서워하는 여성'도 주목해야 할 블루슈머로 꼽혔다.

2005년 강간사건 발생건수는 2003년에 비해서는 13%, 2000년에 비해서는 68%나 늘었다.

15세 이상 여성 중 범죄 피해에 대해 두려움을 느낀다고 응답한 비율은 2001년 64%에서 2005년 67%로 증가했다. 이 때문에 무인경비시스템, 디지털도어록, 호신용 전기충격기 등 방범, 호신용품 인기가 높아지고 있다.

'20대 아침 사양족'도 공략 대상이다. 지난해 우리나라 20대의 46%가 아침을 거르는 것으로 나타났다.

20대 인구가 746만여 명인 점을 감안하면 370만여 명이 아침을 굶는 것이다. 이에 따라 아침식사 대용 먹을거리로 꼽히는 건강음료, 즉석죽, 컵스프 등이 20대를 파고들고 있다. 지난 해 30~50대 여성 취업자 수가 2000년에 비해 16%나 늘어난 것에 착안해 '3050 일하는 엄마'도 블루슈머로 꼽혔다.

아이들을 돌봐주면서 교육도 하는 에듀시터, 아이들을 돌봐주고 놀아주는 플레이튜터, 로봇청소기 등 엄마, 주부 역할을 보완해 줄 수 있는 서비스, 상품에 관심이 높아지고 있다.

통계청은 취업자 10명 중 9명꼴로 업무 후 피곤함을 느낀다는 점을 감안해 '피곤한 직장인'을, 지방질, 칼로리 섭취량이 증가하고 있다는 통계를 바탕으로 '살찐 한국인'을 블루슈머로 분류했다.

통계청 관계자는 "블루슈머를 찾기 위해서는 소비자 생활 형태의 미세한 변화까지 읽어야 하기 때문에 국가 통계를 활용하면 매우 유용하다"고 밝혔다.

(매일경제, 2007.1.24)

정보가 존재하기 때문에 오히려 필요한 정보를 찾기 어렵다는 단점도 있다. 정보 검색사가 미래의 유망 직종으로 떠오를 만큼 인터넷상에서 자신에게 필요한 정보를 습득하는 것은 쉬운 일이 아니다. 이러한 문제를 해결하기 위해 사용이 편리한 검색엔진들이 인터넷상에 많이 존재하며, 이제는 사용자가 정보를 찾아다니는 것이 아니라 정보가 필요한 사용자들에게 들어가는 푸시 기술이 개발되어 정보의 보고로서의 인터넷의 매력이 더욱 커지고 있다.

인터넷이 SOHO환경을 촉진시킬 수 있었던 것은 인터넷을 통한 전자우편 덕분이다. 아직도 인터넷 서비스 가운데 1위 자리를 놓치지 않고 있는 전자우편 서비스는 전 세계에 살고 있는 사람들을 하나로 묶어준다. 워싱턴, 파리, 서울 등 장소에 상관없이 인터넷에 연결된 사람이면 누구나 전자우편을 이용해 서로의 생각을 나눌 수 있다. 단순한 메시지뿐 아니라 그림이나 소리, 동화상 등 컴퓨터에 저장될 수 있는 형태의 자료는 무엇이든 실시간으로 전 세계 어디든지 전송할 수 있다. 특히 요즘에는 국제 전화와 같이 인터넷을 이용해 전화통화를 할 수 있는 기능까지 개발되었으며, 몇 해 지나지 않아 직접 얼굴을 마주보며 서로의 의견을 개진할 수 있는 화상 통신까지 가능해질 것이다.

### (2) 조기퇴직, 명예퇴직, 취업난

불확실한 직장생활에 인생을 걸지 않으려는 이들이 나름대로의 아이디어와 투지를 가지고 소규모 사업을 시작하는 사례가 늘고 있다. 회사가 안정된 미래를 보장하지 못하는 현실에 따라 이제는 개인이 직접 자신의 미래를 일구어가야 하는 시대로 변모해 가고 있는 것이다. 우리나라에서도 이미 명예퇴직이나 취업난이 사회문제가 되고 있는 상황이므로 SOHO 창업은 계속 늘어날 전망이다.

### (3) 기타 SOHO가 부상하는 이유

SOHO의 급격한 팽창에는 소규모 업체에 적합한 소비시장이 증가하는 것도 하나의 원인이다. 경제적으로 어느 정도 안정된 세대들을 타깃으로 하는 다양한 사업들이 속속 생겨나고 있다. 서비스, 레크리에이션, 휴가, 엔터테인먼트, 의식주 관련 부가서비스 등 지금까지 중요하지 않게 여겨온 분야에서 다양한 소비가 창출되고 있다.

시장 규모가 전 세계적으로 확대되고 있는 것도 SOHO팽창의 원인이다. 이

전에는 시장이 유럽, 동남아이사, 아메리카 등으로 한정되었으나, 공산권의 개방화에 따라 구소련, 중국 등이 새로운 시장으로 떠오르게 된 것이다.

편리함을 추구하는 현재의 경향도 SOHO팽창을 부추기고 있다. 주택 개량사업, 택배 서비스, 이사 대행업체 등 하루에도 몇 십 개씩 새로운 서비스 사업이 생겨나고 있다. 여기에 특정인만을 위한 맞춤형 서비스를 원하는 경향이 확대되는 것도 SOHO의 창출요인으로 작용한다. 이러한 맞춤형 서비스들은 대개 대기업이 접근하기 어려운 틈새시장들이므로 소규모로 사업을 할 수 있는 여건을 조성해 준다.

## 4. 유망 SOHO직종

**① 재택 건강관리 서비스업**

임상시험을 거친 컴퓨터 건강시스템을 마련, 전화로 건강점검을 받도록 하는 서비스이다. 고객이 설문에 대한 답을 보내면 1주일 내에 점검결과를 받아볼 수 있도록 한다. 제휴병원에 검사결과를 지참, 정밀검사나 진료를 받도록 연계시스템을 구축한다.

**② 컴퓨터 구급 서비스업**

PC를 쓰다가 갑작스런 고장이 생겼을 때 신속히 고쳐주는 서비스업이다. 24시간 전화접수를 받아 즉시 처리해준다는 점에서 제조업체의 애프터서비스보다 편리하다. 컴퓨터 전문지식과 기술이 있는 사람에게 적합한 업종으로 입지여건은 주택가나 관공서가 있는 사무실 밀집지역이면 유리하다.

**③ 청소대행업**

간판 청소와 유리창 청소 등 옥외 청소가 주 업무다. 청소대행업은 사무실형 사업이라 입지에 구애를 받지 않고 투자규모대비 수익률이 다른 업종보다 높은 편이다. 몸으로 부딪쳐야 하는 업종이어서 체력이 뒷받침돼야 한다.

**④ 발 관리 전문점**

건강에 대한 관심이 높아져 가면서 지난 96년부터 강남지역을 중심으로 급속히 확산되고 있는 추세다. 발 관리 기기와 각종도구, 마사지 침대와 열탕기, 발가락 다듬기 등이 필요해 창업비용이 임대보증금을 포함해 3000만원이 넘게 든다. 회원제로 운영하는 것이 좋으며 서초, 강남과 같은 중상류층 거주지역이 유리하다.

### ⑤ 멀티 문구점

문구용품은 생필품에 속하기 때문에 반복적인 수요로 지속적인 수익이 예상된다. 기존의 문구점과는 다르게 선물용품 등도 함께 판매해 수요를 극대화 하는 전략을 쓴다. 사무실근처, 대학, 중・고등학교 근처에 입점하는 것이 좋다.

### ⑥ 기 타

사이버 PC방, 사이버 만화텔, 무인자동화 호텔체인업, 과학기술자파견업, 인터넷 헌책방업, 홈페이지클리닉, 여행컨설팅업, 열쇠구급대, 공항택배, 어린이 헤어숍, 고향카페, 과일카페, 핸드폰 액세서리 전문점, 프린트 숍, 캐릭터 전문점, 아이스크림 전문점 등등 많은 직종이 SOHO관련 유망직종으로 떠오르고 있다.

결국 SOHO를 정의해 본다면, 발달된 정보통신기기나 네트워크 환경을 이용해 전통적인 사무실에서 처리하던 업무를 가정이나 소규모 공간에서 동일하게 처리하고, 인터넷이나 국내 통신망을 통해 자신의 아이디어를 사업으로 구현할 수 있는 소규모 사업 공간이라고 말할 수 있다. 물론 여기에는 단순한 개인 사업체만이 아니라, 회사에 출근하지 않고 가정에서 업무를 처리하는 재택근무자도 포함된다. 차이점은 단지 회사에 소속되어 있느냐, 아니면 독립적인 사업체이냐 일뿐이며, 출퇴근, 거창한 사무실, 비서나 경리 등의 종업원이 인터넷으로 대표되는 네트워크와 컴퓨터로 대표되는 정보통신기기, 그리고 가정의 방 한 칸으로 대체되었다는 점에서는 동일하다.

**Article 7** **3F(Future(미래)/Fun(재미)/Family(가족))엔 주저없이 지갑 연다.**

'이제부터는 3F 업종이다.'
일본 기업들은 단카이세대 정년퇴직이 본격 시작되자 '3F시장'을 선점하기 위해 총력전을 펼치고 있다. 3F란 미래(Future), 재미(Fun), 가족(Family) 머릿글자를 딴 신조어이다. 미래를 주제로 한 'Future' 관련사업에는 벌써부터 업체들간 경쟁이 치열하다. 퇴직금 운용을 비롯해 웰빙사업, 컴퓨터나 어학등 각종 학습 관련 사업, 친교를 주제로 한 사업, 장묘사업 등 셀 수 없이 다양하다.
지난해 9월 오사카 간사이대학은 '칼리지 링크형 시니어주택' 창설기념 심포지엄을 열었다. 이곳은 대학과 주택을 결합한 일종의 양로원이다. 은퇴 후 평생학습을 원하는 사람들을 위해 만든 아파트단지며 제1호는 283가구 규모로 내년 봄에 문을 연다. 간사이대학은 문학부교수를 강사로 한 10개 강의를 개설하기 위해 특별프로그램을 마련하고 있다.
지적 욕구가 강한 단카이세대를 겨냥한 이 같은 프로그램은 앞으로 일본 전역으로 확산될 전망이다. 저출산 현상으로 신입생을 모집하기 어려운 일본 대학들로서는 퇴작자들은 새로운 시장으로 평가된다. 일부 여행사들은 지방 대학과 제휴해 2~3주짜리 '시니어 서머 칼리지' 등을 개최하고 있다.
퇴직 후 배우자와 갈등을 줄여주는 서비스도 새로운 사업기회를 낳고 있다. 대표적인 곳이 퇴직한 사람들이 차를 마시면서 담소를 즐기거나 친구를 사귈 수 있는 '시니어 찻집'이다. 프로토코퍼레이션이라는 회사는 지난해 7월 나고야시에 260m² 규모로 회원 '유유자적'을 개점했다. 미팅룸이나 세미나룸, PC코너, 구인정보 등을 알려주는 게시판 코너 등을 갖춘 이 찻집에는 비서 출신 여성이 상주하면서 회원들에게 도움을 준다. 전직 기업 임원들에게 퇴직 후에도 비서가 있다는 자존심을 세워주기 위한 배려다.
두 번째 테마인 'Fun'과 관련된 시장도 뜨고 있다. 단카이세대 가운데 식도락가나 자동차광 등이 상당수에 달하는 만큼 이들을 겨냥한 뉴비즈니스에 눈을 돌린 업체가 많다. 퇴직한 자나 혼자서 떠나는 '나홀로 여행을' 기획하고 있는 업체가 있다. 야마나시현에 위치한 '숲과 호수의 낙원'이라는 테마파크는 지난해 8월부터 이 시설 내 통나무집을 분양하기 시작했다. 이 집을 사용할 권리를 우선 20명을 한정해 한 채당 50만원에 팔았다.
며칠간 묵으면서 자연 속 통나무집에서 쉴 수 있도록 했다. 이는 퇴직 후 여행에 대한 부부간 인식차이에 착안한 서비스다. 남편들은 퇴직 후에는 항상 아내와 동반여행을 하길 원하지만 아내들은 한두 번은 남편과 동행하길 원하지만 그 외에는 친구나 지인들과 함께 떠나는 여행을 선호한다는 조사 결과가 몇몇 마케팅 설문에서 공통적으로 지적됐기 때문이다.
최근에는 'Future'와 'Fun'을 결합해 대박을 터뜨린 업체도 등장했다. 대표적인 곳이 닌텐도. 이 회사는 휴대형 게임기인 '닌텐도 DS라이트'를 내놓아 지난해 일본에서만 800만대 이상 팔았다. '뇌를 단련시킨다'는 컨셉트로 만들어진 소프트웨어 덕분에 고령자 사이에서 선풍적인 인기를 모았다. 뇌를 연구하는 의사들도 이 게임이 노화방지 효과가 있다고 권장하면서 '게임'에 대한 사회 인식 자체를 바꿨다는 평가까지 나온다.
세 번째인 'Family'를 주제로 한 뉴비즈니스로 부부 동반 여행이나 자녀들이 분가한 단카이세대 주택 리뉴얼, 재건축 시장도 확대될 전망이다.
단카이세대 부부들은 퇴직 후 부부동반으로 즐기는 취미 등에 월평균 2만엔을 쓸 것이라는 전망이 나온 만큼 이를 겨냥한 업체도 많다.
닛케이 유통신문이 최근 수도권에 사는 1948년 전후 태생인 800명을 대상으로 실시한 설문조사에 따르면 퇴직 후 취미에 월평균 2만엔을 지출할 것으로 집계됐다. 지출항목을 묻는 질문에는 '밖에서 맛있는 음식을 먹겠다'(51.2%)는 응답이 가장 많았고 그 다음으로 '공연 관람'(42.8%)이 차지했다.

(매일경제, 2007.1.17)

### Article 8 성공창업 열쇠

"한국의 자영업 환경은 최악의 수준입니다. 갈수록 나빠지고 있어요. 별 대안이 없다는 게 더 큰 문제지요. 이대로 가다간 국가위기를 가져올 수도 있어요."
창업컨설턴트 A씨는 요즘 자영업 경기에 대해 아주 깊은 우려를 표했다. 주변에서 벌어지는 휴·폐업 현상에 각종 통계를 버무려보면 긍정적인 전망이 불가능하다는 게 그의 이야기다.
실제로 통계수치들은 위기를 있는 그대로 보여준다. 한국의 자영업 비중은 2004년을 기준으로 할 때 34%에 이른다. OECD 회원국 중 터키, 그리스, 멕시코에 이어 4위 수준이며, OECD국가 평균 17.4%에 비해선 두 배 수준이다. 다른 나라에 비해 자영업자가 두배나 많다는 이야기는 그만큼 경쟁이 치열하다는 의미로 연결된다.
더구나 자영업자수는 매년 무섭게 늘고 있다. 지난 98년 211만개(업체)였던 데서 2003년에는 240만개로 계속 늘고 있다. '사농공상' 의식이 희박해지고 취업난, 구조조정이 이어지면서 유휴인력 가운데 상당수가 자영업으로 편입하고 있기 때문이다. 이제 '사(士)'자 출신 자영업자는 더 이상 눈에 띄는 일이 아니다.
업종별 편중도 심각하다. 소매점이 65만개, 음식업이 60만개에 달한다. 이는 인구 80명이 음식점 1곳과 소매점 1곳을 먹여 살려야 한다는 것이며, 상계비 이하 수익을 올리는 곳이 적잖다는 뜻이다. 마지못해 붙들고 있으면서 적자폭을 키워가는 곳이 상상외로 많다. 이에 따라 임금근로자와 자영업자의 소득 격차도 점점 벌어지고 있다. 자영업자가 월등히 높은 소득수준을 유지하던게 지난 2001~2002년 뒤집어졌다. 한국개발연구원에 따르면 지난 96년 301만원이던 자영업자 소득은 2004년 248만원으로 떨어진 반면, 임금근로자 소득은 267만원으로 점진적이나마 상승세에 있다.
사회적으로도 자영업자는 궁지에 몰린 형국이다. 우선 현금영수증 제도 도입 등으로 세원이 거의 노출되면서 현실적인 세부담이 늘어났다. 김상문 세무법인 정상 파트너세무사는 "부가가치세 등을 정확한 잣대로 부과하고 현금영수증 도입 등으로 세원을 투명하게 만들어 자영업자가 빠져나갈 틈이 없어진 게 사실"이라면서 "실제 세금부담도 과거에 비해 늘어난 셈"이라고 밝혔다.
여기에 부동산가격 상승은 자영업자의 수익률 저하로 이어져 진퇴양난 국면을 심화시키고 있다. 최재희 한국소자본창업컨설팅 협회장은 "현실적 어려움 가운데 과다 책정 임차료 문제가 첫손 꼽힌다"고 지적하면서 "상가임차료 비율이 매출 대비 10%정도가 적정하지만 현재는 20%까지 올라가는 경우가 비일비재해 수익구조가 급격히 나빠지고 있다"고 밝혔다.
특히 일련의 부동산대책을 통해 고각부동산 소유주에게 종합부동산세 등을 부과하자 건물주가 임차료를 더욱 높여 세금 차액을 보전하려고 해 문제가 더 심각하다. 서울 명동 J부동산중개 관계자는 "임차료는 물론 매매가도 줄곧 상승세"라고 말하고 "건물을 비워두는 한이 있더라도 원하는 임차료를 내는 임차인을 구하려고 한다"고 전했다. 그는 또 "상가임대차보호법이 존재하지만 현실에선 효용성이 떨어진다"고 덧붙였다.

게다가 하반기 경기에 대한 걱정이 높아지면서 자영업 위기가 더욱 심각하게 전해지고 있다. 위기가 수요위축에서 비롯된 만큼, 이미 예고된 금리인상과 현재 진행형인 증시 조정이 소비위축을 더욱 심화시킬 것이란 예상에서다. 더구나 고유가를 필두로 한 원재료가격이 상승일로에 있다는 점도 무거운 압박요인으로 작용하고 있다.

대형할인점 확산 등으로 소비의 구조정이 이뤄진 것도 엄청난 영향을 미쳤다. 이는 특히 지방상권에서 두드러지는 현상이다. 인구 60만명인 충북 청주시의 경우 할인점이 6개에 달하면서 도심상권 공동화 현상마저 일어나고 있다. 소매업 영역을 할인점이 대체하면서 그나마 영향권에서 비켜나 있는 외식업 정도만이 살아 있는 정도다.

대도시에서도 다국적 외식업체, 대기업 소매브랜드 등의 출점이 가속화하면서 상황이 어렵긴 마찬가지다. 제품력, 홍보, 인력 인프라 등에서 비교가 되지 않으니 경쟁에서 뒤처지는 것은 자명한 일이다.

그러나 이런 외부요인보다 자영업 내부요인이 더 문제라는 목소리도 높다. 자영업 내부 경쟁력을 키우는 게 가장 효과적인 위기대처법이라는 주장이다. 김상훈 스타트비즈니스 소장은 "소비가 위축돼 자영업이 직접 영향을 받는 것은 사실이지만, 장사가 안 되는 점포는 반드시 내부문제를 안고 있기 마련"이라면서 "제대로 준비해 제대로 창업한다면 실패율을 얼마든지 줄일 수 있다"고 강조했다.

김 소장은 또 "장사를 우습게 보는 풍조가 남아 있어서 쉽게 시작해 금세 실패하는 경우가 수두룩하다"고 말하고 "쉽게 돈을 벌고자 하는 인식이 고쳐져야 자영업 경쟁력도 높아질 수 있을 것"이라고 말했다. 그는 특히 입지선정, 아이템 선택에서 초보창업자들이 범하는 우에 대해 "발로 뛰는 준비과정을 건너뛰었기 때문"이라고 잘라 말하고 "실패한 자영업자 대부분은 화를 자초했다고 봐도 된다."고 말했다.

최재희 회장 의견도 크게 다르지 않다. 최 회장은 "자영업자 스스로 혁신해야 한다"고 말했다. 자영업 위기를 부르짖으며 정책지원을 요구하기 앞서 충분한 자생력을 키워 체질적으로 변해야만 한다는 이야기다.

일자리에 관한 국가 차원의 변화가 일어나지 않는 한 자영업자는 늘어날 수밖에 없어 보인다. 더구나 요즘은 생계형 창업이 주류를 이루고 있다. 자영업 전체의 위기가 거론되고 있음에도 창업 대열은 좀처럼 줄어들 기미가 없다.

결국 자영업의 위기는 자영업자 스스로 나서야 풀릴 문제인 셈이다. 창업으로 성공하기 위해서는 최소한의 '기본조건'과 소양을 갖춰야만 한다는 것이다. 최 회장은 "자영업자는 중요한 경제 동력"이라고 말하고 "혁신적 사고로 무장한 경쟁력 갖춘 자영업자가 늘어나면 위기는 절로 타파될 것"이라고 밝혔다.

(Business, 2006.7.31)

## Article 9 온라인서 전통죽 월 1억씩 팔아

"젊은 게 가장 든든한 창업 밑천이죠. 인터넷에서는 새로운 상품 발굴이 중요하기 때문에 끊임없이 트렌드를 파악하고 소비자들의 니즈에 촉각을 곤두세워야 합니다. 취업이 안 되니 창업이나 하자가 아니라 창업에 올인해야 성공합니다."

대학생 시절 오픈마켓에서 식품, 디지털가전을 팔기 시작해 연 매출 20억원대의 회사를 일궈낸 곽상준 쿨앤쿨 사장(30).

사업 밑천이 전혀 없던 곽씨는 2001년 한 중소 쇼핑몰의 화상카메라를 옥션에 내다팔아 차익을 챙기면서 온라인 거래에 눈을 떴다.

처음에는 제법 돈도 벌고 잘돼가는 듯했지만 물건을 직접 구입해 포장, 배송까지 하다 보니 시간이 절대적으로 부족했다.

"마진이 다소 적더라도 생산과 배송을 직접 할 필요가 없는 위탁 판매가 좋겠다 싶었죠. 아예 공부를 휴학가고 전자상거래 공부에 매달렸고 상품 정보를 얻기 위해 각종 박람회나 오프라인 매장도 계속 둘러봤습니다."

그러던 중 곽씨는 2003년 초 우연히 찜질방에서 먹게 된 호박죽 맛을 보고 '이거다'하며 무릎을 쳤다. 당시 인터넷에는 캔에 든 인스턴트 죽 외에는 다른 제품이 없었다. 곽사장은 무작정 제조사를 찾았다. 제조업체는 30년 동안 장인정신을 갖고 전통죽을 만들어 온 알짜배기 회사였다.

나이 어린 곽씨의 말을 처음에는 잘 믿지 않았던 제조업체 사장은 곽씨가 차근차근 준비해온 사업설명서에 결국 고개를 끄덕였다. 곽씨는 구매평, 시식후기를 올려 친근감을 높이고 '무첨가제, 무방부제, 무색소'란 문구를 강조해 소비자들의 온라인 판매식품에서 느낄 수 있는 불안감을 불식시키기 위해 노력했다.

하지만 첫날 매출은 단 6통. 온라인에서 죽이라는 제품군 자체가 생소했기 때문이었다.

곽씨는 오픈마켓의 각종 부가서비스를 동원해 사이트 내 노출도를 높였다.

조금씩 판매량이 늘고 입소문이 퍼지면서 한 달만에 옥션에서 식품부문 판매량 1위에 올라섰다. 월 매출은 5,000만~1억원 정도.

다른 쇼핑몰에서도 납품 요청이 줄줄이 밀려들었다.

대형마트, 프랜차이즈 빵집 같은 오프라인 매장에까지 납품하기 시작했다.

"식품 사업을 하면서 아이템을 선정할 때는 딱 한가지 원칙만 지킵니다. '믿을 수 있는 먹을거리만 판다'는 것이죠."

식품 판매사업이 안정되자 곽씨는 평소 관심을 가졌던 디지털 가전 쪽으로 눈을 돌렸다. 우연히 오픈마켓에 스피커를 팔아 돈을 번 것이 계기가 됐다.

곽씨가 오픈마켓에 올린 스피커를 보고 한 MP3제조업체가 러브콜을 보냈다. 이렇게 해서 탄생한 브랜드가 '스페이스 사운드 MP3'.

2만~3만원대의 저렴한 가격이지만 품질은 유명 브랜드 못지않아 인터넷에서 불티나게 팔려 나갔다. MP3, DVD플레이어 등으로 품목을 확대하고 있는 곽씨는 "온라인 소비자들은 꼼꼼히 비교하면서 제품을 고르기 때문에 가격 대비 품질이 우수한 제품은 반드시 알아준다."면서 "자체 브랜드를 붙인 디지털 가전제품을 계속해서 발굴할 예정"이라고 말했다. (매일경제, 2006.12.25)

## 참고문헌


1) 권익현 · 임병훈 · 안광호, 마케팅관리적 접근, 경문사, 2002.
2) 김규태, 창업경영실무, 형설, 2002.
3) 김동훈 · 안광호 · 유창조, 촉진관리, 학현사, 2004.
4) 류태모외 5, 창업과 취업전략, 도서출판 대명, 2002.
5) 조보상, 소자본 창업과 경영실무, 2004.
6) 한길석, 창업과 경영, 법문사, 2004.
7) 홍성태, 보이지 않는 뿌리, 박영사, 1999.

Chapter

# 12

# 창업회계 시스템과 세무

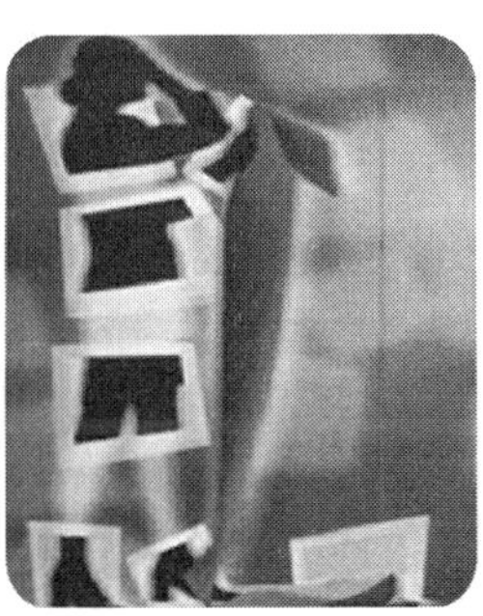

## 12.1 창업과 회계

### 1. 창업회계의 개념

#### (1) 창업회계의 의의

창업이란 사업의 기초가 되는 기업을 설립하는 것이며 경영이란 이 기업이 보유한 인적자원과 물적자원을 활용해 나가는 과정이다. 이 과정에서 이해관계자들은 자기들의 배분과 관련된 의사결정을 하게 되고, 그 의사결정을 하기 위한 각종 정보가 필요하게 된다. 창업자들이 사업을 시작할 때 회계처리에 대한 지식이 부족하여 체계적인 경리실무를 잘 인식하지 못하는 경우가 많다. 사업의 타당성을 검토하고 경영의 성과를 평가하기 위하여서는 회계의 일반적인 개념과 작성방법은 창업자에게는 꼭 필요한 요소이다. 회계라는 용어는 회계정보이용자가 합리적인 판단이나 의사결정을 할 수 있도록 기업에 관한 경제적 정보를 측정 · 기록 · 계산 · 전달하는 과정이라고 정의할 수 있다. 즉 창업기업의 내적 · 외적정보 이용자들간의 의사소통이 될 수 있도록 모든 경제적 정보를 일반적으로 인정된 회계원칙에 따라 처리하여 유용하게 활용할 수 있는 적정한 정보를 제공하는 것을 목적으로 하는 것이다. 기업의 회계정보는 여러 가지 활동 중에 재무자원과 관련되는 경제적 정보인 돈으로 교환가능한 가치를 갖는 것이라고 할 수 있다.

기업의 경리체계를 구축하기 위해 기업은 사용할 계정과목을 정하고 그에 따른 전표체계와 장부조직을 구축해야 한다.

#### (2) 회계정보 이용자

기업의 현황 파악과 향후 예측수단으로서 회계정보가 유용하며 내부통제 및 외부보고용 자료로서 또는 각종 세무신고자료로서의 중요성을 갖고 있으며 그 이용자는 아래와 같다.

**① 투자자**

기업의 재무자원을 조달하는 투자자는 그 기업의 소유주라고 할 수 있다. 경영자는 투자자의 자원을 수탁관리하고 그 결과를 보고하게 된다. 주식회사의 주주는 주가의 변동과 기업의 수익성 및 배당에 관심을 갖는 이해관계자 집단으로 기업의 재무정보에 가장 관심이 많다. 근래에는 증권시장을 통하여 자금의 국제적 이동과 주주의 변동이 수월하기 때문에 현재의 주주뿐만 아니라 미래의 잠재적 주주도 의식해야 함으로 전세계를 대상으로 한 광범위한 정보이용자가 존재한다.

**② 채권자**

채권자란 기업에 돈을 빌려준 금융기관이나 신용거래처, 기업이 발행한 회사채를 구입한 사람들이다. 외국자본가의 투자펀드가 우리나라 기업에 돈을 빌려주고 채권자가 되어 있다. 이러한 채권자들은 추가적인 여신의 공여여부 또는 채권의 회수 등 의사결정을 위해 기업의 지급능력판단, 앞으로 그 기업의 전망을 평가할 수 있는 회계정보가 절대로 필요하다.

**③ 경영자**

경영자는 기업의 인적자원과 물적자원을 잘 관리하여 새로운 가치를 창조하기 위하여 그 바탕이 되는 근거가 바로 회계정보이다. 과거, 현재, 미래의 회계정보의 변화를 바탕으로 모든 경영에 대한 의사결정을 하게 된다는 것이다. 즉 경영자는 회계정보의 생산자이면서 더 가치있는 회계정보를 생산하기 위하여 기업경영에 필요한 재무자원의 효과적이고 효율적인 지휘나 통제를 위하여 회계정보가 필요하며 또 이 회계정보는 경영자 자신들의 능력을 평가하는 기준이 된다.

**④ 조세당국**

정부는 기업의 성장과 국가 전반의 산업배분, 고용정책, 재정정책, 복지정책 등의 수립을 위해 산업전반에 걸친 통계 및 기업 실체의 회계정보를 바탕으로 정책결정을 하게 된다. 조세당국은 조세정책, 조세입법, 기업의 담세능력, 과세표준과 세액, 조세회피 등에 대한 의사결정을 위하여 회계정보가 필요하다.

**⑤ 근로자와 노동조합**

기업에 노동력을 제공하고 그 댓가로 임금을 받는 근로자와 그들 단체인 노동조합은 그들의 임금과 근로조건 협상을 위해 회계정보가 필요하다. 회계정보에 나타나는 노동생산 성과를 근거로 경영자와 임금 및 근로조건 협상을 해야 하기 때문이다. 또 직접적인 이해관계자는 아니지만 각종 통계, 신용, 연구기관이나 그 기업과 관련된 납품업자 및 잠재적 이해관계자도 체계정보는 필요하다.

### (3) 회계체계의 구축

기업의 회계체계를 구축하기 위해 기업은 사용할 계정과목, 전표체계와 장부조직을 만들어야 한다. 기업의 장부는 법률상 반드시 작성해야 하는 장부와 회사 내부 관리를 목적으로 작성하는 장부로 구성된다. 또 각종 비용발생에 따른 증빙체계 및 각종 규정에 대한 체계도 만들어야 한다.

#### ① 계정과목과 전표체계

재산의 변동이 있는 거래를 회계상의 거래라고 하며 이러한 회계상의 거래를 표현하는 방법으로 계정과목이 있다. 기업이 사용할 계정과목을 지정해 놓아야 동일한 거래가 통합되어서 회계체계의 질서가 갖추어지게 된다.

이렇게 계정과목을 정한 후에는 전표의 체계를 정하여야 한다. 전표는 입금전표, 출금전표, 대체전표의 3전표제와 분개전표인 1전표제가 있는데 초보창업자에게는 1전표제가 혼란스럽지 않고 쉽게 작성할 수 있다. 금융기관에서도 과거에는 입금전표와 출금전표를 분리하여 사용하여 왔으나 최근에는 단일전표를 사용하고 있다.

#### ② 비용지출에 따른 증빙 범위

창업자의 사업운용에는 비용을 잘 관리하는 것이 성패의 요인이 될 수 있다. 비용에는 접대비 지출과 비접대비 지출로 구분할 수 있는데 접대비의 경우 5만원을 초과할 때는 신용카드 매출전표, 계산서, 세금계산서 등을 첨부하여야 하며, 접대비 이외 비용의 지출에는 신용카드 매출전표, 계산서, 세금계산서 등의 법정증빙을 수취하여야 하며, 5만원 미만의 접대비 지출과 접대비 외의 지출, 10만원 미만의 경우에는 영수증을 수취하여야 한다.

## 2. 재무제표(financial statements)

### (1) 재무제표의 개념

재무제표는 회계처리 과정의 최종 산물이며, 경영성과 및 재무상태를 정리한 표로서 회계보고서(accounting report) 또는 결산보고서라 한다. 즉 얼마만큼의 돈을 어떻게 벌었으며 그 결과 현재 보유하고 있는 재산의 구성상태는 어떠한지 그 내용을 통일된 내용으로 구체적으로 작성한 표이다. 재무제표에는 대차대조표, 손익계산서, 이익잉여금, 처분계산서, 현금흐름표 등이 있다.

### (2) 대차대조표(balance sheet: B/S)

대차대조표는 일정한 시점의 재무상태를 나타내는 보고서이다. 기업활동에 사용되고 있는 자산이 어떠한 형태로 얼마만큼 있으며 자산, 부채, 자본 등이 어떻게 구성되어 있으며 균형상태가 맞는지를 나타내는 표이다.
즉 창업경영을 통한 영업활동을 하게 되면 재산변동이 생기는데 이 재산상의 변동결과를 나타내는 보고서를 대차대조표라고 한다.

#### ① 대차대조표의 구성요소

대차대조표는 왼쪽 차변에는 자산(assets)이 표시되고 오른쪽 대변에는 부채(liabilities)와 자본(capital)이 표시되어 서로 균형을 유지하게 된다. 즉 대차대조표의 구성요소는 자산, 부채, 자본인데 각 항목 분류간에 중요한 관련성이 쉽게 부각될 수 있도록 적절하게 분류하여야 한다.

**표 12-1** 대차대조표

| 차 변 | 대 변 |
|---|---|
| 자 산<br>유동자산<br>고정자산 | 부 채<br>유동부채<br>고정부채<br>자 본<br>자본금<br>잉여금 |
| 자산합계 | 부채 및 자본합계 |

**자 산 :** 자산은 대차대조표 작성시를 기준으로 1년 내에 현금화할 수 있느냐에 따라 유동자산과 고정자산으로 분류된다. 유동자산에는 현금, 예금, 당좌자산, 재고자산 등이 있으며 고정자산은 토지, 건물, 기계장치 등 기업의 생산 및 판매활동에 사용되는 자산이다.

**부 채 :** 부채도 대차대조표 작성시를 기준으로 1년 내에 도래하는 것은 유동부채로 분류하고, 상환일이 1년이 넘는 것은 고정부채로 분류한다.

**자 본 :** 자본은 기업이 가지고 있는 자산에 대한 기업의 소유주인 주주의 청구권이다. 기업의 자산에서 채권자 지분인 부채를 차감한 잔액으로 나타난다. 자본은 자본금과 잉여금으로 구성되고, 잉여금은 다시 자본잉여금과 이익잉여금으로 구분된다.

### (3) 손익계산서(income statement: I/S)

손익계산은 일정기간 동안 기업의 경영성과를 나타내는 성적표이다. 즉 경영을 통하여 획득한 모든 수익과 그 수익을 얻기 위하여 지출된 비용을 표시한 재무제표이다. 대차대조표가 일정시점에 존재하는 스톡(stock)개념이라면 손익계산서는 일정기간을 단위로 측정된 플로우(flow)를 표시한 것이라고 할 수 있다. 손익계산서상의 당기순이익은 과세소득 결정의 기초자료가 되며 경영자의 업적평가의 자료가 된다.

#### ① 손익계산서의 구성요소

손익계산서가 일정기간 동안 경영활동의 성과를 평가하는데 유용한 정보를 제공하기 위해서는 당기순이익을 세분화하여 기업활동의 효율성을 반영하여야 할 것이다. 이러한 손익계산서의 구성요소로는 수익, 비용, 이익으로 나누어진다.

**수 익 :** 수익은 기업이 일정기간 동안 경영활동 과정에서 고객에게 제공한 가치의 결과로서 자산의 증가나 부채의 감소를 가져와 순자산을 증가시키는 것을 말한다.

**비 용 :** 비용은 기업이 일정기간 동안 경영활동 과정에서 수익을 얻기 위하여 지출된 소비된 가치의 결과로서 자산의 감소 또는 부채의 증가를 가져와 순자산을 감소시킨다.

**이 익 :** 이익은 수익에서 비용을 차감하는 차액이다.

### ② 손익계산서의 구조

손익계산서의 구조는 어느 기업의 어느기간 동안 어떠한 수익과 비용이 일어났는지를 표시하게 된다. 그 구조는 다음과 같다.

| | |
|---|---|
| 1. 매출액 | ××× |
| 2. 매출원가 | ××× |
| 3. 매출총이익(손실) | △××× |
| 4. 판매비 및 관리비 | ××× |
| 5. 영업이익(손실) | △××× |
| 6. 영업외수익 | ××× |
| 7. 영업외비용 | ××× |
| 8. 경상이익(손실) | △××× |
| 9. 특별이익 | ××× |
| 10. 특별손실 | ××× |
| 11. 법인세차감전순이익 | △××× |
| 12. 법인세 | ××× |
| 13. 당기순이익(손실) | △××× |

여기에서 영업외수익은 이자수익, 유가증권처분이익, 임대료, 유가증권평가이익, 유형자산처분이익을 말하며 영업외비용으로는 이자비용, 외환차손, 기부금, 각종자산처분손실 등이다.

특별손익은 정상적인 영업활동과 직접 관련이 없는 특별한 경우에 암시적으로 발생되는 손익으로 특별이익에는 채무면제이익 보험차익 등이 있고 특별손실에는 재해손실 등이 있다.

## (4) 이익잉여금 처분계산서 (statement of appropriation of retained earning)

이익잉여금 처분계산서는 당기에 이익이 발생하면 그 중에 일부는 주주에게 배당되고 나머지는 사내에 유보된다.

우리나라에서는 주식회사의 이익처분권은 주주총회가 갖기 때문에 주주에게 있어서 이익잉여금 처분계산서는 주주에게 중요한 정보이다. 기업활동의 결과로 발생한 당기순이익을 주주에게 어느 정도 배정해 주고, 재투자를 위하여 사내에 어느 정도 유보할 것인지를 명확히 하여야 한다.

이익이 발생하지 않고 결손이 발생하였을 경우에는 결손처리계산서를 작성한다.

### (5) 현금흐름표(statement of cash flows)

현금흐름표는 기업의 현금흐름을 나타내는 재무보고서로서 기업활동에 따른 현금의 유입과 유출 내용을 보고하는 표이다. 현금흐름표는 기업이익의 질을 평가하며 투자활동과 재무활동의 유용성과 탄력성에 관련된 정보를 제공한다. 기업의 경영활동의 최종 목적은 기업의 현금유입액의 극대화를 목표로 하고 있기 때문에 회계정보 이용자들은 대차대조표, 손익계산서와 함께 현금흐름에 대한 정보를 필요로 하며 그 구조는 다음과 같다.

| | |
|---|---|
| 1. 영업활동으로 인한 현금흐름 | ××× |
| 2. 투자활동으로 인한 현금흐름 | ××× |
| 1) 투자활동으로 인한 현금유입액 | |
| 2) 투자활동으로 인한 현금유출액 | |
| 3. 재무활동으로 인한 현금흐름 | ××× |
| 1) 재무활동으로 인한 현금유입액 | |
| 2) 재무활동으로 인한 현금유출액 | |
| 4. 현금의 증감(1+2+3) | ××× |
| 5. 기초의 현금 | ××× |
| 6. 기말의 현금 | ××× |

## 12.2 기업과 세무

창업을 하게 되면 세금과는 불가분의 관계에 놓이게 되는데 많은 창업자 가운데는 이에 대한 전문지식의 부족으로 어려움을 겪는 경우가 많이 나타나고 있다. 창업자는 사업의 종류에 따라 납부해야 할 세금의 종류는 다르지만 일반적으로 매출이나 수입금액에 대해서는 부가가치세를 납부해야 하며 사업을 해서 벌어들인 이익금에 대해서는 개인일 경우에는 종합소득세를 법인일 경우에는 법인세와 그에 따른 주민세를 납부해야 한다.

# 1. 부가가치세

## (1) 부가가치세의 의의

부가가치세(value added tax: VAT)란 재화나 용역이 생산이나 유통되는 거래에서 발생하는 부가된 가치를 과세대상으로 하여 과세하는 세이다. 물건을 사다가 파는 과정에서 창출되는 부가된 가치에 대하여 내는 세금으로 물건을 팔 때 받은 세금에서 물건을 살 때 지불한 세금을 차감한 차액을 납부하는 것이다.

소득세나 법인세는 이익이 난 경우에만 세금을 내게 되지만 부가가치세의 경우는 이익이 났건 손해가 났건 상관없이 매출액 또는 수입금액에 대하여 10%의 매출세액을 계산하여 매입세액을 차감한 금액을 납부한다. 따라서 물건값에 부가가치세가 포함되어 있기 때문에 실지 세금은 소비자가 부담하는 것이며 사업자는 소비자가 부담한 세금을 보관하였다가 납부하는 것이다. 이처럼 실지로 부담하는 사람과 납세자가 다른 세금을 간접세라고 한다.
부가가치세의 실지 계산구조를 보면 다음과 같다.

A사는 냉장고를 1대에 1,200,000원에 구입하여 소비자에게 1,500,000원에 판매하였다면

1,500,000원 × 10% = 150,000원 (매출세액)
1,200,000원 × 10% = 120,000원 (매입세액)
30,000원

즉 매출세액에서 매입세액을 차감한 30,000원의 부가가치세금을 납부하면 된다.

## (2) 납세의무자

부가가치세 납세자는 영리목적의 유무에 불구하고 사업상 독립적으로 부가가치세 과세대상이 되는 재화 또는 용역을 공급한 자는 개인이든 법인이든 부가가치세를 납부할 의무가 있다.

개인이든 법인이든 또는 법인격이 없는 사단·재단 기타 단체도 포함된다. 그러나 사업자가 공급하는 것에 한하여 납세의무를 지기 때문에 사업자가 아닌 일반 개인이 재화나 용역을 공급해도 납세의무가 없다. 또한 부가가치세 납부의무자는 대한민국의 주권이 미치는 법위 내에서 적용됨으로 주권이 미치지

않는 국외에서 재화를 공급하는 경우에도 납세의무가 없다. 재화의 수입도 국외의 사업자가 공급하는 것이므로 부가가치세 납부의무자인 공급자가 국외에 있으므로 과세대상이 아니다.

### (3) 영세율 적용과 면세

#### ① 영세율제도

영세율제도란 재화 또는 용역의 공급에 대하여 0의 세율을 적용함으로 매출세액을 0으로 하며, 매입시 부담한 매입세액을 환급해 주는 제도이다. 영세율제도는 외화획득사업에 적용함으로 이들에 대하여 우대조치를 해 주는 것이다.
영세율 적용대상은 다음과 같다.

㉠ 수출하는 재화
㉡ 국외에서 제공하는 용역
㉢ 선박 또는 항공기의 외국항행 용역
㉣ 기타 외화를 획득하는 재화 또는 용역

#### ② 면세제도

부가가치세는 모든 소비를 과세대상으로 개인소득과 무관하게 동일한 세부담을 하게 된다.

면세제도란 특정한 재화나 용역의 공급에 대하여 부가가치세 납부의무 자체를 면제함으로서 매출세액이 발생하지 아니하며 사업자가 그 재화 또는 용역의 매입시 이미 부담한 매입세액을 환급해 주지 않는 제도이다.
면세적용대상은 다음과 같다.

㉠ 미가공 식료품(식용에 사용하는 농, 축, 수, 임산물 포함)
㉡ 국내에서 생산된 비식용 농, 축, 수, 임산물로서 미가공된 것
㉢ 수돗물
㉣ 연탄과 무연탄
㉤ 여객운송 용역
㉥ 주택과 그 부수토지의 임대용역 등

### (4) 납세지

부가가치세는 사업장별 과세제도를 채택하고 있다. 즉 사업장별로 각각 사업자

등록을 하여야 하며 둘 이상의 사업장을 가지고 있는 경우에는 일정한 절차를 밟으면 주된 사업장인 본점 또는 주사무소에서 총괄납부할 수 있다.

### (5) 세 율

부가가치세의 과세유형에는 일반과세자, 간이과세자, 과세특례자로 나누어지며 이 유형에 따라 세율이 달라진다.

**① 일반과세자**

일반과세자는 1년간 공급대가(매출액+부가가치세)가 1억 5천만원 이상인 사업자로 세율은 10%이다. 일반과세자는 매출액에 10%를 곱한 매출세액에서 매입액에 10%를 곱한 매입세액을 뺀 차액을 부가가치세로 납부하여야 한다.

**② 간이과세자**

간이과세자는 사업규모가 상대적으로 작은 중소개인 사업자에 대하여 세부담을 덜어주고, 또 신고납부절차를 간소화하여 납세의 편의를 도모하기 위한 제도이다. 간이과세자는 연간 매출액이 4,800만원(대리, 중계, 도급, 위탁매매 등은 1,200만원) 이상 1억 5천만원 미만인 사업자이다. 단 광업, 제조업, 도매업 및 부동산매매업은 간이과세자가 될 수 없다.

### (6) 납부세액 계산

사업자가 납부하여야 할 부가가치세액의 납부세액은 자기가 공급한 재화 또는 용역에 대한 매출세액에서 원재료나 상품 등은 매입할 때 받아온 세금계산서상의 매입세액을 공제한 금액으로 한다. 부가가치세의 계산, 신고, 납부절차는 일반과세자와 간이과세자는 서로 다르다.

**① 일반과세자**

매출세액 − 매입세액 = 납부세액

**② 간이과세자**

(매출액 × 부가가치세율 × 10%) − (매입세액 × 부가가치세율 × 10)

**표 12-2 업종별 부가가치율**

| 업 종 | 부가가치율 |
|---|---|
| ① 제조업, 소매업, 전기, 가스 및 수도사업 등 | 20% |
| ② 건설업, 부동산임대업, 농, 수, 임, 어업, 기타 서비스업 등 | 30% |
| ③ 음식업, 숙박업, 운수, 창고업 및 통신업 등 | 40% |

### (7) 신고와 납부

#### ① 부가가치세 과세기간

사업자는 늦어도 사업개시일로부터 20일 이내에 사업자등록증을 교부받아야 한다. 부가가치세 신고 및 납부는 그 회사의 사업년도와는 관계없이 모든 과세 사업자는 모두 같다.

> ㉠ 제1기: 1월 1일부터 6월 30일까지
> ㉡ 제2기: 7월 1일부터 12월 31일까지

#### ② 부가가치세 신고기간

사업자는 과세기간 이후 25일 내에 관할세무서에 신고납부하여야 한다. 즉 7월 25일까지 제1기 부가가치세를 신고납부하여야 하며 제2기는 다음해 1월 25일까지이다. 기한내에 신고납부하지 않는 경우에는 가산세가 부과된다.

### (8) 세금계산서 발행과 교부

사업자가 작성하는 세금계산서는 거래당사자인 판매자와 구매자간의 거래사실을 증명하며, 사업자의 소득세계산 기초자료가 되기도 한다. 세금계산서는 이처럼 세금영수증 역할도 하지만 송장, 대금청구서, 거래증빙과 장부 및 전표역할 등 다양한 기능을 가지고 있다.

## 2. 종합소득세

### (1) 소득세의 의의

소득세는 개인의 소득에 대하여 부과되는 세금이다. 원래 소득세는 법인소득세와 개인소득세로 구분되어지는데 우리나라에서는 개인소득세를 소득세, 법인소득세를 법인세라 한다.

소득이란 일정기간의 총수입금액에서 그 수입금액을 벌어들이기 위하여 지출된 경비를 공제한 금액이다. 현재 우리나라의 소득세제도는 개인별로 소득을 종합하여 배우자, 부양가족, 장애자유무 등 인적사항에 따라 동일한 소득자라고 하더라도 세금부담을 달리하는 인적공제제도를 적용하는 종합과세제도를 채택하고 있다.

사업을 운영하게 되면 기업에 결손이 발생하지 않는한 소득세를 납부하여야 한다. 소득세를 납부하기 위해서는 회계장부를 작성하여 소득이 얼마인가를 정확히 계산하여야 한다. 창업자가 사업이 부진하여 결손이 발생되었을 경우에도 정확하게 장부를 기장하여야 인정을 받을 수 있다.

### (2) 납세의무자

소득세의 납세의무자는 개인이다. 개인으로 사업을 하게 되면 소득세, 법인으로 사업을 하게 되면 법인세를 납부하여야 한다.

소득세 계산에 있어서 소득이 발생하지 않고 결손금이 발생할 수도 있다. 이 경우 회계처리가 기장에 의해 적법하게 처리되고 증빙서류가 비치되면 세금납부를 하지 않아도 된다.

### (3) 소득의 종류

우리나라 소득세법에는 종합소득, 퇴직소득, 양도소득, 산림소득으로 구분하여 별도의 세율로 과세하고 있다. 그리고 종합소득은 다시 이자소득, 배당소득, 부동산임대소득, 사업소득, 근로소득, 일시 재산소득, 기타소득 등의 소득을 합산하여 종합소득세를 부과하고 있다. 우리나라 세법에서 규정하고 있는 소득의 종류를 요약하면 다음과 같다.

### (4) 신고와 납부

소득세의 과세기간은 매년 1월 1일부터 12월 31일까지이다. 단, 사망한 경우에는 1월 1일부터 사망한 날까지이며 외국에 출국한 경우에는 1월 1일부터 출국한 날까지가 과세기간이 된다. 소득이 있는 자는 누구나 이렇게 1년간의 종합

그림 12-1 소득세법상 소득의 구분

- 소 득
  - 종합소득
    - 이자소득
    - 배당소득
    - 부동산임대소득
    - 사업소득
    - 근로소득
    - 일시 재산소득
    - 기타소득
  - 퇴직소득
  - 양도소득
  - 산림소득

소득, 퇴직소득, 양도소득, 산림소득에 대하여 그 다음 연도의 5월 1일부터 5월 31일까지 주소지 관할세무서에 신고·납부하여야 한다. 과세표준이 없거나 결손금이 있는 경우에도 일단 신고를 하여야 한다.

창업자는 1년동안 사업을 한 경영성과를 결산하여 산정된 소득에 대하여 과세소득을 계산하여 세금을 신고·납부하여야 한다.

### (5) 소득세 계산방법

#### ① 소득금액 계산방법

창업자가 기업경영에서 발생한 소득금액은 연간 총수입 금액에서 필요경비를 공제한 금액을 말한다. 만약 이 때 장부기장을 하지 않았거나 또는 장부기장을 하여도 내용이 부당하거나 허위로 기장하여 장부에 의한 소득금액을 산출할 수 없을 때에는 국세청장이 매년 정해놓은 업종별 표준소득률을 곱하여 소득금액을 계산한다. 표준소득률이란 회계장부를 작성하지 않았거나 기장이 부실해 정확한 소득금액을 계산할 수 없는 사업자에 대해 적용하는 소득추계 기준으로 국세청에서 매년 업종별로 고시한 소득을 말한다.

#### ② 소득세 계산방법

세무당국에 신고·납부하여야 할 소득세 계산과정은 장부를 기장한 사업자의 경우와 장부를 기장하지 않은 사업자의 경우로 구별하여 살펴보면 다음과 같다.

그림 *12-2* 소득세 계산과정

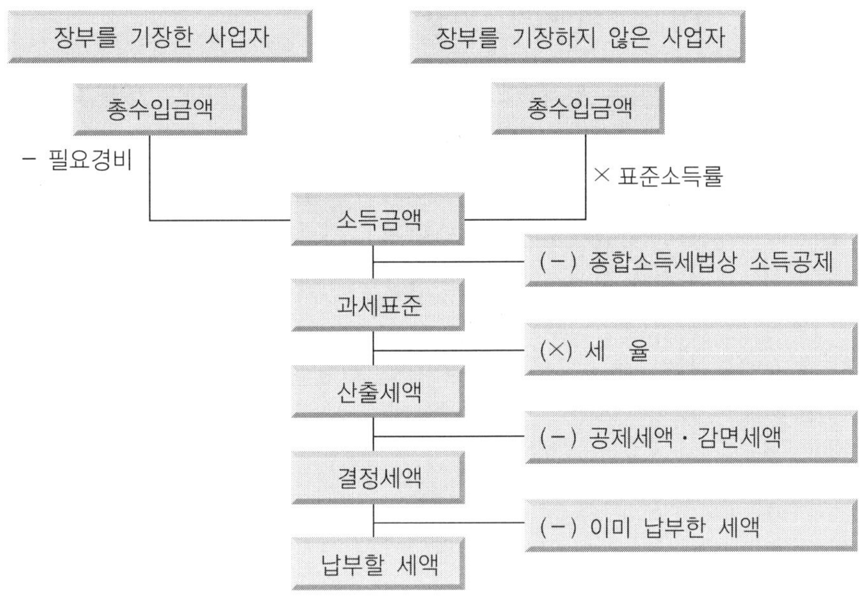


**③ 세 율**

사업자가 납부하게 되는 종합소득세의 세율은 초과누진세로 다음과 같다.

**표 12-3** 종합소득과세표준과 세율

| 종합소득과세표준 | 세 율 |
| --- | --- |
| 1천2백만원 이하 | 과세표준의 100분의 6 |
| 1천2백만원 초과 4천6백만원 이하 | 72만원+(1천2백만원 초과 금액의 15%) |
| 4천6백만원 초과 8천8백만원 이하 | 582만원+(4천6백만원 초과 금액의 24%) |
| 8천8백만원 초과 1억5천만원 이하 | 1천590만원+(8천8백만원 초과 금액의 35%) |
| 1억5천만원 초과 | 3천760만원+(1억5천만원 초과 금액의 38%) |

## (6) 중간예납

연간소득세를 일시에 납부하게 되면 납세자는 자금부담을 맞게 되므로 분산하여 납부하는 제도가 중간예납제도이다. 중간예납제도는 과세기간 중에 소득세

일부를 먼저 납부하게 되는데 전년도에 납부한 세액의 절반을 11월 30일까지 납부하고 확정신고시 소득세 계산에서 기납부세액으로 차감한다.

#### (7) 장부의 비치 · 기장의무

사업자는 원칙적으로 과세소득금액을 계산할 수 있도록 장부를 비치 · 기록하고 증빙서류를 갖추어야 한다. 만약 장부를 비치 · 기장하지 않으면 소득금액을 세무당국에 의해 추징당하여 과중한 세금을 부담할 우려가 있으며, 무기장에 의한 가산세 적용을 받게 된다. 장부는 확정신고기간 종료일로부터 5년간 보관하여야 한다. 하지만 일정규모 미만의 사업자인 간편장부 대상자는 대통령이 정하는 간편장부를 비치하고, 그 사업에 관한 거래 사실을 성실히 기재한 경우에는 위의 규정에 의한 장부를 비치 · 기장한 것으로 본다.

### 3. 법인세

#### (1) 법인세의 의의

창업자가 경영활동을 하여 소득이 발생할 경우 납세의무가 있는데 창업기업이 개인기업인 경우에는 소득세의 납세의무가 있으나 법인으로 등기한 경우에는 법인세의 납세의무가 있다. 즉 법인세는 법률상 독립된 인격체인 법인 조직이 얻은 소득에 대하여 과세한다. 다만 법인의 경우에는 소득금액을 포괄적으로 계산하여 과세하나 개인의 경우는 각 소득별로 과세된다.

#### (2) 납세의무자

법인은 구성형태에 따라 사단법인과 재단법인, 그리고 영리목적 유무에 따라 영리법인과 비영리법인, 본점과 주사무소의 소재지에 따라 내국법인과 외국법인으로 나누어진다. 기업의 경제적 이익을 목적으로 설립한 법인을 영리법인이라고 하며, 이에 반해 학술, 종교, 자선, 기예 등을 목적으로 설립한 법인을 비영리법인이라 하며, 이와같은 비영리법인은 헌금, 기부금, 공납금, 국고보조금 등으로 사업자금을 마련하지만 수익사업을 하는 경우도 많다. 그러나 수익사업에서 발생하는 이익을 구성원에게 분배하지 아니하고 비영리사업에 사용한다는 점에서 영리법인과 다르다.

### (3) 과세대상

법인세의 과세대상은 법인의 소득이다. 법인세는 법인의 소득이 어디서 발생한 것이든 그 법인의 자산을 증가시키는 소득이면 모두 법인세가 부과된다. 법인의 소득은 크게 각 사업년도 소득, 청산소득, 부동산양도차익소득의 세 종류로 분류하고 있다. 각 사업년도 소득은 각 사업년도 종료시 납세의무가 성립되며, 청산소득은 해산 또는 합병시에 그 납세의무가 성립된다. 또 부동산양도차익은 부동산 등을 양도한 사업년도 종료시에 납세의무가 성립된다.

### (4) 신고와 납부

모든 법인은 사업년도가 종료되면 종료일로부터 60일 이내에 법인세 과세표준액과 세액을 납세지 관할 세무서장에게 신고하여야 한다. 이때 소득금액이 없거나 결손금이 발생한 경우에도 법인세 신고의무가 있다.

법인세는 신고납부할 기한이 소득세처럼 몇월 몇일이라고 정해져 있지 않다. 법인은 그 회사의 결산기간, 즉 사업년도가 각각 다르기 때문이다.

### (5) 법인세 계산방법

#### ① 법인세 계산방법

법인세 계산은 법인세 과세표준에 세율을 곱하여 계산한다. 즉 법인세 과세표준 금액에서 법인세 세율을 곱하여 산출세액을 구하고 여기서 공제감면세액을 차감하고 가산세를 가산하면 이것이 총결정세액이 된다. 이 총결정세액에서 이미 납부한 법인세인 중간예납과 원천징수한 세액, 수지수과 납부한 세액을 공제하여 차감납부할 세액을 계산한다. 이를 식으로 표시하면

과세표준×법인세세율=산출세액

산출세액−공제감면세액+가산세=총결정세액

총결정세액−(중간예납액+원천납부세액+수시부과세액)=납부할 세액

#### ② 세 율

법인기업이 사업결과 발생한 소득에 대하여 납부할 법인세를 산출하기 위하여 세율은 아래와 같이 적용되며 우리나라는 초과누진세율을 적용하고 있다.

**표 12-4 법인세 세율**

| 과세표준 | 세 율 |
|---|---|
| 2억원 이하 | 과세표준의 10% |
| 2억원 초과 200억원 이하 | 2천만원+(2억원을 초과하는 금액의 20%) |
| 200억원 초과 | 39억8천만원+(200억원을 초과하는 금액의 22%) |

### (6) 중간예납

법인세 중간예납제도란 조세수입의 확보, 조세수입의 연중 평균화, 조세부담의 분산화를 목적으로 사업연도 개시일로부터 전반기(6개월간)에 대한 법인세액을 사업연도 중에 미리 일부를 신고 · 납부하여야 하는데 이를 중간예납제도라 한다. 이 때 납부한 세액은 법인세 확정신고시 기납부세액으로 공제받게 된다. 중간예납은 각 사업년도 사업개시일로부터 6개월간을 대상으로 하므로 사업연도가 6개월을 초과하는 법인만 중간예납의무가 있다. 또 청산법인, 휴업법인, 국내사업장이 없는 외국법인, 신설법인의 최초사업연도 등은 중간예납의무가 없다.

### (7) 장부비치 · 기장의무

법인기업은 장부를 비치하고 복식부기에 의한 기장을 하여야 하며 중요한 증빙서류는 5년간 보관하여야 한다. 또한 주주명부에 사원명부도 작성 · 비치하여야 한다.

**Article 1** **고령화 사회 멋진 노년시대를 엽시다.**

우리는 모두 노인이거나 미래의 노인이다. '멋진 노년'이란 뭘까. 세계에서 노인복지가 가장 잘 발달된 미국에선 Independent(독립적인), Active(활동적인), Successful(성공적인) 세 단어를 척도로 삼기도 한다.
물론 경제적인 부유함만이 노인을 '멋지게' 만드는 요소는 아니라는 게 전문가들 의견이다. 일상에서 만족감을 느끼며 자기를 실현해 나가는 노인, 소외된 이웃을 위해 여생을 바치는 노인, 젊고 창의적인 사고를 잃지 않는 신세대 노인… 희망을 던져 주는 멋진 노인들이 주위에 많다. 한국도 이제 노년 시대의 모델을 만들어야 할 때라는 목소리가 높아지고 있다.

**고령(aged)사회 대비 시급**

우리나라는 전세계적으로 유례없이 급속도로 고령화가 진전되고 있다.
2000년 고령화(aging)사회로 진입한 데 이어 2018년이면 고령(aged)사회로 들어설 것으로 예상된다. 또 2026년에는 '초고령(super-aged)사회'로 들어설 전망이다. 일반적으로 65세 이상이 전체 인구의 7% 이상이면 '고령화 사회', 14% 이상이면 '고령사회', 20%를 넘어서면 '초고령사회'로 분류된다.
한국은 고령사회에 대비할 시간적 여유가 많지 않은 상황이다. 지난해 말 현재 국내 65세 이상 노인은 모두 455만 6733명으로 전체 인구의 9.5%를 차지하고 있다. 1995년 65세 이상이 불과 5.9%에 그쳤던 것에 비하면 가파르게 노인 비중이 늘고 있는 셈이다. 평균 수명은 갈수록 길어지고 있다. 1991년 71.7세이던 평균 수명이 2010년 79.1세, 2020년엔 81세로 늘어날 것으로 예상된다.
직장에서 정년퇴직을 한 뒤에도 길게는 20년 이상 노후를 보내야 하는 형편이다. 특히 한국 사회의 특성은 1945년 이후 출생한 '젊은 노인'이 늘고 있다는 점이다. 벌써부터 고령화의 진전은 갖가지 사회문제를 파생시키고 있다.
외환위기 이후 고용 탄력성이 높아지면서 정년이 보장되는 시대는 이미 지났다. 노동 능력이 충분한 장년, 노년층이 일찌감치 일손을 놓으면서 국가 경제의 성장 잠재력도 약화되고 있다.
고령화와 저출산이 맞물리면서 경제력 위축이 가속화할 것으로 보인다. 국내 생산가능인구(15~64세)는 2016년 3650만명을 정점으로 감소 추세로 들어설 것으로 예상되고 있다.
노인 부양을 위한 사회보장 부담이 증가하면서 세대 간 갈등마저 우려된다. 사회 전체적으로 볼 때 2005년엔 생산 가능인구 8.2명이 노인 1명을 부양했으나 2020년엔 4.6명이 1명을 부양하는 꼴이 된다.

**멋진 노인 모델 만든다.**

이에 매일경제신문사는 12일 보건복지부 정보통신부 등과 함께 풍요로운 노년 설계를 돕기 위한 '실버케어' 캠페인의 첫발을 내디뎠다.
노년층 정보기술(IT) 교육, 재취업, 재테크, 소외감 극복 등에 관한 다양한 행사를 펼치고 멋진 노인 모델을 만들 예정이다. 노인 복지 문제를 심각하게 고민하고 있는 일본에서 가장 큰 문제가 '소외감'이라는 조사 결과가 있다.
노년층을 젊고 활동적이게 만들 수 있는 문화행사, 경제적인 독립을 지원할 재취업 알선과 금융교육, 가난한 노인들을 위한 무료진료, 체계적인 노년 설계 지원 등의 행사도 펼친다.
나아가 복지시설 확충으로 캠페인을 확대해 나갈 방침이다.
강남대 사회복지대학원에 따르면 현재 한국의 노인복지 수준은 미국의 70년대 중반 수준이다. 한국 노인 중 85%는 광복 이후 세대다.
이들은 먹고 사는 문제에 집착하기 보다는 멋지게 살기를 원한다. 멋진 노년을 희망하는 '신세대 노인'들의 다양한 욕구를 사회가 충족시켜 줘야 한다는 것이다.

(매일경제, 2007.6.13)

## Article 2 외식업계 마이다스의 손 오진권대표가 말하는 성공 10계명

"식당이 고객에게 파는 것은 밥이 아닙니다. 행복한 시간을 팔아야 합니다." "외식업은 애프터 서비스가 아니라 비포 서빗 를 해야 합니다." "저는 상가나 예식장에서 밥을 먹지 않습니다. 한 끼 식사도 새로운 곳에서 합니다. 1년에 600번의 벤치마킹 기회를 왜 헛되이 씁니까?" '놀부 보쌈', '사월의 보리밥'으로 유명한 외식업계 '마이다스의 손' 오진권씨의 말이다.업(業)의 본질은 결국 통하기 마련이다. 라면, 칼국수, 돼지갈비, 삼겹살, 해산물 뷔페, 보쌈, 보리밥, 일본식 짬뽕.... 34년간 외식업 외길을 걸어온 그의 이야기이다. 수 많은 실패를 거듭한 끝에 거둔 성공이기에 그의 말엔 더욱 무게가 실린다.
'(주)이야기 있는 외식 공간' 대표인 그는 요즘 외식업체 사장과 음식점 창업 준비자들은 물론, 일반 기업의 CEO나 임직원들에게도 명강사로 인기를 끌고있다. 그는 지난 6월 자신의 성공 노하우를 묶어 책 '오진권의 맛있는 성공'을 펴내기도 했다.
그가 제안하는 성공 비결 10가지를 소개한다.

### 1) 시장을 철저히 분석하라.

"'할 게 없으면 식당이나 하지 뭐' 사람들은 식당 창업을 너무 쉽게 생각합니다. 하지만 가족들에게 밥차려주는 것과 수백명 손님을 맞는 것은 완전히 다릅니다. 우리나라 음식점들 중에 안정적으로 수익을 내는 점포는 몇 개나 될까요? 제 판단으로는 전국 55만개 음식점 중에 0.6%만 매출액의 15%이상 이익을 내고 있습니다. 이 정도 수익을 내려면 어떻게 해야 할까요? 제 경험으로 보건대 우선 직원 한 명당 하루 매출 30만원을 올려야 합니다. 월세는 총 매출액의 8%를 넘어선 안됩니다. 재료비는 매출의 30%이내여야 하고요. 이렇게 시장을 철저히 분석해야만 성공의 해법을 찾을 수 있습니다."

### 2) 작게 시작하라.

"자, 그럼 대한민국 음식점 55만개 가운데 0.6%안에 들어갈 방법은 무었일까요? 먼저 작게 시작하세요. 그리고 그 경험을 쌓으세요. 16~20입방m (5~6평)짜리 실내 포장마차나 김밥집 크기면 충분합니다. '나는 대기업 부장 출신인데 갈비집 정도는 해야지' 라고 생각하면 안 됩니다. 서울에서 김치찌개, 순대국집 등 작은 규모로도 월수입 1000만원 올리는 식당들이 많이 있어요. 잘나가기로 유명한 서초구 방배동의 한 김밥집은 몇 평 안 되는 점포 크기를 30년 넘게 유지하면서도 대형 음식점 부럽지 않게 손님이 줄을 섭니다. 문제는 가게 크기가 아닙니다. 맛과 서비스에 달려 있지요."

### 3) '온리 원(Only One)'의 가치를 창출하라

"메뉴는 최대한 간단하게 해야 합니다. 전문점일수록 성공 가능성이 높습니다. 손님이 가계에 들어와 메뉴판을 보면서 '뭘 먹을까?' 고민하게 만들면 안됩니다. 입구에 들어오면서부터 "여기 냉면3개요!" 라는 말이 나와야 합니다. 마포의 한 김치찌개집은 손님이 자리에 앉으면서 "하나,하나요"라고 말합니다. 그러면 이 식당의 최고 인기 매뉴인 김치찌개와 계란말이가 나옵니다. 즉, '김치찌개를 먹고 싶다'는 생각이 들 때면 언제든지 마포의 김치찌개집을 떠올릴 정도로 고객들에게 '음식점 브랜드'를 각인시켜야 합니다. 30여년 전 제가 안양에 칼국수집을 차렸을 때 점심에는 손님이 붐볐다가 저녁에는 한가했습니다. 저녁 메뉴(해물탕)를 개발하려고 주방장을 바꿨더니 칼국수도, 해물탕도 모두 제대로 된 맛이 나오지 않았습니다. 칼국수만 제대로 만들었다면 나중에 칼국수집으로 더 소문이 나서 저녁에도 칼국수를 찾는 손님이 늘어났을 텐데 말이죠."

### 4) '발명'이 아니라 '발견'을 하라

그는 "외식업은 '발명'이 아니라 '발견'"이라고 말한다. "수학 공식으로 푸는게 아니라 발품을 많이 팔아야 합니다. 저는 1년에 점심과 저녁 600끼를 절대로 허투루 먹지 않습니다. 매 한끼 식사는 제게 귀중한 '수업'입니다. 제가 창업한 음식들도 이런 노력에서 나온 것입니다." 그가 지난해 오픈한 일본 라면집 '이찌맨'은 일본 오키나와에서 삿포로까지 일본 라면집을 두루 돌아다니다 오사카에서 한국인 입맛에 가장 잘 맞는 라면집을 발견한 데서 시작 됐다. '이찌맨'엔 독서실처럼 칸막이가 된 1인용 식탁이 있다. 혼자 가도 어색하지 않도록 한 것이다. 이 역시 그가 일본에서 일찍 잠이 깨어 혼자 호텔 근처를 어슬렁거리다 발견한 일본 라면집에서 착안했다. "아이디어는 하늘에서 뚝 떨어지는 것이 아니라 전부터 있던 것을 발견하고 거기에 나만의 새옷을 입혀 다시 태어나게 하는 것이다."

### 5) 제품 아닌 행복한 시간을 팔아라

예전에는 손님에게 "많이 드세요" 라고 했다면 요즘은 "맛 있게 드세요" 라고들 한다. 하지만 앞으로는 "즐거운 시간 되세요"라고 말해야 한다고 오 사장은 말한다. "그러기 위해선 맛은 물론이고 고객들에게 감동을 주어야 합니다. 우리나라에 찌개백반집은 10만개 정도 있을 겁니다. 그런데 김치찌개와 된장찌개의 반찬을 달리 준비하는 집은 하나도 없는 것 같아요. 도라지 나물을 예로 들면 된장찌개에는 고춧가루 넣어 빨갛게 무친 반찬이 더 어울리고, 매운 김치찌개에는 그냥 기름에 볶은 담백한 도라지 나물이 더 맞습니다. 바로 이런 차이가 고객에 대한 정성이 있느냐, 없느냐를 보여 주지요. 저는 손님이 식사하는 것을 지켜보다가 반찬 접시가 비어갈 때쯤 그 반찬을 더 담아 슬그머니 갖다 놓습니다. 요구하기 전에 서비스하면 고객은 감동합니다. 시켜서 하는 것은 심부름일뿐입니다."

### 6) 고객한테 지는 장사를 해라

"고객은 귀신이고, 귀신은 속일 수는 없습니다. 어쩌다 재료를 싼 것으로 바꾸면 고객은 귀신같이 압니다. 그래서 장사하는 사람이 손해 보고 힘들어야 합니다. 우선 음식이 먹음직스러울 정도로 푸짐해야 합니다. 처음에는 제품 원가가 올라가겠지만 고객이 더 만족해하면서 몰려들면 자동적으로 매출이 늘어나 원가 비율이 낮아지는 선순한 구조가 정착될 수 있습니다." 그는 직원에게 1만 5000원짜리 한정식 점심을 개발하게 하고는 1만원에 내놓은 일이 있다. 1만원짜리 음식을 1만원에 팔면 고객은 감동하지 않는다. 대신 1만 5000원짜리를 1만원만 받으면 고객은 '이렇게 팔아도 남는 게 있나?'하고 감동한다는 것이다. 그는 반대로 가격을 올릴 때는 한 템포 늦춰 가야 한다고 말한다. 고객들이 '이 정도면 충분히 값을 올릴만하다' 고 인정할 때까지 말이다.

### 7) '애프터 서비스' 대신 '비포 서비스'

오 사장은 "음식점은자동차나 전자제품처럼 애프터 서비스가 필요 없다"고 말했다. "고객이 계산대를 나오면 게임은 끝나버리니까요. 음식점에서 만족하지 못한 고객한테 아무리 감사 문자 메시지를 보내봤자 무슨 소용 있겠어요? 음식점은 '비포 서비스' 를 잘해야 합니다. 손님이 오기 전에 맛있는 음식을 정성껏 준비하고 인테리어에 신경쓰고, 깨끗한 유니폼을 입은 직원들이 상냥한 표정으로 손님을 극진히 대접하는 것이죠."

### 8) 작은 것을 찾는 시대

요즘은 식당 고객의 절반 이상이 2인 고객이다. 그런데도 식당 메뉴는 온통 4인용 메뉴이다. 손님은 이것저것 먹고 싶은데 메뉴에는 한 접시 3만~5만원이다. 그래서 그는 2인분 메뉴를 도입했다. '4월에 보리밥'에서는 도토리묵, 감자전, 해물파전의 가격이 5000원~6000원이다. 크기를 줄이는 대신 가격을 낮췄다. "웰빙 시대를 맞아 요즘 고객들은 심리적으로 대(大)라는 단어에 거부감을 느끼고 있습니다. 메뉴판에 '대'와 '소'메뉴만 있던 것을 '중'을 넣어서 '대' '중' '소'로 바꾸었더니 '중'만 팔리고 '대'의 주문은 눈에 띄게 줄어들더군요."
그는 "앞으로는 '특대' 대신 '특소' 메뉴로 가야 한다"고 말했다.

### 9) 음식점도 '스토리텔링' 이다

스토리텔링이 최근 경영의 화두로 부상하고 있다. 오 사장은 음식점 역시 스토리텔링이 있어야 사는 시대라고 강조한다.
"음식점 메뉴, 상호, 인테리어에서 주인의 철학이 묻어 나와야 합니다. 간판에도, 벽에 붙은 메뉴에도 음식 이름만 되풀이 한다면 얼마나 식상하겠어요? 우리 식당에는 무슨 이야깃거리가 있을까를 생각해 보세요. 이것이 스토리텔링입니다. '사월에 보리밥'은 건강식, 향수(鄕愁), 어머니를 주제로 이야기를 엮었습니다. 입구나 손님들이 기다리는 대기석에 어머니와 보리밥에 얽힌 이야기를 붙여 놓았습니다. 카운터에는 '한국인이 꼭 먹어야 할 10가지 식품'이란 쪽지를 꽂아 둡니다."

### 10) 장사는 사장이 아닌 직원이 하는 것

그는 "사장은 직원들 마음도 섬세하게 읽을 줄 알아야 한다."고 말한다. 하루종일 점포 안에서 일하는 직원들은 사회의 새로운 정보를 얻기가 쉽지 않다. 그래서 교육이 중요하다. 그래서 그는 평소 배울 만한 좋은 식당이 있으면 관리자급 직원 30여명과 함께 가서 새로운 음식도 먹고, 고객서비스를 보고 배운다. 그는 직원들이 회사에 주인 의식을 갖도록 직원들의 투자를 받는 제도를 시행하고 있다. 직영점을 창업할 때는 적게는 500만원부터 많게는 몇천만원까지 투자를 받는 것이다. 그리고 매달 수익만큼 배당을 준다. 이렇게 돈을 번 직원이 체인점의 사장이 되기도 한다. (조선일보 2009.12.5~6)

## 참고문헌

1) 김충열 · 최화섭, 21세기 창업경영론, 형설, 2003.
2) 신현우 · 이창원 · 윤상환, 디지털시대의 창업과 경영, 대명, 2005.
3) 조보상, 소자본창업과 경영실무, 무역경영사, 2004.
4) 한길석, 창업과 경영, 법문사, 2004.

# 찾아보기

· 권 원 오

서울시립대학교 경영학과를 졸업하고 동대학교에서 마케팅을 전공하여 경영학석사 학위와 경영학박사 학위를 취득했다. 서울시립대학교 겸임교수와 연성대학교 초빙교수, 서울교육대학교 외래교수 등을 거치면서 학생들을 가르쳤다.

서울시립대학교 총동창회장을 역임했고, 현재 재경안동향우회 회장을 맡고 있다.

성공으로 가는 **창업과 경영** 정가 20,000원

인 쇄 2007년 9월 1일 초판 1쇄
발 행 2014년 3월 10일 2판 1쇄
저 자 권원오
발행인 전귀연
발행처 신광문화사
경기도 파주시 광인사길 201(문발동, 파주출판도시)
Tel (031)955-4211~6 donghwae@kornet.net
Fax (031)955-4217 www.donghwapub.co.kr
(등록) 1991년 6월 26일/6-130호



ISBN 978-89-7432-464-3

공급처 도서출판 동화기술